KB190815

공공신학(public theology)은 21세기에 진행되는 신학적 논의 가운데 가장 포괄적이면서도 중요한 신학담론이라고 해도 과언이 아니다. 20세기 후반부에 미국과 독일 등지에서 처음 논의되기 시작한 이래로 공공신학은 교회가 오랫동안 개인의 내면적 신앙이나 사적인 도덕성의 문제에만 집중해왔던 과거와 현재를 반성하고 세상의 공공선을 증진해야 할 공적 책임을 질 것을 일깨워 주었다.

공공신학에 대한 안내서들은 이미 한국에도 꽤 있는 편이다. 하지만 이번에 출간되는 윤철호 교수의 책은 공공신학의 이론에 대한 소개에 그치지 않고, 그리스도인들과 교회가 세상 가운데서 신앙의 여정을 계속해가는 동안 부딪히게 되는 여러 다양한 공적 주제들과 긴밀히 연결하여 논의를 전개해간다는 점에서 추상적이지 않고 구체적이며, 우리의 삶을 직접 변형시키는 힘을 담고 있다. 더군다나 이 책은 성서로부터 교회사와 포스트모던 담론에 이르기까지, 조직신학으로부터 성서신학과 선교학에 이르기까지, 그리고 목회, 정치, 경제, 여성, 통일 등 여러 다양한 분야들을 공공신학이라는 키워드로 종횡무진, 하지만 세밀하게 꿰어내고 있다. 윤철호 교수의 평생에 걸친 신학 작업이 총집결된 이 책을 통해 독자들은 사적인 골방을 벗어나 대중과 소통하며 세상을 변혁시키는 넓은 광장을 향해 한 걸음 더 내딛는 힘을 얻게 될 것이다.

이용주 숭실대학교 기독교학과 조직신학 교수

본서에서 저자는 오늘의 탈근대적 상황에서 공적 신학을 하나님 나라의 온전한 복음에 기초하여 소통적-변증적 그리고 실천적-변혁적 과제를 수행하는 신학으로 정의한다. 이러한 관점에서 저자는 한국교회, 목회, 리더십, 남녀평등, 선교, 문화, 사회, 통일, 경제, 화해, 생태계, 창조와 진화 등의 다양하고 폭넓은 이슈 및 현장들과 함께 대화하고 연대하는 공공 신학함(doing public theology)의 모범적 실례를 보여주고 있다. 윤리적·영적·공적 차원에서 끝없이 추락하고 있는 한국교회의 안타까운 모습을 바라보면서, 또한 이러한 위기에 대한 통전적 차원의 신학적 대안이 제시되지 못하고 있는 상황에서, 본서는 신학의 실천성 회복, 교회의 개혁, 사회와의 소통, 생태계의 재창조를 열망하는 신학자·목회자·신학도, 그리고 더 나아가 평신도들에게 새로운 비전과 실천의 방향성을 제시해줄 것이라 확신한다. 본서는 오늘의 "새로운 실천신학 운동" 정신과도 깊이 맞닿아 있어 실천신학자로서 감사와 존경의 마음으로 강력하게 추천하는 바다.

장신근 장로회신학대학교 기독교교육학 교수

신학자의 일차적 임무는 교회를 위한, 교회에 의한, 교회의 신학을 하는 일이다. 교회를 위한 신학을 한다는 것은 또한 하나님 나라의 신학을 한다는 것이며 동시에 세상을 포괄하는 신학을 한다는 것이다. 하나님께서 통치하시는 큰 왕국은 언제나 세상의 작은 왕국들을 포함하기 때문이다. 그동안 윤철호 교수는 국내 장자 교단의 대표적 신학자답게 세상과 소통하는 신학의 정립에 앞장서왔다. 이번에 출간된 이 저서 역시 그답게, 성경과 교회사에 대한 관심에서부터 시작해 정치, 경제, 과학, 문화, 여성, 생태에 이르기까지 다양한 세속 영역의 문제를 다루고 있다. 무엇보다 인상적인 것은 그의 균형 감각이다. 교회의 역사와 전통에 충실하려 애쓰면서도 늘 오늘의 세속인들의 목소리와 관심에 귀 기울이며 소통하려는 시도를 포기하지 않기 때문이다. 추천자는 이런 책을 대할 때마다 조금씩 배가 아프기 시작한다. 내가 이미 기획하고 있던 책을 먼저 펴내셨기 때문이다. 축하드리고 많은 독자들의 일독을 권한다.

장왕식 감리교신학대학교 종교철학 교수

한국교회와 하나님 나라를 위한 공적 신학

한국교회와 하나님 나라를 위한 공적 신학

윤철호

WavePlus

경건(*pietas*)과 학문(*scientia*)과 실천(*exercitatio*)은 기독교 신학을 정립하기 위한 세 가지 기둥이다. "믿음이 이해를 추구한다"(*fides quaerens intellectum*)는 안셀무스(Anselmus Cantuariensis, 1033-1109)의 말과 같이, 경건은 학문을 추구한다. 믿음이 이해를 추구하는 것처럼 이해도 믿음을 추구한다. 이해가 없는 믿음은 공허하고 믿음이 없는 이해는 맹목적이다. 그렇기 때문에 믿음과 이해, 경건과 학문은 실천적 삶으로 나타나야 한다. 믿음(경건) 없는 행위가 율법주의에 경도되기 쉽고 이해(학문) 없는 행위가 열광주의에 빠질 위험이 있는 것처럼, 행위(실천) 없는 믿음과 이해는 죽은 것이다. 이를 가리켜 야고보 사도는 "이와 같이 행함이 없는 믿음은 그 자체가 죽은 것이라"(약 2:17)고 말했다. 우리는 믿고 알고 따를 뿐 아니라, 따름으로 믿고 안다.

기독교의 통전적 영성에 있어서 경건이 뿌리고 학문이 줄기라면 실천은 열매다. 우리는 열매를 보고 그 나무의 생명력을 판단한다. 예수님은 말씀하셨다. "이와 같이 좋은 나무마다 아름다운 열매를 맺고 못된 나무가 나쁜 열매를 맺나니, 좋은 나무가 나쁜 열매를 맺을 수 없고 못된 나무가 아름다운 열매를 맺을 수 없느니라. 아름다운 열매를 맺지 아니하는 나무마다 찍혀 불에 던져지느니라. 이러므로 그들의 열매로 그들을 알리라"(마 7:17-20). 아름다운 열매는 실천적 삶을 통해 맺어진다. 실천은 기독교의 믿음과 이해, 경건과 학문, 신앙과 신학의 진위를 판단하는 시금석이다. 예수님은 "나더러 주여 주여 하는 자마다 다 천국에 들어갈 것이 아니요 다만 하늘에 계신 내 아버지의 뜻대로 행하는 자라야 들어가리라"(마 7:21)고 말씀하셨다.

이 책은 경건과 학문의 불가분리적 관계 안에서 실천, 특히 공적 실천을 위한 기독교 신학 및 그리스도인과 교회의 책임에 초점을 맞추어 쓰였다. 이 책은 크게 두 부분으로 구성되어 있다. 제1부는 "한국교회를 위한 공적 신학"이며, 제2부는 "하나님 나라를 위한 공적 신학"이다. 1부와 2부의 내용은 별개의 것이 아니다. 왜냐하면 한국교회의 존재 이유와 목적이 하나님 나라에 있고, 따라서 교회를 위한 공적 신학이 하나님 나라를 위한 공적 신학이기 때문이다.

기독교 신학은 사적 영역과 공적 영역 모두에서 수행되어야 한다. 기독교 신학을 위한 일차적인 공적 영역은 교회다. 기독교의 역사 전통이며 동시에 그리스도인의 공동체적 삶의 자리인 교회는 기독교 신학을 위한 일차적인 공적 영역이다. 따라서 신학은 우선적으로 교회를 위한 공적 신학이어야 한다. 신학의 기초인 신앙은 예수 그리스도의 몸이요 하나님의 백성인 교회 안에서 형성되고 전승된다. 신앙과 마찬가지로 신학도 교회 안에서 형성되고 전승되며 발전된다. 교회를 위한 신학으로서의 신학은 성서에 기록된 예수 그리스도의 하나님 나라의 복음의 빛 안에서 교회의 신앙과 삶을 성찰하고 미래의 올바른 방향을 제시해야 한다. 특히 조직신학은 성서의 말씀과 교회의 선포 사이에서 그 둘을 매개하는 해석학적 과제를 갖는다. 신학은 교회의 선포를 위해 봉사하고, 이런 의미에서 신학자는 설교자를 위한 설교자가 된다. 또한, 신학은 선포 이외에도 예전, 가르침, 봉사, 친교 등을 포함한 형식을 통해 교회와 그리스도인의 삶 전체를 위해 봉사하는 실천적 함의를 갖는다.

그런데 교회는 그 자신을 위해 존재하지 않는다. 교회는 그 자체가 목적이 아니라 하나님 나라의 전조이며 매개적 수단이다. 그리스도의 몸된 교회는 자신의 머리이신 예수 그리스도가 선포하고 실천한 하나님 나라를 위해 존재한다. 그러므로 "신학은 일차적으로 교회를 위한 신학이다"라는 말은, "신학은 궁극적으로 하나님 나라를 위한 신학이다"라는 말과 다르지 않다. 종말론적 하나님 나라는 역사적 교회보다 크고 궁극적이다. 그러므로 신학의 과제를 교회 안에만 한정시키는 것은 신학의 의미를 협소화하는 것이다. 하나님 나라 즉 하나님의 통치는 초월적 천상의 세계와 온 창조세계 안에 구현되어야 한다. 문제는 초월적 하늘이 아니라 땅에 있다. 이 땅은 불의하고 악하며, 슬픔과 고통과 절망이 넘쳐나는 곳이다. 그러므로 예수님은 "뜻이 하늘에서 이루어진 것같이 땅에서도 이루어지이다"라고 기도하라고 가르치셨다. 신학의 공적 책임은 단지 교회 안에 머물러 있는 것이 아니라 이 땅에 하나님 나라를 구현하기 위한 현실변혁적 실천에 있다.

그러므로 신학은 교회 울타리 안에 갇혀 있을 수 없으며, 세상을 향해 나아가야 한다. 교회는 여전히 세상을 위한 기독교적 실천의 중심이다. 교회는 역사적 모호성과 오류 가능성(그리고 현실성)에도 불구하고 이 땅에 종말론적 하나님 나라의 선취적 예표로서 존재한다. 교회는 예수 그리스도에 대한 믿음과 이해를 통해 형성된 실천적 힘을 세상을 향해 투사하는 원심적 진앙지(震央地)가 되어야 한다. 교회의 목적과 마찬가지로 신학의 궁극적 목적은 이 세상에 하나님 나라를 구현하기 위한 공적 섬김의 실천에 있다. 공적 신학은 예수 그리스도의 하나님 나라 복음에 기초하여 교회와 그리스도인의 사회적 책임성을 강조하는 신학이다. 공적 신학은 예수 그리스도가 선포하고 실천한 하나님 나라의 비전 아래, 다양한 차원의 공적 영역에서 다른 학문 및 전통과 대화·소통하면서 하나님의 보편적 통치를 세상의 모든 공적 영역에서 구현하기 위해 행동하는 신학이다.

공적 신학은 두 가지 측면으로 이루어진다. 하나는 사회의 다른 영역과의 상호 대화를 통해 각 영역에서 배움을 얻음과 동시에 기독교의 진리를 최대한 이해 가능한 방식으로 소통하고 변증하는 것이다. 이것은 "소통적(communicative) 공적 신학"이라고 할 수 있다. 다른 하나는 사회의 모든 공적 영역에서 하나님 나라의 통치를 구현하는 것을 목적으로 실천적 행동을 통해 사회를 변혁시키는 것이다. 이것은 "변혁적(transformative) 공적 신학"이라고 할 수 있다. 이 두 가지 공적 신학의 측면은 구별될 수 있지만 분리될 수는 없으며, 둘이 함께 통전적인 "소통적-변혁적(communicative-transformative) 공적 신학"을 구성한다. 필자는 이 책에서 오늘날 위기 상황에 처해 있는 한국교회의 갱신과 하나님 나라의 구현을 위한 신학의 "소통적-변혁적" 공적 과제를 조명하고 제시하고자 한다.

이 책에 실린 글의 상당수는 이미 출판되었던 필자의 책 『21세기 한국교회와 하나님 나라를 위한 실천신학』(서울: 장로회신학대학교, 2006)과 여러 학술 대회와 학술지 등에 발표한 글들을 다듬고 수정·보완한 것임을 밝힌다. 하나님께서는 일찍이 기가 막힌 웅덩이에 던져져 아무런 소망이 없던 자를 불쌍히 보시고 긍휼과 자비를 베푸셔서 지금 여기까지 인도해 주셨다. 동일한 과오를 무한 반복하는 심히 어리석고 연약하고 쓸모없는 자임에도 불구하고 외면하지 않고 한결같은 은혜를 베풀어 주시는 하나님께 모든 감사와 영광을 돌려드린다. 필자가 지나온 삶의 여정 중 어려운 고비마다 하나님의 은혜가 임하는 통로가 되어 여러 모양으로 은덕을 베풀어 주신 모든 고마운 분들께 깊은 감사의 마음을 담아 이 책을 헌정한다. 아울러 이 부족한 책이 모든 독자분들께 하나님의 은혜가 임하는 작은 통로가 된다면 필자에게는 이보다 더 큰 감사와 기쁨이 없을 것이다. 졸고의 출판을 허락해 주신 새물결플러스의 김요한 대표님께 감사드리며, 편집과 교정과 색인 작업을 위해 많은 수고를 해주신 분들께도 고마운 마음을 전한다.

2019년 6월 21일

윤철호

제1부

한국교회를 위한
공적 신학

제1장

온전한 복음과
통전적 선교

1. 서론

이 글은 온전한(whole) 복음이 어떤 것이며, 이러한 온전한 복음에 기초한 통전적(holistic) 선교란 어떤 것인가를 밝혀보려는 글이다. "온전하다"의 사전적 정의는 "본바탕 그대로 고스란하다"는 뜻이다. 즉 온전함은 왜곡되거나 변질되지 않은 "본래 그대로의 모습"이라고 할 수 있다. 또한 온전함이란 일면적인 것이 아니라, 부분적인 것들이 조화롭게 어우러져서 전체를 이루는 것, 즉 통전적(統全的)인 것이다. 이러한 왜곡되지 않은 본래 그대로의 복음, 일면적이지 않은 통전적인 복음은 어디서 발견될 수 있는가? 그것은 예수 그리스도가 전하셨고, 그분을 따르던 사람들에게도 전하라고 하셨던 복음, 그리고 그분을 그리스도와 주로 고백하고 따르던 사도들이 전했던 복음에서 발견될 수 있다.

한국교회를 포함한 전통적인 개신교회의 문제점 가운데 하나는 복음에 대한 이해가 지나치게 일면적이며, 이러한 복음의 이해에 기초한 선교 이해도 지나치게 일면적이라는 사실에 있다. 교회가 전도해야 할 사명을 부여받은 것으로 믿는 전통적인 복음의 내용은 예수 그리스도께서 십자가에서 모든 인간의 죄를 대신하여 죽으심으로써 인간의 죄를 용서하시고 구원하셨으며, 따라서 누구든지 예수 그리스도를 믿으면 죄 용서와 구원을 받고 천국에 간다는 것이다. 이 복음은 구속(救贖, 또는 대속[代贖]) 교리로 대표된다. 구속이란 예수 그리스도가 모든 인간의 죄를 대신 지고 죽으심으로써 인간의 죄를 용서하시고 구원하심을 의미한다. 이 구속 교리는 개인의 구원에 집중한다. 그리고 여기서는 인간의 행위가 아니라 믿음이 강조된다. 왜냐하면 구속의 구원은 인간의 행위와 공로가 아니라 하나님의 은혜로 말미암아 오직 믿음으로만 얻을 수 있기 때문이다.

물론 이러한 복음 이해 자체가 왜곡되거나 잘못된 것은 결코 아니다. 그러나 이러한 복음이 전체 맥락을 상실하고 일방적·일면적으로 선포될 때 왜곡과 변질이 발생할 가능성이 있다. 즉 이렇게 일방적·일면적으로 선포된 복음은 보다 포괄적이고 궁극적인 차원의 복음, 즉 예수 그리스도가 선포한 하나님 나라의 복음으로부터 괴리될 수 있다. 그렇게 될 때, 하나님 나라의 복음을 선포한 예수 그리스도 안에서 이 세상에 선취적으로 도래한 종말론적 하나님 나라의 현실이 개인적·내면적 차원으로 축소되고 복음의 역사적 차원이 상실되며, 이 세상에 하나님의 사랑과 정의의 통치를 구현하기 위한 교회와 그리스도인의 사회적 책임은 복음의 본질적 내용이 아닌 이차적인 윤리적 차원으로 격하된다.

또한 이러한 일방적·일면적 복음 이해를 가진 교회와 그리스도인에게 선교란 오직 예수 그리스도 안에서의 구속의 복음을 전함으로써 개인의 영혼을 구원하는 행위가 된다. 여기서 하나님의 뜻이 이루어지는 하나님 나라를 이 세상에 구현하기 위한 교회와 그리스도인의 사회적 실천은 선교의 본질적인 요소가 아니라 부차적인 요소가 된다. 따라서 복음과 사회적 책임은 분리되며 차등화된다. 즉 사회적 책임이 없어도 복음은 전혀 문제가 되지 않지만, 복음이 없으면 사회적 책임은 아무 의미가 없다.

과연 이와 같은 복음과 선교에 대한 이해가 온전한 것일까? 이 글에서는 성서에 나타난 복음을 두 관점, 즉 하나님 나라의 복음으로서의 "예수의(of) 복음"과 구속의 복음으로서의 "예수에 관한(about) 복음"의 관점에서 설명하고, 전통적인 교회의 예수에 관한 복음, 즉 구속의 복음의 문제점을 지적한 후에, 이 두 복음을 통전(integrate)하는 온전한 복음과 이러한 온전한 복음 이해에 근거한 통전적 선교의 비전을 제시하고자 한다.

2. 예수의 복음(하나님 나라의 복음)과 예수에 관한 복음(구속의 복음)

신약성서에 비추어볼 때, 복음은 두 가지 초점으로 구성된다. 하나는 "예수의 복음"이고 다른 하나는 "예수에 관한 복음"이다. 예수의 복음은 예수 그리스도가 선포한 하나님 나라의 복음이고, 예수에 관한 복음은 사도들과 초기 교회가 선포한 복음, 즉 십자가에서 인간의 죄를 구속하신 예수 그리스도를 믿으면 구원을 얻는다는 복음이다. 성서에 나타나는 이 두 가지 복음은 곧장 동일시될 수 있는 것은 아니지만 그렇다고 양자택일을 요구하는 서로 대립적이고 배타적인 것이 아니라 온전한 복음의 전체성을 구성하는 불가분리적인 두 요소이다.

　　　예수 그리스도가 선포한 복음은 이 세상에 임박하게 도래하는 종말론적인 하나님 나라의 복음이었다. 이 복음은 "때가 찼고 하나님의 나라가 가까이 왔으니 회개하고 복음을 믿으라"(막 1:15, 참조. 마 4:12-17; 눅 4:14-15)라는 예수의 선포에 잘 나타나 있다. 복음은 좋은 소식이란 의미다. 무엇이 좋은 소식인가? 그것은 하나님 나라가 가까이 왔다는 소식이다. 하나님 나라가 가까이 왔다는 것이 왜 좋은 소식인가? 하나님 나라가 가까이 왔다는 것은 하나님의 통치가 가까이 왔다는 것을 의미하며, 따라서 하나님의 뜻이 이루어지는 사랑과 정의와 평화의 나라가 바야흐로 이 땅에 도래할 것을 의미하기 때문이다. 좋은 소식은 하나님께서 세상의 모든 악한 권세를 꺾으시고 하늘에서와 같이 땅에서도 사랑과 정의로 다스리시는 평화의 통치를 시작하신다는 소식이다. 이 하나님의 통치가 나사렛 예수의 하나님 나라 운동과 더불어 시작되었다. 이것이 예수의 복음이다.

"때가 찼다"는 말은 무슨 말인가? 그것은 구약의 예언자들이 예언했던 그 하나님 나라가 이제 예수의 하나님 나라 운동을 통해 성취되게 되었다는 것이다. 구약의 이사야는 이렇게 예언했다. "좋은 소식을 전하며 평화를 공포하며 복된 좋은 소식을 가져오며 구원을 공포하며 시온을 향하여 이르기를 '네 하나님이 통치하신다' 하는 자의 산을 넘는 발이 어찌 그리 아름다운가!"(사 52:7) 이 본문에 나타나는 좋은 소식 즉 복음은 하나님이 통치하시는 평화의 나라가 이제 곧 이 땅에 이루어질 것이라는 소식이다. 이 본문이 나타나는 이사야 52장은 바벨론 포로기 말기에 쓰였다. 당시의 유대인들에게 좋은 소식은 바벨론에서의 포로생활이 종식되고 다시 고국으로 돌아가 평화롭게 살 수 있게 된다는 소식이었다. 고국에서 하나님의 평화의 통치가 이루어지는 나라를 다시 건설할 수 있을 것이라는 소식이 유대인들이 기다리던 복음이었다. 예수가 선포한 하나님 나라의 복음은 바로 이러한 맥락에서 이해되어야 한다. 즉 예수의 하나님 나라 복음이란 하나님이 친히 다스리시는 평화의 나라가 "때가 차서" 이제 곧 도래한다는 좋은 소식을 의미한다.

예수 그리스도와 하나님 나라는 불가분리적인 해석학적 순환관계에 있다. 예수 그리스도의 말씀과 행동은 그가 선포하고 실천한 하나님 나라의 빛 안에서만 이해 가능하며, 하나님 나라는 예수 그리스도의 말씀과 행동 안에서만 이해 가능하다.[1] 예수 그리스도의 공생애 사역의 주된

---

1   예수와 하나님 나라의 해석학적 순환 관계는 윤철호, 『너희는 나를 누구라 하느냐』(서울: 대한기독교서회, 2013), 제4장 "예수와 하나님 나라"(190-254)에 잘 나타나 있다. 여기서 필자는 다섯 가지 주제, 즉 1. 세례 요한에게 세례받음: 성령의 충만한 임재를 통한 하나님 나라를 위한 메시아로서의 서임식, 2. 갈릴리를 중심으로 한 하나님 나

무대였던 갈릴리에서의 예수의 사역 전체는 임박한 하나님 나라의 도래와 현존에 대한 확신에 의해 지배되었다. "내가 만일 하나님의 손을 힘입어 귀신을 쫓아낸다면 하나님의 나라가 이미 너희에게 임하였느니라"(눅 11:20).

예수가 선포한 하나님 나라의 복음은 공관복음서의 공통된 핵심 주제다. 공관복음서에서 하나님 나라라는 주제는 다음 네 가지 내용을 중심으로 전개된다. 첫째, 예수는 하나님 나라를 말씀으로 선포하고 가르치셨다. 둘째, 예수는 병자들을 고치고 귀신을 쫓아내고 배고픈 사람들을 먹이는 기적 행위를 통해 하나님 나라가 도래했음을 보여주셨다. 셋째, 예수는 하나님 나라를 거부하는 자들과 논쟁하며 대립하셨다. 넷째, 예수는 결국 그들의 음모에 의해 붙잡히고 십자가 죽음을 당하셨다. 특히 마태복음은 하나님 나라라는 일관된 주제를 잘 보여준다. 마태복음에서 예수는 하나님 나라의 왕으로서의 메시아(그리스도)로 나타난다. 마태복음은 교차 대칭적인 피라미드 구조로 구성되었는데, 이 구조의 중심이자 정점인 13장에 7개의 하나님 나라의 비유(씨 뿌리는 비유, 가라지 비유, 겨자씨 비유, 누룩 비유, 밭에 감추인 보화 비유, 진주 비유, 물고기 잡는 그물 비유)가 집중적으로 나타난다.[2]

라의 사역과 제자 공동체 구성, 3. 예수의 윤리관: 하나님 나라 백성의 윤리, 4. 치유와 이적: 하나님 나라의 도래와 표징, 5. 격언과 비유를 통한 지혜자 예수의 가르침과 삶: 하나님 나라로의 초대와 구원의 축복을 중심으로 설명한 후에, 예수의 말씀과 행동 속에 나타난 예수의 자기 이해를 메시아, 하나님의 아들, 인자의 개념을 중심으로 설명한다. 그리고 그는 "예수의 말씀과 행동 속에 나타난 하나님 나라"를 여섯 가지 주제, 즉 1. 예수 당시의 하나님 나라 사상들, 2. 미래적 종말론, 3 실현된 종말론, 4. 현재와 미래의 변증법적 종말론, 5. 미래로부터 현재로 도래하는 역사 변혁적 종말론, 6. 하나님 나라의 영역과 통치의 성격을 중심으로 설명한다.

2   마태복음의 교차 대칭적 구조 안에서 13장의 중요성을 잘 보여주는 책으로 J. D. Kingsbury, *The Parable of Jesus in Matthew 13* (Richmond: John Knox Press, 1969)이

예수는 비유를 통해 하나님 나라를 가르치셨을 뿐만 아니라 행동을 통해 하나님 나라를 보여주셨다. 예수는 죄인을 용서하시고 심지어는 자신을 십자가에 못 박는 원수들까지도 용서하는 기도를 하심으로써(눅 23:34), 하나님 나라가 하나님이 무한한 사죄의 은총을 베푸시는 사랑과 긍휼의 나라임을 보여주셨다. 예수는 병자들을 치유하고 귀신들린 자들을 고치심으로써 하나님 나라가 치유와 온전한 생명의 나라임을 보여주셨다. 예수는 가난한 자들과 죄인들과 교제하며 그들과 식탁을 나눔으로써 하나님 나라의 구원이 사회에서 소외되고 정죄당하는 자들에게 우선적으로 주어짐을 보여주셨다. 예수는 성전에서 돈 바꾸어주는 사람들의 상을 뒤집어엎으심으로써, 하나님 나라가 세속화된 종교와 종교인들에 대한 심판임을 보여주셨다. 예수에게 하나님 나라는 이 세상 질서의 역전을 의미했다(막 10:31). 예수 그리스도의 십자가 죽음은 이 하나님 나라를 위한 헌신의 최종적 결과였다.

다른 한편, 초기 교회가 선포한 복음은 예수에 관한 복음, 예수 그리스도를 통한 구원의 복음이었다. 여기서 복음의 핵심적 내용은 예수 그리스도의 십자가 구속을 통한 죄 용서와 의롭게 됨, 즉 구원이다. 이 복음은 한마디로 구속의 복음이라고 할 수 있다. "예수의 복음"(즉 하나님 나라의 복음)으로부터 "예수에 관한 복음"(즉 예수 그리스도를 통한 구속의 복음)으로의 전환은 두 결정적인 사건에 대한 사도들과 초기 교회의 경험에 근거하여 이루어졌다. 이 두 결정적인 사건은 예수 그리스도의 십자가와 부활이다.

사도들은 예수의 부활을 하나님께서 예수를 죽은 자들 가운데서

있다.

일으키심으로써 예수의 옳음을 입증하신 사건으로 이해했다. 즉 부활은 예수가 자신이 하나님의 아들로서 하나님의 통치를 대행한다고 주장하면서 전개한 하나님 나라 운동의 정당성을 하나님께서 변호하신 사건이었다. 부활하심으로 예수는 주가 되셨다(행 3:36; 5:31; 롬 1:4). 초기 그리스도인들은 예수의 부활을 시편 110:1의 "여호와께서 나의 주께 이르시되, '내가 너의 원수들을 네 발등상이 되게 할 때까지 내 우편에 앉으라'"는 말씀의 성취로 보았다. 즉 그들은 하나님께서 예수를 살리신 것을 예수를 주로 높이어 하나님 우편에 앉히신 것으로 이해했다. 하나님께서는 예수를 부활시키고 자신의 우편으로 높여 그로 하여금 온 세상에 하나님의 통치를 대행하게 하셨다(마 28:18).[3]

사도들은 자신들이 경험한 부활의 빛에 비추어 예수의 하나님 나라 선포와 죽음을 새롭게 이해했다. 그들은 특히 예수의 죽음을 예수가 선포하고 실천한 하나님 나라 복음의 절정이요 완성으로 이해했다. 즉 예수의 십자가 죽음으로 말미암아 예수가 갈릴리에서 선포했던 하나님 나라가 도래했으며, 예수가 약속했던 하나님 나라의 구원이 성취되었다는 것이다. 그러므로 부활 이후 사도들이 선포한 복음(케리그마)은 하나님 나라의 복음을 성취한 예수의 죽음에 초점이 맞추어져 있다. 다시 말해 이제 예수의 십자가 죽음 자체가 복음이 되었다. 왜냐하면 예수의 죽음이 하나님 나라의 복음을 성취하고 하나님 나라의 구원을 가져다주었기 때문이다. 십자가를 통해 성취된 하나님 나라의 복음과 구원의 핵심에 구속교리가 있다. 즉 사도들은 예수에게 내려진 형벌처럼 보였던 십자가를 통해 하나님이 구속을 이루셨다고 보았다. 특히 다메섹 도상에서 부활하신

3　이와 관련하여 김세윤, 『복음이란 무엇인가』 (서울: 두란노, 2003/2017) 2부 9장 5. "하나님의 통치를 계속 대행하는 '주' 예수 그리스도," 188-200을 참고하라.

예수 그리스도를 만났던 바울은 자신이 경험한 부활의 빛 아래에서 예수 그리스도의 십자가 죽음에 의한 구속(갈 1:4, 딤전 2:6)의 복음, 즉 죄 용서(갈 3:11, 엡 1:7, 골 1:14)와 의롭게 됨(갈 2:16)의 복음을 발전시켰다.[4]

3. 전통적인 교회의 예수에 관한 복음(구속의 복음)의 문제점

하지만 예수 그리스도의 십자가 사건에 근거하여 전통적으로 교회가 선포해온 구속의 복음은 다음과 같은 문제점을 드러낸다. 첫째, 이 복음에는 구약성서가 필요 없다. 왜냐하면 이 복음에서는 예수 그리스도의 사역과 죽음이 구약성서의 예언자들이 선포한 예언과의 관계 속에서 이해되고 있지 않기 때문이다. 구약성서의 예언자들은 하나님 나라를 위해 보냄을 받은 메시아의 오심을 예언했다. 예수는 공생애를 시작하면서 바로 이사야 61장의 글을 인용하며 하나님 나라를 위한 자신의 메시아 사역의 목적을 다음과 같이 밝혔다. "주의 성령이 내게 임하셨으니 이는 가난한 자에게 복음을 전하게 하시려고 내게 기름을 부으시고 나를 보내사 포로된 자에게 자유를, 눈 먼 자에게 다시 보게 함을 전파하며, 눌린 자를 자유롭게 하고 주의 은혜의 해를 전파하게 하려 하심이라"(눅 4:18-19). 그러나 전통적인 교회의 구속의 복음은 이와 같은 하나님 나라에 대한 예수 그리스도의 메시아적 비전과 별 관계가 없이 선포되어왔다.

둘째, 교회가 전통적으로 선포해온 구속의 복음은 하나님 나라를 위한 예수의 갈릴리 사역과 동떨어져 선포되어왔다. 십자가 구속의 복

---

4 · 다른 한편, 기원후 100년경에 요한복음을 기록한 요한 공동체는 영생의 복음(요 3:15, 16, 36, 5:24, 6:40)을 발전시켰다.

음에서는 예수의 공생애 동안의 하나님 나라 운동이 우리의 구원에 대해 아무런 의미를 갖지 못한다. 오직 십자가의 죽음만이 우리의 구원을 가능케 한다. 이 복음에서는 왜 예수가 예루살렘에 올라가 죽음을 당해야 했는지, 예수를 죽음으로 몰고 갔던 당시의 종교적·정치적 상황이 어떠했는지, 그리고 이러한 상황 속에서의 예수의 고뇌에 찬 결단과 행동이 어떠했는지에 대한 이해가 아무런 구원론적 중요성을 갖지 못한다. 오직 예수의 십자가 죽음만이 우리에게 구원론적 중요성을 갖는다. 예수 그리스도의 십자가 사건에 전적으로 의존하는 전통적인 교회의 구속의 복음은 갈릴리에서 예루살렘에 이르는 공생애 과정 속에서의 예수 그리스도의 하나님 나라 운동을 무의미하거나 부차적인 것으로 만든다. 그러나 우리는 예수의 십자가 죽음이 갈릴리에서 예루살렘에 이르는 공생애 과정 속에서의 그의 하나님 나라 운동의 최종적인 운명이었음을 기억해야 한다. 다시 말해 예수 그리스도의 십자가는 예수 그리스도가 하나님 나라를 위한 메시아적 사역에 끝까지 헌신한 결과 초래된 운명이었다.

셋째, 따라서 십자가에 배타적으로 집중하는 구속의 복음은 기독교의 믿음을 탈역사화, 마술화하고 이 세상에서의 그리스도인들의 역사 변혁적인 실천 능력을 약화시킨다. 인간이 예수 그리스도의 십자가 구속을 믿는 믿음으로 구원받는 것만을 강조하는 구속의 복음은 인간의 구원을 이 세상의 역사 안에서의 하나님의 통치의 구현과 관계없는 개인적·내면적 차원으로 환원함으로써 개인의 내적 믿음과 이 세상에서의 실천적 삶을 분리시킨다. 이 복음에서 사회적 섬김의 실천은 구원과 아무런 관계가 없다. 여기서 교회의 선교적 과제는 사람들에게 구속의 복음을 전하여 개개인의 영혼을 구원하는 것 외에 다름이 아니다. 여기서 사회적 정의의 구현을 위한 실천은 복음과 아무런 관계가 없다. 구속의 복음은 이 세상의 역사를 변혁시키고 완성하며 도래할 종말론적 미래의 하나님 나라에 대한 비전을 결여하고 있다.

　이와 같이 예수 그리스도에 관한 복음 즉 구속의 복음의 문제점[5]을 지적하는 목적은 단지 이 복음이 잘못된 복음이라는 것을 보여주기 위한 것이 아니다. 그 목적은 이 복음이 예수 그리스도가 선포하고 실천한 하나님 나라의 복음이라는 보다 포괄적이고 궁극적인 지평 안에서 올바로 이해되어야 하며, 그렇게 함으로써 보다 온전한 복음의 전망을 수립해야 한다는 것을 말하고자 하는 데 있다.

4. 바울의 하나님 나라 복음

전통적으로 개신교회는 인간이 오직 믿음으로(*sola fide*) 의롭게 된다는 마르틴 루터의 칭의론을 기독교 복음의 핵심으로 이해해왔다. 루터의 칭의론은 예수 그리스도의 십자가에 집중되어 있다. 루터의 칭의론이란 예수께서 우리의 죄를 대신 지시고 십자가에서 돌아가심으로써 우리의 죄를 구속했으며, 이것을 믿는 사람에게 죄 용서와 의롭게 됨, 즉 구원이 주어진다는 이신칭의(以信稱義, justification by faith) 교리를 의미한다. 루터의 이신칭의 교리는 그의 바울 이해에 기초해 있다. 즉 그는 바울의 로마서와 갈라디아서에 대한 주석을 통해 이신칭의 교리를 수립했다. 이 교리를 따라 개신교는 십자가 구속의 복음을 전하는 것을 교회의 지상 과제로 이해해왔다. 그러나 우리는 "과연 바울의 복음은 단지 구속의 복음일 뿐이

5　또한 구속교리는 전통적으로 형벌만족설의 관점에서 이해되어왔다. 죄인 된 인간을 대신하여 예수 그리스도가 십자가에서 죽음의 형벌을 받음으로써 하나님의 공의가 만족되었으며, 이로 인해 인간에게 죄 용서와 구원이 주어졌다고 주장하는 이 교리에서는 하나님의 보복적 정의가 자기희생적 사랑을 압도한다.

고 하나님 나라의 복음은 아닌가?" 하는 질문을 던져볼 필요가 있다.

최근의 바울 연구들은 바울의 복음의 초점이 단지 개인적이고 비역사적인 차원에서 한 개인이 어떻게 구원을 받는가에 대한 것이 아니라, 유대적 전통의 맥락 안에서 이해되어야 하는 하나님 나라의 복음에 있다는 사실을 새롭게 밝혀주고 있다. 바울의 복음이 본래적으로 유대적 전통의 맥락 안에서 이해되어야 하는 하나님 나라 복음임을 주장하는 대표적인 신학자 중 한 사람이 톰 라이트(N. T. Wright)다.[6] 라이트는 바울이 다메섹 도상에서 예수를 만난 이후에 단지 유대교를 포기하고 회심한 것이 아니라 유대교의 오랜 이야기가 예수 안에서 절정과 성취에 이르렀다고 믿었다고 강조한다. 즉 바울의 소명은 하나님께서 십자가에 못 박힌 예수를 죽은 자들 가운데서 살리심으로써 온 세상의 주가 되게 하셨다는 사실을 선포하는 것이었다는 것이다.[7]

라이트에 의하면, 바울은 근본적으로 유대인 사상가였기 때문에 바울이 복음이란 단어를 사용했을 때 그 의미는 유대 전통의 구약성서에 나타나는 이 단어의 용법의 맥락 안에서 이해되어야 한다.[8] 좋은 소식 즉 복음을 선포하는 이사야 40:9과 52:7이 위치한 전체 단락(사 40-66장)의 두 가지 주제는 "시온으로의 야웨의 귀환과 즉위" 그리고 "바벨론 포로상태에서의 이스라엘의 귀환"이다. 이 본문들에 나타나는 복음은 이스라엘이 처한 포로상태라는 특수한 상황을 위한 메시지였다. 곧 복음은 이스라엘이 오랫동안 기다려왔던 소식, 즉 "속박에서 벗어나는 해방이 가

---

6 바울이 그리스도를 율법과 계약을 완성한 분으로 이해한다는 견해에 대해서는 N. T. Wright, *The Climax of the Covenant: Christ and the Law in Pauline Theology* (Minneapolis: Fortress, 1991)을 참고하라.

7 톰 라이트, 『바울의 복음을 말하다』, 최현만 역 (서울: 에클레시아북스, 2011), 58-59.

8 위의 책, 62-64.

까이 왔다"는 메시지였다. 라이트는 바울의 복음이 이러한 구약 메시지의 배경에서 이해되어야 한다고 강조하면서 다음과 같이 말한다. "바울의 '복음'을 더욱더 유대교적 배경에서 바라볼수록, 그 복음은 황제 숭배라는 주장에 더욱더 직접적으로 맞서는 내용이 되며, 실제로 그것이 '종교적'이든 '세속적'이든 그 밖의 모든 이교주의에 도전하게 된다."[9]

　　이사야의 메시지가 하나님께서 온 세상의 왕이심을 선포하는 것이라면, 바울의 복음은 십자가에서 죽음을 당하고 다시 살아난 예수가 하나님의 통치권을 부여받은 온 세상의 주라는 것이다. 바울에게 십자가가 복음인 이유는 십자가가 모든 악한 세상의 권세에 대항해서 사람들을 해방하는 하나님의 승리의 상징이기 때문이다. 즉 십자가는 세상의 "통치자들과 권세자들에 대한 결정적인 승리"를 상징한다. 이 사실을 바울은 다음과 같이 표현한다. "우리를 거스르고 불리하게 하는 법조문으로 쓴 증서를 지우시고 제하여 버리사 십자가에 못 박으시고 통치자들과 권세들을 무력화하여 드러내어 구경거리로 삼으시고 십자가로 그들을 이기셨느니라"(골 2:14-15).

　　바울은 예수 그리스도의 십자가의 복음이 부활에 의해 확증되었다고 믿었다(고전 15:14, 17). 바울은 부활을 나사렛 예수가 이스라엘의 메시아일 뿐만 아니라 온 세상의 주님이심을 확증한 사건으로 믿었다. "성결의 영으로는 죽은 자들 가운데서 부활하사 능력으로 하나님의 아들로 선포되셨으니 곧 우리 주 예수 그리스도시니라"(롬 1:4). 라이트에 의하면, 예수를 주로 고백한다는 것은 로마 세계의 통치자이자 권세자인 카이사르가 주라는 주장을 반박하는 것이다. 다시 말해 바울은 이 세상 나

9　　위의 책, 66.

라의 통치자들과 권세자들을 향해 하나님 나라 복음을 선포했다는 것이다.[10] 복음, 즉 좋은 소식은 하나님이 예수 안에서 그리고 예수 그리스도의 죽음과 부활 안에서 이제 세상의 주도권을 쥐고 계신다는 사실이다.[11]

안용성도 바울의 복음이 하나님 나라의 복음이라는 사실을 로마서 1:2-5과 고린도전서 15:3-5 등에 나타나는 바울의 복음 이해에 대한 설명을 통해 보여준다.[12] 바울은 로마서 1:2[13]에서 자신의 복음이 예언자들을 통해 성서 안에 미리 약속된 것이라고 말한다. 예언자들을 통해 약속된 복음이란 하나님 나라의 도래에 관한 복음을 의미한다. 바울은 자신의 복음이 이 예언자들의 복음의 연장선상에 있다고 밝힌다. 그리고 바울은 로마서 1:4에서 예수께서 죽은 자들 가운데서 부활하심으로 능력 즉 하나님의 통치권을 대행하는 하나님의 아들로 선언되셨다고 말한다. 공관복음서에서 예수가 공생애 동안 하나님 나라의 도래를 선포하는 메시아라면, 바울 서신에서 예수는 부활하심으로써 하나님 나라의 주로 선포된다. 안용성은 고린도전서 15장도 하나님 나라의 관점에서 이해 가능하다고 본다. 고린도전서 15:24-25[14]에 따르면, 예수께서는 마지막 날에 모든 통치권과 권위와 권력을 폐하시고 그 나라를 하나님 아버지께

---

10   위의 책, 85-89.

11   톰 라이트, 『이것이 복음이다』 (서울: IVP, 2017), 88. 그러나 필자는 예수 그리스도의 하나님 나라 복음의 종말론적 차원을 역사적 차원으로 환원하려는 톰 라이트의 견해에는 동의하지 않는다.

12   안용성, "신약 교회의 토대가 된 하나님 나라의 복음," 제20회 바른교회아카데미 연구위원회 세미나 (장로회신학대학교, 2016, 1, 25-26).

13   "이 복음은 하나님이 선지자들을 통해 그의 아들에 관하여 성경에 미리 약속하신 것이라."

14   "그 후에는 마지막이니 그가 모든 통치와 모든 권세와 능력을 멸하시고 나라를 아버지 하나님께 바칠 때라. 그가 모든 원수를 그 발 아래에 둘 때까지 반드시 왕 노릇 하시리니"(고전 15:24-25).

넘겨드릴 것이다. 그리고 하나님 나라가 온전히 실현되는 그때까지(그가 모든 원수를 그 발아래에 둘 때까지) 그리스도께서는 통치권을 행사하실 것이다. 왜냐하면 예수는 부활하심으로써 하나님의 통치권을 대행하는 하나님 나라의 주가 되셨기 때문이다. 바울은 골로새서에서 십자가의 구속을 통한 구원을 흑암의 권세로부터 하나님 나라로 옮겨간 사건으로 표현한다. "그가 우리를 흑암의 권세에서 건져내사 그의 사랑의 아들의 나라로 옮기셨으니 그 아들 안에서 우리가 속량 곧 죄 사함을 얻었도다"(골 1:13-14).[15]

바울에게 있어 예수를 믿는다는 것은 단지 구속교리만을 고백하는 것이 아니라 십자가와 부활을 통해 하나님 나라의 통치자가 된 예수를 우리의 주로 고백하는 것이다(롬 10:9-10). 예수를 주로 고백한다는 것은 무엇을 의미하는가? 그것은 단지 말로만 하는 것이 아니라 예수가 나의 삶 속에서 주가 되시게 하는 것이다. 예수의 주 되심을 믿는 것은 곧 주님이신 그분께 순종하는 것이다. 따라서 믿음과 순종의 삶은 분리되지 않는다. 톰 라이트는 복음의 선포를 "하나님의 통치에 순종하라고 권위 있게 소집하는 것, 즉 믿음의 순종으로 부르는 것"이라고 정의한다.[16] 따라서 예수 그리스도의 십자가 구속의 복음을 받아들이는 믿음은 그분의 주 되심을 인정하고 그분이 우리의 주가 되도록 그분께 순종하는 삶으로

---

15 이러한 바울의 표현은 고대 교회의 고전적 구속교리 또는 승리자 그리스도론의 성서적 근거가 되었다. 이레나이우스의 승리자 그리스도론에 따르면, 하나님께서 아들 예수 그리스도를 인간의 죄를 구속하기 위한 속전으로 내어줌으로써(그리고 다시 부활시킴으로써) 사탄의 나라에 사로잡혀 있던 인간을 해방하여 하나님의 나라로 옮기셨다는 것이다. 이레나이우스의 승리자 그리스도론에 관해서는 Gustaf Aulén, *Christus Victor: An Historical Study of the Three Main Types of the Ideas of Atonement*, trans. A. G. Hebert (New York: Macmillan Publishing Company, 1969)를 참고하라.

16 Wright, 『바울의 복음을 말하다』, 68.

나아가는 것을 의미한다. 결론적으로, 바울의 복음은 단지 구속의 복음만이 아니라 하나님 나라의 복음이며, 구속의 복음은 하나님 나라의 복음이라는 포괄적이고 궁극적인 지평 안에서만 온전히 이해될 수 있다.

5. 온전한 복음

하나님 나라의 복음을 선포한 선포자인 나사렛 예수가 초기 교회에서 십자가 구속의 구원을 베풀어주는 그리스도, 주, 하나님의 아들로서의 피선포자가 되었다는 사실로부터 말미암는 문제, 다시 말하면 예수의 선포와 사도들과 초기 교회의 선포, 또는 역사적 예수와 신앙의 그리스도 사이의 연속성과 불연속성의 문제는 성서에 대한 역사비평적 접근과 더불어 18세기의 라이마루스와 19세기의 슈트라우스 같은 신학자들에 의해 제기된 이래 오늘날까지 지속적인 신학적 논쟁의 주제가 되어왔다. 19세기에 역사적 예수 연구를 수행하던 신학자들이 그 둘 사이의 불연속성을 강조하면서 역사적 예수의 관점에서 신앙의 그리스도를 새롭게 수립하고자 했다면, 마르틴 켈러 같은 신학자는 후자, 즉 케리그마의 그리스도의 관점에서 전자를 설명 또는 해소하고자 했다.[17]

역사적 예수와 신앙의 그리스도, 예수가 선포한 하나님 나라의 복음과 예수를 주로 선포하는 교회의 복음 사이에는 쉽게 동일시할 수 없는 긴장이 존재하는 것이 사실이다. 그럼에도 불구하고 포스트 불트만 학자들의 견해대로, 하나님 나라를 선포한 예수의 복음과 예수를 주로 선포

---

17   Martin Kähler, *The So-called Historical Jesus and the Historic Biblical Christ* (Philadelphia: Fortress Press, 1964).

한 초기 교회의 복음 사이에는 본질적 연속성이 있다고 할 수 있다. 왜냐하면 예수가 선포한 하나님 나라가 바로 그분 자신의 인격과 사역과 죽음과 부활 안에서 선취적으로 도래했기 때문이다. 그러므로 예수를 그리스도 즉 하나님 나라의 왕(메시아) 또는 주로 믿는 것은 바로 예수가 선포한 하나님 나라를 받아들이는 것과 다름없다고 할 수 있다. 다시 말해 예수 그리스도에 대한 "예"와 "아니오"는 바로 예수 그리스도가 선포한 하나님 나라에 대한 "예"와 "아니오"를 의미한다. 하나님 나라 운동을 하시면서 예수가 하신 "누구든지 나로 말미암아 실족하지 아니하는 자는 복이 있도다"(마 11:6)란 말씀은 이런 의미에서 기독론적 의미를 함축하고 있다고 할 수 있다. 슈베르트 오그덴은 이 말씀이 "누구든지 그리스도 안에 있으면 새로운 피조물이라"(고후 5:17)는 바울의 말씀과 개념상으로는 차이가 있지만 깊은 차원의 의미에 있어서는 본질적으로 동일한 내용이라고 본다.[18] 라이트도 예수의 하나님에 대한 말씀과 예수에 대한 추종자들의 선포는 다른 것이 아니라고 주장한다. "물론 예수는 하나님에 대해 말씀하셨다. 그러나 예수는 정확하게 '자신이 하려는 일이 무엇인지 설명하기 위해' 그렇게 하셨다. 예수가 '내가 하나님의 성령을 힘입어 귀신을 쫓아내는 것이면 하나님의 나라가 이미 너희에게 임하였느니라'라고 말씀하셨을 때, 예수는 실제로 자신이 좋은 소식이라고 주장하신 것이다."[19] 김세윤은 왜 예수의 "하나님 나라" 복음이 사도들의 "예수 그리스도의 죽음과 부활"의 복음으로 대치될 수밖에 없었는지를 이렇게 설명한

---

18   Schubert M. Ogden이 1961년 12월 29-30일 미주리주 세인트루이스에 있는 Concordia Seminary에서 열린 Natural Meeting of the National Association of Biblical Instructions에서 행한 강연. 윤철호, 『너희는 나를 누구라 하느냐』, 1097에서 재인용.

19   톰 라이트, 『이것이 복음이다』, 63.

다. "예수와 그의 사도들이 같은 복음을 선포하면서도 다른 언어를 사용하게 된 이유는 한마디로, 예수는 죽음과 부활에서 성취될 구원을 항하여 가면서 그의 하나님 나라의 선포로 그 구원을 약속했기 때문이고, 그의 사도들은 그의 죽음과 부활의 관점에서 이미 성취된 그 구원을 뒤돌아보며 선포했기 때문이다."[20]

기독교의 복음은 아버지 하나님에 의해 이 세상으로 보냄을 받은 나사렛 예수의 인격과 사역과 죽음과 부활을 통해 하나님 나라가 이 세상에 선취적으로 이미 도래했으며 성령을 통해 이 세상을 변혁시킴으로써 종말론적으로 완성될 것이라는 좋은 소식을 의미한다. 예수가 말씀과 행동으로 선포하고 실천한 하나님 나라의 복음이, 바로 예수 자신의 인격과 사역과 죽음과 부활을 통해 종말론적 하나님 나라가 선취적으로 도래함으로써 실현되었다. 그리고 선취적으로 도래한 하나님 나라 안에서 구속의 은총이 주어진다. "하나님 나라의 복음을 선포한 예수의 사역과 죽음과 부활을 통해 선취적으로 도래한 하나님 나라 안에서 구속의 은총이 주어지며, 우리는 구속의 은총을 경험함으로써 하나님 나라로 들어간다"는 것이 교회와 그리스도인이 선포해야 할 온전한 복음이다. 예수 그리스도의 죽음과 부활이 복음인 것은, 다시 말해 예수 그리스도의 죽음과 부활을 통해 구속의 구원이 주어진 것은, 예수 그리스도의 인격과 사역과 죽음과 부활을 통해서 하나님 나라가 이 세상에 선취적으로 도래했으며 종말론적 미래의 하나님 나라의 구원이 약속되고 보증되었기 때문이다. 다시 말해 구속의 구원은 예수 그리스도 안에서 선취적으로 도래한 하나님 나라 안에서 하나님으로부터 선물로 주어지는 은혜로운 약속이요 보

---

20   김세윤, 『복음이란 무엇인가』, 160.

증이다.

여기서 우리는 예수 그리스도 사건 자체가 종말론적 하나님 나라의 선취적 또는 예기적 사건이었다는 사실이 복음을 위해 갖는 의미를 다시금 기억할 필요가 있다. 종말론적 미래의 하나님 나라가 예수 그리스도 사건 안에 선취적 또는 예기적으로 도래했다. 그리고 예수 그리스도 사건은 종말론적 미래의 하나님 나라의 역사적 선취로서, 종말론적 미래에 완성될 하나님 나라를 약속하며 보증한다. 이것은 예수 그리스도 사건이 그 자체가 최종적인 것이 아니라 종말론적인 미래의 완성을 향해 열려 있는 사건임을 의미한다. 따라서 기독교의 복음은 예수 그리스도 안에서 이미 주어진 구속의 복음에 초점을 맞춤에도 불구하고, 종국적으로 완결된 과거의 사건에 대한 보고라기보다는 궁극적으로 삼위일체 하나님의 세계 경륜 안에서 완성될 종말론적 미래의 하나님 나라에 대한 약속과 확증이라고 할 수 있다.[21] 왜냐하면 예수 그리스도 안에 선취적으로 도래한 하나님 나라는 종말론적 미래의 하나님 나라에서 최종적으로 완성될 것이며 그때에 인간과 모든 창조세계의 구원이 완성될 것이기 때문이다.

결론적으로, 온전한 복음은 다음 여섯 가지 관점에서 정의될 수 있다. 첫째, 온전한 복음은 구속의 복음을 포괄적이고 보편적이고 종말론적인 지평인 하나님 나라의 복음 안으로 통합하고 그 지평 안에서 이해

---

21 이에 관해서 Junghyung Kim, "Three-Dimensional Theological Thinking: Karl Barth and Jürgen Moltmann in Debate," *Korea Presbyterian Journal of Theology* 44/3 (2012, 10), 167-86; 김정형, "온신학을 위한 온전한 복음 이해,"「장신논단」, 48/1 (2016, 3): 195를 보라. 이러한 견해는 예수 그리스도 안에 나타난 하나님의 계시를 종말론적 미래에 성취될 약속으로 이해하는 몰트만의 견해와 같은 것이다. 이에 관해서 Jürgen Moltmann, *Theology of Hope*, trans. James W. Leitch (Minneapolis: Fortress, 1993), 42-45를 참조하라.

하는 복음이다.

둘째, 온전한 복음은 구약성서의 예언자들의 예언의 맥락 안에서 예수 그리스도의 하나님 나라 복음을 이해하고, 십자가 구속의 복음을 구약의 예언의 성취로서의 하나님 나라 복음의 지평 안에서 이해하며, 이와 동시에 부활의 빛 아래에서 예수 그리스도가 하나님 나라의 통치권을 부여받은 이 세상의 주이심을 선포하는 복음이다.

셋째, 온전한 복음은 단지 십자가에만 집중되는 복음이 아니라 갈릴리에서 예루살렘에 이르는 예수의 하나님 나라 운동의 연속선상에서 이해되는 그분의 십자가 죽음과 부활에 기초한 복음이다. 예수에 관한 복음, 즉 예수 그리스도의 십자가 구속의 복음은 하나님 나라의 복음을 말씀과 행동으로 선포하고 실천하다가 마침내 그 복음 때문에 십자가에 죽임을 당하고 부활하신 예수에 관한 복음이다.

넷째, 온전한 복음은 이 세상의 역사를 변혁시키며 도래하는 종말론적 미래의 하나님 나라에 대한 비전 안에서 예수 그리스도의 구속의 구원을 선포하며, 이와 동시에 이 땅에 하나님의 사랑과 정의와 평화의 통치를 구현하기 위한 변혁적 실천의 삶과 가난한 자를 위한 사회적 섬김의 중요성을 강조하는 복음이다.

다섯째, 온전한 복음은 예수 그리스도 사건을 종말론적 하나님 나라의 선취로 이해하면서, 십자가의 구속을 예수 그리스도 안에서 선취적으로 도래한 하나님 나라 안에서 주어지는 구원의 선물로 받아들임과 동시에 그 안에서 종말론적 미래에 완성될 하나님 나라에 대한 약속과 보증을 발견하는 복음이다.

여섯째, 온전한 복음은 직설법(indicative)과 명령법(imperative)을 포함하는 복음이다. 다시 말해 온전한 복음 이해에 있어서 선행하는 하나님의 은총의 선물과 이에 대한 인간의 응답, 즉 믿음과 실천적 행동은 한 복음의 두 측면을 구성한다.

6. 온전한 복음의 직설법과 명령법, 그리고 통전적 선교

온전한 복음은 직설법과 명령법으로 구성된다. 예수가 선포한 하나님 나라 복음에서는 하나님의 은혜의 선물과 인간의 실천적 과제가 분리되지 않는다. 예수는 하나님 나라가 하나님의 은혜로 주어지는 나라임을 말씀과 행동으로 보여주셨다. 예수는 탕자의 비유, 잔치 비유, 포도원 비유, 바리새인과 세리의 성전 기도 등의 비유를 통해, 그리고 가난하고 소외된 자들에 대한 우선적인 관심과 사랑, 병자를 고치심, 죄인들과의 식탁교제 등의 행위를 통해 하나님 나라의 구원이 인간의 의나 공로에 의해서가 아니라 하나님의 은혜로 주어짐을 보여주셨다. 부활하심으로써 예수가 주가 되셨다는 것은 그 자체가 직설법적 복음의 선언이다. 왜냐하면 예수가 온 세상의 주가 되심으로써 우리는 이 세상의 흑암의 권세로부터 해방되어 그분이 통치하는 하나님 나라로 들어가게 되었기 때문이다(골 1:13-14). 구원이란 사탄의 나라에서 하나님 나라로 옮겨지는 것이다. 이 구원은 예수 그리스도의 십자가와 부활을 통해 하나님의 은혜로 값없이 주어진다. 그리고 우리는 이 구원을 예수가 주되심을 입으로 고백하고 예수 그리스도의 죽음과 부활 안에서 구속의 복음을 받아들임으로써 받을 수 있다. "네가 만일 네 입으로 예수를 주로 시인하며 또 하나님께서 그를 죽은 자 가운데서 살리신 것을 네 마음에 믿으면 구원을 받으리라. 사람이 마음으로 믿어 의에 이르고 입으로 시인하여 구원에 이르느니라"(롬 10:9-10). 우리가 예수를 주로 고백한다는 것은 그분의 주권에 우리 자신을 위탁하는 것을 의미한다. 우리의 구원은 우리가 하나님께서 인정하실 만한 선한 행동을 통해 공로를 쌓음으로써 그에 대한 보상으로 주어지는 것이 아니라, 오직 우리가 믿음으로 예수를 주로 고백하고 우리 자신을 그분의 주권 아래 위탁함으로써 하나님의 은혜의 선물로 주어지는 것이다(롬 3:28). 달리 말하면, 예수를 주로 고백함으로써 우리는 암흑의 권세로부터 주 예수 그리스도가 하나님의 구원의 대행자로서 통치하시는 하나님 나라로 옮겨진다. 이것이 직설법으로서의 복음이다.

그런데 예수의 하나님 나라 복음에서는 직설법과 명령법이 분리되지 않는다. 예수는 다음과 같이 말씀했다. "그러므로 누구든지 이 계명 중의 지극히 작은 것 하나라도 버리고 또 그같이 사람을 가르치는 자는 천국에서 지극히 작다 일컬음을 받을 것이요, 누구든지 이를 행하며 가르치는 자는 천국에서 크다 일컬음을 받으리라. 내가 너희에게 이르노니 너희 의가 서기관과 바리새인보다 더 낫지 못하면 결코 천국에 들어가지 못하리라"(마 5:19-20). "나더러 주여 주여 하는 자마다 다 천국에 들어갈 것이 아니요 다만 하늘에 계신 내 아버지의 뜻대로 행하는 자라야 들어가리라. 그러므로 누구든지 나의 이 말을 듣고 행하는 자는 그 집을 반석 위에 지은 지혜로운 사람 같으리니"(마 7:21-24). 예수를 주로 고백한다는 것은 단지 입으로만 하는 것을 의미하는 것이 아니다. 진정한 믿음의 고백은 우리가 그분의 주권적 통치에 순종하겠다고 서약한다는 것을 내포한다. 다시 말해 진정한 믿음의 고백은 우리가 하나님 나라의 통치자이신 주님의 계명을 지키겠다는 서약이다. 주인의 뜻대로 행하지 않는 종은 주인을 주인으로 인정하지 않는 것이다.

또한 우리는 예수 그리스도를 통해 하나님 나라가 이 세상에 선취적으로 도래한 것이지, 완전히 성취된 것은 아니라는 사실을 기억할 필요가 있다. 예수 그리스도를 통해 이 세상에서 하나님 나라가 선취적으로 도래했으며, 우리가 예수를 주로 고백함으로써 이미 그 나라로 옮겨졌지만, 하나님의 통치는 아직도 이 세상에서 완전히 실현되지 않았으며 아직도 이 세상에는 악과 불의와 어둠의 권세가 준동하고 있다. 그러므로 우리는 이 땅에 하나님 나라를 확장하기 위해 예수의 주권에 순종하여 성령의 도우심을 힘입어 세상의 악과 불의와 어둠의 세력과 싸워나가야 한다. 여기에 명령법으로서 주어지는 복음의 필요성이 있다.

이와 같이 온전한 복음은 직설법과 명령법, 즉 하나님의 은혜의 선물과 인간의 실천적 책임을 포괄한다. 직설법으로서의 복음은 예수 그리스도의 인격과 사역과 죽음과 부활을 통해 선취적으로 임한 하나님 나라 안에서 우리가 하나님의 은혜로 구속의 구원을 받고 다른 모든 피조물과 더불어 풍성한 생명과 평화(샬롬)를 누리게 되었으며, 우리에게 종말론적 미래에 도래할 영원한 하나님 나라가 약속되고 보증되었다는 것이다. 명령법으로서의 복음은 우리가 예수 그리스도가 선포하고 실천했던 하나님 나라의 일꾼으로 부름을 받아 예수 그리스도를 통해서 선취적으로 임한 하나님 나라 안에서의 구속의 복음을 증언하면서 동시에 인간과 다른 모든 피조물이 함께 풍성한 생명과 평화를 온전히 누리는 미래의 종말론적인 하나님 나라의 도래를 위해 세상 속에서 역사하시는 성령의 변혁적 사역에 실천적으로 동참해야 한다는 것이다. 이 명령법으로서의 복음은 바로 교회와 그리스도인의 선교적 사명을 지시한다.

온전한 복음의 직설법과 명령법은 각기 개인적 차원과 사회적·우주적 차원으로 구성된다. 직설법적 복음의 개인적 차원은 예수 그리스도의 사역과 죽음과 부활을 통해 선취적으로 임한 하나님 나라 안에서 주어지는 구속의 복음을 지시하며, 사회적·우주적 차원은 예수 그리스도의 사역과 죽음과 부활을 통해 선취적으로 임한 하나님 나라 안에서 우리가 다른 모든 피조물과 더불어 누리는 풍성한 생명과 평화 그리고 종말론적 미래에 도래할 영원한 하나님 나라에 대한 약속과 보증을 지시한다.

　　직설법적 복음에 상응하여, 명령법적 복음, 즉 선교적 사명의 개인적 차원은 예수 그리스도의 인격과 사역과 죽음과 부활을 통해 선취적으로 임한 하나님 나라 안에서 주어지는 구속의 복음을 증언함으로써 개인의 영혼을 구원하는 것이며, 사회적·우주적 차원은 인간과 다른 모든 피조물이 함께 풍성한 생명과 평화를 온전히 누리는 종말론적인 하나님 나라의 도래를 위해 이 땅에서 하나님의 사랑과 정의의 통치를 확장시켜 나아가는 성령의 변혁적 활동에 동참하는 것이다. 통전적 선교는 이 두 가지 차원 즉 개인적 차원과 사회적·우주적 차원의 선교를 함께 추구하는 선교다. 다시 말해 우리는 한편으로는 세상을 향해 예수가 주이심을 선포함으로써 사람들로 하여금 예수를 주로 믿고 구속의 구원을 받아 흑암의 세력으로부터 의와 생명의 하나님 나라로 들어오도록 초대해야 하며, 다른 한편으로는 사회적·정치적 영역을 포함한 이 세상의 모든 삶의 현실 속에서 악과 불의와 어둠의 세력에 맞서 투쟁함으로써 풍성한 생명과 평화를 가져오는 하나님의 사랑과 정의의 통치를 실현해 나아가야 한다.

7. 통전적 선교와 사회적 선교

통전적 선교는 온전한 복음으로부터 나오며 온전한 복음을 지향한다. 통전적 선교는 개인적 차원과 사회적·우주적 차원을 포괄하는 복음의 명령법으로부터 나온다. 온전한 복음과 마찬가지로, 통전적 선교는 개인적 차원과 사회적·우주적 차원을 포괄한다. 즉 온전한 복음은 구속의 복음을 증언함으로써 개인의 영혼을 구원하는 것과, 세상의 사회적·우주적 차원에서의 성령의 변혁적 활동에 참여함으로써 모든 피조물이 함께 풍성한 생명과 평화를 누리는 하나님 나라를 구현하는 것을 한데 통합한다. 다시 말해 복음의 개인적 차원과 사회적·우주적 차원, 즉 개인 영혼의 구원과 사회적·우주적 변혁은 하나님 나라의 포괄적 지평 안에서 통합된다. 그러므로 온전한 복음에 있어서, 사회적 선교는 개인의 영혼을 구원하기 위한 복음 전도 이후에 부수적으로 부가되는 교회의 이차적 과제가 결코 아니다. 사회적 선교는 사회적 차원에서 인간과 다른 모든 피조물이 함께 풍성한 생명과 평화를 온전히 누리는 미래의 종말론적인 하나님 나라의 도래를 위해 세상 속에서 역사하시는 성령의 변혁적 활동에 참여하는 선교로서, 온전한 복음의 명령법 즉 통전적 선교의 핵심적 요소다. 세계교회협의회 나이로비 총회(1975)는 "온전한 복음"이란 제목 아래 온전한 복음과 통전적 선교 개념을 다음과 같이 표명했다. "복음은 항상 예수 그리스도를 통한 하나님 나라와 사랑의 선포, 은혜와 죄 용서의 제공, 회개와 그리스도에 대한 믿음에의 초대, 하나님의 교회 안에서의 친교의 권면, 하나님의 구원의 말씀과 행위를 증언하라는 명령, 정의와 인권을 위한 투쟁에 참여할 책임, 인간의 온전함을 방해하는 모든 것을 배척할 의무, 생명을 내어놓을 각오의 헌신을 포함한다."[22] 이 글에서 "예수 그리스도를 통한 하나님 나라와 사랑의 선포, 은혜와 죄 용서의 제공, 회개와 그리스도에 대한 믿음으로의 초대, 하나님의 교회 안에서의 친교의 권면"은 복음의 직설법적 차원을 표현하며, "하나님의 구원의 말씀과 행위를 증언하라는 명령, 정의와 인권을 위한 투쟁에 참여할 책임, 인간의 온전함을 방해하는 모든 것을 배척할 의무, 생명을 내어놓을 각오의 헌신"은

---

22   David M. Paton ed. *Breaking Barriers: Nairobi 1975* (London: SPCK, 1976), 52.

복음의 명령법으로서의 선교적 과제를 표현한다. 이 복음의 명령법으로서의 선교적 과제 가운데 특히 "정의와 인권을 위한 투쟁에 참여할 책임, 인간의 온전함을 방해하는 모든 것을 배척할 의무, 생명을 내어놓을 각오의 헌신"은 사회적 선교의 과제를 잘 표명한다.

이 글의 서두에서 언급한 바와 같이, 전통적으로 교회는 선교를 예수 그리스도의 십자가를 통한 구속의 복음을 전함으로써 개인의 영혼을 구원하는 행위로 이해해왔다. 그 결과 세상의 사회역사적 현실 속에서 하나님의 사랑과 정의의 통치, 즉 하나님 나라를 실현하기 위한 교회와 그리스도인 사회적·공적 책임은 복음을 통해 구원받은 후에 부여받는 이차적이고 부수적인 윤리적 과제로 인식되어왔다. 여기서 개인적 차원의 복음과 사회적·공적 책임은 분리되고 차등화된다. 다시 말해 십자가 구속의 복음을 전함으로써 개인의 영혼을 구원하는 전도와, 이 땅에 하나님 나라의 통치를 실현하기 위한 사회적·공적 책임은 마치 믿음과 행위의 이분법적 도식 안에서 나타나는 복음과 율법의 관계처럼 이해된다.

따라서 오늘날 개인적 영혼 구원을 위한 구속의 복음만을 복음으로 생각하고 이 복음만을 강조하는 한국교회가 복음에 대한 온전한 이해 아래 통전적 선교의 사명을 수행하기 위해서는 하나님 나라의 복음을 위한 예수 그리스도의 선교에 대한 새로운 이해를 가질 필요가 있다. 예수는 온전한 복음 이해에 근거한 통전적 선교의 원형적 모델을 우리에게 보여준다. 예수께서 하나님 나라 선교를 시작하면서 이사야 61장을 인용하며 하신 말씀(눅 4:18-19)은 가난한 자에게 복음을 전하는 것이 예수 자신의 하나님 나라 선교의 핵심 내용임을 보여준다. 예수의 하나님 나라 복음은 직설법과 명령법을 모두 포괄한다. 즉 하나님 나라는 전적으로 하나님의 은혜의 선물인 동시에 인간의 실천적 행위를 요구한다. 따라서 예수의 하나님 나라 복음에 기초한 온전한 복음은 믿음과 행위의 이분법을 허용하지 않는다. 가난한 자에게 복음을 전한다는 것은 포로 된 자를 자유롭게 하고, 눈먼 자를 다시 보게 하고, 눌린 자를 자유롭게 하고, 주의 은혜의 해를 전파하는 것이다. 예수는 갈릴리의 가난하고 굶주린 자들을 향해 이렇게 하나님 나라의 복음을 선포했다. "너희 가난한 자는 복이 있나니 하나님의 나라가 너희 것임이요, 지금 주린 자는 복이 있나니 너희가 배부름을 얻을 것임이요"(눅 6:20-21).

　　이 땅에서 하나님의 사랑과 정의의 통치의 실현을 목표로 했던 예수 그리스도의 하나님 나라 선교는 교회와 그리스도인의 선교를 위한 원형이 되어야 한다. 교회와 그리스도인은 자신이 사명으로 부여받은 선교의 목적이 예수 그리스도처럼 이 땅에서 하나님의 통치, 하나님의 뜻을 실현하는 것임을 새롭게 인식해야 한다. 예수가 하늘나라를 말씀하실 때, 그것은 죽은 뒤에 가게 될 천국을 지칭한 것이 아니었다. "나라가 임하시오며 뜻이 하늘에서 이루어진 것 같이 땅에서도 이루어지이다"(마 6:10)라고 기도하라는 예수의 가르침은 그의 하나님 나라 운동의 목적이 이 땅에 하나님의 통치 즉 하나님 나라를 구현하는 데 있음을 명백히 보여준다. 예수 그리스도는 단지 우리를 천상의 나라로 데려가기 위해 오신 것이 아니라, 이 땅에 하나님의 뜻이 이루어지는 하나님 나라를 구현하기 위해 오셨다. 만일 예수 그리스도가 단지 우리를 천상의 나라로 데려가기 위해 오셨다면 이 땅에서 하나님의 통치를 구현하기 위한 그 자신의 행동이 초래한 십자가 죽음도 없었을 것이며, 따라서 구속의 복음도 없었을 것이다. 예수의 메시아 사역의 목표는 저 하늘에서가 아니라 저 하늘에서처럼 이 땅에 하나님의 뜻을 실현하는 것이었다.

　　이미 위에서 예시한 것과 같이 예수는 신약성서의 여러 곳에서 가난한 자를 섬기기 위한 사회적 실천의 중요성을 누차 강조했다. 예수는 가난하고 비천한 이웃에게 한 것이 자신에게 한 것이고 그에게 하지 않은 것이 자신에게 하지 않은 것이라고 말씀하시면서 이 행위에 따라 구원과 저주가 결정될 것이라고 말씀했다. "내가 진실로 너희에게 이르노니 이 지극히 작은 자 하나에게 하지 아니한 것이 곧 내게 하지 아니한 것이니라 하시리니 그들은 영벌에, 의인들은 영생에 들어가리라 하시니라"(마 25:45-46). 이 예수의 말씀에서 가난한 자를 위한 섬김의 행위는 구원과 관계없는 단지 율법적 차원의 부차적인 윤리적 요구가 아니라 바로 의인과 악인, 영생과 영벌을 가르는 심판의 척도다.

예수는 가난한 자를 위한 하나님 나라의 복음을 말씀으로뿐 아니라 직접 몸으로 실천하셨다. 예수는 가난한 자들, 여성들, 죄인들과 교제하고 함께 식사함으로써 하나님 나라의 구원이 사회에서 소외되고 정죄당한 자들에게 우선적으로 주어짐을 보여주셨다. 가난한 자들을 섬기는 사회적 선교는 하나님 나라 복음을 위한 예수 그리스도의 선교의 핵심이었다. 우리는 예수 그리스도의 십자가 죽음이 바로 가난한 자를 위한 하나님 나라의 복음을 몸으로 실천하다가 맞은 최후의 운명이었음을 다시금 강조할 필요가 있다. 예수 그리스도의 십자가 죽음은 가난한 자들을 위해 하나님 나라의 복음을 전하시며 그들을 섬기셨던 갈릴리에서의 사역의 최종적 결말이었다. 이 사실을 기억해야 구속의 복음이 비역사화, 마술화되는 것을 막을 수 있다.

예수 그리스도로부터 세상으로 보냄을 받은 교회와 그리스도인은 자신의 선교적 소명이 무엇보다 예수 그리스도처럼 가난한 자들을 위한 하나님 나라의 복음을 증언하고 그들을 섬김으로써 이 땅에 하나님의 통치를 실현하는 것임을 기억해야 한다. 하나님의 사랑과 정의의 통치가 이 땅에서 이루어지도록 하는 것이 교회와 그리스도인의 선교의 궁극적 목적이 되어야 한다. 그러므로 사회적 선교는 결코 개인 영혼의 구원을 위한 구속의 복음을 전하는 선교에 추가적으로 덧붙여지는 부차적 활동이 아니다. 사회적 선교는 그 자체로서 온전한 복음의 본유적 구성요소인 명령법적 복음으로서의 통전적 선교의 한 축이다. 교회와 그리스도인의 선교는 예수 그리스도처럼 가난한 자들, 즉 주리고, 목마르고, 나그네 되고, 헐벗고, 병들고, 옥에 갇힌 자들(마 25:31-46)을 우선적으로 섬기는 것이어야 한다.

우리는 이 땅에 하나님의 통치를 구현하기 위한 사회적 차원에서의 모든 활동이 바로 삼위일체 하나님의 선교를 수행하는 일임을 기억해야 한다. 삼위일체 하나님의 선교에 참여하는 교회와 그리스도인의 사회적 선교는 불의한 독재 권력을 타파하고 정의롭고 민주적인 정치 및 사회질서를 수립하기 위한 노력, 가난을 극복하고 빈부의 격차를 줄이고 경제적 정의를 수립하기 위한 노력, 탈북민, 외국인 노동자 등 법의 사각지대에서 고통을 당하는 사람들의 인권을 보호하기 위한 노력, 맘몬주의, 쾌락주의 등 세상의 왜곡된 가치관을 변혁시키고 하나님 나라의 가치관을 구현하기 위한 노력, 극빈자, 장애인, 고아, 독거노인 등 사회적 약자들의 복지를 증진시키기 위한 노력, 인종차별, 성차별 등 모든 종류의 차별을 철폐하고 사회적 정의를 수립하기 위한 노력, 100세 시대를 맞아 육체적·정신적으로 큰 고통을 겪는 고령자들의 치유와 건강의 증진을 위한 노력, 창조세계를 보전하고 생명을 살리기 위한 노력 등을 포함한다. 오늘날 한국교회와 그리스도인은 온전한 복음을 구현하는 통전적 선교를 위한 사회적·공적 차원에서의 하나님의 선교로 새롭게 부름을 받는다.

8. 결론

온전한 복음 이해는 예수 그리스도의 하나님 나라 복음 안에서 십자가 구속의 복음을 이해하는 것이다. 죄인 된 인간 개인의 구원을 위해 직접적으로 요구되는 복음은 십자가 구속을 통한 구원의 복음일 수 있다. 그러나 예수 그리스도의 하나님 나라의 복음은 구속의 복음을 가능케 하고 포괄하며 종말론적으로 완성한다. 예수 그리스도는 자신이 선포한 하나님 나라의 복음, 즉 하나님 나라의 도래에 대한 약속을 자신의 공적 사역과 십자가와 부활을 통해 성취하셨다. 즉 예수 그리스도의 사역과 십자가와 부활을 통해 종말론적인 하나님 나라가 선취적으로 도래했다. 구속의 구원은 선취적으로 도래한 하나님 나라 안에서 예수를 주로 고백하는 믿음을 통해 하나님께서 은혜로 베푸시는 선물이다. 그리고 이 구원은 종말론적 미래의 하나님 나라에서 모든 피조물의 구원과 더불어 종국적으로 완성될 것이다.

선교적 사명을 부여받은 교회와 그리스도인이 선포해야 할 복음은 예수 그리스도의 인격과 사역과 죽음과 부활을 통한 구속, 즉 구원을 인정하고 받아들이라는 초대를 포함한다. 그러나 이 초대는 예수 그리스도 사건 안에서 이미 선취적으로 도래하였으며 종말론적 미래에 완성될 하나님 나라라는 포괄적 지평 안에서 이루어져야 한다. 이 하나님 나라의 "이미"와 "아직 아니"의 변증법적 관계 안에서만 우리는 우리가 예수 그리스도를 통해 누리는 구원의 변증법적 성격을 이해할 수 있다.[23]

---

23 사도 바울은 우리가 누리는 구원의 변증법적 성격을 이렇게 표현했다. "내가 이미 얻었다 함도 아니요 온전히 이루었다 함도 아니라. 오직 내가 그리스도 예수께 잡힌 바 된 그것을 잡으려고 달려가노라. 형제들아, 나는 아직 내가 잡은 줄로 여기지 아니하고 오직 한 일 즉 뒤에 있는 것은 잊어버리고 앞에 있는 것을 잡으려고 푯대를 향하여 그리

교회는 예수 그리스도의 인격과 사역과 죽음과 부활 안에서 이미 도래한 하나님 나라의 구원을 선취적으로 경험하고 누리는 공동체다. 이와 같은 하나님 나라의 선취적 공동체로서, 개인의 구원을 통한 교회의 확장과 성장은 매우 중요하다. 그러나 교회는 그 자체가 최종적인 목적은 아니다. 교회는 그 자체가 하나님 나라는 아니다. 본질적으로 교회는 종말론적 미래에 완성될 하나님 나라를 이 세상에 구현하고 확장하기 위해 존재하는 선교적 도구로서, 온전한 복음에 근거한 통전적 선교를 위한 사회적·공적 선교로 (개인 영혼의 구원을 위한 구속의 복음을 증언하는 선교와 더불어) 부름을 받는다. 주님이 우리와 함께하실 것이다. "내가 세상 끝날까지 너희와 항상 함께 있으리라"(마 28:20).

스도 예수 안에서 하나님이 위에서 부르신 부름의 상을 위하여 달려가노라"(빌 3:12-14).

제2장

오늘의 한국교회의
도전과 과제

1. 서론

교회의 신비는 하나님 나라와의 관계에 있다. 예수 그리스도가 말씀으로 선포하고 행동으로 실천한 하나님 나라가 교회라는 역사적 실재의 근원과 척도와 목표다. 교회는 하나님 나라를 향한 하나님의 선교(*missio Dei*)를 위해 존재한다. 교회는 교회의 근원, 즉 자신의 인격과 사역을 통해 이 땅에 하나님 나라를 구현했던 예수 그리스도의 하나님 나라 운동을 회상하며, 동시에 인간과 모든 피조물의 "충만한 생명"(요 10:11)이 실현되는 종말론적인 하나님 나라에 대한 약속을 믿음으로 붙들고서 소망을 가지고 앞으로 나아가야 한다.

교회의 존재 목적은 이 세상의 역사적 현실을 하나님 나라의 종말론적 현실로 변혁시켜 나아가는 데 있다. 따라서 교회는 세상의 역사적 현실과 괴리되어 홀로 존재할 수 없으며, 역사의 흐름을 민감하게 파악하고 그에 상응하는 구원론적 비전과 변혁적 능력을 보여주어야 한다. 하나님의 말씀은 단순히 보편적인 원리나 고정된 진리의 반복이 아니다. 본회퍼의 말을 빌리면, "교회는 지금 여기서 상황을 잘 파악해서 가능한 한 구체적으로 하나님의 말씀을 전할 수 있어야 한다.…교회는 말하자면 오늘도 내일도 진리인 그런 원칙들을 선포해서는 안 된다.…'언제나' 진리인 것은 바로 '오늘'을 위해서는 진리가 아니다. 하나님은 우리에게 '언제나' 바로 '오늘' 하나님이다."[1] 참된 하나님 말씀의 선포는 변화하는 세상의 역사 속에 참여하는 교회 공동체 안에서만 가능하다. 교회는 세상에 속하지 않은 종말론적 실재이면서 동시에 세상 안에 존재하는 역사적 실재로서 초월과 내재의 변증법 안에 살아간다.

교회가 하나님 나라의 비전을 상실할 때, 교회는 세속화되고 타락한다. "예수는 하나님 나라를 선포했다. 그런데 무엇이 왔는가? 그 선포의 결과는 어떻게 되었는가? 실망스럽게도 교회가 되었다." "예수는 좋다. 그러나 교회는 싫다."[2] 이러한 말들은 예수 그리스도가 선포하고 실천한 하나님 나라에 대한 비전을 상실하고 제도화, 계급화, 기구화, 세속화된 오늘날의 교회에 대한 불신과 비판의식을 표현하는 말이다. 오늘날 교회는 어쩌다가 이러한 불신과 비판의 대상이 되었는지 겸손하게 자신을 돌아보고 반성하며 새로워져야 한다.

19세기 말 서구 선교사들에 의해 기독교 복음이 한반도에 전래된 이래, 한국교회는 짧은 기간에 (적어도 남한에 있어서) 세계 기독교 역사에서 그 유례를 찾아보기 어려울 정도로 폭발적인 성장을 거듭해왔다. 우리는 오늘날의 한국교회가 있기까지 많은 하나님의 일꾼들의 자기희생적인 헌신이 있었음을 기억하고 그들에게 감사해야 하며, 무엇보다 한국교회의 놀라운 성장이 하나님의 은혜에 의한 것임을 고백하고 하나님께 감사드리지 않을 수 없다. 그러나 21세기에 들어 사회, 정치, 경제, 문화 등 모든 영역에서 급변하는 국내외적 상황 속에서 교회의 앞날을 우려하는

---

1   D. Bonhoeffer, *Gesammelte Schriften I*, Munich, 1958, 144 이하; Edwin H. Robertson, ed. *No Rusty Swords* (New York: Harper & Row, 1965), 157.

2   Dorothee Sölle, *Thinking about God: An Introduction to Theology* (Philadelphia: Trinity Press International, 1990), 136-37.

소리가 높아지고 있다. 이 땅에 하나님 나라를 구현하기 위해 세상을 변화시키기는커녕 오히려 세상의 풍조에 휩쓸려 세속화된 한국교회를 향해 교회 안팎으로부터 비판의 화살이 쏟아지고 있다. 오늘 한국교회는 총체적인 위기상황에 처해 있다.

이러한 상황에서 오늘의 한국사회와 한국교회의 현실을 함께 살펴보면서 한국교회가 직면한 도전과 과제에 대하여 고찰해 보는 것은 매우 절실한 신학적 의제가 아닐 수 없다. 오늘의 한국사회에 대해서는 다양한 영역과 관점에서 다양한 국면들이 분석될 수 있다.[3] 그러나 한국사회의 다양한 국면에 대한 전문적이고 자세한 논의가 이 글의 일차적 목적은 아니다. 다만 한국교회가 직면하고 있는 도전과 과제에 관해 고찰하는 데 필요한 한도 내에서 한국사회의 여러 국면들에 대한 논의가 이루어질 것이다.

2. 물질적 풍요에 따른 교회성장의 정체와 교회갱신의 과제

1970년대 이후 계속된 고속 경제성장으로 인해 한국사회는 물질적 삶의 질이 급격히 향상되었다. 이른바 "한강의 기적"이라고 불리는 유례가 드문 비약적인 경제발전으로 전 세계의 부러움과 찬사를 한 몸에 받았다. 그러나 너무 성급히 샴페인을 터뜨렸다는 외국 신문(워싱턴포스트)의 논평처럼 한국사회에는 언제부터인가 향락적인 생활 풍조가 만연하고 있다.

---

3 예를 들면, WTO 체제로 인한 세계시장경제의 단일화에 따른 세계화의 도전, 제4차 산업혁명시대의 도래, 경제적 양극화로 인한 빈익빈 부익부 현상, 일자리 감소와 청년실업 문제, 인구의 고령화로 인한 백세 시대의 도래, 환경오염에 의한 생태계 파괴의 가속화, 그리고 한반도의 비핵화를 위한 남북 및 주변 강대국들의 협상 등을 들 수 있다.

우리는 경제적으로 아직 중진국 수준을 벗어나지 못하고 있는데, 일부 부유층은 우리보다 훨씬 잘 사는 서구 선진국보다 더 사치스러운 소비성향을 보여주고 있다. 그동안 우리나라의 산업 발전과 경제성장의 견인차 노릇을 해온 대기업들은 분식회계 등의 부정한 방법으로 사세를 확장해왔으며, 근로자의 생산성은 지속적인 임금 상승을 따라가지 못하고 OECD 국가 중 최하위에 머물러 있다. 청년실업률은 갈수록 치솟고 있음에도 불구하고, 위험하고 어렵고 힘든 일을 기피하는 경향으로 인해 이미 100만 명이 넘는 외국 노동자들이 국내에 들어와 이른바 3D 업종의 일들을 전담하고 있다. 일반 대중의 향락주의, 가진 자들의 사치, 대기업의 비윤리성, 근로자의 해이, 그리고 공직자의 비도덕성 등이 함께 어우러져, 한국 사회에서는 각종 비리로 얼룩진 사건 사고들이 매일같이 꼬리를 물고 일어나고 있다.

한국사회처럼 한국교회도 지난 반세기 동안 눈부신 고속성장을 계속해왔다. 세계에서 가장 교인 수가 많은 20개 교회 가운데 제1위를 차지하는 교회를 포함한 6개의 교회가 서울에 있다고 한다. 이러한 한국교회의 눈부신 성장은 무엇보다 하나님의 은혜와 축복의 결과라고 할 수 있지만, 종교사회학적으로 볼 때 초대형 교회들의 출현은 1970년대 이후 정부의 성장주의 경제정책에 의해 초대형 기업들이 출현한 것과 유사한 사회적 현상으로 간주될 수도 있다. 오늘날 한국교회 안에는 자본주의 사회의 물량주의적 가치관이 깊숙이 침투해 있다. 교회를 크게 성장시킨 목회자야말로 성공한 목회자이며, 그런 목회야말로 하나님께 큰 영광을 돌려드리는 목회라는 왜곡된 목회자상, 목회상이 목회자와 그리스도인들의 무의식 속에 들어와 있다.

그러나 고속 경제성장으로 한국사회가 어느 정도 물질적 풍요와 생활의 여유를 누리게 된 오늘날 한국교회는 새로운 도전과 위기에 직면하고 있다. 예전에 경험해 보지 못했던 물질적 풍요와 생활의 여유는 사람들로 하여금 먹고 마시고 쾌락적 만족을 탐닉하는 일에 몰두하게 만들고 있다. 자가용 시대가 열린 이후 주말이면 차를 타고 교외로, 관광지로, 각종 오락시설로 향하는 것이 어느새 우리 사회의 일상적인 풍속도가 되었다. 따라서 주일날 비가 와야 교회에 교인이 찬다는 말이 이제는 우스갯소리로 들리지 않게 되었다. 더욱이 교회 안의 다툼과 분열, 그리고 교회 지도자들의 비리와 추문으로 인해 교회의 대사회적 신뢰도는 갈수록 추락하고 있다. 한국교회의 고속성장 신화는 이제 옛말이 되었다. 최근의 여러 통계자료들은 공통적으로 한국교회의 성장이 둔화 또는 침체되고 있음을 보여준다. 교회에 출석하는 그리스도인은 사실상 이미 감소추세라는 분석도 있다. 하나님은 믿지만 교회는 출석하지 않는 이른바 "가나안"교인이 백만 명에 이른다고 한다. 탈 기독교 또는 탈 교회 현상은 앞으로 더욱 심화될 수도 있다. 한국교회는 그 어느 때보다 심각한 위기 상황을 맞고 있다.

이러한 위기 상황 속에서 한국교회는 예수 그리스도의 하나님 나라 복음에 대한 이해를 새롭게 하고 오늘의 도전에 올바로 응답하는 목회철학을 정립하지 않으면 안 된다. 에른스트 슈마허(Ernst F. Schumacher)는 환경과학의 입장에서 경제학을 바라본『작은 것이 아름답다』[4]라는 책에서 큰 것을 추구하는 현대인의 물량주의적 성장주의를 비판했다. 그는 인간이 자신의 행복을 위해 스스로 조절하고 통제할 수 있을 정도의 작은 경제 규모를 유지할 때 비로소 쾌적한 자연 환경과 인간의 행복이 공존하는 경제 구조가 확보될 수 있다고 주장하면서, 심령이 가난하고 마

---

[4]   E. F. Schumacher, *Small is beautiful: economics as if people mattered* (New York: Harper & Row, 1973).

음이 청결한 자가 복이 있다고 하신 예수님의 가르침과 동양의 무소유의 가치관을 본받을 것을 제안했다. 이러한 사회학자의 제안을 한국교회와 그리스도인들은 깊이 숙고해볼 필요가 있다. 지금까지 한국교회는 양적 성장을 지향하는 목회철학에 의해 지배되어왔다. 한국교회는 짧은 시기에 놀랍게 급성장했다. 그러나 지금 한국교회는 천만 명의 그리스도인을 가진 것을 자랑할 것이 아니라 오히려 부끄러워해야 할 처지에 있다. 왜냐하면 천만 명을 가진 교회가 사회를 변화시키지 못하고 있을 뿐만 아니라 거의 매일같이 보도되는 사회정치적 비리와 부정 사건에 연루된 사람들 안에 예외 없이 그리스도인들이 포함되어 있기 때문이다. 더욱이 하루가 멀다하고 터져 나오는 교회 지도자들의 각종 비리와 추문으로 교회의 대사회적 이미지가 갈수록 악화되고 있다. 한국교회 성장의 자랑스러운 상징이 되었던 대형교회들이 각종 추문과 다툼의 온상이 됨으로써 이제는 오히려 한국교회의 몰락을 촉진하는 역기능을 발하고 있다. 교회가 대형화될수록 하나님 나라에 가까워지는 것이 아니라 오히려 세속화된 세상에 가까워진다는 것을 우리는 목도하고 있다. 오늘 한국교회는 부패하고 거짓된 사회를 비판하기 이전에 먼저 자신 안에 있는 부패하고 거짓된 모습을 돌아보고 회개해야 한다. 진정한 회개는 단지 마음의 뉘우침(悔)만이 아니라, 삭개오의 경우처럼 구체적인 삶의 전환과 변화(改)를 요청한다.[5]

비그리스도인 대학생들을 대상으로 실시한 한 설문조사에서 응답자들은 한국교회의 가장 큰 문제점으로 진실한 생활의 결여를 들었다고 한다. 다시 말해 이들은 그리스도인들의 말과 행동, 또는 믿음과 행위

---

5   "내 소유의 절반을 가난한 자들에게 주겠사오며 만일 누구의 것을 속여 빼앗은 일이 있으면 네 갑절이나 갚겠나이다"(눅 19:8).

가 불일치하는 위선적이고 이중적인 모습을 가장 날카롭게 비판했다. 믿음과 행위의 분리를 극복하기 위해서는 예수 그리스도의 하나님 나라 복음에 대한 올바른 이해 안에서, 개인의 영혼 구원을 위한 복음 전도와 아울러 사회 속에서의 교회의 공적 책임을 수행하기 위한 사회적 섬김을 선교를 위한 두 날개 또는 두 축으로 삼아야 한다. 한국교회는 더 이상 현세적 구복신앙에 길들여져 제자도의 실천능력이 결여된 다수의 익명의 교인을 만들어내는 대형교회 모델을 지향해서는 안 된다. 한국교회는 비록 적은 수일지라도 예수 그리스도의 하나님 나라 복음에 대한 올바른 이해와 성숙한 제자도의 신앙을 가지고 세상 속에서 섬김과 봉사의 삶을 실천하고 사회의 불의한 구조와 물질주의적·향락주의적 가치관을 변화시킬 수 있는 십자가의 정병을 길러내어야 한다.

3. 첨단과학기술 문명의 도전과 교회 지도자의 목회역량

21세기는 첨단과학기술 즉 하이테크놀로지가 지배하는 사회다. 앨빈 토플러(Alvin Toffler)가 예언했던 이른바 제3의 물결, 즉 지적 노동에 근거한 정보화 사회는 이미 도래한 지 오래다. 피터 드러커(Peter Drucker)가 "자본주의 이후의 사회" 또는 "지식 사회"라고 부른 정보화 사회에서는 인간의 두뇌활동을 통한 지식과 정보가 경제활동을 지배하고 이끌어가는 힘이 된다.[6] 기술혁신의 가속화로 인해 인간 자신의 능력에 대한 신뢰가 높

---

6   Alvin Toffler, *The Third Wave* (London: Pan Books, 1981); *War and Anti-war: Survival at the Dawn of the 21th Century* (Boston: Little Brown, and the Company, 1993); Peter F. Drucker, *Post-capitalist Society* (New York: Harper Collins Publishers, Inc., 1993) 참조.

아져 많은 사람들이 인류의 미래에 대한 낙관적인 전망을 내놓고 있다. 그리하여 첨단과학기술에 대한 맹목적 과신은 테크노피아(technopia)에 대한 환상을 불러일으킨다..

그러나 유토피아를 약속하는 것처럼 보이는 과학기술은 오히려 인류를 디스토피아로 끌고 갈 위험성도 크다. 자본과 기술을 독점한 강대국들에 대한 기술이 낙후된 가난한 나라들의 정치적·경제적·문화적 예속은 갈수록 심화되고 있다. 이미 우리 사회는 생명과학, 인공지능, 로봇 기술이 주도하는 이른바 제4차 산업혁명 시대에 들어와 있다. 생명과학 특히 유전공학은 암, 치매, 파킨슨병 같은 난치병을 치료할 수 있는 길을 열 것으로 기대되고 있음에도 불구하고, 유전자 조작 및 복제를 통한 복제인간의 출현과 같은 심각한 생명윤리 문제를 야기하고 있다. 인공지능을 가진 생산설비가 제품과 상황에 따라 능동적으로 작업방식을 결정하는 제4차 산업혁명 시대에는 인공지능에 의한 자동화로 인해 인간이 하던 많은 일들(단지 단순한 육체적 노동이 아니라 고도의 사고력과 판단을 요구하는 전문 직종까지)이 로봇에 의해 대체됨으로써 상당수 직업들이 사라질 것으로 전망된다.[7] 인공지능 기술을 이용한 첨단무기의 개발과 점증하는 핵무기의 확산으로 인해, 지구의 종말을 경고하는 "운명의 날 시계"(Doomsday Clock)가 "자정 2분 전"으로 앞당겨졌다.

오늘날 인간의 이성은 스마트폰, 인공지능 컴퓨터와 로봇, 그리고 각종 첨단전자제품 등을 하루가 다르게 빠른 속도로 업그레이드하고 발명해내고 있다. 그러나 이러한 발명품들은 인간의 삶을 편리하게 하

---

7 세계경제포럼의 '미래고용보고서'는 인공지능 기술의 영향으로 향후 5년간 주요국에서 200만 개의 일자리가 창출되고 710만 개의 일자리가 사라질 것으로 전망했다. http://blog.daisin.com/220918274528

고 물질적 풍요를 가져올지는 몰라도 인간의 정신세계를 부요하게 만들지는 못한다. 오히려 첨단과학기술의 발전은 인간의 정신세계를 빈곤하게 만들고 소외현상을 가속화시킬 가능성이 많으며, 과학기술에 대한 인간의 예속을 심화시킴으로써 비인간화를 초래할 위험성이 매우 높다. 오늘날의 과학기술사회에서 기술적 이성은 발전하는 반면 존재론적 이성은 퇴보하고 있다. 우리나라의 대학들에서 제4차 산업혁명 시대에 요구되는 실용적인 과학기술공학은 각광받는 반면, 인간의 정신세계를 풍요롭게 하는 인문학(문학, 역사, 철학)은 고사상태에 있다. 오프라인에서의 체화된 만남을 통한 상호적인 인격적 교감 대신 온라인에서의 각종 정보와 지식의 습득이 주된 인간 활동이 됨에 따라, 체화된 "나와 너"(I and Thou)의 관계가 몸이 없는 "나와 그것"(I and It)의 관계로, 즉 인격적 관계가 도구적 관계로 대체될 위험이 증대되고 있다. 상대방을 얼마나 깊이 공감적으로 이해하고 교감하느냐 하는 것보다 얼마나 많은 정보와 지식을 획득하고 그것들을 실용적으로 활용하느냐 하는 것을 중요하게 여기는 실용주의 가치관이 개인과 사회를 지배하게 될 가능성이 높다. 이와 같은 사실들은 첨단과학기술이 발전된 미래 사회에 있어서 인간의 육체적·정신적 삶이 더욱 빈곤해질 가능성이 크며, 인류의 미래 자체가 매우 불확실하게 될 것이라는 사실을 함축한다.

첨단과학기술의 발달은 교회와 그리스도인의 삶에도 엄청난 변화를 불러오고 있다. 이미 한국교회에서도 케이블 TV와 인터넷 선교의 시대가 열렸다. 그러나 케이블 TV와 인터넷 방송은 대중매체를 통한 효율적인 복음 전도의 장점도 있지만, 기독교의 공동체적 영성에 있어 본질적 요소들, 예를 들면 교회 안에서의 예전적 예배, 성도의 교제, 교회 봉사, 그리고 공동체적인 사회적 섬김을 약화시키는 문제점을 초래한다. 따라서 기독교 고유의 공동체적 영성 대신 개인주의적 영성이 증대되고, 하나님은 믿지만 교회에는 출석하지 않는 가나안 교인이 증가하고 있다. 인터넷을 통해 접근 가능한 각종 SNS(Social Networking Service)의 발달은 한편으로 목회와 설교를 위한 각종 자료들을 손쉽게 접할 수 있도록 해줌으로써 목회에 많은 도움을 주는 것이 사실이지만, 다른 한편으로 오히려 목회자의 정신적 위기를 초래할 수 있다. 왜냐하면 목회와 설교 자료를 얻기 위해 인터넷에서 제공되는 정보를 검색하다 보면, 기도와 명상을 통해 영성을 쌓고 성서와 양서(良書)를 읽음으로써 자신의 정신세계를 성숙시킬 수 있는 시간이 부족할 수 있기 때문이다.

오늘날의 첨단과학기술 문명의 도전에 교회가 효과적으로 대응하기 위해서는 무엇보다도 목회자의 목회역량이 새로워져야 한다. 오늘의 한국교회의 위기는 과학적인 목회기술의 결여라는 의미에서 목회자의 목회역량이 부족하기 때문이 아니다. 사실 오늘날 목회기술은 예전에 비해 놀랍게 발달한 것이 사실이다. 수많은 목회 자료들, 넘쳐나는 정보들, 다양한 프로그램들, 첨단 설비와 기자재들을 생각해보라. 오늘날 목회자의 목회역량의 부족은 그런 것에 있는 것이 아니라 근본적으로 신학적 통찰력의 빈곤과 사고능력의 빈약함, 그리고 기독교적 도덕성과 영성의 결핍에 있다. 나는 신학자로서 이 가운데 특히 한국교회 목회자들의 신학적 사고능력의 결핍을 지적하고 싶다. 내비게이션에 의존하는 자동차 운전자가 시간이 갈수록 방향감각과 사고력이 점차 감퇴하는 것처럼, 인터넷에서 정보를 검색해내는 데 익숙한 목회자들은 점차 생각하는 능력을 상실해가고 있다. 오늘날 목회자들의 사고능력은 평신도들의 높아진 지적 기대에 부응하는 수준의 지적 능력을 보여주고 있지 못하다. 성서에 대한 문자적 해석에 의해 지구와 우주의 나이가 6천 년이라고 주장하는 창조과학이 참된 과학이라고 주장하는 일부 교회와 목회자들의 근본주의적 성향은 교회를 이단 종교와 다름없는 반지성 집단으로, 그리고

사회적 조롱의 대상으로 전락시키고 있다.[8]

　　이와 같은 한국교회의 상황에서, 신학적 사고능력을 길러줌으로써 목회역량을 강화시키는 신학교육이 어느 때보다 절실하게 요청된다. 교회가 신뢰를 회복하고 교회를 떠나는 신자들이 다시 교회로 돌아오도록 만들기 위해서는 수사적 기교에 의한 웅변적인 설교가 아닌 깊은 신학적 통찰력이 있는 설교가 요청된다. 근본적인 목회역량의 강화를 위해서는 무엇보다 신학적 기초를 세우고 사고능력을 증진시키는 교육이 필수적이다. 목회현장에서 대부분의 목회자들의 관심은 목회적 실천을 효과적으로 수행하기 위한 실제적인 방법과 프로그램에 집중된다. 신학적 기초를 올바로 세우는 교육이 신학교와 목회현장에서 강화되어야 할 필요가 여기에 있다.

　　오늘날의 첨단과학기술시대에 한국교회에 요청되는 진정한 목회역량은 결코 단지 기술과학적으로 능숙한 목회 테크닉이 아니다. 오늘과 내일의 한국교회의 지도자는 예수 그리스도의 하나님 나라 복음에 대한 올바른 신학적 이해를 가져야 하며, 깊은 신학적 사고 능력을 가지고 현

8　필자는 얼마 전 서울에서 가장 큰 교회의 하나인 모 교회의 젊은 목사가 설교 시간에 구약 창세기에서 "태양이 창조되기 전에 첫째 날, 둘째 날을 어떻게 말할 수 있느냐?"라는 비판은 잘못된 것이라고 주장하면서, 본래 하루란 지구가 스스로 한 번 자전하는 시간을 의미하는 것이기 때문에 하루란 개념은 태양 없이도 가능하다고 말하는 것을 들었다. 지구가 태양계 안에 속해 있는 행성으로서 태양의 주위를 공전하면서 자전하고 있으며, 자전하는 지구에서 태양을 바라보는 반구(半球)가 낮이 되고 반대편 반구가 밤이 되어 이 낮과 밤이 합쳐져 하루가 만들어진다는 사실은 중학생이면 다 알고 있는 사실인데, 지구가 태양 없이 스스로 자전하며 존재할 수 있다는 그의 생각은 도대체 어디서 나온 것일까? 그것은 성서에 대한 문자주의적 해석만이 성서의 진리를 이해하는 유일한 방식이며, 이러한 방식으로 이해된 성서의 진리가 또한 문자 그대로 과학적 진리라고 주장하는 창조과학자들의 근본주의적인 사고방식에서 나온 것임이 분명하다. 서울의 초대형 교회를 책임지고 있는 젊은 목사가 이러한 시대착오적인 사고방식을 갖고 있다는 것은 참으로 우려스러운 일이 아닐 수 없다.

실 속에서 열정적인 동시에 이해 가능하고 설득력 있는 방식으로 하나님의 말씀을 선포해야 하며, 세상에서 가난하고 억눌리고 소외된 사람들에 대한 공감적 사랑을 가지고 사회적 섬김에 앞장섬으로써 하나님 나라의 복음을 이 땅에 구현해 나가야 한다.

4. 사이비 종교집단의 발흥과 미신적 신앙, 그리고 사회적 섬김으로의 전환

미래학자들은 공통적으로 21세기에 범세계적으로 종교가 부흥하게 될 것으로 전망한다.[9] 그런데 이 부흥은 기존의 세계종교의 대종파나 대교단의 부흥이 아니라 소수 종교나 사이비로 여겨지던 주변적 종파와 종교집단의 부흥을 말한다. 미국의 경우 역사적으로 주류를 이루었던 장로교, 감리교 등은 점점 침체일로를 걷는 반면, 침례교회, 오순절교회, 소수의 흑인교회 등은 점점 그 세력을 확장하고 있다. 이러한 현상은 오늘날 더욱 두드러지게 나타나는 환태평양 조산대의 활동에 의한 지진과 화산폭발로 인한 재난, 전례 없는 가뭄과 태풍 및 홍수, 이상고온과 이상저온의 변덕스러운 기후, 그리고 이런 자연재해와 맞물려 새로운 천년기라는 시대적 전환점에서 증폭되는 종말론적 위기의식이 많은 대중들로 하여금 소수 종교나 사이비 종교집단에 몰입하게 하는 동기를 제공하는 것으로 해석된다.

---

9   John Naisbitt and Aburdene Patricia, *Megatrends 2000* (New York: William Morrow and Company, Inc., 1990); J. D. 데이비슨, W. 리스모그 공저, 김만기 역, 『대변혁』 (서울: 동아출판사, 1993) 참조.

오늘날 한국은 이단 전성시대를 맞고 있다. 여호와의 증인, 영생교, 신천지 등 각종 사이비 또는 이단 종파가 번성하고 있다. 많은 경우에 있어서, 비상식적·비합리적·반사회적인 종교적 광신은 사회적으로 소외되고 억눌린 계층, 경제적으로 빈곤한 집단, 심리적으로 불안한 사람들, 그리고 육체적·정신적 질병으로 고통당하는 사람들 등 현실 세계에서 소외당하고 억눌리고 불안하고 고통스럽고 절망적인 사람들이 거짓된 희망을 약속하는 사이비적인 종말론적 종교집단에 쉽사리 빠져듦으로써 생겨나는 것으로 보인다.

이와 관련하여 오늘날 한국교회의 또 하나의 큰 문제점은 수많은 신학교들의 난립으로 인한 교역자의 질적 저하다. 한국교회는 교파의 난립으로 인해 10여 개의 정규신학대학교와 신학대학원 외에도 저마다 신학교육 기관을 만들어 전국적으로 300여 신학교에서 무분별하게 목회자를 양산하고 있다. 이렇게 양산된 저질의 목회자들은 값싼 은혜와 샤머니즘적인 현세적·물질적 축복을 남발함으로써 현세 구복적, 미신적인 신앙을 조장하고 있으며, 뿐만 아니라 교인들의 모든 재물과 에너지를 전도란 명목 아래 오직 교회의 성장을 위해 바치도록 강요함으로써 교회를 타자나 사회를 위한 존재가 아닌 스스로를 위해 존재하는 사회 역기능적인 종파적 종교집단으로 변질시키고 있다.

오늘날 한국교회가 예수 그리스도의 하나님 나라 복음 아래 구심적(求心的)으로 모이는 교회와 원심적(遠心的)으로 흩어지는 교회의 모습을 균형 있게 구현하지 못하고, 오직 교회 구심적 차원에만 모든 관심을 집중한 것이 각종 사이비나 이단 종파가 번성하는 결과를 초래하고 있다고 할 수 있다. 다시 말해 오늘날 이단과 사이비 종교집단이 발흥·번성하는 현상을 초래하거나 방조한 책임이 사회에서 소외된 사람들을 위한 사회적 섬김을 통해 세상의 빛과 소금의 역할을 감당하지 못한 기성종교의 주류 교파와 교단에 우선적으로 있다고 하지 않을 수 없다. 기성교회가 이 사회에서 소외되고 그늘진 곳에 있는 사람들을 사랑으로 감싸 안고 섬김으로써 이 사회의 병리현상을 치유하는 사회적 책임을 다하지 못한 결과, 사회의 어두운 음지에서 이단과 사이비 종교의 독버섯이 번성하고 있다.

수년 전 한국 자원봉사능력개발 연구소가 발표한 「한국교회 사회봉사사업 조사연구」의 통계에 따르면 한국교회는 사회봉사에 매우 적은 예산만을 쓰고 있는 것으로 나타났다. 전국 795개 교회를 대상으로 조사한 결과 응답교회의 51.4%가 전체 교회예산 중 5% 이하를 사회봉사비로 지출하고 있으며, 20% 이상을 쓰는 교회는 4.2%에 불과하다는 것이다. 이러한 통계는 사회를 향한 한국교회의 참여와 봉사의식이 얼마나 미약한지를 잘 보여준다. 미래의 교회는 지역주민들을 위하여 "열린" 교회가 되어야 한다. 지방자치제와 이에 따른 지방화 시대가 도래하면서 교회가 지역주민들을 위하여 열리고 지역사회를 위하여 구체적인 섬김을 실천해야 할 필요성이 더욱 요청된다. 앞으로는 대형교회로의 성장을 추구하는 대도시의 교회가 아니라 지역사회를 향한 "열린 목회"를 추구하는 전국 각지에서의 마을교회 운동이 한국교회에 새로운 활력을 불어넣을 것이다.

현재 한국교회는 해외 선교에 엄청나게 많은 인력과 재정을 투입하고 있다. 우리 대한예수교장로회 통합 교단만 해도 천 명에 달하는 선교사가 세계 각지에 파송되어 일하고 있으며 각 개교회들은 경쟁적으로 해외에 선교사를 파송하는 일에 열심을 내고 있다. 한국교회가 세계 선교에 큰 몫을 담당하고 있다는 사실은 물론 자랑스럽고 감사한 일이 아닐 수 없다. 그러나 해외 선교사 파송 못지않게 한국교회는 국내의 시골교회들이 당하는 어려움에 이전보다 더 큰 관심을 쏟아야 한다. 우리는 젊은 이들이 점차 농어촌을 떠나 노인들만 남아 있는 시골에서 이들을 대상으로 목회하는 시골교회의 현실을 직시해야 한다. 한국교회는 우루과이라운드와 WTO 체제로 인해 외국의 농축산물이 저가로 물밀듯이 수입됨으로써 농민들의 영농의욕이 꺾이고, 또한 농민들과 함께 남아 농촌교회를 사수하고자 결심했던 농촌교회 목회자의 의지가 꺾이는 1만 7천여 농촌교회의 현실에 대하여 범 교단적, 범 교회적 대책을 수립해야 하며 대도시의 교회들은 이에 적극적으로 참여해야 한다. 한국교회는 1900년대의 일제 침략시기에 우리 민족이 보여주었던 물산장려운동의 전통을 농촌 살리기, 농어촌 지키기 운동으로 다시 되살려내야 한다. 이를 위하여 도시교회와 농촌교회의 자매결연을 통한 연대와 협력, 시골 미자립 교회 지원, 생활협동조합 운동, 우리 농축산물 먹기 운동, 자기 고향교회 돕기 등의 운동이 제도적으로 활성화되고 한국교회와 그리스도인의 생활 속에서 확산되어야 한다.

5. 대형교회 지양, 교회와 사회의 민주화 지향

바람직한 교회 상은 목회자의 돌봄이 교인 한 사람 한 사람에게 미칠 수 있는 규모의 교회, 그리고 성도들 간의 코이노니아, 즉 인격적 교제와 나눔의 공동체성을 유지할 수 있는 규모의 교회로서, 이와 같은 친밀한 내적 공동체성을 기반으로 이웃과 사회를 위한 디아코니아, 즉 섬김을 실천함으로써 이 땅에 사랑과 정의의 하나님 나라를 현실화해 나가는 교회다. 이러한 바람직한 교회 상을 구현하기 위해서는 가능하면 대형교회를 지양(止揚)하는 것이 필요하다. 물론 대형교회를 부정적인 관점에서만 볼 수는 없다. 교회의 성장은 인간의 인위적인 노력으로 되는 것이라기보다는 하나님의 은혜로 된다고 할 수 있다. 또한 무엇보다 목회자의 뜨거운 소명과 헌신, 그리고 열정적 설교 같은 요인들이 교회성장의 중요한 동력이 되는 것이 사실이다. 대형교회는 나름대로 장점도 가지고 있다. 대형교회는 대량의 물적·인적 자원을 동원함으로써 대규모의 선교나 구제사업 등을 빠른 시일 내에 효과적으로 수행할 수 있으며, 또한 각 전문분야의 우수한 인적 자원들을 활용하여 양질의 평신도 양육 프로그램을 제공할 수도 있다.

그러나 한국교회에서 대형교회의 문제점들은 이미 여러 가지 측면에서 드러나고 있다. 대형교회의 구조적 문제에서 비롯되는 각종 비리와 스캔들은 한국교회의 대사회적 이미지를 추락시키는 결정적 요인이 되고 있다. 대형교회의 문제점은 무엇인가? 몇 가지 대표적인 것들만 열거하자면 첫째, 성도 개개인에 대한 목회자의 돌봄이 어렵다. 둘째, 교인들 간에 인격적인 만남과 교제를 통한 공동체성을 유지하는 것이 어렵다. 셋째, 큰 것을 추구하는 물량주의적 성장주의에 빠지기 쉽다. 넷째, 교회가 제도화되고 기업처럼 운영됨으로써 관료주의적 매너리즘에 빠지기 쉽다. 다섯째, 목회자가 우상화되기 쉬우며, 우상화된 목회자는 과대망상으로 인한 일탈에 빠지기 쉽다. 여섯째, 목회자가 과중한 행정업무, 대외활동 등으로 인해 정신적·육체적으로 과부하가 걸림으로써 자기 관리에 실패할 가능성이 크다. 일곱째, 신앙훈련이나 섬김과 봉사의 실천 없이 값싼 은혜를 찾는 익명의 교인들이 즐겨 찾는 안식처가 된다. 그리고 마지막으로, 우상화된 카리스마적인 권위를 가진 목회자가 은퇴하고 나면 대부분의 교회가 후계자 선정 과정에서 혼란에 빠지게 된다.

이 가운데 특히 마지막 문제점은 교회의 민주화가 이루어지지 못하는 데서 기인한다. 대형교회를 성장시킨 목회자의 카리스마적 또는 독재적 리더십은 민주주의적 절차에 따라 교인 다수의 의견을 수렴하고 반영하는 민주적 리더십과 정면으로 대립된다. 따라서 카리스마적 목회자의 독재적 리더십에 억눌려 있던 교인들이 그 목회자가 은퇴한 뒤에 새로운 민주적 리더십을 세우고자 하는 과정에서 여러 가지 어려움을 겪게 된다.

미래의 한국교회는 양적 성장을 지양(止揚)하고, 민주적인 질적 성장을 지향(指向)해야 한다. 물론 교회의 통치자는 교회의 머리이신 그리스도다. 즉 교회의 통치는 인간의 다수결에 의한 통치라기보다는 하나님의 말씀에 의한 통치다. 선포되는 하나님의 말씀이 민주주의적 다수결에 따라 판단될 수 없다. 그러나 그리스도의 통치는 교회의 민주화를 요구한다. 교회 안에서 한 사람의 독재적 통치나 위계적 지배구조는 그리스도의 섬김의 통치방식과 정면으로 대립한다. 민주주의가 하나님 나라는 아니지만 적어도 아직까지는 이것이 하나님 나라의 질서에 가장 가깝고 실행 가능한 인간 사회의 정치제도다. 교회의 민주화는 교회 내적 평등성의 지표이자 교회의 성숙성의 척도가 된다. 소수 엘리트 계급이 아닌 평범한 주민들이 지역 공동체의 살림살이에 자발적으로 참여하며 지방자치를 구현하는 풀뿌리 민주주의 시대에, 교회가 여전히 한 사람의 카리스마적 목회자에게 전적으로 의존하거나 폐쇄적인 소수의 그룹에 의해 좌우된다면, 교회가 세상을 향해 하나님 나라의 비전을 보여주기는커녕 오히려 세상으로부터 시대착오적인 비민주적 집단이라는 비난을 받게 될 것이다.

예수 그리스도가 친히 몸으로 보여준 자기 비움과 겸비와 섬김의 리더십이 모든 시대의 교회와 사회를 위한 이상적인 리더십의 모델이다. 예수 그리스도의 리더십은 군림하지 않고 섬기며, 강압하지 않고 설득하며, 다른 사람들의 힘을 자기에게로 집중하도록 강요하지 않고 자기의 힘을 다른 사람들과 나눔으로써 그들에게 힘을 부여한다. 참된 교회는 이와 같은 목회자의 리더십이 발휘되는 교회이며 이와 같은 목회자의 리더십 아래에서 그러한 리더십이 교인들 상호 간에 발휘되도록 고무되는 교회다.

한국사회 전반에 걸쳐 민주화가 진행됨에 따라 가부장적이고 성차별적인 사회의 남성 중심적인 구조도 차츰 변화하고 있다. 과거에는 남성들이 독점하고 있던 사회의 거의 모든 영역에서 여성의 약진이 두드러지게 나타나고 있다. 예를 들면, 이전에는 남성들의 독무대였던 법조계에서 여성 법조인의 비율이 빠른 속도로 증가하고 있다.[10] 아직도 완전한 남녀평등 사회의 실현은 요원하지만, 과거에 비해서 여성의 사회적 위치가 많이 향상되고 있는 것이 사실이다.

교회 안의 민주화 과정도 남성 중심적 교회 구조의 변혁을 요구한다. 교회 안에서 여성의 위치는 재정립되어야 한다. 1994년 대한예수교장로회 통합 교단 총회에서 뒤늦게나마 여성 목사와 장로 안수가 통과된 이래 이미 많은 수의 여성 목사와 장로들이 안수를 받고 사역하고 있다. 그러나 아직은 여성 목회자에 대한 남성 목회자와 평신도들의 부정적인 편견으로 인해 여성 목회자의 활동이 많은 제약을 받고 있다. 따라서 남성과 동등한 여성의 위상이 교회와 기독교 기관에서 실질적으로 확립되고 구현되어야 하는 과제가 남아 있다. 남성과 동등한 자격을 갖춘

---

10 2017년 8월 3일 대법원이 공개한 신임법관 임명 자료에 따르면, 동년 새롭게 임명된 132명의 신임법관 중 여성은 49명이었다. 전체 신임 법관의 37.1%에 해당하는 수치다. 2013년 전체 신임법관 57명 중 여성 1명(2%), 2014년 51명 중 여성이 3명(5.3%)이었던 것을 감안했을 때 여성의 수가 눈에 띄게 증가했다. 특히, 법학전문대학원(로스쿨) 출신 법조인들이 신임법관 임명과정에 포함된 2015년부터 여성 신임법관의 비율이 빠르게 증가하고 있다. 2015년 전체 신임법관 78명 중 여성 17명(21.8%)을 시작으로 2016년 100명 중 여성 26명(26.0%), 2017년 132명 중 여성 49명(37.1%)까지 꾸준히 여성 비율이 상승하고 있다.

여성 목사나 여성 인력이 교회와 기독교 기관에 청빙 또는 채용됨에 있어서 남성과 비교하여 불평등한 차별을 받지 않도록 하는 제도적 장치가 마련되어야 한다. 아울러 아직도 가부장적이고 남성 중심적인 사고에 젖어 있는 교회의 남성 목회자들과 평신도들의 의식을 전환시키기 위한 범교회적인 노력이 지속되어야 한다.

교회의 민주화가 이루어지고 교회 안에서 남녀평등이 온전히 실현될 때, 교회는 사회를 향해 민주화와 인간 평등의 메시지를 설득력 있게 전하고 사회의 민주화에 기여할 수 있을 것이다. 한국교회는 1970-80년대 군부독재 시기에 소수의 기독교 민주화 운동 단체를 제외하고는 대다수가 개인적·내세적 구원의 복음만을 선포한 나머지 독재 권력의 불의와 억압, 그리고 민중의 고난과 고통을 외면했다. 교회는 사회의 민주화에 앞장서지 못하고 침묵하거나 소극적으로 대응하였으며, 어떤 경우에는 오히려 독재정권을 비호하고 재가하는 데 이용되기도 했다. 오늘날의 지방자치와 분권 시대에 한국교회는 그리스도인들의 실천적 영성을 계발시켜 예수 그리스도의 하나님 나라 복음을 지역사회 속에서 구현하는 일에 참여할 수 있도록 해야 한다. 교회가 속해 있는 지역사회는 단지 교회라는 방주에 구원받을 사람을 불러 모으고 교인을 늘리기 위한 텃밭이 아니다. 그곳은 바로 교회가 하나님 나라 복음을 전파하고 하나님 나라를 구현해야 하는 구체적 현실로서, 섬김의 실천을 통해 사회적 선교를 수행해야 하는 곳이다. 따라서 교회는 지역 주민들과 함께 호흡하면서 지방자치기구나 시민운동단체들과의 긴밀한 유대관계 안에서 지역사회의 문제 해결과 발전을 위한 여론 형성, 의사 결정, 의정 감시, 가치관 교육 등에 적극적으로 참여함으로써, 민주사회의 발전을 위한 공적 책임을 수행해야 한다.

이와 더불어 교회는 삶의 질을 중요시하는 복지시대를 맞이하여,

장애인 복지시설, 무료진료센터, 문화강좌센터, 고아원, 행려자(무숙자) 수용기관 등의 사회복지 시설의 확충과 운영을 위해서 보다 더욱 큰 관심과 투자 및 노력을 기울여야 한다. 특히 이른바 백세 시대를 맞아 평균 수명의 연장으로 인한 노인 인구의 증가가 매우 심각한 사회 문제로 대두되고 있는 오늘날, 노인들을 위한 이른바 "그레이 목회"(grey ministry)가 요청된다. 교회는 양로원, 노인 요양병원, 노인복지회관, 기독교 실버타운 등 노인들을 위한 복지사업에 각별한 관심을 기울여야 한다. 이와 같은 사회적 섬김은 오늘과 내일의 한국교회가 당면한 가장 긴급하고 중요한 선교적 과제 중 하나다.

6. 통일한국을 향한 노력: 남북교회의 교류와 협력

지난 20세기 후반에 세계에서 일어난 가장 큰 역사적 변화는 구소련과 동유럽의 붕괴와 더불어 온 사회주의 체제의 몰락이라고 할 수 있다. 동독의 독재정권이 무너짐과 더불어 도래한 독일의 통일은 우리 민족에게 통일의 염원과 기대를 더욱 강하게 불러일으켰다. 그러나 김일성, 김정일, 김정은 왕조의 3대 세습통치가 이어지는 동안 북한은 변한 것이 거의 없다. 북한은 명목적으로는 상대방의 사상과 제도를 그대로 인정하고 용납하는 연방 국가의 창립을 골자로 하는 연방제 통일론을 주장하고 있지만, 북한이 주장하는 통일론의 실제적인 근간은 적화통일, 즉 한반도 전체의 사회주의화다. 북한은 김정은 체제 이후 핵무기와 대륙간탄도미사일(ICBM) 개발에 총력을 기울여왔다. 그러나 미국을 중심으로 한 유엔과 국제사회의 경제적 압박이 강화되어 더 버틸 수 없게 되자 북한은 남북 정상회담 및 북미 정상회담을 통해 돌파구를 찾고자 시도하고 있다. 북한

이 과연 진정성 있는 태도로 남북 및 북미 회담에 임하여 약속대로 비핵화를 이행하고 정상국가로의 변신을 시도할지, 아니면 이미 핵무기 개발을 완료하고 비축한 상황에서 핵 포기란 허울 좋은 협상 카드를 내세워 단지 경제적 지원을 얻어내기 위해 중국과 미국 사이에서 줄타기 외교의 곡예를 계속할지는 시간이 말해 줄 것이다.

북한은 지난 수십 년 동안 사회주의 경제체제의 실패로 인한 극심한 경제난을 극복하기 위해서 경제특구를 지정하여 서방 선진국의 원조와 투자를 유치하고자 했지만 실패했다. 북한의 경제특구 지정은 북한 사회의 폐쇄적인 체제를 유지하면서 부분적으로 경제적 문호를 개방하고자 하는 시도로서, 북한 당국의 근본적인 정책변화를 의미하는 것이 아니다. 북한 지도층의 가장 큰 두려움은 자유민주주의 체제인 남한과의 경제적·문화적·정치적 교류로 야기될 수 있는 민심의 동요로 인한 일인 독재정권과 사회주의 체제의 붕괴다. 따라서 작금에 남북교류 및 통일에 대한 우리 국민의 염원과 기대가 그 어느 때보다 고조되고 있지만 북한의 개방을 유도하기 위한 남북 대화의 과정은 결코 순탄하지 않을 것이다. 앞으로도 상당 기간 남북 간의 대화는 수많은 난항과 우여곡절을 겪을 것이 예상되며, 더욱이 통일을 위한 남북 당국자 간의 진정성 있는 논의가 제대로 된 제도에 오르기까지는 아직 요원하다.

반공을 국시로 했던 1970-80년대 군사정권 이래, 한국교회는 비록 소수의 집단이 중심이 되긴 했지만 지속적으로 남북 간 화해를 위한 물밑 노력을 계속해왔다. 남북교회 대표자들은 여러 차례의 만남을 통해 다소나마 서로를 이해하게 되었으며, 이 만남이 민족의 화해와 통일에 물꼬를 트는 역할을 할 수 있기를 기대했다. 한 예를 들면, 북한과의 만남과 교류를 위한 한국교회의 창구 노릇을 해왔던 한국기독교교회협의회(KNCC)는 1988년 2월 제37차 총회에서 "민족의 통일과 평화에 대한 한국기독교회 선언"을 채택하였으며, 동년 4월 25-29일까지 인천 송도에서 열린 "한반도의 정의와 평화를 위한 협의회"에서는 17개국에서 320명의 대표가 참석하여 위의 선언을 전폭적으로 지지하고 후속사업을 전개하여 돕기로 했다.[11] 이후에도 남북교회는 여러 차례에 걸쳐 만남과 대화를 위한 노력을 계속해왔다.

한국교회 안에는 한편으로 기독교를 핍박하는 무신론자들의 집단인 북한과의 일체의 대화를 거부하는 반공주의자들이 있고, 다른 한편으로 감상적인 통일만능주의에 빠져 있는 환상가들이 있다. 이 둘은 모두 바람직한 태도가 아니다. 한국교회는 양극단을 피하고 보이지 않는 작은 부분에서부터 조용하고 신중하게 남북한의 동질성과 상호 신뢰를 회복할 수 있는 일들(예를 들면, 북한 결핵 어린이 돕기 운동)을 실천해 나가야 할 것이다. 또 한국교회에는 통일이 되면 북한에 들어가 무너진 교회를 다시 세우고 북한을 복음화하겠다는 생각을 지닌 그리스도인들이 많다. 이들

---

11 이 선언에서는 대외적으로 남북한 정부에 대한 한국교회의 건의사항과 한국교회가 스스로 감당해야 할 과제를 천명하였는데, 한국 기독교가 스스로 감당할 과제를 소개하면 다음과 같다. 1) 1995년을 해방과 희년의 해로 선포하고 연차적, 단계적으로 구현 방향을 마련하는 일. 2) 먼저 교회의 일치를 성취하며, 교회의 권위주의적이고 비민주적인 내적 구조를 민주적 개방체제로 갱신하여 사회정의 실현이라는 예언자적 사명을 심화시키는 일. 3) 평화교육과 화해 교육을 위한 자료와 교과과정을 교회교육훈련에 있어서 우선적으로 출간하고 실천하는 일. 4) 화해의 실천을 위하여 매년 남북한 교회가 공동으로 '평화와 통일을 위한 주일'을 설정하고 지키며 이를 위한 "평화와 통일을 위한 기도문"을 남북한 교회 공동으로 작성하는 일. 5) 평화와 통일을 위한 남북한 교회 상호 간에 교류와 협력은 물론 우리와 뜻을 함께하는 세계 각국의 형제교회들과 평화와 통일을 향한 연대 활동을 적극적으로 전개할 것. 이상의 내용 가운데서 첫 번째 항의 내용, 즉 1995년을 통일희년의 해로 선포하자는 제안에 대해서는 대한예수교장로회 교단 내에서 그 신학적 정합성과 현실적 적합성에 대한 논란이 있었다. 그러나 이 선언은 그동안 기독교 안에서 진행되어 온 통일논의를 집약적으로 표현하고 실천과제를 제시함으로써 한국 사회와 교회에 본격적인 통일논의를 불러일으키는 촉매 역할을 했다는 점에 의미가 있었다고 할 수 있다. "한국기독교의 통일운동 전개," 『동문회보』, 제13호 1990년 12월, 6-10 참조.

의 의도는 순수한 것일 수 있다. 그러나 이는 매우 위험한 선교관일 수 있다. 왜냐하면 이러한 선교관은 지금 우리가 경험하고 있는 한국교회의 극심한 분열과 파벌과 대립을 북한에 그대로 이식시키는 결과를 초래할 것이 분명하기 때문이다. 그렇게 되느니 차라리 선교 모라토리엄(유예)을 선포해야 한다고 주장하는 사람들조차 있다. 한국교회가 우선적으로 해야할 일은 교회 안의 분열을 먼저 치유하고 서로 화해하며, 남북한 어느 곳에서든지 가난하고, 병들고, 소외된 사람들을 찾아가 그들을 감싸 안고 위로하고 치유함으로써 그들에게 그리스도의 사랑을 전하는 것이다. 단지 예수의 이름을 믿고 구원을 받으라는 복음 전도가 아니라 이와 같은 사랑의 실천을 통한 사회적 선교가 사람들의 마음을 감화시키고 그들로 하여금 스스로 마음을 열고 복음을 받아들일 수 있도록 하는 가장 효과적인 선교의 길이다.

교회적으로나 사회적으로, 통일의 길을 열고 통일 이후 민족의 동질성을 회복하며 화해를 실현할 수 있는 길은 자신의 것을 나누고, 고통을 분담하는 자기희생적인 사랑과 섬김의 실천 외에 없다. 이것이 바로 예수 그리스도의 십자가 안에서 계시된 화해의 길이다. 물론 통일신학의 정립도 필요하지만 단순한 이론체계로서의 통일신학은 통일과 화해를 구현하는 데 큰 힘이 되지 못한다. 진정한 통일신학은 예수 그리스도의 십자가 정신을 본받는 나눔과 섬김의 신학이요, 어려움 당하는 이웃을 위해 자신의 물질적 손실과 그보다 더한 희생까지도 기꺼이 감수하고자 하는 "고통 분담의 신학" 또는 "공감(compassion)의 신학" 외에 다른 것이 아닐 것이다. 통일 한국의 최종적 목표는 사회주의 체제도 자본주의 체제도 될 수 없다. 통일 한국의 최종적 목표는 세상의 어떤 이데올로기도 넘어서는 하나님 나라여야 한다. 이 하나님 나라는 오직 예수 그리스도 안에 나타난 자기희생적인 사랑과 섬김의 능력에 의해 모든 분열과 불신과 오해의 장벽이 무너지고 남북이 화해하고 하나가 됨으로써 한반도의 현실 속에서 구현될 수 있다.

7. 분열된 한국교회의 연합운동

남북으로 분단되고 동서(영·호남)로 분열된 한국사회 못지않게 한국교회도 정치·사상적 이유로 극심하게 분열되어 있다. 특히 개신교에서 가장 큰 교파로서 800만의 교인을 가지고 있는 장로교회의 역사는 분열의 역사라고 해도 과언이 아니다. 1951년에 신사참배 회개문제로 고신파(고려파)가 분리되었고, 1953년에는 신학적 입장의 차이로 예수교장로회와 기독교장로회가 분열되었으며, 1959년에는 예수교장로회 안에서 교권 다툼과 신학적 노선의 차이로 에큐메니칼파(WCC)와 복음주의파(NAE)가 나뉘어 합동과 통합이 갈라졌다. 그 이후에도 특히 합동은 끊임없는 교권 다툼과 독선적이고 근본주의적인 신학으로 인해 핵분열을 계속하여 수많은 합동계열의 장로 교단들이 난립하고 있다.

몰트만은 21세기에는 근본주의가 새롭게 대두되어 오늘날의 현대주의와 대립할 것으로 예측했다.[12] 한국교회 안에서는 근본주의 또는 보수주의와 진보주의 또는 자유주의 사이의 대립이 매우 심각하다. 근본주의 또는 보수주의는 한기총(한국기독교총연합회)에 의해 그리고 예수교장로회의 고신과 합동에 의해 대표된다. 진보주의 또는 자유주의는 KNCC(한국기독교교회협의회)와 기독교장로회(기장)와 감리교에 의해 대

---

12   Jürgen Moltmann, "Christianity in the Third Millennium," *Theology Today*, Vol. 51, No.1, April, 1994, 75-89.

표된다. 양쪽 진영은 신학적·사상적 차이로 대립하고 있음에도 불구하고 공통되게 독선적·배타적 특성을 공유하고 있다. 따라서 한국교회 안에서 KNCC를 중심으로 하는 에큐메니칼 진영과 한기총을 중심으로 하는 복음주의 진영 사이의 대립 구도는 쉽사리 극복되기 어려울 것으로 보인다. 또한 오늘날 한국교회 안에는 이와 같은 양극적 구도뿐만 아니라 전근대에서 근대를 거쳐 탈근대에 이르는 다양한 신학적 입장들이 혼재하고 있는데, 이는 한국교회 안의 심각한 갈등 요인이 되고 있다.

그러나 한국교회 안에서 교회의 일치를 부르짖는 목소리가 없었던 것은 아니며, 또한 교단 지도자들을 중심으로 가시적인 성과가 전혀 없었던 것도 아니다.[13] 그러나 교단 지도자들끼리의 상호방문, 교단 간의 연합사업, 공동선언문 발표와 같은 일들도 필요하지만, 한국교회가 진정한 일치와 화해를 이루기 위해서는 근본적으로 자기 입장을 절대화하고 다른 입장들을 정죄하는 독선적이고 배타적인 신앙과 신학을 버려야 하며, 또한 자신의 기득권을 양보하여 타자와 함께 나누는 삶으로 전환해야 한다. 한국교회가 지역, 이데올로기, 혈연, 성별, 학연, 계층 등 갖가지

13　대한예수교장로회 통합 교단 총회와 합동 교단 총회가 1995년 8월 15일 교단 분열 37년만에 양 교단 공동으로 기념 예배를 드리고 교회의 일치와 화합을 다진 것은 한국교회의 연합운동의 한 이정표라고 할 수 있다. 또 같은 해 9월 1일에는 장로교 총회 80주년, 광복 50주년을 기념하는 연합 예배가 한국장로교협의회 주최로 소망교회에서 열렸다. 여기서는 한국교회사상 처음으로 예장 통합과 합동, 고신, 기장, 대신, 개혁, 합동정통, 호헌 측과 기독교장로회 등 가맹 8개 교단이 참여하여 함께 예배와 성만찬을 드리고, 분열에 대한 죄를 고백하고 화해와 일치를 다짐하는 한국장로교의 '공동신앙선언'도 채택, 발표함으로써 한국교회 연합운동의 새로운 장을 열었다. 공동신앙선언문의 내용은 다음과 같다. 1. 우리는 모든 영광을 주께 돌리며 모든 권세가 다 하나님의 주권 아래 있음을 선언한다. 2. 우리는 장로교회 신앙의 전통을 공유하고 있는 주님의 한 몸임을 선언한다. 3. 우리는 우리에게 주어진 은사의 다양성 속에서 일치를 선언한다. 4. 우리는 민족의 평화통일을 한국교회의 최우선 과제로 선언한다. 5. 우리는 정의, 평화, 창조 질서의 보전을 위한 책임을 선언한다.

요인들로 극심하게 분열된 한국 사회를 향해 화해의 메시지를 선포할 수 있기 위해서는 먼저 "너희는 화해하라"(마 5:24; 고후 5:18, 19)는 주님의 말씀 앞에서 회개하고 먼저 교회 안에 화해와 일치를 구현해 나아가야 한다.

특히 남북한의 교류가 자유롭게 되거나 통일이 실현됨으로써 선교의 문이 열릴 때, 남한의 교회들이 저마다 북한으로 올라가 각기 자기 교단과 교회의 세력 확장을 추구함으로써 남한에서의 혼란한 난맥상을 북한에 재현시키는 일이 일어나지 않도록 하기 위해서는 남북의 통일과 남북교회의 교류와 연합을 추진하기 전에(또는 추진하면서) 먼저 남한의 교회들 안에 분열을 치유하고, 화해하고, 연합하는 운동이 범 교단적, 범 교회적으로 일어나고 한국의 개신교인들이 이 운동에 동참함으로써 교회가 다시금 하나가 되는 역사가 일어나야 할 것이다. 한국교회가 진정으로 회개하고 화해하고 연합할 때, 남북교회의 협력은 물론 한반도의 통일 및 통일 이후의 우리 민족의 번영에 크게 기여할 수 있을 것이다.

8. 생태계 파괴의 가속화와 그린목회

우리나라는 1970년대 이래 경제성장을 최우선의 목표로 하는 산업개발 정책을 추진하는 가운데 무분별하게 자연을 개발하고 훼손한 결과, 삼천리 금수강산이 오염되고 병들어, 국민의 건강과 생명이 심각한 위협을 받는 지경까지 이르렀다. 회복하기 어려울 정도로 오염되고 훼손된 공기, 물, 하천, 땅, 산림으로 인한 자연환경 문제는 이제 전 세계적인 주요 관심사가 되었다. 오늘날 환경문제는 곧 인류생존의 문제로서, 학문과 과학, 사회, 경제, 정치 등 모든 영역의 중심주제로 다루어지고 있다. 이미

1972년에 "하나뿐인 지구"라는 주제로 유엔인간환경회의(UNCHE)가 열려 「유엔 인간환경선언」이 채택되었으며, 1992년에는 유엔환경개발회의(UNCED)가 개최되어 지구환경보호의 대원칙인 「리우선언」과 21세기를 향한 실천강령인 「의제 21」이 발표된 것은 주지의 사실이다.

　　이러한 국제적인 환경보호 움직임과 맥을 같이하여 세계무역질서를 환경문제와 연계시켜서 새로운 세계경제질서를 구축하려는 시도가 선진국에 의해 주도되고 있는데 이것이 바로 그린라운드(Green Round)다. 이 용어는 1992년 환경문제를 우루과이라운드(1986)[14]에 포함시키는 그린라운드가 필요하다는 미국 의회의 무역소위원장 막스 보커스에 의해 처음 사용되었다. 그 내용은 전 산업의 전 품목에 걸쳐 세계표준의 환경기준을 설정하고, 환경기준에 미달하는 제품은 관세를 부과하거나 무역제재조치를 취하자는 것이다. 이러한 내용은 이미 1995년에 발족한 세계무역기구(WTO)에 의해 수용되어 실행되고 있다.

　　탈냉전 시대 이후 미국, 일본, 유럽공동체를 중심으로 새롭게 형성되는 세계 시장경제의 배후에는 선진 자본국의 기존 정치경제 지배구조를 영속화하고자 하는 국가 이기주의가 숨어 있다는 의혹이 제기되는 것이 사실이다. 그러나 전 세계 시장을 하나의 단일 경제권으로 통합하고 무한 자유경쟁 시장체제 안에서 국경 없는 무역질서를 이룩하자는 세계화의 흐름은 오늘날 거스르기 어려운 대세다. 이러한 새로운 무한 자유경쟁의 세계시장경제 흐름 안에서, 우루과이라운드와 그린라운드는 오늘

14　　우루과이라운드란 이전까지 세계 무역 질서를 이끌어 온 관세 및 무역에 관한 일반협정(GATT) 체제의 문제점을 해결하고 이 체제를 다자간 무역기구로 발전시키려는 국가 간 협상이다. 위키백과, https://ko.wikipedia.org/wiki/%EC%9A%B0%EB%A3%A8%EA%B3%BC%EC%9D%B4_ %EB%9D%BC%EC%9A%B4%EB%93%9C

우리나라에 커다란 도전으로 다가오고 있다. 즉 우리나라는 국내적으로는 자연환경의 오염과 생태계 파괴의 진행을 막고 국민의 건강과 생명을 지켜야 하는 긴급한 과제와 더불어, 국제적으로는 우루과이라운드에 의한 세계의 자유경쟁시장에서, 그리고 그린라운드에 의한 선진국의 환경규제와 통상압력에 대해 지혜롭게 대처하고 살아남아야 하는 어려운 과제에 직면하고 있다.

이러한 국내외적 상황 속에서 한국교회는 단지 국제무역에서의 경제적 이해관계라는 관점에서가 아니라 창조주 하나님 앞에서의 인간과 자연의 관계를 신학적으로 재정립하고, 교인들에게 자연과 조화롭게 살아야 할 성서적·신학적 근거와 이유를 제시해주어야 한다. 특히 오늘의 자연과학시대에, 새로운 창조신학으로서의 "자연의 신학"(theology of nature)이 요청된다. 한국교회는 오늘날 자연과학에 의해 밝혀지는 우주의 신비에 의해 새롭게 형성되는 우주론적 세계관 안에서 올바른 생태학적 창조신학을 정립하여 신자들에게 올바른 세계관을 심어주어야 한다. 한국교회는 신자들로 하여금 하나님께서 창조하신 자연 만물을 보호하고 잘 가꾸는 것(창 1:26)이 하나님의 형상으로 지음을 받은 인간에게 주어진 하나님의 명령인 것을 깨닫고 실천하도록 해야 한다. 하나님 나라를 이 땅에 구현하기 위한 교회의 사회적 섬김은 창조세계의 보전과 관리를 포함한다. 특히 매일 미세먼지로 고통받는 우리나라의 오염된 자연환경 속에서, 모든 국민이 깨끗하고 푸르고 아름다운 자연환경 속에서 건강하게 살 수 있도록 범 교단적·초 교파적으로 모든 교회가 함께 협력하여 환경보호를 위한 녹색 살리기, 일회용품 사용 제한, 쓰레기 줄이기, 공해물질 추방 등의 운동을 지속적으로 펼쳐나가야 한다. 이런 의미에서 목회자들뿐만 아니라 모든 그리스도인들에게 "생태목회" 또는 "녹색목회"(green ministry)에 대한 각별한 관심이 요청된다.

9. 결론

교회는 예수 그리스도가 선포하고 실천하신 하나님 나라의 역사 내적 선취로서, 하나님 나라의 비전과 성령의 능력 안에서 세상의 현실을 변혁시키는 종말론적 실재다. 교회는 하나님 나라의 복음을 위해 섬김과 희생적 사랑의 삶을 사신 예수 그리스도의 마음을 품고 십자가의 길을 따르는 제자도를 실천해야 한다. 교회가 하나님 나라의 종말론적 미래를 향해 역사적 현실을 변혁시켜 나가는 역동적 실재이기를 멈추고 교회지상주의에 빠져 자신의 성장만을 추구하게 되면, 교회는 자신이 몸담고 있는 세상에 대한 책임의식을 상실하고 사회의 불의와 악과 고통에 대하여 무관심하게 된다. 예를 들면, 독일의 나치 지배 아래에서 독일민족교회는 유대인 학살극을 벌이는 히틀러 정권을 지지했으며, 우리나라의 군사독재 시기에 대부분의 보수적 교회들은 독재정권을 지지하거나 침묵했다. 이렇게 될 때 교회는 자신의 머리이신 예수 그리스도의 몸으로서의 존재의미를 상실하게 된다.

예수 그리스도의 말씀과 행동 안에 체현된 하나님 나라의 복음은 인간과 모든 피조물의 구원과 해방을 가져오는 통전적인 복음이다. 즉 하나님 나라의 복음은 개인적이고 공동체적이며, 영적이고 육체적이며, 정신적이고 물질적이며, 역사적이고 종말론적이며, 문화적이고 자연적이며, 현세적이고 내세적인 모든 차원에서의 인간과 피조물의 구원과 해방을 가져온다. 교회는 통전적인 구원과 해방을 가져오는 이 하나님 나라 복음이 이 세상의 현실 속에서 구현되도록 해야 한다. 이를 위해서 교회의 강단에서는 단지 개인적 차원에서의 죄 용서와 구원의 메시지만이 아니라, 이 세상의 사회역사적 현실 속에서 하나님의 통치가 구현되도록 하기 위한 예언자적 메시지가 함께 선포되어야 한다. 이와 더불어 개인주의적 영성을 극복하고 공동체적 영성을 함양하기 위한 성도의 교제(코이노니아, koinonia)가 회복되어야 하며, 전 지구적인 생명 공동체로서의 사회생태계(socio-ecosystem) 안의 모든 생명들을 살리고 돌보기 위한 섬김(디아코니아, diakonia)의 실천이 요구된다.

교회는 하나님 나라를 지향하는 섬김 공동체로서 이 땅에 존재한다. 그동안 말씀선포와 복음 전도를 통한 교회성장을 지상(至上)의 사명으로 삼아온 한국 개신교회는 예수 그리스도의 하나님 나라의 복음 안에서 사회적 섬김의 실천이 갖는 구원론적 의미를 제대로 이해하지 못했다. 사회적 섬김은 말씀선포와 복음 전도에 추가적으로 부가되는 교회의 이차적 과제가 아니다. 우리는 세상을 향한 섬김(service)을 통해 하나님께 예배(service) 드린다. 우리가 지극히 작은 이웃에게 한 섬김의 실천이 바로 예수 그리스도에게 한 것이다. "너희가 여기 내 형제 중에 지극히 작은 자 하나에게 한 것이 곧 내게 한 것이니라"(마 25:40). 작은 자들을 섬기는 그리스도인의 행위는 예수 그리스도의 이름을 온 세상에 선포하는 행위다. 또한 교회는 섬김의 실천 안에서 참된 성도의 교제와 하나됨을 경험한다.

특히 오늘의 도전과 위기의 상황 속에서 한국교회는 교회의 사회적 책임에 대한 더욱 깊은 인식을 가져야 한다. 교회는 타자와 세상을 위해서 존재할 때에 비로소 예수 그리스도의 교회다. 예수 그리스도의 십자가의 길을 따르는 제자도의 실천 없이 단지 예수 그리스도의 십자가 구속을 믿는 믿음으로 구원을 얻는다는 이른바 "순수한" 복음만을 강조하는 것은 하나님 나라 복음을 위해 자신을 온전히 희생하신 예수 그리스도의 모습과 근본적으로 배치된다. 교회의 머리 되신 예수 그리스도의 몸 된 교회는 자신의 주님이신 예수 그리스도를 따라 "타자를 위한 존재"로서 섬김의 길을 가야 한다. 이를 위해서 카리스마적 목회자의 독재적 리더십이 아닌 민주화된 교회의 삶을 위한 "힘을 부여하는" 리더십, 지방자치 시대에 중소교회 규모의 마을교회로서 지역사회를 섬기는 "열린" 목회, 가난한 자, 외국인 노동자, 탈북민 등 사회에서 소외된 사람들을 돌보는 "작은 자" 목회, 인구 고령화 시대에 한국사회의 노인복지를 위한 "그레이" 또는 "실버" 목회, 오염되고 파괴된 자연환경을 되살리고 보호하기 위한 "녹색" 목회 등이 오늘과 내일의 한국교회에 요청된다. 한국교회가 이와 같은 모습으로 변화될 때, 한국교회는 제3천년기(the third millennium)의 첫 세기에 미래에 대한 불안과 두려움에 사로잡혀 있는 많은 사람들에게 하나님 나라의 구원과 영생에 대한 소망을 다시 한번 새롭게 제시해줄 수 있을 것이다.

제3장

기독교 역사 속의 교회론과
미래 한국교회의 패러다임

1. 서론

교회는 이 세상을 창조하고 섭리하며 구원하고 완성하시는 삼위일체적 하나님의 선교(*missio Dei*)를 위하여 하나님으로부터 부름 받은 그리스도 인들의 공동체(에클레시아)다. 다시 말해 교회는 이 세상의 구원과 해방을 위해 하나님에 의해 보냄을 받은 역사적 예수의 메시아적 사역과 고난과 부활 및 이 예수를 그리스도와 주님으로 고백하는 초기 기독교 공동체 의 신앙에 기초하여 오순절 성령의 강림에 의해 탄생하였으며, 성령의 지 속적인 현존과 능력 안에서 예수 그리스도의 복음 전파와 하나님 나라의 구현을 위해 부름 받은 공동체다. 교회 공동체의 구성원인 그리스도인들 은 예수 그리스도의 고난과 부활을 통해 하나님과 화해되고 새로운 생명 을 얻은 존재들로서, 성령의 능력 안에서 지금 여기에 선취적으로 현존하 는 종말론적인 하나님 나라의 구원과 해방을 누리면서, 교회 안에서 함께 하나님을 경배하고 사랑의 친교를 나누며 세상에 나아가 예수 그리스도 의 복음을 전파하고 이웃과 세상을 섬기는 삶을 통해 하나님 나라를 구 현하는 일에 동참하도록 부름을 받는다.

급변하는 21세기의 사회와 문화의 도전에 응답하고 이 세상을 향한 하나님의 선교를 효과적으로 수행하기 위하여 교회는 끊임없이 스 스로를 갱신해야 한다. 특히 우리가 속해 있는 전통인 개혁교회는 16세 기에 일회적으로 개혁이 완결된 교회가 아니라 끊임없이 개혁되어가는 과정 속에 존재하는 교회다(*ecclesia reformata semper reformanda*). 한국교회는 새로운 상황을 맞고 있다. 지난 세기에 경험했던 급속한 부흥과 양적 성장이 앞으로도 계속될 것인가에 대하여 많은 사람들이 의문을 갖고 있는 것이 사실이다. 한국교회의 미래는 매우 불확실하다. 각종 통계자료들은 지난 수년간 한국교회의 성장이 둔화되거나 정체되고 있음을 보여주고 있으며, 이미 실질적인 감소가 시작되었음을 보여주는 자료도 나와 있다. 이러한 상황 속에서 한국교회의 문제점이 무엇인지 진단하고, 변화하는 21세기의 사회 문화적 상황의 도전에 올바로 응답하며 미래 지향적인 교회 상을 정립하는 일은 오늘 한국의 교회와 신학이 당면한 가장 절실하고도 중요한 교회론적·선교적 과제의 하나가 아닐 수 없다.

하지만 교회 갱신과 변혁의 동인과 동력은 단지 급변하는 세상의 문화에 대한 적절하고 기민한 상황적 적응이라는 외적 요인에 있는 것이라기보다는 근본적으로 성부·성자·성령의 삼위일체적 존재와 삶에 기초한 교회의 본래적 정체성에 있다. 다시 말해 교회의 존재와 삶의 갱신과 변혁을 위한 영속적인 원리와 힘은 예수 그리스도의 메시아적 사역과 십자가 안에 선취적으로 도래한 하나님 나라의 비전, 그리고 교회 안에 현존하면서 이 세상을 종말론적 하나님 나라로 변혁시키시는 성령의 능력에 있다. 교회의 갱신과 변혁의 과제란 이 시대의 조류에 영합하고 그것을 따라가는 것을 의미하는 것이 아니라 오히려 새로운 시대의 도전에 올바로 응답하기 위하여 본래적인 교회의 정체성으로 돌아가는 것을 의미한다(*ad fontes*). 물론 이것은 단순히 현재와 미래의 교회가 과거 신약성서 시대의 초기 교회의 모습을 답습하고 반복해야 한다는 것을 의미하지는 않는다. 하지만 성서가 증언하는 예수의 하나님 나라 운동과 초기 교회 공동체의 모습은 교회의 정체성 회복과 갱신을 위한 영속적인 역사적 원형(historical archetype)과 패러다임을 제공해준다. 그러므로 교회는 새로운 상황과의 관계 속에서의 정합성과 동시에 삼위일체적 하나님의 교회로서의 본래적인 정체성에 대한 충실성을 동시에 지향하면서, 이 양자의 상관관계 속에서 그 갱신과 변혁의 동인과 동력을 발견해야 한다. 그렇게 될 때에 교회는 이 세상을 향한 하나님의 선교를 올바로 수행할 수 있다.

이 글에서는 제목 그대로 기독교 역사 속에서의 교회론에 대하여 고찰하고 미래 한국교회의 패러다임을 모색해보고자 한다. 결론부터 말하자면, 이 글에서 제시하고자 하는 미래 한국교회의 패러다임은 "하나님 나라의 비전을 품고 세상(문화)과의 역동적인 상관관계 속에서 세상을 변혁시키는 삼위일체적 교회"다. 이와 같은 주제와 논지를 전개하기 위하여 이 글에서는 먼저 신약성서의 교회, 즉 예수의 하나님 나라 운동과 제자 공동체, 그리고 신약성서 시대의 교회 공동체의 중요한 특징들에 관해서 고찰할 것이며(II), 그다음 고대, 중세, 종교개혁시대, 그리고 현대에 이르기까지의 기독교의 역사 속에서의 교회론의 주요 흐름들을 살펴보고(III), 그 후에 교회의 모델들을 유형별로 분석하고 삼위일체론적 교회와 교회의 표지를 제시할 것이다(IV). 이어서 "하나님 나라의 비전을 품고 세상(문화)과의 상호적이고 역동적인 상관관계 속에서 세상을 변혁시키는 삼위일체적 교회"로서의 21세기 한국교회의 패러다임을 제안하고(V), 마지막으로 오늘날의 가장 중요한 한국교회의 주제의 하나인 21세기 한국교회 지도자의 리더십을 예수의 리더십을 따르는 통전적인 변혁적 리더십의 관점에서 고찰하고 제시할 것이다(VI).

2. 신약성서의 교회

A. 예수의 하나님 나라 운동과 제자 공동체

예수는 하나님 나라의 복음을 선포했다. 예수는 종말론적인 하나님 나라의 도래가 임박했으며 그 나라가 이미 성령의 충만함을 통해 자신의 인격과 사역 안에 선취적으로 현존하고 있음을 자신의 말씀과 행동으로 나타내었다. 하나님 나라란 하나님의 통치가 실현되는 영역을 의미한다. 그리고 예수가 선포한 하나님 나라의 복음이란 하나님의 통치가 임박했다는 소식 자체를 말한다. 하나님의 통치가 임박했다는 것이 복음인 이유는, 하나님의 사랑과 정의의 통치에 의해 이스라엘 민족이 그토록 염원하던 평화가 이 땅에 곧 이루어지게 되기 때문이다.

　　하나님의 통치란 어떤 것인가? 하나님의 통치의 내용은 자신의 메시아적 사역에 대한 예수 자신의 이해 안에 잘 나타난다. 예수는 하나님의 통치의 내용, 다시 말하면 하나님 나라를 위한 자신의 메시아적 사역의 구체적인 내용을 이사야 61장을 인용하여 다음과 같이 선포했다. "주의 성령이 내게 임하셨으니 이는 가난한 자에게 복음을 전하게 하시려고 내게 기름을 부으시고 나를 보내사 포로된 자에게 자유를, 눈먼 자에게 다시 보게 함을 전파하며, 눌린 자를 자유롭게 하고 주의 은혜의 해를 전파하게 하려 하심이라"(눅 4:18-19). 이 구절은 예수가 선포하고 실천한 하나님 나라의 복음이란 가난하고 억눌리고 속박당한 자들에게 자유와 해방을 가져다주는 종말론적인 하나님의 통치의 완성이 가까웠다는 사실 자체 또는 그 사실에 대한 선포를 의미함을 보여준다. 동시에 이 구절은 예수의 메시아적 사역이 바로 가난하고 억눌리고 속박당한 자들에게 자유와 해방을 가져다줌으로써 하나님 나라의 통치를 구현하는 데 있음을 보여준다.

　　예수가 꿈꾸었던 하나님 나라는 만인 평등의 사회였다. 예수는 부자와 가난한 사람(눅 19:1-10; 6:20), 유식한 사람과 무식한 사람(눅 14:1-6; 마 11:25-26), 갈릴리 시골 사람과 예루살렘 도시 사람(막 1:14; 마 23:37), 건강한 사람과 병자(마 4:23), 의인과 죄인(막 2:17; 눅 19:10) 모두를 차별 없이 대했다. 그러나 예수는 특히 가난한 사람(눅 7:22), 굶주리는 사람(눅 6:21), 우는 사람(눅 6:21), 지치고 억눌린 사람(마 11:28), 병자(막 3:1-6), 죄인(막 2:17), 세관원(마 11:19), 창녀(마 21:31-32), 사마리아 사람(눅 10:25-37), 여자(마 5:31-32), 어린이(막 10:13-16)에게 특별한 관심과 사랑을 베풀었다. 왜냐하면 그 당시의 유대 사회가 이런 부류의 사람들에게 동등한 인간의 가치를 부여하는 것을 거부했기 때문이다. 그러나 하나님 나라에서는 모두가 동등하게 받아들여지며, 어느 누구도 부당하게 차별당하거나 제외되어서는 안 된다.

예수는 주로 가난하고 억눌리고 소외된 갈릴리 사람들을 향해서는 하나님 나라의 축복을 약속한 반면, 예루살렘의 부자와 권력자와 종교 지도자들을 향해서는 하나님의 준엄한 심판을 경고했다. 예수는 이 땅에서 하나님의 사랑과 공의의 통치가 이루어지는 만인 평등의 하나님 나라를 실현하기 위해 자기희생적인 섬김과 사랑의 삶을 살았으며 끝내 십자가에서 죽음을 당하기까지 자신을 헌신했다. 예수의 십자가 죽음은 기존 사회와 종교의 질서를 비판하고 변혁시키고자 했던 그의 하나님 나라 운동에 의해 초래된 최종적 귀결이었다.

예수는 하나님 나라 운동의 효과적이고 지속적인 수행을 위해서 제자 공동체를 구성했다. 예수의 제자 공동체는 종말론적인 하나님 나라의 징표이자 그 나라의 구현을 위한 수단으로서 구성되었다. 예수의 제자들이 예수를 따른 것은 단지 유대교 랍비에게 토라를 배우기 위해서가 아니라 도래하는 하나님 나라에 관한 예수의 선포를 들었기 때문이었다. 로핑크에 따르면 예수의 제자들의 소명은 "하나님 나라의 복음에 전력으로 헌신하는 일이요, 새로운 생활 질서로의 전환을 위해 철저히 회개하는 일이요, 형제자매 공동체로 모이는 일이다."[1] 예수의 제자 공동체는 종말론적인 하나님 나라 백성의 예표로서, 그 나라를 우선적으로는 이스라엘의 역사 속에, 그리고 종국적으로는 온 세상의 역사 속에 실현하기 위하여 부름을 받았다.

예수의 제자 공동체는 스스로 스승을 찾아온 제자들이라기보다는 예수의 부름(눅 9:59)을 듣고 순종한 사람들의 모임이다. 예수는 그들을 불러 따라오라고 명령하면서, 그들에게 종래의 직업을 버리고 가정을 떠날 것을 요구했다(막 1:16-20). 예수와 더불어 제자들이 이루는 생활 공동체는 운명 공동체였다. 예수는 그들에게 자신이 장차 당할 고난을 함께 겪을 각오를 하고 자기를 따를 것을 요구했다. "또 자기 십자가를 지고 나를 따르지 않는 자도 내게 합당하지 아니하리라"(마 10:38).

종말론적 하나님 나라의 예표이자 그 나라를 실현하기 위한 수단으로서 예수의 제자 공동체는 세상적인 모든 유형의 공동체들과 대조되는 대안 공동체이자 변혁 공동체였다. 제자 공동체 안에서는 세상적인 지배구조가 용납되지 않는다. 여기서는 첫째가 되고자 하는 사람이 오히려 모든 이의 종이 되어야 한다. 그리고 제일 어른인 사람이 제일 어린 사람처럼 되어야 한다(눅 22:26). 예수는 제자들에게 진정한 권위가 섬김에 있다는 것을 말씀과 행동으로 가르쳤다. 예수는 자신이 섬김을 받으러 온 것이 아니라 섬기러 왔다고 말했다. "인자가 온 것은 섬김을 받으려 함이 아니라 도리어 섬기려 하고 자기 목숨을 많은 사람의 대속물로 주려 함이니라"(막 10:45). 예수는 제자들 가운데 섬기는 사람으로 처신한다. "앉아서 먹는 자가 크냐, 섬기는 자가 크냐? 앉아서 먹는 자가 아니냐? 그러

---

1   게르하르트 로핑크, 『예수는 어떤 공동체를 원했나』, 정한교 옮김 (왜관: 분도출판사, 1996), 67.

나 나는 섬기는 자로 너희 중에 있노라(눅 22:27). 예수는 큰 사람은 섬기는 사람이 되어야 한다고 말했다. 예수는 최후의 만찬 때에 제자들이 자기의 발을 씻기게 하지 않고, 자신이 제자들의 발을 씻김으로써 섬김의 본을 보였다(요 13:1-20). 예수가 섬김을 받지 않고 섬김의 삶을 실천적으로 가르쳤다는 사실은 예수의 제자 공동체에 매우 큰 인상을 주었음이 틀림없다. 그래서 그들은 나중에 자신들의 직무를 "디아코니아" 즉 섬김이라고 일컬었다.

예수의 제자 공동체에 여성이 없었다고 생각하면 그것은 오해다. 예수의 제자 공동체 안에는 다수의 여성들이 함께 섬김의 직분을 담당했다. 십자가 사형 장면 말미에 마가는 예수를 따라온 제자들 가운데 막달라 마리아, 작은 야고보와 요셉의 어머니 마리아, 살로메가 있다고 전하면서, 이들은 예수께서 갈릴리에 계실 때부터 따르며 섬기던 자들이라고 소개하고 있다(막 15:40-41). 누가는 예수의 공동체에서 함께 일을 하던 여성들에 관하여 다음과 같이 전해준다. "또한 악귀를 쫓아내심과 병고침을 받은 어떤 여자들 곧 일곱 귀신이 나간 자 막달라인이라 하는 마리아와 헤롯의 청지기 구사의 아내 요안나와 수산나와 다른 여러 여자가 함께 하여 자기들의 소유로 그들을 섬기더라"(눅 8:2-3). 예수는 분명히 여성들을 불러 하나님 나라를 위한 섬김의 직분을 맡겼다.

B. 신약성서 시대의 교회 공동체

신약성서의 교회 공동체는 예수의 십자가 죽음과 부활 이후 제자 공동체가 다시 예루살렘에 모여 놀라운 성령의 임재를 체험하고 예수의 십자가 죽음이 하나님의 백성을 위한 대속의 죽음이라는 사실을 선포함으로써 시작되었다. 예수를 주님과 하나님의 아들로 고백하는 기독론적 해석의 발전과정 속에서 이제 복음은 주님과 하나님의 아들이신 예수 그리스도의 대속적 죽음으로 인한 하나님의 구원의 은혜에 관한 소식이 된다. 즉 누구든지 예수 그리스도를 믿기만 하면 주어지는 하나님의 죄 용서와 구원의 은혜에 관한 소식, 이것이 신약성서 시대의 교회가 선포했던 복음이다.

그러므로 신약성서 시대의 교회는 예수 그리스도, 그리고 그분에 대한 증언과 더불어 존재한다(고전 3:11). 교회는 예수 그리스도의 복음을 전파하기 위한 성령 공동체다. 교회는 예수 그리스도의 사역, 죽음, 부활에 응답하는 가운데 성령의 능력 안에서 하나님께 예배하고 예수 그리스도의 복음을 증언하기 위해서 하나님으로부터 부름을 받은 신자들의 공동체, 즉 "에클레시아(ecclesia)"[2]다. 초기의 교회 공동체들은 할례받지 않은 이방인을 받아들이고 세계를 향하여 복음의 문을 엶으로써 유대인과 이방인으로 이루어진 보편적 교회로 발전하게 되었다.

신약성서 시대의 교회 공동체는 몇 가지 주요 특징들을 보여주는데, 그것은 성령의 충만한 현존, 평등 공동체, 사랑의 친교 공동체, 섬김의 공동체, 세계 변혁적인 종말론적 대안 공동체다.

1) 성령의 충만한 현존

신약성서 시대의 교회는 오순절 성령의 충만한 임재에 대한 경험으로부

---

2   에클레시아는 문자적으로 부름을 받은 자들이라는 의미인데, 이 용어는 역사적으로 구약성서의 "하나님의 백성"과 연관되어 있다. 기독교에서는 이 용어를 그리스도께서 이스라엘로부터 하나님의 새 이스라엘이 되도록 "불러낸" 자들, 즉 자신들을 가리키는 말로 사용하였는데, 나중에는 이 말이 이방인들로부터 "불러내어" 성별된 자들로서의 자신들을 의미하게 되었다. 그래서 바울은 고린도에 있는 기독교 공동체를 언급하기 위해 이 용어를 사용하고 있다. 브루스 라이츠먼, 『교회의 의미와 사명』, 김득중 역 (서울: 컨콜디아사, 1986), 33-34, 180-81.

터 시작되었다(행 2:1-4). 최초의 교회는 성령이 충만한 교회였다. 성령의 능력 안에서 예언, 환상, 치유 이적이 일어났다. 이러한 이적은 종말론적 하나님 나라가 성령의 능력 안에서 선취적으로 현존하는 표징으로 여겨졌다(욜 3; 행 2:17-19). 예수가 성령의 능력으로 이적을 행할 때 하나님 나라의 현존을 말했다면, 초기 교회는 이러한 이적을 경험하면서 성령의 현존을 말했다. 초기 교회는 성령 체험을 통하여, 아직 완성되지 아니한 종말론적인 구원이 이미 지금 여기서 경험되고 있다고 믿었다. 신약성서의 교회는 성령의 카리스마적인 능력이 역사하는 교회로서, 성령의 은사를 따라 각기 자신의 역할을 담당했다. 그러므로 초기 교회는 제도나 조직이 아니라 영적인 은사와 능력에 의해 살아 움직였다. 물론 이것이 초기 교회에 제도나 조직이 전혀 없었다는 것을 의미하는 것은 아니다. 그러나 제도와 조직이 필요에 의해 생겨났으나 매우 소박했으며 직무의 서열도 없었다.

2) 평등 공동체

성령의 충만한 현존은 새로운 공동체, 즉 모든 사회적 차별이 지양되는 평등 공동체를 낳는다. 신약성서 시대의 교회는 평등 공동체를 지향하는 교회였다. 신약성서 시대의 교회에서는 오직 하나님만이 아버지이며, 오직 그리스도만이 선생이요 지도자다. 모든 공동체 구성원들은 평등하다. "그러나 너희는 랍비라 칭함을 받지 말라. 너희 선생은 하나요 너희는 다 형제니라. 땅에 있는 자를 아버지라 하지 말라. 너희의 아버지는 한 분이시니 곧 하늘에 계신 이시니라. 또한 지도자라 칭함을 받지 말라. 너희의 지도자는 한 분이시니 곧 그리스도시니라"(마 23:8-10). 또한 바울은 이렇게 기록했다. "너희는 유대인이나 헬라인이나 종이나 자유인이나 남자나 여자나 다 그리스도 예수 안에서 하나이니라"(갈 3:28). "우리가 유대인이나 헬라인이나 종이나 자유인이나 다 한 성령으로 세례를 받아 한 몸이 되었고 또 다 한 성령을 마시게 하셨느니라"(고전 12:13). 교회 안에서는 유대인과 이방인, 주인과 종, 남자와 여자의 차별이 없어야 한다. 신약성서의 교회는 인종적·계급적·성별적 분리와 차별을 철폐하고 만인이 평등한 공동체를 구현하고자 했다.

특히 바울은 한편으로는 헬라파 유대인들이 율법으로부터 자유함을 옹호하였으며(갈 2:11-21), 다른 한편으로는 유대파 그리스도인들과의 교회적 공동유대를 위해서도 노력했다(갈 2:9-10; 고후 8-9). 빌레몬서는 교회 공동체 안에서 주인과 종이 "사랑스러운 형제"(몬 16)로서 서로를 대해야 할 것을 말씀하고 있다. 최초의 교회에서 여성은 성령의 은사를 따라(고전 12:11) 중요한 역할을 수행했다. 여성들은 예언을 하였으며(행 21:8-9; 고전 11:5-6), 전도에 앞장섰다. 전도자 부부로서 베드로와 그의 아내(고전 9:5), 브리스길라와 아굴라(롬 16:3-5), 안드로니고와 유니아(롬 16:7)가 특별히 언급되며, 그 외의 교회 여성 일군들로서 유오디아와 순두게(빌 4:2-3), 마리아, 드루배나, 드루보사, 버시(롬 16:6, 12) 등이 언급된다.

3) 사랑의 친교(코이노이아) 공동체

신약성서 시대의 교회는 자신을 그리스도의 몸(고전 12:12-31)으로 이해했다. 바울에게 있어 몸은 단지 개인적이고 신체적인 개념이라기보다는 공동체적이고 사회학적인 개념이다(고후 6:16). 그러므로 교회는 그리스도를 머리로 하는 몸으로서 유기체적인 공동체다. 초기 교회 공동체는 한 주님과 한 성령과 한 세례 안에 참여하는 가운데 한 몸을 이루었음을 고백했다. 그리스도의 몸인 교회 공동체의 모든 지체는 서로 의존하며, 머리 되신 그리스도에게 의존한다(골 1:15-20; 엡 5:23). 그리스도인들은 하나의 유기체적인 사회적 공동체의 구성원들로서 성도의 교제(*communio sanctorum*), 즉 코이노니아를 통해 함께 공동체를 세워나간다. 누가는 신약성서 시대의 교회 공동체 안에서의 코이노니아를 다음과 같이 요약하고 있다. "믿는 사람이 다 함께 있어 모든 물건을 서로 통용하고, 또 재산과 소유를 팔아 각 사람의 필요를 따라 나눠주며, 날마다 마음을 같이하여 성전에 모이기를 힘쓰고, 집에서 떡을 떼며 기쁨과 순전한 마음으로 음식을 먹고 하나님을 찬미하며…"(행 2:44-47). 초기 교회는 사랑의 친교(코이노니아)와 나눔과 찬양을 통해서 하나가 되었던 공동체였다.

4) 섬김(디아코니아)의 공동체

신약성서 시대의 교회는 섬김을 받으러 온 것이 아니라 오히려 섬기며 많은 사람을 대신해서 속전으로 자기 목숨을 내어주러 왔다는 예수 그리스도의 가르침을 기억하고 있었다(막 10:42-45). 최초의 교회는 상호적인 섬김의 공동체였다. 교회 안에서는 자신과 자신의 이익을 돌보지 않고 남을 위해서 자기를 희생하고 섬기는 사람만이 진정한 권위를 갖는다. 예수 그리스도가 가르치시고 몸소 실천하신 섬김의 권위가 바로 신약성서 시대 교회의 유일한 권위였다. "너희 중에 큰 자는 너희를 섬기는 자가 되어야 하리라. 누구든지 자기를 높이는 자는 낮아지고 누구든지 자기를 낮추는 자는 높아지리라"(마 13:11-12).

바울은 누구보다도 자신의 사도적 권한(ἐξουσία, 엑수시아)의 본질이 섬김(디아코니아)에 있다는 사실을 분명히 자각했던 사도였다. 고린도 교회 사람들과 심각한 논쟁을 벌이면서도 "우리가 너희 믿음을 주관하려는 것이 아니요, 오직 너희 기쁨을 돕는 자가 되려 함이니"(고전 1:24)라고 말하면서 그들에게 "사랑과 온유한 마음을 가지고"(고전 4:21) 나아간다고 했으며, 데살로니가 교회에 대하여는 "우리는 그리스도의 사도로서 마땅히 권위를 주장할 수 있으나 도리어 너희 가운데서 유순한 자가 되어 유모가 자기 자녀를 기름과 같이 하였으니"(살전 2:7)라고 말했다. 교회를 향해 쓴 바울의 편지들을 읽어보면 바울이 사도의 권위를 가지고 일방적으로 명령을 하기보다는 설득력 있는 신학적 논증을 통해 공동체의 동의를 얻어내려고 애를 쓰고 있음을 알 수 있다. 바울의 훈시는 확실히 명령이요 지시이기도 하다. 그러나 동시에 호소요 격려며, 권고요 위로이자 초대며 또한 간곡한 당부다.

바울은 예수를 본받아 지배에서 벗어난 권위의 모험을 감행했다. 바울의 사도적 봉사직은 약함 속에서 수행되었으며, 이 약함은 십자가에 못 박힌 그리스도의 무력함과 커다란 관계가 있다(고후 4:10-11). 이처럼 약하고 무력한 사도의 실존(고전 4:9-13)이야말로 강하고 유력한 그의 실존이다. "내가 약한 그때에 강함이라"(고후 12:10). 바울은 자신의 사도적 권위의 역설을 십자가에 못 박혀 죽으시고 부활하신 그리스도의 역설과 연결 지었다.[3]

신약성서 시대의 교회는 내적으로 상호적인 섬김의 공동체였을 뿐만 아니라 하나님과 세상을 향한 섬김의 공동체였다. 초기 교회는 예수 그리스도가 섬김의 종이었듯이 예수 그리스도를 증언하는 교회도 역시 섬기는 공동체여야 한다는 자의식을 가졌다. 교회는 섬김을 위하여 자신을 희생한다(마 20:25-26). 하나님을 향한 교회의 섬김은 예배와 기도와 찬양을 통해 나타나며, 세상을 향한 교회의 섬김은 말씀과 행동을 통해 예수 그리스도의 복음을 전파하고 하나님 나라의 구현을 위하여 헌신하는 데서 나타난다.

---

3   로핑크, 『예수는 어떤 공동체를 원했나』, 200-203.

5) 세계 변혁적인 종말론적 대안 공동체: 하나님 나라의 선취적 현존

예수의 제자 공동체가 종말론적 하나님 나라의 징표이자 그 나라를 실현하기 위한 수단으로서 세상적인 모든 유형의 공동체들과 대조되는 대안적이고 변혁적인 공동체였듯이, 신약성서 시대의 교회는 새로운 출애굽 공동체로서 하나님에 의해 이 세상으로부터 부름을 받고 구원을 받은 구별된 하나님의 백성이면서(벧전 2:9), 동시에 예수 그리스도의 종말론적인 하나님 나라 비전을 가지고 성령의 능력 안에서 이 세상을 변혁시키기 위하여 세상으로 보냄을 받은 대안적 공동체였다. 세계 변혁적인 종말론적 대안 공동체로서 교회는 세상과 변증법적인 관계를 갖는다. 즉 교회는 세상으로부터 부름을 받으며 동시에 세상을 향하여 부름을 받는다. 세상으로부터의 분리와 세상을 위한 변혁, 세상으로부터의 자유와 세상을 향한 사랑의 변증법적 관계성 안에 교회의 의미와 사명이 존재한다. 신약성서 시대의 교회는 자신을 거룩한 백성이요(벧전 2:9), 하나님의 성전이요(고전 3:17), (세례의) 물로 씻음을 받고 말씀으로 깨끗하게 된 거룩한(엡 5:26) 교회로 이해했다. 초기 교회는 당시 로마 제국 안에서 매우 미약한 소수의 주변적 집단이었기 때문에 언제나 적극적이고 효과적으로 세상을 변혁하는 과업을 수행했던 것만은 아니다. 그럼에도 불구하고 초기 교회는 하나님 나라가 성령의 능력 안에서 선취적으로 현존하는 공동체로서, 평등 공동체로서, 사랑의 친교 공동체로서, 섬김의 공동체로서, 이 세상을 변혁시킬 수 있는 잠재적 힘과 비전을 지닌 종말론적 대안 공동체였다.

3. 기독교 역사 속에서의 교회론

A. 고대와 중세 교회의 교회론

초기 교회에는 오늘과 같은 이원화된 교역자와 평신도의 구별에 기초한 성직제도는 없었다. 신약성서 시대의 교회에서는 은사를 받은 사람, 사도, 예언자, 목사, 교사가 자연발생적으로 교회의 지도자 역할을 수행했다. 그 당시에는 어떠한 직무의 서열도 없었으며 장로와 감독은 동일한 직무를 의미했다(딛 1:5, 7; 행 20:17, 18). 교회가 성장, 발전해 감에 따라 교회 운영과 조직의 필요성에 의해 감독, 장로, 집사의 구분이 이루어지고 세분화된 교역이 이루어지기 시작했다. 그리하여 1세기 후반 경에 안디옥의 이그나티오스는 감독-장로-집사의 삼중적 교직계급을 언급했다. 후에 베드로의 직분이 로마 교회의 감독에게 계승되고 사도직이 감독들에게 계승되었다(*successio apostolica*). 2세기에 군주적인 감독규정이 형성되었는데, 이것은 신앙의 규범과 정경과 나란히 고대 교회의 세 가지 권위들에 속했다. 고대 교회의 교회 이해는 사도신경과 니케아 신조에 잘 나타나 있다. 사도신경은 교회를 성도의 교제(*sanctorum communio*)로 정의했으며, 니케아 신조는 교회의 본질적 속성을 "하나의, 거룩하고, 보편적이고, 사도적인 교회"(*una, sancta, catolica et apostolica ecclesia*)로 정의했다. 3세기 중반 카르타고의 감독이었던 키프리아누스는 감독직으로 구성된 교회를 구원에 필수적인 조건으로 간주했다. 그에 따르면, "교회는 그리스도인의 풍요한 어머니이다.…교회를 어머니로 갖지 않는 자는 더 이상 하나님을 아버지로 가질 수 없다."[4] 그는 교회의 일치도 감독직에서, 즉 감독들의 회의와 결속을 통해서 찾아진다고 주장했다. 교회에 대한 키프리아누스의 위계적이고 성직제도적(sacerdotal)인 교리는 오랜 세기에 걸쳐 서구 기독교를 지배했다.

하지만 4세기 초에 히포의 감독이었던 아우구스티누스는 키프리아누스와는 달리 교회의 본질을 어떤 직제가 아닌 그리스도의 신비한 몸으로 이해했다. 그는 "그리스도의 몸인 교회에 대해 성령이 갖는 의미가 인간의 육체에 대해 혼이 갖는 의미와 같다"고 설명하면서, 성령의 친교로서의 교회 개념으로부터 교회 일치의 본질을 이끌어내었다.[5] 또한 그는 선택된 자들로 구성된 그리스도의 신비한 몸으로서의 참된 교회인 보이지 않는 교회(invisible church)를 예정 받지 못한 사람들도 혼합되어 있는 경험적 교회, 즉 보이는 교회와 구별했다.

레오 1세 때(5세기) 로마 교회 감독의 수위성이 처음으로 주장되었다. 이후 로마 교회의 감독은 교황이라고 불리게 되었다. 서부 유럽의 중세 교회는 교황제도를 중심으로 고도로 조직화된 유기적인 조직체로서, 교황권의 수위성이 점차로 확립되었다. 교황권은 중세 후기로 가면서 절정에 이르렀다. 교황은 단지 교구 감독들의 권위보다 우월할 뿐 아니라 세속의 권력보다도 우월하게 여겨지게 되었다. 그레고리오 7세에 의하면 교황과 세속권력의 관계는 태양과 달의 관계와 같다. 보니파시오 8세의 교서 *Unam Sanctam*(유일하게 거룩한 것, 1302)에 의하면 교황에게 복종하는 것은 구원받는 데 필수적이다. 교황지상주의는 제1차 바티칸 공의

---

4 Cyprian, *De Catholicae Ecclesiae Unitate* (공교회의 일치에 대하여), Ernest Wallace, trans. ANCL, vol. v, pp. 5-6.

5 Augustine, *Sermon*, 267, 4, 그리고 268, 2.

회(1870)에서 분명하게 표명되었다. 이에 따르면 교황은 "전 교회에 대하여 최고의 법률적 권력"을 가지며, 교황이 공식적인 자리에서(ex cathedra) 신앙문제와 윤리문제에 관해 견해를 표명하는 경우에는 "무오성"을 갖는다. 그러나 아이러니하게도 이러한 교황 무오설은 이미 교황의 권위가 땅에 떨어지고 서구 사회가 교회와 교황의 지배로부터 벗어난 지 오래된 시기에 채택된 시대착오적인 교리였다. 한편 서방 교회의 교황 중심주의와는 달리 동방 교회는 황제 중심주의였다. 즉 국가가 교회의 구성요소가 아니라, 교회가 국가의 구성요소다. 로마 가톨릭교회에서 국가의 교회화가 일어났다면, 동방 정교회에서는 교회의 국가화가 일어났다.

고대에서 중세로 이어지는 시대의 흐름 속에서 교회의 구조와 직제는 대체로 부정적인 특징들을 많이 보여주고 있다. 다시 말하면 교회가 제도화·기구화됨에 따라 영적 능력을 상실했으며, 교회 안에 직무의 계층화가 이루어짐에 따라 평등적 구조가 지배구조로 대체되었고, 교회가 세속권력과 결탁하여 국가가 교회화하거나 교회가 국가화함으로써 현실 변혁적인 하나님 나라의 비전을 상실하고 세속화되었다. 더욱이 중세 말기의 교회는 도덕적으로 심히 타락함으로써 종교개혁 운동을 예고하고 있었다.

B. 종교개혁시대의 교회론

종교개혁운동(protestant)은 이처럼 영적 능력을 상실하고, 지배구조화되고, 세속화되고, 도덕적으로 타락한 중세 교회에 대한 저항(protest) 및 개혁(reformation)운동이었다. 종교개혁자 루터는 95개조의 명제를 통해 로마 가톨릭교회의 율법주의적인 관행과 면죄부 판매를 정면으로 비판하고 오직 믿음으로만 구원을 얻는다는 바울의 복음을 새롭게 강조함으로써 중세 가톨릭교회에 대한 개혁의 기치를 높이 들었다. 그는 이신칭의 교리를 교회론에 적용하여 교회를 "성도의 교제"(communio sanctorum)로, 즉 믿음으로 의롭게 된 사람들의 코이노니아 공동체로 정의했다. 아울러 그는 교회를 하나님의 말씀이 선포되고 성례전이 집행되는 곳으로 규정함으로써 복음과 성례전을 교회의 표지 또는 징표로 삼았다. "세례와 성례전과 복음은 세상에 있는 교회의 존재를 구체적으로 알려주는 징표들이다."[6] 동시에 그는 교황을 정점으로 하는 교회의 지배적인 계층질서를 비판하고, 만인제사장설을 주장했다. "신분의 차이가 아니라 임무와 일의 차이를 제외하고는 평신도와 사제, 왕과 주교, 신앙인과 세속인 사이에 근본적인 차이는 없다.···모두가 참 사제이며, 주교이며, 교황이다."[7]

　　　　루터가 안수받은 성직 자체를 부정한 것은 아니었다. 그러나 그는 중세 교회처럼 성직자와 평신도 사이를 계급적으로 나누는 것을 반대했다. 모든 신자들이 공동 사제직에 참여한다. 즉 그들은 각각 자기 삶의 영역에서 복음을 선포하고 이웃을 사랑하며 교화하고 "열쇠의 권한"을 사용하는 일, 다시 말하면 죄를 꾸짖고 용서와 구원을 선언하고 화해시키는 일을 위하여 부름을 받았다. 사도적 계승의 본질적인 의미는 한 명의 그리스도인이 다른 사람에게서 들은 그리스도 안에서의 화해를 또 다른 사람에게 선포할 때 드러나게 된다. 따라서 모든 신자는 서로 서로에 대하여 제사장적인 중보의 기능을 수행할 수 있다. 루터에게 있어 직무의 차이를 제외하고는 성직자와 평신도 사이에 아무런 구분이 있을 수 없다. 그리고 교회의 직무는 지배를 위한 권위가 아니라 섬김을 위한 기능이었

6　　*Luther's Works*, ed. Jaroslav Pelikan and H. T. Lehmann (St. Louis Missouri, Philadelphia), vol. 39, 75

7　　*Luther's Works* vol. 44, *To the Christian Nobility of the German Nation*, 1520, 127-29.

다.

개혁교회(reformed church) 전통의 시조라고 할 수 있는 칼뱅은 교
회를 신자의 어머니, 그리스도의 몸, 선택받은 자의 무리로 이해하였는
데, 이 가운데 그리스도의 몸으로서의 교회가 성서적 이미지를 가장 잘
반영한다. 그는 이 이미지를 통해서 교회 공동체 안의 지체들의 상호의존
성을 강조하고자 했다. "하나님이 자기들의 공통의 아버지요 그리스도가
공통의 머리가 되신다는 사실을 확신하는 사람들이 형제애로써 함께 결
합되며 유무상통한다는 사실은 당연한 것이다." 그리스도로부터 받은 은
사와 이 각자의 은사에 근거해서 그리스도께서 기대하시는 봉사를 함에
있어 교회의 지체들은 서로를 필요로 하며 서로 의존한다.[8]

칼뱅은 아우구스티누스를 따라 예정론에 의거하여 교회를 선택
되고 구원받은 자 전체를 의미하는 천상의 가시적 교회와 위선자들이 혼
합되어 있는 지상의 가시적 교회로 구별했다. 그러나 그는 이 둘을 분리
하고자 한 것이 아니라 종합하고자 했다. "우리는 인간들의 교회라고 불
리는 가시적 교회를 존중해야 하며 그 교회와의 영적 교류를 유지해야
한다."[9] 그는 예수 그리스도가 선포된 말씀과 그에 따르는 성례전을 통해
서 우리와 만나신다고 생각했기 때문에 말씀의 순수한 선포와 제도에 따
라서 시행되는 성례전을 가시적 교회의 참된 표지로 보았다.[10] 그는 교회
제도의 필요성을 인정했으며 교회의 직무를 하나님에 의해 제정된 것으

---

8   빌헬름 니이젤, 『칼빈의 신학』, 이종성 역 (서울: 대한기독교서회, 2001), 188에서 재
인용. 각주 32 참조. *Opera Selecta Calvini*(칼뱅 전집, 이하 O. S.) 3, XIV, XXI.

9   *Calvin: Institutes of The Christian Religion*, trans. by Ford Lewis Battles and ed. by John T.
McNeill (Philadelphia: The Westminster Press, 1967), IV, i. 7.

10   『칼빈의 신학』, 192에서 재인용. 각주 51 참조. *Corpus Reformatorum. Calvini Opera* (개
혁자 총서 중 칼뱅 전집, 이하 C. R.), 40, 459(겔 18:32)

로 보았다. 하지만 그는 올바른 제도가 주어지려면 "모두가 지고의 왕이신 그리스도에게 순종하며", 교회가 성령의 인도를 받으며, 그리스도의 몸으로서 성도의 공동체임을 증거하며, 각자가 받은 은혜에 따라 다른 지체에게 봉사해야 한다고 강조하였으며 직무를 지배가 아닌 봉사와 기능의 관점에서 이해했다.[11]

　　칼뱅은 네 가지 직무에 관하여 말했는데 곧 목사, 교사, 장로, 집사가 그것이다.[12] 이 가운데 가장 중요한 봉사직은 말씀의 선포와 성례전을 집행하는 목사직이다. 목사 다음가는 직무는 성서 교사로서, 교사는 교회의 설교를 성서에 비추어 검토하며 설교자 양성을 위해 노력한다. 장로의 직책은 목사와 더불어 규율을 시행하고, 교회의 지체들을 개인적으로 권고함으로써 교회 안에 머물게 하거나 무법한 자를 치리한다. 집사직은 그리스도가 우리의 몸의 궁핍과 곤고를 측은히 여기시며 우리의 지상의 인생고를 가볍게 해주시는 것을 증언한다. 칼뱅은 이러한 교회의 직분들이 고정적인 것은 아니며 상황에 따라 변할 수 있다고 보았다. 또한 그리스도가 주시는 은사에 따라 부여받은 모든 직분은 다 소중하다. 하지만 칼뱅은 이 모든 직분들 가운데 말씀의 봉사자, 즉 목사를 가장 중요하다고 보았다. 주님은 말씀의 봉사자를 "바로 자기의 사도로 여기시기를 원한다." 말씀의 선포자는 하나님의 "아들의 인격을 대표한다." 그러므로 칼뱅은 그리스도가 이 직분을 통해서 교회를 다스리신다고 말했다.[13]

11　　Ibid., 199에서 재인용. 각주 90, 91 참조. C. R. 48, 357(행 15:16), C. R. 10 b, 308.

12　　Ibid., 199-200에서 재인용. 각주 94-102 참조. 목사에 관해서, *Institutes*, IV 3, 4; O. S. 5, 46, 31; 1, 15. 교사에 관해서, *Institutes*. IV 1, 1; 4, 1; O. S. 5, 1, 15; 58, 17; C. R. 51, 198(엡 4:11). 장로에 관해서, *Institutes*. IV 3, 8; O. S. 5, 50, 21; C. R. 52, 315(딤전 5:17). 집사에 관해서, *Institutes*. IV 3, 9; O. S. 5, 50, 31 ff.; C. R. 48, 96, 265(행 6:1-6).

13　　Ibid., 201-202에서 재인용. 각주 117-121 참조. C. R. 10 b, 352, C. R. 27, 688, C.

칼뱅 교회론의 또 하나의 중요한 특징은 그가 교회를 이 세상 속에서 투쟁하는 교회로 이해했다는 점이다. 그는 당시의 투쟁적인 상황 속에서 교회가 종말론적 전투에 돌입해 있다고 보았다. 교회는 하나님이 가져오실 종말을 동경하며 예수의 십자가 기치 아래 모든 투쟁에서 승리해야 한다.[14]

종교개혁자들은 다음과 같은 점들에서 교회론에 있어 하나의 전환점을 마련했다고 할 수 있다. ① 교회와 국가는 분리되어야 한다. ② 오직 두 가지의 참된 교회의 표지만이 존재하는데, 그것은 순수한 말씀선포와 올바른 성례전의 집행이다. ③ 교회는 본래 영적인 친교이고, 그 자체로서 볼 수 없는 것이며, 오직 신앙하는 자들, 즉 성도에게만 보이는데, 이러한 비가시적인 교회는 말씀과 성례전 속에서 이루어지는 가시적인 제도적 교회와 분리되지 않는다. ④ 교황과 공의회는 오류 가능하다. ⑤ 교직계급은 인간의 법에 속한 것이지 하나님의 법에 속한 것이 아니다. 거룩한 계급은 거룩한 봉사로 변화된다. 영적인 직무는 지배가 아니라 "봉사"(*ministerium*)이며, 영적인 자는 주인이 아니라 "봉사하는 자"(minister)다. 오직 한 분 그리스도만이 다스린다.

특히 개혁교회 전통의 가장 중요한 교회론적 특징은 그 유명한 명제인 "개혁된 교회는 항상 개혁하는 교회다"(*ecclesia reformata semper reformanda*)"가 말해주듯이 자신을 항상 개혁하는 교회로 인식했다는 사실이다. 개혁교회는 단번에 일회적으로 개혁을 완결한 교회가 아니다. 그러한 교회는 지상에 없다. 교회는 언제나 자기갱신과 변혁의 과정 속에 있

R. 11, 121.

14   Ibid., 207에서 재인용. 각주 159, 164 참조. C. R. 13, 597, C. R. 12, 561, 659, 552, 513.

어야 한다. 교회의 자기갱신과 개혁이 없이는 세상을 향한 갱신과 변혁도 불가능하다. 그러므로 세상을 변혁시키기 전에 먼저 자신을 갱신하고 개혁하는 것이 교회, 특히 개혁교회의 선결적인 필수 조건이다. 종교개혁자들은 이 자기 개혁의 원리를 세상과의 상관적인 관계 속에서가 아니라 성서 안에서 찾고자 했다.

C. 현대신학에서의 교회론

근대 이후 서구 교회 교회론의 특징은 급속히 세속화되어가는 세상과의 관계성 속에서 교회의 본성과 기능을 이해하고자 하는 데 있다. 세속화의 현실과 도전에 대한 자각을 표현한 최초의 신학자들 가운데 한 사람이 디트리히 본회퍼다. 그러나 그는 세계의 세속화를 단순히 부정적으로만 인식한 것이 아니라 성숙의 증거로 인식했다. 따라서 그는 교회의 본성과 기능이 바로 세속화된 세계를 떠난 곳이 아니라 그 한가운데서 찾아져야 한다고 믿었다. "교회는 인간의 능력이 미치지 않는 곳이 아니라, 마을의 한가운데 서 있다."[15] "우리(교회)는 세상과 지적으로 대화하는 자유로운 공기 속으로 다시 나아가지 않으면 안 된다. 삶의 진지한 문제를 취급하려 한다면, 물의를 일으킬 문제를 말하는 위험도 감수하지 않으면 안 된다."[16] "교회는 타인을 위해서 있을 때만 교회다."[17] 교회는 한편으로는 용기 있게, 기쁘게, 승리주의를 버리고 세상 속에서 살지 않으면 안 되며, 다

---

[15] Dietrich Bonhoeffer, *Letters and Papers from Prison*, ed. Eberhard Bethge (New York: Macmillan, 1972), 282.

[16] Ibid., 378.

[17] Ibid., 381.

른 한편으로는 타인을 위한 인간의 정신에서 인간과 더불어 세상의 고난 속에서 괴로워하지 않으면 안 된다. 본회퍼는 교회의 갱신이 교회가 단지 개인적인 도덕에만 만족해왔던 것을 회개하고 교회의 사회의식을 강화하는 방향으로 이루어져야 한다고 주장했다.

우리는 20세기의 신학자들 가운데 가장 대표적인 개신교 신학자인 칼 바르트와 폴 틸리히의 교회론을 고찰해 봄으로써, 한국교회의 자기 갱신과 변혁을 위한 신학적 통찰을 발견하고자 한다. 바르트는 절대타자로서의 초월적 하나님을 강조했던 초기와는 달리『교회교의학』을 집필하던 시기부터 기독론적인 관점에서 세상과의 관계성 안에 계신 하나님의 모습을 강조하였는데, 교회론도 이러한 맥락 안에서 기술했다. 그의 충분히 발전된 교회론은『교회교의학』제4권 "화해론" 제1부의 §62. "성령과 기독교 공동체의 모임"과 제3부의 §72. "성령과 기독교 공동체의 파송"에서 발견된다.

§62. "성령과 기독교 공동체의 모임"에서 바르트는 교회의 가시성을 강조한다. 그에 따르면, 불가시적 교회라는 개념은 기독론적인 가현론만큼이나 불가능한 교회론적인 가현론이다. 하나님은 세상을 위해 계시고, 하나님의 교회는 세상을 위해 존재한다. 그리스도는 세상에서 성육신하신 하나님의 말씀이고, 그분의 교회는 세상 속에 있다. 그리스도의 몸으로서의 교회의 상은 상징적인 것도 아니고 형이상학적인 것도 아니라, 기독교 공동체는 그리스도의 실존의 지상적·역사적 형식으로서의 현실이라는 진술이다.[18] 교회의 네 가지 표지인 하나 됨, 거룩성, 보편성, 사도성에 대한 그의 해석의 원칙은 교회가 한 분 살아 계신 주님의 실존의

---

18   Karl Barth, *Church Dogmatics*, IV. 1, ed. G. W. Bromiley, (Edinburgh: T. & T. Clark, 1956), 661-68.

지상적·역사적 형식인 한 교회에 속해 있고, 그것들은 신앙에 의해 인식될 수 있을 뿐이라는 사실에 있다. §72. "성령과 기독교 공동체의 파송"은 네 개의 부제로 구성되는데, 세상사(世上事)에서의 하나님의 백성, 세상을 위한 공동체, 공동체의 과제, 공동체의 교역이 그것이다. 이 소제목들을 통해 바르트는 세상을 위한 하나님의 백성과 공동체로서의 교회의 과제와 교역의 본질을 기독론과 성령론의 관점에서 설명하고 있다.

현대신학에서의 교회론은 다양한 관점과 방식으로 전개되어왔지만 한 가지 공통된 특징은 교회의 본성과 역사적 현실을 성령과 하나님 나라와의 관계성 안에서 이해하고 있다는 것이다. 교회의 본질과 실존을 성령과 하나님 나라의 관점에서 설명한 대표적인 신학자 중 한 사람은 폴 틸리히다. 그는 교회라는 용어보다 "성령 공동체"(또는 영적 공동체)라는 용어를 선호한다. 그는 교회의 본질을 한편으로는 믿음과 사랑의 성령 공동체로 규정하면서, 다른 한편으로는 (성령 공동체를 포괄하는) 하나님 나라의 역사 내적인 대표자(representation)로 이해했다.

틸리히에 따르면, 교회는 예수 그리스도 안에 나타난 중심적 계시, 즉 새 존재(New Being)와의 만남을 통해 생겨난 성령 공동체다.[19] 교회는 새 존재에 의해 새로워진 성령의 공동체로서, 믿음과 사랑을 통해 새로운 현실, 즉 새로운 존재를 예기적(豫期的)으로 대표하는 공동체다. 성령 공동체는 새로운 존재들이 자신들을 새롭게 만든 성령의 활동을 반사하고 또 그것에 대항하는 모든 세력들을 물리치는 성도들의 공동체다. 그러나 본질적으로 성령 공동체인 교회의 역사적 실존은 모호하고 불명료하며 따라서 역설적이다. 다시 말해 교회는 본질과 실존 사이의 불일치로

---

19   Paul Tillich, *Systematic Theology*, Vol. 3 (Chicago: The University of Chicago Press, 1963), 162 이하.

제3장   기독교 역사 속의 교회론과 미래 한국교회의 패러다임   111

인한 역설적인 성격을 갖는다. 그럼에도 불구하고 교회의 본질로서의 성령의 공동체는 실존 속의 교회로 하여금 의미의 명료성과 생명을 누리도록 함으로써 역사적 교회가 거룩하고 하나이며 보편적인 교회가 되도록 변화시켜 나아간다.

틸리히에게 있어 역사의 궁극적인 목적은 하나님 나라다. 하나님 나라는 역사 내재적인 동시에 초월적인 차원을 포괄하는 가장 포괄적인 구원의 상징이다. 교회는 하나님 나라를 역사 속에서 대표한다.[20] 교회는 세상에서 하나님 나라를 대표하는 실재로서 두 가지 과제를 갖는다. 즉 교회는 역사가 목적을 향해 전진해 나아가는 데 적극적으로 동참하면서 동시에 이 목적에 거스르는 세력에 대한 역사 내적인 투쟁에도 적극적으로 참여해야 한다. 이런 의미에서 교회는 하나님 나라를 기대하고 준비하는 공동체요, 하나님 나라의 도구다. 교회는 역사의 완성을 지향하는 주도적 세력으로서, 언제나 역사의 궁극적 목적인 하나님 나라를 개인적인 영역뿐만 아니라 삶의 모든 차원에서 구현하기 위한 성례전적인 삶을 실천해야 한다.[21] 그러나 역사적 실존으로서의 교회는 그 모호성과 왜곡 가능성과 현실성으로 인하여 결코 하나님 나라와 동일시될 수 없다. 이런 의미에서 하나님 나라의 현재는 역사 속에 숨겨져 있다. 교회는 무엇보다도 교회 안에서의 모든 세속화와 마성화에 대한 끊임없는 내적 투쟁을 통해서만 "하나님 나라의 담지자"로서의 권리를 보장받을 수 있다. 교회는 자기 자신의 모호성과 왜곡에 대항하는 궁극적인 기준을 자신 안에 지니고 있는데 그것은 바로 새 존재인 예수 그리스도다.

요약하자면, 틸리히에게 있어 교회는 본질적으로 성령의 공동체

---

20   Ibid., 374-76.

21   Ibid., 377-81.

로서 그리고 하나님 나라의 역사 내적 대표자로서, 교회의 역사적 실존은 모호성 가운데 있지만 그럼에도 불구하고 교회는 본질적으로 성령 공동체를 실존 속에서 반영하며 하나님 나라를 역사 속에서 구현하는 공동체적 존재다.

4. 삼위일체적 교회와 표지

A. 교회의 모델들

애버리 덜레스(Avery Dulles)는 교회의 모델을 다음과 같이 분류한다. 즉 제도로서의 교회, 신비적 연합으로서의 교회, 성례전으로서의 교회, 전달자로서의 교회, 그리고 종으로서의 교회가 그것이다.[22] 다니엘 밀리오리(Daniel L. Migliore)는 덜레스의 범주들을 사용하면서 오늘날의 교회의 모델들을 구원의 제도, 성령의 친밀한 공동체, 구원의 성례전, 복음의 전달자, 섬김의 공동체로서의 교회로 구별한다.[23] 여기서는 통전적인 교회 모델에 대한 전망을 수립하기 위해서, 밀리오리의 범주들을 사용하여 교회 모델들에 대하여 고찰한 후 레너드 스위트의 포스트모던적 교회의 모델을 소개할 것이다.

　　첫째로 구원의 제도로서의 교회 모델은 구원의 방편을 제도적으

---

[22]　Avery Cardinal Dulles, *Models of the Church* (New York: Doubleday Image Books, 1974), 한글판 김기철 역, 『교회의 모델』 (서울: 한국기독교연구소, 2003).

[23]　Daniel L. Migliore, *Faith Seeking Understanding* (Grand Rapids: William B, Eerdmans, 1991), 192-200, 번역판, 장경철 역, 『기독교 조직신학개론』 (서울: 한국장로교출판사, 1994), 276-85.

로 독점하고 있다. 교회는 하나님에 의해 권위를 부여받은 조직과 성직자와 절차와 전통으로 구성되어 있다. 이러한 제도주의에서는 계층질서(hierarchy)가 공동체보다 더 강조되며, 생존의 논리와 섬김의 정신을 대체한다. 고대와 중세의 교회는 이와 같은 제도주의적 교회의 전형적인 특징을 나타내지만 오늘날의 교회도, 특히 교회가 대형화되고 기구화될수록 제도주의적인 특징을 더 많이 소유하게 된다.

계층질서적이고 중앙집권적인 제도적 교회에 대하여 가장 철저한 비판과 개혁을 추구한 신학자들은 해방신학자들이다. 보프(Leonardo Boff)는 제도적 교회를 기업에 비유하면서, 소수의 엘리트가 자본(성례전)을 장악하고 다수를 소비자로 만들어버린다고 비판했다.[24] 인간이 영적 존재일 뿐만 아니라 육체적 존재인 것처럼, 교회는 영적 공동체일 뿐만 아니라 제도적 기관이기도 하다. 그러므로 제도와 조직은 불가피하다. 하지만 교회도 권력을 잡고 남용하려는 유혹으로부터 완전히 자유로울 수 없기 때문에 계속적으로 예수 그리스도가 구현한 하나님 나라의 비전과 성령의 능력에 의해서, 그리고 복음이 요구하는 희생적인 섬김에 의해서 도전받고 변화를 받아야 한다.

두 번째 교회의 모델은 성령의 친밀한 공동체로서의 교회 모델이다. 교회는 공식적인 기관이라기보다는 구성원들이 성령의 생동적인 체험을 나누는 친밀한 집단이다. 교회의 과제는 영적인 경험을 더욱 개발하여 상호간의 인간관계를 더욱 촉진하는 것이다. 신비적 연합을 강조하는 가톨릭의 교회론이나 개신교의 은사운동(charismatic movement)은 성령의 은사, 영적인 치유, 새롭게 됨의 체험을 강조함으로써 제도교회가 제공해

24　　Leonardo Boff, *The Church: Charism and Power* (New York: Crossroad, 1985), 43.

주지 못하는 인간적이고 평등하며 친밀한 공동체적 삶의 경험을 가능하게 한다.

그러나 단지 친밀함만을 강조하는 공동체에서는 참으로 무엇이 기독교적인 것인지를 구별하는 것이 쉽지 않다. 심리치료 중심적인 공동체는 개인적인 성장을 돕는 일에 집중하다가 공동체에 대한 보다 큰 책임감을 상실하기도 한다(예를 들면, 뉴에이지 영성). 성령의 개념 자체가 지나치게 개인적이고 교회 중심적으로 이해될 경우, 성령 공동체로서의 교회는 자칫 사회와 역사와 우주적 차원에서의 하나님 나라를 향한 비전을 상실할 위험이 있다. 교회는 이 사회에서 도피하거나 무관심해서는 안 되며 이 사회를 비판, 갱신, 변혁시켜 나아가야 한다. 성령의 공동체로서 교회는 인간과 세계를 모두 변혁하시는 하나님의 목적에 순종하기 위해 부름을 받은 공동체임을 자각해야 한다.

셋째는 구원의 성례전으로서의 교회 모델이다. 이 모델은 제2차 바티칸 공의회 이후 로마 가톨릭 교회론의 주된 특징이다. 교회는 그 예배와 증거와 섬김에 있어 역사 가운데 예수 그리스도가 계시한 하나님의 은혜가 계속적으로 임재하는 장소다. 성만찬에 의해 양육되고 새롭게 되는 공동체 안에서 그리스도의 구원 사역이 모든 인간에게 확장된다. 이러한 성례전적 모델의 장점 가운데 하나는 제도적 교회모델과 신비적 교회모델에서 분리되어 있는 교회생활의 객관적 측면과 주관적 측면을 결합한다는 것이다.

하지만 이 모델은 예식을 중시하는 가운데 교회중심주의로 기울어질 위험이 있다. 그리스도와 성령은 일차적으로 교회의 의례 가운데 역사한다고 간주된다. 그 결과 내적으로는 제도주의적 교회와 마찬가지로 교회가 구원과 은혜의 채널을 독점하고, 외적으로는 신앙 공동체의 사회변혁적 책임이 약화될 수 있다. 해방신학자들에게 있어 성례전으로서의 교회의 의미는 하나님의 구원 행위가 가난한 자들과의 연대라는 실천을 통해 역사 안에서 교회적으로 구현됨에 있다. 성례전적 공동체로서 교회는 삶의 해방을 선포하는데, 이 삶의 해방은 내적인 구조와 사회적 실천 모두에 적용되는 것이다.[25]

넷째는 복음의 전달자로서의 교회 모델이다. 교회의 사명은 무엇보다도 하나님의 말씀을 선포하고 모든 만민을 회개와 새로운 삶으로 부르는 것이다. 모든 사람은 구원자이며 주님인 예수 그리스도를 믿도록 부름을 받고 있다. 그러나 이 복음 전달자로서의 교회의 이해가 다른 모델들을 배타적으로 밀어내고 자신만을 고집하게 될 때, 교회는 말씀선포의 대상이 되는 사람들과 문화에 대하여 자기 의로움을 주장하는 바리새인적인 독선에 빠지게 된다. 이때 교회는 오직 말하기만 하고 듣지는 않게된다. 이러한 교회 모델에서는 섬김에 대한 이해가 결여되어 있다. 때로 복음 선포에 집착함으로써 최소한의 인간적 삶을 위해 요구되는 구체적이고 기본적인 필요에 대한 관심을 망각할 수 있다.

다섯 번째 교회의 모델은 섬김의 공동체 모델이다. 교회는 하나님께서 모든 피조물을 향하여 주시는 생명의 풍성함을 위하여 섬기도록 부름을 받았다. 교회는 해방, 정의, 평화를 위한 투쟁 가운데 있는 세계를 섬김으로써 하나님을 섬긴다. 본회퍼(Dietrich Bonhoeffer)는 교회가 타자를 위하여 존재하는 공동체라고 말했다. 그에 따르면, "교회는 다스리는 것이 아니라 돕고 섬기는 가운데 인간 삶의 세속적 문제에 함께 참여해야 한다."[26] 해방신학에 따르면 교회의 고유한 사명은 세계 안에서 하나님의

25   Gustave Gutiérrez, *A Theology of Liberation* (Maryknoll, N. Y.: Orbis Books, 1988), 143 이하.

26   Dietrich Bonhoeffer, *Letters and Papers from Prison* (New York: Macmillan, 1967), p. 204.

자유케 하는 사역에 동참하고, 노예 된 삶의 조건을 폭로하고, 인간과 구조의 변혁을 요청하며, 정의와 자유를 향한 예언적 행동을 촉구하며, 악의 세력에 대한 싸움과 가난한 자와의 연대 가운데서 신자들을 지켜주는 것이다. 그러므로 섬김은 교회의 본질적 사명이다.

하지만 섬김의 개념은 이데올로기적으로 왜곡될 수도 있다. 여성들에게 있어 섬김은 언제나 복종적인 자세를 의미해왔다. 섬김은 다른 사람들을 섬기는 능력을 부여해주는 그리스도 안에서의 새로운 자유와 우정(요 15:15)을 의미하기보다는 다른 사람의 지배 아래 놓이는 것을 의미하기 쉽다. 섬김은 피지배적 굴종이나 자기비하와 구별되어야 한다. 섬김의 모델의 또 다른 위험은 이 섬김의 근거와 목표가 되는 분을 잊어버림으로써 교회가 그저 사회활동을 위한 기관으로 축소되어버리는 것이다. 영적인 삶을 그저 정치적 행동을 위한 예비단계로만 생각할 가능성도 있다. 그리고 특정한 사회정치적 변화를 향한 노력을 하나님 나라와 무비판적으로 동일시할 수 있는 위험도 있다. 또한 교만, 탐욕, 무관심, 자기 높임 등의 개인적인 죄의 사슬을 간과하고 모든 죄를 경제적 착취, 성차별, 사회적 압제 등의 구조적 형태의 죄로 환원할 위험도 있다.

혁명적인 변화의 물결에 휩싸여 있는 오늘의 포스트모던 세계에 창조적으로 응답하기 위한 이른바 포스트모던적 교회의 모델을 제시하려는 노력들도 주목할 만하다. 존 스토트는 교회가 오늘의 포스트모던적 세계에 효과적으로 응답하기 위해서는 한 귀로는 하나님의 말씀을 듣고 다른 한 귀로는 하나님의 세계에 귀를 기울이는 "이중 청취"를 통해 성서에 기초하는 동시에 문화의 도전에 응답하는 목회와 선교의 모델을 수립해야 한다고 주장한다.[27] 레너드 스위트는 이러한 스토트의 견해에 동조하는 가운데 21세기의 목회가 몰락하고 있는 모더니즘보다 오히려 1세기 때와 더 공통점이 많다고 주장하면서, 그리스도인들의 의식을 탈 현대화시키고 포스트모던 시대의 도래와 함께 부상하는 삶의 성경적 비전에 따라 삶의 방식을 재구성하고자 한다. 말하자면 포스트모던인들은 21세기의 세상을 위해 1세기의 열정을 가지고 고대 기독교의 전통 아래에서 신앙 생활하는 방법을 탐구해야 한다는 것이다.[28] 그는 성경에 기초하여 문화에 대응하는 목회를 위하여 EPIC 모델을 제시한다. EPIC 모델이란 이성에서 감성적 경험으로(Experiential), 대리에서 참여로(Participatory), 언어 중심에서 이미지 중심으로(Image-driven), 개인에서 개인과 공동체를 연결하는 관계(Connected) 중심으로 전환하는 모델이다. 그 주요 내용은 다음과 같다.

첫째, 포스트모던 시대는 감성의 시대이자 경험의 시대다. 포스트모던인들은 하나님 체험에 굶주려 있다. 영성과 영적 체험에 대한 관심이 폭발적으로 일어나고 있다. 따라서 포스트모던 시대의 교회는 경험하고 느끼는 교회여야 한다. 이성보다 감성에 호소하는 설교와 예배가 더욱 요청된다. 교회는 사이버 시대의 그리스도인들에게 성서적인 영적 경험을 제공해야 할 사명이 있다.

둘째, 포스트모던 문화는 대리 문화라기보다는 참여 문화다. 포스트모던인들은 관찰자보다는 참여자로서 세상을 이해하며 세상과 함께

27　John R. W. Stott, *The Contemporary Christian: Applying God' Word to Today's World* (Downers Grove, Ill.: InterVarsity Press, 1992), 29.

28　레너드 스위트(Leonard Sweet), 『영성과 감성을 하나로 묶는 미래교회』, 김영래 옮김 (서울: 좋은 씨앗, 2002), 18.

상호 작용한다. 문화가 디지털화되면 될수록 더욱더 참여하는 문화가 된다. 멀티미디어와 컴퓨터 게임의 핵심은 상호작용과 참여에 있다. 따라서 포스트모던 세계의 교회는 참여하고 상호 작용하는 교회여야 한다. 목회자는 평신도 지도자들을 움직이게 하고 그들이 직접 목회에 참여할 수 있도록 하지 않으면 안 된다. 예배는 평신도가 참여할 수 있는 움직이는 예배, 상호 작용하는 예배가 되어야 한다.

셋째, 포스트모던 문화는 문자와 언어가 아닌 이미지와 은유에 의해 지배된다. 이미지는 감성에 호소하며 감동을 불러일으킨다. 인간의 정신은 이미지와 은유로 이루어져 있다. 은유는 상상력 속에 진리를 담으며, 실재를 창조한다. 따라서 포스트모던 시대의 교회는 이미지와 은유로 사고하는 교회여야 한다. 오늘날 교회의 과제는 대중문화가 아니라 하나님의 입에서 나오는 이미지의 지배를 받는 이미지를 만들고 또한 그리스도를 통해 새로운 은유를 만드는 것이다.

넷째, 포스트모던 문화(특히 인터넷)는 연계를 형성하고 공동체를 세우는 연결 공동체(connexity)를 창조하고 있다. 포스트모던인들은 개인주의에 환멸을 느끼며 깊은 유대감과 공동체적 삶에 굶주려 있다. 관계의 문제는 포스트모던 문화의 중심에 놓여 있다. 진리는 문서나 원리가 아닌 관계 안에 존재한다. 따라서 포스트모던 세계의 교회는 관계가 살아 있는 공동체를 세우는 교회여야 한다. 교회는 관계성의 개념을 포스트모던 상황에 맞추어 새롭게 발전시켜야 한다. 여기서 중요한 것은 관계의 범위가 아니라 차이를 만들어내는 관계의 다양성이다. 관계의 회복은 치유의 능력을 발휘한다. 가장 중요한 관계는 하나님과의 관계다. 교회는 온라인을 통해 예수의 설교와 가르침과 치유의 십자가를 전달하는 디지털 매체가 될 수 있어야 한다. 예수는 모든 규칙을 뛰어넘는 최상의 규칙을 우리에게 주셨다. "내가 너희를 사랑한 것 같이 서로 사랑하라."

이와 같은 스위트의 EPIC 교회모델은 성서에 증언된 1세기 초기 교회의 원형적 모델에 대한 충실성과 21세기의 포스트모던적 문화에의 적합성을 함께 추구하면서 이 양자의 상관관계 속에서 포스트모던적 교회의 모델을 수립하고자 하는 오늘날의 공통된 교회론적 관심사를 잘 보여주고 있다. 이상의 교회 모델들은 각각 상황과의 관계 속에서 교회가 지녀야 할 어떤 본질적인 본성들을 나타냄과 더불어 또한 왜곡되고 변질될 위험성을 가지고 있다. 우리는 어떤 역사적 형태의 특정한 교회의 모델이나 교회론을 절대시하지 말고 다른 모델들의 통찰력에 우리 자신을 열어두어야 한다. 통전적 교회론은 교회가 처해 있는 구체적인 삶의 자리에서 이 모든 교회의 모델들을 유연성 있게 비판적으로 전유하는 교회론이다. 이를 통해 통전적 교회론은 교회가 삼위일체 하나님의 선교로서의 예수 그리스도의 하나님 나라를 위한 실천 및 성령의 역사에 대한 성서적 증언과 어떻게 연결되어 있는지를 보여줌과 아울러, 오늘날의 급변하는 동시대적인 상황 속에서 교회와 그리스도인들이 어떻게 하나님 나라를 향한 자유케 하고 화해케 하는 삼위일체 하나님의 선교에 효과적으로 동참할 수 있는지를 제시해주어야 한다.

B. 삼위일체적 교회

이 세상에서의 교회의 존재와 삶을 위한 궁극적인 힘과 원리는 삼위일체 하나님으로부터 나온다. 다시 말해 교회의 이상적인 모델을 위한 근본적이고 영속적인 신학적 패러다임은 삼위일체 하나님께 있다. 하나님은 이 땅에 하나님 나라를 구현하시기 위해서 그 아들 예수 그리스도를 세상에 보내셨다. 예수 그리스도는 십자가와 부활을 통해 사역을 완수하셨으며, 하나님의 구속사역과 하나님 나라의 종말론적인 완성을 위하여 하나님으로부터 출원하시는 성령을 보내셨다. 교회는 바로 예수 그리스도를 주로 고백하는 신앙의 기초 위에 성령의 강림을 통해 탄생하였으며, 성령의 능력 안에서 삼위일체 하나님의 구속사역과 하나님 나라의 실현을 위하여 이 세상으로 보냄을 받는다. 그러므로 교회의 존재론적 정체성과 기능론적 사역은 본질적으로 삼위일체적이어야 한다. 신약성서는 하나님의 백성(벧전 2:9-10; 엡 2:19; 고후 6:18; 고전 1:2; 롬 1:6-7), 그리스도의 몸(골 1:18, 24; 엡 1:22f; 4:15f; 5:23), 성령의 전(殿) 혹은 공동체(엡 2:21-22; 고전 12:4-11; 롬 12:6-8; 행 2:28)로서의 삼위일체적인 교회의 이미지들을 보여준다.[29]

볼프(Miroslav Volf)는 "우리가 하나님을 생각하는 방식은 교회론뿐 아니라 전체의 기독교적 사고를 결정적으로 형성한다"[30]고 주장한다. 또한 그는 삼위일체적 교제(communion)에 상응하는 교회적인 교제에 대한 필요가 오늘날 거의 자명한 명제가 되었다고 강조한다. 다시 말해 교회 공동체는 삼위일체 하나님의 공동체에 상응(correspond)할 수 있고 상응해야 한다는 것이 볼프의 주장이다. 물론 이러한 관계의 유비는 교회와 삼위일체 사이의 상응에 있어서의 가능성과 한계들을 기초로 하는 것이다. 한편으로 하나님의 삼위일체적 본질은 인간들이 모방할 수 있는 것

---

[29] 기독교 역사 속에서 이 각각의 교회관은 주요한 교회적 유산으로 여겨져왔다. 전통적으로 로마 가톨릭교회는 그리스도의 몸으로서의 교회를, 개혁주의 교회는 하나님의 백성으로서의 교회를, 재세례파 교회는 그리스도의 제자로서의 교회를, 그리고 오순절 교회는 성령의 교통으로서의 교회를 강조했다. Lesslie Newbigin, *The Household of God* (London: SCM Press, 1953), 30-31. 그런데 제2차 바티칸 공의회는 그리스도의 몸이라는 은유의 포괄성에 문제를 제기하고, 하나님의 백성이라는 용어를 재사용했다. 에드먼드 클라우니, 『교회』, 황영철 역(서울: 한국기독학생회출판부, 1998), 29. 물론 우리는 어떤 한 모델에만 초점을 맞추는 편협의 오류를 범해서는 안 될 것이다.

[30] Miroslav Volf, *After Our Likeness: The Church as the Image of the Trinity* (Grand Rapids, MI: Wm. B. Eerdmans, 1998), 191. 『삼위일체와 교회』(새물결플러스 역간).

이 아니라 단지 예배할 수 있는 하나의 신비로 남겨져 있다. 그러나 다른 한편, 세계와 관계를 맺으시는 하나님의 전체 역사와 이러한 역사에 대한 응답을 표현하는 하나님에 대한 예배는 세계 안에서의 삼위일체적 하나님의 내주(indwelling)를 목적하고 있다는 것이다. 그러므로 삼위일체와 교회의 관계성을 성찰하는 것은 하나님의 독특성과 함께 삼위일체 하나님의 내주가 되고자 하는 세계의 목적을 동시에 고려해야 한다고 한다.[31] 볼프에 따르면, 이렇게 교회를 삼위일체적으로 파악한다는 것은 보편화(universalization)와 다원화(pluralization) 사이의 분리를 넘어서는 것이다. 하나님은 통일성과 다양성의 근원이시다. 오직 다양성 속에서의 통일성만이 하나님께 상응한다. 그리하여 볼프는 그리스도를 대리하는 교황 중심의 로마 가톨릭교회의 보편교회도 거부하고, 주교 중심의 지역별 교회들의 코이노니아에 중점을 두는 동방 정교회의 보편교회도 거부하며, 성령을 통한 예수 그리스도와의 연합과 삼위일체 하나님과의 연합을 강조하는 종말론적인 보편교회를 주장한다.

또한 몰트만에 따르면, 서구 신학을 지배해왔던 양태론적 삼위일체론의 경향은 정치적 일신론 및 교권적 일신론과 결부되어 군주제(monarchy)의 형태로 전개되어왔다. 그러나 몰트만은 삼위일체 하나님의 페리코레시스(perichoresis, 상호침투, 상호내주)를 신학적 기초로 하여 모든 형태의 일신론적인 지배구조에 반대한다. 그는 그것이 교권적 지배구조이든, 정치적 지배구조이든, 여성에 대한 남성의 지배구조이든, 자연에 대한 인간의 지배구조이든, 모든 형태의 일방적 지배구조는 성서적 삼위일체론과 충돌된다고 보았다.[32] 그리하여 몰트만은 사회적 삼위일체론을

---

31   Ibid., 192.
32   김명용 외, 『통전적 신학』 (서울: 장로회신학대학교 출판부, 2004), 70.

제안한다. 즉 성부·성자·성령은 각각의 독자적 인격을 지니고 있으면서 동시에 사랑의 교제를 통해 서로 안에, 서로와 함께, 서로를 위하여 존재한다. 이러한 페리코레시스 안에서 각각의 인격은 동등하며 다양성 가운데 사랑의 일치를 이루는 것이다. 그러므로 오늘날의 삼위일체론적 교회론은 하나님의 "페리코레시스"에 기초한 사랑과 코이노니아의 세계를 지향한다.

보프(Leonardo Boff) 또한 삼위일체론을 사회적 프로그램(social program)으로 인식하며, 성부와 성자와 성령 사이의 사랑의 코이노니아를 교회와 사회 속에서 실현하고자 노력한다. 그는 "태초에 교제(코이노니아)가 있었다"고 말한다. 하나님은 처음부터 삼위로 계시면서 상호 간에 교제가 있었다는 것이다. 즉 아버지는 언제나 아들과 성령 안에 있다. 아들은 아버지와 성령 안에 내재한다. 성령은 아버지와 아들을 결합하는 동시에 전적으로 그들과 통합한다. 하나님의 삶과 사랑의 힘이 그 세 인격을 하나로 묶어주기 때문에 이 세 인격은 완전한 통합을 이룬다. 이 통합은 페리코레시스로서 삼위가 동등하게, 영원히 전능하신 사랑의 인격이 된다. 이 세 인격은 너무나 철저하게 서로 공존하기 때문에 분리될 수 없다는 것이다. 보프는 삼위 하나님의 이러한 관계를 "영원한 교제"라고 지칭하면서 이러한 삼위일체 하나님의 영원한 교제의 관계가 모든 인간의 교제와 공동체의 바탕이 된다고 주장한다.[33]

그런데 이러한 삼위일체적 하나님은 각각 자신만을 위하여 존재하는 것이 아니라 타자를 위해 섬기는 모습을 보여준다. 성부는 성자와 성령을 위해, 성자는 성부와 성령을 위해, 성령은 성부와 성자를 위해 섬

---

33   Leonardo Boff, *Trinity and Society*, trans. Paul Burns (Maryknoll: Orbis Books, 1988), 19-20.

기기 위해 존재한다. 이러한 섬김은 하나님의 자기 제한, 자기 낮추심, 자기 비움(kenosis)을 통해 이루어진다. 이 모습은 십자가에서 결정적으로 계시되었다. 그러므로 삼위일체 하나님은 서로 이러한 사귐과 섬김의 관계성 가운데 계시는 "관계적 존재"다. 따라서 삼위일체로서의 하나님은 온전한 코이노니아와 디아코니아의 모형이다. 삼위일체 하나님이 상호 사귐과 섬김의 공동체이듯이 교회 공동체도 코이노니아와 디아코니아의 공동체이어야 하는 것이다. 교회 공동체의 섬김의 사역은 삼위일체 하나님의 본성과 같이 서로 사귐과 섬김의 모습 속에서 이루어져야 하는 것이다.[34] 이러한 삼위일체 하나님의 온전한 교제와 섬김의 관계는 모든 관계성의 표본을 제공하며, 인간의 공동체 속에 투영될 뿐 아니라 삼위일체 하나님의 역사로 그리스도인들의 공동체 속에 하나님의 삼위일체적인 공동체를 형성시켜 나간다. 그러므로 삼위일체 하나님을 믿는 모든 성도들과 교회는 하나님의 영광스러운 교제와 섬김의 관계를 반영하는 공동체가 되어야 하는 것이다. 이러한 삼위일체 하나님의 공동체의 반영으로서 교회의 본질이 교회 안에서 철저히 이루어질 때 하나님 나라가 지금 여기에 임하는 것이다. 하나님 나라는 교회 안에서, 그리고 교회를 통해 세상 속에서 그 모습을 드러내며 활동한다.

삼위일체 하나님에게서 발견되는 페리코레시스 안에서의 사랑의 일치, 교제와 섬김, 그리고 세계 안의 하나님의 내주와 세계의 하나님 안의 내주는 교회의 존재와 삶을 위한 신학적인 근거와 방향을 제공해준다. 삼위일체적 교회는 군주신론적인 정치체제나 교직제도, 그리고 모든 형태의 계층질서적 구조를 타파하고 삼위일체적 페리코레시스 안에서의

---

34   김현진, 『공동체 신학』 (서울: 예영 커뮤니케이션, 1998), 55.

사랑의 일치를 이루어내어야 하며, 다양성 안에서의 통일성(또는 통일성 안에서의 다양성), 코이노니아 안에서의 디아코니아(또는 디아코니아 안에서의 코이노니아), 그리고 이 세상을 향한 사회적 섬김과 희생을 통해 세상에 임하는 하나님 나라의 도래에 관한 종말론적인 비전을 실천해야 한다.

C. 교회의 네 표지: 통일성(one), 거룩성(holy), 보편성(catholic), 사도성 (apostolic)

교회의 표지란 참 교회의 속성 혹은 특징을 가리키는 것으로, 참 교회의 기준과 규범을 제시하며 잘못된 교회의 현실에 대한 비판의 기능과 함께 교회가 지향해야 할 방향을 제시하는 것이다. 381년에 제정된 니케아-콘스탄티노플 신조에 의하면, "우리는 하나의 거룩한 보편적이고 사도적인 교회를 믿는다"라고 규정되어 있다. 교회의 표지에 관한 이 신조에 대한 다양한 해석이 기독교 역사 속에서 이루어져왔던 것이 사실이다. 삼위일체 하나님의 형상을 반영하는 삼위일체적 교회는 다음과 같이 전통적인 교회의 표지를 재해석한다.

첫째는 교회의 통일성(the unity of the Church)이다. 하나님의 백성, 그리스도의 몸, 성령의 전 혹은 성령의 공동체라는 교회의 개념은 모두 교회의 "하나 됨"에 귀결된다. 교회의 하나 됨은 삼위일체 하나님의 하나 됨의 표현이다. 즉 교회의 하나 됨은 성령 안에서 성부와 성자가 이루는 상호 참여와 나눔이라는 사랑의 공동체의 교제를 반영한다. 이는 그리스도를 통해 성령 안에서 하나님과 갖는 새로운 교제에 근거한 독특한 하나 됨인 것이다. 따라서 교회의 하나 됨은 삼위일체 하나님의 값비싼 사랑 안에 교회가 부분적으로, 그리고 잠정적으로 참여하는 데서 얻어진다. 그런데 이러한 삼위일체 하나님의 사랑에 근거한 교회의 통일성은 단순한 획일성, 다시 말해 단지 "집중화된 평등주의 또는 전체주의적 통일"을 의미하는 것은 아니다. 따라서 교회의 하나 됨은 구조나 직제, 교리와 교회의 사역 등에서 발견되지 않는다. 오히려 예수 그리스도를 주로 고백하는 믿음에서 교회는 하나라는 것이며, 여기에 교회의 일치와 연합의 근거가 있는 것이다. 한스 큉은 에베소서 4:4-6을 근거로 하여 교회의 다양성을 인정하면서 가시적이고 획일적인 통일을 반대한다. 교회의 통일성은 오히려 다양성을 더욱 새롭게 풍성하게 하며 교회의 지체, 기능, 성령의 은사 등에서의 다양성을 통해서 이루어진다.[35] 몰트만은 이를 다양성과 자유 안에서의 하나 됨이라고 주장한다.[36]

둘째는 교회의 거룩성(the holiness of the Church)이다. 그런데 교회가 거룩하다는 것은 단순한 도덕적인 거룩함을 뜻하는 것이 아니다. 교회는 용서받은 죄인들의 공동체다. 따라서 교회의 거룩함은 삼위일체 하나님의 거룩함에 그 뿌리를 둔다. 즉 예수 그리스도의 구원의 사역으로써 의롭게 하시는 하나님과 성화시키는 성령의 사역으로 인해 교회는 거룩한 모임이다. 하나님은 성령을 통해 말씀과 성례전으로 교회를 거룩하게 하며 세상에서 교회를 구별되게 하신다. 그런데 교회의 거룩성은 먼저 자신의 백성을 향하신 하나님의 신실성을 의미한다. 하나님은 끊임없이 그리스도 안에서 성령을 통해 교회를 용서하시며, 새롭게 하시고 성장하게 하시기 때문에 교회는 거룩하다.[37] 따라서 거룩한 교회는 회개하는 교회다. 그것은 개혁된 동시에 언제나 개혁되어야 할 교회인 것이다. 그러므

---

35 Hans Küng, *The Church* (Sheed and Weed, N. Y.: Burns & Oates Ltd, 1967), 263-69.

36 교회의 표지에 대한 몰트만의 재해석은 다음을 참고하라. J. 몰트만, 『성령의 능력 안에 있는 교회』, 박봉랑 외 4인 역 (서울: 한국 신학 연구소, 1980), 359-85.

37 오성춘, "21세기 바람직한 교회의 모델", 제1회 전국 신학대학교 대학원 학술 심포지움 발표 논문 (19980, 10. 27), 43-44.

로 이러한 교회의 거룩성은 하나님의 선택과 그의 부르심에 따른 은총의 결과이면서 또한 예수 그리스도의 뒤를 따르는 윤리적 과제와도 밀접하게 연결되어 있다. 이렇게 교회는 삼위일체 하나님의 거룩한 사랑에 참여하고 세상 속에서 그 사랑을 반영함으로써 거룩하다. 교회의 거룩성은 단지 탈역사적이고 분리주의적인 거룩성이 아니라 세속적 사회 안에서의 참여적이고 변혁적인 거룩성이어야 한다.

셋째는 교회의 보편성(the Catholicity of the Church)이다. 예수 그리스도는 이 땅의 보편적 교회 안에 현존하신다. 그런데 보편적 교회는 계급과 성별, 인종과 지역의 경계가 없는 교회다. 즉 교회는 민족주의나 특수한 전통 및 문화 등 모든 인간적인 차이와 장벽을 뛰어넘는 만민의 교회이며 또 그래야만 한다. 특히 세상의 소외된 자들과 약자들과 연대하며 그들을 위한 삶의 실천도 포함하는 것이다. 이런 의미에서 교회의 보편성은 때로 가난하고 억압된 자들을 위한 당파성을 통해 실현된다.

성령은 단지 특수한 사람들만이 아니라 모든 사람을 그리스도의 구원에 참여시키는 보편적 구원의 영이다(요 3:16; 히 2:9). 교회가 만민의 교회인 것은 만인을 향한 선교의 요청에 바탕을 두고 있다: "너희는 온 천하에 다니며 만민에게 복음을 전파하라"(막 16:15; 마 28:19-20; 행 1:8).[38] 그러므로 교회의 보편성은 교회가 세상 모든 사람이 그리스도 안에서 한 형제자매가 되어 공동체를 이루는 하나님 나라의 부분적인 시작이며, 그 보편성이 완성될 종말론적 미래를 향한 도상의 성격을 갖는다는 것을 의미한다.

넷째는 교회의 사도성(the apostolicity of the Church)이다. 사도적 교

---

38   김명용, 『열린 신학 바른 교회론』 (서울: 장로회신학대학교 출판부,1997), 56-61.

회는 사도들이 전한 복음에 기초한 교회다. 즉 예수 그리스도의 삶과 죽음과 부활에 대한 사도들의 증언에 기초한 교회다. 교회는 이러한 사도적 연속성 속에서 자신이 그리스도의 사도들의 교회와 근본적으로 동일하다는 사실을 인식해야 한다. 진정한 의미의 사도적 계승은 제도나 직제적인 계승을 의미하는 것이 아니라 사도적인 정신과 영을 계승하는 것을 의미한다. 따라서 사도적 계승은 사도들의 증언과 계속적인 일치를 보존하는 것이다. 다시 말해 사도들의 정신, 복음, 교훈, 말씀이 선포되고 다스려지는 것을 교회의 사도성이라고 하며 이런 교회를 사도적 교회라고 한다. 진정한 사도적 교회는 사도들의 정신이 교회의 표준이 되고 권위가 되어 사도들의 삶을 실천적으로 계승하는 교회다. 복음을 위해 고난당한 사도의 삶을 뒤따르는 교회는 이웃과 세상을 섬기는 종의 형태를 취한다. 복음을 위한 고난이 참된 사도성의 표지가 된다. 사도직의 수행은 박해와 고난이 따르기 때문에, 사도적 교회는 십자기 아래 있게 된다. 몰트만은 "교회는 자신의 십자가를 짊어질 때 사도적이 된다"[39]라고 주장함으로써 사도직을 그리스도를 위해 고난받는 행위로 규정했다. 사도의 증언을 통해서 그리스도가 드러나고 인식되기 때문에 참 교회는 사도성을 갖고 있어야 한다. 즉 사도의 증언 위에 굳게 서 있어야 하며 또 그리스도의 복음을 세상 끝까지 전하기 위해 교회는 사도들의 고난에 동참해야 하는 것이다.

예수 그리스도는 자신이 하나님에 의해 보내심을 받은 사도[40]로서(히 3:1) 제자들을 세상으로 파송한다. 교회는 그리스도에 대한 믿음과 헌신을 통한 사도적 계승(apostolic succession)에 의해 세상으로 파송을

---

39   J. 몰트만, 『성령의 능력 안에 있는 교회』, 385.
40   사도(아포스톨로스)란 보내심을 받은 자를 의미한다.

받는다. 교회의 선교와 봉사의 궁극적인 목적은 하나님의 피조물의 보편적 구속, 즉 만물을 하나님께 회복시키는 조화의 회복이다(골 1:20; 계 21:5).[41] 즉 선교와 봉사의 궁극적인 목적은 종말론적인 하나님 나라의 실현에 있다. 예수 그리스도께서 섬김과 자기희생적인 죽음을 통해 과업을 성취하신 것처럼 예수 그리스도를 따르며 예수 그리스도로부터 세상으로 보냄을 받은 교회는 자기희생적인 섬김과 사랑의 실천을 통해 사도적 사명을 완수해야 한다.

5. 미래 한국교회의 패러다임: 하나님 나라의 비전을 품고 세상과의 역동적인 상관관계 속에서 세상을 변혁시키는 삼위일체적 교회

A. 한국사회의 도전과 한국교회의 현실

한국교회는 선교 초기로부터 한국사회의 변혁과 발전에 지대한 공헌을 해왔다. 교회는 단지 복음전도를 통한 영혼 구원뿐 아니라, 교육기관 설립을 통한 국민교육, 여성의 교육과 지위 향상, 의료기관 설립을 통한 의료사업, 일제 치하에서 민족정신의 지주로서의 역할 등을 해왔다. 또한 해방 이후 오늘에 이르기까지 한국교회는 한국사회에 여러 방면으로 많은 기여를 해 온 것이 사실이다. 한국교회의 지난 백 년간의 역사는 우리 민족의 운명과 생사고락을 함께한 역사라고 할 수 있다.

뿐만 아니라 한국교회는 세계 선교역사에서 유래를 찾기 어려운

---

41 브루스 라이츠먼, 『교회의 의미와 사명』, 김득중 역 (서울: 컨콜디아사, 1986), 113-14.

뜨거운 신앙적 열심과 복음전파의 열정을 가진 교회다. 한국교회는 선교 초기부터 사경회 등을 통해 성경을 열심히 읽는 교회이며, 주일예배, 수요예배, 구역예배 등 모이기를 힘쓰는 교회이고, 새벽기도회와 철야기도 등 기도에 힘쓰는 교회이며, 십일조, 건축헌금, 각종 감사헌금 등 헌금에 열심인 교회다. 무엇보다도 한국교회의 목회자들은 다른 나라의 어느 교회에서도 찾아볼 수 없을 정도로 목회에 헌신적이다. 목회자들은 사적인 생활을 거의 희생하고 새벽기도회, 심방, 각종 교회 프로그램과 행사, 설교 준비를 위해서 모든 힘을 쏟아왔다. 그리하여 한국교회는 오늘날 세계에서 가장 왕성하게 발전하고 생동력이 넘치는 교회가 되었으며, 미국교회 다음으로 세계 각지에 선교사를 많이 파송하는 교회가 되었다. 짧은 선교역사 속에서 한국교회가 괄목할 만한 성장과 발전을 이룬 데는 여러 가지 요인들이 있겠지만, 이상과 같은 훌륭한 한국교회와 목회의 전통이 가장 중요한 역할을 한 것은 의심할 여지가 없을 것이다.

하지만 짧은 기간 동안 급속한 발전과 성장을 이루면서 한국교회는 적지 않은 미성숙성과 문제점들을 지니고 있음이 드러나고 있다. 특히 지난 수년 사이에 한국교회를 향해 주어지는 한국사회로부터의 외적 도전과 한국교회의 내적 문제점들로 인하여 많은 그리스도인들은 위기의식을 느끼고 있다. 그래서 "한국사회의 도전과 한국교회의 현실"과 "한국교회의 자기갱신과 변혁의 과제"라는 주제는 한국교회의 미래를 위하여 오늘날의 가장 중요한 신학적·교회론적 주제가 아닐 수 없다.

한국교회는 한국의 근대사에서 대체로 긍정적인 기여를 했으나, 때로는 부정적인 역기능도 수행하면서 한국인의 삶 속에서 호흡을 함께 했으며, 빠른 속도로 교세를 확장했다. 20세기 중반 이후의 한국교회의 부침(浮沈)은 어느 정도는 한국사회의 부침과 맥을 같이한다. 1970년대 이후 산업근대화 과정에서 한국경제가 눈부신 고도성장을 이룩해오는 동안 한국교회도 놀라운 양적 부흥을 이루었다. 이러한 가운데, 한국사회의 근대화 과정 속에서 형성된 성장제일주의, 시장경제 논리, 자본주의, 물질만능주의, 물량주의, 경쟁력 강화 등의 세속적 가치관이 상당한 정도로 한국교회 안에 유입되었다. 그리하여 대형교회를 지향하는 성장전략이 가장 중요한 목회전략이 되었으며, 교회의 양적 성장이 성공적인 목회의 척도가 되었다. 또한 총수 한 사람의 카리스마적인 리더십에 의존하는 재벌기업들과 유사한 목회자 한 사람의 카리스마적인 리더십에 의존하는 대형교회들이 이상적인 교회의 모델처럼 생각되었다. 실제로 그동안 대기업들이 한국의 경제성장과 발전에 견인차 역할을 해온 것처럼, 지금까지 대형교회들이 한국교회의 성장과 발전에 중심적 역할을 해온 것은 사실이다. 그러나 이제 다시금 한국사회의 변동과 더불어 한국교회는 새로운 도전에 직면하고 있다.

금세기에 들어 한국사회는 급격한 사회변동과 변혁을 경험하고 있으며, 이른바 탈근대적인 상황을 맞고 있다. IMF 사태 이후 한국사회는 고도 경제성장 신화가 무너지고 장기적인 경기침체기에 들어서고 있다. 그리고 자본주의적인 성장모델 자체에 대한 비판과 사회주의적인 분배정의에 대한 요구의 목소리가 높아지고 있다. 지금 우리 사회는 기술과학의 급속한 발전과 더불어 정보기술(IT), 생명공학(BT), 전자공학(ET)으로 대표되는 첨단과학기술의 시대에 들어서고 있다. 인터넷과 사이버 기술의 발달과 더불어 정보지식사회가 이미 도래했고, 생명공학의 발달로 유전자 조작과 생명복제의 단계에 진입하고 있으며, 컴퓨터, 디지털, 인공지능 로봇으로 대표되는 전자공학의 신기술이 빠른 속도로 발전하고 있다. 인간의 수명 연장과 출산율 감소로 인해 사회의 노령화가 빠른 속도로 진행되고 있으며 복지(웰빙)에 대한 욕구가 증대되고 있다. 주 5일제가 실시되고, 갖가지 종류의 엔터테인먼트 산업이 번창하고, 향락 문화가 확산되며, 동성애와 같은 서구식 성문화가 유입되고 있다. 그리고 또한 자연 파괴로 인한 생태문제, 급격히 치솟는 이혼율로 인한 가족해체 문제, 삼포 세대로 불리는 청년실업 문제, 성폭력과 여성 문제 등 이른바 탈근대적인 이슈들이 우리 사회의 긴급하고도 중요한 문제로 대두되고 있다.

이와 같은 급변하는 오늘의 사회적 상황 속에서 한국교회도 이전에 경험해보지 못했던 새로운 도전과 위기를 경험하고 있다. 이 도전과 위기는 두 가지 측면에서 생각될 수 있다. 하나는 교회의 대사회적 이미지가 악화되고 있다는 사실이며, 다른 하나는 교회의 성장이 지난 몇 년간 계속 둔화 내지는 정체, 심지어 감소 현상을 보이고 있다는 사실이다. 아마도 이 두 가지 현상 사이에는 밀접한 연관 관계가 있을 것이다. 최근의 여론조사나 각종 통계자료들을 보면 한국교회에 대한 한국인들의 배타적 정서가 점점 확산되고 있다는 것이 드러나고 있다. 인터넷에는 적지 않은 반기독교 사이트들이 개설되어 운영되고 있다. 물론 이들이 제기하는 한국교회의 문제점과 비판은 정확한 사실에 근거하지 않은 오해나 무지 또는 왜곡된 편견에서 비롯된 것들이 많다. 그러나 그러한 안티 기독교 사이트들이 우후죽순처럼 생겨난다는 사실 자체가 교회에 대한 심각한 도전이 아닐 수 없다. 또한 그들이 제기하는 문제점과 비판이 부분적으로 사실에 근거하거나 일리가 있는 것도 사실이다. 그러므로 우리는 왜 한국교회가 점점 한국인들에게 불신의 대상이 되어가고 있는가를 스스로 자문하며 그 해법을 진지하게 모색해보아야 한다.

2015년 통계청에서 발표한 인구주택총조사 종교인구 통계[42]

---

42   http://blog.naver.com/PostView.nhn?blogId=gaing6677&logNo=220899537272

에 따르면 개신교 인구가 967만 6천 명으로 가장 많고(12% 증가), 불교 762만 명(29% 감소), 천주교 389만 명(24% 감소), 기타 27만 명으로 나타났다. 전문가의 분석에 따르면 2015년 통계에서 개신교인이 증가한 것은 2005년의 설문조사에서 상당수의 개신교인을 천주교인으로 잘못 파악했었기 때문이며, 결과적으로 개신교는 1995년 이후 정체하고 천주교는 2005년 이후 감소하고 있다고 한다. 전체 개신교 신자 가운데 정통교단소속 신자가 650-700만 명, 이단 120-200만 명, 교회에 다니지 않는 신자가 100-150만 명이다. 여기서 주목할 점은 주요 교단들의 통계에 따르면 약 1-5% 정도의 교인수가 감소했다는 사실이다. 이것은 개신교인의 증가가 교회의 성장보다는 교회를 떠나는 가나안 신앙인의 증가나 이단에 빠지는 사람들의 증가와 관계가 있다는 사실을 암시한다. 따라서 신앙의 탈 제도권화와 이단의 발흥에 대한 대책이 요구된다.

오늘날 한국교회가 성장 동력을 상실하고 교인들이 교회를 떠나는 원인은 무엇인가? 그 원인은 사회적 환경과의 관련성 속에서 여러 가지로 설명될 수 있을 것이다. 그러나 우리는 무엇보다도 교회 자체의 내부에 근본적인 원인이 있다는 사실을 자각해야 하며, 그 문제점들을 정확하게 분석하고 그 문제들에 대한 적합한 대안을 찾지 않으면 안 된다. 그래야만 우리는 위기를 새로운 도약과 성숙을 위한 또 하나의 기회로 만들 수 있을 것이다. 오늘의 한국교회가 안고 있는 문제점들은 다음과 같이 분석될 수 있다.

1) 교회의 세속화

한국교회의 근본적인 문제점은 성서에 나타난 예수 그리스도의 가르침에 기초한 교회의 본질을 상실했다는 사실에 있다. 한마디로 그것은 교회의 세속화를 의미한다. 세속화란 개념은 긍정적인 의미로 사용될 수도 있다. 즉 긍정적 의미에서 세속화란 세상을 변화시키기 위해 세상 안으로 들어가는 것을 의미한다. 그러나 이러한 세속화의 조건은 교회가 세상의 왜곡된 가치관과 삶의 방식에 오염되지 말아야 한다는 것이다. 부정적인 의미에서 세속화란 교회에서 예수 그리스도의 정신이나 성령의 능력이 상실되고 왜곡된 세상적 가치관과 삶의 방식이 힘과 영향력을 발휘하는 것을 의미한다. 다시 말해 교회의 세속화란 교회가 왜곡된 세상적 가치관과 삶의 방식을 거부하고 하나님 나라의 가치관과 삶의 방식을 따르고자 하는 영적 능력을 상실했음을 의미한다.

세속화된 교회에서는 교회 안에서조차 세상적 성공과 출세 지향적인 삶의 자세, 자본주의적이고 물질주의적인 가치관, 현세 구복적인 삶의 방식 등이 지배적인 영향력을 행사한다. 따라서 교회는 더 이상 세상을 변혁시키는 힘이 되지 못하고 오히려 세상의 왜곡된 가치관과 삶의 방식을 답습하거나 세상의 불의한 질서를 정당화하는 이데올로기적인 역기능을 수행함으로써 비판과 개혁의 대상으로 전락한다. 오늘의 한국교회가 이러한 모습으로 변해가고 있다. 중세의 유럽 교회가 세속화되고 타락함으로써 종교개혁이 일어났던 것처럼 오늘날 세속화된 한국교회에 제2의 종교개혁이 일어나야 한다는 목소리에 한국교회는 귀를 기울여야 한다.

2) 영적 능력의 약화와 종말론적 하나님 나라의 비전 상실

성령의 충만한 능력으로 생명력이 넘치던 1세기의 교회가 점차 그 능력을 잃게 된 것은 헬레니즘 문화 속에 정착하면서 제도화되었기 때문이었다. 교회가 제도화되면서 교회는 사회 변혁적인 생명력을 상실하고 그 대신 감독이나 교황을 중심으로 한 교권주의와 교조주의적인 정통교리가 교회를 지배하게 되었다. 오늘날 한국교회의 영적 능력의 약화도 이와 유사하다. 2세기의 교회처럼, 한국교회가 점차 교세가 확장되고, 제도화되고, 기존의 사회질서 안에 안주하게 됨에 따라, 한국교회는 초기의 성령의 능력을 상실하게 되었다.

성령은 종말론적인 구원의 능력이다. 성령의 임재는 종말론적인 하나님 나라를 가져온다. 성령의 충만함을 통한 예수 그리스도의 사역은 바로 종말론적인 하나님 나라의 도래를 위한 사역이었다. "내가 하나님의 성령을 힘입어 귀신을 쫓아내는 것이면 하나님의 나라가 이미 너희에게 임하였느니라"(마 12:28). 하나님 나라의 비전은 기존 질서와 삶의 방식을 근본적으로 전도시키는 철저한 역사 변혁적 비전이다. 성령의 능력과 하나님 나라 비전은 상관관계에 있다. 한편으로, 고대와 중세 교회에서처럼 교회가 제도화, 기구화되고, 영적 능력을 잃어버리면, 세상을 변화시키는 종말론적 하나님 나라의 비전과 역동성을 상실하게 된다. 다른 한편으로, 교회가 하나님 나라의 비전을 상실하면 교회가 영적 능력을 상실하고 제도화, 기구화된다. 한국교회 위기의 본질은 바로 한국교회의 영적 능력과 하나님 나라의 비전이 함께 상실되어간다는 사실에 있다.

3) 교회와 그리스도인의 부도덕성

한국교회, 특히 개신교 교회와 그리스도인들의 신앙생활은 잘못된 믿음과 행위의 이분법에 기초하고 있는 경우가 많이 있다. 오직 믿음으로 구원을 받는다는 루터의 교리가 행위를 배제한 배타적인 의미로 이해되는 경우가 많다. 믿음과 행위 또는 말과 실천이 괴리되어 있다. 그리고 믿음의 본질은 하나님께 예배드리는 행위에 있다고 간주된다. 따라서 교회의 예배나 종교적 활동과 같은 종교의식행위를 삶 속에서 하나님의 뜻에 따라 사랑과 정의를 행하며 바르게 사는 삶보다 더 중요하게 생각하는 경향이 있다. 오덕호에 따르면 신앙생활에서 종교의식행위를 중요시하다

보면 종교의식행위를 믿음의 척도로 보고 도덕 행위는 중요하지 않게 여기게 된다. 그리고 종교의식행위를 지나치게 중요시하다 보면 종교의식행위를 잘하기 위해 남에게 피해를 주는 경우까지 생긴다.[43] 그는 도덕적인 삶의 실천을 통한 예배보다 의식적 예배를 중요시하는 풍토가 한국교회 부도덕성의 원인이라고 본다. 이는 정기 예배에 참석하는 교인의 숫자는 적지만 삶 속에 기독교적 가치관이 체화되어 있는 서구 그리스도인들의 모습과는 매우 대조적이다. 한국교회가 사회로부터 비판을 받는 가장 큰 이유는 그리스도인이 비그리스도인보다 더 윤리적이고 깨끗한 삶을 보여주지 못한다는 사실에 있다. 일부 그리스도인들의 부도덕성, 교회 지도자들의 비윤리성(교회세습, 각종 스캔들), 사회윤리의 취약성, 이웃을 섬기는 이타적인 사랑의 실천의 결핍 등이 한국교회가 사회로부터 불신을 받는 가장 큰 요인들이다.

4) 공동체 의식(코이노이아)의 약화와 분열

하나님은 우리를 단지 개인으로서가 아니라 공동체의 한 구성원으로 부르신다. 하나님은 이스라엘 민족을 하나님의 백성으로 부르시고 그들과 공동체적 계약을 맺으셨다. 그리고 예수 그리스도에 의해 새로운 계약 공동체인 교회가 시작되었다. 교회 공동체를 떠나 홀로 기독교 신앙을 유지한다는 것은 사실상 불가능에 가깝다. 이런 의미에서 키프리아누스 같은 고대 교부는 교회가 신자의 어머니이며, 교회 밖에는 구원이 없다고 말했다. 틸리히는 교회의 역사적 모호성에도 불구하고 교회의 본질을 성령이 현존하는 영적 공동체로 이해했다. 공동체 의식의 위기는 바로 교회의 위

43　오덕호, "삶에서 만나지는 '감동 윤리'를 일구어냅시다." 「목회와 신학」 (2004, 10).

기인 동시에 신자 개개인의 위기다. 한국교회는 기구화, 제도화, 대형화되어 감에 따라 공동체 의식이 약화되고 있다. 익명의 그리스도인으로서 예배만 참석하고 돌아가거나 아니면 아예 공동체적 예배에 참석하지 않는 신자들의 수가 늘어나고 있다. 공동체성을 상실한 교회, 다시 말하면 성도의 교제(communio sanctorum) 즉 코이노니아와 나눔이 없는 교회에는 성령 안에서의 일치와 하나 됨, 그리고 나아가 하나님 나라의 구현이 불가능하다.

　공동체 정신을 상실한 교회 안에서 다툼과 분열이 일어난다. 한국교회의 역사는 분열로 얼룩져 있다. 교회 내의 싸움과 분열, 교회 간의 불화, 교단과 교파 간의 갈등의 현실이 지금도 계속되고 있다. 장로교만 하더라도 스스로 장로교라고 자칭하는 군소 교단들까지 포함하여 100여 개의 교파가 난립하고 있다. 분열과 대립의 현실은 개신교 연합기관들에서도 예외가 아니다. 한국기독교총연합회와 한국기독교교회협의회(KNCC)의 양극체제로 대표되는 한국교회의 대립 양상은 한국사회의 보수와 진보 대립 구도를 극명하게 보여준다. 이와 같은 분열상의 배후에는 신앙적·신학적 입장 차이 외에, 지역 문화적 요인, 교회 지도자들의 교권주의적 이해관계 등의 요인들이 복합적으로 얽혀 있다. 이러한 상황에서 어떻게 한국교회가 한국사회의 화해와 통합을 말할 수 있겠는가?

5) 신학적 미성숙

한국교회는 짧은 역사 속에서 급속한 양적 성장을 이루었지만 질적인 성숙은 아직 부족하다. 지금의 한국교회의 성장단계는 말하자면 유년기에서 청소년기로 넘어가는 단계라고 할 수 있다. 한국교회의 문제는 믿음과 행위의 괴리에 있는 것만이 아니라 믿음과 지식의 괴리에도 있다. 신앙과 신학, 즉 믿는 것과 생각하는 것이 하나가 되지 못하고 있다. 열심히 믿지만 사고하고 판단하는 능력이 부족하다. 사고가 없는 신앙은 맹목적이 되기 쉬우며, 이해의 깊이가 없는 열정은 위험하다. 한국 그리스도인들의 신앙 유형은 대부분 사고하고 이해하고 깨닫는 신앙이 아니라, 무조건적으로 믿고 암기하는 신앙이라고 할 수 있다. 이런 의미에서 한국교회는 일반적으로 아직 서구의 이성의 시대인 계몽주의와 근대 이전 단계에 머물러 있다고 할 수 있다. 한국교회와 그리스도인들은 아직 기독교의 복음과 진리에 대한 깊이 있는 이해, 비판적인 반성, 창조적인 해석의 능력을 배양하지 못하고 있다. 그동안 한국교회에서 신학은 소수의 신학도들의 전유물이며, 교회와 신자들의 실제적인 신앙과 삶과는 별 관계가 없는 것으로 여겨져왔는데, 이러한 한국교회에서의 신앙과 신학의 괴리현상에 대한 책임은 신학자들과 목회자들과 일반 신자들 모두에게 있다. 목회자들과 평신도들 모두가 신학적 사고력의 증진을 위해 지속적으로 신학 공부를 함으로써 복음과 진리에 대한 이해를 더욱 심화시키고 창조적으로 발전시켜 나아가려는 노력이 없다면 한국교회의 질적 성숙은 기대하기 힘들 것이다.

또한 한국교회가 한국사회로부터 부정적인 이미지로 남아 있는 이유들 가운데 하나는 기독교가 아직 한민족의 전통적인 영성과 종교적 심성에 뿌리를 내리지 못한 서구적 외래종교로 인식되고 있기 때문이다. 이것은 한국교회가 서구에서 발전되어 전래된 기독교를 우리의 고유한 종교성의 관점에서 주체적이고 비판적으로 수용, 발전시킴으로써 기독교를 한국인의 삶의 세계(Lebenswelt)에 깊이 뿌리내리는 데 성공하지 못했음을 의미한다. 다시 말하면 한국인의 신앙과 정서에 적합한 동시에 한국 그리스도인들의 신앙과 삶을 올바로 인도할 수 있는 한국적 신학의 발전이 한국교회 안에서 제대로 이루어지지 못했다고 할 수 있다.

6) 목회전략의 부재와 교회 지도자의 리더십의 위기

오늘날 한국교회가 직면하고 있는 위기는 부분적으로 목회전략의 부재와 교회 지도자의 리더십의 위기에 기인한다. 한국교회가 급변하는 오늘의 사회적 변동과 문화적 코드를 정확하게 읽고 신속하게 대처하지 못했다는 비판이 제기되고 있다. 변화하는 교회환경에 대응하기 위한 목회전략이 개교회적 차원에서 부분적으로는 수립·추진되었지만 교단적 차원에서는 그렇지 못했던 것이 사실이다. 김창근은 한국교회의 침체 원인을 다음과 같이 분석했다. ① 양적 성장을 추구하는 목회에 치중한 나머지 성장 이후의 교회의 질적인 훈련에 집중하지 못하여 그리스도의 제자를 양육하지 못하였으며, ② 빠른 성장에 안주하여 사회의 급속한 변화와 세속적 문화충격에 대처하지 못하고 후기 현대사회, 즉 포스트모더니즘 사회를 향한 새로운 복음 선교전략과 목회전략을 제시하지 못하였으며, ③ 새로운 시대를 위한 목회의 근본적인 개혁과 변화를 가져올 지도력과 신학적 통찰력이 부족했다.[44]

목회전략의 부재는 교회 지도자의 리더십 문제와 직결된다. 교회 지도자에게는 급변하는 사회·문화 현상에 능동적으로 대처하고 새로운 시대를 선도하기 위한 미래지향적인 목회적 비전과 그에 적합한 새로운 유형의 리더십이 요구된다. 오늘의 변화된 교회 내외적 상황 속에서 요청되는 미래지향적 리더십의 부재는 한국교회의 위기를 가속화하는 한 요인이 된다.[45] 더욱이 근래에 연이어 터져 나오는 목회자 세습, 도덕적 부정, 재정 비리 등의 사건들은 교회의 대사회적 신인도를 추락시키는 결정

---

44 김창근, "위기극복형 목회패러다임의 방향," 「목회와 신학」, 2004, 이월호. 78-79.
45 미래지향적 리더십에 관해서는 아래의 VII. "21세기 한국교회 지도자의 리더십"에서 충분히 고찰할 것이다.

적인 요인이 되고 있다. 1998-2004년 사이의 한국교회의 현황에 관하여 "한국교회 미래를 준비하는 모임"(이하 한미준)과 한국갤럽이 공동으로 조사하여 발표한 "한국교회 미래 리포트"에 따르면, 98년엔 28.3%의 교인이 신도수 1000명 이상의 대형교회를 선호한 반면, 이 조사에서는 대형교회에 대한 선호가 2.2%로 급감하고 대신 중형교회와 중소형교회에 대한 선호율이 크게 늘었다. 한미준은 이러한 변화를 일부 대형교회가 목회자 비리와 세습 문제 등 사회 문제를 일으킨 데 대한 반작용으로 분석했다.[46] 앞으로도 계속 진행될 것으로 보이는 이와 같은 변화는 보다 더욱 민주화된 새로운 목회전략과 교회 리더십을 요구한다.

B. 한국교회의 자기갱신과 변혁의 과제

이상과 같이 제시된 한국교회의 문제들에 대한 해법은 무엇인가? 이에 대하여 두 가지 상반되어 보이는 견해와 대안 제시가 있을 수 있다. 첫 번째 견해는 한국교회의 문제가 교회가 너무 전통적이고 시대에 뒤처져 있어서 사회의 변화를 미처 따라가지 못하는 데 있다고 본다. 따라서 교회는 변화하는 문화의 트렌드와 코드에 보다 더욱 적극적으로 자신을 맞추어 변신을 시도하는 방향으로 자기갱신과 변혁을 수행해야 한다는 것이다. 예를 들면, 젊은 세대의 감성과 코드에 적합하고 호소력이 있는 목회를 위해서는 청년예배뿐만 아니라 성인예배 형태를 미국식의 열린 예배로 전환해야 하며, 보다 더욱 빠르고 비트가 강한 현대 기독교음악(contemporary Christian music)을 과감하게 예전에 도입하고, 보다 더욱 적극

---

46   300-500명 규모의 중형교회: 28.9%, 100-300명 규모의 중소형교회: 26.7%, 「목회자신문」, 2005년 2월 5일, 3면.

적으로 영상매체를 활용해야 한다는 것이다.

두 번째 견해는 첫 번째와는 반대로 한국교회가 정체되고 역동성을 잃어버린 이유가 세상의 문화와 가치관에 휩쓸린 나머지 성서에 충실한 자신의 정체성을 상실하였기 때문이라고 본다. 그러므로 교회가 다시 새로워지는 길은 오직 본래적인 성서의 교회로 돌아가는 것이며 그렇게 해야만 생명력을 회복할 수 있다고 주장한다. 이 견해에 의하면 초기 교회가 놀랍게 부흥한 것은 어떤 성장 프로그램이나 기업의 마케팅 전략에 따른 전도전략을 기획하고 전도폭발 훈련을 수행한 때문이 아니라, 교회 내에 강력한 성령의 임재와 능력으로 인하여 영적인 생명력이 넘쳤으며, 교회가 성령 안에서 하나가 되어 강한 코이노니아 공동체를 형성했기 때문이다.

이 두 가지 견해는 양자택일 되어야 할 문제라기보다는 양극적 긴장 관계 속에서 비판적으로 통합되어야 할 문제이다. 전통과 개혁은 단순히 대립개념이 아니라 순환적 개념이다. 전통에의 귀속성(歸屬性)과 전통으로부터의 소격화(疏隔化)는 변증법적인 관계 안에 있다. 한편으로, 교회의 정체성은 초역사적·고정적·불변적인 것이 아니라 새로운 상황과의 관계성 속에서 항상 새롭게 갱신되고 변혁되어 나아가야 한다. 교회의 정체성이란 단번에 일회적으로 완결된 채 과거의 전통 안에 화석처럼 갇혀 있는 것이 아니라, 타자와의 관계성 속에서 끊임없이 변화하는 과정 속에 있는 것이다. 이런 의미에서 개혁교회는 항상 개혁되는 교회다. 그러나 다른 한편으로, 새로운 상황과의 관계성 속에서 교회의 갱신과 변혁을 통한 새로운 정체성의 구현은 언제나 과거의 교회 전통, 무엇보다도 교회의 원형인 성서적 교회와 사도적 전통의 영향사(影響史)와 그에 대한 귀속성(歸屬性)에 기초해야 한다. 교회의 자기갱신과 변혁의 필요성은 교회 외부의 상황적 변화로부터 생겨나기도 하지만, 보다 근본적으로는 교회 자체의 본질로부터 나온다. 교회가 변화하는 상황에 대처하기 위한 목회전략을 수립한다는 것은 성서적 교회의 본질을 오늘의 상황에 적합한 형태로 새롭게 구현한다는 것을 의미한다. 이런 의미에서 예수 그리스도의 하나님 나라의 복음과 그에 기초한 제자 공동체와 초기 교회의 모습은 교회의 자기갱신과 변혁을 위한 내적 원리와 기준을 제공해준다.

오늘날 한국교회의 대사회적 이미지가 부정적인 가장 큰 이유는 교회가 예수 그리스도의 하나님 나라 복음에 기초한 성서적 본질을 상실해가고 있기 때문이다. 그러므로 우리는 한국교회의 문제점과 위기의 본질이 무엇보다도 자신의 성서적 본질을 상실해가고 있다는 사실에 있음을 깨닫고 한국교회의 자기갱신과 변혁의 원리 및 기준이 예수 그리스도의 하나님 나라의 복음을 회복하는 데 있다는 사실을 인식해야 한다. 물론 교회는 어느 사회 문화 속에서나 무고하게 고난과 핍박을 받아온 것이 사실이다. 그러나 오늘날 한국사회 속에서 교회에 대한 부정적이고 비판적인 분위기가 증대하는 이유는 대부분 교회 자체의 문제점에 기인한다. 교회가 성서적 본질로부터 벗어났다는 것은 곧 교회가 세속화되었다는 것을 의미한다. 그렇다면 어떻게 교회의 본질을 회복할 것인가? 명성훈은 교회가 예수와 같은 교회가 되어야 한다고 말한다. "예수처럼 온전한 사람이 되고, 예수처럼 하나님과 사람을 위해 살고, 예수처럼 전도와 교육과 치유의 사역을 감당하면 교회는 건강하게 되고 성장하며 세상으로부터도 칭찬을 받을 것이다. 예수의 가장 큰 관심사는 하나님의 뜻을 행하는 것이다. 하나님의 뜻은 예수의 명령에 잘 나타난다. 첫째는 영혼을 구하는 일이요(전도), 둘째는 육신을 사랑하는 일이다(구제). 마태복음 28장의 전도 명령(the Great Commission)과 마태복음 22장의 사랑 계명(the

Great Commandment)이 교회의 본질이 되어야 한다."[47] 그런데 영혼을 구하는 전도와 육신을 사랑하는 구제, 전도 명령과 사랑 계명은 분리되거나 차등화된 두 측면이 아니라 온전한 복음의 동등한 그리고 불가분리적인 두 측면이다.

성서적 원형에 대한 충실성과 오늘의 사회적 변화에 대한 적합성을 동시에 추구하는 한국교회의 자기갱신과 변혁의 과제는 다음의 여덟 가지 차원에서 제시될 수 있다.

1) 하나님 나라 비전의 회복

"예수는 하나님 나라를 전파하였는데, 그 후 불행하게도 교회가 되었다."는 말은 하나님 나라의 비전을 상실하고 세속화된 교회에 대한 비판과 불신을 냉소적으로 표현하는 말이다. 교회의 존재는 예수를 그리스도로 고백하는 신앙 위에 기초해 있으며, 예수 그리스도의 메시아 사역의 궁극적인 목적은 도래하는 종말론적인 하나님 나라의 복음을 선포하고 전파하는 데 있었다. 예수는 이 목적을 이루기 위하여 제자 공동체를 구성하였으며, 이 제자 공동체가 후에 교회로 발전했다. 교회의 종말론적인 하나님 나라 비전의 상실과 교회의 세속화는 동의어다. 교회가 하나님 나라의 비전을 상실하면 역사 변혁적인 동력을 상실하고 세속화된다.

오늘날 세속화되어가는 한국교회는 무엇보다 종말론적인 하나님 나라의 비전을 새롭게 회복해야 한다. 하나님 나라는 하나님의 뜻, 즉 사랑과 정의가 온전히 실현되는 나라다. 하나님 나라는 단지 세계의 파국과 함께 묵시적으로 도래하는 역사 초월적인 피안의 나라도 아니며, 역사

---

47 명성훈, "교회가 이기적이고 성공 지향적이라고 하는데," 「목회와 신학」 2004년 10월호, 78-85.

의 미래에 도래하는 역사 내재적인 유토피아의 나라도 아니다. 하나님 나라는 이 세상의 불의하고 왜곡된 질서와 가치체계를 변혁하면서 도래하는 종말론적인 나라다. 예수 그리스도는 도래하는 하나님 나라가 세상의 모든 세속적 가치와 질서를 전도시킨다고 말했다. 즉 하나님 나라에서는 먼저 된 자가 나중 되고 나중 된 자가 먼저 되며, 죄인이 의롭다 함을 얻고 의인이 죄인으로 정죄되며, 지배하는 자가 작은 자가 되고 섬기는 자가 큰 자가 된다. 그러므로 하나님 나라의 비전은 교회와 이 세상의 모든 왜곡된 가치와 질서에 대한 철저하고 영속적인 변혁의 과제를 수반한다. 교회가 먼저 하나님 나라의 빛 아래에서 교회 내부의 세속적인 가치관과 삶의 방식을 비판적으로 반성하고 변혁시켜 새롭게 될 때만 교회는 이 세상을 변혁시키고 이 땅에 하나님 나라를 확장하는 지상 과제를 수행해 나아갈 수 있다. 예수 그리스도가 선포하고 실천한 하나님 나라의 복음이 한국교회의 자기갱신과 변혁의 근본 원리다.

2) 성령 공동체로서의 교회의 본질 회복

교회는 예수 그리스도에 대한 신앙고백에 기초하여 성령의 임재를 통해 탄생했다. 성령은 종말론적인 하나님의 구원의 상징이다. 성령은 예수 그리스도의 탄생과 사역과 죽음과 부활을 가능케 한 하나님의 영이면서 동시에 부활하신 예수 그리스도께서 우리에게 약속하신 영이다. 성령은 교회의 머리이신 그리스도의 공동체적 몸인 교회 안에 그리스도의 영으로서 현존하며 세상에 종말론적인 하나님 나라의 완성을 위하여 역사하신다. 그러므로 교회는 본질적으로 성령의 능력 안에 있는 영적 공동체다. 개인의 영혼을 구원하고 세상을 변혁시키는 교회의 힘은 바로 이 성령의 능력에 있다. 교회가 기구화, 제도화, 교권주의화, 세속화될 때 교회는 이 능력을 상실한다.

따라서 한국교회가 이 능력을 회복하기 위해서는 성령 공동체로의 자기갱신과 변혁이 있어야 한다. 성령 공동체로 거듭나기 위하여 요청되는 것은 철저한 회개와 전환이다. 성령 체험은 단지 황홀경에서의 신비한 영적 체험만을 의미하는 것이 아니라 감정과 이성과 의지의 전 차원에서의 전인격적인 변화, 즉 새로운 존재로의 존재론적 변화를 의미한다. 그러므로 성령 체험은 감정적 변화와 지식의 변화와 실천적 삶의 변화를 수반한다. 성령 공동체로서 교회의 본성은 제도나 기구나 직제에 있는 것이 아니라 성령의 은사에 있다. 성령의 은사에 교회의 거룩성이 존재한다. 교회는 성령으로 거듭나고 변화한 성도, 즉 거룩한 무리의 공동체로서 거룩하다. 이 거룩성은 세속성과의 구별성을 의미한다. 성령 공동체로 갱신될 때 한국교회는 한국사회로부터의 세속적이고 부정적 이미지를 벗어버릴 수 있을 것이며, 한국사회를 복음화시키고 변혁시키는 하나님 나라의 전위대 역할을 올바로 수행할 수 있을 것이다.

3) 공동체성의 회복

성령의 충만한 능력은 단지 개인 차원이 아니라 공동체적 차원에서 나타난다. 기독교의 영성은 홀로 골방에서 하나님을 만나는 신비한 경험만을 말하지 않는다. 삼위일체 하나님이 세 위격의 페리코레시스를 통한 친교적 연합 안에서 하나가 되시는 것처럼, 그리고 하나님의 형상으로 지음받은 인간이 공동체적 관계성 안에 존재하는 것처럼, 기독교의 영성은 본래적으로 공동체적이다. 교회가 공동체적 영성을 잃어버리는 것은 곧 성령의 능력을 상실하는 것이다. 신약성서의 고린도 교회에서도 교회의 개인주의가 문제가 되었다. 그리하여 바울은 몸으로서 교회 공동체의 하나 됨을 강조했다(고전 12:12-27; 엡 4:4; 롬 12:3-5). 그는 공동체로서 교회 안에서의 하나 됨을 그리스도의 몸의 여러 지체들의 하나 됨에 비유하면서, 공동체의 하나 됨의 길이 나와 다른 지체들의 다른 기능을 서로 인정해주고, 약한 지체를 돌보고 다른 지체의 고통에 함께 참여하는 데 있다고 말했다. 교회의 본질은 머리 되신 예수 그리스도의 몸의 지체들이 성령 안에서 서로 다름을 인정하고 공감적 사랑으로 하나 되는 공동체에 있다.

교회의 공동체성은 익명의 출석 교인이 다수인 대형교회에서는 기대하기 힘들다. 대형교회는 이러한 약점을 극복하기 위해 이른바 "셀목회"(cell ministry)를 채택하는데, 이는 소그룹 중심의 공동체성을 강화하기 위한 목회전략이다. 교회의 공동체성을 강화하기 위해서는 그 안의 구성원들이 서로 영향을 주고받는 역동적인 공동체로서의 교회 모델을 개발해야 하며, 이를 위하여 다양한 소그룹 모임을 권장하고 소그룹 단위의 깊은 관계성을 형성해야 한다. 예를 들어 부부 모임, 전문직업인 모임, 성경공부 모임, 선교회 모임, 동호회 모임 등 다양한 소그룹 모임을 개발하고 활성화할 필요가 있다. 신약성서 시대의 가정교회에서처럼 확고한 공동체적 영성을 지닌 작은 교회가 강하다. 교인들과 교역자 간에, 그리고 교인들 간에 친밀한 코이노이아가 이루어지고 강한 공동체 의식을 가질 수 있는 최대한의 숫자는 아마도 150명이 넘지 않아야 할 것이다. 하지만 공동체적 영성에 있어 본질적으로 중요한 것은 숫자가 아니라 강력한 참된 비전과 강력한 동기부여다. 익명의 종교 수요자의 필요를 채워주는 교회가 아니라, 하나님 나라에 대한 비전을 함께 공유함으로써 하나가 되고, 하나님의 현존과 치유와 변화를 함께 경험하는 교회가 진정한 공동체적 교회다. 또한 기독교적 영성은 단지 교회 공동체 안에 갇혀 있지 않다. 기독교적 영성은 교회 공동체를 넘어서 사회와 자연과 온 우주로 확장되어야 한다. 종말론적 하나님 나라의 완성은 온 우주적 공동체 안에서의 만물의 회복과 변혁과 완성을 의미한다.

4) 일치의 회복

오늘날 한국사회는 진보와 보수 사이의 이데올로기 갈등, 동과 서의 지역 갈등, 구세대와 신세대의 세대 갈등, 부자와 빈자, 기업가와 노동자 간의 계층 갈등, 남녀 간의 성별 갈등 등 총체적인 갈등 상황에 처해 있다. 그러나 이에 못지않게 한국교회 안에도 갈등과 분열이 심각하다. 한국교회가 대사회적인 부정적 인식을 탈피하기 위한 가장 절실한 과제 중 하나는 교회 간, 교파 간, 연합기관 간의 극심한 분열과 갈등을 극복하고 일치를 회복하는 일이다. 한국교회는 자신의 전통을 절대시하는 종파주의적 이데올로기와 교권적 분파주의를 극복해야 하며, 세속적인 패거리 문화를 답습하는 지역주의, 학연주의, 족벌주의 등의 파벌주의를 청산해야 한다. 교회 분열의 책임은 대부분 직업 종교인으로 변질된 교회의 지도자들에게 있다. 예수 당시의 서기관, 제사장, 율법사들과 같은 존재들이 바로 직업 종교인이 된 종교지도자들이었다. 예수는 이들을 "삯군 목자" 또는 목자인 것처럼 속이고 들어온 "도둑"이라고 불렀다. 한국교회가 분열을 치유하고 하나가 되기 위해서는 먼저 교회 지도자들이 교회 갈등과 분열의 책임을 통감하고 철저하게 회개해야 한다.

그러나 교회의 일치는 획일적 통일성을 의미하지는 않는다. 갈등적 분파주의는 극복되어야 하지만, 그것이 창조적 다원성이 거부되는 것을 의미하지는 않는다. 진정한 교회의 일치는 자신과 자신이 속한 전통이나 집단과 다른 전통이나 집단을 인정하지 않는 배타적인 독선을 버리고 타자의 상이성을 인정하는 열린 영성을 가지고 대화에 임할 때만 실현될 수 있다. 이와 같은 일치는 "에큐메니칼적인 협의회적 일치"(ecumenical conciliar unity)라고 할 수 있다. 한국교회가 교회 내적인 갈등과 분열을 극복하고 치유하지 못한다면, 어떻게 사회적 갈등을 치유하는 일치를 가져오는 화해자의 역할을 자임할 수 있으며, 어떻게 통일 한국 시대의 도래를 앞당기는 선구자적 역할을 감당할 수 있겠는가?

5) 교회 내 평등구조 확립

교회 내의 평등구조는 두 가지 계층 또는 성(性) 사이의 관계에서 확립되어야 한다. 하나는 교역자와 평신도 사이의 관계이며, 다른 하나는 남자와 여자 사이의 관계다. 초기 교회는 만인이 평등한 은사(카리스마) 공동체였다. 각기 성령의 은사를 따라 교회의 사역을 감당했으며, 거기에는 성직자와 평신도의 구별이나 남녀의 구별이 거의 없었다. 그러나 2세기 이후 교회가 제도화, 기구화 됨에 따라 교회 내의 평등구조가 상실되고 감독을 정점으로 하는 가부장적 계층질서가 형성되었다. "사도적 계승"(apostolic succession)이란 명제적 교리는 감독과 평신도의 존재론적 구별과 감독의 생물학적 남성주의를 신학적으로 정당화하는 기능을 했다.

　　　　한국교회는 이러한 잘못된 교회 전통의 유산을 하루빨리 벗어버려야 한다. 루터의 만인제사장 정신을 교역자와 평신도의 관계에뿐만 아니라 남녀의 관계에까지 적용하여 온전한 평등구조를 확립해야 한다. 교회의 평등구조를 확립하기 위해서 한편으로 성직자와 평신도의 기능적 독자성과 고유성을 무시하거나 남녀의 성적 차이를 무시해서도 안 되지만, 다른 한편으로 그 차이를 지배와 종속 또는 우월과 열등의 관계로 이해하거나, 또는 전통적인 이분법적 구분에 따른 상호보완적 관계로 이해해서도 안 된다. 진정한 교회 안의 평등구조는 모든 그리스도인이 하나님 앞에서 다 동등한 하나님의 형상을 지닌 존귀한 인격체로서, 교역자든지 평신도이든지, 남자든지 여자든지 모두 각자를 향한 하나님의 특별한 계획 가운데 자기 삶의 자리와 성적 정체성 안에서 하나님의 영광을 위하여 부름(calling)을 받았다는 사실에 대한 인식에 기초해야 한다.

6) 도덕적 삶과 사회적 섬김(디아코니아)

하나님은 순종을 제사보다 귀하게 여기시며(삼상 15:22), 제사가 아니라 인애를 원하시고(호 6:6), 희생제물보다 정의로운 삶을 원하신다(암 5:21-24). 예수도 십일조를 바치는 것보다 의(義)와 인(仁)과 신(信)이 더 중요하다고 말씀하셨다(마 23:23). 따라서 한국교회는 교인들에게 종교의식행위보다 정의와 사랑과 하나님과 동행하는 삶이 더 귀하다는 사실을 가르쳐야 한다. 물론 하나님께 드리는 예배와 의로운 삶은 양자택일의 문제가 아니라 모두 귀한 것이다. 하나님께 신령과 진정으로 드리는 예배가 없는 도덕적 행위는 율법주의적 자기 의에 빠질 뿐이며, 도덕적 행위가 뒤따르지 않는 예배는 값싼 은혜를 바라는 미신적인 신앙을 낳는다. 도덕적 삶이 없다는 것은 믿음은 있는데 행동이 없다는 것이 아니라 참된 믿음이 없다는 증거이다. 예수는 열매로 그 나무를 안다고 말씀했다(마 7:16-20). "나더러 주여 주여 하는 자마다 다 천국에 들어갈 것이 아니요 다만 하늘에 계신 내 아버지의 뜻대로 행하는 자라야 들어가리라"(마 7:21). 하나님 나라는 말에 있지 않고 실천의 능력에 있다.

오늘 한국교회의 상황 속에서, 도덕적 삶의 실천으로 열매 맺는 믿음 생활의 중요성이 보다 더욱 강조될 필요가 있다. 한국교회는 예루살렘 성전을 중심으로 한 성전주의에 대한 예언자들의 비판과 무엇보다도 예수의 경고에 귀를 기울여야 한다. 예수는 율법주의, 위선, 불의, 의식화된 종교의 상징으로서의 성전주의를 통렬하게 비판하시고 예루살렘 성전의 파멸을 경고하셨다. "이 성전을 헐라." 예루살렘 성전에 대한 이 저주가 예수의 십자가 죽음의 직접적인 원인이 되었다. 한국교회는 스스로 이러한 성전주의에 사로잡혀 있는 것은 아닌지 깊이 반성하고 회개해야 한다. 한국교회는 하나님께서 기뻐하시는 예배는 이 세상 속에서 정의와 사랑과 신실함을 실천하는 삶에 있다는 사실을 깨닫고, 도덕적 삶과 사회적 섬김을 향해 갱신되고 변혁되어야 한다.

7) 신학적 성숙

한국교회는 양적인 성장 못지않게 질적인 성숙을 추구해야 하며, 이를 위해서는 신학적 성숙이 이루어져야 한다. 이해를 추구하지 않는 신앙은 맹목적이며 위험하기까지 하다. 교회 지도자들뿐만 아니라 일반 그리스도인들도 기독교의 진리를 깊이 이해하기 위해 더욱 진지하게 신학적으로 사고하는 훈련을 해야 하며, 그 진리를 사회를 향해 설득력 있고 이해 가능한 방식으로 변증할 수 있는 능력을 길러야 한다. 신학이 일반 신자들의 신앙과 괴리된 전문가들의 사변적 이론이 되지 않기 위해서는 신학이 신자들의 구체적인 삶의 현장에 더욱 가까이 다가가야 하는 것과 마찬가지로, 신자들도 자신들의 신앙이 맹목적이고 미신적인 신앙이 아닌 성숙한 신앙이 되도록 하기 위해서 신학적 이해를 추구해야 한다. 기독교의 복음에 대한 깊이 있는 이해, 그리고 한국사회의 시대정신을 이끌어갈 수 있는 정신적·종교적 가치와 세계관의 형성, 이것이 21세기에 질적 성숙을 지향하는 한국교회가 수행해야 할 중요한 과제다. 이러한 과제를 올바로 수행하기 위해서는 두 가지 학문적 노력이 요청된다. 하나는 근본주의적이고 문자주의적인 성서 읽기가 아닌, 공시적인 문학비평 연구와 통시적인 역사비평 연구를 포함하는 통전적인 성서 해석학의 수립이며, 다른 하나는 자연과학을 포함한 일반학문과의 학제간 대화다.

또한 한국교회가 질적인 성숙을 추구하며 한국적 삶의 자리에서 자신의 정체성을 형성하기 위해서는 서구 문화 속에서 형성된 기독교 전통을 그대로 답습하지 말고 한민족의 정서와 삶의 자리에 뿌리를 내리기 위한 노력을 해야 한다. 아직도 한국 기독교는 많은 한국인들에게 서구종교로 인식되고 있다. 미래의 한국교회는 한민족의 주체성과 종교적 심성에 기초한 신앙과 신학과 교회적 삶의 방식을 모색하고 형성해 나아가야 한다. 한민족의 역사와 종교사 속에서 한국교회의 미래는 한국교회가 한민족의 종교적 심성의 심층에 얼마나 깊이 뿌리를 내리고 또한 동시에 얼마나 그것을 창조적으로 변혁시킴으로써 성숙한 한국적 기독교의 정체성을 수립하느냐에 달려 있다.

8) 목회전략과 교회 지도자의 리더십 재정립

한국교회가 급변하는 한국사회의 흐름에 적절하게 응답하기 위해서는 다양한 방식의 새로운 목회전략들이 요구된다. 몇 가지 예를 들면, 첫째, 감성적인 오늘날의 젊은 세대를 위해서는 전통적인 교리적, 교훈적 설교보다는 그들의 문화적 정서에 적합한 감성적인 이야기 설교가 더욱 효과적일 수 있다. 둘째, 개인주의가 심화되고 있는 오늘날 교인들의 공동체 의식을 강화할 수 있는 참여적인 예전과 코이노니아 프로그램이 개발될 필요가 있다. 셋째, 교인들에게 집단적 통성기도만이 아니라 하나님과의 깊은 영적 만남을 추구하는 개인적 관상기도를 가르치고 훈련시킬 필요가 있다. 넷째, 오늘의 지방자치 시대에 교회는 지역사회의 중심으로서 지역사회와 소통·연대하고 지역사회를 섬기는 마을 목회를 지향할 필요가 있다. 그러나 모든 교회에 획일적으로 적용되어야 할 일반적인 목회전략이라는 것은 존재하지 않는다. 오늘날에는 일반목회와 특수목회의 구별은 별 의미가 없다. 모든 목회가 특수목회다. 도시교회, 시골교회, 대형교회, 소형교회, 직장인 교회, 장애인 교회, 탈북민 교회, 외국인 노동자 교회 등 모든 교회는 각기 자신의 특수한 삶의 자리에 적합한 고유의 목회비전과 목회전략을 수립하고 개발해 나아가야 한다.

　　　오늘 한국교회에 요청되는 가장 중요한 목회전략의 하나는 평신도의 역할을 극대화하는 데 있다. 이것은 단지 교회 내적인 예배와 예전,

각 기관과 부서에서 평신도의 역할을 극대화하는 것만을 의미할 뿐 아니라, 교회 외적인 대사회적 관계에서 선교와 섬김을 위한 평신도의 역할을 극대화하는 것을 의미한다. 다시 말해 평신도는 모이는 교회와 흩어지는 교회의 모든 영역에서 능동적 주체가 되어야 한다. 평신도는 단지 목회자의 설교를 듣고 지시에 순종하는 피동적 주체가 아니라 교회의 내외적 삶의 능동적 주체로서 목회자와 더불어 동역하는 파트너십을 발휘할 수 있어야 한다. 이를 위해서는 교회 안의 권위와 목회자의 리더십에 대한 올바른 이해가 정립되어야 한다. 즉 교회의 권위는 제도적 권위가 아니라 영적 권위에 있으며, 목회자의 영적 권위는 교역자라는 계급적 직무나 카리스마적인 리더십에 있는 것이 아니라, 자신이 두렵고 떨리는 마음으로 대언하는 살아 계신 하나님의 말씀 자체, 그리고 다른 사람을 힘으로 굴복시키는 리더십이 아닌 다른 사람에게 힘을 부여하는(empowering) 리더십, 그리고 또한 자신을 낮추고 다른 사람을 섬기는 섬김의 리더십에 있다는 사실이 새롭게 인식되어야 한다.

6. 결론

교회는 이 세상에서 예수 그리스도의 복음을 전파하며 그분의 하나님 나라 운동을 계승하는 대안적이고 변혁적인 성령 공동체다. 성령의 강림으로 시작된 신약성서 시대의 교회는 모든 시대의 교회를 위한 역사적 원형으로서, 모든 사람의 평등을 지향했던 평등 공동체였고, 사랑의 교제를 통해 유기체적인 일치를 추구했던 코이노니아 공동체였으며, 세상 속에서 섬김의 삶을 실천했던 디아코니아 공동체였고, 종말론적 하나님 나라의 선취적 현존을 경험하며 그 나라를 향하여 세상을 변혁시키고자 했던 종말론적 대안 공동체였다.

고대와 중세 시기 동안 교회가 제도화, 계층화, 세속화됨에 따라 교회는 점차 종말론적인 하나님 나라의 비전과 영적 능력을 상실했고 중세 말기에는 종교적으로 율법주의화 되었으며 도덕적으로 부패했다. 16세기 종교개혁 운동은 오직 은혜, 오직 믿음, 오직 성서란 표어 아래 중세 가톨릭교회를 갱신하고 본래적인 성서적 교회로 돌아가고자 했던 교회 내적인 자기갱신과 개혁 운동이었다. 특히 개혁교회 전통은 교회를 이 세상 속에서 투쟁하는 교회로 인식하면서, 교회가 세상을 변혁시키기 위해서 먼저 자신이 항상 새롭게 개혁되어야 함을 강조했다. 근대 이후의 교회론은 세속적인 세상과의 관계 속에서 교회의 본성과 기능을 이해하고자 했다. 이 시기의 공통된 교회론적 특징은 교회를 성령과 하나님 나라의 관점에서, 즉 세상을 변혁시키는 성령의 공동체와 하나님 나라의 역사 내적 대표자로 이해하는 데 있다.

오늘날의 교회 유형에 관한 이론들에 따르면 교회는 몇 가지 모델들로 분류될 수 있다. 즉 구원의 제도로서의 교회, 성령의 친밀한 공동체로서의 교회, 구원의 성례전으로서의 교회, 복음의 전달자로서의 교회, 그리고 섬김의 공동체로서의 교회 등이 그것이다. 이외에 특히 오늘날의 포스트모던적 문화에 대응하는 목회의 모델로서 EPIC 모델이 있다. 이 모델은 이성보다 감성적 경험, 대리보다 참여, 언어보다 이미지, 개인보다 개인과 공동체를 연결하는 관계적 네트워크를 더욱 중요시하는 교회의 모델이다. 통전적인 교회의 모델은 어떤 한 모델을 절대시하지 않고 교회가 처해 있는 구체적인 삶의 자리에서 이 모든 교회의 모델들을 유연성 있게 비판적으로 전유하는 교회론이다.

이와 같은 통전적인 교회의 모델을 위한 신학적 원리와 능력은 삼위일체 하나님으로부터 나온다. 즉 교회의 존재와 삶의 원리와 능력은 삼위일체 하나님의 세 위격의 페리코레시스 안에서의 사랑의 친교적 연합(communion)에 있다. 삼위일체적 교회는 예수 그리스도를 주로 고백하는 믿음 안에서 다양성과 자유 안에서 하나 됨을 이루며, 세상과 구별됨으로써 하나님의 거룩성에 참여하는 동시에 세상 속에서 하나님의 사랑을 반영하는 삶을 삶으로써 거룩해지며, 세상의 소외된 자들과 약자들과의 연대와 그들을 위한 당파성 안에서 종말론적 하나님 나라에서의 구원의 보편성을 지향하며, 세상을 섬기기 위해 오신 예수 그리스도의 고난에 동참함으로써 섬김의 사도성을 계승한다.

오늘날 한국교회는 교회 내외적인 도전으로 인해 위기 상황을 맞고 있다. 한국교회는 세속화되고 있으며, 영적 능력은 약화되고 있고, 하나님 나라의 비전은 상실되고 있으며, 도덕성은 땅에 떨어지고, 공동체 의식은 쇠퇴하고 있으며, 교파적·교회적 분열과 대립은 심화되고 있고, 신학적 미성숙과 사고력의 빈곤을 벗어나지 못하고 있으며, 오늘의 급변하는 상황에 대응하는 목회전략은 빈곤하고 교회 지도자의 리더십은 위기를 맞고 있다.

이러한 상황 속에서 한국교회는 성서적 교회의 원형에 대한 충실성과 오늘날의 상황에 대한 적합성을 함께 추구하는 교회상을 수립해야 하며, 이를 위해 어느 때보다 철저한 자기갱신과 변혁을 요청받고 있다. 근본적으로 한국교회는 하나님 나라의 비전을 새롭게 해야 하며, 성령 공동체로서 교회의 본질을 회복해야 하고, 공동체성을 회복해야 하며, 일치를 회복해야 하고, 교회 내 평등구조를 확립해야 하며, 도덕적 삶과 사회적 섬김을 실천해야 하며, 신학적 성숙을 위해 노력해야 하며, 목회전략과 교회 지도자의 리더십을 새롭게 수립해야 한다. 그렇게 할 때 한국교회는 다시금 예수 그리스도의 하나님 나라의 비전을 품고 성령의 능력 안에서 세상을 변혁시키는 삼위일체적 교회로 거듭날 수 있을 것이다.

제4장

경제난국 시대의 교회와
목회의 패러다임

1. 서론

우리나라는 20세기 말에 이른바 IMF 사태로 불리는 경제위기를 경험한 바 있다.[1] 온 국민의 단결하여 노력한 결과 국가적인 파산의 위기에 봉착한 지 5년이 채 안 되어 우리나라는 성공적으로 IMF 상황에서 벗어났다. 21세기에 들어 우리나라는 반도체와 TV 등의 전자제품을 중심으로 한 전자산업, 자동차 산업, 건설산업, 조선업 등의 약진과 선전으로 인해, 자국의 산업을 보호하기 위한 각국의 보호무역주의가 날로 심화되고 있는 악조건 속에서도 적어도 지금까지는 그런대로 무역흑자를 유지해오고 있다.

그러나 국내의 경제 사정은 이와 사뭇 다르다. 대학 졸업 후 직장을 얻지 못하는 청년실업자 수가 갈수록 증가하고 있으며, 공무원과 대기업의 입사 경쟁률은 수백 대 일에 이르고 있다. 이른바 삼포 세대(연애, 결혼, 출산 3가지를 포기한 세대)란 말이 유행하고 있다. 많은 가장과 근로자들이 직장을 잃고 가정으로부터 거리로 내어 몰려 노숙자로 전락하고 있다. 경제적 파산과 생활고를 비관하는 가장들이 매년 수천 명씩 스스로 목숨을 끊고 있으며 가정들이 해체되고 있다. 가계의 실질소득이 줄어 내수는

---

[1] 1997년 12월 IMF(International Monetary Fund)가 3년에 걸쳐 210억 달러의 구제금융을 위한 대기성 신용대출 제공을 합의하고, 그 뒤를 이어 세계은행(IBRD)(100억 달러)과 아시아개발은행(40억)이 대기성 신용대출을 승인하고, 미국, 일본을 포함한 12개국이 추가로 220억 달러의 금융지원을 약속함으로써 우리나라는 IMF의 관리체제 아래 놓이게 되었다.

극도로 침체되고 있다. 저성장, 저투자, 저소비라는 악순환으로 스태그플레이션(stagflation)이라는 악성 인플레가 오거나 아니면 극단적으로 공황이 올 것으로 예측하는 사람들도 있다. 문제는 이러한 경제난국의 상황이 구조적인 문제라는 데 있으며, 따라서 이러한 구조가 변화되지 않으면 경제난은 갈수록 심화될 것이라는 사실이다.

　　오늘 한국사회에서 가장 심각한 문제는 일자리 문제다. IMF로부터 벗어나는 과정에서 많은 우리 기업들이 외국에 팔리고 또한 국내의 고임금 비용으로 인해 저임금 국가들로 공장이 이전함에 따라, 그리고 기업들이 경쟁력 강화를 위해 강도 높은 구조조정을 실행함에 따라 일자리가 줄어들고 있다. 더욱이 우리 사회가 이른바 제4차 산업혁명 시대에 접어들면서 디지털 기술의 고도화와 인공지능의 발전으로 인해 인간의 물리적 노동뿐만 아니라 정신적 노동이 필요한 분야까지도 기계가 대신하게 됨에 따라 많은 직업과 일자리가 사라지고 있다. 그리고 이러한 와중에도 경제적 양극화 현상은 더욱 심화되고 있다.

　　한국의 그리스도인과 교회는 이와 같은 경제난국 시대에 무엇보다 먼저 우리 자신의 모습을 반성하고, 현 상황을 신학적으로 분석하며, 나아가 오늘의 사회적 문제들을 함께 해결해 나아가기 위해 힘과 지혜를 모아야 한다. 오늘의 경제위기의 근원에는 단순히 경제적인 차원이 아닌 보다 본질적인 차원, 즉 신학적·영적 차원의 위기가 있다. 다시 말하면 오늘 우리가 겪는 경제적·물질적 위기의 근저에는 올바른 도덕성과 가치관과 영성의 상실이 자리 잡고 있다. 그러므로 민족과 역사의 도덕성과 영성을 책임져야 할 그리스도인들과 교회는 먼저 자신의 책임을 통감하고 회개해야 한다. 교회성장주의에 빠져 사회적 섬김의 사명을 소홀히 한 것, 교회적·교파적 분열을 일삼고 한 분 그리스도의 한 몸 된 교회를 찢고 분열시켜온 것, 개인적 구원과 내면적 신앙에 치우친 나머지 역사적 현실 속에서 불의에 저항하고 고발하는 예언자적 사명을 제대로 감당하지 못한 것, 세속적인 자본주의적 가치관과 물질주의의 탁류를 거스르지 못하고 오히려 그 속에 휩쓸려온 것, 가난하고 고통당하고 억압받는 자들의 편에 서지 못하고 부자와 권력자와 압제자의 편에 선 것, 이 모든 죄를 우리는 자복하고 회개해야 한다. 본회퍼는 나치 치하에서 불의에 눈을 감거나 동조한 독일 교회를 향해서 이렇게 고발했다. "교회는 야만적인 폭력의 무법적 행사, 무수한 무고한 사람들의 육체적·정신적 고통, 압제, 증오, 살인을 목격하고 그 희생자들을 위하여 목소리를 높이지 않았으며, 서둘러 그들을 도울 수 있는 길을 찾지 않은 죄를 고백해야 한다. 교회는 예수 그리스도의 가장 연약하고 가장 힘없는 형제들의 죽음에 대하여 책임이 있다."[2] 오늘의 환난은 다른 사람의 연고가 아니라 바로 우리의 연고다. "너희가 이 큰 폭풍을 만난 것이 나의 연고인 줄을 내가 아노라"(욘 1:12)라고 자복했던 요나의 고백이 우리에게 있어야 한다.

아울러 우리는 이 경제난국 시대에 다시 한번 교회의 정체성에 대하여 반성하고 본래적인 정체성으로 돌아가야 하며(ad fontes), 우리 자신과 교회의 시대적 사명을 새롭게 해야 하며, 특히 교회 교역자들로서 시대적 요청에 응답하는 목회 패러다임을 올바로 재정립해야 한다. 이를 위하여 이 글에서는 먼저 교회의 머리가 되시며 교회를 이 땅에 세우신 예수 그리스도의 섬김의 삶과 가르침 안에 나타난 교회의 본질과 사명을 살펴볼 것이다(2장). 그리고 교회 역사 속에서의 교회론의 변천을 간략히 살펴본 후에 오늘날의 신학자들과 WCC의 교회론을 살펴볼 것이다(3장). 이 고찰들에 있어 본인은 특히 섬김의 관점에서 교회의 본질과 직제와

---

2   Dietrich, Bonhoeffer, *Ethics* (London: SCM Press, 1955), 93.

사명을 규명할 것이다. 그 후에 구체적인 섬김의 목회 패러다임을 위한 실천과제들을 제시할 것이며(4장), 마지막으로 섬김의 목회 패러다임을 위한 포괄적인 지표로서 JPIC를 제안할 것이다(5장).

2. 예수 그리스도의 섬김의 삶과 가르침

하나님은 "세상을 이처럼 사랑하사"(요 3:16) 사랑하는 아들 예수 그리스도를 이 세상에 보내셨다. 예수 그리스도는 하나님 나라의 구현을 위해 하나님으로부터 이 세상에 파송된 아들로서 유일무이한 선교사다. 예수 그리스도의 제자 공동체는 예수 그리스도로부터 부름을 받고 다시 세상으로 파송을 받아 그분의 선교과업을 계승하는 선교 공동체다. "아버지께서 나를 보내신 것같이 나도 너희를 보내노라."(요 20:21) 예수 그리스도의 영 즉 보혜사 성령을 통해 땅 위에 세워진 교회는 성령으로 현존하는 그리스도의 지속적이고 공동체적인 몸으로서 사도적 전승을 따라 이 세상에 하나님 나라를 구현하기 위해 세상 속으로 파송된 선교 공동체다.

따라서 교회의 본질과 사명은 철저히 예수 그리스도의 정신과 가르침과 실천에 근거하여 있다. 그런데 이 선교적 사명의 본질은 무엇인가? 그것은 바로 섬김이다. 예수 그리스도는 "섬김의 종"으로서 하나님으로부터 세상으로 파송되었다. 예수의 선교사역은 철저하게 섬김의 종이요 섬김의 메시아로서의 사역이었다. 주님의 파송을 받은 자들로서의 제자들의 사역은 섬김의 사역이었으며, 그들의 "사도 됨"은 "종 됨" 안에서 인식되었다(롬 1:1; 약 1:1; 벧후 1:1). 예수가 가졌던 섬김의 메시아로서의 자의식은 예수 자신이 공생애를 시작하면서 대중 앞에서 처음 읽은 이사야 61:1-2의 구절들에 잘 나타나 있다. "주의 성령이 내게 임하셨으니 이는 가난한 자에게 복음을 전하게 하시려고 내게 기름을 부으시고 나를 보내사 포로된 자에게 자유를, 눈먼 자에게 다시 보게 함을 전파하며, 눌린 자를 자유케 하고 주의 은혜의 해를 전파하게 하려 하심이라."(눅 4:18-19) 예수는 또한 "인자의 온 것은 섬김을 받으려 함이 아니라 도리어 섬기려 하고 자기 목숨을 많은 사람의 대속물로 주려 함이니라"(막 10:45)라고 직접 말씀함으로써 섬김의 종으로서 자신의 메시아적 자의식을 분명히 했다. 예수의 공생애의 목적은 섬김의 실천과 그러한 섬김의 실천의 최종적 귀결로서의 자기희생적인 죽음, 즉 자신의 목숨을 많은 사람의 대속물로 내어줌에 있었다. 그러므로 인간을 살리고 새로운 생명을 가져오는 십자가 구속의 능력은 다른 데 있는 것이 아니라 자기희생적인 섬김과 사랑의 능력에 있다. "한 알의 밀이 땅에 떨어져 죽지 아니하면 한 알 그대로 있고 죽으면 많은 열매를 맺느니라"(요 12:24). 그러므로 섬김과 사랑의 희생이 기독교의 복음이다. 하나님이 그리스도 안에서 인간을 섬기시고 인간을 위하여 자기 아들을 내어주시기까지 사랑하시는 사랑의 섬김이 기독교 복음의 핵심이다.

신약성서에서 예수 그리스도가 보여준 섬김의 도는 세 가지 관점에서 이해가 가능하다. 첫째, 예수는 "자기 비움과 낮춤"의 섬김의 도를 보여주었다. 사도 바울에 따르면, 본래 하나님의 본체인 그분이 자기를 비워 종의 형체를 가져 사람들과 같이 되셨고 사람의 모양으로 나타나 자기를 낮추시고 죽기까지 복종하셨다(빌 2:6-8). 바르트의 표현을 따르면 예수는 종이 되신 주님이다. 다시 말해 성육신은 주님이 자신을 비우고(케노시스) 낮추어 우리들과 같이 되신 "condescension"의 사건이다. 성육신의 자기 비움과 겸비는 그 자체가 섬김의 원형적 모델이다. 그리고 예수는 요단강에서 세례 요한에게 죄 사함의 세례를 받음으로써 죄인들의 자리로 내려가 자신을 그들과 동일시하고 죄로 인한 그들의 운명을 대신 짊어지셨다. 또한 예수는 제자들과의 마지막 만찬 자리에서 제자들의 발을 씻김으로써 섬김의 모범을 보여주신 후에 다음과 같이 말씀하셨다. "내가 주와 또는 선생이 되어 너희 발을 씻겼으니 너희도 서로 발을 씻기는 것이 옳으니라. 내가 너희에게 행한 것같이 너희도 행하게 하려 하여 본을 보였노라"(요 13:14-15). 예수는 몸소 섬김의 도를 제자들의 발을 씻기는 행동으로 보여주심으로써, 제자 공동체가 서로 자신을 낮추고 남을 섬기는 섬김의 공동체가 되어야 함을 가르치셨다.

둘째, 예수 그리스도가 보여준 섬김의 도는 "긍휼의 돌봄"이다. 예수는 가난하고, 병들고, 소외되고, 죄인으로 정죄 받는 사람들을 불쌍히 여기고 그들에게 긍휼을 베풀어주셨다. 예수는 병든 자를 고쳐주셨으며, 죄인들의 죄를 용서해주셨다(막 1:32-34). 또한 예수는 세리, 창기와 같이 사회로부터 멸시와 천대를 받는 사람들과 교제하고 그들과 함께 식사하심으로써 그들에게 하나님 나라의 구원과 축복을 약속하셨다. 예수는 어려움에 처해 있는 이웃을 불쌍히 여기고 돌보는 것이 천국에 들어가는 길이라고 말씀하셨다. 예수는 하나님의 종말론적 심판에 관한 비유에서 세상에서 지극히 작은 자, 주리고 목마르고, 나그네 되고, 헐벗고, 병들고, 옥에 갇힌 자와 자신을 동일시하며 이 지극히 작은 자 하나에게 행한 것과 행하지 않은 것에 의해 영생과 영벌이 결정된다고 말씀했다(마 25:31-46). 이 말씀은 "긍휼의 돌봄"으로서의 섬김의 도의 중요성을 잘 보여준다. 이러한 예수 그리스도의 가르침을 따라 바울도 "사랑으로 역사하는 믿음"(갈 5:6)을 말씀하면서, "너희가 짐을 서로 지라. 그리하여 그리스도의 법을 성취하라"(갈 6:2)고 권면했다. 또한 야고보도 "하나님 아버지 앞에서 정결하고 더러움이 없는 경건은 곧 고아와 과부를 그 환난 중에 돌아보고 또 자기를 지켜 세속에 물들지 아니하는 이것이니라"(약 1:27)고 말씀했다. 이러한 말씀들은 모두 어려움에 처한 다른 사람을 불쌍히 여기고 돌보는 섬김의 중요성을 강조하는 말씀들이다.

셋째, 예수 그리스도는 "자기희생"의 섬김의 도를 보여주셨다. 예수의 십자가는 자기를 내어주는 자기희생적 섬김의 최종적 운명이었다. 한 알의 밀이 땅에 떨어져 죽음으로써 새 생명을 태동시키고 많은 열매를 맺듯이, 예수의 자기희생적인 대속의 죽음이 모든 인간에게 죄 용서와 새 생명을 가져다주었다(요 12:2). 기적을 일으키는 초자연적 능력이 아니라 아무런 힘없이 죽임을 당한 예수의 십자가 안에 나타난 하나님의 자기희생적인 사랑이 인간을 구원하는 하나님의 능력이다. "십자가의 도가 멸망하는 자들에게는 미련한 것이요, 구원을 받는 우리에게는 하나님의 능력이라"(고전 1:18). 예수는 제자들에게 "누구든지 나를 따라오려거든 자기를 부인하고 자기 십자가를 지고 나를 따를 것이니라"(막 8:34)고 말씀했다.

따라서 머리 되신 예수 그리스도의 몸으로서의 교회는 "자기 비움과 낮춤"의 섬김의 도를 실천하는 공동체가 되어야 한다. 교회는 자기를 비우고 낮아짐으로써 서로 섬기는 공동체, 그리고 나아가 세상을 섬기는 공동체가 되어야 한다. 교회는 예수 그리스도처럼 가난하고, 병들고, 소외되고, 죄인으로 정죄 받는 사람들을 불쌍히 여기고 그들에게 긍휼을 베풀어주는 "긍휼의 돌봄"을 실천해야 한다. 그리고 교회는 예수 그리스도가 보여주신 "자기희생"의 섬김의 도를 실천하고자 노력해야 한다. 우리는 "자기 십자가를 지고" 예수 그리스도를 따라야 한다. 십자가를 진다는 것은 고난을 받는다는 것을 의미한다. 베드로는 우리가 고난을 위해 부름을 받았다고 말씀한다. "이를 위하여 너희가 부르심을 받았으니 그리스도도 너희를 위하여 고난을 받으사 너희에게 본을 끼쳐 그 자취를 따라오게 하려 하셨느니라"(벧전 2:21).

예수께서 가르치고 몸소 실천을 통해 보여주신 섬김의 도는 특히 오늘과 같은 경제난국의 현실 속에서 그리스도의 몸이요 지체인 한국교회와 그리스도인들에게 어느 때보다도 더욱 요청된다. 섬김의 종으로 이 세상에 오셔서 자기 몸을 내어주시기까지 우리를 사랑하신 예수 그리스도의 몸 된 교회는 오늘 주님의 명령을 다시금 새롭게 들어야 한다. "이 방인의 소위 집권자들이 저희를 임의로 주관하고 그 대인들이 저희에게 권세를 부리는 줄을 너희가 알거니와 너희 중에는 그렇지 아니하니, 너희 중에 누구든지 크고자 하는 자는 너희를 섬기는 자가 되고, 너희 중에 누구든지 으뜸이 되고자 하는 자는 모든 사람의 종이 되어야 하리라"(막 10:42-44). "가서 너도 이같이 하라"(눅 10:37).

3. 기독교 역사 속에서의 교회와 교역

교회의 직제와 목회 유형은 바로 역사적으로 존재하는 교회의 존재 및 기능과 밀접한 관련이 있다. 다시 말해 교회가 내적으로 어떠한 직제를 지니고 존재하고 기능하느냐 하는 것이 그 교회가 외적으로, 즉 사회적으로 어떠한 존재로서 역할을 담당하고 있느냐 하는 것과 직결된다는 것이다. 내적으로 권위주의적이고 계층적인 직제의 구조를 가지고 있는 교회가 사회와 국가를 향하여 민주적인 질서를 요구하기는 어려운 일이며, 스스로 낮아짐의 섬김의 사역을 수행한다는 것은 더욱 어려운 일이다.

목회 또는 교역(ministry)이란 무엇인가? 이 말은 라틴어의 "*ministerium*"(봉사 혹은 섬김; *diakonia*)에서 유래했다. 16세기 종교개혁자들과 칼 바르트는 "하나님의 말씀에 대한 봉사"(*Ministerium Verbi Dei*)라는 개념을 교역에 사용했다. 하지만 이 교역 개념은 단지 성직자들에만 해당하는 것이 아니라, 하나님 나라를 위하여 섬기기 위하여 부름 받은 모든 하나님의 백성들의 역할을 표현하기 위하여 사용되었다. 그러나 불행히도 교회의 역사 대부분의 시기 동안 이러한 교회 목회(교역)의 본질은 상당히 왜곡되거나 망각되어왔다.

예루살렘을 중심으로 한 초기 기독교 공동체가 지닌 성령의 능력과 임박한 종말론적 기대가 차츰 퇴조하고 교회의 삶의 자리가 헬라 문화권으로 바뀌는 중에 차츰 교회가 제도화되고 기구화됨에 따라 교회와 교역의 존재와 사명에 대한 개념과 실제에 변화와 변질이 일어나게 되었다. 초기 교회에 제도가 없었던 것은 아니었으나 직무의 서열은 없었다. 장로와 감독 개념은 신약성서에서 동의어다(딛 1:5,7. 행 20:17). 그러나 그후 감독-장로-집사의 삼중적 교직계급이 생기면서 직무의 서열이 일어났으며(이그나티오스), 나중에는 로마 교회 감독의 수위성이 주장되었다(레오 1세). 그리하여 교회의 기초로서의 베드로의 직분이 로마 교회의 감독에게 계승됨으로써, 사도직이 사도적 계승(*apostolica successio*)을 통해 감독들에게 계승되었다.

중세기에 교황권은 권력의 절정에 다다랐는데, 그레고리오 7세는 "교황과 세속권력의 관계가 태양과 달의 관계와 같다"고 주장했다.[3] 제1차 바티칸 공의회(1870)는 교황중심주의를 관철했다. 교황은 전체 교회에 대해 최고의 법률적 권위를 가지며, 교황이 공식적인 자리에서 신앙문제와 윤리문제에 관해 견해를 표명하는 경우에는 "무오류성"을 갖는다고 선언되었다. 중세 가톨릭교회 내의 교황을 정점으로 한 피라미드형의 계층질서적 구조는 중세 기독교 세계(Christendom) 속에서의 교회의 권위주의적, 권력 지향적인 모습과 상응한다. 교회 안에서의 교역과 직제의

---

3   K. Heussi, *Kompendium d. Kirchengesch.*, 11. Aufl., 1957, 193.

구조가 섬김의 구조로 변화됨이 없이 교회가 세상 속에서 그리스도의 몸으로서 섬김의 사역을 올바로 수행한다는 것은 불가능한 일이다. 중세 교회는 예수의 섬김과 고난의 십자가에 동참하는 교회라기보다는 그리스도의 부활의 영광과 권세만을 주장하는 교회였다.

종교개혁자들은 교회론에 하나의 전환점을 가져왔다. 종교개혁자들은 복음 선포와 성례전(세례와 성만찬) 두 가지만을 참된 교회의 표지로 인정했다. 교회는 복음이 순수히 가르쳐지고 성례전이 올바르게 집행되는 성도들의 모임이다. 또한 교직계급은 인간적인 법이지 하나님의 법에 속한 것이 아니다. 거룩한 계급(Hierarchie)은 거룩한 봉사(Hierodiakonie)로 변화된다. 영적인 직무는 지배가 아니라 "봉사"(*ministerium*)이며, 영적인 자는 주인이 아니라 "봉사하는 자"(minister)다. 영적인 직무는 봉사로서 그 기능 속에서 완전히 용해된다(아우크스부르크 신앙고백 V장). 이러한 거룩한 봉사에서는 모두가 섬기며, 오직 한 분 그리스도만이 다스린다.[4]

루터는 다음과 같이 만인제사장설을 주장함으로써 당시 가톨릭 교회의 계층적 교회구조를 타파하고자 했다. "교황, 감독, 사제, 그리고 수도승들만이 영적 신분을 지니고 있다고 하는 생각은 순 날조된 생각이다. 모든 그리스도인들은 모두 전적으로 동일한 영적 신분을 가지고 있다. 이들은 상호 간에 아무런 차이가 없다. 다만 직책이 다를 뿐이다. 그 이유는 우리 모두가 하나의 세례, 하나의 복음, 하나의 신앙을 지녔고, 동일한 그리스도인들이기 때문이다. 세례, 복음 및 신앙만이 우리를 영적으로 만들고 한 백성으로 만든다. 우리는 모두 세례를 통해 성별된 사제들이다"(벧전 2:9).[5]

---

4   H. G. Pöhlmann, 『교의학』, 이신건 옮김 (서울: 한국신학연구소, 1989), 385.

5   Martin Luther, "Address to the Christian Nobility of the German Nation," in *Three*

개혁교회는 교회의 표지에 교회징계도 포함시키고, 교회의 표지를 수직적 차원에서 수평적 차원으로 확대했다. 즉 개혁교회는 교회의 표지를 수평적으로 확대함으로써, 교회를 영적이고 예배적인 영역에 국한시키는 것을 막고, 교회와 사회 속에서 세상을 변혁시키려는 실천의 중요성을 강조했다. 로흐만에 따르면, "참된 교회는 자신의 교설의 올바른 가르침(Orthodoxie)에서만이 아니라 자신의 뒤따름의 올바른 실천(Orthopraxie)에서 일어난다."[6]

개혁교회 전통에 있어 사회적 섬김과 참여의 중요성은 히틀러 치하에서 목숨을 던져 저항했던 본회퍼에 의해 더욱 강조되었다. 본회퍼에게 있어 사회적 참여와 섬김의 실천은 단지 윤리적인 문제일 뿐만 아니라 바로 그리스도인과 교회의 존재론적 동일성의 문제가 된다. 그에 따르면 그리스도는 타자를 위한 존재다. 그리스도인은 그리스도의 타자를 위한 존재론적 구조에 실천적으로 참여하는 자다. 그리스도인의 정체성이 이 세상 안에서의 사회적 관계성 안에서 구현되는 것처럼, 그리스도의 몸 된 교회의 공동체적 정체성도 세상 안에서의 사회적 관계성 안에서 실현된다. "교회란 그것이 타자를 위해서 실존할 때에만 비로소 교회다. 우선 교회는 그의 모든 소유를 가난한 사람에게 나누어주는 것으로부터 출발해야 한다. 목사들은 개교회의 헌금이나 세속적인 직업에 종사함으로써 생계를 이어가야 한다. 교회는 일상적인 삶에서 일어나는 온갖 세속적인 문제들을 세상과 나눠 가져야 한다. 교회는 세상 위에 군림하지 말고 세상을 돕고 섬겨야 한다. 교회는 모든 직업인들에게 그리스도 안에서 사는

Treatises (Minneapolis: Fortress Press, 1973), 12.

6 H. M. Lochman, *Dogmatisches Gespräch über die Kirche*, in: *Theol. Zeitschr.* Jg. 28, H. 1, 1972, 64 이하. Pöhlmann, op. cit., 389에서 재인용.

것과 타자를 위해서 실존하는 것이 무엇을 의미하는가를 말해주어야 한다."[7] 예수 그리스도를 믿고 따르는 그리스도인과 교회의 정체성은 그리스도처럼 타자를 위하여 자기를 비우며 섬기는 삶 속에서 구체화된다.

오늘날 대표적인 독일 개혁교회 전통의 정치신학자 몰트만은 정치적 차원의 메시아적 교회론을 주장하였는데, 그는 교회의 표지를 "자유 속의 일치", "보편성과 당파성", "가난 속의 거룩성", "고난 속의 사도직"으로 정의하면서 다음과 같이 말했다. "우리는 교회의 표지들을…단지 안쪽으로만 향하게 할 수는 없고, 말씀과 성례로부터만 파악할 수는 없다. 오히려 우리는 그것들을 동시에 바깥으로도 향하게 해야 하며, 세계를 보면서도 파악해야 한다.…그렇게 되면 교회의 표지들은 오늘날의 인류를 실제로 갈라놓고 분열시키는 갈등들 속의 고백표지들이 될 것이다. 그러므로 우리는 오늘날의 세계상황 속에서 일치로 향해 있는 전통적 교회론을 갈등으로 향한 교회론으로 확대시켜야 한다."[8]

오늘날 교회의 사회참여와 섬김을 위한 신학적 정당성과 당위성은 무엇보다도 세계교회협의회에 의해 논증되고 강조되고 실천적으로 입증되고 있다. 세계교회협의회(WCC)의 총무였던 비셔트 후프트는 오늘의 교회론에 있어서 신학적 도전은 교회의 "본질"에 관한 문제로부터 오는 것이 아니라 교회의 "과제"에 관한 문제로부터 온다고 했다. 그는 자신의 "기능론적 교회론"에서 교회란 그 본성적 성격이 아니라 그 기능과 사역에 의해 정체성이 규정된다고 말했다.[9] 존재론적 교회론과 기능론적

---

7   Bonhoeffer, *Letters and Papers from Prison*, ed. by E. Bethge, trans. by Reginald H. Fuller (New York: The Macmillan Company, 1966), 282-83.

8   Jürgen Moltmann, *The Church in the Power of the Spirit* (New York: Harper & Row, 1977), 342.

9   Peter Lodberg, "The History of Ecumenical Work on Ecclesiology and Ethics," *The*

교회론, 교회의 신학적 정체성과 윤리적 행위의 이분법은 지양되어야 한다. 하나님 앞에서의 교회의 존재론적 동일성은 세상 안에서의 교회의 사명과 삶을 통해 구체화되고 실현되며, 세상 안에서의 교회의 사명과 삶은 하나님 앞에서의 존재론적인 동일성으로부터 온다. 그러므로 하나님 앞에서의 교회의 신학적 자기 정체성과 세상 안에서의 교회의 관계성은 별개의 것이 아니라 하나의 과정이며 사건이다.

세계교회협의회 웁살라 대회(1968)에서 하나님의 선교(*missio Dei*) 신학을 천명한 이후, 교회는 이 세상을 향하여 하나님으로부터 파송 받은 교회로서 자신을 인식하게 되었다. 세상은 단지 교회의 정체성을 위협하는 "위험한 장소"이거나 단지 교회를 위한 "무대"가 아니다. 세상은 오히려 교회가 교회 되기 위해서 그 안에 존재하지 않으면 안 되는 장소다. 교회의 존재 의미와 목적은 오직 세상 안에서의 교회의 사회적 섬김과 참여의 삶 안에서만 성취된다.[10] 교회와 세상의 관계는 이중적이며 변증법적이다. 교회는 세상으로부터 떠났으며, 동시에 세상을 향하여 나아간다. 교회가 약속하는 구원은 세상으로부터의 구원이며, 동시에 세상 안에서 실현되어야 하는 구원이다. 예수 그리스도가 하나님 나라를 위하여 하나님으로부터 세상으로 파송되신 것처럼, 그리고 최초의 교회 공동체였던 제자 공동체가 예수 그리스도에 의해 이스라엘로 파송되었던 것처럼, 성령의 능력 안에 이 땅에 지속적이고 공동체적인 그리스도의 몸으로서 존재하는 교회는 하나님 나라를 위하여 예수 그리스도로부터 이 세상을 향하여 파송을 받는다. 예수 그리스도 사건이 이 땅에 도래할 하나님 나라

Ecumenical Review, vol. 47, No.2, April 1955, 130.

10 세계교회협의회 엮음, 이형기 옮김, 『세계교회협의회 역대총회 종합보고서』 (서울: 한국장로교출판사, 1993), 261-72 참고.

의 선취적인 사건이었다면, 교회도 이 땅에 도래할 종말론적인 하나님 나라의 선취적인 표징(sign)으로서 존재한다.

본질적으로 세상을 향하여 열려 있는 존재로서의 교회관은 1982년 페루의 리마에서 세계교회협의회 신앙과 직제 위원회가 작성한 BEM(Baptism, Eucharist, and Ministry)문서에 잘 표명되었다. 이 문서에 따르면 교회 안에서 행하여지는 성만찬은 성부 하나님께 드리는 감사이며, 그리스도에 대한 기념이며, 성령의 초대이며, 성도의 교제일 뿐 아니라, 나아가 삶의 모든 측면을 포함한다. "성만찬 의식은 하나님의 한 가족 안에서 형제자매로 간주되는 모든 사람 간의 화해와 동참을 요구하며 사회, 경제, 정치적 삶 속에서 합당한 관계를 추구하도록 촉구하는 끊임없는 도전이 된다. 우리가 그리스도의 몸과 피에 동참할 때, 모든 종류의 부정의, 인종차별, 인종분리주의, 자유의 결핍이 근본적으로 도전을 받게 된다.… 성만찬은 신자들을 세계사의 중심적 사건들과 연결한다. 따라서 성만찬에 참여하는 자들로서 우리가 만일 세계의 상황과 인간의 상태를 지속적으로 회복시키는 일에 적극적으로 참여하지 않는다면 우리가 일관성이 결여되어 있다는 사실이 드러날 것이다." 그러므로 성만찬은 창조의 궁극적인 갱신을 약속하는 하나님의 통치에 대한 비전을 열어주며 그 통치를 미리 맛보는 징표로서 하나님 나라의 식사다.[11]

11　세계교회협의회 엮음, 이형기 옮김, 『세계교회협의회 BEM 문서: 세례, 성만찬, 직제』 (서울: 한국장로교출판사, 1993), 35-40, 41-42.

4. 섬김의 목회 패러다임을 위한 구체적인 실천과제들

이상의 논의를 통해 교회의 존재와 기능, 그리고 교역의 의미가 분명해졌다. 교회는 섬김의 종 또는 메시아로서 이 세상에 하나님에 의해 파송을 받고 오신 예수 그리스도의 몸으로서, 이 세상 속으로 다시금 파송을 받은 교회는 세상의 사회 역사적 현실 속에 "치유와 죄 용서의 섬김", "화해의 섬김", "나눔의 섬김", "돌봄의 섬김"을 통해 적극적으로 참여하고 변혁시키는 사명을 감당해야 한다. 이러한 교회의 섬김의 사역의 궁극적인 목표는 종말론적 하나님 나라의 선취적인 실현과 확장에 있다. 교회의 직제와 목회(교역)는 이러한 섬김을 통한 하나님 나라의 실현에 대한 비전에 초점을 맞추어야 한다. 그것은 계급적 서열이 아니라 섬김의 봉사를 의미한다. 하나님 나라는 섬김과 자기희생의 실천을 통해서만 실현되고 확장되며, 하나님 나라에서는 스스로 낮아지고 섬기고 종노릇하는 자가 큰 자이며 지도자다.

이러한 교회와 교역의 본질과 목적은 오늘날 특히 경제난국 시대의 한국교회와 목회를 위한 분명한 패러다임을 제시해준다. 그것은 한마디로 사회적 섬김의 교회와 목회로의 전환이다. 예수님이 친히 실천을 통해 보여주셨던 치유와 화해와 나눔과 돌봄의 목회가 그 어느 때보다 절실히 요구된다. 예수는 세상에서 지극히 작은 자, 주리고 목마르고, 나그네 되고, 헐벗고, 병들고, 옥에 갇힌 자와 자신을 동일시하며 이 지극히 작은 자 하나에게 행한 것과 행하지 않은 것에 의해 영생과 영벌이 결정된다고 선포하셨다(마 25:31-46). 이는 섬김의 실천이 단지 윤리적인 차원이 아니라 궁극적으로 구원론적인 차원에서 결정적으로 중요하다는 사실을 단적으로 보여준다. 그러면 섬김의 목회의 패러다임을 위한 구체적인 실천과제들은 무엇인가?

A. 섬김의 목회를 위한 목회자의 비전과 교회 내적 섬김의 구조

교회가 섬김의 목회 패러다임으로 전환하기 위해서는 무엇보다 먼저 목회자들에게 섬김의 목회에 대한 분명한 비전이 있어야 한다. 목회자는 예수 그리스도의 섬김의 삶과 가르침에 근거한 십자가 구속의 복음에 대한 분명한 이해를 가져야 한다. 역사적인 구체적 삶의 현실 속에서의 섬김의 실천 및 고난과의 연속성을 상실한 구속교리와 복음의 선포는 기독교 신앙을 탈역사적인 실존주의나 초역사적인 계시주의에 빠지게 한다. 교회의 존재와 사명, 그리고 목회의 비전은 바로 섬김의 종으로서의 예수 그리스도의 섬김의 복음에 근거해야 한다. 그리고 이러한 섬김의 궁극적인 목적인 하나님 나라에 대한 종말론적인 비전이 먼저 목회자에게 있어야 한다.

하나님 나라는 역사의 현실 저 끝에 완성되는 유토피아도 아니지만, 역사의 피안으로 도피하여 추구되어야 하는 초월적 이데아도 아니다. 하나님 나라는 "하나님의 뜻이 하늘에서 이루어진 것처럼 땅에서도 이루어지도록" 하기 위하여 역사적 범주 안에서 현실화되어야 하는 당위성이면서 동시에 종말론적으로 완성될 실재에 대한 선취적 징표와 약속으로서의 실재다. 하나님 나라는 사회와 역사의 구체적인 현실 속에서, 특히 "가난한 자에게 복음을 전하고, 포로 된 자에게 자유를, 눈먼 자에게 다시 보게 함을 전파하며, 눌린 자를 자유케 하고 주의 은혜의 해를 전파함"을 통해 이루어지는 나라다(눅 4:18-19). 이러한 하나님 나라를 위한 교회와 목회 사역의 핵심은 섬김에 있다. 교회의 존재와 과제, 그리고 목회는 언제나 이러한 하나님 나라를 위한 사회적 섬김의 빛 안에서 새롭게 갱신되어야 한다. 목회자는 하나님 나라의 섬김(*diakonia*)의 목회를 위한 분명한 비전을 가지고 말씀을 선포하고(*marturia*), 예전을 베풀고(*leiturgia*), 성도의 교제를 나누고(koinonia), 교회교육을 실시하고(didake), 교회의 모든 자원과 역량을 모아야 한다. 목회자의 분명한 비전이 교회가 섬김의 패러다임으로 전환하는 것과 그 전환 이후의 성패의 관건이다.

그런데 이러한 목회자의 비전은 교회 내적 섬김의 구조를 통해 실현되어야 한다. 중세 교회가 가장 잘 보여주듯이 내적 구조가 계층질서적이고 권위주의적인 교회는 사회적 섬김을 올바로 실천할 수 없다. 미래지향적인 목회 패러다임을 위해서는 한 사람의 카리스마적인 리더십으로부터 전체 교인의 참여와 대화를 통한 민주적인 리더십으로 전환해야 한다. 모든 힘을 목회자에게 집중시키는 목회가 아니라 모든 교인들에게 힘을 부여해주는(empowerment) 목회로 전환해야 한다. 그럴 때 진정한 사회적 섬김의 목회가 가능해진다. 교회 안의 권위는 오직 성령의 능력의 권위뿐이며, 성령의 능력의 핵심은 사랑과 섬김에 있다. 이 권위가 목회자의 권위의 원천이어야 한다. 교회 내적으로 섬김의 구조를 실현함 없이 사회적 섬김의 구호를 외치는 것은 공허하다.

B. 교회 재무구조의 재조정

섬김의 목회 패러다임이 가능하게 되기 위해서는 재무구조적 관점에서 청지기 모델로의 구조조정이 이루어져야 한다. 예수님의 달란트 비유(마 25:14-30)는 교회에 청지기의 모델을 제공해준다. 교회는 하나님으로부터 달란트를 은혜로 받아 하나님 나라를 위하여 사용해야 하는 사명을 부여받은 청지기다. 황호찬은 한국교회의 재무구조상의 문제점을 다음 네 가지로 분석하면서, 이에 대한 청지기 모델로서의 대안을 제시하고 있다.[12] 첫째, 한국교회는 사람을 키우는 데 인색하다. 즉 교회의 총지출 중 교육비(6%)와 선교비(11%)가 차지하는 비율이 매우 낮다. 둘째, 교회의 재정수입이 지나치게 십일조(51%)에 의존하기 때문에 오늘과 같이 경제적으로 어려운 시기에 가계소득의 감소는 곧 십일조의 감소를 의미하며 이는 바로 교회재정의 감소를 의미한다. 셋째, 다양한 사역의 개발 및 효율적 운영에 있어 한국교회는 문제점을 지니고 있다. 교회의 본질적인 기능인 예배, 교육, 선교, 봉사 및 교제 등에 지출한 예산(24%)은 비본질적인 경비인 건물유지, 차량유지, 인건비 등에 지출한 예산(75.6%)보다 훨씬 적다. 또한 교회 내부의 목적을 위해 사용한 경비(87%)와 교회 외부의 목적을 위해 사용한 경비(13%) 사이에 심한 불균형을 보이고 있다. 이는 한국교회가 교회의 가장 본질적인 사명 중 하나인 사회적 섬김, 즉 가난한 자, 고아, 과부, 억눌린 자 등을 위하여 봉사하는 데 매우 인색함을 드러내어준다. 넷째, 한국교회는 교회재정과 관련된 정보가 소수에 의해서만 공유되는 불균형을 보여주고 있으며, 도덕적 해이나 역의 선택을 방지할 엄정한 감사제도가 미비하다.

　　　이러한 문제점들을 해결하기 위해 한국교회는 다음과 같이 재무구조의 조정을 모색해볼 필요가 있다. 첫째, 지금의 재무구조를 전면 재검토하고, 예산 증감의 우선순위를 분명하게 재조정한다. 즉 고유목적 비용을 증대시키고 보조비용은 대폭 삭감한다. 둘째, 십일조에만 의존하는 관행을 지양하고 새로운 수입원을 개발한다. 목회자의 분명한 비전(특히 섬김을 위한)과 이를 수행하기 위한 헌금의 당위성이 설득력 있게 제시되어야 한다. 이 외에 교회의 가용자원 활용을 통한 수익사업이나, 교회에

12　황호찬, "발전적 청지기 모델에서 본 한국교회 구조조정의 문제점과 개선안," 「교회와 신학」 (장로회신학대학교, 제33호, 1998, 여름호), 76-88.

기증된 부동산이나 유가증권 등의 전문적인 관리를 통한 수익방안을 연구해볼 필요가 있다. 그리고 서점 운영, 임대 사업, 출판 사업, 각종 교육 프로그램 사업 등의 수익사업 등도 고려할 필요가 있다. 셋째, 외부의 전문 감사인을 선임하여 교회의 재정을 검토하도록 하며, 상설 감사기구를 운영함으로써 내부통제제도를 확립한다. 넷째, 통일된 교회 회계원칙이 수립되어야 한다. 표준 재무제표가 작성되어야 하며, 계획적이고 능률적인 교회 재정 운영을 실행해야 한다.

이와 같은 재무구조의 재조정은 최종적으로 교회의 본질적인 기능, 즉 말씀의 선포, 가르침, 성도의 교제, 그리고 섬김을 통한 선교를 가장 효율적으로 실현하기 위한 것이 되어야 한다. 이 중에서도 특히 오늘날처럼 경제적으로 어려운 상황 속에서 사회적 섬김은 교회와 목회의 가장 중심적 과제로 인식되어야 하며, 섬김의 목회 패러다임을 실천하기 위한 구체적인 방안이 연구되고 추진되어야 한다. 실직자를 위한 교회자원의 활용은 돌봄의 섬김으로서의 목회 패러다임을 위한 가장 실제적이고 구체적인 실천 방안들 가운데 하나가 될 것이다.

C. 실직자를 위한 교회자원 활용

오늘의 경제난국 시대에 가장 중요한 문제 중 하나는 기업의 파산, 구조조정 등으로 인한 대량실업의 문제다. 이미 위에서 언급한 바와 같이 예상을 초월하는 엄청난 실업자가 생겨나고 있다. 이러한 실업 사태는 앞으로 계속 증가될 뿐만 아니라 장기화될 것으로 예상된다. 특히 가족파괴 및 해체, 노숙자 등으로 인하여 생존의 위협을 받거나 스스로 목숨을 끊는 "고위험 집단"(high-risk group)이 확대될 것이 우려된다.

이러한 상황에서 정부는 공공복지 사업 등을 통한 실업자 대책을 마련하고 있지만, 공공자원과 예산의 부족, 기존 사회 안전망과 사회보장 제도의 부실, 공공자원 전달체계의 한계, 공공실업자 복지프로그램의 역기능 등으로 인한 한계점을 지니고 있다. 따라서 실직자를 위한 민간차원의 자원 활용이 절대적으로 필요하다. 본 교단(예장 통합)에서는 1984년 총회에서 사회선교지침을 마련한 뒤, 1986년 총회에서 사랑의 현장 갖기 운동을 전개하고 있다. 1994년 본 교단총회에서 발행한 『교회사회봉사총람』의 내용을 중심으로 교회의 사회봉사 현황과 문제점을 살펴보면 다음과 같다.[13]

위에서도 언급한 바가 있지만, 일반적으로 사회봉사에 대한 한국교회의 책임감과 목회자의 의식 수준은 매우 미흡한 것으로 나타났다.[14] 실직자 프로그램을 포함한 교회의 사회봉사 유형은 일자리 창출, 실직자 생계지원, 직업훈련 확대, 고용안정노력 지원, 실직자 무료급식, 노숙자 숙소제공, 실직자 쉼터제공 등과 수용시설과 사회복지관 같은 전문사회복지 시설의 운영 등이 시행되고 있다. 교회가 사회봉사를 제대로 수행하지 못하는 데에는 구조적이고 의식적인 요인과 실천적인 요인이 있다. 구조적이고 의식적인 요인으로는 사회 구원보다 개인 구원의 성격이 강한

---

13 김통원, "IMF 실직자 문제와 교회자원 동원전략," 『IMF 실직자 문제와 교회자원 활용』, KNCC 사회복지위원회 정책토론회, 한국기독교교회협의회 사회복지위원회, 1998. 5. 23-35 참고.

14 1. 사회봉사비 평균값이 전체 재정의 6.2%(평균지출 10% 이상인 교회가 14.1%, 5-10%인 교회가 28%), 2. 교회부대시설로 사회봉사관이 있는 경우 1.9%(교육과 사회봉사 겸용관이 있는 경우 12.3%), 3. 2008교회 중에서 교회자체 사회봉사프로그램을 가진 교회 393(19.6%), 외부의 사회복지시설이나 개인을 방문, 지원하는 교회 346(17.2%), 4. 교인 중 1명 이상의 정기적 자원봉사자가 있는 경우 35.8%, 없는 경우 51.8%, 무응답 12.4%, 5. 구제와 사회봉사는 교회의 본질적 사명이라고 인식 89.3%, 이상적인 사회봉사 비율이 본 재정예산의 10% 이하라고 생각 55.3%. Ibid. 26-27.

것, 수직적 하늘 신앙에만 집착하고 수평적 이웃 사랑 실천을 무시하는 것, 선교 중심의 복음화를 추구하고 선교의 인간화를 생각하지 못한 것, 인적·물적 자원을 개교회의 성장제일주의에 투입하여 여력이 없는 것, 사회봉사 실천 같은 사회적 역할에 대한 목회자들의 인식이 낮은 것 등이다. 또한 실천적인 요인들로는 단순 구호적 성격, 비연속성, 다양한 프로그램의 부족, 내부 대상자 중심, 전문성 부족 등을 꼽을 수 있다. 따라서 이러한 저해요인들에 대한 비판적 인식과 대안적 노력이 요구된다.

김통원은 교회자원 동원의 6대 원칙으로서, 선도성의 원칙, 상호보완성의 원칙, 자율성의 원칙, 전문성의 원칙, 무선별성의 원칙, 지역사회 중심의 접근성 원칙을 들면서, 교회자원 동원전략과 과제를 제시하는데 그중 주요 내용은 다음과 같다.[15] 먼저 재원 확보전략으로서는 사회복지실천을 위해서 각 단위교회의 총 예산 대비 10%의 재원을 마련한다. 개교회의 예산 규모와 사회복지비의 비율을 매년 공개 발표하며 가능하면 포상을 마련한다. 그리고 활성화 전략으로는 선언문이나 목회서신 등을 통해 개신교 전체의 국난극복 의지를 표명하고, 총회 등의 기관에 사회복지위원회의 기능을 강화하고 사회복지 정보지원센터를 운영하며, 교계별 또는 합동으로 학술세미나 등을 통해 이론적 토대 및 방향을 제시하고, 목회자를 대상으로 사회봉사를 위한 교육훈련 프로그램을 시행하며, 개교회별로 실업자 및 사회봉사를 위한 전담 부서를 마련하고, 300명 이상의 교회에서는 사회복지사를 채용하는 것 등을 들 수 있다.

---

15   Ibid., 32-35.

5. 결론: 섬김의 목회 패러다임을 위한 지표로서 JPIC

위에서 우리는 오늘의 경제난국 시대에 특별히 요청되는 섬김의 목회 패러다임을 위한 구체적인 실천과제들을 살펴보았다. 하지만 섬김의 목회는 단지 현재의 경제위기에 대처하기 위한 것만은 아니다. 그것은 궁극적으로 예수께서 섬김의 실천으로 보여주신 하나님 나라의 비전을 실현하기 위한 것이다. 따라서 섬김의 목회 패러다임은 하나님 나라의 구현을 위한 보다 포괄적이고 시대적으로 요청되는 지표를 필요로 하며 그 지표를 지향해야 한다. 필자는 이 지표를 1990년 서울에서 열린 JPIC 서울대회에서 채택한 에큐메니칼 비전인 정의·평화·창조질서의 보전(Justice, Peace, and the Integrity of Creation, 이후 JPIC) 개념을 통해 제시하고자 한다.[16]

JPIC는 성서에 나타난 대로 하나님이 온 인류에게 약속하신 "샬롬", 그리고 예수 그리스도가 선포한 "하나님 나라"를 인간의 역사 속에서 실현하기 위한 지표를 정의와 평화와 창조질서의 보전이라는 세 가지 개념 또는 범주로 요약한 것이다. 이 「JPIC 제2차 초안」과 「최종선언문」에 담겨 있는 현실 상황 분석 및 신학적 확언과 행동방안은 오늘 세계교

---

16 1983년 캐나다 밴쿠버에서의 제6차 세계교회협의회 총회는 "회원교회들로 하여금 정의, 평화, 창조질서의 보전에 상호 헌신할 공동체적 삶의 방향을 찾도록"하는 결정을 했다. 그리고 1987년 제네바에서 모인 중앙위원회에서는 1990년에 JPIC 세계대회를 한국 서울에서 열기로 결정했다. WCC 안에 조직된 JPIC 준비위원회는 오랜 기간의 연구와 토론을 거쳐서 1989년 12월 「JPIC 제2차 초안」이라는 준비문서를 발표했다. 이 초안은 3부로 구성되어 있다. 제1부는 JPIC의 현실 상황 분석과 계약적 공동체의 신앙고백을 담고 있고, 제2부는 JPIC의 세부적인 주제들에 관한 「신학적 확언」을 담고 있고, 제3부는 계약의 구체적인 행동방안을 담고 있다. 1990년 3월 서울에서 2차 초안을 바탕으로 한 JPIC 본회의가 열렸는데, 그 결과로서 10일 후에 모인 WCC 중앙위원회에서 "JPIC는 2천년대에 대한 에큐메니칼 비전의 핵심이다"라고 천명하는 「최종선언문」을 채택했다. JPIC 서울대회에 관한 자세한 자료는 한국기독교사회문제연구원 편, 『정의, 평화, 창조질서의 보전 세계대회 자료집』 (서울: 민중사, 1990)에 실려있다.

회와 더불어 한국교회가 세상의 사회적·자연적 현실을 어떻게 이해하고 그것과의 관계 속에서 어떻게 신학적인 입장을 정립하며, 그 현실 속에 어떻게 실천적으로 참여해야 할지를 매우 훌륭하게 지시해준다.

　　JPIC는 인류가 지금 전 세계적인 위기에 직면해 있다는 현실 인식에서 출발한다. 인류는 자신을 멸망시킬 능력을 획득한 새 시대에 이미 들어와 있다. 경제와 정치와 기술 분야에서의 발전은 현재와 같은 추세로 계속될 수 없다. 점점 더 많은 사람들이 대파국을 면하려면 철저하게 새로운 방향으로 전환할 필요가 있다는 사실을 깨달아가고 있다. 생명에 대한 전 세계의 위협들은 첫째, 정의의 위배로, 둘째, 평화에 대한 위협으로, 셋째, 인류와 창조세계 전체를 위험에 빠뜨리는 땅과 바다와 공기의 오염으로 간주된다. 상호 관련된 이 세 분야에서의 투쟁은 생명 보전을 위한 하나의 통일적인 투쟁으로 결합되어야 한다.[17]

　　JPIC 문서에 나타난 내용, 즉 정의, 평화, 창조 보전의 관점에서의 오늘 우리가 직면하고 있는 현실에 대한 분석과 신학적 확언과 계약 행동에 관한 선언들은 한국교회의 사회적 섬김과 참여를 위한 지표를 제공해준다. 우리나라는 바로 오늘날 세계가 경험하고 있는 JPIC의 모든 문제들을 전형적으로 안고 고통당하고 있는 대표적인 현장이라고 할 수 있다. 참혹한 동족상잔의 비극을 경험한 민족분단의 현실 속에서 "평화적" 통일은 지상 과제다. 또 한국은 군사독재하에서 인권이 탄압당하는 "정치적 불의"를 경험했으며, 급격한 산업화 과정과 경제성장 과정에서 노동력 착취와 부의 분배의 불균형으로 인한 "경제적 불의"의 현실을 경험했다. 또한 산업화와 자본주의적 생산과 소비문화로 인한 자연환경의 오염

17　『정의, 평화, 창조질서의 보전 세계대회 자료집』, 59-60.

과 생태계의 파괴가 오늘날 한국사회의 긴급하고도 핵심적인 이슈로 부각되고 있다.

우리나라는 1990년대에 역사상 처음으로 독재정권을 종식시키고 평화적으로 수평적 정권교체를 이룸으로써 절차적 민주주의 시대를 열고 시민사회로 진입했다. 오늘의 시민사회에서는 과거 독재정권 시대처럼 독재-반독재, 억압자-피억압자, 자본가-노동자의 이분법적 틀 안에서 투쟁을 통해 문제를 해결하려는 자세가 아니라 합리적인 대안과 정책을 제시하고 대화함으로써 평화로운 방식으로 문제를 해결하려는 자세가 요청된다. 따라서 정부와 기업과 근로자와 온 국민이 물리적 투쟁과 폭력이 아니라 대화와 양보를 통해 대타협을 이루어냄으로써 오늘의 경제난국을 슬기롭게 극복해 나아가야 한다. 아직도 낡은 봉건주의적 사고를 버리지 못한 기업주도 문제지만, 구태의연한 물리적 투쟁방식에 의존하는 강성 노조도 한국경제의 발목을 잡는 걸림돌이다. 한국교회는 한국사회 안의 한 책임적 구성원으로서 사회적 갈등 해결을 위한 미래지향적 대안과 정책을 공적 영역에서 제시함과 아울러, 갈등 관계에 있는 계층들과 집단들이 대화를 통해 대립을 지양하고 화해와 연대에 이를 수 있도록 중재자 역할을 잘 감당해야 한다. 또한 한국교회는 한반도의 평화적 통일을 위한 준비 단계로서, 민간차원의 교류와 원조, 한반도 비핵화, 남북의 상호 군비축소, 이산가족의 만남 및 자유 왕래 등의 실현을 위해 앞장서야 한다. 한국교회는 한국사회와 민족의 문제를 평화롭게 해결하기 위한 평화의 사도로서 섬김의 사명을 다해야 한다.

또한 오늘의 경제난국시대에 한국교회는 절대빈곤계층, 실업자 가정, 소년·소녀 가장, 독거노인, 장애인 등을 돌보는 사회적 섬김을 실천해야 하며, 나아가 불의한 사회경제적 구조를 정의로운 구조로 변혁시키기 위해 실천적으로 참여함으로써 예언자적 사명을 감당해야 한다. 다시 말해 한국교회는 단순히 경제의 회복과 성장을 추구하는 정책을 지지하는 것이 아니라, 물신숭배적 자본주의 가치관, 부의 편중을 심화시키는 무한경쟁의 시장경제원리, 선진국 중심의 세계자본주의 경제질서, 국제금융시장경제 등의 근본적인 문제점들[18]을 신학적으로 비판하고 성서에 근거한 대안적 삶의 패턴과 방향을 제시하는 경제신학과 윤리를 수립해야 한다. 특히 한국교회는 1960년대에 시작된 산업근대화 과정 이후 오늘의 경제난국의 상황에 이르기까지의 성장 위주의 경제정책과 현실을 신학적으로 조명하고 구조적인 개혁을 위한 대안으로서의 경제신학과 윤리를 제시해주어야 한다.[19]

경제에서 분배 정의와 성장은 서로 긴장 관계에 있는 양극적 요소다. 그러나 이 둘은 어느 쪽도 소홀히 할 수 없다. 분배 정의가 없는 성장이나 성장 없는 분배 정의는 공통적으로 결국 사회 전체의 몰락과 모든 사람의 고통을 초래한다. 그러므로 분배 정의와 성장을 함께 최대한도로 구현할 수 있는 경제정책의 수립을 위해 교회와 그리스도인들이 하나님께 지혜를 구하며 참여해야 한다. 한국교회는 오늘의 경제난국 상황을 오히려 한국사회의 정신과 구조를 새롭게 변화시킬 수 있는 카이로스로 여기고, 이 상황이 하나님의 의가 이 땅에 이루어지는 기회가 될 수 있도록 기도하며 힘써야 한다.

마지막으로, 오늘의 환경오염과 자연파괴의 시대에 한국사회와 교회는 지속 가능한 성장(Sustainable Development)을 추구해야 한다. 진정

---

18 오늘의 세계경제질서와 금융자본주의의 문제점에 대해서는 손규태, "오늘날의 경제윤리: 신자유주의 세계경제체제의 비판," 그리고 장상환, "국제금융기관의 본질과 IMF 경제체제," 「신학사상」 (한국신학연구소, 1998, 여름) 참고.
19 오늘의 한국경제문제에 대한 경제신학적인 이해를 위해서는 채수일, "IMF 시대의 경제문제에 대한 신학적 판단," 「기독교사상」, 1998년 5월호, 198-215 참조.

한 성장은 환경보전과 함께 이루어져야 하며 장기적으로는 환경·자연자원을 보호할 때 지속적인 경제성장도 가능하다.[20] 나아가 한국교회는 창조질서의 보전을 강단에서 선포해야 할 하나님의 말씀의 한 주요한 주제로, 그리고 세상 속에서의 사회적 섬김의 한 주요한 과제로 삼아야 한다. 교회는 자연의 파괴로 인한 생태계 위기의 심각성을 말씀을 통해 경고하고 인간과 자연이 조화롭게 사는 새 하늘과 새 땅의 비전을 제시해야 한다. 지나친 인간 중심적인 구속신학 유일주의(monism)는 극복되어야 한다. 그 대신 온 우주를 포괄하는 창조신학이 교회의 구속 선포와 그리스도인의 신앙과 삶을 위한 포괄적 지평이 되어야 한다. 파괴된 자연을 다시 살리고 치유하는 것은 지속적인 경제성장뿐 아니라 인간과 모든 자연의 통전적인 구원을 위한 필수적인 조건이다. 왜냐하면 구원은 종말론적으로 창조의 완성을 지향하며, 종말론적인 창조의 완성 안에 인류의 구원과 모든 자연세계의 회복과 새창조가 포함되기 때문이다. 따라서 한국교회는 창조신앙과 구속신앙을 생태신학의 관점에서 새롭게 재구성할 필요가 있으며, 한반도의 땅과 공기와 물을 다시 살리고 보전하며, 그 안에서 인간과 자연이 조화롭게 통전적인 샬롬과 구원을 누리는 비전을 실현

---

20   1987년 이 용어를 처음 사용한 세계환경개발위원회는 "미래 세대의 욕구를 충족시킬 능력을 손상시키지 않으면서 우리 세대의 욕구를 충족시키는 개발"을 지속 가능한 개발이라고 정의했다. 즉 인간의 기본욕구 충족을 위해 경제개발을 할 때 생태계의 수용 능력인 환경용량을 초과해서는 안 되며, 생활수준만이 아닌 삶의 질에도 관심을 기울이고, 환경과 경제를 통합적 차원에서 다루어야 한다는 것이다. 이 개념은 1992년 세계 178개국 정부 대표들이 모인 리우 유엔환경개발회의에서, 세계환경정책의 기본규범으로 정식 채택되었다. 2002년에 열린 "세계 지속가능발전 정상회의(WSSD)"에서 각국 대표들은 지구촌의 환경보전과 경제발전의 조화를 위한 "선언문"을 채택하고 이에 대한 실행방안을 담은 "이행계획"문안 작성에 합의했다. [네이버 지식백과] 지속 가능한 성장[Sustainable Development] (금융감독용어사전, 2011. 2., 금융감독원). https://terms.naver.com/entry.nhn?docId=1987929&cid=42088&categoryId=42088

하는 일에 앞장서야 한다.

오늘의 경제난국 시대에, 정의와 평화와 창조질서의 보전을 위한 섬김은 하나님 나라를 위해 부름을 받은 교회, 특히 한국교회가 한반도의 현실 속에서 수행해야 하는 섬김의 목회 패러다임을 위한 핵심 지표다.

제5장

미래 한국교회 지도자의
리더십

1. 서론

지금 많은 사람들이 한국교회가 위기를 맞고 있다고 말한다. 위기의 증후
군은 여러 가지 측면에서 진단된다. 무엇보다도 한국교회의 위기는 교회,
특히 개신교가 더 이상 성장하지 못하고 있는 데 기인한다고 할 수 있다.
한국교회는 지난 수십 년간 지속해왔던 고도성장의 신화가 무너지고 성
장의 둔화 또는 침체라는 새로운 상황을 맞고 있다. 교회, 특히 개신교의
대사회적 이미지는 갈수록 악화되고 있으며, 인터넷에는 반기독교 사이
트들이 우후죽순처럼 생겨나고 있다. 왜 한국교회의 성장은 중지되고 대
사회적인 불신도는 증대하고 있는가? 여기에는 물질적 풍요나 웰빙 문화
와 같은 한국사회의 경제 문화적 요인이나, 또는 교회에 대한 불신자들의
오해와 마성적인 적대감 같은 다양한 요인들이 복합적으로 작용하고 있
을 것이다. 그러나 한국교회 위기의 근본 원인은 바로 교회가 복음의 능
력과 하나님 나라의 비전을 상실하고 있다는 사실에 있다. 한국교회의 양
적 성장의 둔화나 침체나 대사회적 신인도의 하락은 위기 현상이지 그
자체가 위기의 본질은 아니다. 한국교회의 위기의 본질은 바로 교회가 복
음의 능력과 하나님 나라의 비전을 상실하고 있다는 사실에 있다.

교회가 복음의 능력과 하나님 나라의 비전을 상실하게 된 책임은
어디에 있는가? 물론 한국교회의 구성원인 그리스도인들 모두에게 그 책
임이 있을 것이다. 그리스도인들이 신앙적 확신과 도덕적 규준을 가지고
이 세상에서 빛과 소금의 삶을 살지 못하기 때문이다. 그러나 한국교회
위기의 가장 큰 책임은 일차적으로 교회를 이끌어 가는 지도자들에게 있

다고 하지 않을 수 없다. 오늘날 한국교회는 리더십의 위기를 겪고 있다. 세계적으로 유례가 없는 폭발적인 교회성장의 모델이 되어왔던 대형교회들 가운데 적지 않은 교회들이 목회자의 세대교체에 실패하고 혼란을 겪고 있으며, 또한 세습목회, 목회자들의 불투명한 재정사용, 공금횡령, 행정적 전횡, 도덕적 비리 등이 연이어 터져 나옴으로써 대사회적인 교회의 이미지가 실추되고 나아가 한국교회 전체가 불신의 대상이 되고 있다. 수많은 자생적 군소 교단에 무수히 난립하는 인가 또는 비인가 신학교들로부터 지도자적 역량이 검증되지 않은 목회자들이 양산됨으로써 목회자의 질적 저하가 심화되고 있다. 목회자는 많지만, 양을 위하여 자신을 희생하는 참 목자, 그리고 한국교회와 사회에서 존경받는 리더십을 갖춘 교회의 지도자를 찾아보기 힘들게 되었다. 여기에 한국교회 위기의 진원지가 있다.

현재 한국교회에서는 교회 지도자들의 세대교체가 진행되고 있다. 지난 수십 년간 한국교회의 부흥과 성장의 주역이었던 지도자들이 은퇴하고 차세대 지도자들이 그 자리를 이어받고 있다. 지난 세대의 교회 지도자들이 교회의 양적 성장을 이루었다면 다음 세대의 교회 지도자들은 최근 침체 현상을 보이는 한국교회에 새로운 생명력을 불어넣고 나아가 한국교회의 질적 성장을 이루어야 할 시대적 책임이 있다. 이를 위하여 오늘과 내일의 교회 지도자에게는 예수 그리스도의 인격과 사역에 나타난 원형적 리더십에 충실한 동시에 오늘의 변화된 시대적 상황에 적합한 변혁적 리더십이 요청된다. 이 글에서는 이러한 의미에서 바람직한 교회의 변혁적 리더십의 모델에 대한 전망을 제시하고자 한다.

우리는 한국교회 지도자의 변혁적 리더십에 대한 논의를 일반학문에서의 리더십 이론에 관한 고찰로부터 시작하고자 한다. 오늘날 리더십에 대한 서적들은 특히 기업경영과 관련해서 봇물처럼 쏟아져 나오고 있다. 인력을 잘 관리해서 최대의 물질적, 경제적 이윤을 남기는 것이 궁극적 목표인 기업경영을 위한 리더십과, 사람들을 예수 그리스도의 복음으로 구원하고 이 땅에 하나님 나라를 구현하는 것을 목표로 하는 교회 지도자의 리더십 사이에는 본질적인 차이점이 있다. 그러나 이 둘 사이에는 유사점도 전혀 없지가 않다. 교회는 신학적 실재인 동시에 역사적 실재이기도 하다. 역사적 실재로서 교회는 인간들이 모인 공동체요 하나의 제도화된 조직이며, 따라서 교회에서의 기독교적 인간경영을 위한 리더십 원리들과 이론들의 수립을 위해서 필요하다면 학제간 대화를 통해 리더십에 관한 일반학문의 연구결과로부터 도움을 받을 필요가 있다.

2. 통전적인 변혁적 리더십

지난 수십 년 사이에 정치사회학이나 경영학 등의 분야들에서 리더십에 관한 많은 연구가 이루어지고 다양한 이론들이 발전되었다. 1980년대에 들어와서 리더십 연구자들은 이른바 신경향 리더십 이론을 제시하였는데, 이 이론은 지도자의 상징적인 행위를 중요시하고 조직의 구성원들을 위해 사건을 의미 있게 만드는 지도자의 역할에 집중적인 관심을 기울였다.[1] 이러한 신경향 리더십 이론에는 변혁적 리더십 이론(Bass), 카리스마적 리더십 이론(Conger & Kanungo), 비전 제시형 리더십 이론(Sashkin), 봉사적 리더십 이론(Greenleaf) 등이 있다. 하지만 이러한 리더십의 유형들은 서로 배타적이거나 양립 불가능한 것들이 아니라 상호보완적인 것들로

1　　Gary A. Yukl,, "Managerial Leadership: A Review of Theory and Research," *Journal of Management*, 15(2), 1989, 251-89.

간주되어야 한다.

이 가운데 근래에는 변혁적 리더십 이론과 카리스마적 리더십 이론에 대한 연구가 가장 활발하게 이루어져왔다. 전통적인 리더십 이론들이 합리적인 과정을 중시하는 반면, 변혁적·카리스마적 리더십 이론들은 감정과 가치의 측면을 중시하면서, 리더십을 "집단을 하나의 전체성으로 종합하고, 집단의 구성원이 조직의 목표를 향하여 적합한 동기를 갖도록 동기를 부여하는 기능을 수행하는 것"으로 정의한다. 이 이론들은 조직의 구성원을 심리적으로 자극하여 구성원들로부터 적극적인 반응을 이끌어내고 조직이 추구하는 목표의 효율적인 달성을 위하여 구성원들의 잠재능력과 활동능력을 개발하는 것을 지도자의 주된 역할로 간주한다. 이 이론들은 또한 지도자가 조직의 구성원들, 또는 추종자들에 큰 영향력을 발휘할 수 있는 예외적인 특성을 가지고 있다는 사실에 주목하고, 지도자가 어떻게 그들로 하여금 자신을 희생하고, 여러 어려움들을 극복하고, 과업을 성공적으로 수행하게 하는지를 연구한다.[2]

특히 오늘날 많은 학자들의 리더십 연구는 카리스마적 요인을 자체 안에 포함하는 변혁적 리더십 이론들을 중심으로 수행되었다.[3] 이 이

---

2   Jay A. Conger & J. G. Hunt, "Overview Charismatic and Transformational Leadership: Taking Stock of the Present and Future (Part 1)," *Leadership Quarterly*, 10(2), 1999, 121-127.

3   James M. Burns, *Leadership* (New York: Harper & Row, 1978); Bernard M. Bass, *Leadership and Performance Beyond Expectations* (New York: The Free Press, 1985); *Bass & Stogdill's Handbook of Leadership* 3rd ed. (New York: The Free Press, 1990); "From Transactional to Transformational Leadership: Learning to Share the Vision," *Organizational Dynamics* (Winter, 1990), 1990, 19-36; Bernard M. Bass & Bruce J. Avolio, *Transformational Leadership Development: Manual or the Multifactor Leadership Questionnaire* (Palo Alto. CA: Consulting Psychologists Press, 1990), *Improving Organization Effectiveness Through Transformational Leadership* (Thousand Oaks, CA: SAGE Publications, 1994), *Developing Potential Across A Full Range of Leadership: Case*

론들에 있어 변혁적 지도자는 "추종자들의 흥미를 진작시키거나 확대시키고, 집단 내 목표나 사명감을 받아들이고 지각하게 하여 이기주의를 초월한 집단이익을 추구하게 하는 자"(Burns), 또는 "추종자들에게 영감을 불어넣거나, 그들 개개인의 성취욕구를 고취하며 과정을 변화시키고 행동을 고취하며 문제해결의 방법을 제시하고 감정을 자극하는 자"(Bass), 또는 "문제해결에 대한 새로운 방법을 제시하고, 개인적 노력을 고양시키는 자"(Kouzes & Posner) 등으로 정의된다. 변혁적 지도자는 추종자들의 개인적이고 이기적인 욕구, 가치관, 선호, 열망을 공동체적으로 추구하도록 변화시키며, 그들로 하여금 지도자의 비전과 목표에 깊이 몰입하여 개인적인 희생을 감수하면서까지 자신에게 요구되는 역할 이상의 일을 수행하도록 만든다.

바스에 의하면 변혁적 지도자는 다음 세 가지 방식으로 추종자들을 이끈다. 첫째, 변혁적 지도자는 특정한 목표의 중요성이나 목표달성을 위한 방법에 관한 인식을 증가시킨다. 둘째, 변혁적 지도자는 추종자들로 하여금 조직 전체의 이익을 위해 개인적인 이해와 관심사를 초월하도록 유도한다. 셋째, 변혁적 지도자는 추종자의 상위수준의 욕구, 즉 자긍심과 자아실현 등의 욕구를 자극하고 충족시켜준다. 결론적으로, 변혁적 리더십은 추종자 또는 조직의 구성원들로 하여금 개인적 욕구를 버리거나 고차원적인 자아실현 욕구를 갖도록 만들고 조직 전체의 비전과 이익을 위해서 헌신하도록 유도함으로써 기대이상의 성과를 도출할 수 있도록 동기화시키는 리더십이라고 할 수 있다. 이 점에서 변혁적 리더십은 계약

---

on *Transactional and Transformational Leadership* (Mahwah, NJ: Lawrence Erlbaum Associates, Publishers, 2002); James M. Kouzes & Barry Z. Posner, *The Leadership Challenge: How to Get Extraordinary Things Done in Organizations* (San Francisco, Jossey-Bass, 1987) 등.

을 통해 노력에 대한 교환조건으로 보상을 약속하고 높은 성과에 대하여 상황적 보상을 하는 거래적(transactional) 리더십과는 구별된다. 일반적으로 거래적 지도자는 추종자들을 거래의 수단으로 생각하며 추종자들 개인의 필요성이나 성장에 대해서는 관심이 없다고 간주된다.[4] 하지만 변혁적 리더십이 반드시 거래적 리더십의 상황적 보상을 거부해야 할 이유는 없으며, 오히려 상황에 따라 그것을 수용할 필요가 있을 수도 있다.

바람직한 변혁적 리더십을 지향하는 지도자는 변혁적 리더십 모델이 지나치게 지도자 의존적이 될 수 있으며 지도자의 변혁적 기능이 일방적으로 강조됨으로써 구성원들의 능동적인 역할과 구성원들 상호간의 영향력이 간과될 위험성이 있음을 인식해야 한다. 또한 지도자가 제시하는 비전과 목표에 상응하는 지도자 자신의 모범적인 실천적 행동이 뒷받침되지 않을 때 지도자의 정통성이 인정받기 어렵고 그 비전도 현실화되기 힘들다. 그러므로 이 글에서는 여러 가지 변혁적 리더십 이론들을 비판적으로 종합하여 통전적인 관점에서의 변혁적 리더십 모델에 관한 전망을 수립해보고자 한다. 통전적인 변혁적 리더십은 다음 다섯 가지의 독립변수적인 리더십들에 의해 구성된다. 이 다섯 가지는 카리스마, 개인적 배려, 지적 자극, 힘의 부여, 자기희생이다.

첫째, 카리스마란 지도자가 조직의 구성원들에게 비전과 사명감을 제공하고 자긍심을 고취하며 그들로부터 존경과 신뢰를 받는 것을 의미한다. 카리스마적 지도자는 비전을 세우고, 제시하고, 실천함으로써 조직의 혁신을 가져오는 지도자다. 카리스마적 리더십은 지도자와 추종자 사이에 강력한 감정적·정서적 유대를 형성한다. 카리스마는 변혁적 리더

---

4   Bernard M. Bass, *Transformational Leadership: Industrial, military, and educational Impact* (Mahwah, NJ: Lawrence Erilbaum Associates, Publishers, 1998), 65.

십의 필요조건은 되지만 그 자체가 충분조건은 아니다. 카리스마 리더십의 가장 큰 문제점은 조직의 활동과 권한이 너무 지도자 한 사람에게 집중된다는 것이다. 카리스마적 지도자는 종종 추종자들에게 비전보다는 지도자 자신에 대한 충성과 헌신을 보이도록 함으로써 의도적으로 나약하고 의존적인 추종자를 산출하는 경우가 있다.[5] 이러한 경향은 도덕적 불감증이라는 카리스마의 어두운 면을 초래하기도 한다. 변혁적 리더십은 카리스마적 리더십의 장점을 수용하면서 그 결점을 다른 리더십을 통해 비판적으로 보완한다.

둘째, 변혁적 리더십은 개인적 배려를 요구한다. 개인적 배려란 지도자가 구성원 개개인들에게 개별적인 관심을 보이며 그들을 독립적인 온전한 인격적 존재로 대우하고 지도하는 것을 의미한다. 변혁적 지도자는 추종자들의 필요와 능력을 고려하여 그 필요를 채워주며 그 잠재력을 극대화시켜 주는 지도자다. 변혁적 지도자는 추종자들이 성장하도록 도우며 그들과 함께 성장해나간다. 그는 추종자들과 한 팀을 이루어서 조직의 목표를 달성하는 팀 리더다.[6]

셋째, 변혁적 리더십은 지적인 자극을 필요로 한다. 지적인 자극이란 지도자가 구성원들의 이해력과 합리성을 고양하고, 새로운 시각을 제시하며, 사려 깊게 문제를 해결할 수 있도록 촉진하는 것을 의미한다. 변혁적 지도자는 스스로 지금까지의 고정관념이나 일반적인 전제에 의문을 제기하며 비판적이고 창조적인 사고를 하며, 또한 추종자들로 하여

5   Gary Yukl & D. D. Van Fleet, *Theory and Research on Leadership in Organizations, Handbook of Industrial and Organizational Psychology* (Palo Alto, CA: Consulting Psychologists Inc., 1992), 147-297.

6   Bass & Avolio, *Improving Organization Effectiveness Through Transformational Leadership*, 3-4.

금 비판적이고 창조적인 사고를 하도록 격려하고 자극한다. 변혁적 지도자는 추종자들의 새로운 생각을 존중하고 격려하며 창조적인 생각이 나올 수 있도록 분위기를 조성하는 지도자다.[7]

넷째, 변혁적 리더십은 힘을 부여하는(empowering) 리더십이다. 즉 변혁적 리더십을 가진 지도자는 다른 사람들의 힘을 박탈하고 자신이 힘을 독점하는 리더십이 아니라 오히려 다른 사람에게 힘을 부여하는 리더십을 가진 지도자다. 힘을 부여하는 리더십은 일방적이거나 독재적이 아니라 상호적이고 민주적이며, 중앙집권적이라기보다는 지방분권적인 리더십이다. 변혁적 지도자는 추종자나 조직 구성원들과의 상호적 대화의 관계 속에서 그들의 상황과 요구에 보다 더욱 민감하고 적절하게 응답하는 리더십을 발휘해야 한다. 진정한 변혁적 리더십은 창조적일 뿐만 아니라 응답적이어야 하며, 수여적일 뿐만 아니라 수용적이어야 하며, (전통적인 이미지에서) 남성적일 뿐만 아니라 여성적인 리더십이다.

다섯째, 변혁적 리더십의 가장 큰 힘은 자기희생적인 행동의 리더십에 있다. 지도자가 조직 전체의 목표를 위한 구성원들의 헌신을 극대화하고자 하는 변혁적 리더십을 온전히 발휘하기 위해서는 자기희생적 리더십을 갖추어야 한다. 이상적인 비전과 목표를 위해 자기를 헌신하고 희생하는 자기희생적 리더십은 추종자들로 하여금 지도자를 진정한 의미에서 카리스마적이라고 여기게 만들고, 지도자에게 정통성을 부여하며, 지도자의 행위를 본받아 조직의 목표달성을 위해 자신들도 희생하고자 하는 이타주의적 행동을 하게 한다.[8] 즉 자기희생적 리더십은 추종자들의

7   Bass, *Transformational Leadership*, 6.

8   Yeon Choi, A *Theory of Self-Sacrificial Leadership*, Doctorate Thesis (University of Kansas, 1995); Yeon Choi & R. R. Mai-Dalton, "On the Leadership Function of Self-Sacrifice,"

인지, 정서, 행위에 영향을 끼쳐 업무분장, 보상분배, 권한행사에 있어서 개인의 이익, 특권, 복지의 전부나 일부를 포기하거나 연기하도록 만든다.

3. 예수님의 리더십

우리는 가장 이상적인 교회 지도자의 리더십 모델을 성서에 나타나는 예수님의 인격과 사역에서 발견한다. 예수님의 리더십이야말로 모든 교회 지도자들이 따라야 할 리더십의 원형이요 모형이다. 예수님의 리더십은 한마디로 변혁적 리더십의 모델이라고 할 수 있다. 예수님은 사람들의 가치관과 세계관과 삶을 변화시켰으며, 그 당시의 종교적·정치적 세계를 변혁시켰으며, 가장 근본적인 방식으로 인류의 역사를 변화시켰다. 예수님은 가장 이상적이고 통전적인 변혁적 리더십 모델을 보여주었다. 즉 예수님에게는 변혁적 리더십의 구성요소인 카리스마, 개인적 배려, 지적 자극, 힘의 부여, 자기희생이 가장 완전한 형태로 나타났다. 우리는 성서 기록을 통해 예수님의 변혁적 리더십의 다섯 가지 특징들을 확인할 수 있다.

첫째, 예수님은 놀라운 카리스마적 리더십을 소유하고 있었다. 예수님의 카리스마적 리더십은 두 가지 사실에 근거하고 있다. 먼저, 예수님의 강력한 카리스마적 리더십은 하나님께서 그와 함께하심으로부터 나온다. 누가에 따르면 "하나님이 나사렛 예수님에게 성령과 능력을 기

Leadership Quarterly, 9(4), 1998, 475-501.

름 붓듯 하셨으매 그가 두루 다니시며 선한 일을 행하시고 마귀에게 눌린 모든 사람을 고치셨으니 이는 하나님이 함께 하셨음이라"(행 10:38). 하나님께서 예수님과 함께 하셨다는 것은 예수님에게 성령이 충만하였으며 성령의 능력이 그를 통해 나타났다는 것을 의미한다. 성령의 능력으로 예수님은 카리스마적인 기적을 행했다. 다른 사람들과의 만남에 있어서 예수님은 놀라운 주권을 가지고 상황을 압도했다. 그는 자신을 궁지에 몰아넣으려는 적대자들의 시도를 미리 꿰뚫어 보고 그들의 반대를 제압하였으며(간음하다 현장에서 붙잡혀온 여인을 돌로 치려는 자들로부터 구원하는 예수님의 카리스마를 보라![요 8:1-11]), 그의 주위에 몰려든 귀신들린 자들과 병든 자들을 고쳐주었다. 예수님의 카리스마는 성령의 충만함으로 말미암는 신적 카리스마라고 할 수 있다.

또한 예수님의 카리스마적 리더십은 예수님이 가졌던 종말론적 하나님 나라의 비전으로부터 나온다. 그의 메시지의 핵심은 "때가 찼고 하나님 나라가 가까웠으니 회개하고 복음을 믿으라"(막 1:15)는 것이었다. 예수님은 하나님 나라를 향한 확고한 비전과 소명을 가지고 자신을 헌신하였으며, 그 비전과 소명 때문에 결국은 십자가에서 죽음을 당했다. 이러한 확고한 비전과 소명이 그의 카리스마적인 리더십의 원천이다. 예수님이 제자들을 하나님 나라의 일꾼(사람 낚는 어부)으로 불렀을 때에, 그들은 즉시 모든 것을 버려두고 예수님을 좇았으며(마 4:18-22; 막 1:16-20; 눅 5:1-11), 그 이후 예수님의 비전과 목표를 위해 자신들의 생을 헌신했다. 예수님이 이처럼 제자들로부터 절대적인 신뢰와 존경과 충성을 받는 강력한 카리스마를 가질 수 있었던 원천은 하나님 나라의 비전을 위한 하나님으로부터의 확고한 소명의식에 있다. 예수님의 종말론적인 하나님 나라의 비전은 현실의 질서와 가치관을 역전시키는 가장 철저하고 영속적인 역사 변혁적 비전이었다. 예수님 안에 현존한 성령의 충만한 임재와 성령의 능력을 통한 예수님의 놀라운 이적 사역은 바로 종말론적인 하나님 나라의 선취적 현존을 의미한다. "내가 만일 하나님의 손(성령, 마 12:28)을 힘입어 귀신을 쫓아내는 것이면 하나님 나라가 이미 너희에게 임하였느니라"(눅 11:20).

둘째, 성서는 예수님이 모든 사람을 차별하지 않고 이웃이나 원수나 선인이나 악인이나 공평하게 배려했음을 보여준다. "너는 너희에게 이르노니 너희 원수를 사랑하며 너희를 박해하는 자를 위하여 기도하라. 이같이 한즉 하늘에 계신 너희 아버지의 아들이 되리니 이는 하나님이 그 해를 악인과 선인에게 비추시며 비를 의로운 자와 불의한 자에게 내려주심이라"(마 5:44-45). 예수님은 모든 사람을 한결같이 사랑했지만 특히 가난하고 소외되고 병든 사람, 세리, 죄인, 창녀와 같은 사람들에게 특별한 관심을 가지고 긍휼과 치유와 용서와 구원을 베풀었다. "내가 의인을 부르러 온 것이 아니요, 죄인을 불러 회개시키러 왔노라"(눅 5:32). 예수님의 배려는 가난하고 억눌리고 소외된 사람들에게 우선적으로 베풀어졌다.

예수님은 각 개인의 구체적인 문제를 즉시 간파하고 그에 대하여 적절하게 응답해주었을 뿐만 아니라 그 문제를 근본적인 방식으로 해결해주었다. "'이 사람아, 네 죄 사함을 받았느니라.…네 죄 사함을 받았느니라' 하는 말과 '일어나 걸어가라' 하는 말이 어느 것이 쉽겠느냐?"(눅 5:20-23) 예수님의 배려는 각 개인 한 사람 한 사람을 향한 개별적이고 구체적인 배려였다. 또한 예수님의 배려는 단지 육신적 삶을 위한 것이라기보다는 인간의 근본적인 문제, 즉 죄와 구원의 문제를 해결해주는 궁극적인 배려였다. 예수님의 하나님 나라의 운동은 예수님으로부터 개별적으로 구원의 배려를 받은 사람들의 모임, 즉 교회 공동체를 통해 계승되고 발전되었다.

셋째, 예수님은 사람들에게 사물의 본질을 올바로 볼 수 있도록 새로운 시각을 열어주고, 지적인 도전과 자극을 주었다. 예수님은 당시 유대교의 율법주의를 과감하게 타파하고 율법의 본래적인 의미를 인간을 위한 사랑과 은혜의 관점에서 새롭게 밝혀주었다. 예를 들면, 예수님은 당시의 율법규정을 어기고 안식일에 손 마른 사람을 고쳤으며(마 12:9-13), 또 안식일에 제자들이 이삭을 자른 것을 변호하면서(막 2:23-28) "안식일이 사람을 위하여 있는 것이요 사람이 안식일을 위하여 있는 것이 아니라"(막 2:27)고 말씀하심으로써 안식일 규정을 빙자하여 인간을 속박하던 그 당시의 그릇된 율법주의적 이데올로기를 비판했다. 예수님은 하나님의 사랑과 은혜 안에서의 자유로운 삶으로 사람들을 초대했다.

기존의 고정관념과 삶의 방식과 질서와 가치관을 근본적으로 전도시키는 예수님의 변혁적인 태도는 성령 안에서의 종말론적인 하나님 나라의 비전으로부터 나온다. 하나님 나라는 현 세상의 질서에 대한 근본적인 역전과 변혁을 의미한다. "누구든지 제 목숨을 구원코자 하면 잃을 것이요, 누구든지 나와 복음을 위하여 제 목숨을 잃으면 구원하리라"(막 8:35). "이와 같이 나중 된 자로서 먼저 되고 먼저 된 자로서 나중 되리라"(마 20:16). 예수님은 단순히 예언자나 묵시사상가가 아니라 또한 지혜의 현자였다. 지혜의 현자로서 예수님은 자연의 현상이나 일상적인 삶의 경험 속에서 발견될 수 있는 인생의 지혜를 비유와 격언을 통해 가르침으로써 사람들을 율법주의적 이데올로기나 왜곡된 가치관으로부터 해방하였으며 그들에게 하나님 나라의 진리를 계시했다.

넷째, 예수님의 리더십은 일방적이거나 독재적인 것이 아니라 상호적인 관계성 안에서 다른 사람에게 힘을 부여하는(empowering) 리더십이었다. 예수님은 항상 다른 사람들을 향하여 자신을 개방하고 다른 사람의 상황과 요구에 민감하고 적절하게 응답했다. 예수님의 리더십은 창조적일 뿐만 아니라 응답적이었으며, 수여적일 뿐만 아니라 수용적이었다. 예수님의 카리스마는 결코 독재적이거나 일방적인 힘을 행사하는 카리스마가 아니라 성령의 감동과 감화를 통한 자발적인 헌신과 순종을 불러일으키는 카리스마였다. 예수님의 카리스마는 강제적인 힘이 아닌 설득적인 감화력에 있다.

그러므로 예수님에게 리더십은 결코 전통적인 가부장적 또는 군주적 지배를 의미하지 않는다. 오히려 반대로 그것은 낮아짐과 섬김 속에서 다른 사람들에게 힘을 부여해주는 것이다. 예수님의 리더십은 다른 사람을 성령의 능력과 생명으로 충만하게 한다. 만일 예수님이 군주적이고 가부장적 지배력에 의존했다면 그는 고난을 당하고 십자가에 달려 죽지 않았을 것이며, 십자가에서 죽음을 당했다고 하더라도 거기에는 인간을 구원하는 구속의 능력은 없었을 것이다. 우리가 예수 그리스도로 말미암아 누리는 충만한 생명은 바로 그분의 자기 비움을 통해 주어지는 것이다.

다섯째, 예수님의 리더십은 무엇보다도 자기희생적인 섬김과 사랑의 리더십이었다. 예수님은 철저히 자기를 비우고 가장 낮은 자리에서 다른 사람들을 섬기는 섬김의 모범을 통해 제자들을 가르쳤다. "이방인의 집권자들이 그들을 임의로 주관하고 그 고관들이 그들에게 권세를 부리는 줄을 너희가 알거니와 너희 중에는 그렇지 않아야 하나니, 너희 중에 누구든지 크고자 하는 자는 너희를 섬기는 자가 되고, 너희 중에 누구든지 으뜸이 되고자 하는 자는 너희의 종이 되어야 하리라. 인자가 온 것은 섬김을 받으려 함이 아니라 도리어 섬기려 하고 자기 목숨을 많은 사람의 대속물로 주려 함이니라"(마 20:25-28). 하나님 나라에서는 섬기는 종이 가장 큰 지도자다. 예수님은 하나님 나라에서는 섬김의 권위 외에는 다른 권위가 없음을 분명히 했다.

하나님 나라에서 가장 위대한 힘은 자신을 희생하는 사랑의 힘이다. 자신을 희생하는 이 사랑의 힘이 바로 인간을 구원하는 하나님의 능력이다. 예수님은 제자들에게 자기를 미워하고 박해하는 원수까지도 사랑하라고 가르쳤을 뿐만 아니라(눅 6:27-38; 마5:44), 마침내 사람들을 하나님 앞으로 이끌기 위해서 스스로 십자가의 길을 선택했다. 예수님의 십자가에 나타난 하나님의 자기희생적인 사랑이 인간을 구원하는 하나님의 능력이며, 이 능력에 가장 강력한 기독교 리더십의 본질이 존재한다. "십자가의 도가 멸망하는 자들에게는 미련한 것이요, 구원을 받는 우리에게는 하나님의 능력이라"(고전 1:18).

4. 21세기 한국교회 지도자의 변혁적 리더십

교회 지도자란 단지 목사와 같은 전문 교역자만을 의미하지는 않는다. 교회에서 중요한 직분을 맡은 사람들은 전문 교역자이건 일반 평신도이건 모두 교회의 지도자라고 할 수 있다. 하지만 여기서는 논지의 초점을 맞추기 위해서 전문 교역자 또는 목회자의 리더십을 중심으로 논의를 전개하고자 한다. 교역자 또는 목회자란 "하나님과 교회로부터 부름을 받아 안수식을 통해 말씀을 선포하고, 성례전을 집행하며, 하나님의 자기현시에 전적으로 응답할 수 있도록 기독교 공동체를 인도하고 양육하도록 따로 세워진, 예수 그리스도의 몸에 소속된 하나의 구성원"[9]을 말한다.

오늘날 교역자의 리더십에 대한 이해와 평가는 단지 교역자의 개

---

9   Thomas C. Oden, *Pastoral Theology*, 이기춘 역, 『목회신학』 (서울: 한국신학연구소, 1991), 98-99.

인적 능력과 특성에만 초점을 맞추어서는 안 되며, 교인들이 겪는 교회적·사회적 상황과의 상호 관계 속에서 이해되고 평가되어야 한다. 즉 교역자의 리더십 행위(카리스마, 개인적 배려, 지적 자극, 힘의 부여, 자기희생, 상황적 보상)가 교인들의 조직시민행동과 교역자에 대한 정통성 지각에 어떤 영향을 미치는지, 그리고 교인의 독립-비판성향과 교회적·사회적 상황이라는 조절변수가 교역자의 리더십에 어떠한 영향을 미치는지가 함께 분석되어야 한다.

교역자의 변혁적 리더십의 첫 번째 요소는 카리스마다. 일반적으로 카리스마란 지도자가 지닌 비범한 능력, 뛰어난 영감, 비전 제시, 감동과 호소력 있는 행동 등의 요소를 말하는데, 이러한 카리스마는 추종자들로 하여금 지도자에 대하여 존경과 자부심과 신뢰를 갖도록 함으로써 지도자의 비전을 위해 자신의 개인적 욕구를 희생하고 헌신하도록 동기화한다. 그러나 교역자의 진정한 카리스마는 단지 탁월한 인간적 능력과 자질에 있지 않고 하나님에 대한 전적인 의존과 겸비함에 있다. 지금까지의 한국교회, 특히 대형교회 교역자들의 리더십은 대체로 한 사람의 교역자의 탁월한 능력에 전적으로 의지하는 독재적 또는 제왕적 카리스마 유형이었다고 할 수 있다. 한국교회 역사 속에서 이러한 유형의 카리스마적 리더십이 교회의 급성장에 큰 역할을 한 것도 사실이며, 오늘날의 대부분의 대형교회들은 거의 이러한 리더십을 가진 교역자에 의해 성장했다고 해도 과언이 아니다.

그러나 바야흐로 이러한 유형의 카리스마적인 리더십은 한계점에 이르게 되었다. 사실상 특정한 개인의 비범한 능력에 의존하는 독재적·제왕적 리더십으로서의 카리스마라는 개념은 왜곡된 것이다. 성서에 나타나는 본래적인 의미의 카리스마적 지도자는 오직 하나님의 은혜(카리스)에 전적으로 의존하고 하나님의 뜻에 순종하는 영적 지도자다. 예수 그리스도처럼 자신을 온전히 비우고 온전히 하나님의 은혜와 성령의 능력만을 의지하는 지도자가 바로 진정한 의미의 카리스마적인 지도자다. 성령의 능력을 힘입는 카리스마적 리더십은 철저하게 하나님의 종과 도구로서의 자기 정체성에 대한 분명한 인식을 가지고 자신을 겸손히 낮추며 하나님의 은혜와 도우심에만 의존하는 자만이 발휘할 수 있다. 사도 바울의 카리스마적 리더십은 역설적으로 바로 다음과 같은 그의 고백에서 발견된다. "나는 사도 중에 가장 작은 자라. 나는 하나님의 교회를 박해하였으므로 사도라 칭함 받기를 감당하지 못할 자니라. 그러나 내가 나 된 것은 하나님의 은혜로 된 것이니 내게 주신 그의 은혜가 헛되지 아니하여 내가 모든 사도보다 더 많이 수고하였으나 내가 한 것이 아니요 오직 나와 함께 하신 하나님의 은혜로라"(고전 15:9-10).

아울러 우리는 예수 그리스도의 변혁적·카리스마적 리더십의 원천이 근본적으로 하나님 나라의 비전과 이 비전을 위해 하나님으로부터 온 소명의식에 있었음을 상기할 필요가 있다. 그러므로 교역자는 예수 그리스도가 선포한 하나님 나라의 비전과 이 비전을 위한 소명의식을 항상 새롭게 회복해야 한다. 교역자의 진정한 카리스마는 교인들에게 세상적인 안정과 성공 같은 세속적 비전을 제시하는 데 있는 것이 아니라 오히려 이 세상의 기존 질서와 가치관을 근본적으로 전도시키는 종말론적이고 역사변혁적인 하나님 나라의 비전을 제시하는 데 있다.

교역자의 변혁적 리더십을 위한 두 번째 요소는 개인적 배려다. 교역자는 교회 구성원들을 단지 자신의 비전과 목표를 위한 수단으로서가 아니라 교인 한 사람 한 사람 자체를 목적으로 여겨야 한다. 교역자는 가능한 한 교인 개개인에 대한 개별적인 관심을 기울여야 하며 무엇보다도 영적·정신적으로 시험을 당하고 어려움에 처한 교인들의 문제를 파악하고 배려하고 격려하며 도움을 주어야 한다. 최근 한국교회에서는 교역자의 목회상담 역할의 중요성이 갈수록 증대되고 있다. 이것은 목회에서 개인적 배려의 중요성이 그만큼 커졌다는 것을 의미한다. 교회는 대형화될수록 교인 한 사람 한 사람에게 개별적인 상담과 배려의 목회를 하기 어렵게 된다. 대중적 목회는 개인을 상실하기 쉽다. 그러므로 효과적인 개인적 배려가 가능한 목회를 위해서는 초기의 가정교회에서처럼 강한 유대감과 공동체 의식을 형성할 수 있는 작은 교회 모델이 바람직하다.

나아가 교역자는 예수 그리스도처럼 교회 안과 밖에 있는 소외되고 억눌리고 가난하고 고통 받는 자들에 대한 특별한 관심과 배려를 말과 삶으로 보여주어야 하며, 교회 공동체를 그러한 사회적 약자들을 위한 구체적인 실천으로 이끌어야 한다. 교역자가 꿈꾸고 제시하는 하나님 나라의 비전은 교회 공동체가 함께 사회적 약자들과 고난 받는 이들에 대한 관심과 배려를 구체적으로 실천함으로써 이 땅 위에 현실화된다.

셋째, 교역자는 하나님 나라의 빛 아래 율법주의적인 종교전통을 가차 없이 비판하고 왜곡된 가치관과 질서의 철저한 역전을 비전화하였던 예수님의 모습을 본받는 리더십을 수행해야 한다. 예를 들면, 교역자 (특히 남성 교역자)는 교회 안에서 여성의 리더십과 남녀의 동등한 파트너십을 인정해야 하며 교회와 사회에서의 남녀평등의 문제나 여성의 인권과 지위 문제를 해결하기 위해 앞장서야 한다. 그러기 위해서는 자신이 먼저 기존의 남성 중심적 사고방식과 가부장적 고정관념으로부터 과감하게 탈피해야 한다. 또는 교역자는 오늘날의 생태학적 위기 상황 속에서 소비 중심적인 자본주의 문화와 생활양식과 가치관에 대한 비판과 아울러 그것에 대한 대안적인 삶의 비전을 제시해줄 수 있어야 한다. 교역자는 교인들로 하여금 한편으로는 과거의 권위주의적인 교리나 왜곡된 전통, 또는 이데올로기적인 고정관념으로부터, 다른 한편으로는 오늘날의 지배적인 세속적 가치관이나 문화적 풍조로부터 벗어나 자유롭고도 참신한 방식으로 사물의 본질을 파악하고 진리를 깨닫도록 하기 위해서 교인들에게 늘 새로운 지적인 자극과 도전을 주어야 한다.

이러한 지도자가 되기 위해서 교역자는 예언자적인 동시에 지혜의 현자로서의 예수님의 모습을 먼저 깊이 배워야 한다. 특히 21세기적인 상황 속에서 교역자는 성서 공부뿐만 아니라 인문사회과학 및 자연과학 공부에도 힘씀으로써 오늘날의 과학적 세계관과의 상호적인 대화 속에서 기독교 세계관을 변증 또는 재구성할 수 있는 신학적 사고능력을 배양해야 하며, 또한 교인들도 그러한 신학적 사고능력을 지닌 성숙한 그리스도인이 되도록 목양해야 한다. 교역자는 교인들이 성서적 전통에 확고하게 서 있는 동시에 오늘의 삶의 세계와 세계관 속에서 기독교 신앙의 진리를 새롭게 이해하고 또한 이해 가능한 방식으로 자신들의 신앙을 변증할 수 있도록 하기 위해서 설교뿐만 아니라 다양한 신학강좌와 신앙훈련 프로그램을 통해 교인들에게 끊임없이 지적인 자극과 도전을 주고 스스로 신학적으로 사고할 수 있는 능력을 길러주어야 한다.

넷째, 교역자는 자신에게 힘을 집중시키는 목회가 아니라 교인들에게 힘을 부여하는 민주적 리더십을 수행해야 한다. 교역자와 평신도의 차이는 직분고하의 차이가 아닌 평등한 관계에서의 기능상의 차이임을 상기해야 한다. 21세기의 한국교회는 성직자 중심체제에서 평신도와 보다 더욱 유기적으로 협력하는 체제로 변화될 것이며, 또한 그래야 한다. 그러기 위해서는 평신도 리더십이 보다 더 활성화되어야 한다. 평신도 목회는 궁극적으로 하나님의 선교에 참여하여 희생과 봉사로 하나님과 세상을 섬기는 선교적 사역을 의미한다.[10] 현실적으로 교역자가 모든 일에

---

10   Hendrik Kraemer, *A Theology of the Laity* (Philadelphia: Westminster Press, 1958).

전문가가 될 수는 없기 때문에, 다양한 전문적 특성을 가진 평신도가 선교의 주체로 세움을 받고 하나님 나라를 구현하는 일에 적극적으로 참여할 수 있어야 한다. 그러기 위해서 교회는 구성원 각자의 독특한 은사를 중심으로 사역과 역할을 분담하는 구조로 전환되어야 하며, 교역자를 중심으로 교인들의 다양한 은사를 적절하게 활용하는 팀 사역이 활성화되어야 한다. 교역자는 평신도들로 하여금 자신의 독특한 전문성과 능력을 살려 교회 운영, 교육, 선교, 봉사 등 다양한 영역에 적극적으로 참여할 수 있도록 기회를 확대하고 격려해야 한다. 그리고 모든 교회 운영과 의사결정과정은 성서적이고 합리적이고 민주적이고 투명해야 한다. 일방적인 지시와 순종의 관계에 의존하는 비민주적인 계층질서적 구조는 철폐되어야 한다.

미래의 교역자의 리더십은 일방적이고 계층질서적인 관계가 아니라 상호적이고 순환적인 관계를 지향한다는 점에서 여성적 리더십이 더욱 중요한 리더십 모델이 될 것이다. 전통적인 가부장적 리더십 모델이 이성적이며, 눈물을 흘리지 않으며, 고통당하지 아니하며, 초월적이며, 일방적이며, 위에 군림하며, 강제적인 힘을 구사하는 리더십 모델이었다면, 여성적 리더십 모델은 감정이 넘치며, 눈물을 흘리며, 고통당하며, 내재적이며, 상호 대화적이며, 아래에서 섬기며, 설득적인 리더십 모델이라고 할 수 있다. 또한 남성의 리더십이 과업주도적·권위적·구조주도적·보수적·자유방임적이라면 여성의 리더십은 인간관계 중심적·민주적/배려적·인간주도적·변혁적·보상적이라고 할 수 있다. 이러한 특성을 지닌 여성의 리더십은 안정성, 통제, 경쟁, 물건, 획일성을 특징으로 하는 산업화 시대의 옛 리더십 패러다임으로부터 변화, 힘의 부여, 협동, 사람 및 관계, 다양성을 특징으로 하는 정보화 시대의 새로운 리더십 패러다임으로 전환하는 21세기에 있어서 남성적 리더십보다 더 적합하다고 할 수 있

다.[11]

　　다섯째, 교역자의 리더십은 유창한 설교가 아니라 구체적인 자기 희생의 모범을 통해서 완성된다. "하나님 나라는 말에 있지 않고 오직 능력에 있음이라"(고전 4:20). 자기희생이란 단지 수사적이거나 관념적인 것이 아니라 구체적이고 실천적인 것이어야 한다. 그것은 다른 일에 비해 더 위험하거나 힘들거나 기피되는 일을 스스로 자원하거나, 다른 사람을 위해서 자기에게 정당하게 분배되어야 할 금전적·비금전적 보상이나 혜택을 과감하게 포기하거나, 또한 전체의 대의를 위해서 자신이 사용할 수 있는 자원과 권한의 사용을 자제하는 것을 포함한다. 자기희생은 또한 선으로 악을 갚는 과정에서 경험되는 모든 고통을 인내하며, 다른 사람을 위하여 가장 귀한 생명까지도 내어놓는 것을 말한다. "사람이 친구를 위하여 자기 목숨을 버리면 이보다 더 큰 사랑이 없나니"(요 15:13). 자기희생의 리더십은 예수 그리스도의 십자가에 나타난 하나님의 구원의 능력을 가장 효과적으로 재현하고 현실화시킨다. 자기희생적 섬김과 사랑은 교역자가 발휘할 수 있는 가장 큰 변혁적 능력이다. 교인들은 자신을 희생하면서까지 타인을 헌신적으로 배려하고 돌보는 교역자의 리더십에 의해 결정적으로 변화되며, 그런 지도자에게 가장 확고한 정통성을 부여한다. 교회의 유익을 위해 자신의 희생을 감수했던 교역자들의 성공적인 목회 사례들은 수많은 연구 보고들을 통해 확인된다.[12] 한 알의 밀처럼 썩어지는 교역자의 헌신과 희생은 많은 영혼을 구원하며, 교회를 부흥시키

11　　Richard L. Daft, *The Leader Experience* (South-Western College Pub. 2nd edition, 2001).

12　　예를 들면, 손정위, "한국 담임 목회자의 리더십 실제와 리더십 형성에 미친 요인 분석을 위한 한 연구," 『한국기독교신학논총』, vol. 34 (한국기독교학회, 2004), 343 참조.

며, 하나님 나라를 확장하는 첨경이다.

여섯째, 교회의 리더십에서 상황적 보상은 변혁적 리더십의 구성 요소는 되지 못한다. 하지만 상황적 보상이 변혁적 리더십과 반드시 배치되는 것은 아니다. 변혁적 리더십은 경우에 따라 거래적 리더십의 상황적 보상행위를 병행함으로써 시너지 효과를 창출할 수 있다. 교역자는 필요한 경우에 교인들에게 어떤 과업의 성공적 수행에 대하여(예를 들면 전도나 교회봉사) 적절한 상황적 보상을 해줄 필요가 있다. 교역자의 상황적 보상은 원칙적으로는 신앙적이고 정신적인 것이 바람직하지만, 경우에 따라서는 물질적이거나 가시적인 것도 필요하다. 상황적 보상은 단지 성공적인 과업수행에 대한 감사와 보상과 격려의 의미뿐만 아니라, 미래의 하나님 나라에서 하나님으로부터 받을 영원한 상급에 대한 예표로서 종말론적인 구원론적 의미를 가질 수 있다.

교역자의 리더십 행위가 교인들의 조직시민행동[13]과 정통성 지각에 미치는 영향에 관한 한 연구논문에 의하면, 교인들의 조직시민행동의 증대를 위해서는 카리스마와 상황적 보상행위가 개인적 배려, 지적 자극, 자기희생적 행위보다 더 효과적인 반면, 교역자의 정통성 지각에는 카리스마, 지적 자극, 자기희생 행위가 개인적 배려와 상황적 보상행위보다 더욱 긍정적인 효과를 일으키는 것으로 밝혀졌다고 한다.[14] 이러한 연구

---

13 조직시민행동(organizational citizenship behaviors)이란 조직 안에서의 구성원의 이타, 성실, 예의, 시민정신, 스포츠맨십 등을 나타내는 행동으로서, 주위의 동료들이 어떤 역할을 수행하도록 자발적으로 도와주고(이타), 조직을 위해서 기대 이상의 일을 수행하며(시민정신), 조직의 좋은 면을 강조하는 행동(스포츠맨십)이라고 할 수 있다. Dennis W. Organ, *Organizational Citizenship Behavior: The Good Soldier Syndrome* (Lexington, MA: Lexington Books, 1988). 교회조직 안에서 교인들의 조직시민행동이란 단순히 말하자면 교회에 대한 관심과 헌신도를 말한다고 할 수 있다. 이 관심과 헌신도는 교회의 행사와 각 기관과 부서 활동에 대한 참여도로 나타난다.

14 서정하, 『한국 기독교 목회자의 리더십 행위가 성도들의 조직시민행동과 정통성 지각

결과는 교역자의 리더십을 그것이 교인들에게 미치는 영향과 교인들의 반응과의 상관성 속에서 분석, 평가해야 하며 각 교회가 처한 특수한 목회적 상황 속에서 그러한 분석과 평가에 따라 요구되는 유형의 리더십 개발과 발전이 이루어져야 함을 보여준다.

또한 교역자의 리더십 효과는 교인들의 성향이라는 변수에 의해 조절된다는 점이 기억될 필요가 있다. 즉 교인들의 독립적-비판적 사고의 성향은 지도자의 리더십 효과를 조절하는 조절변수의 기능을 한다. 독립적-비판적 성향이 높은 교인들은 낮은 교인들에 비해 교역자의 카리스마와 지적 자극 행위에 대하여 조직시민행동의 정도가 낮으며, 교역자의 카리스마, 개인적 배려, 지적 자극, 상황적 보상행위에 대해서 정통성을 덜 지각한다고 한다. 반대로 의존적-순종적 성향의 교인들은 교역자의 카리스마, 지적 자극 행위에 의해 더 큰 영향을 받아 주위의 교인들을 돕고 교회의 발전을 위해 수고를 아끼지 않는 조직시민행동을 더 많이 하며, 교역자의 카리스마, 개인적 배려, 지적 자극, 상황적 보상행위에 대해서 교역자에게 더 많은 정통성을 부여한다고 한다. 이러한 사실은 교인들의 독립적-비판적 성향이 높을수록 교역자가 리더십을 발휘하기가 더 어려워진다는 사실을 보여준다.

문제는 오늘날 한국교회 교인들의 독립적-비판적 성향이 갈수록 증대되고 있다는 점이다. 오늘날 교인들의 독립적-비판적 성향의 증대는 지적 수준의 향상, 민주의식의 고양, 교회의 사회적 책임에 대한 인식의 증대 등과 관계가 있는 것으로 보인다. 교인들의 독립적-비판적 성향이

에 미치는 영향: 추종자 특징의 조절효과』(홍익대학교 대학원 박사학위논문, 2003), 127-31을 참고. 여기서는 교인들에게 힘을 부여해주는 민주적 리더십이 교인들의 조직시민행동과 교역자의 정통성 지각에 어떤 영향을 주는지에 관한 연구는 이루어지지 않았다.

증대하는 오늘의 교회 현실 속에서 지도자에게는 통전적인 변혁적 리더십이 요구된다.

5. 결론

21세기에 한국교회가 요구하는 통전적인 변혁적 리더십은 하나님 나라의 비전을 가지고 성령의 능력 안에서 교회의 역량을 사회적 섬김과 실천으로 동력화시키는 카리스마 리더십, 교인 한 사람 한 사람, 특히 소외되고 고통 받는 사람들에게 관심과 배려를 아끼지 않는 개인적 배려의 리더십, 변화하는 오늘의 세계관 속에서 기독교 신앙의 진리를 새로운 관점에서 이해하고 변증할 수 있는 신학적 사고의 지평을 열어주는 지적 자극의 리더십, 한 사람의 독재적인 카리스마에 의지하는 리더십이 아니라 평신도 각자의 특수한 은사와 능력을 최대한도로 활성화시키는 힘 부여(empowerment)의 리더십, 그리고 무엇보다도 예수 그리스도를 따라 양들을 위해 자신의 목숨까지도 돌보지 않는 선한 목자처럼 다른 사람들을 섬기고 자기 목숨까지도 내어놓는 자기희생적인 섬김과 사랑의 리더십이다. 이처럼 통전적인 변혁적 리더십을 구비한 교회의 지도자야말로 영혼의 구원과 교회의 갱신, 그리고 세상의 변혁과 하나님 나라의 구현을 위하여 하나님으로부터 가장 효과적으로 쓰임을 받는 영광스런 사도가 될 수 있을 것이다.

제6장

한국교회의 남녀평등과
여성 리더십

1. 서론: 한국교회의 여성 리더십의 어제와 오늘

이 글에서는 필자가 속해 있는 대한예수교장로회 통합 교단과 교회를 중심으로 한국교회의 남녀평등과 여성 리더십 문제에 관해 고찰해보고자 한다. 1994년과 1995년, 그리고 1996년은 예장 통합 교단에 속한 여성들에게 매우 역사적인 해다. 왜냐하면 이 시기에 여성의 목사, 장로 안수가 예장 통합 총회에서 통과되고 여성 목사와 장로가 탄생함으로써 교회의 여성 리더십에 신기원이 이루어졌기 때문이다.[1] 100년 전 한국에 기독교가 전래될 당시부터 여성은 성직에 접근하는 것이 허락되지 않았다. 1907년 독노회 조직시 33인의 선교사와 한국인 장로 36인이 모여 규칙을 만들 때, "목사와 장로는 세례 받은 남자여야 한다"고 규정했다. 그러나 1933년 함남노회 여신도 103인과 노회장의 명의로 여자에게도 장로를 허락할 것을 청원한 이래 여성 안수를 위한 노력이 끊임없이 이어졌다. 1946년 여성 장로 청원을 다시 했으나 총회는 통일이 이루어질 때까지 보류하기로 결정했다. 그 후 여성들의 여성안수 청원은 1961년 다시 시작되어 1993년까지 32년 동안 22번의 헌의가 이루어졌다. 주목할 만

---

[1] 예장 통합 교단에서는 60여 년의 오랜 세월 동안의 인고(忍苦) 끝에 1994년 9월 12일 제79회 교단 총회에서 여성 안수법이 재적 1321명 중 찬성 701표, 반대 612표, 기권 8표로 통과되었다. 그 이후 노회 수의 과정에서도 무사히 3/2선을 넘어서, 1995년 6월 기독공보의 공고를 통해 여성도 목사와 장로로 안수받을 수 있는 법이 공포되었다. 1996년 5월에는 155명의 여성이 목사고시에 응시하여 77명이 합격하였으며, 이중 동년 가을 노회에서 19명의 여성 목사가 탄생하고 12명의 여성 장로가 안수를 받았다.

한 점은 1977년부터는 여성 장로뿐만 아니라 여성 목사 안수도 같이 청원한 것이다. 그러나 이에 대하여 총회는 6번의 연구 위원회 결성을 보고하였으며, 투표를 통해 14번 부결하였으며, 다루지 않은 해도 있었고, 1991년에는 3년 동안 다루지 않기로 결정하기도 했다.

여성 안수의 법제화와 실현을 위하여 여전도회 전국연합회, 전국여교역자 연합회, 예장 통합 전국여신학생 연합회 등의 교단 여성기관들이 많은 수고를 하였으며, 그 외에도 에큐메니칼 단체들인 한국여신학자협의회, NCC 여성위원회, 교회여성연합회, 기독여민회, 여성교회, 전국여교역자 연합회, 각 교단 여교역자회 등이 함께 힘을 모았다. 예장 통합교단의 여성목사와 장로 안수는 한편으로 기쁜 일이면서도 다른 한편으로는 만시지탄(晚時之歎)의 아픔이 함께 있다.

예장 통합 교단 이외의 교단에서의 여성 안수 현황을 살펴보면, 기독교대한감리회는 1933년부터 여성 목사와 장로 안수 제도를 시행해 왔으며, 한국기독교장로회는 1957년에 여장로 제도가, 1974년부터는 여목사 제도가 법제화되고 1977년에 첫 여목사가 탄생했다. 이 외에도 여성 목사 안수를 허용하는 교단들로서 예장 백석, 순복음교회, 하나님의 성회, 성결교, 침례교, 복음교회, 루터교회, 성공회 등이 있으며, 아직 여성 목사 안수를 허용하지 않는 교단들로는 예장 고신과 예장 합동이 있다.

예장 통합 교단에서 여성 목사와 장로가 탄생한 것은 분명히 한국교회 안에서의 여성 지도력에 획기적인 변화를 가져온 전환점이 된 사건임이 틀림없다. 그 이후 여성 목사 지원자의 수가 점차 늘어나 장로회신학대학에 재학 중인 여성 신대원생들이 전체 학생의 4분의 1에 이르고 있다. 따라서 예장 통합 교단 안에서 여성 목회자의 수는 폭발적으로 증가하고 있으며, 바야흐로 한국교회의 리더십에 커다란 변화의 물결이 일어나고 있다.

그러나 상황이 그렇게 고무적인 것만은 아니다. 아직도 한국교회의 목회자들과 평신도들이 여교역자에 대해 갖고 있는 인식은 매우 왜곡되어 있거나 낮으며, 여교역자의 실제적인 활동 기회와 가능성 또한 매우 제한적이기 때문이다. 남성 목회자들 가운데 여전도사를 목회자로 생각하지 않는 사람들이 없지 않으며, 평신도들도 여전도사를 가정 심방자 정도로 생각하는 경우가 많다. 예를 들면 교회 여전도회의 실제적인 일들을 여전도사가 담당하지만 공식적인 지도책임자는 남자 부목사라는 것이다. 얼마 전 전국여교역자연합회에서 조사한 설문에 응답한 내용을 살펴보면 일반 평신도들은 여전도사를 48.0%가 목회자로 생각하고, 35.9%가 목회보조자로 보는 것으로 나타났으며, 여전도사 자신도 스스로 목회자라고 생각하는 사람이 50.0%, 목회보조자라고 생각하는 사람이 37.1%로 나타났다.

그러므로 여교역자 자신의 의식전환과 아울러 여성 목회자에 대한 남성 목회자들과 평신도들의 인식 변화가 무엇보다도 시급하게 요청된다. 여성 목사 안수가 통과된 이후, 어떤 교회들에서는 여성 전도사마저 기피하는 경향이 있다고 한다. 왜냐하면 여전도사로부터 여성목사 청빙 요청을 받을 것을 사전에 방지하기 위해서라는 것이다. 그러므로 의식의 전환과 더불어 법제화된 여성 교역자의 활동 기회가 실제적으로 남성과 동등하게 부여될 수 있는 보다 구체적이고 합리적인 제도의 보완이 절실히 요청된다.

한국교회의 남녀 불평등과 성차별의 현실은 여성 교역자의 경우에만 국한된 문제는 아니다. 한국교회의 대다수(일반적으로 2/3이상)를 차지하고 있는 여신도들의 교회 안에서의 위치는 한마디로 종속적이며 열악하다. 대체로 여성들은 교회 안의 공식적인 의사결정과정에서 침묵을 지키거나 소외되어 있으며, 언로(言路) 자체가 막혀 있는 형편이다. 한국 교회 안에서의 여성의 현실은 세계와 한국 사회에서의 여성의 현실 못지 않게 성차별적이고 가부장적이다. 교회의 남성 중심적이고 가부장적인 전통은 교회가 그러한 사회와 문화의 영향사 안에 있기 때문이기도 하지만, 이에 못지않게 성서에 대한 문자적이고 근본주의적인 이해와 이에 기초한 신학적 인간학에 기인한다. 이 문제는 후에 다시 다룰 것이다.

기독교 교회의 신앙과 삶을 위한 유일한 규범이 있다면 그것은 바로 예수 그리스도의 가르침과 삶 그리고 예수 그리스도의 정신을 가장 충실하게 계승하고 실천했던 초기 기독교 공동체의 모습일 것이다. 성서를 면밀하게 잘 연구해보면 이러한 본래적이고 규범적인 기독교의 모습을 발견할 수 있는 자료들이 많이 있다. 특히 예수와 초기 교회에서의 여성의 위치와 활동이 어떠했는가 하는 것을 새롭게 발견하는 일은 오늘날 한국교회의 남녀평등과 여성의 리더십에 관한 올바른 이해를 위한 필수적인 선행조건이다.

2. 예수와 여성, 그리고 초기 교회에서의 여성 리더십

예수 시대의 유대 사회는 철저히 가부장적인 사회였다. 유대교 문헌을 보면 남자 아기는 하나님의 은총의 표로서 세상의 평화를 가져오지만, 여자 아기는 세상에 아무 보탬이 되지 않는다고 한다. 레위기에는 출산 후 산모가 근신하는 규정이 있는데 딸을 낳을 경우(66일)에는 아들을 낳은 때(33일)보다 두 배 더 길게 규정되어 있다(레 12:1-5). 유대교 남자들은 매일 외우는 기도문에서 "주여, 제가 여자로 태어나지 않은 것을 감사하나이다"라고 기도했다(Babylonian Talmud, Menachoth 43b), "여인이 많으면 유혹이 많다"(Pirqe Aboth 2:7)고까지 했다. 율법학자들은 여성과 길거리에서 이야기하는 것을 수치로 알았다. 남자들은 여자들에게 심지어는 자기 식구에게까지도 사람들 앞에서 공공연하게 말을 건네는 것을 피했다. 여자들은 예배드릴 때 토라를 읽을 수 없었을 뿐만 아니라, 뒤에서 소리 없이 예배를 드려야 했다. 심지어 식탁에서도 소리 내어 기도할 수 없었다 (Babylonian Talmud, Berachoth 20b). 딸에게 토라를 가르치는 것은 아주 잘못된 일로 여겨졌고(Mishna, Sotah 3:4) 여자들에게 토라를 가르치기보다는 오히려 태워버리는 것이 낫다고 생각했다(Jerusalem Talmud, Sotah 3:4, 19a).

예수 시대의 유대 여성들은 집 밖으로 나갈 때 면사포로 얼굴 전면을 가리고 나가게 되어 있었다. 면사포를 하지 않고 나다니는 여성들은 미풍양속을 해치는 여성들로 간주되었다. 예루살렘의 어떤 고위 사제는 자신의 어머니를 알아보지 못하고, 자기 어머니에게 간음의 혐의가 있다고 고소를 하기도 했다고 한다.[2] 이처럼 철저한 남성우월주의적이고 가부장적인 유대사회에서 여성들의 가정적·사회적 위치는 한마디로 비인간적이었다. 여성의 가정적·사회적 천대와 종속과 억압과 소외는 종교적인 율법의 이름으로 재가(裁可)되고 강화되었다.[3]

그러나 예수의 가르침과 삶에 나타난 여성의 모습은 당시의 상황에서는 엄청나게 파격적이고 혁명적인 것이었다. 예수는 그 당시에 유대교의 율법과 전통으로부터 죄인으로 정죄된 사람들, 억압받고 소외되고 힘없는 사람들과 특히 여성들에 대한 각별한 관심과 사랑을 베풀었다. 예수는 유대교주의자들에서는 찾아볼 수 없었던 믿음을 가난한 여성, 버림

---

2   J. 예레미아스, 『예수시대의 예루살렘』, 한국신학연구소 역 (서울: 한국신학연구소, 1989), 450-51.

3   Ibid., 454-68.

받은 여성, 과부, 불결한 여성, 창녀, 사마리아 여인, 시리아계의 페니키아 여인 등에서 발견한다. 과부의 헌금 이야기, 믿음을 가진 창녀에 대한 용서 이야기, 하혈하는(부정하다고 여겨지는) 여인을 고치신 이야기, 마리아를 특별히 아끼신 이야기, 사마리아 여인과의 대화 이야기 등이 누가복음에 기록되어 있다. 또한 예수의 여행에 여성들이 동반자로 함께했다는 누가복음 8:1-3의 기록도 특별한 의미를 함축하고 있다.

무엇보다도 예수는 당시의 성차별적이고 가부장적인 질서를 포함한 문화적·정치적·종교적 체제에 대한 근본적인 역전과 변혁의 비전을 가지고 있었다. 이 비전이 바로 임박한 종말론적인 하나님 나라에 대한 비전이다. 예수는 하나님 나라에서는 작은 자가 큰 자가 될 것이며, 먼저 된 자가 나중 될 것이라고 말씀했다. "그러나 먼저 된 자로서 나중 되고 나중 된 자로서 먼저 될 자가 많으니라"(마 19:30; 막 10:31; 눅 13:30). "너희 모든 사람 중에 가장 작은 그이가 큰 자니라"(눅 9:48). 하나님 나라에서는 기존의 가치질서는 역전되고 새로운 가치질서가 수립될 것이다. 이 하나님 나라는 이 세상에서 억압받고 소외되고 고통당하는 여성들의 나라이며, 누구보다도 이러한 여성들의 헌신적인 참여와 실천을 통해 확장되어 가는 나라다.

따라서 예수의 하나님 나라 운동의 중심에 이러한 여성들, 즉 병고침을 받은 여성, 귀신으로부터 자유케 된 여성, 죄 용서함을 받은 여성, 소외되고 억압받고 있던 여성들이 있었던 것은 이상한 일이 아니다. 이 여성들은 전심을 다하여 예수를 따르고 섬겼으며, 마침내 예수께서 십자가에 달릴 때에 다른 남자 제자들은 거의 모두 예수를 버리고 달아나거나 예수를 부인했지만 이들은 끝까지 예수를 버리지 않고 그 곁을 지켰다. 이들은 진정한 의미에서 예수의 충성된 제자들이었다. 뿐만 아니라 이 여성들은 부활의 주님에 대한 최초의 목격자요 증인이 됨으로써 오늘날 기독교의 부활신앙의 첫 선포자가 되었다. 말하자면 이들은 오늘날의 복음 케리그마를 가장 먼저 선포했던 사도들이었다. 여성들은 예수의 하나님 나라 운동에 있어 단순히 주변적인 존재가 아니라 그 운동의 중심에 서서 물질적인 조달과 살림을 맡았으며, 결정적인 위기의 때에 예수 그리스도의 십자가와 부활의 증인이 됨으로써 예수의 하나님 나라 운동을 교회 공동체 안에서 지속적으로 계승, 수행해 나아갈 수 있는 원동력을 마련했다.

우리는 또한 초기 교회에서의 여성의 역할과 활동이 어떠했는가를 살펴봄으로써 지속적인 하나님 나라 공동체인 초기 교회 안에서의 여성의 지도력과 지도적 위치를 확인해볼 수 있다. 초기 교회에서 여성들은 역시 중요한 교회의 일꾼이요 회원이었다(행 1:14; 12:12). 교회가 마가라고 하는 요한의 어머니 마리아의 집에서 기도를 하고 있었다는 기록은 이 사실을 암시한다. 또한 기독교 선교의 대상에 여성들이 포함되어 있었다(행 16:13ff; 17:4, 12). 또한 여성들은 선교의 대상일 뿐 아니라 주체였다.

초기 기독교 선교운동에서 최초의 교회는 가정교회의 형태로 시작되었다. 그중에서도 브리스길라와 아굴라의 교회는 바울에 의해 로마서에서 가장 먼저 문안을 받을 뿐만 아니라 고린도전서 16:19에 다시 언급될 만큼 가장 활동적인 교회였다. 브리스길라 부부는 초기 교회의 대표적인 지도자였다(행 18:26; 롬 16:1ff) 이들은 "그들의 집에서" 교회를 세우고 말씀을 선포하고 예배를 드리고 성만찬의 식탁을 함께 나누었다. 이들은 자신들의 노동으로 선교비를 충당했다. 이들은 자신들의 집을 교회로 개방하기 위하여 세 번이나 소유물을 팔고 자리 잡은 사업장을 떠나야 했다. 이들의 집은 고린도에서(고전 16:19), 에베소에서(행 18:18), 그리고 로마에서(롬 16:5) 선교근거지로 사용되었다. 이들은 바나바와 아볼

로처럼 바울과 동역자 관계였으나 그의 권위 아래 있지 않았으며 바울과
는 별도로 이미 그들의 선교활동을 시작했다. 오히려 바울이 이들을 자신
의 동역자라고 부르면서(롬 16:3), 자신만이 아니라 모든 이방 교회가 브
리스길라에게 감사해야 한다고 말했다. 이 부부는 알렉산드리아 출신인
아볼로가 에베소 회당에서 그리스도를 잘못 전하는 것을 보고 그를 불러
다가 하나님의 말씀을 자세히 풀어 가르쳤다. 아볼로는 갈릴리 출신인 요
한의 세례와 회개는 잘 알았으나 성령은 잘 몰랐던 것 같다. 이 부부의 역
할에서 대부분의 경우 남편보다 부인의 이름이 먼저 나오는 것을 감안할
때, 브리스길라가 보다 더욱 적극적인 복음의 일꾼이었으며 교회 안에서
의 지도력에도 더욱 중요한 위치에 있었던 것으로 여겨진다.

　　　이들 외에도 성서 곳곳에 초기 교회에서 중요한 역할을 담당했던
여성들의 이름이 등장한다. 그중에서 대표적인 사람들을 들면, 글로에(고
전 1:11), 자매 압비아(몬 2), 라오디게아에 있는 눔바와 그 여자의 집에 있
는 교회(골 4:15), 우리의 자매 뵈뵈(롬 16:1), 복음을 위한 안드로니고와
유니아(롬 16:7), 부부인 빌롤로고와 율리아(16:15) 등이다. 이러한 성서
의 본문들을 통해서 우리는 초기 교회에서 여성은 남성과 동등하게 교회
를 섬겼으며 중요한 지도력을 발휘하고 있었음을 알 수 있다. 초기 교회
는 본질적으로 성령의 카리스마적인 은총의 권위에 따르는 공동체였다.
오순절에 경험된 것과 같은 성령의 카리스마는 남녀 모두에게, 그리고 많
은 경우에는 남자보다 여자에게 더욱 강력하게 경험되었기 때문에 여성
의 리더십은 강화되었다고 추측할 수 있다.

　　　그러나 1세기 이후도 교회 안에 감독정치가 제도화되고 기독교
가 로마 제국의 새로운 제국종교로서 기구화되면서부터 성령의 활동과
체험은 제도적·교리적 체계에 의해 위축되거나 제한하게 되었으며, 교회
가 가부장화되어 가는 과정 속에서 여성의 역할 또한 함께 위축되고 제

한을 받게 되었다. 그리하여 예수의 하나님 나라 운동에서와 초기 교회에서의 여성의 지도적인 역할에 대한 기억은 희미해지거나 잊히고, 남성 중심적이고 여성 차별적인 전통이 강화되었다. 남성만으로 이루어지는 "사도적 계승"(apostolic succession)의 교리는 여성의 성직과 리더십을 부정하는 대표적인 기독교 전통으로 기능했다. 이와 같은 남성 중심적이고 성차별적인 기독교 전통의 배후에는 두 가지 서로 연관된 신학적·해석학적 관점이 놓여 있다. 즉 신학적 인간학과 성서 해석학이 그것이다.

3. 신학적 인간학

여성에 대한 기독교의 성차별적 전통의 배후에는 근본적으로 신학적 인간학의 문제가 놓여 있다. 여성은 자신의 신체적·생물학적·성적 특성 때문에 성직자가 될 수 없다는 것이다. 왜 그런가? 무엇보다 우리는 여성에 대한 성서의 부정적 표현들을 그 근거로 이해할 수 있다.[4] 특히 구약성서에 나타나는 여성에 대한 부정적인 구절들을 포함하는 여성 차별적인 표현들로 말미암아 유대교와 이슬람교에서는 일찍부터 여성의 종교적 권리가 제한되거나 박탈되었으며, 남성 중심적이고 가부장적인 종교전통이 확립되고 계승되었다. 로즈매리 류터에 의하면 여성억압의 역사는 부족사회와 고대 문명사회에서부터 찾아볼 수 있다.[5] 부족사회에서의 여성

---

4   예를 들면, 구약의 레 15:19-28은 유출(생리)을 하는 여성의 부정함에 대하여 자세히 기록하고 있다. 또한 12:2 이하도 출산을 하여 피를 흘린 여성의 부정함(사내아이를 낳았을 경우는 한 주간, 계집아이를 낳았을 경우에는 두 주간 부정)에 대하여 기록하고 있다.

5   Rosemary R. Ruether, *Liberation Theology: Human Hope Confronts Christian History and*

억압은 신체적인 무능력과 성(性)과 관계되어 있다. 특히 유목민에게 있어 성은 남성의 관점으로부터 정의되었는데, 이 관점에서 보면 여성은 일종의 이탈자, 변태자, 또는 부정한 자로 간주되었다. 여자를 부정한 자라고 보는 관점은 이스라엘을 통해 기독교에까지 전해졌다. 고대 기독교 정경의 율법에 따르면, 여성은 의식이 진행되는 동안 제단에 다가가거나 지성소에 들어가는 것이 금지됐으며, 노래를 부르는 것도 허용되지 않았다. 또한 생리 중에는 교회에 들어가는 것이 금지되었으며, 출산 시에는 일정 기간 후(구약성서의 율법에 따라 남아를 낳았을 때는 한 달, 여아를 낳았을 경우는 두 달) 정화의식을 거치기까지 여성들은 공동체로부터 격리되었다.

더욱이 기독교가 헬레니즘 세계 속에서 발전되고 제도화됨에 따라, 헬레니즘의 이원론적인 인간관이 기독교의 신학적 인간학에 커다란 영향을 미쳤다. 헬레니즘 세계에서 여성은 몸과 열등한 정신력을 지닌 존재로 동일시되고, 남자는 참 정신력과 그에 따르는 모든 정신적인 덕을 소유한 자로 동일시되었다. 그리하여 정신과 몸이라는 이원론적 관점을 창출해내고 그것을 각각 남성과 여성과 동일시했다. 이러한 이원론은 플라톤의 사상에 이르러 전형적으로 나타난다. 고대 기독교 신학자 가운데 플라톤의 이원론의 영향을 받은 대표적인 사람은 아우구스티누스로서, 그의 사상은 가부장적 인간학의 고전적인 원형을 보여준다. 아우구스티누스는 본래 아담은 한 인격이자 본성에 있어 남자의 정신성과 여자의 육체성으로 혼합 구성되었다고 생각했다. 하와가 아담의 갈비뼈로 지어졌을 때, 그녀는 아담의 조력자로서 그에게 봉사하기 위해서 취해진 인간의 육체적인 측면으로 이해되었다. 여자는 단지 출산의 임무만을 가지고

American Power (New York: The Paulist Press, 1972), 95-98.

있었으며, 정신적인 일을 위해서는 어떤 남자보다도 적당하지 않다고 간주되었다. 따라서 여자의 존재 목적은 필연적으로 출산이라는 관점에서 정의되었다. 아우구스티누스는 말하기를 남자는 혼자서도 하나님의 형상을 완전히 가질 수 있는 반면에 여자는 남자를 그녀의 머리로 받아들일 때만 하나님의 형상을 가질 수 있다고 했다. 그래서 여성은 상대적인 존재로서 남성과 관련해서만 자율적인 인간성을 가질 수 있는 존재로 이해되었다.[6] 몸이 정신에 복종하는 것이 자연의 질서이듯 여성이 남성에게 종속되는 것이 원의(原義, original justice)로 여겨졌다.

중세의 토마스 아퀴나스는 아리스토텔레스의 사상을 따라 여성을 "잘못 태어난 남성"(misbegotten male)으로 보았다. 아리스토텔레스에 의하면 남성 종자가 인간 육체의 형상(form)을 제공해주며, 여성의 생식 역할은 남성 종자의 이러한 형성력을 육체로 구체화시키는 데만 기여할 뿐이다. 규범적으로 모든 남성의 수태가 그 아버지의 형상을 닮은 또 다른 남성을 생산하도록 되어 있다. 그러나 어떤 우연에 의해서 이러한 남성적 형상은 때때로 여성적 질료에 의해서 파괴되며 그렇게 해서 열등하고 불완전한 인종인 여성을 생산하게 된다. 이 열등성은 여성의 본성 전체에 걸쳐 존재한다. 여성은 신체적·정신적(이성적 능력)·도덕적(의지력과 자기절제의 능력)으로 열등하다. 이러한 열등성은 죄악에 의해 더욱 심화되었다. 그러나 아퀴나스에 따르면 본래의 창조상태에서조차도 여성의 불완전한 본성은 여성이 종속적이라는 사실을 의미했다. 다른 종속 관계들과는 달리 남녀의 종속체계는 단지 죄악의 산물이 아니라 하나님에 의해

6   Ibid., 99-100. Rosemary R. Ruether, *Sexism and God-Talk: Toward a Feminist Theology* (Boston: The Beacon Press, 1983), 95.

창조된 자연적 질서의 일부였다는 것이다.[7]

　　종교개혁은 이러한 가부장적 인간학에 대하여 상당한 수정을 가한 것이 사실이나 근본적인 변화를 가져오지는 못했다. 루터는 창세기 연구를 통해서 로마 가톨릭이 성과 결혼을 치명적으로 왜곡시켰음을 발견하고, 여자와 성은 근본적으로 선하며, 결혼이 독신생활보다 결코 윤리적으로 열등한 것이 아니라는 확신을 하게 되었다. 그는 긴 옷을 입고 단식을 하고 고행하는 일들은 가정생활이 실제로 짊어지고 있는 곤란한 일들에 비하면 아무 것도 아니라고 말했다.[8] 또한 루터는 본래의 창조에서는 아담과 하와가 동등했을 것이나 원죄 이후에 여성은 남성에게 예속되는 운명을 형벌로 받았다고 했다. 그는 타락에 대한 형벌을 통해 여성은 본래의 평등성을 상실하게 되었고 정신과 신체에서도 열등하게 되었다고 생각했다. 그에게 남성에 대한 예속은 여성에 대하여 저질러지는 죄악이 아니라 여성의 죄악에 대하여 내려지는 형벌로서 그것은 신성한 심판의 결과인 것이다. 류터는 루터가 아담과 하와의 본래적인 동등성을 말했다고 해서 여성의 역사적 예속에 대한 신학적 재평가를 위한 자료가 될 수 없다고 본다. 왜냐하면 그것은 여성의 죄가 너무 중해서 본래의 동등성을 상실하게 되었고, 남성에게 예속되어야 마땅한 존재라고 하는 사실을 더욱 합리화시킬 뿐이기 때문이다.[9]

　　칼뱅도 루터처럼 가톨릭의 신앙이 결혼을 성례전으로 보면서도 한편으로는 불결하고 오염된 장으로 부르는 것이 모순된다는 것을 발견

7　　Ruether, *Sexism and God-Talk*, 96-97.

8　　Rosemary R. Ruether, ed., *Religion and Sexism: Images of Women in the Jewish and Christian Tradition* (New York: The Simon and Schuster Press, 1974), 294.

9　　Ruether, *Sexism and God-Talk*, 97-98.

했다. 칼뱅은 에베소서 5:22-23을 주석하면서 아내뿐만 아니라 남편 역시 아내에게 순종해야 할 것을 말하면서 남편의 권위는 하늘나라의 권위라기보다는 사회의 권위임을 말하고 있다.[10] 칼뱅주의 전통은 초기 가톨릭이나 루터의 전통과는 다르게 동등성과 예속성을 결합하고 있다. 칼뱅은 여자가 하나님의 형상을 가진 남성과 동등했을 뿐 아니라 지금도 동등하다고 본다. 본질적인 본성에 있어 여자는 양심과 영적인 능력을 남자가 가지고 있는 것만큼 가지고 있다. 남성에 대한 여성의 예속은, 본성에 있어서 혹은 타락한 역사에 있어서 여성이 열등하다는 것을 나타내는 것이 아니다. 그것은 군주에 대한 백성, 주인에 대한 종, 남편에 대한 아내, 부모에 대한 자식의 관계와 같이 어떤 사람은 지배하고 또 다른 어떤 사람은 예속되어야 한다고 하나님이 명한, 신성하게 창조된 사회적 질서를 반영한다. 여성은 열등하고 남성은 우월하기 때문이 아니라 하나님이 여성에게 부과한 역할이 바로 그것이기 때문에 순종해야 한다는 것이다.[11]

칼뱅주의 전통은 남성의 지배와 여성의 예속을 실증적이고 합법적인 창조로 확립하려고 하면서, 그것을 여성의 생득적인 열등성이나 혹은 죄악에의 경향성이라는 개념과는 분리하고 한다. 그러나 류터는 칼뱅주의에 있어 루터보다도 훨씬 더 심하게 지배와 예속이 신적으로 창조된 본래적인 사물들의 질서처럼 그려지고 있다고 비판한다. 죄악은 이러한 정당한 지배와 예속에 대한 반역이다. 이 질서를 변경하려고 하거나 혹은 여성에게 남성과 동등한 권한을 주려고 하는 노력은 어떤 것이든 그 자체가 하나님이 신성하게 제정한 창조와 속죄의 계명을 거스르는 죄악된

---

10   Ruether, *Religion and Sexism,* 229.

11   Ruether, *Sexism and God-Talk,* 98.

반역이라는 것이다.[12]

그러나 이러한 정신-몸, 주체-객체의 이원적인 도식에 근거한 인간관은 여성을 비인간화, 종속화시키는 데 그치지 않고, 사회적으로 투사되어 보다 열등한 사람들의 비인간화 및 보다 열세한 집단의 무력화를 조성하고 그들에 대한 사회적 억압을 창출해왔다. 여성만이 이러한 이원주의로 고통을 받는 유일한 존재는 아니다. 류터가 지적한 바와 같이 우리는 이러한 성적 억압의 모델이 모든 형태의 사회적 억압 현상들의 근거가 되며 이 억압심리를 문화적으로 적응할 수 있도록 해준 기초였음을 깨달아야만 한다. 즉 남성-여성, 정신-육체의 이원론은 사회 내의 지배계층과 종속계층에 각각 투사되어 사회 구성원들의 관계를 주체-객체의 주종관계로 만들어왔다.[13]

하나님의 형상으로 동일하게 지음을 받은 남녀 인간의 올바른 관계는 정신-몸, 주체-객체의 도식에 근거한 지배-종속의 관계도 아니고, 또한 인간성의 반쪽씩을 나누어 갖는 상호 보완적인 관계도 아니며, 남녀 각기 온전한 인간성의 가능성을 지닌 존재로서 그 전체적 인간성을 온전히 실현하는 것은 각자에게 주어진 인생의 과제다. 그러나 온전한 인간성, 즉 인간 안의 하나님 형상의 실현은 고립된 자아로서가 아니라 남녀 관계를 포함한 모든 전체적인 인간관계 안에서만 이루어질 수 있는 것임을 또한 기억해야 한다. 기존의 남성 중심적인 이데올로기, 종교적·교회적 전통, 사회질서와 가치관은 인간 사이의 본질적 관계성을 왜곡시킴으

---

12   Ibid., 99.

13   Ruether, *Liberation Theology*, 19. 그 대표적인 예가 백인과 흑인의 관계다. 서구 기독교 사회에서 흑인은 노예로 정의되고, 사고, 팔고, 사용하고, 학대할 수 있는 사물로 간주되었다.

로써 통전적이고 온전한 인간성의 실현을 방해하는 구조적인 악이므로 반드시 철저하게 비판되고 변혁되어야 한다. 나아가 또한 올바른 여성신학은 이러한 비판과 변혁의 과정을 통해 당파적인 여성 해방신학을 넘어서서 보편적이고 통전적인 인간의 구원과 해방을 지향해야 한다. 왜냐하면 어느 한쪽 성을 거부하거나 희생한 채 다른 한쪽 성이 온전한 인간성을 실현할 수 있으리라고 기대할 수는 없기 때문이다.

4. 성서 해석학

여성에 대한 성차별적인 교회 전통과 남성 중심적인 가부장적 인간 이해의 근저에는 성서 해석의 문제가 놓여 있다. 즉 기독교 전통은 성서에 근거하여 남성과의 관계에서의 여성의 종속적인 위치와 교회에서의 여성의 열등한 지위를 주장해왔다. 여성의 공적 리더십을 인정하지 않는 기독교의 개인과 집단들이 자신들의 주장의 정당성을 위한 전거로 내세우는 신약성서의 구절들은 다음과 같다.

> 그러나 나는 너희가 알기를 원하노니 각 남자의 머리는 그리스도요 여자의 머리는 남자요 그리스도의 머리는 하나님이라.…남자는 하나님의 형상과 영광이니 그 머리를 마땅히 가리지 않거니와 여자는 남자의 영광이니라. 남자가 여자에게서 난 것이 아니요, 여자가 남자에게서 났으며 또 남자가 여자를 위하여 지음을 받지 아니하고 여자가 남자를 위하여 지음을 받은 것이니, 그러므로 여자는 천사들로 말미암아 권세 아래에 있는 표를 그 머리 위에 둘지니라(고전 11:3-10).

여자들은 교회에서 잠잠하라. 그들에게는 말하는 것을 허락함이 없나니 율법에 이른 것같이 오직 복종할 것이요, 만일 무엇을 배우려거든 집에서 자기 남편에게 물을지니 여자가 교회에서 말하는 것은 부끄러운 것이라(고전 14:34-35).

여자는 일체 순종함으로 조용히 배우라. 여자가 가르치는 것과 남자를 주관하는 것을 허락하지 아니하노니 오직 조용할지니라. 이는 아담이 먼저 지음을 받고 하와가 그 후며, 아담이 속은 것이 아니고 여자가 속아 죄에 빠졌음이라(딤전 2:13-14).

사실상 이러한 구절들에서 남성에 대한 여성의 종속은 부인하기 어려우며, 따라서 이러한 구절들은 여성의 교회 지도력을 지지해주는 구절이라기보다는 오히려 그 반대의 기능을 하는 구절이라고 이해하는 것이 정당하다. 이러한 구절들은 그 당시 남성에 대한 여성의 종속을 강조하는 종교적·문화적 가치관을 따르는 바울의 가부장적인 가치관을 반영한다고 할 수 있다. 그렇다면 과연 우리는 이러한 바울의 구절들을 영원불변하며 일점일획도 틀림없는 하나님의 말씀으로 받아들여야 하는가, 아니면 오늘날에는 더 이상 통용될 수 없는 고대의 가부장적 사회 규범과 가치관을 반영하는 인간의 말로서 여기고 폐기해야 하는가? 결론부터 말하자면, 우리는 남성 또는 남편에 대한 여성 또는 아내의 종속을 가르치는 바울의 구절들을 영원불변하며 일점일획도 틀림없는 하나님의 말씀으로 받아들여서도 안 되며, 단순히 오늘날에는 더 이상 통용될 수 없는 고대의 가부장적 사회 규범과 가치관을 반영하는 인간의 말로서 여기고 버려야 할 필요도 없다. 그렇다면 어떻게 성서를 해석해야 하는가?

모든 성서의 구절들을 문자적으로 오류가 없는 무시간적이며 비역사적인 하나님의 말씀으로 전제하고, 따라서 남편에 대한 여성의 종속을 말하는 구절들을 하나님의 계시의 말씀으로 받아들이는 전근대적인 근본주의적 해석은 오늘날의 성서 해석학에서 더 이상 설 자리가 없다. 계몽주의 이후, 그리고 성서 저자들과 성서 본문들의 역사적 현실성에 대한 이해와 역사적·비평적 접근 이후, 성서에 대한 무시간적이고 비역사적인 도그마는 이미 오래전에 붕괴되었다.

　　　한국교회 안에서 여성의 성직 안수가 일찍이 실현되지 못했던, 또는 아직도 실현되지 못하고 있는 주된 이유는 바로 이러한 전근대적인 도그마적·문자주의적 성서 해석에 기인한다. 1935년, 예장 통합 제24회 총회의 연구보고서를 보면 성경은 여자의 교권을 불허하고 있으며 이것을 옹호하는 것은 현대적 사조에 영합하기 위해 성경을 자유롭게 해석하는 파괴적 성서 비판의 정신상태라고 비난하고 있다. 동 교단의 1971년 제56회 총회의 연구보고에 따르면, 성경에서 여성의 교도권을 인정하지 않고 있으며(고전 14:34; 딤전 2:12; 3:2), 실제 목회의 문제에서 여자는 감정이 예민하여 치우치기 쉽고 말이 많아서 말썽을 일으키기 쉬우며, 생리적·기능적인 면에서 불가하고, 인권의 문제가 아니라 성경의 문제라고 보고 있다.[14] 또한 동 교단에서 1995년에 여성 안수를 위한 법적 절차가 통과되고 난 후 총신대에서 발행하는 「신학지남」에서 여성 안수의 문제를 특집으로 다루었는데, 여기에 기고한 교수들은 한결같이 성경의 권위, 즉 성서에 대한 문자적 직역주의에 근거하여 여성 안수를 비판했다. 예를 들면 박아론은 교회 안에서의 "여성들의 종속의 원리"는 하나님의 구원 역사를 관철하고 있다고 주장한다.[15] 그리고 그는 수잔 포(Susan T. Foh)

---

14 . 정석기, 『주님의 여성이 되려면』 (서울: 나눔사, 1993), 119-26.
15 . 박아론, "여성의 목사안수에 관한 여권주의자들의 주장과 우리의 견해," 「신학지남」 제

의 말을 인용하면서 여성의 목사 안수를 반대할 수 있는 유일하고 충족한 변론은 성경이 이를 금지하기 때문이라는 것 외에는 존재하지 않는다고 주장하고 있다.[16]

그러나 이러한 성서 해석은 성서가 특수한 역사적 상황과 구체적인 삶의 자리에서 특정한 대상들을 향하여, 그리고 역사적 인간 실존으로서의 저자의 한계성 안에서 기록되었다는 사실을 간과하고 무시간적이고 문자주의적으로 성서를 해석하는 오류를 범하고 있다. 이러한 해석은 성서를 우상화하는 것이며, 성서의 신언성을 맹목적으로 지나치게 강조한 나머지 그 하나님의 말씀이 성육신을 통해 들려지는 매개인 역사적 구체성을 도외시하는 것이다.

그러나 다른 한편, 성서의 본문들을 단순히 구시대의 세계관 및 사회 관습과 가치관을 반영하는, 따라서 오늘날에는 더 이상 통용될 수 없는 인간의 말로서 쉽사리 폐기할 수도 없다. 모든 문헌들과 마찬가지로 성서는 그 시대의 역사적 한계성 안에서 특수한 상황과 특수한 대상을 위하여 쓰였다. 이러한 사실은 성서가 단순히 폐기되어야 할 대상이라는 사실을 의미하는 것이 아니라 그 시대의 역사적 한계성 안에서 특수한 상황과 특수한 대상을 위하여 쓰인 성서의 본문들과 또한 그와 동일한 역사적 실존으로서 오늘의 상황 속에 있는 해석자 사이의 상호적인 대화를 통한 변증법적인 지평융합으로서 이해를 추구하는 해석학적 접근이 요청된다는 사실을 의미한다.

상호적인 대화를 통한 성서 해석학이란 어떤 것인가? 먼저 그것은 성서 해석학이 성서 변증학이 아니라는 사실을 의미한다. 성서는 하나

63권 (1996, 가을), 44.

16 . Ibid., 40-47.

님의 말씀이기 때문에 아무런 문자적 오류가 없으며 여성에 대한 가부장적인 왜곡 같은 것은 있을 수 없다는 사실을 전제하고 어떻게 해서든지 성서의 무오성을 변증하려는 태도는 도그마적인 전제에 의해 역사적 진실을 외면하거나 왜곡하는 거짓된 경건이나 맹목적인 열광주의일 수 있다. 위에 예로 인용한 구절들에 나타나는 바울의 사고에 반영되는 그 당시 사회와 문화의 가부장적 가치관을 애써 외면하고 어떻게 해서든지 합리화하거나 변증하려는 태도는 정직하지 못하다. 철저하게 역사적 관점에서 보자면, 이러한 태도보다는 오히려 이러한 본문들이 문자 그대로 남성에 대한 여성의 종속을 의미하는 구절들이라 이해하고, 그것을 하나님의 무시간적인 계시의 말씀으로 받아들이는 근본주의자들의 성서주석이 훨씬 더 정확하고 정직할 것이다. 물론 이들은 이 구절들에 대한 올바른 문자적인 이해를 가지고 있을지는 몰라도, 그 구절들이 그 당시의 가부장적 사회 구조와 가치관의 한계 안에 살았던 저자의 역사적 한계성에서 나오는 말이라는 사실을 인정하지 않기 때문에, 그것들을 초역사적이고 무시간적인 하나님의 계시말씀으로 받아들이는 비역사적이고 맹목적인 명제적 도그마 안에 갇혀 있다.

쉬슬러 피오렌자는 교부 시대 교회의 저술들이 인간평등주의 집단과 가부장적 집단 사이의 "격심한 논쟁의 산물"이라고 주장했는데, 이러한 갈등 현상은 집단 사이에서뿐만 아니라 교회 안의 한 개인의 모호한 실존 안에서도 발견되는 양면성이다. 여성과 남성의 관계에 대한 바울의 이해는 그 자신의 실존적 모호성의 고백(롬 7장)에서처럼 양면적이다. (이 양면성이 그의 생의 과정 가운데 일어난 사고의 변천에 의한 것이라고 확증할 근거는 충분치 않다.) 그는 한편으로는 "남자가 여자에게서 난 것이 아니요 여자가 남자에게서 났으며"(고전 11:8)라고 말하는가 하면, 다른 한편으로는 "여자가 남자에게서 난 것같이 남자도 여자로 말미암아 났으나…"(고

전 11:12)라고 말하기도 한다. 그는 한편으로는 교회 안에서 남편 또는 남성에 대한 아내 또는 여성의 종속을 전제하면서, 다른 한편으로는 "너희는 유대인이나 헬라인이나 종이나 자주자나 남자나 여자 없이 다 그리스도 예수 안에서 하나이니라"(갈 3:28)라고 말한다(하나의 관계에서는 누구도 누구에게 종속되지 않는다). 이러한 양면성은 한 역사적 존재로서의 고대의 가부장적 세계 안에서 교육을 받고 성장하고 살았던 바울의 시대적·실존적 한계성을 의미한다. 실존적인 모호성으로 인한 모순적인 양면성을 갖고 있다는 것은 사실상 모든 인간의 공통된 숙명이기도 하다. 바울의 이러한 실존적 모호성과 양면성을 (그의 계시적 경험 및 실존과 더불어) 인정한다는 것은 올바른 성서 해석을 저해하는 거침돌이 되는 것이 아니라 오히려 상호적 대화를 통한 올바른 성서 해석을 위한 디딤돌과 초석이 된다. 바울의 시대적 한계성과 실존적 모호성은 극복되어야 할 것이지만 부끄러워하거나 단지 폐기해야만 할 것이 아니라 오히려 감싸 안아야 하는 것이다. 왜냐하면 어떤 인간도 자신의 역사적 한계성 안에 조건 지어진 삶의 세계와, 그러한 역사적 실존에서 오는 이해와 사고의 지평, 또는 선입견(전이해)을 벗어날 수 없기 때문이다.

하나님의 (절대적이고 영원불변한) 말씀은 언제나 유한한 이해와 사고의 지평 안에 실존하는 인간의 (상대적이고 가변적인) 경험과 말을 통해온다. 이것이 성령이 역사하는 방식이다. 계시가 이성을 폐하지 아니하고 완성한다면, 성령은 인간의 역사를 폐하지 아니하고 그것을 통해 하나님의 역사를 완성한다. 무한한 하나님의 말씀이 성령의 감동으로 유한한 인간의 말이 되는 것처럼, 유한한 인간의 말이 성령의 감동으로 하나님의 말씀이 된다. 이것이 성령의 능력 안에서의 예수 그리스도의 성육신의 비밀이다.

따라서 성령을 통한 하나님의 말씀을 듣는 성서 해석학은 역사적이고 비판적인 대화를 우회하거나 무시하지 않고 바로 그것을 통해 수행된다. 왜냐하면 (성령의 영감을 받은) 성서 저자의 유한하고 상대적인 역사성을 인정한다고 하는 말은 성서에 대한 역사적·비판적 접근의 필요성을 인정한다는 말과 동의어이기 때문이다. 그러나 이 접근이 진정으로 역사적인 접근이 되기 위해서는 주체-객체 도식의 이분법적인 구도에서 이루어지는 일방적인 비판이 되어서는 안 된다. 이러한 비판은 충분히 역사적이지 못하다. 왜냐하면 이것은 성서 본문과 해석자의 관계가 그러한 이분법적인 도식으로 나누어질 수 없다는 사실을 아직 제대로 인식하지 못하고 있기 때문이다.

왜 이러한 이분법이 불가능한가? 그것은 두 가지 이유에서다. 첫째로, 그것은 해석의 대상인 본문만 역사적 한계성 안에 있는 것이 아니라 본문을 해석하는 해석자도 자신의 역사적 한계성 안에 있기 때문이다. 아르키메데스의 점과 같은 역사를 넘어서는 초역사적이고 절대적인 입각점으로서 초월적 자아란 존재하지 않는다. 사유 대상으로서의 연장된 실재(*res extensa*)에 대립되는 사유하는 정신(*res cogitans*)으로서의 절대 주체를 전제하는 계몽주의적·데카르트적인 주체-객체의 이원론이 역사적으로 현실 불가능한 사변적 관념에 불과한 것이 되었다는 사실은 성서 해석학에서의 텍스트와 해석자의 관계를 위해서도 매우 중요한 의미를 갖는다.

두 번째 이유는 (첫 번째 이유로부터 파생되는 것으로서) 가다머가 말한 바와 같이 해석자는 역사적 한계성 안에 있을 뿐만 아니라 구체적으로 자신이 해석하고자 하는 본문과 전통의 영향사 구조 안에 속해 있을 수밖에 없기 때문이다. 성서 텍스트를 해석하는 해석자는 이미 교회 공동체를 통해 전승되고 매개되는 본문과 그 본문에 대한 해석 전통으로부터 오는 역사의 영향력 안에 속해 있다. 그의 전이해와 선입견은 이러한 역사적 영향력 안에 있는 이해와 사고의 지평 안에서 형성된 것이다. 리쾨르의 말을 빌리면 본문과 해석자의 관계에 있어서 가장 근본적인 계기는 소격화(distanciation)라기보다는 귀속성(belongingness)이며, 비판과 의혹이라기보다는 동의와 신뢰와 들음이다. 일반 해석학의 경우에서보다 성서 해석학의 경우는 이러한 귀속성의 관계가 더욱 결정적으로 중요하다. 왜냐하면 기독교 신학에서의 이해란 무엇보다 "신앙의 이해"이며, 그리스도인의 성서 해석학은 무엇보다 신뢰의 해석학이기 때문이다.

그러므로 성서 본문과 해석자의 관계는 주체-객체나 객체-주체의 관계라기보다는 주체-주체의 관계여야 한다. 이 주체와 주체의 관계는 일방적인 들음(전근대적인 직역주의)이나 일방적인 비판(계몽주의)의 관계가 아니라 쌍방적인 들음과 비판의 관계다. 물론 그리스도인으로서 우리의 성서 해석학에서 신뢰와 들음의 동기는 비판과 의혹의 동기보다 우선적이며 궁극적이다. 우리는 듣기 위해 비판하는 것이지, 비판하기 위해 듣는 것이 아니다. 그러나 올바른 들음은 객관적인 비판의 계기를 필요로 하며 자기비판의 과정을 통해 교정되고 온전해진다. 객관적인 비판의 계기는 역사비평 방법 이외에도 여러 가지의 비판이론들(마르크스의 이데올로기 비판이론, 프로이트의 정신분석 이론, 하버마스의 의사소통이론 등)과 문장론적, 기호론적 설명방법(문학비평, 구조주의 등)들의 적절한 전유를 통해 수행된다. 객관적인 비판의 계기를 우회하는 들음은 주관주의적인 투사나 도그마적인 신조에 빠질 위험이 있다.

올바르게 수행되는 상호적 대화를 통한 성서 해석학에서의 들음과 비판의 변증법은 본문이 절대 주체가 되고 해석자가 객체가 되는 무시간적인 직역주의적 접근을 통해 이루어지는 것(전근대주의)도 아니며, 해석자가 절대 주체가 되고 본문이 객체가 되는 이성적·역사실증주의적 접근을 통해 이루어지는 것(근대주의)도 아니다. 그것은 본문과 해석자 자신의 역사성에 대한 보다 온전한 인식 위에 수행되는 상호 신뢰적인 동시에 상호 비판적인 열린 대화에 의해 이루어진다. 가다머는 본문과 해석자 사이의 대화를 통한 이해의 과정을 변증법적인 지평융합으로 설명했는데, 지평융합은 성서의 본문을 무시간적으로 그리고 문자적으로 직역함에 의해서가 아니라, 본문의 역사적 지평과 해석자의 역사적 지평 안의 삶의 세계(세계관과 가치관을 포함하는)의 거리가 상호 신뢰적-비판적 대화의 과정을 통해 좁혀지고 융합됨으로써 이루어진다.

우리는 이러한 상호적 대화와 지평융합의 해석학적 과정을 통해 바울이 자신의 시대 안에서 가지고 있던 실존적 한계성 및 모호성과 더불어(그리고 그 안에서) 계시적 경험과 실존의 확실성을 정당하게 평가하고 이해할 수 있다. 우리는 그의 역사적 한계성을 정당하게 비판할 수 있다. (정당하게 비판한다는 것은 이 평가가 흑백논리에 의한 판단이 아니라는 것을 의미한다.) 그러나 동시에 우리는 그러한 한계성이 바로 하나님의 말씀이 들려오는 유일한 역사적 조건이요 가능성이라는 사실을 또한 정당하게 인식해야 한다. 따라서 우리는 당시의 가부장적인 사회 관습과 가치관의 영향 안에서 남성(남편)에 대한 여성(아내)의 종속을 말하면서도, 예수 그리스도 안에 나타난 하나님의 은혜의 체험에 근거하여 "여자가 남자에게서 난 것 같이 남자도 여자로 말미암아 났으나 모든 것이 하나님에게서 났느니라"(고전 11:12)라고 말함으로써 그리스도 안에서 모두가 하나라는 사실을 강조하려고 했던 (1세기의 가부장적인 노예제 사회 구조와 가치관 안에 살았던) 바울의 영성과 본래적 의도를 읽어 냄으로써, 성서 본문을 통해 성령 안에서 오늘 우리에게 들려주시는 하나님의 말씀을 들을 수 있는 것이다.

우리는 전근대적인 정통주의의 신화적 원형(mythical archetype)으로서의 성서 이해나 근대적인 자유주의의 역사적 모형(historical prototype)[17]으로서의 성서 이해를 모두 극복해야 한다. 우리는 계시적·구원적·해방적·보편적 진리의 요소들이 있음을 부인하지 않으면서, 또한 문화적·억압적·소외적·가부장적인 요소들도 있음을 간과하지 않아야 한다. 우리는 전자는 수용적으로 발전시키며, 후자는 비판적으로 변혁시켜서 해방적인 기독교의 전통을 창출해야 한다. 우리는 이러한 태도를 "비판적 원형"(critical archetype)으로서의 성서관이라고 명명할 수 있을 것이다. 물론 여성신학의 일차적이고 당면한 관심은 가부장적으로 왜곡된 성서 안의 히브리인의 문화와 기독교를 전승해 온 서구인의 문화 속에 구조적으로 깊이 뿌리 박혀 있는 여성 소외와 억압의 전통을 비판하고 대안적인 기독교의 전통을 수립하는 데 있다.

예수 그리스도의 인격과 사역은 페미니스트 성서 해석학의 핵심적 원리이다. 물론 우리는 예수 그리스도를 오늘날의 의미에서의 여성 해방론자나 여권 신장을 위한 운동가라고 부를 만한 충분한 성서적 자료를 가지고 있지는 않다. 그러나 억눌리고 소외당한 자의 편에 서서 기존의 왜곡되고 억압적인 종교적·문화적·사회-정치적·계층질서적 질서와 가치관을 뒤엎고 인간의 올바른 관계성의 패러다임을 제시하시고 실천하셨던 예수의 모습에서 우리는 가장 억눌리고 소외당해 온 계층인 여성을 위한 구원과 해방의 성서적·기독론적 전거를 발견할 수 있다. 이 예수 그리스도 사건이 단순히 여성 해방을 위한 실천적 과제(aufgabe)를 부과하는 모형(prototype)이 아니라 통전적 구원을 위한 원형(archetype)인 까닭은, 그 안에서 여성을 포함한 모든 인간의 구원과 해방을 가져오는 선행적인 하나님의 은혜의 선물(gabe)이 주어지기 때문이다. 성서를 해석함에 있어서,

---

17   엘리자베스 쉬슬러 피오렌자, "여성 해방을 위한 성서해석 방법," 이우정 편, 『여성들을 위한 신학』, 102 이하.

비판적인 "의혹의 해석학"의 관점과 근본적으로 예수 그리스도를 통해 들려지는 하나님의 구원의 음성을 듣고자 하는 "동의의 해석학"[18]의 관점을 통합시킬 때, 여성신학은 진정한 창조적 전통 형성을 위한 통전적인 성서 해석학적 기초를 가질 수 있을 것이다.

5. 교회의 남녀평등과 여성의 리더십 제고를 위한 중도적, 개혁주의 페미니즘과 이론적-인식론적, 실천적 과제

여성의 억압과 종속과 소외를 비판하고 극복하기 위한 페미니즘 운동에는 여러 가지 유형이 있다.[19] 그 가운데서도 가장 역사가 오래된 유형은 서구에서 18-19세기에 출현한 자유주의 페미니즘 운동이다. 이 운동은 모든 개인의 공통된 인간 본성은 평등하다는 원리에 입각하여 평등권을 추구한다. 이들은 전통적인 남성의 공적 영역에서 여성도 법적으로 완전한 평등권을 획득하기 위해 노력한다. 따라서 재산권, 참정권, 교육, 직업에서의 평등권, 결혼제도의 개선, 고용평등법, 동일노동 동일임금제, 출산

---

18   동의의 해석학이란 슈툴마허의 표현으로서 오직 성서전승에 동의하는 전제를 가진 사람만이 그것을 논할 수 있다는 것이다. 우리가 전통에 매여 있다는 사실을 분명히 긍정할 때에야 비로소 전승과 대화하는 일에 참여하는 것이 가능해질뿐더러 필수적인 것이 된다는 것이다. P. Stuhlmacher, *Schriftauslegung auf dem Wegezur biblischen Theologie*, 1975. pp. 120-122. 이러한 사고는 가다머의 철학적 해석학의 핵심 개념인 이해에서의 "영향사적 구조"(Wirkungsgeschichtliche Structur) 개념과 일맥상통하는 것이라고 할 수 있다.

19   Rosemary R. Ruether, *Sexism and God-Talk* (Boston: Beacon Press, 1983), 198-200, 216-31. 참조. 그리고 Christine Nöthiger-Strahm, "Die Auseinandersetzung der reformierten Kirche mit der sozialen Frage und der Frauenfrageum 1900," 1990년 제네바에서 열린 제2차 한서교회협의회에서의 강연 참고.

의 자기 결정권, 성교육, 산아제한, 임신중절, 직장에서의 성희롱이나 가정에서의 구타 방지 및 처벌 등의 문제들(그리고 소수의 경우 동성연애 합법화)을 제도적으로 개선하고 해결하기 위해서 노력한다.

기독교에서도 19세기에 자유주의 페미니즘이 등장하여 여성도 남성과 동등한 하나님의 형상과 인간 본성을 지니고 있으며, 따라서 동등한 사회적 권리를 공유해야 한다고 주장했다. 그리하여 19세기에 소수의 개신교 집단들이 여성을 성직에 임명하기 시작하였으며, 1950년대 중반과 1970년대에 이르는 사이에 미국의 대부분 주요 개신교 교파들이 여성을 성직에 임명하게 되는 등의 많은 실제적인 성과를 거두었다.

그러나 이러한 자유주의 페미니즘의 문제점은 공적 질서 안에 있는 모든 사람의 기회 균등을 요구하는 것을 넘어서 성과 관계없이 공적 질서 자체에 대하여 근원적인 비판을 하는 일을 도외시한다는 데 있다. 즉 가부장제적 자본주의 체제를 근본적으로 변혁시키려고 하지 않는다. 이 자유주의 페미니즘의 이데올로기와 실제는 부르주아의 계급적 이익의 틀 속에 파묻혀 있다. 이들은 부르주아적 남성들이 누리고 있는 정치적·교육적·직업적 권리와 역할들을 그 구조를 변화시키지 않은 채 그 구조의 틀 속에서 단순히 획득하려고만 할 뿐, 제반 권리들의 행사로부터 소외당한 노동계급의 여성들, 소수 인종의 여성들 및 가난한 여성들의 다양한 관심사들은 거의 인식하지 못한다.

이러한 입장의 기독교 여성해방론자들은 성직이 역사적으로 어떻게 형성되어 존재해왔는가 하는 문제와 성직이라는 개념 자체가 재정의되어야 할 필요성에 관심을 기울이지 않은 채, 단지 여성도 남성과 동일한 성직의 자리를 차지하는 데만 거의 모든 관심을 쏟고 있다. 그리하여 아직도 가부장적인 상징들과 성직과 평신도와의 계층질서적인 관계를 규범적인 것으로서 무비판적으로 받아들인다. 그러나 이러한 기존의 질서와 체제 안에서 여성이 성공하기 위해서는 남성다움을 겨루는 경기에서 남성들보다 더 뛰어나야만 하는 것이며, 이것은 동시에 여성다움을 상실했다는 비난을 초래하는 것이다.

페미니즘 운동의 유형들 가운데에는 자유주의 유형 외에, 프롤레타리아에 대한 착취를 불식시키고 사회주의적인 조건 아래서 여성의 경제적 자율성을 회복시키려는 사회주의 페미니즘이나, 자율적인 성적 경험의 매체로서의 여성 자신의 육체, 인격, 그리고 출산에 대한 여성의 근본적인 독립적 통제권을 확립하고 남성으로부터의 분리의 길로 나아가는 급진주의 페미니즘 등이 있다. 그러나 이것들은 한국교회의 현실과는 커다란 괴리가 있기 때문에 우리에게는 직접적인 의미가 없다고 할 수 있다.

우리는 자유주의나 급진주의 페미니즘을 지양하고 중도적이고 개혁주의적인 페미니즘을 지향해야 한다. 중도적이고 개혁주의 유형의 페미니즘이란 비판적 원형으로서의 성서관에 기초한 성서적 정체성을 잃지 않고, 예수 그리스도의 인격과 사역과 초기 기독교 공동체 안에 나타난 본래적인 남녀평등적 하나님 나라의 비전을 회복함으로써, 남녀평등적인 신학적 인간관을 수립하며 나아가 남성 중심적이고 가부장적인 기독교 전통을 비판하고 변혁시키는 페미니즘의 유형이다. 한국교회의 현실에서 이와 같은 중도적 개혁주의 페미니즘은 여성 리더십 향상을 위한 다음과 같은 이론적-인식론적 과제와 실천적 과제들을 통해서 구체화된다.

A. 이론적-인식론적 과제

교회 안에서의 남녀평등과 여성의 리더십의 제고를 추구하는 중도적 개혁주의 페미니즘은 다음과 같은 이론적 과제를 갖는다. 무엇보다 먼저 여성의 리더십에 대한 정의와 이해가 요청된다. 여성적 리더십이란 무엇인가? 여성학자들이 내리는 여성적 리더십에 대한 정의는 다음과 같다. "전통적 리더십은 가부장적인 성격이 강하고 지도자 개인에게 상당한 책임을 부여하는 데 비해 여성적 리더십은 분담된 리더십으로서 한 사람에 의해 모든 지도자의 기능이 수행되지 않고 조직 구성원 모두가 동등한 인격체로서 유기적인 관계를 통해 조직의 목적을 달성하는 민주적인 리더십이다"[20]. "여성들은 상호작용과 대화를 더 중요시하는 리더십을 행사하며 이러한 리더십은 다른 사람들의 참여를 유도하고, 그들의 능력과 정보를 공유하며, 다른 사람의 자존감을 높여주고, 다른 사람을 북돋아주는 상호적 리더십을 발휘한다"[21]. "여성의 리더십은 남성의 리더십에 비하여 더 관계적이고, 연계적이며, 유연하고, 친밀하고 열정적이다"[22]

하지만 여성 지도자 중에도 가부장적·독재적·지배적 리더십을 행사하는 이들이 있고, 남성 지도자 중에서 비가부장적·민주적 나눔의 리더십을 행사하는 사람이 있기 때문에 리더십을 단순히 생물학적 성(sex)에 근거하여 분류하는 것은 충분하지 못하다. 물론 여성적 리더십이란 개념에는 여성은 남성과 구별되는 여성 고유의 생물학적·심리적 특성을 가지고 있으며, 이러한 여성적 특성을 잘 살려서 발전시킨 리더십이라는 의미가 포함될 수 있다. 그러나 여성이라는 생물학적 성이 관계적이고

20　김양희, "여성 리더십의 특질," 『여성과 리더십』, 한국여성개발원 편(서울: 여성개발원, 1992), 47.

21　Judy B. Rosener, "Ways Women Lead," *Harvard Business Review*, November/ December, 1990, 125.

22　Joan Brown Campbell, "Toward a Renewed Community of Women and Men," *Women and Church: The Challenge of Ecumenical Solidarity in an Age of Alienation*, Melanie A. May, ed., (Grand Rapids, Eerdmans, 1991), 85-87.

민주적인 나눔의 리더십을 보장해주는 것은 아니다. 따라서 여성적 리더십이라는 개념에는 여성만의 생물학적·심리적 특성을 잘 살리는 리더십이라는 의미를 넘어서서, 전통적인 남성 중심적 리더십을 극복하고자 하는 사회적 성(gender)으로서의 여성의 이데올로기 비판적 시각과 미래지향적 전망이 담겨 있어야 한다.

우리는 그리스도인에게 있어 남성적 리더십과 여성적 리더십의 구분이란 궁극적인 것은 아니라고 할 수 있다. 기독교 지도자들은 남녀를 불문하고 무엇보다도 예수 그리스도 안에 나타난 영적 권위의 리더십, 지혜의 리더십, 나눔과 섬김의 리더십, 자기희생적 사랑의 리더십을 본받아야 한다. 예수 그리스도는 교회와 세상의 참된 리더십과 권위와 통치원리를 위한 원형적이고 이상적인 패러다임이 되신다. 그러므로 여성적 리더십이란 개념은 우선적으로 교회 안에서 이와 같은 예수 그리스도의 리더십을 회복하고 수행하기 위한 변증법적인 과정 속에서 기존의 가부장적인 남성적 리더십에 대한 반명제적(antithesis) 대안으로서 그 정당성이 존재한다. 이러한 의미에서 여성 지도자는 진정한 지도자의 힘이 통제하는 힘이 아닌 치유하는 힘, 일방적이 아닌 대화적인 힘, 강제적인 힘이 아닌 설득적인 힘, 교회 구성원들을 자신에게 복종시키는 힘이 아닌 그들에게 힘을 부여해주는 힘에 있다는 사실을 분명히 인식하고, 평등하고 상호적인 공동체적 관계성 안에서의 영성과 나눔과 섬김과 자기희생적인 사랑에 기초한 리더십을 추구해야 할 것이다.

오늘날 한국교회와 리더십은 예수 그리스도가 선포하고 실천한 하나님 나라의 빛 안에서 새롭게 변혁되어야 한다. 여성적 리더십과 여성적인 교회와 목회의 비전은 종말론적 하나님 나라에 대한 성령 안에서의 선취적 현존으로서의 교회의 정체성을 회복하고 하나님 나라를 향한 비전을 새롭게 수립하고 제시하는 것이어야 한다. 하나님 나라를 향한 교회의 비전은 설교 중심적인 목회 패러다임뿐만 아니라 다양한 형태의 은사 중심적, 섬김 중심적 목회 패러다임을 요청한다. 평등에 근거한 섬김, 은사 중심의 카리스마 리더십이란 개념 자체는 여성의 독자적인 리더십 모델이라기보다는 예수 그리스도의 리더십에 기초한 초기 교회의 본래적인 리더십 패러다임이었다. 오늘날 교회의 여성 지도자는 이러한 본래적인 초기 교회의 리더십 패러다임을 어떻게 21세기적인 한국의 상황 속에서 적절한 형태로 새롭게 제시할 수 있을까 하는 문제를 진지하게 숙고해야 한다. 한국교회는 새로운 여성적 리더십과 교회와 목회의 비전을 통해 다시 한번 새롭게 변화되고 새로운 생명력을 회복해야 한다.

두 번째로, 지배와 종속의 남녀 관계를 정당화하는 그릇된 신학적 인간학은 철폐되어야 하며, 하나님의 형상으로 동등하게 창조된 남녀평등적인 신학적 인간관과 이에 기초한 남녀평등 공동체로서의 교회와 하나님 나라의 비전이 수립되어야 한다. 한국교회는 주 안에서 남성과 여성은 구별이 없으며 평등하다는 분명한 신학적 인간론을 가져야 한다. 그러기 위해서는 성서의 구절을 무시간적인 명제적 진리로 받아들이는 문자적 해석은 극복되어야 하며, 성령 안에서의 주체와 주체 간의 상호적인 대화로서의 성서 해석의 모델이 수립되어야 한다. 바울은 스스로 시대적 한계성 안에서 남성 중심적인 해석을 할 수 있는 말을 했음에도 불구하고, 그의 본래적인 의도는 성차별적이고 여성 억압적인 가부장 문화를 옹호하려는 것은 결코 아니었다. 바울의 다음과 같은 구절들은 남성 중심적이고 성차별적인 인식과 문화와 제도를 넘어서는 만인평등주의의 비전을 보여주고 있다. "주 안에는 남자 없이 여자만 있지 않고 여자 없이 남자만 있지 아니하니라. 여자가 남자에게서 난 것같이 남자도 여자로 말미암아 났으나 모든 것이 하나님에게서 났느니라"(고전 11:11-12). "누구든지 그리스도와 합하여 세례를 받은 자는 그리스도로 옷 입었느니라. 너희

는 유대인이나 헬라인이나 종이나 자주자나 남자나 여자 없이 다 그리스
도 예수 안에서 하나이니라"(갈 3:27-28). 그러므로 우리는 하나님 안에
서, 그리고 그리스도 안에서 모든 인간이 평등하며 하나라는 진리에 대한
확고한 믿음을 가져야 한다.

한국교회는 인간의 본래적인 평등성과 하나 됨을 깨뜨리고 불평
등과 소외와 억압을 초래한 우리 모두의 죄를 진정으로 회개해야 한다.
죄의 본질은 무엇보다도 프로메테우스적인 교만이다. 이것은 남성의 가
부장적 지배로서의 죄의 본질적 특성이다. 이 죄는 다른 사람을 억압하고
지배함으로써 자신이 하나님처럼 영광의 자리에 올라서려고 하는 죄다.
한국교회는 지금까지 유지해온 여성에 대한 억압적이고 가부장적인 체
제와 질서를 변혁시켜야 한다. 이것이 진정한 회개의 모습이다. 회개에는
인식론적 전환이 요청된다. 본 교단에서 뒤늦게 여성 안수가 허락된 것
이 총회의 남성 총대들이 온정주의적인 자비를 베푼 결과라고 생각한다
면 그것은 너무도 큰 오산이다. 남성 중심적 교회는 지난 세월 동안 여성
들에게 가하여 온 억압과 고통에 대하여 진심으로 참회해야 한다. 이것이
교회의 역사를 바로 세우기 위한 초석이다. 만일 교회가 억압적인 자신의
과거에 대하여 피해자에게 진심으로 사죄하고 거듭나지 못한다면, 교회
는 자신의 침략전쟁의 과거를 미화시키는 일본 군국주의자들과 크게 다
를 바가 없을 것이다.

이와 아울러, 여성들의 의식전환과 회개도 요구된다. 죄의 유형에
는 영웅적인 교만의 형태만 있는 것이 아니라, 소시민적인 자기비하의 죄
도 있다. 자신이 처해 있는 피억압적 상황에 굴종하고 불의에 침묵하는
것은 억압자가 불의를 행하는 것 못지않게 죄악된 것이다. 하나님께서 주
신 고귀한 하나님의 형상을 억누르고 소외시키는 사탄의 세력에 대하여
저항하지 않는 것은 분명히 죄다. 남성의 죄의 대표적인 유형이 프로메테

우스적인 죄라면 여성의 대표적인 죄의 유형을 신데렐라 콤플렉스라고 할 수 있다. 이것은 여성이 스스로의 운명에 대한 책임적인 주체로 서려고 하지 않고 남성의 어깨에 기대어 손쉽게 행복을 얻으려는 태도를 말한다. 이것은 스스로 자신의 인생에 대한 주체이기를 포기하고 남성적 주체의 종속적인 존재로 남으려는 자기비하의 죄다. 물론 이러한 자기비하의 감정 뒤에는 오랜 세월 동안 지속된 가부장제적 문화의 가치관이 크게 작용하는 것이 사실이다. 어려서부터 여성들은 남성보다 열등하고 종속적인 존재로 세뇌되면서 자라왔다. 그러나 이제 여성은 새로운 자아의식과 주체의식과 자기 존엄성에 대한 인식을 통해 새롭게 거듭나야 한다. 그리하여 세상과 인생을 자기 자신의 눈으로 새롭게 보고 경험하며 새롭게 개척해 나아가기 시작해야 한다. 이것은 믿음과 용기를 필요로 한다. 예수 그리스도는 바로 이러한 믿음과 용기의 원천이다.

B. 실천적 과제

미래에 한국교회의 남녀평등을 실현하고 지도자로서의 여성 리더십을 제고하기 위해서는 다음과 같은 구체적인 실천적 과제들이 요청된다. 무엇보다 먼저, 미래 교회의 지도자로서의 여성 자신이 이러저러한 다양한 목회전략이나 프로그램들을 추구하기에 앞서 보다 더욱 근본적으로 올바른 교회와 목회에 대한 비전을 가지고 있어야 한다. 예수의 가르침과 삶 속에 나타난 목회의 대원칙은 섬김이다. "너희 중에 누구든지 크고자 하는 자는 너희를 섬기는 자가 되고 너희 중에 누구든지 으뜸이 되고자 하는 자는 모든 사람의 종이 되어야 하리라. 인자가 온 것은 섬김을 받으려 함이 아니라 도리어 섬기려 하고 자기 목숨을 많은 사람의 대속물로 주려 함이니라"(막 10:43-45). 이 가르침은 여성목회를 위해서 여전히 유효할 뿐만 아니라, 여성 교역자가 추구해야 할 목회의 비전으로서 더욱 필수적이다. 교회의 권위는 지배하는 힘에 있는 것이 아니라 섬기는 힘에 있다. 따라서 여성목회는 가부장적 질서뿐만 아니라 모든 종류의 계층질서(hierarchy)를 교회 안에서 몰아내야 한다. 특히 평신도를 더욱 의존적으로 만들고 하나님과 평신도 사이의 중재수단을 독점하는 권위주의적인 형태의 성직주의(clericalism)는 극복되어야 한다. 진정한 목회는 상·하의 위계적 관계를 극복하고 교인 상호 간에 서로 힘을 북돋아 주며 자신의 은사와 능력대로 다양하게 봉사할 수 있도록 안내하는 목회여야 한다. 따라서 진정한 지도력은 일방적으로 행사되는 힘이 아니라 상대방과의 대화적인 관계 속에서 나누어지는 힘이어야 한다. 교역자의 힘과 지도력의 궁극적인 목적은 교인들 위에 군림하는 힘을 갖는 데 있지 아니하고 교인들에게 자기가 받은 은사대로 일할 수 있도록 힘을 주는 데 있다. 주님의 몸된 교회를 섬기는 일은 각각 은사를 받은 바대로 감당해야 한다. 참된 "카리스"는 하나님의 은사이지 독점적인(이른바 카리스마적인) 지배력이 아니다.

미래사회와 교회의 지도자로서의 여성은 창조적인 능력과 응답적인 사랑을 함께 소유해야 한다. 다시 말하면 미래의 가능성을 향한 희망을 주며 다른 사람을 이끌 수 있는 창조적인 지도력과 더불어 다른 사람들의 아픔과 고통을 함께 나누며 그 짐을 함께 질 수 있는 응답적인 사랑이 필요하다. 이 응답적인 사랑은 가장 여성적인 특성일 수 있으며, 바로 예수의 자기희생의 삶과 죽음에서 이 사랑이 온전하게 계시되었다. 이 자기희생적인 사랑에 인간을 구속하는 능력이 있다. 또한 바로 이 사랑이 인간을 구원하고 세상을 변화시키는 최상의 지도력이요 힘이다. "십자가의 도가 멸망하는 자들에게는 미련한 것이요, 구원을 얻는 우리에게는 하나님의 능력이라"(고전 1:18). 이 하나님의 능력이 미래사회와 교회의 지도자가 될 여성들의 능력이 되어야 한다.

둘째, 교회의 남녀평등과 여성 리더십을 고양하기 위해서는 총회나 교계 차원에서의 제도적 개선을 위한 구체적이고 적극적인 노력이 있어야 한다. 교회에서 여성의 지도력과 지도자적 역할은 여성 안수로 다 해결된 것이 아니다. 이제부터가 시작이다. 현재의 남성 목회자들과 평신도들의 의식 변화와 여성 교역자를 위한 실제적이고 제도적인 장치가 마련되지 않는다면 신학교를 졸업하고 목사고시를 통과한 후에도 교회의 청빙을 받지 못하는 여성의 숫자가 늘어갈 것이 분명하다. 정부와 사회에서 남녀구분 임용제도를 폐지하고 남녀고용 평등법을 시행하고 있는 것처럼, 기독교계에서도 교단 차원에서 개교회에서 평등하고, 공정하며 투명한 절차를 통해 목회자를 청빙할 수 있도록 관련 법규를 마련하여 실시해야 한다. 한 교회 안에서의 남성 목회자와 여성 목회자의 숫자를 일정한 비율로 규제, 조절하는 쿼터제도 현실적인 대안이 될 수 있다. 그리고 은퇴한 독신 여성 목회자들의 노후를 보장하는 연금 및 복지시설을 마련해야 한다. 또한 총회 안에 정부의 정무장관(제2)실의 한국여성개발원과 같은 여성문제 전담기구(가칭 여성위원회)를 이른 시일 내에 설치하여 한국교회와 사회 전반에서의 여성 문제를 포괄적이고도 심도 있게 다루고 해결하기 위해 노력해야 한다.

특히 한국교회의 남녀평등과 여성의 리더십 제고를 위해서 한국교회의 여성들은 대안적인 여성단체들을 중심으로 지금까지 많은 수고를 해왔다.[23] 여성단체들을 중심으로 기독교 여성들은 지금까지 수행해온

---

23 예장 통합 교단과 직접적으로 관련된 교회 여성단체들을 열거하자면, '전국여교역자 연합회', '한국교회여성연합회', '한국여신학자협의회', '기독교여민회', '아세아여성신학협의회', '기독교여성평화연구회', 그리고 교단 총회의 공식기구인 '여전도회전국연합회'와 그 산하 기구인 '한국교회여성문제연구소' 등이 있다.

과제들을 지속적으로 발전시키고 강화해야 할 것이다. 보다 많은 여성들이 대안적 기독교 공동체들로서의 여성단체들의 활동에 적극적으로 참여해야 한다. 그동안 기독교 여성단체들은 열악한 여건 속에서도 한국교회와 사회 속에서 여성의 지도력 향상과 권익보호를 위해서, 여성목사 안수의 실현을 위해서 헌신적으로 일해왔다. 지금까지 교회의 여성단체들이 수행해오고 있는 구체적인 활동의 예들을 몇 가지만 들자면, 교회 내에서의 성차별을 타파하기 위한 각종 공청회나 집회, 여성신학 정립을 위한 각종 학회와 세미나, "한국여성신학" 등의 학술잡지를 비롯한 정기간행물과 홍보책자 발행, "여교역자 안식관"과 같은 여성복지 시설의 설립 및 운영, 교회 내 성폭력 문제를 해결하기 위한 상담소의 개설 및 운영, 신학교에 여성교수 석좌 제공, 여성 신학생에 대한 장학금 지급, 총회 내에 여성부나 여성위원회 설치 청원 등이 그것이다. 이제 우리는 여성목사 안수 이후 여전히 변하지 않고 있는 교회의 여성목사 기피 현상과 열악한 여교역자의 처우 문제를 개선하기 위해서 보다 더욱 체계적이고 효과적인 방안을 수립해야 한다. 교회 여성단체들은 지금까지 여성의 권익과 지위 향상을 위하여 큰 기여를 해온 것처럼, 앞으로도 한국교회와 사회 속에서의 남녀평등과 온전한 인간성 실현을 위한 대안 공동체로서 더욱 활발하게 활동을 해야 하며, 이를 위해서는 한국교회의 여성들뿐만 아니라 각계각층의 의식 있는 남성들과 교계 지도자들, 그리고 전국 교회의 교역자들과 그리스도인들의 참여와 지원이 절대적으로 요청된다.

셋째, 교회의 사회적 실천력과 아울러 여성을 포함한 미래의 교회 지도자들에게 무엇보다도 요구되는 것은 지속적인 경건과 학문의 훈련이다. 목회자는 늘 성경 말씀을 읽고 묵상하며 하나님의 음성에 민감하게 열려 있어야 하며, 자신의 영적·도덕적 허물을 언제나 겸손하게 자복하며, 늘 경건의 훈련에 힘써야 한다. 또한 목회자는 자신의 성서이해와 신학적 입장이 배타적이고 독선적인 것이 되지 않고 늘 새롭게 변화되고 성숙해갈 수 있도록 끊임없이 신학을 공부하는 노력을 게을리하지 말아야 한다. 성서에 대한 근본주의적 이해, 또는 문자적 직역주의를 고수하는 신학은 성서를 버리고 기독교를 떠나는 과격한 급진주의 못지않게 위험한 것이다.

오늘날 한국교회 위기의 가장 중요한 원인 중 하나는 목회자의 질적 저하에 있다. 무지하고 빈약한 사고력을 가진 목회자, 그리고 폐쇄적이고 독선적인 목회자로 인하여 한국교회는 고도의 고등교육을 받고 자라나는 새로운 세대들로 하여금 복음 선포에 귀를 기울이게 할 수 있는 힘을 상실해가고 있다. 그러므로 미래사회와 교회의 지도자는 단순한 소명과 열정 이상의 지도력이 있어야 하며, 인문, 사회, 자연과학과 예술 등을 포괄하는 모든 분야에 대한 폭넓은 이해와 통찰이 있어야 한다. 목회자가 영적인 능력과 학문적인 실력과 사회적 실천력을 함께 겸비할 때, 교회의 지도자는 곧 사회의 지도자가 될 수 있다. 미래에는 사회의 지도자와 교회의 지도자가 전혀 다른 범주로 구분되지 않게 될 것이다. 사회로부터 분리되어 폐쇄적으로 존재하는 교회는 미래사회에서 결코 효과적인 선교와 섬김의 사명을 수행하는 교회가 될 수 없는 것처럼, 미래 교회의 지도자는 사회적 지도력과 실력과 실천력을 함께 겸비해야 한다. 사람들은 점점 더 사회적으로 존경을 받고 이 나라와 민족의 정신적 지주의 역할을 하는 교회의 지도자를 그리워하게 될 것이다.

넷째, 미래 사회와 교회의 지도자가 되기 위해서 여성들에게 특별히 요구되는 것은 전문가적 능력이다. 미래의 목회는 어떤 의미에서 모든 목회가 특수목회라고 할 수 있다. 농어촌 목회, 산촌 목회, 외국 선교, 오지 선교, 산업 선교, 장애인 선교 등만 특수목회가 아니라 기존의 일반적인 도시 목회도 특수목회의 성격을 갖게 될 것이다. 다시 말해 미래사회가 점점 전문화되는 것에 맞춰 교회가 효과적으로 선교와 봉사의 사명을 잘 수행하기 위해서는 일반적인 목회 안에 다양한 특수 목회 프로그램들이 개발되어야 한다. 모든 교회의 목회 프로그램들이 세분화, 전문화, 특수화되어야 한다. 상담목회, 심방목회, 사회봉사(diakonia)목회, 복지목회, 말씀목회, 매스 미디어 목회 등의 전문화가 이루어질 것이며, 이러한 프로그램들은 더욱더 세분화될 것이다. 목회자가 카리스마적인 권위를 가지고 혼자 모든 것을 다 관장하던 시대는 점차 쇠퇴하게 될 것이다. 다양한 은사를 가진 여러 목회자가 함께 협력하여 팀 목회를 잘 수행해야 교회의 미래에 희망이 있다. 그러므로 여성들은 미래 사회와 교회의 지도자가 되기 위하여 전문분야의 실력을 배양해야 한다. 외국어, 컴퓨터, 목회상담, 심리학, 여성학, 사회복지 등에 대한 전문성 있는 공부와 실력배양이 요청된다.

다섯째, 한국교회는 지금까지의 개인주의적·내세적 신앙을 극복하여 사회의 구조적 현실과 정의의 문제에 보다 더욱 깊은 관심을 기울여야 한다. 한국교회와 여성은 언제까지나 신앙의 내면적 실존 안에만 머물러 있지 말고 신앙의 사회적·정치적·역사적 차원을 향하여 나아가야 한다. 모든 종류의 사회적·교회적 불의에 대하여, 그리고 특별히 여성 억압적 현실에 대하여 교회의 여성들은 예언자적인 정신을 가지고 용감하게 고발하고 책망하고 저항하고, 그것을 창조적으로 변혁시키기 위한 노력을 다해야 한다. 예수가 가르치고 실천한 하나님 나라는 한마디로 불의하고 왜곡된 모든 질서를 심판하고 전도시키는 나라다. 하나님 나라는 세상의 역사에 대한 근본적이고 영속적인 심판과 변혁을 의미한다. 오늘 한국의 그리스도인들, 특히 여성들은 이러한 하나님 나라에 대한 비전을 회복해야 한다. 종말론적인 하나님 나라에 대한 타오르는 열망은 그리스도인들로 하여금 이 세상의 모든 종류의 억압, 성차별, 불의에 대하여 불꽃처럼 저항하게 하는 원동력이다. 교회의 사회적 실천은 미래 사회를 향한 교회의 가장 효과적인 선교의 방편이 될 뿐만 아니라 교회를 살아 있는 교회가 되게 하는 생명력이 될 것이다.

6. 결론

한국의 기독교 여성들은 교회 내에서의 남녀평등 공동체의 실현을 넘어서, 한국 사회의 구조적인 부조리와 죄악된 현실을 변화시키고, 문화, 경제, 정치의 모든 공적 영역 속에서 하나님의 공의와 정의를 실현하고 하나님 나라를 구현하는 일에 앞장서야 한다. 기독교 여성들과 단체들은 중국 내에서 방황하고 있는 수십만의 탈북자들이 겪고 있는 역경에 관심을 가져야 하며, 우리나라에 들어와 인권의 사각지대에서 착취당하며 일하는 조선족을 포함한 수십만 외국인 노동자들의 인권문제에도 깊은 관심을 기울이고 이들의 생존권과 권익을 보호하기 위한 다각도의 노력을 기울여야 한다. 또한 오늘날의 심각한 환경오염과 생태계의 위기에 직면하여 자연보호운동과의 연대 속에서 이른바 에코-페미니즘(eco-feminism)의 관점에서 여성운동과 환경운동을 통합적으로 추진하는 것이 보다 바람직한 미래지향적 여성운동의 방향이 될 것이다. 나아가 한국의 기독교 여성들은 분단된 한반도의 현실 속에서, 속히 통일이 이루어지기를 위해 합심하여 기도해야 하며, 북한의 헐벗고 굶주리고 병든 동포들을 돕는 일에 앞장서야 하고, 무너진 북한의 교회를 다시 세우는 데 힘써야 하며, 엄청난 통일비용과 사회적 혼란이 초래될 통일 이후의 시대를 위하여 지혜롭게 미리 준비해야 한다.

　　한국교회의 리더십에 변화의 바람을 몰고 올 여성 리더십은 생명력을 잃고 점차 침체되어가는 한국교회에 다시 생명력을 불어넣기 위해 하나님께서 보내시는 성령의 새 바람(*ruach*)이 될 수 있다. 한국교회 여성들에게 오늘은 아직도 어둠이 채 가시지 않은 이른 새벽의 여명기라고 할 수 있다. 그러나 오늘의 한국교회 여성들은 예수 그리스도를 만난 이후 과거의 상처와 열등감으로부터 해방되고 치유 받은 사마리아 여인처럼 오랫동안의 어둠과 고통스러운 기억에서 벗어나고 자유롭게 된 존재들이다. 어둠과 죽음의 권세를 이기고 부활하신 주님을 이른 새벽에 만난 여인들처럼, 한국교회의 여성들은 이제 새로운 시대의 전환점에 서 있음을 자각하고, 동터오는 부활의 새 아침을 바라보며 희망과 기대와 용기를 가지고 미래를 향해 나아가야 한다. 우리가 바라보는 미래는 교회 공동체 안에서 온전한 하나님의 형상으로서의 남녀평등이 실현되고 남녀 교역자가 동등한 파트너십과 리더십을 가지고 교회와 하나님 나라를 위해 봉사함으로써, 이 땅에 충만한 생명과 평화(샬롬)와 하나님의 의가 실현되는 하나님 나라가 확장되어가는 미래다.

제7장

통전적 생명신학과
한국교회의 선교적 과제

1. 서론

"생명의 복음"(*Evangelium Vitae*)은 예수께서 선포하고 실천하신 하나님 나라 복음의 핵심이며, 또한 교회가 선포하고 실천해야 할 복음의 핵심이다. 교회는 날마다 이 생명의 복음을 새롭게 하고 모든 시대와 문화에 속한 사람들에게 이 "복된 소식"을 전해야 한다. 선교는 생명의 복음을 세상에 전하는 것이다. 생명이 있는 모든 피조물과 더불어 특히 하나님의 형상으로 지음 받은 인간은 충만한 생명으로 부르심을 받았다. 충만한 생명이란 바로 하나님의 생명을 나누어 받는 것이다.

그러나 오늘날 이 세계는 총체적인 생명 파괴의 현실 가운데 있다. 1990년 세계교회협의회가 주최한 JPIC 서울대회의 신학문서 초안인 "홍수와 무지개 사이에서"는 이 세계가 직면한 총체적인 생명 파괴의 현실을 잘 보여준다.

> 매분마다 전 세계의 국가들은 1천 8백만 달러를 군사무기에 소비하고 있다. 매시간 1,500명의 어린이들이 기아로 죽어가고 있다. 매일 한 종류의 종(種)이 멸종되고 있다. 매주, 1980년대 동안 제2차 세계대전 때를 제외하고 역사상 어느 시대보다 더 많은 이들이 감금되고 고문당하고 암살당하고…유린되었다. 매달, 세계의 경제체제는 제3세계의 국민들의 등에 이미 짐 지워진 1조 5천억 달러의 감당할 수 없는 부채에 750억 달러를 추가하고 있다. 매년, 한반도의 3/4 크기의 열대림이 황폐화되고 있다.…세계 인구 중에서 최빈곤층 1/5에 해당하는 사람들이 지구에서

산출되는 경제적 생산물의 2% 이하를 수혜 받고 있음에 반하여 최부유층 1/5에 해당하는 사람들은 경제적 생산물의 74%를 소비하고 있다.[1]

오늘날 이 세계는 정치, 경제, 문화 전 영역에서의 불의와 불평등과 세속주의로 인해, 인간 복제에 근접한 생명공학에 의해, 포스트 휴머니즘적 테크노피아를 꿈꾸는 과학기술문명에 의해, 신자유주의적 세계화와 지구적 시장화에 의해, 군사적 대결과 폭력 문화에 의해, 그리고 전 지구적인 자연파괴와 생태학적 위기로 인해 총체적인 생명 파괴의 현실로 치닫고 있다. 이러한 총체적인 생명 파괴의 현실 속에서 기독교의 지상 과제는 예수 그리스도의 하나님 나라 복음, 즉 생명의 복음을 선포하고 실천함으로써 죽어가는 생명을 살려내고 충만한 생명(삶)을 가져오는 데 있다. 예수 그리스도는 바로 우리에게 풍성한 생명을 주고자 오셨다. "내가 온 것은 양으로 생명을 얻게 하고 더 풍성히 얻게 하려는 것이라"(요 10:10).

풍성한 생명을 누리기 위해서는 생명에 대한 통전적인 이해가 먼저 요구된다. 즉 통전적인 생명신학이 요청된다. 통전적인 생명은 육체적 차원과 영적 차원, 개체적 차원과 공동체적 차원, 현세적 차원과 내세적 차원을 포괄한다. 예를 들면, 성서는 생명을 가리키는 두 가지 언어를 보여준다. 하나는 "비오스"(βίος)이며 다른 하나는 "조에"(ζωή)다. "비오스"는 생명의 본질이라기보다는 일반적으로 생명을 지속하고 유지하기 위한 방편으로서, 건강, 물질, 생식능력, 힘 등과 연관된 개념이다.[2] 자연적

---

1   한국기독교사회문제연구원 편, 『정의, 평화, 창조질서의 보전 세계대회 자료집』 (한국기독교사회문제연구원, 1988), 70-72.

2   Richard C. Trench, *Synonyms of the New Testament* (Grand Rapids: Eerdmans, 1980), 91

이고 일상적이며 생물학적인 생명으로서의 "비오스"가 생명의 본질로서의 "조에"와 연결되지 않을 때, 그것은 헛된 것이 된다. 요한복음은 생명의 본질, 또는 참 생명을 "조에 아이오니오스"(ζωή αίώνιος), 즉 영생 또는 영원한 생명으로 표현한다. 그리스어의 어원적 의미를 따라 말하자면 영생은 시간적인 영원성과 공간적인 우주성, 그리고 질적인 신성을 지니는 삶이다. 요한복음에 따르면 이 영생은 하나님의 아들인 예수 그리스도를 믿음으로써 얻어진다.

　　　인간의 구원은 궁극적으로 영원한 생명인 "조에"의 차원에서 완성된다. 하지만 구원은 "비오스"의 차원을 폐기하거나 부정하지 않으며, 오히려 육체적 생명을 궁극적인 구원의 필수적인 요소로 요구한다. 왜냐하면 인간의 생명은 본래적으로 정신과 육체의 통일성 안에 존재하는 것이기 때문이다. 뿐만 아니라, 내세에서의 영원한 인간의 운명은 이 유한한 시간 속에서의 육체적 삶에 의해 결정된다. 종말론적인 새 하늘과 새 땅은 옛 하늘과 옛 땅을 폐기하는 것이 아니라 그것을 변화시키며 완성한다. 그러므로 인간의 통전적인 생명은 육체적 생명과 정신적 또는 영적 생명의 통일로 구성되며, 따라서 통전적 생명신학은 이 두 가지 차원의 생명에 대한 통전적인 이해와 구원을 추구한다. 통전적 생명신학은 삼위일체 하나님과의 관계 속에서 육체와 영혼, 개인과 공동체, 인간과 자연, 현세와 내세를 함께 포괄하는 다차원적 생명의 통전적 구원을 추구한다.

이하. 노영상, "생태신학의 근거로서의 생명신학,"「신학이해」제18집 (호남신학대학교, 1999), 206에서 재인용. 눅 8:14에서 "생의 염려"의 생, 눅 21:34에서 "생활의 염려"의 생활, 요일 2:16에서 "이생의 자랑"의 생 등이 이 '비오스'라는 단어로 쓰여 있다. 그러므로 '비오스'가 단지 생물학적 생명만을 의미하는 것은 아니지만, 오늘날에는 생물학(biology)이란 단어가 보여주는 바와 같이 관습적으로 생물학적 생명이라는 의미와 동일시된다.

이 글에서는 통전적인 생명에 대한 논의를 성서에 나타나는 생명 이해에 대한 고찰로부터 시작하고자 한다. 그 후 틸리히와 몰트만을 중심으로 한 생명에 대한 조직신학적 논의를 통해 통전적인 생명신학에 대한 이해를 분명하게 형상화하고자 한다. 이러한 통전적인 생명에 대한 이해에 기초하여, 오늘날 생명 파괴의 현실 속에서 생명신학의 주제들과 선교의 과제들을 보다 구체적으로 다루고, 결론적으로 통전적 생명신학에 근거한 한국교회의 선교적 과제를 제시하고자 한다.

2. 성서에서의 생명 이해

A. 구약성서의 생명

구약성서에서 모든 생명은 창조주 하나님으로부터 왔으며 하나님께 속해 있다. 다시 말하면 하나님은 모든 우주 만물과 생명의 창조자이며 생명의 근원이다. 모든 생명들 가운데 특히 인간은 하나님의 형상을 따라 창조되었다(창 1:27). 하나님은 흙으로 인간을 빚으시고 그 코에 생기, 즉 생명의 기운 또는 바람(נשמת חיים, 니슈마트 하임)을 불어넣어 주심으로써 생령, 즉 살아 있는 생명체(נפש חיה, 네페쉬 하야)가 되게 하셨다(창 2:7). 하나님께서 인간의 생명을 하나님의 형상으로 창조하시고 직접 그 코에 생기를 불어 넣어주셨다는 것은 인간이 모든 존재들보다 고귀한 존재로 창조되었음을 의미한다. 그러므로 다른 생명들은 인간의 생존을 위하여 도살하는 것이 허락되었지만, 인간의 생명을 해하는 것은 십계명에서 금지되었다(살인하지 말라. 출 20:13; 신 5:17). 인간의 생명은 이 세상의 그 무엇보다도 고귀한 것으로서 하나님께 속한 것이기 때문에 인간은 자신과 남의 생명을 마음대로 손상하거나 변형시킬 수 없다. 뿐만 아니라 모든 생명은 근본적으로 하나님께 속한 것이기 때문에 쓸데없이 짐승을 살육하고 피 흘리는 것이 금지되었으며, 피는 생명을 상징하였기 때문에 짐승의 피를 먹어서는 안 되었다(창 9:4; 레 3:17; 17:10; 신 12:23).

구약성서에서 생명의 존엄성에 대한 강조의 중요한 특징은 특히 약자의 생명을 보호하기 위한 시내산 계약의 규정들에서 발견된다(출 21:28 ff.). 시내산 율법은 특히 고아와 과부와 이방 나그네와 같은 약자들의 권리를 보호하기 위한 구체적인 규정들과(출 22:21-27; 23:10-11; 신 14:28-29; 24:19-22 등), 종들과 힘없고 가난한 자들을 보살피라는 규정들을(신 16:9-14)을 포함하고 있다. 율법에 따르면 7년마다 돌아오는 안식년에는 가난한 자들의 빚을 탕감하고 종들을 노예 신분으로부터 해방하도록 규정되어 있으며(신 15:1-3; 출 21:2-6), 50년마다 돌아오는 희년에는 땅과 가옥과 신분을 원상복귀 시키도록(레 25장) 규정되어 있다.

시내산 율법은 인간 공동체를 위한 규정들뿐만 아니라 자연 공동체와의 조화로운 삶을 위한 규정들도 포함하고 있다. 즉 안식일에는 가축들도 쉬게 해야 하며(출 20:10; 23:12; 신 5:14), 안식년이나 희년에는 땅을 쉬게 하고 그 땅의 자연적 소출을 가난한 사람들과 짐승들을 위해 그대로 두어야(출 23:10-11; 레 25:2-7) 했다.

하나님은 이스라엘의 왕정의 역사 속에서 예언자들을 보내셔서 불의한 권력의 횡포를 비판하고 하나님의 정의를 회복하며 가난하고 힘없는 약자들의 생명과 권리를 보호하시고자 했다. 자신의 권력을 남용하여 우리아를 죽이고 그의 아내 밧세바를 취한 다윗왕의 불의를 책망한 나단, 무고한 나봇을 신성 모독죄로 처형하고 그의 포도원을 강제로 빼앗은 아합과 이세벨의 죄악을 지적하고 하나님의 심판을 예언했던 엘리야, 여로보암 2세 때의 사회적 불의를 신랄하게 비판한 정의의 예언자 아모

스, 요담 왕 시대에 가난한 백성들의 편에 서서 가난한 자들을 수탈하고 그들의 권리를 짓밟는 정치적·종교적 지배계층의 불의를 비판했던 민중 예언자 미가 등은 부패한 권력과 지배계층의 불의에 맞서 하나님의 정의를 구현함으로써 인간의 생명을 지키고자 했던 대표적인 예언자들이다.

요약하면, 구약성서는 창조주 하나님께서 모든 만물과 모든 생명을 창조하셨으며 특별히 인간을 하나님의 형상으로 손수 창조하셨음을 증언한다. 그리고 또한 구약성서의 율법과 예언자들은 권력자들과 지배자들로부터 억압당하고 착취당하는 힘없고 가난한 약자들의 생명과 인권을 보장하고 수호하고자 한다.

B. 신약성서의 생명

예수님은 인간의 생명이 천하보다 귀한 것이라고 말씀했다. "사람이 만일 온 천하를 얻고도 제 목숨을 잃으면 무엇이 유익하리요? 사람이 무엇을 주고 제 목숨을 바꾸겠느냐?"(눅 9:25) 인간의 생명을 그 무엇보다도 귀히 여기는 예수님의 모습은 안식일에 손 마른 자의 병을 고치는 행위(막 2:23-27; 마 12:1-13)에 잘 나타난다. 예수님은 서기관들과 바리새인들의 율법주의를 "무거운 짐을 묶어 사람의 어깨에 지우는" 것이라고 비판하면서, 인간이 율법을 위해 있는 것이 아니라 율법이 인간을 위해 있다는 사실을 강조한다. 예수님은 율법의 본질을 인간의 생명을 사랑하시는 하나님의 마음으로 이해했다. 예수님의 한 마리의 잃어버린 양의 비유(눅 15:4-7)는 하나님께서 한 생명을 얼마나 귀하게 여기시는지를 분명히 보여주는 비유다.

누가복음은 예수님이 자신의 사역 내용을 다음과 같이 요약하고 있는 것으로 기록한다. "소경이 보며, 앉은뱅이가 걸으며, 나환자가 깨끗

함을 받으며, 귀머거리가 들으며, 죽은 자가 살아나며, 가난한 자에게 복음이 전파된다 하라"(눅 7:22). 이 구절은 예수님의 사역의 두 가지 특징을 보여주는데, 하나는 인간의 생명을 파괴하는 갖가지 질병을 치유하시는 사역이며, 다른 하나는 가난하고 억눌리고 소외된 자들의 생명과 인간적 권리를 보호하기 위한 사역이다.

예수님은 "몸을 죽이고 그 후에는 능히 더 못하는 자들을 두려워하지 말라"(눅 12:4)고 말씀하였는데, 이 말씀은 인간의 생명이 육신의 생명으로만 이루어진 것이 아니라, 그 이상의 생명의 차원, 즉 영적인 생명의 차원이 있음과 이 생명의 차원은 바로 오직 하나님의 주관 아래 있다는 사실을 지시한다. 이러한 생명의 차원에서 예수님은 "무릇 자기 목숨을 보존하고자 하는 자는 잃을 것이요 잃는 자는 살리리라"(눅 17:33)고 말씀했다. 이 말씀은 하나님 나라의 영원한 생명은 이기적이고 자기중심적인 삶의 태도를 버리고 하나님의 뜻을 위하여 기꺼이 자기의 육신적인 생명을 버릴 수 있을 때 주어지는 것임을 지시한다.

사도 바울은 생명을 기독론적으로 정의한다. 그에게 있어서 예수 그리스도는 생명을 가져다주시는 분이다. 그는 고린도전서 15:20-24, 45-50에서 예수 그리스도를 아담과 대조되는 둘째 아담으로 묘사한다. "아담 안에서 모든 사람이 죽은 것같이 그리스도 안에서 모든 사람이 생명(삶)을 얻으리라"(고전 15:22). 그는 또한 첫 아담은 육신의 생명을 가져다주는 산 영인 반면, 마지막 아담 예수 그리스도는 영원한 생명을 가져다주는 "살려주는 영"이라고 말씀한다. "기록된바 첫 사람 아담은 산 영이 되었다 함과 같이 마지막 아담은 살려주는 영이 되었나니"(고전

15:45).[3] 바울은 로마서에서 더욱 구체적으로 구원의 생명이 예수 그리스도의 십자가의 대속적 희생과 이를 믿음에 의한 죄 용서(롬 3:25)와 의롭게 됨(롬 3:23-24; 5:24)을 통해 주어진다고 가르친다. 이것이 우리를 구원하시는 "하나님의 의"(롬 3:22)다.

또한 바울은 생명에 대한 기독론적인 이해를 성령과 연관시킨다. 그는 "그리스도 예수 안에 있는 생명의 성령의 법이 죄와 사망의 법에서 너(예수 안에 있는 자)를 해방했다"(롬 8:2)고 선언한다. 그는 육체와 성령을 대조시키면서, "성령을 위하여 심는 자는 성령으로부터 영생을 거두리라"(갈 6:8)고 말씀한다. 바울에게 있어 성령은 아담으로 인해 잃어버린 인간의 본래적인 생명을 회복시켜주는 하나님의 영이자 예수 그리스도의 영이다. 또한 바울은 인간뿐만 아니라 모든 피조물이 썩어짐의 종노릇에서 해방되어 하나님의 자녀들의 영광의 자유에 이르기를 바란다고 말씀함으로써(롬 8:21), 오늘날의 생태학적인 구원에 대한 종말론적인 비전을—물론 이것은 그의 구속신학의 중심주제는 아니지만—위한 성서적 근거를 제공하고 있다.

요한복음에서 구원의 실재를 의미하는 생명은 "조에"로서, 이것은 일시적인 생물학적 생명인 "비오스"와 대조되는 영원한 생명, 즉 영생을 의미한다. 요한복음에 따르면 하나님의 아들이신 예수 그리스도 안에 생명이 있다(요 1:4). 예수 그리스도는 "영생의 물"이며(요 4:10), "생명의 떡"(요 6:35, 48)이며, "길이요 진리요 생명"이다(요 14:6). 그러므로 아들을 믿는 자는 영생을 얻는다(요 3:36). 즉 영생은 예수 그리스도를 믿음으로 말미암아 주어진다. "영생은 곧 유일하신 참 하나님과 그의 보내신 자

---

3   바울은 이와 같은 기독론적인 죽음과 생명의 대조를 롬 5:12-14과 고후 4:10-11에서도 기술하고 있다.

예수 그리스도를 아는 것"이다(요 17:3). 이 영생은 단지 미래의 약속이 아니라 예수 그리스도에 대한 신앙의 응답을 통해 이미 현재적으로 주어지는 것이다. "내 말을 듣고 또 나 보내신 이를 믿는 자는 영생을 얻었고 심판에 이르지 아니하나니 사망에서 생명으로 옮겼느니라"(요 5:24). 요한복음에 있어 영생의 구원과 죽음의 심판은 이미 현재적 사건으로서 종말론적인 미래의 운명을 결정한다. 예수 그리스도는 나사로를 죽음으로부터 살리신 후에 이렇게 선언한다. "나는 부활이요 생명이니 나를 믿는 자는 죽어도 살겠고 무릇 살아서 나를 믿는 자는 영원히 죽지 아니하리라(요 11:25-26).

신약성서의 생명사상의 특징은 다음과 같이 요약될 수 있다. 공관복음서에서 예수님은 하나님 나라를 위한 사역 속에서 가난하고 병들고 소외된 사람들에 대한 각별한 사랑과 섬김과 치유의 사역을 통해 천하보다 귀한 생명에 대한 사랑을 몸소 실천했다. 바울은 아담으로 말미암은 죄와 사망의 권세가 예수 그리스도로 말미암은 의와 생명의 성령의 법에 의해 극복되었다고 선포했다. 그리고 요한복음은 생물학적·육체적 생명이 아닌 영원한 영적 생명의 중요성을 강조하면서 예수 그리스도가 영원한 생명, 즉 영생의 길이라는 사실을 증언한다.

3. 통전적인 조직신학적 생명 이해

생명에 대한 오늘날의 조직신학적 논의는 성서의 증언들에 기초하여 삼위일체론적 신관의 틀거리 안에서, 그리고 무엇보다도 주로 성령론의 범주 안에서, 인간론과 생태신학적 창조론과 종말론 등의 주제들과의 관계 속에서 전개된다. 이 글에서는 현대신학자들 가운데 틸리히와 몰트만[4]의 생명사상을 주된 전거로 하여 통전적인 조직신학적 생명 이해에 관하여 고찰해 보고자 한다.

A. 생명의 다차원적 통일성과 모호성

기독교의 고전적 신학의 패러다임을 수립한 아우구스티누스의 세계관에 따르면, 모든 종류의 살아 있는 존재들은 창조주 하나님에 의해 존재의 계층질서에 따라 구별된다. 가장 낮은 차원에는 식물과 같이 지각력이나 의식이 결여된 채 영양분을 섭취함으로써 생존하는 생명체가 있다. 그위의 차원에는 가축, 새, 물고기와 같이 정신이나 영혼이 결여된 채 지각력을 지닌 생명형태가 존재한다. 그리고 그 위의 차원에는 하나님의 창조질서의 왕관으로서 정신과 의지를 지닌 인간이 있다. 그리고 궁극적으로, 변화와 죽음의 무상함에 의해 제약을 받는 인간 생명을 초월하는 영원하고 불변하며 절대적인 존재, 즉 모든 생명의 근원이신 창조자 하나님이 존재한다. 그러나 오늘날에는 이와 같은 계층질서적인 생명 이해와 세계관은 더 이상 지지를 받지 못하며, 그 대신 보다 다차원적이고 순환적이며 통전적인 생명 이해와 세계관이 널리 설득력을 얻고 받아들여지고 있다.

　　틸리히에 따르면 생명이란 "잠재적인 가능성이 실제적으로 현실

4　　몰트만의 사상에 대하여는 특히 그의 글 "성령과 생명신학"을 참고했다. 이 글은 1995년 여의도 순복음교회와 서울신학대학, 1996년 런던 Kings College, 그리고 2000년 5월 16일 장로회신학대학교 한경직 기념 예배당에서의 강연에서 소개되었으며, 또한 위르겐 몰트만, 『생명의 샘』, 이신건 옮김 (서울: 대한기독교서회, 2000), 제2장 "성령과 생명신학" 23-41에 이 글이 실려 있다.

화되는 변화와 과정"[5]으로서 다차원적 형태를 지니고 있는데, 즉 무기적 생명, 유기적 생명, 심리적·정신적 생명, 영적 생명이 그것이다. 이 다차원적인 생명들 간에는 존재론적 연관성과 통일성이 있다. 따라서 인간의 고차원적인 정신적·영적 생명은 그 이전 단계의 생명 차원들의 잠재성의 완전한 현실화를 전제한다. 즉 사람의 생명 차원 안에서는 물리·화학적인 비유기적 생명, 세포와 생체기관 안의 유기적이고 복합적인 생명, 그리고 이 모든 것을 객관적으로 대상화하고 초월할 수 있는 정신적·영적 차원이 통합, 통일되어 있다.

인간은 무엇보다도 영적인 차원의 생명을 지닌 존재다. 영이란 무엇인가? 성서에 있어서 영을 의미하는 루아흐(רוח) 또는 프뉴마(πνευμα)는 단순히 주지주의적인 이성(reason)이나 심리적학적인 정신(mind)이 아니라 숨, 호흡, 바람, 기운과 같은 역동적인 성격을 지닌 생명의 근원적인 힘이다. 틸리히는 영에 대하여 이렇게 말한다.

생명을 살아 있게 하는 것은 무엇인가? 이 물음에 대해 인간이 관심을 갖게 된 것은 바로 자신의 숨 쉬는 경험에서, 그리고 무엇보다도 숨이 정지된 시신의 경험에서 비롯되었다. 그 대답은 숨이었다. 곧 숨이 있는 곳에 생명의 힘이 있고, 숨이 사라지면 생명의 힘도 사라진다. 이 점에서 영은 생명의 힘이며…생기 그 자체의 힘이다.[6]

그러나 서구에서는 전통적인 이원론적 경향으로 인하여 영 개념

---

5 Paul Tillich, *Systematic Theology*, vol. 3 (Chicago: The University of Chicago Press, 1963), 21.

6 Ibid., 21.

이 정신과 이성의 의미로 변화되면서 그 속에 본래적인 힘의 요소가 사라지게 되었다. 따라서 틸리히는 영을 그 본래적인 의미에서 다음과 같이 정의한다. "영이란 생명의 힘과 생명의 의미들의 통일, 간단히 말하자면, 힘과 의미의 통일이다."[7] 영의 차원은 생명의 한 차원으로서 다른 차원들과 다원적인 통일성의 관계에 있으며, 이 점에서 영의 차원은 힘과 의미, 물리학적·생물학적 에너지와 정신적 이성, 또는 동양사상의 개념을 빌리면 기(氣)와 이(理)를 창조적으로 통합하고 통일시킨다.

신학적 관점에서 무엇보다도 인간의 영(spirit)은 하나님과의 영(Spirit)과의 관계에서 영으로 임재하시는 하나님의 현존에 감응하고 응답하는 초월적인 차원을 지닌다. 즉 영은 인간의 생명 안에 나타나는 생명현상이며 동시에 초월적인 신적 실재와 관계되는 개념이다. 틸리히에 따르면 생명은 세 가지 방향의 운동을 하는데 자기중심을 향하는 원형적 내적 운동으로서의 자기통전(self-integration) 운동과, 앞을 향한 수평적 전진운동으로서의 자기창조(self-creativity) 운동과, 위를 향한 수직적 운동으로서의 자기초월(self-transcendence) 운동이 그것이다.[8] 생명은 이 세 범주 안에서 각기 진리와 거짓, 신성과 악마성의 상반된 성격의 모호성을 드러내는데, 이는 각각에 있어서의 양극적인 존재론적 요소들, 즉 개체화와 참여, 역동성과 형식, 자유와 운명 사이의 갈등과 충돌로 나타난다. 틸리히가 말하는 세 가지 방향의 생명운동 가운데 세 번째 형태의 운동을 잠깐 살펴보자.

모든 생명은 그 자신을 넘어 보다 높은 차원으로 상승하려는 신비한 운동을 한다. 이 위를 향한 초월의 운동 속에서, "생명은 궁극적이면

---

7   Ibid., 22.
8   Ibid., 30-106.

서도 무한한 존재를 지향하여 수직방향으로 나아가려고 시도한다."[9] 이 생명의 자기초월 운동과 관계되는 존재론적 요소는 자유와 운명(freedom and destiny)이다. 생명의 자기초월 운동이 가장 분명하게 나타나는 곳은 영적 차원의 인간 생명이며, 이 영적 차원의 생명으로서의 인간의 자기초월 운동은 무엇보다도 종교 안에 가장 잘 나타난다. "종교란 영적 차원에서의 생명의 자기초월로서 정의된다."[10] 그러나 이 종교 안에 자유와 운명 사이의 모호성이 존재한다. 한편으로 종교는 인간의 생명을 신적인 생명과의 만남을 통하여, 그리고 그 안에서 거룩하게 하고, 그 의미를 충만하게 하고, 영광스럽게 하려고 한다. 그러나 다른 한편으로 이러한 종교의 목적과 노력은 유한하고 상대적이고 타락하고 소외된 실존의 운명으로 인하여 좌절되고 왜곡된다. 그러므로 "종교란 언제나 계시의 창조물이자 계시의 왜곡이다."[11] 이것이 영적인 인간 생명의 차원과 그 안에서의 종교의 모호성이다.

B. 성령과 생명

틸리히에 의하면 성령은 이런 모호한 인간의 영적 차원의 실존의 물음에 대한 답변이다. 영적 차원의 생명으로서의 인간은 하나님의 임재를 영으로서의 하나님, 즉 성령으로 체험한다. 그리스도인에게 있어서 성령체험은 예수 그리스도를 통한 하나님의 직접적 현존의 체험이다(행 2:1-43). 성령은 소외된 인간 실존 안에서의 생명의 모호성, 즉 양극적인 존재론적

---

9   Ibid., 86.
10   Ibid., 96.
11   Ibid., 104.

구성요소들인 개체화와 참여, 역동성과 형식, 자유와 운명 사이의 갈등과 충돌을 극복하고, 이 요소들을 일치와 조화 가운데 통합함으로써 온전한 영적 생명을 회복하고 완성한다. 하나님의 성령이 인간의 영에 임재하고 그것을 감싸고 조명함으로써, 인간의 생명은 모호성과 갈등의 실존으로 부터 해방되고 초월되고 구원받는 체험을 한다. 이러한 체험 속에서 인간의 인격적 주체성이나 정신의 합리적 구조는 부정되거나 대체되지 않고 오히려 더욱 높은 차원으로 고양되고 성취된다. 다시 말하면 성령의 현존은 영적 차원의 인간 생명을 온전하게 완성시킨다. "성령의 현존은 모든 생명의 차원들의 모호성 속에 내포된 문제들에 대한 해답이 된다."[12]

바울은 로마서 7:14-25에서 자신의 모순적인 이중적 실존에 대하여 고백하면서 이렇게 탄식한다. "내 속 사람으로는 하나님의 법을 즐거워하되 내 지체 속에서 한 다른 법이 내 마음의 법과 싸워 내 지체 속에 있는 죄의 법 아래로 나를 사로잡아 오는 것을 보는도다. 오호라! 나는 곤고한 사람이로다. 이 사망의 몸에서 누가 나를 건져내랴?"(7:23-24) 바울이 성령을 생명의 영으로 명명하는 것은 바로 이러한 실존적 상황에서다. "그러므로 이제 그리스도 예수 안에 있는 자에게는 결코 정죄함이 없나니, 이는 그리스도 예수 안에 있는 생명의 성령의 법이 죄와 사망의 법에서 너를 해방하였음이라"(롬 8:1-2). 이 말씀은 성령이 인간의 영적인 실존의 모호성으로부터 우리를 구원하심을 증언한다. 바울은 또한 이렇게 말씀한다. "자기 육체를 위하여 심는 자는 육체로부터 썩어진 것을 거두고 성령을 위하여 심는 자는 성령으로부터 영생을 거두리라"(갈 6:9). 성령은 생명의 법이요 능력이다. 성령은 생명의 영으로서 모든 피조물을 창

---

12   Ibid., 115.

조하고 그 생명을 유지하며, 그리스도 예수 안에서 우리에게 새로운 생명을 주는 영이다.

몰트만은 성령을 "생명의 영"으로, 또는 "생명의 샘"(fons vitae)으로 정의한다.[13] 하나님은 자신의 영을 통해 만물을 창조하시고 그것들에 생명을 불어넣으신다. 하나님의 영(루아흐)은 생명의 숨(breath of life)을 의미한다. 인간의 생명은 하나님의 영(네샤마, 루아흐), 즉 하나님의 생명의 숨에 의해 흙으로 빚어진 몸으로부터 창발되었다. 성령은 하나님의 무한한 임재다. 이 임재 안에서 우리의 생명은 깨어나고, 온전히 약동하며, 생명의 능력을 부여받는다. 성령을 향한 기도의 응답은 성령의 도래와 충만과 내주다. 성령은 만인(모든 육체)에 강림하시는데(욜 2:28; 행 2:17), "만인"(모든 육체)은 풀과 나무와 동물을 포함하는 모든 생명체이며, 무엇보다도 인간의 생명이다. 하나님의 영이신 성령의 강림 안에서 모든 육체는 신성해지며, 죽어야 할 모든 육체는 하나님의 영원한 생명으로 가득 차게 된다. 신성이 편만하게 임재하게 되면, 그 안에서 인간 생명체, 아니 실로 모든 생명체들이 활짝 꽃을 피우며, 영원히 살 수 있게 된다.

몰트만은 성령의 삼위일체론적 기원을 하나님의 빛나는 얼굴에서 발견한다. "주께서 낯을 숨기신 즉 저희가 떨고 주께서 저희 호흡(영)을 취하시면 저희가 죽어 본 흙으로 돌아가나이다. 주의 영을 보내어 저희를 창조하사 지면을 새롭게 하시나이다"(시 104:29-30). "하나님의 얼굴"은 하나님의 보살핌과 자상한 관심과 특별한 임재를 나타내는 상징이다. 유대교 사상에서 하나님의 "숨은 얼굴"은 하나님의 심판의 상징이며, 하나님의 "돌이킨 얼굴"은 하나님의 저주와 영원한 죽음의 상징이다. 그

---

13 위르겐 몰트만, 『생명의 영: 총체적 성령론』, 김균진 역 (서울: 대한기독교서회, 1992); 『생명의 샘』, 이신건 옮김 (서울: 대한기독교서회, 2000).

러나 하나님의 "빛나는 얼굴"은 성령 강림의 샘이요, 하나님의 생명과 사랑과 축복의 샘이다.

몰트만에게 있어 성령의 강림은 그리스도의 희생과 부활의 목표다. 그리스도의 역사(歷史)와 성령의 역사(役事)는 서로를 제약하면서 뗄 수 없이 연결되어 있다. 공관복음서에 의하면 그리스도는 성령으로부터 나오며, 성령의 능력 가운데서 이적을 행하고 하나님 나라를 선포하며, 영원한 영을 통해 십자가 위에서 대속의 죽음에 자신을 내어주며, 살리는 영을 통해 하나님에 의해 일으켜지며, 영 안에서 지금 우리와 함께 하신다. 부활 이후에는 그리스도와 영의 관계가 뒤바뀐다. 이제 그리스도는 자신의 공동체에 성령을 보내며, 성령 안에서 임재하신다. 하나님의 영은 그리스도의 영이 된다. 성령 안에서 파송된 그리스도는 성령을 파송하는 그리스도가 된다.

부활한 그리스도의 나타남을 보았던 자들은 그리스도로부터 부활의 영을 받았다. "저희를 향하여 숨을 내쉬며 가라사대 '성령을 받으라'"(요 20:22). 그러므로 부활한 자의 현현과 성령 강림, 부활 신앙과 오순절 신앙은 서로 하나이며, 시간적으로 구분될 수 없다. 부활한 그리스도를 인식하는 것과 부활의 영 가운데서 자신의 중생의 능력을 경험하는 것은 같은 사건이다. 참된 부활 신앙은 성령의 역사(役事)다. 왜냐하면 그리스도의 부활을 믿는 것은 하나의 역사적 사실을 확인하고 "아, 그렇구나"라고 말하는 것이 아니라, 살리는 영에 사로잡히는 것을 뜻하며, 자신의 삶과 죽음에서 "내세의 능력"(히 6:5)을 경험하는 것을 뜻하는 것이기 때문이다. 그러므로 부활신학과 성령신학은 불가분의 관계에 있다.

몰트만은 그리스도와 성령의 내적 관계를 요한복음 14장에 대한 주석을 통해 설명한다. 14:16에 의하면 예수는 "아버지에게 또 다른 보혜사를 보내 달라고 기원하기 위해" 제자들을 떠난다. 26절에 의하면

"그리스도는 이 보혜사를 아버지로부터 보낸다." 보혜사는 "아버지로부터 나오는 진리의 영"이다. 이러한 표현에 따르면 성령은 예수 그리스도의 아버지와 함께 있으며, 그리스도는 아버지에게 성령의 파송을 간청하고 성령을 아버지로부터 보내기 위해 "떠난다(죽는다)." 실로 성령은 아버지로부터 나오며, 아들에 의해 보냄을 받는다. 서방 교회의 니케아 신조가 말하듯이, 성령은 "아버지와 아들로부터" 나오는 것이 아니라 아버지로부터 나오고, 아들 위에 머물며, 아들로부터 세상 안으로 빛을 발한다. 하나님 아버지가 아들을 통해 성령을 세상 안으로 보내는 것은 바로 이 세상에 생명을 주시기 위함이다.

이 생명의 성령을 분별하는 기준은 예수의 이름과 십자가의 표지(標識)다. 예수의 이름과 더불어 예수 그리스도의 길도 함께 간구된다. 성령으로부터 나오는 것은 우리로 하여금 예수 그리스도의 길을 걷게 하며, 그의 뒤를 따르도록 한다. 예수의 제자직(공관복음)은 바로 "성령 안의 생활"(바울)이다. 실로 개인적-공적으로, 정치적-경제적으로 예수를 뒤따르는 생활은 "영들을 구분하는" 실천적인 기준이 된다.

C. 생명과 하나님 나라

인간의 생명은 단지 고립된 개인적 실재일 뿐 아니라 역사적·사회적·공동체적 실재다. 모든 차원의 생명이 역사적 실재이지만 인간의 생명 차원에서 진정한 의미에서의 역사의식이 발생한다. 즉 인간만이 시간의식을 가지고 자기존재의 역사성을 자각하며, 역사의 궁극적 의미와 목적을 묻는다. 틸리히에 따르면 그러나 생명의 세 가지 운동, 곧 자기통전, 자기창조, 자기초월의 운동은 개인적·실존적인 지평에서와 마찬가지로 그리고 그보다 더욱 사회역사적 지평에서 언제나 모호성에 의해 지배된다. 역사적 지평에서 생명의 자기통전 운동은 강력한 중앙집권적인 힘의 집중화를 통한 제국의 건설로 나타나며, 생명의 자기창조 운동은 전통에 대한 반동과 혁명으로 표출되며, 생명의 자기초월 운동은 유토피아주의적인 진보사관이나 이원론적이고 초월적인 초역사주의로 나타나기 십상이다.

틸리히에게 있어 하나님 나라는 이 인간의 역사적 실존의 모호성에 대한 답변이다. 다시 말하면 하나님 나라는 사회적·역사적 차원에서의 온전한 생명의 완성을 의미한다. 나아가 하나님 나라는 인간의 역사뿐만 아니라 자연과 우주의 모든 생명의 차원을 종말론적으로 완성한다. 하나님 나라는 역사 내재적인 동시에 역사 초월적이다. 하나님 나라는 역사를 심판하는 동시에 완성한다.

신약성서의 증언에 따르면, 이러한 모든 생명이 완성되는 하나님 나라의 실재는 성령의 충만함을 입은 예수 그리스도의 하나님 나라 운동안에서 분명하게 계시되고 선취적으로 실현되었다. 예수님은 공생애를 시작하면서 구약의 이사야 61:1-2을 인용함으로써 자신의 사역의 목표가 충만한 생명을 가져오는 하나님 나라의 구현에 있음을 분명히 밝혔다. "주의 성령이 내게 임하셨으니 이는 가난한 자에게 복음을 전하게 하시려고 내게 기름을 부으시고 나를 보내사 포로된 자에게 자유를, 눈먼 자에게 다시 보게 함을 전파하며, 눌린 자를 자유케 하고 주의 은혜의 해를 전파하게 하려하심이라"(눅 4:18-19). 요한도 예수 그리스도의 오심이 생명을 주시기 위함임을 증언한다. "내가 온 것은 양으로 생명을 얻게 하고 더 풍성히 얻게 하려는 것이라"(요 10:10). 예수 그리스도가 선포하고 실현하고 약속한 하나님 나라는 성령 안에서 모든 생명이 온전하고도 풍성하게 회복되고 영원한 영광을 누리게 되는 나라다.

몰트만은 하나님의 영을 중심으로 한 생명의 우주적 연관성에 대한 비전을 생태학적 관점에서 발전시킨다. 만물은 하나님의 생명의 영

(숨)에 의해 생겨났으며, 이를 통해 생명을 조성하는 창조의 공동체 안에서 "결합된다." 사람도 모든 피조물의 이러한 생명 공동체에 속해 있다. 생명의 영은 무엇보다 피조물의 생명 연관성이다. 만물은 서로 의존해 있고, 서로 함께 지내고, 서로를 위하며, 종종 서로 안에서 공생하기를 좋아한다. 생명은 사귐이며 사귐은 생명을 전달한다. 구원의 경륜만 존재하는 것이 아니라 하나님의 영의 구원의 생태학도 역시 존재한다.[14] 몰트만은 이렇게 말한다.

> 하나님은 창조주로서 자신의 모든 피조물들 안에 임재해 있기 때문에, 이들은 하나님의 영광으로 빛나며, 그분의 영원한 빛을 반사한다. 우리가 인간으로 살아남으려면, 이처럼 하나님의 빛을 반사하는 생명을 거룩하게 보존해야 한다. 그리한다면 우리는 생명의 그물망 안으로 다시 통합될 것이다.[15]

종말론적인 미래의 하나님 나라에서 하나님은 성령 안에서 만유 가운데 충만하게 임재하실 것이다. "만물을 저에게 복종하게 하신 때에는 아들 자신도 그때 만물을 자기에게 복종케 하신 이에게 복종케 되리니 이는 하나님이 만유의 주로서 만유 안에 계시려 하심이니라"(고전 15:28). 하나님 나라의 궁극적인 성취는 하나님의 영, 곧 성령이 모든 만물 가운데 충만하게 임재하고 모든 만물을 변화시키고 영화롭게 만듦으로써 이루어지며, 이때 영원한 생명의 온전한 실현도 이루어질 것이다. "보라! 하나님의 장막이 사람들과 함께 있으매 하나님이 저희와 함께 거

---

14 몰트만, 『생명의 샘』, 40.
15 Ibid., 71.

하시리니, 저희는 하나님의 백성이 되고 하나님은 친히 저희와 함께 계셔서 모든 눈물을 그 눈에서 씻기시매 다시 사망이 없고 애통하는 것이나 곡하는 것이나 아픈 것이 다시 있지 아니하리니, 처음 것들이 다 지나갔음이러라"(계 21:3-4).

하나님 나라에서 생명의 과정과 역사의 과정의 모든 창조적이고 선한 것들은 하나도 버려지지 않고 보존되고 부활하며 영원한 생명을 얻으며, 모든 부정적이고 파괴적인 것들은 제거되거나 변화될 것이다. 하나님 나라에서 우리의 육의 몸은 영적인 몸으로 부활할 것이다. "죽은 자의 부활도 이와 같으니 썩은 것으로 심고 썩지 아니할 것으로 다시 살며…육의 몸으로 심고 신령한 몸으로 다시 사나니 육의 몸이 있은 즉 또 신령한 몸이 있느니라.…우리가 흙에 속한 자의 형상을 입은 것같이 또한 하늘에 속한 자의 형상을 입으리라."(고전 15:42, 44, 49) 부활의 영원한 생명이 몸을 입는다는 것은 개체성과 고유성을 잃지 않는다는 것을 의미한다. 영원한 하나님 나라에서 우리 인간은 영적인 몸을 입으며, 따라서 개별적 인격의 중심성을 지니면서도 신적 생명이신 성령과 연합되며 신적인 생명이신 성령 안에서 다른 개별적 인격들과 교제한다. 이것이 하나님 나라에서의 영원한 생명의 영원한 삶의 모습이다.

4. 오늘날의 통전적 생명신학의 주제들과 선교적 과제들

오늘날의 통전적 생명신학과 선교는 특히 21세기의 상황에서 인간의 생명과 자연을 위협하거나 파괴하는 반생명적인 현실들에 주목하고 이러한 현실을 변화시켜서 하나님의 사랑과 공의가 실현되는 샬롬 공동체, 즉 하나님 나라를 건설하고자 한다. 21세기의 상황 속에서 이러한 반생명적인 현실들 가운데 대표적인 것들은 정복적 논리의 과학기술문명과 인간을 복제하기에 이른 생명과학, 신자유주의적인 세계화와 지구 시장화, 군사적 대결과 폭력 문화, 그리고 전지구적인 자연파괴와 생태학적 위기이다. 그러므로 우리는 이러한 생명파괴적인 주제들에 관해서 간략하게 고찰함으로써 통전적인 생명의 회복과 구원을 위한 교회의 선교적 과제를 새롭게 자각해야 한다.

A. 생명과 과학기술

현대의 과학기술문명은 놀라운 물질적 진보와 번영을 가져옴으로써 인류의 삶을 편리하고 풍요하게 했다. 우리들이 아무리 현대의 과학문명의 문제점을 지적하고 비판한다고 하더라도 전근대적인 시기로 돌아가 살고자 하는 사람은 별로 없을 것이다. 과학기술이 인류에게 가져다준 삶의 질의 향상은 결코 과소평가될 수 없다. 과학기술은 우리의 삶에 편리함과 안락함을 제공하였으며, 무엇보다도 우리에게 경제적인 삶의 질의 향상을 가져다주었다. 우리 민족의 역사 속에서 그 언제 오늘날처럼 대다수의 국민이 끼니를 걱정하지 않으며(우리나라는 현재 남아도는 쌀을 보관하는 비용으로 일 년에 수천억을 사용하고 있다), 또한 주 5일 근무로 더욱 길어진 여가시간을 누리며 살았던 때가 있었던가?

하지만 또한 과학기술의 문제점도 정당하게 지적되고 그 문제점에 대한 비판적 대안이 모색되어야 한다. 과학기술의 근본적인 문제점은 무엇인가? 그것은 오늘날의 과학기술이 정신과 물질을 이분법적으로 구분하는 서구의 이원론적인 세계관과 정복주의적 논리에 기초하여 수립되었다는 사실이다. 그리스와 로마의 문명은 본래 정복자의 승리주의에 기초한 것이었으며, 그러한 사고구조를 계승한 서구의 사회 문화적 체계는 지배와 정복을 위한 과학기술문명을 발달시켰다. 이원론적 세계관에 기초한 서구사상은 사유하는 주체(res cogitans)와 연장적 대상(res extensa)을 이분법적으로 구분하는 데카르트의 사상에서 전형적으로 나타나는 바와 같이, 자신을 합리적이고 이성적인 주체로 생각하고 다른 인간과 대상은 지배와 정복의 대상으로 보는 자기중심적이고 인간중심적인 세계관을 발전시켜왔다. 특히 서구인들에게 자연은 인간을 위한 기능적 가치만을 지니고 있는 죽은 물질로서 철저하게 이용과 착취의 대상으로 여겨져 왔다. 서구 문명의 뿌리 깊은 이원론적 세계관, 지배와 정복의 철학과 원리, 그리고 인간의 내면 깊은 곳에 자리 잡은 탐욕과 이기심은 오늘날의 과학기술문명을 생명파괴적인 방향으로 몰아가고 있다. 오늘날의 최첨단 전자공학은 군수산업과 결합하여 핵무기나 생화학무기 같은 것들 외에도 미군이 이라크 전쟁에서 보여준 것과 같은 초 정밀도의 정확성과 가공할 만한 파괴력과 살상력을 지닌 최신무기들을 생산해내고 있으며, 세계 각국은 이러한 최첨단 군사무기를 개발 또는 도입하기 위해 막대한 국방비를 투입하면서 끊임없이 경쟁하고 있다.

그러나 20세기에 들어 양자 물리학과 상대성 이론이 등장하면서 동양철학의 통전적이고 유기체적인 세계관이 새롭게 조명됨으로써, 이 세계가 불가분적이고 상호적인 관계의 그물망으로 구성되어 있다는 인식이 점증하게 되었다. 기독교에서는 생태신학의 등장으로 말미암아 이 세계가 대립적이고 지배-종속적인 계층질서가 아니라 공생적이며 상호의존적이고 순환적인 생명의 질서로 구성되어 있다는 사실이 새롭게 강조되기 시작했다. 교회는 이러한 새로운 세계관이 본래적인 성서의 세계관과 일맥상통한다는 사실을 깊이 인식하고, 현대의 기술문명으로 하여금 이러한 세계관에 입각하여 지속 가능한 개발과 상생의 삶을 향하여 방향을 전환할 것을 촉구하며 인도해야 할 책임이 있다.

특히 오늘날의 생명공학기술은 인간의 유전자를 완전히 해독하고 인간을 복제할 수 있는 수준에까지 이르고 있다. 앞으로 많은 사람들이 자신의 생물학적 삶을 유전자적으로 연장하기 위하여, 자녀나 배우자나 부모의 죽음 앞에서 그들의 생명을 연장하기 위하여, 치유와 건강을 위하여, 그리고 유전자적으로 건강하고 우수한 자손을 위해서 인간복제를 원하게 될 것이다. 생명복제의 문제는 근본적으로 인간과 생명에 관한 신학적 이해의 문제에 귀착하며, 창조자 하나님의 고유한 영역인 생명의 영역에 인간이 얼마나 개입(또는 침해)할 수 있는가 하는 것이 그 핵심이다. 또한 생명복제는 이미 동물의 복제에서 나타나는 바와 같은 낮은 복제 성공률, 기형적 출산, 비정상적 노화과정, 급작스러운 죽음 등의 실제적인 문제와 아울러 심각한 사회적·법적·윤리적인 문제들을 내포하고 있다.

생명복제와는 달리 유전자 조작은 유전적 질병의 치료나 장기 이식의 공급과 같은 의료적 효과가 보다 직접적으로 기대되고 있으며, 실제로 동식물들의 경우 이미 품종 개량과 증산을 위해 유전자 조작이 적지 않게 행하여지고 있다. 그러나 유전자 조작을 통해 생산된 농산물의 유해성에 대해서는 아직 많은 논란이 있으며, 일부 국가들에서는 이렇게 생산된 농산물의 수입을 금지하고 있다. 특히 인간의 경우 유전자 조작은 엄청난 부작용과 사회적 문제를 야기할 것이 분명하다. 유전자 조작에 의해 개인들은 유전적으로 우수해질지 모르지만, 유전자의 다양성이 감소함으로써 공동체 전체는 엄청나게 약화될 것이다. 그리고 유전자 조작 행위가 인간의 탐욕과 돈의 힘에 의해 좌우됨으로써 인간의 존재 자체가 상품화될 뿐만 아니라 유전자적으로 우수한 인간과 열등한 인간 사이의 새로운 계층질서가 생겨나게 될 것이다. 유전자 조작은 또한 개인적인 생물학적 능력을 향상시킬지 모르지만, 결과적으로 인간의 영적 존엄성을 오히려 땅에 떨어뜨릴 것이다. 이러한 상황 속에서 기독교는 법조계, 과학계, 의학계 등과의 대화와 협력을 통해 인간에 대한 통전적 이해를 바탕으로 유전자 복제나 조작 등에 관한 생명신학과 생명윤리를 속히 확립하고 이를 널리 확산시키는 생명선교를 지향해야 한다.

B. 생명과 세계화

오늘날의 인터넷 시대에 페이스북, 트위터 등 각종 온 라인(on-line) 상의 SNS의 발달로 인해 전 세계 사람들이 유비쿼터스(ubiquitous)적으로 실시간적 소통을 할 수 있게 되고, 교통·통신수단의 획기적인 발전으로 인해 전 세계가 일일생활권으로 진입함에 따라, 세계화는 거스를 수 없는 대세인 것처럼 보인다. 이제 더 이상 폐쇄적인 경제, 문화, 정치 체제는 가능하지 않다. 세계는 한 가족과 같은 공동 운명체라는 인식이 이러한 세계화 논리의 바탕에 깔려 있다. 개방과 상호교류만이 살 길이다. 북한과 같은 폐쇄적인 국가나 사회체제는 국제사회에서 결국 낙오되거나 몰락하게 될 것이다.

하지만 동시에 세계화는 하나의 이데올로기적인 역기능을 수행하기도 한다. 다시 말하면 오늘날 세계화라는 이름 아래 선진국의 금융자본이 온 세계로 확산됨으로써 세계는 하나의 거대한 자본주의 시장으로 변모하고 있다. 세계를 지구적 시장으로 개편하는 주체는 시장을 장악한 초국가적인 다국적 기업들이다. 다국적 기업들의 투기성 금융자본은 국가의 경계를 넘어 전 지구적인 시장에서 이윤이 발생하는 곳에는 어디에나 침투했다가 더 이상 이윤이 기대되지 않으면 순식간에 빠져나감으로써 한 국가의 경제를 일시에 파탄에 빠뜨려 이른바 IMF 상황을 초래하기도 한다. 이러한 금융자본주의의 이윤추구, 무한경쟁, 적자생존의 논리에 의해 인류 공동체의 생명 질서가 교란되고 있다.

자본주의적 자유시장경제 원리에 따라 세계화, 개방화를 표방하는 선진국들의 이 금융자본은 초국가적으로 세계를 지배하는 공중의 권세를 잡은 맘몬처럼 느껴진다. 최근 유엔개발계획이 발표한 바에 따르면 전 세계적으로 빈부의 격차는 더욱 벌어지고 있다. 상위 20%의 고소득 국가 국민들이 전 세계 소비의 86%를 점유하고 있는 반면, 하위 20%의 빈민국 국민들은 단지 1.3%만 소비하고 있는 것으로 나타났다. 세계적으로 빈익빈 부익부 현상이 갈수록 심화되고 있으며, 이러한 현상은 선진국의 금융자본주의에 의해 더욱 가속화된다. 투기성 금융자본이 증권시장에 침투해서 하루아침에 한 국가의 경제를 파탄에 몰아넣고는, 같은 돈이 이번에는 IMF 구제금융이라는 명목으로 원조되어서 엄청난 고금리를 요구하는 것이다. 말하자면 병 주고 약 주고 하는 셈이다. 그런데 이 약이란 것도 결국 가난한 나라 국민들의 피를 뽑는 것이다. 1994년을 기준으로 가난한 채무 국가들의 국민들은 매년 약 5천억 달러를 부유한 채권국가들의 금융자산가들에게 이자로 지불하고 있다. 1984년 이래 아프리카 사하라 사막 주변 국가들은 서방 국가들에게 1670억 달러를 외채상환과 이자로 지급했는데, 이는 1980년에 가지고 있던 해당 국가들의 외채 총액의 1.5배 이상을 이미 지불한 것을 의미한다. 그럼에도 불구하고 지금 아프리카 국가들이 서방 선진국에 갚아야 할 돈은 그들이 빌렸던 원금의 3배로 불어나 있다. 서방 선진국의 금융자본주의가 지배하는 이 세계에서는 갈수록 빈익빈 부익부 현상이 심화되고 있다.

국내적으로도 마찬가지다. 한국개발연구원(KDI)은 1998년 10월 1일 "한국의 분배문제 현황, 문제점과 정책방향"이란 보고서에서 한국의 불평등 문제가 1980년대 이후 매우 심각해져왔다고 분석했다. 1993년 현재 상위 1%의 소득층이 전체 자산의 30%를 소유하고 있다고 보고했다. IMF도 최근 세계경제전망 보고서에서 한국의 빈민층이 외환위기 이전에는 전체 인구의 15.7%였으나 대량실업으로 인해 당해 연말에 27.8%까지 늘어날 것이라고 진단했다(조선일보 1998, 10, 2). IMF시대이후 우리나라에서는 이른바 중산층이 무너져 내리고 있다. 상위 20%를 점유하고 있는 사람은 이전과 동일하거나 더 풍요한 삶을 누리는 반면, 중산층이 붕괴되어 대다수가 하위 80%의 위치로 전락하여 빈곤, 실업, 불안정한 생계의 상황으로 빠져들고 있다. 이것은 말하자면 세계적인 빈익빈 부익부 현상의 국내화, 또는 세계화의 국내적 현상이라고 할 수 있을 것이다. 뿐만 아니라, 세계화는 각국의 지역경제를 다국적 기업의 부품을 생산하기 위한 하청 경제로 종속시키고 일극 체제(mono-polar system)를 강화함으로써, 각 지역의 사회문화적·토양적 특성에 적합한 고유하고 특색 있는 경제의 발전을 저해한다. 또한 지구시장의 이윤 극대화를 위한 효율성의 논리는 자연을 착취하고 생태계의 파괴를 가속화함으로써 미래 인류의 생명의 터전을 박탈하고 있다.

그러나 오늘날의 전 지구적 시대에 단순히 개방을 거부하고 폐쇄적 체제를 고수하는 것은 불가능하다. 여기에 딜레마가 있다. 이러한 딜레마의 상황 속에서 교회는 세계화의 논리에 담겨 있는 허와 실을 직시하고, 세계를 지배하는 다국적기업의 금융자본주의라는 거대한 맘몬의 세력에 효과적으로 대처하면서 동시에 인간적 얼굴을 한 제3의 세계화의 전망을 수립하고 제시할 수 있어야 한다.

C. 생명과 전쟁과 폭력

오늘날 인류는 군사적 대결과 전쟁과 폭력이라는 죽임의 문화로 인하여 고통당하고 죽어가고 있다. 지난 20세기는 한마디로 전쟁의 시기였다.

제1, 2차 세계대전에서 전쟁 중에 죽거나 실종된 57개의 참전국의 군인들의 수는 1천 5백만 명에 이른다. 민간인 희생자와 실종자의 수를 고려하면 그 피해는 훨씬 크다. 일본에 떨어진 핵폭탄은 수만 명의 목숨을 일시에 앗아갔으며, 방사능 오염의 심각한 후유증을 남겼다. 전쟁으로 인하여 사회경제적으로 폐허가 되었을 뿐만 아니라, 인간의 육체와 정신이 함께 황폐화되고 불안과 절망과 허무의식이 팽배했다. 또한 자연 생태계도 무차별하게 파괴되었다.

제2차 세계대전 이후에도 전쟁은 끊임없이 계속되고, 각국마다 엄청난 군사비를 지출하면서 군사력 경쟁을 계속하고 있다. 로저 윌리엄슨에 따르면 "지난 50년간의 시기는 전 지구적인 군사화의 반세기였다. 1945년 이후의 시기는 '전후'의 시기가 아니라 제3세계에서는 120회 이상의 전쟁이 일어나 각각 1천 명 이상의 사망자가 발생한 '전쟁'의 시기였다."[16] 한국 사회는 한국전쟁 이후 반세기 동안 남북 분단의 상황 속에서 군사적 대결과 군사력 경쟁을 계속해오고 있다.

오늘날에는 기술공학의 발달로 인하여 핵무기, 화학무기, 세균무기 등 인간과 자연을 대량으로 멸절시킬 수 있는 무기들이 개발되었다. 또한 21세기 최초의 전쟁인 미국의 이라크 공격에서 보듯이, 전자공학과 컴퓨터의 발전으로 인하여 가상공간에서 입력된 프로그램에 따라 자동제어장치에 의해 목표물을 정확히 파괴하는 첨단무기들을 통해 마치 컴퓨터 게임을 하듯이 전쟁이 수행되고 있다. 오늘날 미국 등의 강대국들에서는 군부와 독점 대기업이 긴밀하게 유착되어 국가의 산업경제에 큰 영향력을 미치는 군산(軍産)복합체가 산업의 중심적 위치를 차지하게 되었

---

16   로저 윌리엄슨(Roger Williamson), "실질적인 비무장 세계를 향한 15단계," 『정의, 평화, 창조질서의 보전 세계대회 자료집』, 251.

다. 그러므로 군사적 가치와 이념과 행동방식이 한 국가와 국제사회를 주도하는 경향이 나타난다. 현재 국제 경제질서를 장악한 국가들은 세계군사질서를 주도하는 가운데 제3세계 등에 무기를 판매하여 군사적 종속관계를 유지하면서 경제적으로 막대한 이득을 얻고 있다.

　　　이와 같은 군사문화는 가부장제적 폭력과 억압의 문화와 무관하지 않다. 군사적인 정복과 지배의 논리에 따르는 가부장적 폭력문화가 현대인의 심층적 의식구조와 사회구조 안에 팽배해 있다. 통전적인 기독교의 생명과 구원을 위해서는 이러한 군국주의적이고 가부장적인 폭력과 죽임의 문화로부터 평화와 살림의 문화로의 전환이 긴급하게 요청된다. 어니 레거는 평화로의 방향 전환을 다음과 같이 촉구했다.

> 현재의 가격으로 세계의 (무기) 개발 계획 예산의 10%인 420억 달러를 "칼을 쟁기로" 만드는 데 사용한다고 하자. 이 목표가 달성된다면, 20세기 말이면 지구는 전혀 다른 세상이 될 것이다. 이 전환은 맑은 공기와 물을 가져다줄 것이다. 세금 부담은 경감될 것이며 일자리와 식량은 많아지고 물가 상승은 낮아질 것이다. 부드러운 에너지 자원이 개발될 것이고 더 나은 건강과 교육을 누리게 될 것이며, 깊은 동료의식이 긴장과 증오 대신에 자리 잡을 수 있을 것이다.[17]

　　　전쟁으로부터 평화로, 군사적 죽임의 문화로부터 상생적 살림의 문화로의 전환은 풍성한 생명과 삶을 위한 인류의 가장 절박한 과제다.

17　어니 레거(Ernie Regehr), "세계군국주의의 현실," 한국기독교사회문제연구원 편, 『평화문제와 국제질서』(1983), 48. 이경숙, 박재순, 차옥숭, 『한국생명사상의 뿌리』(이화여자대학교 출판부, 2001), 26에서 재인용.

간디는 말했다. "평화에 이르는 길은 없다. 평화가 길이다."[18] 평화가 풍성한 생명의 길이다. 특히 우리 한반도는 세계의 어느 지역보다도 남북한의 첨예한 군사적 대결의 상황이 지속되고 있는 지역이다. 더욱이 최근 북한의 핵보유 선언으로 인하여 한반도뿐만 아니라 동북아시아 전체가 군사적 충돌과 핵확산의 위기에 직면하고 있다. 이러한 위기 상황 속에서 한국교회는 전쟁과 폭력으로 대표되는 군국적이고 가부장적인 죽임의 문화에 저항해야 하며, 한반도의 비핵화와 군사적 대결구도의 종식을 위해 힘과 지혜를 모음으로써 이 땅에 샬롬(평화)의 공동체와 살림의 문화를 건설하고 평화적인 남북통일을 실현하는 일에 앞장을 서야 한다.

하나님께서 창조하신 인간의 기본적인 인권을 침해하거나 생명을 앗아가는 모든 폭력은 반생명적이며 하나님을 대적하는 행위다. 통일연구원의 "2003년 북한 인권백서"에 따르면 북한의 정치범 수용소에서는 해마다 150-200명이 공개 처형된다고 한다. 이곳에는 반혁명분자 등 정치범으로 분류된 당사자와 가족 등 20여만 명이 수용돼 하루 옥수수 550g과 소금으로 연명하고 있다고 한다. 한편 남한에서는 가정폭력과 성폭력의 문제가 사회적인 문제로 대두되고 있다. 교회는 이러한 반생명적 폭력 문화를 철저히 고발하고 그것에 맞서 싸움으로써, 이 땅에 하나님의 정의와 공의에 기초한 평화를 구현하고 풍요한 생명을 가져오는 선교적 과업에 배전의 노력을 경주해야 한다.

---

18 Dorothee Sölle, *The Window of Vulnerability: A Political Spirituality*. tr. by Linda M. Maloney (Fortress Press, 1990), 3.

D. 생명과 생태계의 파괴

오늘날 지구 생태계는 인간들의 자연파괴와 환경오염으로 인하여 막중한 위기에 직면하고 있다. 생태계란 "생물이 물과 공기 그리고 토양을 근거로 영양분을 섭취하고 물리적 환경에 적응하며 살아가는 생명유지체계"를 말한다.[19] 생명체는 서로 의존하며 살아가는 생태계를 이루고 있다. 식물은 탄소동화작용을 통해 태양으로부터 받은 에너지를 축적하고, 동물은 이 식물을 먹이로 살아가고, 미생물은 식물과 동물의 배설물이나 시체를 분해함으로 살아간다. 이처럼 생태계는 순환적인 먹이사슬에 의해 하나의 커다란 생명 공동체의 관계의 그물망(a web of relationships)을 형성한다. 그런데 이러한 유기체적인 생태체계가 인간의 탐욕과 왜곡된 세계관과 삶의 방식으로 인하여 파괴됨으로 말미암아 자연과 다른 생명체들뿐만 아니라 인간 자신의 생명도 위협을 받고 있다.

모든 생명체의 생존의 근본조건인 공기와 물과 흙이 총체적으로 오염되어 모든 생명을 위협하고 있다. 생명의 기의 원천인 대기가 오염되고 있다. 대도시의 공기오염의 80% 이상은 자동차의 배기가스로 인한 것이다. 배기가스란 황산과 같은 석유 속의 불순물과 공기 중의 질소가 고열의 엔진 속에서 황화산화물과 질소산화물이 되어 나오는 유독한 물질을 말한다. 자동차 배기가스는 대기 중에서 빗물에 녹아 산성비를 만들기도 하고 여름에는 햇빛과 반응하여 오존을 생성함으로써 지표면에 오존 오염을 일으키기도 한다. 화력발전소나 공장에서 화석연료를 연소하고 배출하는 매연도 공기를 오염시키고 산성비를 내리게 한다. 산성비는

---

19   이상훈, 『쉽게 쓴 환경과학』 (서울: 자유 아카데미, 2000), 20.

땅을 산성화시켜 토양의 영양분에 불균형을 초래하고 식물의 성장과 생산력에 악영향을 미친다.

생명의 근원인 물도 오염되고 있다. 생활하수, 산업폐수, 농촌오수로 하천이 오염되고 나아가서는 지하수와 해양수까지도 오염된다. 폐수는 물속에 영양분을 증대시켜 부영양화를 가져오는데, 이로 인하여 폭발적으로 번식하는 플랑크톤이 물속의 산소를 과다하게 소모함으로써 매년 여름이면 강에 녹조가 생기고 바다에 적조가 발생하여 양식장의 물고기들이 숨을 쉬지 못하여 떼죽음을 당하는 일이 일어난다. 특히 지표수의 오염으로 인한 지하수 오염은 인간의 마지막 식수의 원천을 위협하고 있다.

우리 인간의 몸의 모태인 흙도 오염되고 있다. 흙에는 수없이 많은 미생물들이 서로 조화롭게 생태계를 이루고 있다. 그런데 생활쓰레기, 산업쓰레기, 농약 등에 함유된 중금속과 유해화학물질은 흙을 오염시키고 흙 속의 미생물을 죽여 토양 생태계를 파괴한다. 또한 오염된 산성비도 흙 속의 미생물을 죽임으로써 부패작용을 통해 이루어지는 자연적인 생명의 순환 질서를 파괴한다.

오늘날 자연의 파괴는 범지구적으로 일어나고 있다. 공기 중의 이산화탄소, 메탄가스, 프레온가스 등의 증가에 의한 지나친 온실효과와 지구 온난화로 인하여 가뭄, 폭우, 폭설, 혹한, 혹서 등의 이상 기후가 자주 발생하며 사막화로 인한 황사현상이 갈수록 심화된다. 무분별한 열대우림의 파괴는 엘니뇨 같은 전 지구적인 재앙의 간접적인 원인이 된다. 또한 대기의 성층권에서 태양 빛의 자외선을 흡수하는 기능을 하는 오존층이 파괴됨으로 말미암아 강한 자외선에 노출되는 동식물의 세포가 파괴되고 인간의 경우 백혈병, 백내장, 피부암 등의 질병에 걸리게 된다. 이러한 총체적인 생태계의 파괴로 인하여 지구상의 모든 생물은 심각한 생존의 위기에 직면하고 있다. 일 년에 약 4-5만 종이 멸종되고 있으며, 30년 이내에 전체 생물종의 20%가 멸종될 것이라고 보는 관측도 있다. 국제환경보전 기구인 "월드워치 연구소"는 현재 지구상에 존재하는 척추동물의 약 1/4이 멸종위기에 직면해 있다고 경고한 바 있다. 하나의 생명 공동체의 그물망 안에 유지되는 유기체적 생태체계에 있어서 이러한 지구 생명체들의 위기는 곧 인류의 생존의 위기를 의미한다.

이러한 생태계의 위기 상황 속에서 무엇보다도 생태학적 사고로의 전환이 요청된다. 생태학적 사고란 자연을 살아 있는 실체로 보며, 모든 사물과 현상을 근본적으로 상호 의존의 관계로 파악하고, 인간과 자연을 공존 공생의 관계로 파악하는 통전적(holistic) 세계관을 가리킨다. 독일의 녹색당은 생태학적 사고를 "관계망 사고"(network thinking)로 특징 짓는다. 관계망 사고란 세계를 관계와 통합의 관점에서 보는 것이다. 말하자면, 가장 작은 박테리아로부터 시작하여 광범위한 종류의 동식물, 그리고 인간에 이르기까지의 모든 유기체를 통합된 전체인 동시에 하나의 살아 있는 시스템으로 파악한다. 이 시스템 안에서 각 요소들은 상호 적응하며 서로 의존한다. 전체로서의 시스템은 단지 각 부분들의 단순한 총합 이상으로 그 자체가 하나의 유기체를 이룬다.[20] 만일 인간이 이 관계적 시스템의 어느 한 중요한 부분을 파괴한다면, 결국은 그 한 부분과 유기체적인 관계에 있는 다른 부분들뿐만 아니라 궁극적으로는 전체 시스템이 파괴될 수 있으며, 따라서 인간 자신도 파멸에 이를 수 있다.

그러므로 오늘날 교회와 그리스도인들은 성서적 창조신앙과 이러한 생태적 사고에 기초한 생태학적 생명신학을 정립해야 하며, 자연의

---

20 조용훈, 『동서양의 자연관과 기독교 환경윤리』(대한기독교서회, 2002), 54.

파괴와 생태계의 위기로 인한 전 지구적인 재앙과 파멸의 징조를 올바로 인식하고, 공생적이고 순환적인 생명의 질서를 회복함으로써 파괴된 창조세계를 복원하는 일에 앞장서야 한다. 이것이 하나님의 창조세계와 인류를 묵시적인 재앙과 파멸로부터 구원하기 위한 교회의 주된 선교적 과제다.

5. 결론: 통전적 생명신학과 한국교회의 선교적 과제

기독교의 통전적 생명신학은 근본적으로 하나님 중심적 신학이다. 창조주 하나님만이 모든 생명의 주인이시다. 모든 생명은 하나님으로부터 나오며 하나님께로 돌아간다. 모든 생명이 하나님에 의해 창조되었다는 사실은 다음 세 가지 중요한 의미를 함축한다. 첫째, 모든 생명은 피조물로서 창조주 하나님의 영광을 위해 존재한다. 둘째, 하나님 안에서 모든 생명은 다른 피조물들과 하나의 유기체적인 생명 공동체를 이루고 있다. 셋째, 하나님과의 관계가 왜곡되거나 단절된다는 것은 곧 생명의 왜곡과 죽음을 의미하며, 이와 마찬가지로 하나님의 피조물인 다른 생명들과의 관계의 왜곡과 단절도 그 개인적인 생명의 왜곡과 파멸을 초래한다.

하나님의 형상으로, 직접 하나님의 손에 의해 지으심을 받은 인간은 모든 생명체들 중에서 가장 고귀하다. 인간은 하나님에 의해 하나님의 형상에 따라 특별히 창조된 존재로서, 140억 년에 걸친 우주의 역사를 자신의 과거 속에 담지하고 있는 가장 고귀한 생명체다. 이러한 인간의 존엄성에 관하여 요한 바오로 2세의 회칙은 다음과 같이 기술한다.

사실 당신의 강생(성육신)으로 어떤 의미에서 당신을 모든 사람과 일치시키신 것입니다." 이러한 구원 사건은, "이 세상을 극진히 사랑하셔서 외아들을 보내주신"(요 3:16) 하나님의 무한한 사랑뿐만 아니라 모든 사람이 지니고 있는 비교할 수 없는 가치를 아울러 계시해 줍니다.…인간에 대한 하나님의 사랑의 복음, 인간 존엄성의 복음, 생명의 복음, 이 셋은 하나이며 분리할 수 없는 복음입니다.[21]

인간의 생명의 무한한 가치는 궁극적으로 인간이 하나님의 형상으로서 하나님과의 인격적 교제를 통해 궁극적으로 하나님의 성품에 참여할 자로 지으심을 받았다는 사실에 있다(벧후 1:3-4). 이러한 궁극적인 소명이 지닌 숭고함은 인간 생명이 현세적인 삶의 모든 현실 속에서도 위대함과 측량할 수 없는 가치를 지니고 있음을 드러내 준다. 그리고 생명은 이 시간 안에서 생명의 샘이신 성령 안에서 항상 새롭게 되며, 영원성 안에서 완전한 실현에 이르게 될 것이다. "사랑하는 자들아, 우리가 지금은 하나님의 자녀라. 장래에 어떻게 될 것은 아직 나타나지 아니하였으나 그가 나타내심이 되면 우리가 그와 같을 줄을 아는 것은 그의 계신 그대로 볼 것을 인함이니"(요일 3:1-2). 이와 같은 인간 생명의 무한한 가치에 대한 인식에 기초하여, 통전적 생명신학은 육체와 영혼, 비오스와 조에, 개인과 공동체, 현세와 내세에서의 풍성한 생명과 구원을 지향한다.

통전적 생명신학은 자기중심적이거나 인간중심적이거나 반생태적인 인간론을 거부한다. 나 개인의 생명은 타자와 사회 공동체 전체와의 생명과 연결되어 있으며, 인간의 생명은 지구의 모든 생명공동체와의

---

21 『생명의 복음: 인간 생명의 가치와 불가침성에 관하여 주교들에게, 사제들과 부제들에게, 남녀 수도자들과 신자들에게, 선의의 모든 이들에게 보내는 교황 요한 바오로 2세 성하의 회칙』(한국천주교중앙협의회, 1995), 11.

생명의 관계망 안에서 다른 생명체들과 서로 연결되어 있다. 모든 생명이 상호의존적인 전 지구적 생명 공동체 안에서, 사회 공동체와 타자의 생명 파괴는 곧 나의 생명의 손실을 의미하며, 자연의 파괴는 곧 인간 자신의 생명의 파괴를 의미한다. 그리고 사회정의와 생태정의는 밀접하게 연관되어 있다. 그러므로 통전적 생명신학은 하나님을 중심으로 하는 다차원적인 지구 생명 공동체 안에서 유기체적이고 순환적인 관계성의 모델을 지향한다.

이와 같은 통전적 생명신학에 근거한 통전적 선교는 인간성을 위협하는 기술과학 이데올로기, 다국적기업의 금융자본 맘몬주의에 의해 지배되는 세계화, 전쟁과 폭력, 생태계의 파괴 등과 같은 반생명적 현실을 변혁시켜 이 땅에 하나님 나라의 평화와 풍성한 생명을 구현하는 것이어야 한다. 통전적 선교는 성령 안에서 주어지는 종말론적인 하나님 나라의 영원한 생명을 선포하고 약속함과 아울러, 이 땅에 하나님의 사랑과 정의의 통치를 구현함으로써 다차원적인 지구 생명공동체에 풍성한 생명을 가져오는 것을 목적으로 한다. 또한 이것이 바로 하나님의 선교(*missio Dei*)의 목적이다. 선교는 본래적으로, 그리고 영원토록 삼위일체적인 하나님의 선교다. 하나님의 선교란 다름이 아니라 아버지가 아들을 통해 성령을 이 세상에 보내시고 이 세상에 풍성한 생명을 가져오는 일이다. 하나님 아버지는 생명의 근원이며, 예수 그리스도는 생명의 회복자이며, 성령은 생명의 수여자다.

예수님은 병자들을 치유하고, 애통하는 자들을 위로하고, 버림받은 자들을 용납하며, 죽음의 마귀들을 추방하였으며, 우리를 위해 십자가에 죽으심으로써 우리를 죄 가운데서 구원하시고, 죽은 자 가운데서 다시 살아나심으로 우리의 부활과 영생의 첫 열매가 되셨다. "내가 살았고 너희도 살겠음이라"(요 14:9). 그리스도를 이 세상에 보내신 생명의 영은 그리스도의 사역 속에 생명의 능력으로 역사하였으며, 예수를 다시 살리신 부활의 능력으로서 죽음의 어둠 속에 있는 이 세상에 새로운 생명의 빛이 되신다. 또한 성령은 하나님으로부터 그리스도를 통해 보내심을 받은 생명의 영으로서, 이 세상 안에 온전하고 충만하며 상처받거나 파괴되지 않는 영원한 생명을 가져온다. 성령의 능력 안에 있는 교회의 선교는 새로운 생명의 선교다. 그러므로 기독교의 선교란 기독교적 제국이나 문명을 확산하거나, 교회를 확장하고 증식하거나, 단지 그리스도인의 신앙 결단과 회심의 경험을 요청하는 것이 아니라, 근본적으로 죽어가는 자들을 일으키는 생명운동이 되어야 한다.

선교는 본질적으로 죽음의 문화에 대항하여 생명의 문화를 지향하는 생명운동이다. 생명의 선교는 죽음을 퍼뜨리는 모든 세력들에 대항하여 생명과 구원의 하나님 나라를 확장하는 것을 목적으로 한다. 선교란 단지 교회로 "사람들을 강제로 데려오는 것"(*cogite intrare*)이나 기독교 세계(Christendom)의 확장을 의미하는 것이 아니라, 하나님의 미래와 만물의 새 창조에 대한 희망으로 초대하는 것을 의미한다. 생명의 선교는 단지 예배당 건물이나 예전적 의식이나 기독교 국가를 중심으로 이루어지는 것이 아니라, 폭력과 죽음이 생명을 위협하는 곳, 삶의 용기가 상실되어 삶이 위축된 모든 곳에서 시작되어야 한다. 하나님의 영의 영원한 생명은 이생의 삶과 다른 삶이 아니라 이생의 삶을 총체적으로 변화시키는 능력이다. "이 썩을 것이 썩지 않을 것을 입고 이 죽을 것이 죽지 아니함을 입을 것이다"(고전 15:33). 그러므로 교회는 이러한 생명의 선교를 위해서 애통하는 자를 위로하고, 병든 자를 고치고, 나그네를 영접하고, 죄인들을 용서하고, 위협받고 상처받는 모든 생명을 파괴의 세력으로부터 건져내는 일에 헌신해야 한다.

1983년에 열린 제7차 세계교회협의회 밴쿠버 대회는 "예수 그리스도, 세상의 생명"이라는 주제로 정의롭고, 참여적이며, 지탱, 지속 가능한 사회의 건설을 지향하며, 정의, 평화, 창조질서의 보전(justice, peace, and the integrity of creation)을 제창했다. 그리고 1998년에 열린 제8차 하라레 세계교회협의회 희년 총회는 20세기의 반생명적인 죽임의 문화를 비판하면서, 생명문화 건설의 과제를 21세기 교회의 과제로 설정하고 폭력극복운동 10년을 전개하기로 했다. 가톨릭에서는 교황 요한 바오로 2세가 1995년 3월에 발표한 "생명의 복음"(*Evangelium vitae*)이라는 교서를 통해 인간 생명의 가치와 불가침성을 강조하고 죽음의 문화에 대항하는 생명의 문화를 주창했다.

대한예수교장로회(통합) 교단은 생명 죽임의 현실에 대처하기 위하여 교단 21세기 정책문서 "하나님의 영광을 위하여 모든 피조물이 더불어 살아가는 지구 생명 공동체"를 채택하고, 2001년 제85회 총회에서 생명 살리기 운동 추진계획안을 허락하고 이를 실시하기로 한 바 있다. "총회 21세기 위원회 제안서"는 현 인류와 지구 생명공동체의 상황이 정치, 경제, 종교, 문화, 자연의 총체적 차원에서 생명 파괴의 상황이라고 지적하면서, 이러한 상황 속에서 21세기 한국교회의 과제는 생명신학의 수립과 생명 살리기 운동에 있다고 천명했다.[22] 한국의 교회와 그리스

---

22 이 제안서는 본 교단의 21세기 정책사업으로서 생명 살리기 운동의 실천을 위한 10가지 주제를 채택하였는데, 그것은 ① 예수 안에서 하나 되고 새롭게 되기 위한 일치와 갱신 운동이며, ② 민족 공동체의 생명을 살리기 위한 민족 복음화 운동이며, ③ 복음의 능력으로 사회를 섬기기 위한 사회선교 운동이며, ④ 세계교회와 함께 복음을 전 세계에 증언하기 위한 세계선교와 에큐메니칼 연대 운동이며, ⑤ 신앙인격의 배양을 통해 인간성을 변혁하기 위한 교육목회 및 훈련 운동이며, ⑥ 사랑의 나눔을 통해 경제정의를 실천하는 신앙과 경제 운동이며, ⑦ 한반도의 평화통일을 위해 세계평화를 이루기 위한 나눔과 평화 운동이며, ⑧ 복음으로 교회와 문화를 상호변혁하기 위한 기독교 문화 운동이며, ⑨ 정보매체를 통해 생명의 메시지를 전달하기 위한 언론홍보 운동이며, ⑩ 지탱, 지속 가능한 대안공동체를 건설하기 위한 운동이다. 이 제안서에서는 과학기

도인들은 통전적인 생명에 대한 올바른 신학적 이해를 가지고 이와 같은 생명 살리기 운동의 필요성에 공감하고 이에 지속적으로 동참함으로써, 예수 그리스도의 풍성한 생명의 복음을 세상에 전파하고 이 땅에 성령의 생명이 충만한 샬롬(평화) 공동체로서의 하나님 나라를 구현하는 선교적 과업에 헌신해야 한다.

술과 생명공학과의 관계 속에서의 생명의 문제가 다루어지지 않고 있으며, 전체적으로 각 주제들이 구심점이 없이 다소 산만하게 열거된 느낌이 있다.

제8장

하나님의 선교(*missio Dei*)와 교회의 선교 (*missio ecclesiae*): 공적 신학의 관점에서

1. 서론

교회는 선교적 공동체다. 교회에게 선교는 단지 예배에 추가되는 2차적 기능이 아니라 교회를 교회 되게 하는 본성이다. 마르틴 켈러의 말을 빌리면 "교회 없이는 선교가 없는 것같이 선교 없이는 교회가 없다."[1] 에밀 브룬너는 "불이 타오름에 의해 존재하는 것처럼 교회는 선교에 의해 존재한다"[2]고 말했다. 빌링겐 대회의 문서 "교회의 선교적 소명"(The Missionary Calling of the Church)은 "세상 안에서의 그리스도의 선교에 참여하지 않고 그리스도에 참여하는 것은 불가능하다. 교회에 존재를 주는 것은 교회에 세상을 향한 선교의 소명을 주는 것이다"[3]라고 천명했다.

전통적으로 서구 교회는 선교를 다른 문화권에 선교사를 파송해서 교회를 확장하는 것으로 이해했다. 이와 같은 선교는 다른 대륙을 정복하여 식민지를 건설하려고 했던 서구 열강의 제국주의적인 확장과 맞물려 있었다. 20세기에 들어 이와 같은 교회 중심적 선교가 비판되고 교회 선교의 토대를 "하나님의 선교"(missio Dei)에 두는 하나님 중심적 선교 개념이 수립되었다. 선교는 자신을 확장하려는 교회의 노력이 아니라 세상 안에서의 하나님의 선교에 근거한다. 선교(mission)의 라틴어 "*missio*"

---

1   Martin Kähler, *Schriften zu Christologie und Mission: Gesamtausgabe der Schriften zur Mission*, ed. Heinzgünter Frohnes (Munich: Chr. Kaiser Verlag, 1971), 156.

2   Emil Brunner, *The Word and the World* (London: SCM, 1931), 108.

3   Norman Goodall, ed., *Missions under the Cross* (London: Edinburgh House), 190.

는 "보냄"이라는 뜻이다. 선교는 교회의 과업이기 이전에 하나님의 보내심, 즉 하나님의 선교를 의미한다. 하나님은 아들 예수 그리스도를 세상에 보내셨으며, 예수 그리스도는 성령과 함께 제자들을 세상에 보내셨다 (요 20:21-22). 교회의 선교는 이 삼위일체 하나님의 보내심, 즉 선교로부터 나온다. 즉, 교회의 선교는 아들과 성령을 세상에 보내신 것 같이 우리를 세상에 보내시는 삼위일체 하나님의 선교 안에 근거한다. 교회의 선교는 하나님이 보내시는 선교에 사도적(apostolic) 공동체로서 참여하는 것이다. 하나님의 선교가 교회의 선교의 근거이자 목적이다.

그렇다면 하나님의 선교의 목표는 무엇인가? 그것은 하나님 나라다. 하나님 나라는 하나님의 사랑과 정의의 통치가 온전히 이루어지는 평화(샬롬)의 나라다. 선교는 복음을 전하는 것이다. 복음이란 무엇인가? 복음은 본래적으로 예수 그리스도가 선포하고 실천한 하나님 나라의 복음이다(막 1:15; 눅 4:43). 예수 그리스도가 선포한 복음의 핵심은 하나님 나라, 즉 하나님의 통치가 이 세상에 임박했으며 종말론적 미래의 하나님 나라가 자신의 인격과 사역 안에서 선취적으로 도래했다는 것이다. 예수 그리스도는 제자들에게 이 하나님 나라의 복음을 전할 것을 명했다(마 10:7). 신약성서 시대의 초기 그리스도인들은 예수 그리스도가 선포한 하나님 나라의 복음에 기초하여 예수 그리스도에 관한 복음을 선포했다. 즉 그들은 예수가 그리스도, 주, 하나님의 아들 되심을 선포했다. 예수 그리스도가 선포한 하나님 나라의 복음과 예수 그리스도를 선포한 초기 교회의 복음은 서로 다른 복음이 아니라 본질적으로 동일한 복음이다. 왜냐하면 예수 그리스도가 선포한 하나님 나라가 바로 그분의 인격과 사역, 그리고 십자가와 부활(이를 통해 예수는 주와 그리스도가 되었다[행 2:36])을 통해 이 땅에 선취적으로 도래했기 때문이다. 그러므로 기독교의 복음은 예수 그리스도의(of) 하나님 나라 복음인 동시에 예수 그리스도에 관한

(about) 복음이다. 따라서 예수 그리스도의 하나님 나라의 복음이자 예수 그리스도에 관한 복음인 기독교의 복음을 위해 보냄을 받은 교회의 선교는 종말론적 미래의 하나님 나라에 대한 소망을 가지고 예수 그리스도에 대한 믿음과 성령의 능력 안에서 이 땅에 하나님 나라를 구현하기 위해 노력하는 것이어야 한다.

2. 하나님의 선교(*missio Dei*)와 선교적 교회론의 역사적 발전과정

데이비드 보쉬는 17세기와 18세기 초의 칼뱅주의 청교도의 선교가 당시의 식민주의와 연관되어 있었다고 지적한다. 그에 따르면 칼뱅주의 청교도 선교사들은 자신들의 문화가 비서구 문화보다 우월하다는 신념을 가지고 그리스도의 보편적 주권을 강조하는 칼뱅주의적 신정정치를 북미의 식민지에서 실현하고자 했다.[4] 19세기 서구 선교사들은 기독교 문화의 우월성에 대한 믿음과 결합된 선교적 소명감을 가지고 자국의 제국주의적 또는 식민주의적 정복에 협력했다. 1910년 에딘버러에서 "한 세대 안에 세계의 복음화"라는 슬로건 하에 개최된 제1차 세계선교대회(World Missionary Conference)는 당대에 지상명령을 완수할 수 있다는 낙관주의적 자신감에 의해 고취되었다. 이는 20세기 초의 개신교 선교신학을 잘 보여준다. 존 모트는 선교협력이 잘 이루어지고 선교전략이 잘 수립된다면 전 세계가 한 세대 안에 복음화될 수 있다고 주장했다.[5] 보쉬는 당시

---

4   David J. Bosch, *Transforming Mission: Paradigm Shifts in Theology of Mission* (Maryknoll, N.Y.: Orbis, 1991), 260-61.

5   John R. Mott, *The Evangelization of the World in This Generation*, 3rd ed (London:

의 선교적 분위기를 "승리주의적"이라고 표현했다.[6] 당대에 세계를 복음으로 정복할 수 있다는 서구교회의 승리주의적 자신감은 전 세계를 식민지화했던 당시의 서구 제국주의적 정신과 연관되어 있었다. 윌리엄 허치슨은 "한 세대 안에 세계의 복음화"라는 슬로건이 실제로는 "영미문화에 의한, 그리고 영미문화를 위한 세계의 복음화"를 의미했다고 비판했다.[7]

1940년대에 중국 공산당 정부가 서양의 선교사들을 서구 제국주의와 문화의 대변자로 간주하고 추방한 사건은 교회의 지도자들과 신학자들로 하여금 선교개념을 교회 중심적 선교로부터 하나님 중심적 선교로 전환하는 것을 진지하게 고려하도록 하는 계기가 되었다. 1952년 빌링겐에서 열린 국제선교회의(International Missionary Council)는 선교운동의 원천이 하나님께 있음을 천명하는 "하나님의 선교"(missio Dei) 개념을 수립했다.

"하나님의 선교" 개념은 칼 하르텐슈타인이 하나님으로부터 주어지는 교회의 선교적 사명의 중요성을 강조하기 위해 처음 사용했다. 즉 교회의 선교는 오직 하나님의 선교로부터 나온다. 하르텐슈타인은 요한복음 20:21에 근거하여 하나님의 선교를 "하나님의 보내심, 즉 주 그리스도가 사도들을 보내심"[8]으로 정의했다. 그에 따르면, "아들을 세상에 보내심은 실제적 하나님의 선교로서, 이 하나님의 선교는 땅끝까지 그리

Student Volunteer Missionary Union, 1903).

6   Bosch, *Transforming Mission*, 336.

7   William R. Hutchison, *Errand to the World: American Protestant Thought and Foreign Missions* (Chicago: University of Chicago Press, 1987), 136.

8   Karl Hartenstein, "Wozu nötigt die Finanzlage der Mission," *Evangelisches Missions-Magazin* 79 (1934): 217. John G. Flett, *The Witness of God; The Trinity, Missio Dei, Karl Barth, and the Nature of Christian Community* (Grand Rapids: Eerdmans, 2010), 131에서 인용.

고 세상 끝날까지 그리스도의 증인들에 의해 순종 가운데 계속되어야 한다."[9] 이 하나님의 선교개념은 선교적 교회론의 신학적 근거가 된다. 교회는 그리스도의 오심과 다시 오심 사이의 중간 시기 동안 선교의 사명을 부여받는다. "선교는 교회의 생명의 결정적인 표징이며, 하나님으로부터 주어진 교회의 실존의 표현이다"[10] 하나님의 선교 개념에 근거해서 하르텐슈타인은 교회의 선교가 "이 세상의 정치, 경제, 사회, 인종문제에 (변혁적 방식으로) 참여하라는 부름"이 아니라고 주장함으로써, 선교가 세상의 우연적 사건들에 연루되는 것을 막고자 했다.[11]

　　게오르크 피체돔은 하나님의 선교 신학을 하나님의 보편적 주권의 빛 안에서 개념화했다. 그는 교회가 아니라 삼위일체 하나님이 선교의 행위주체라고 말했다. 아버지 하나님은 아들을 세상에 보내셨다. 아들은 보냄을 받은 분이면서 동시에 보내는 분이다. 아버지와 더불어 아들은 성령을 세상에 보낸다. 그리고 성령은 교회와 그리스도인들을 세상에 보낸다. 하나님은 단지 보내는 분이 아니라 보냄을 받는 분이다. "한 위격의 보냄은 다른 위격의 현존을 가져온다."[12] 하나님의 선교는 하나님이 선교의 주체가 되시고 교회가 이 하나님의 선교에 참여함을 의미한다. 교회의 선교는 하나님의 선교, 즉 창조세계 전체에 그리스도의 주권을 수립하기

9　Karl Hartenstein, "Übergang und Neubeginn: Zur Tägung des Internationalen Missionsrats in Willingen," *Zeitwende* 24, no. 4 (1952): 338. Flett, *The Witness of God,* 159에서 인용.

10　Hartensein, "Wozu nötigt die Finanzlage der Mission," 218, Flett, *The Witness of God,* 132에서 인용.

11　Hartenstein, "Botschafter an Christi Statt," in *Botschaften an Christi Statt: von Wesen und Werk deutscher Missionsarbeit,* edited by Martin Schlunk (Gütersloh: Bertelsmann, 1932), 7, Flett, *The Witness of God,* 133에서 인용.

12　Georg F. Vicedom, *The Mission of God: An Introduction to a Theology of Mission,* trans. Gilbert A. Thiele and Dennis Hilgendorf (St. Louis: Concordia, 1965), 46.

위해 아들의 보내심에 참여하는 것이다. 세상을 향한 그리스도의 선교에 참여함 없이는 그리스도에 참여할 수 없다.[13] 하나님의 선교는 예수 그리스도 안의 특별계시에 근거하며 온 세상에서의 하나님의 보편적 통치를 목표로 한다. 피체돔은 하나님의 보편적 통치의 수립을 위해 다른 종교들과의 대화가 필요하다고 보았다. 다른 종교들은 하나님의 지속적인 창조의 빛 안에서 긍정적인 의미를 갖는다. 하나님의 선교는 다른 종교들과의 해석학적 대화를 요구한다. 복음은 다른 종교들에 대한 비판이자 완성이며, 복음화는 종교 간의 대화를 통해 이루어진다.[14]

J. C. 호켄다이크는 서구의 전통적인 교회 중심적 선교를 강하게 비판했다. 그는 기독교세계의 전제하에 형성된 규범적인 종교개혁시대 교회론이 제국주의적 선교를 초래했다고 지적했다. 그는 "복음주의로의 부름은 종종 교회에 의해 인도되고 지배되는 견고하고 잘 통합된 문화적 복합체로서의 기독교 세계의 회복으로의 부름과 다름이 없다"고 비판했다.[15] 여기서 복음을 위한 활동은 교회를 확장하고 이식하는 행위가 된다. 교회가 선교의 궁극적 목적이다. 선교는 교회로부터 교회로 가는 길을 닦는다. "선교는 교회가 교회 밖의 세상으로 나아가 다시 교회를 세우는 행위가 된다. 원칙적으로, 이 교회가 존재하게 되면 선교의 과제는 완결된다."[16] 이와 같은 교회 중심적 선교에 반대하여 호켄다이크는 하나님의 선교 개념을 하나님이 교회와 별도로 세상의 사회정치적 영역에서 활

---

13   Ibid., 5-6.

14   Georg F. Vicedom, *Mission im ökumenischen Zeitalter*, (Gütersloh: Gütersloher, 1967), 41-42.

15   J. C. Hoekendijk, "The Call to Evangelism," *International Review of Mission* 39 (1950): 163-64.

16   Ibid., 170.

동하심을 의미하는 것으로 이해했다. 그에 따르면 선교는 교회가 아니라 세상을 섬기는 것이다. 선교는 도래하는 하나님 나라에 초점을 맞추어야 한다. 교회는 고정된 장소를 갖는 것이 아니라 세상에 하나님 나라를 선포할 때 발생한다. 교회의 본성은 그 기능에 있다.[17] 호켄다이크에 따르면 "교회는 징표 이상이 될 수 없다. 교회는 그 자신이 아니라 하나님 나라를 가리킨다. 교회는 세계(오이쿠메네) 안에서 하나님 나라를 위해(그리고 통해) 자신이 사용되도록 한다."[18] 그는 교회 중심적 선교에 대한 대안적 모델로서 "하나님-교회-세상"이 아닌 "하나님-세상-교회" 모델을 제시했다.

호켄다이크를 따라, 에큐메니칼 문서인 "회중의 선교구조"(Missionary Structure of the Congregation)는 "하나님-교회-세상" 모델은 하나님이 세상 안에서 일하심에 대한 성서의 증언과 달리 하나님이 일으키시는 변화가 언제나 교회 안으로부터 세상의 "외부인"들을 향해 발생한다고 생각하도록 만든다고 비판하면서, 실제적인 순서는 "하나님-세상-교회"라고 주장했다.[19] 왜냐하면 "성서에 기록된 사건들은 세상적 사건들이기 때문이다. 그것들은 '세상과 동떨어져 있는' 거룩한 행위들이 아니다."[20] 만일 선교가 세상 안에서 실행되는 하나님의 변혁적 행위에 교회가 참여하는 것이라면 하나님이 어디에서 행동하시는지를 발견하는

---

17 J. C. Hoekendijk, "The Church in Missionary Thinking," *International Review of Mission* 41 (1952): 334.

18 J. C. Hoekendijk, *The Church Inside Out*, ed. L. A. Hoedemaker and Pieter Tijmes, tr. Isaac C. Rottenberg (Philadelphia: Westminster, 1966), 43.

19 World Council of Churches(이하 WCC) Department on Studies in Evangelism, *The Church for Others, and the Church for the World: A Quest for Structures for Missionary Congregations* (Geneva: World Council of Churches, 1967), 17.

20 Ibid., 69.

일이 무엇보다 먼저 요구된다. 그러나 이와 같은 견해는 하나님의 통치가 본질적으로 "저 밖의" 세상에서 이루어지며, 하나님을 만나기 위해서는 그곳으로 나아가야 한다고 주장하는 것처럼 이해될 위험이 있다. 교회와 하나님 나라는 동일시될 수 없지만 분리될 수도 없다.

레슬리 뉴비긴은 삼위일체론의 틀 안에서 하나님의 선교 개념과 선교적 교회론을 수립했다. 뉴비긴은 요한복음 20:21-22에서 삼위일체적 선교 모델을 발견한다. 즉 그는 여기서 아버지의 선교, 아들의 선교, 그리고 교회의 삶과 증언 안에서의 성령의 지속적인 선교의 연속성을 발견한다.[21] 그는 하나님의 선교 신학이 하나님의 선교와 교회를 분리시키는 데 사용되는 것을 우려하고 교회론의 틀 안에서 하나님의 선교신학을 재정립하고자 했다.[22] 교회는 하나님 나라의 징표, 대리자, 예표다. 성령은 교회를 복음의 증인으로 만든다.[23] 뉴비긴은 비선교적 교회와 마찬가지로 비교회적 선교도 매우 기괴하다고 보았다. 그는 (호켄다이크와 달리) 교회의 삶이 하나님 나라를 참으로 미리 맛보는 삶, 하나님 자신의 삶에 실제로 참여하는 삶이 될 때 하나님 나라를 증언할 수 있다고 주장했다. 그리스도 안에서의 화해에 대한 증언은 그리스도와의 실제적인 화해된 친교를 요구한다. "이 그리스도 안에서의 삶은 단지 사도적 선교의 도구"가 아니라 "화해의 종말론적 목표이자 목적"이다.[24]

동시에 뉴비긴은 삼위일체적으로 하나님의 선교의 지평을 이 세

---

21   J. E. Lesslie Newbigin, *The Open Secret: An Introduction to the Theology of Mission* (Grand Rapids: Eerdmans, 1995), 29.

22   J. E. Lesslie Newbigin, *The Gospel in a Pluralist Society* (Grand Rapids: Eerdmans, 1989), 118.

23   Ibid., 134-35.

24   J. E. Lesslie Newbigin, *The Household of God: Lectures on the Nature of the Church* (London: SCM, 1953), 147-48.

상의 역사 속으로 확장했다. 즉 선교는 그리스도의 인격과 사역에 근거하고, "성령의 실재와 능력에 대한 신뢰"에 의해 생겨나며, "세속역사의 사건들 안에⋯세상에서의 삶 가운데 모든 곳에서 일어나는 혁명적 변화 안에서의 아버지 하나님의 통치"를 분별하는 실천적 신앙에 뿌리를 두어야 한다.[25] 뉴비긴은 성령이 단지 교회 안에 갇혀 있지 않고 세상에서의 선행적(prevenient) 은총 안에서 활동하신다고 주장함으로써 선교적 교회론의 지평을 확장했다. 종교가 개인주의화, 사사화되고 기독교가 쇠퇴하는 북미의 상황에서 그가 촉발한 선교적 교회 운동은 교회가 세상 속에서의 하나님의 선교에 어떻게 참여해야 하는가 하는 문제를 주된 의제로 삼았다.

3. 삼위일체 하나님의 선교(*missio Dei trinitatis*)와 교회의 선교(*missio ecclesiae*)

선교는 삼위일체 하나님의 본성에 근거하며 그로부터 흘러나온다. 아버지는 아들을 보내시며(*missio*, sending) 아버지와 아들은 성령을 보내신다. 삼위일체 하나님은 보내시는 하나님, 즉 선교의 하나님이다. 사도적(apostolic) 교회란 그리스도로부터 보냄을 받은 교회를 의미한다. 하나님이 보내시는 하나님, 즉 선교의 하나님이란 사실은 선교의 주체가 (교회가 아니라) 하나님이며 선교의 주도권이 (교회가 아니라) 하나님께 있음을 의미한다. 데이비드 보쉬는 하나님의 선교 신학이 선교의 당사자나 담지자

---

25 J. E. Lesslie Newbigin, *Trinitarian Faith and Today's Mission* (Richmond: John Knox, 1964), 77.

가 교회나 인간이 아니라 하나님임을 분명히 한다고 강조했다.[26] 하나님이 교회를 하나님 자신의 선교행위의 도구로 사용할 때에만 교회의 행위는 선교가 될 수 있다.

하나님의 선교는 하나님이 전적으로 선교의 주체가 되심으로써 인간은 아무런 할 일이 없게 됨을 의미하지 않는다. 그리스도의 첫 번째 오심과 두 번째 오심 사이의 중간 시기 동안에 위임된 사명으로서 교회에 위임된 선교의 사명의 중요성은 아무리 강조해도 지나치지 않다. 그러나 하나님의 선교는 하나님이 사도들을 보내심으로써 선교의 과업을 그들에게 위임하고 세상으로부터 물러나심을 의미하지도 않는다. 하나님의 선교는 교회가 선교의 주체로서 스스로의 힘으로 선교를 수행해야 함을 의미하지 않는다. 또한 하나님의 선교는 하나님이 교회의 선교에 전적으로 의존하기 때문에 교회의 선교를 떠나서는 교회 밖 세상의 사회 역사적 현실 속에서의 하나님의 선교가 부재하다는 것을 의미하지 않는다. 그렇게 이해된다면, 하나님의 선교는 교회의 선교로, 세상 안에서의 하나님의 활동은 교회의 활동으로 환원될 것이다. 이 경우에 "하나님은 주거적(residential) 신성의 이미지로 개조되고, 세계 안의 하나님의 현존은 상실될 것이며, 하나님의 현존은 오직 교회 안에만 그리고 교회를 위해서만 보존되게 될 것이다."[27] 교회가 하나님의 현존을 자신 안에 가두고, 교회가 없는 세상에 교회를 세움으로써 하나님의 현존을 확장해야 한다고 생각한다면, 그것은 삼위일체 하나님의 선교를 특정한 지역에 위치한 교회

---

26   David J. Bosch, *Transforming Mission: Paradigm Shifts in Theology of Mission* (Maryknoll, N.Y.: Orbis, 1991), 392.

27   World Council of Churches Department on Studies in Evangelism, *The Church for Others, and the Church for the World: A Quest for Structures for Missionary Congregations* (Geneva: World Council of Churches, 1967), 17.

의 선교로 환원시키는 것이다.

빌링겐 대회에서 북미의 신학자들은 그리스도 중심적이자 교회 중심적인 선교개념을 극복하고 하나님의 선교가 이 세상 한가운데서 일어남을 강조하기 위해 삼위일체 하나님의 선교 신학을 제시했다. 이들은 교회가 지나친 그리스도 중심성 때문에 세상이 아니라 자신에게 초점을 맞추고 그리스도인을 문화적 상황으로부터 분리했다고 비판하면서, 교회가 하나님의 활동의 적절한 영역인 문화 안으로 들어가도록 하기 위해서는 삼위일체론이 필요하다고 주장했다. 이들은 삼위일체론을 역사 안에서의 하나님의 행위를 지지해주는 신학적 근거로 이해하고, 역사 안에서의 하나님의 행위의 패턴에 초점을 맞추었다. 삼위일체 신학에 근거해서 이들은 선교의 과제가 효율적으로 교회의 영역을 확장하기 위한 전략이 아니라, "개인의 삶과 사회 문화적 패턴의 형성과 변혁을 위한 창조적인 말과 행위의 과업"이 되어야 한다고 주장했다.[28] 따라서 참된 선교행위는 역사 안에서의 하나님의 행동에 대한 열린 인식을 요구한다.

창조 이래 삼위일체 하나님은 한 순간도 이 세상을 홀로 버려두고 떠나신 적이 없다(시 139:7-10). 삼위일체 하나님의 선교에 있어서 구속사와 세속역사, 교회와 세상은 구별되지만 이분법적으로 분리되지는 않는다. 물론 그리스도의 영이신 성령의 교회적 현존은 교회의 선교를 가능케 하며, 하나님의 선교는 우선적으로 교회를 통해 이루어진다. 그러므로 성령의 현존 안에 있는 교회가 여전히 세상의 희망이다. 그러나 하

---

28 American report, "Why Missions? Report of Commission I on the Biblical and Theological Basis of Mission," 1952. Paul L. Lehmann Collection, Special Collections (Princeton Theological Seminary, Box 41.2, Princeton, NJ), 6. 그러나 이 보고서가 영혼을 구원하는 일을 단지 "영적인 안전성의 자만"에 의한 "주변적" 목표로 간주한 것은 지나친 것이다.

나님의 영이신 성령 안에서 이루어지는 삼위일체 하나님의 선교는 교회
의 선교로 환원되거나 교회 안에 갇혀 있지 않고 세상 한 가운데서도 일
어난다. 따라서 교회의 선교적 과제는 이중적이다. 한편으로, 교회는 그
리스도의 영이신 성령의 현존 안에서 자신의 공동체적 삶을 통해 세상
에 예수 그리스도의 복음을 증언해야 한다. 조지 헌스버거에 의하면, 교
회는 자신의 존재와 행위를 통해 하나님 나라를 나타낸다. 교회는 하나님
나라의 표징(sign)이자 선취(foretaste)로서 하나님 나라를 나타낸다. "표징
이 다른 그 무엇을 나타내고 선취가 도래하는 그 무엇을 나타내는 것처
럼, 교회는 자신이 아니라 하나님이 완성하시고자 하는 것을 가리킨다."[29]
따라서 선교적 교회의 우선적 과제는 하나님 나라의 표징이 되는 것이
다. 선교는 단지 교회가 행하는 것(does)이 아니라 교회가 되는 것(is)이다.
교회는 "이 세대를 본받지 말고 오직 마음을 새롭게 함으로 변화를 받아
야"(롬 12:2) 하며, 따라서 세상과 구별된 공동체가 되어야 한다. 교회는
자신의 공동체적 삶에 의해서 세상을 향해 하나님의 통치를 보여주어야
한다. 그리스도인들이 교회 안에서 구현하는 세상과 구별된 공동체적 삶
자체가 세상을 향한 공적 증언이다. 로이스 바레트에 따르면, "문화와의
관계에서 교회의 가장 변혁적인 행위는 지배적 문화 안에서 힘을 행사하
는 것이 아니라 교회 자신의 공동체적 삶에 의해 하나님의 새로운 공동
체의 갱신과 치유의 힘을 보여주는 것"이다.[30] 특히 깨어지고 분열된 오

---

29 George R. Hunsberger, "Missional Vocation: Called and Sent to Represent the Reign
of God," in *Missional Church: A Vision for the Sending of the Church in North America*,
George R. Hunsberger, Alan J. Roxburgh, Craig Van Gelder, eds. (Grand Rapids:
Eerdmans, 1998), 101.

30 Lois Barrett, "Missional Witness; The Church as Apostle to the World," in *Missional
Church: A Vision for the Sending of the Church in North America*, George R. Hunsberger,
Alan J. Roxburgh, Craig Van Gelder, eds. (Grand Rapids: Eerdmans, 1998), 116.

늘의 세상 속에서, 교회의 선교는 하나님의 통치의 표징인 평화와 화해를 자신 안에 구현함으로써, 교회가 누리는 평화와 화해 안으로 세상 사람들을 초대하는 것을 포함한다.

다른 한편, 교회는 세상 속에서 일하시는 하나님의 영이신 성령의 역사를 통한 하나님의 선교에 참여해야 한다. 삼위일체 하나님의 선교는 교회가 성령의 현존 안에서 자신의 존재와 삶으로 예수 그리스도의 복음을 증언하도록 요구함과 동시에, 세상의 사회역사적 현실을 변혁시키는 성령의 활동에 참여하도록 요구한다. 교회는 하나님 나라의 대리자(agent)와 도구(instrument)로서, 그리고 "하나님 나라를 위한 동역자"(골 4:11)와 "사신"(고후 5:20)으로서 하나님 나라를 나타낸다.[31] 하나님은 교회로 하여금 자신이 누리는 예수 그리스도 안에서의 화해를 세상에 전하도록 요구하심과 동시에, 세상 안에서의 하나님의 변혁적·해방적 사역에 교회가 참여하도록 요구하신다. 교회는 세상 안에 있다. "교회는 주님께 더욱 가까이 나아갈수록 세상으로 더욱 가까이 나아간다."[32] 교회가 세상으로 더욱 가까이 나아가야 한다는 것은 결코 교회가 세속주의와 타협해야 한다는 것을 의미하지 않는다. 그것은 교회의 거룩성이 단지 세상과 분리된 거룩함을 추구하는 데 있는 것이 아니라, 이 세상에 하나님 나라를 구현하기 위해 이 세상을 거룩하게 변화시키는 데 있다는 것을 의미한다. 특히 종교적 신앙이 사사화된 오늘의 세속사회 속에서, 교회는 예수 그리스도의 말씀과 행동 안에서 선취적으로 도래한 하나님의 통치를 이 땅에 구현하기 위해 사회 정치적 차원을 포함한 세상의 공적 영역에서 디아코니아 선교를 실천해야 한다.

31　　Hunsberger, "Missional Vocation," 101-102.
32　　Goodall, ed., *Missions under the Cross*, 191.

4. 하나님 나라를 위한 디아코니아 선교와 공적 신학

하나님의 선교와 교회의 선교의 핵심은 세상을 향한 디아코니아에 있다. 교회의 디아코니아는 세상을 향한 하나님의 디아코니아에 근거한다. 하나님의 선교는 하나님의 디아코니아다. 세상을 향한 하나님의 디아코니아는 창조로부터 시작되었고, 이스라엘과의 계약을 통해 구체화되었으며, 예수 그리스도의 보내심 안에서 결정적으로 나타났다. 하나님의 세계 창조는 디아코노스(*diaconos*)로서의 하나님을 계시한다. 세계 창조는 하나님의 자기비움(케노시스) 또는 자기제한에 의해 이루어졌다. 즉 창조는 무한하신 하나님이 자기를 제한하심으로써 유한한 세상을 위한 시간과 공간을 만드심으로 이루어졌다. 창조는 하나님이 "우리를 위한 하나님"이 되시기로 결정하셨음을 의미한다. 하나님은 이스라엘과 계약을 맺음으로써 이스라엘을 위한 디아코니아의 하나님이 되시기로 약속하셨다. 가난하고 억눌린 자를 향한 이스라엘 백성의 율법적 디아코니아는 그들을 종 되었던 애굽 땅에서 구원해낸 하나님의 은혜의 디아코니아에 기초한다(출 20:2). 하나님이 예수 그리스도를 세상에 보내심은 디아코니아 하나님의 온전한 계시이다. 예수 그리스도는 하나님의 디아코니아(*diakonia Dei*)의 궁극적 체현이며 참된 디아코노스다. 디아코니아는 하나님 나라를 위한 예수 그리스도의 사역의 핵심이다. 예수 그리스도의 대속적 죽음은 그분의 디아코니아적 삶의 최종적 귀결로서(막 10:45), 이 디아코니아적 삶과 죽음(그리고 부활) 안에서 인간을 죄로부터 구원하고 새로운 생명과 화해를 가져오는 구속역사가 성취되었다. 바울은 예수 그리스도가 자신을 비워(케노시스) 종의 형체를 가지고 자기를 낮추어 죽기까지 복종함으로써 하나님의 구속역사를 성취했다고 증언한다(빌 2:6-8). 예수 그리스도의 자기비움, 자기낮춤, 자기희생의 디아코니아가 하나님의 구속역사를 성취했다. 예수 그리스도의 디아코니아 사역은 죄인으로 정죄된 자, 가난한 자, 병든 자, 억눌린 자, 소외된 자, 멸시받는 자들을 우선적인 대상으로 했다(막 2:17). 하나님 나라를 위한 예수 그리스도의 디아코니아 선교가 교회의 선교를 위한 원형적 모델이다.

교회의 디아코니아 선교는 하나님 나라를 위한 예수 그리스도의 디아코니아적 삶과 죽음과 부활을 통해 인간의 구원과 화해를 성취하신 하나님의 은혜의 복음을 증언함과 아울러 사회 정치적 차원을 포함하는 세상의 공적 영역에서 하나님의 통치를 실현함으로써 이 땅에 하나님 나라를 확장시켜 나아가고자 한다. 디아코니아 선교는 세상의 지배적 권력에 대한 봉사와는 아무런 관계가 없다. 반대로 그것은 지배적 권력에 의해 은폐되어 있는 정치적·사회적·문화적 악을 폭로하고 변혁함으로써 구조적 악에 의해 억눌리고 희생당하는 사람들을 해방하고자 한다. 그러므로 디아코니아 선교는 공적 신학을 지향한다. 공적 신학은 하나님이 이 세계 안에서 어떻게 일하시는지 그리고 교회가 이 세계 안에서의 하나님의 사역에 어떻게 참여할 수 있는지를 숙고하고, 신학적 관점에서 시민적·사회적·정치적 삶의 구성을 돕고자 한다.[33] 신학은 사사화(privatize)될 수 없다. 신학자는 공적 담론을 위한 책임을 지닌다. 공공성의 추구는 모든 신학자에게 부여된 책임이다. 데이비드 트레이시는 신학자가 교회, 학계, 사회, 이 세 가지 공적 영역을 향해 말해야 한다고 주장했다.[34] 이것은 신학자가 교회 안에 갇혀 있지 않고 교회 밖의 사람들(학계, 사회)과도 대

---

33   Martin E. Marty, *Public Church: Mainline-Evangelical-Catholic* (New York: Crossroad, 1981), 16-17. 미국 사회에서 흑인의 인권을 위해 투쟁한 마틴 루터 킹이 대표적인 공적 신학자라고 할 수 있다.

34   David Tracy, *The Analogical Imagination: Christian Theology and the Culture of Pluralism* (New York: The Crossroad Publishing Company, 1987), 29.

화해야 함을 함축한다. 교회 밖의 사람들과 대화함에 있어서 신학자는 합리성(학계)과 변혁적 실천(사회)이라는 진리의 기준을 준수할 필요가 있다. 트레이시는 신학의 공적 과제를 유비적 상상력 안에서 교회, 학계, 사회의 공적 영역들을 가로지르는 변증법적-유비적 언어를 통해 수행할 것을 제안했다.

        오늘날의 에큐메니칼적·지구적·종교다원적·다원주의적 상황 속에서, 막스 스택하우스는 트레이시가 제시한 세 가지 공적 영역을 변형, 확장시켜 개별적 국가 차원에서의 공적 영역을 초월하는 보다 더 광범위한 공적 영역들을 제시했다.[35] 이 공적 영역들은 ① 세계의 종교 다원적 상황 속에서의 종교적 공적 영역, ② 국가적 정체성을 초월하여 모든 사회에 필요한 정의로운 정치적 권력조직의 수립이 요청되는 세계의 모든 영역, ③ 규범적 실재(신)를 위한 설득력 있는 논증 또는 증거를 제시함으로써 정당성을 인정받기 위한 학문적 영역, ④ 다국적기업과 시장경제 시스템이 출현하는 전 지구적인 경제적 영역, ⑤ 그리고 가정생활, 과학기술, 미디어, 공중보건, 환경문제 등의 공적 관심사 영역 등이다. 스택하우스는 교회와 신학이 다른 학문과의 학제적 대화를 통해 이와 같은 공적 영역들에서의 중요한 사회적 문제들에 실천적으로 참여해야 할 것을 강조했다.[36] 각 문화들과 고전적 종교 전통들이 제시하는 도덕적·영적 기준들이 서로 충돌하는 오늘날 세계화의 과정 속에서 공적 신학의 필요성은 더욱 증대된다.

---

35   Max L. Stackhouse, *Globalization and Grace* (New York/London: The Continuum International Publishing Group, 2007), 109-11.

36   Max L. Stackhouse, *Public Theology and Political Economy: Christian Stewardship in Modern Society* (Grand Rapids: Eerdmans, 1987), 1-15.

요약하면, 교회의 디아코니아 선교는 교회의 울타리를 넘어 이 세상의 공적 영역에 하나님 나라의 통치를 구현하기 위해 사회 역사적 현실을 변혁시키는 성령의 활동에 참여해야 한다. 교회가 있는 곳에 그리스도가 계신 것이 아니라, 그리스도가 계신 곳에 교회가 있어야 한다. 그리스도는 부활 후에 예루살렘이 아니라 가난하고 소외된 사람들의 삶의 현장인 갈릴리에서 제자들과 만나자고 약속하셨다(막 14:28; 16:7). 오늘도 그리스도는 성령을 통해 세상의 한 가운데서 가난하고, 억눌리고, 병들고, 소외되고 고통당하는 사람들과 함께 계신다. 교회와 그리스도인은 그곳에서 그리스도를 만나야 하며, 하나님의 정의와 사랑의 통치를 위해 일하시는 성령의 디아코니아 선교사역에 동참해야 한다.

5. 탈식민주의 신학과 그 이후의 공적 선교신학

기독교 선교 역사에서 복음주의는 종종 문화적 제국주의와 뒤얽혀 있었다. 복음이란 이름하에 토착문화는 미개하거나 기독교에 대적하는 악마적인 것으로 간주되어 멸시되고 억압되고 파괴되었다. 제2차 세계대전 이후 제3세계의 교회들을 중심으로 형성된 탈식민주의 신학은 서구 선교 안에 스며들어 있는 유럽 국가들의 식민주의적 세계관을 폭로한다. 탈식민주의 신학은 근대적인 합리화 담론과 메타내러티브와 오리엔탈리즘에 대한 탈근대적 비판을 전유한다. 미셸 푸코는 지구 문명이 여성, 유색인, 소외된 집단의 희생 위에 세워졌다고 지적하면서, 소외된 집단의 담론을 억압하는 지배자의 합리화 담론에 저항해야 한다고 주장했다.[37] 장 프랑수아 리오타르는 탈근대주의를 한마디로 "메타내러티브에 대한 불신"이라고 정의하고, 탈근대주의의 관점에서 근대주의가 주장하는 전체성, 보편성, 그리고 형이상학적 동일성을 부여하는 거대담론을 거부했다.[38] 근대 서구세계는 비서구세계를 타자로 규정하고, 거대담론을 통해 비서구세계의 특수성, 상이성, 독특성을 형이상학적 동일성으로 환원시킴으로써 타자의 "다른" 목소리를 무시하고 억압했다. 서구세계는 제국주의적 정복을 통해 비서구세계를 식민지화하고 피식민지의 토착적 문화를 억압, 추방했다. 대표적인 탈식민주의적 비판자인 에드워드 사이드는 식민주의 시기에 서구에 의해 만들어진 동양에 대한 문화적 표상, 즉 오리엔탈리즘의 허구를 폭로했다. 그에 따르면 지식과 권력은 상호 연관적이다. 오리엔탈리즘은 서구의 식민주의적 담론을 확산시키고, 비서구의 역사와 문화와 사람들을 식민주의의 논리 안으로 동화시키기 위해 만들어진 표상이다.[39]

탈식민주의 신학은 서구의 보편주의적 메타내러티브와 서구 기독교 선교 안에 은폐된 제국주의적 정복 모델과 식민지화 이데올로기에 저항하며, 국가의 억압적 권력, 교회와 국가의 관계, 제도화된 구조가 가난한 자들과 피억압자들을 내면화하고 식민화하는 방식을 비판한다.[40] 나

---

37   Michel Foucault, *The History of Sexuality*, vol. 1, *The Will to Knowledge,* trans. Robert Hurley (New York: Vintage, 1990), xvii.

38   Jean-François Lyotard, *The Postmodern Condition: A Report on Knowledge*, trans. Geoff Bennington and Brain Massumi (Minneapolis: University of Minnesota Press, 1988), xxiv.

39   Edward W. Said, *Orientalism* (New York: Vintage, 1979), 104, *Reflections on Exile and Other Essays* (Cambridge: Harvard University Press, 2000), 202, 210.

40   Catherine Keller, Michael Nausner, and Mayra Rivera, eds., *Postcolonial Theologies:*

아가 탈식민주의 신학은 오늘날의 탈근대적 시대의 새로운 형태의 신식
민주의에 도전한다. 오늘날의 지구화된 국제금융네트워크, 매스미디어,
통신 시스템은 지리적·민족적 경계를 가로지르는 유연한 자본과 노동을
지닌 다국적기업의 출현을 가져왔다. 전지구적 지배를 추구하는 이 새로
운 제국은 "지리적 경계와 간문화적 차이를 지구화된 새 권력, 즉 '하나의
단일한 시장 메타내러티브' 안에 통합시킴으로써 제거한다."[41] 탈식민주
의 신학은 오늘날의 지구화 논리 안에 은폐된 제국주의적 또는 식민주의
적 의도를 밝히 드러내고자 한다.

하나님의 선교 신학은 이와 같은 탈식민주의 신학의 관점을 전유
할 필요가 있다. 하나님의 선교 신학은 서구세계의 제국주의적 식민주의
정책과 보조를 맞추었던 서구교회의 선교, 즉 식민지의 토착적 문화와 종
교를 억압하고 서구 선교사들이 가지고 온 복음을 식민지에 이식하는 일
방적 방식의 선교를 청산해야 한다. 그리스도와 문화의 관계에 대한 리
처드 니버의 유형론적 분석[42]의 한계점은 이 분석이 서구의 기독교 세계
안에서 교회가 주위 문화와의 관계에서 어떤 태도를 취해야 하는가 하는
문제에 관심을 집중했다는 데 있다. 니버는 서구 문화 안에서 해석되고
이해된 복음이 기독교 세계가 아닌 다른 문화들 안에서 어떻게 재해석되
고 이해되어야 하는가 하는 문제에는 관심을 기울이지 못했다. 성서의 하
나님의 말씀에 대한 공적 해석으로서의 하나님의 선교는 구체적인 사회
적 삶의 자리에서 성서주석을 폭력과 불의가 판을 치는 현실에 대한 예

Divinity and Empire (St. Louis: Chalice, 2004), 8.

41   Michael Hardt and Antonio Negri, *Empire* (Cambridge: Harvard University Press, 2000), 166-67.

42   H. Richard Niebuhr, *Christ and Culture* (New York: Harper, 1951).

언자적 저항과 연결하고, 교회를 제국주의적 문화의 바벨론 포로로부터 해방하는 데 봉사해야 한다.[43]

오늘날 다국적기업과 금융자본주의에 의해 지배되는 신식민주의적 세계시장경제의 현실에서, 탈식민주의 신학은 삼위일체 하나님의 선교 개념과 선교적 교회론의 수립을 위한 매우 중요한 관점을 제공해준다. 그러나 오늘날의 다원적 세계 현실이 서구 식민주의와 비서구 탈식민주의의 이분법적 구도 안에서 다 파악될 수는 없다. 오늘날 탈근대적 세계의 다원적인 현실은 단순히 이러한 이분법으로 환원될 수 없는 다면적이고 복합적인 관계의 네트워크 안에서 형성되고 유동적으로 변화하기 때문에, 삼위일체 하나님의 선교에 참여하는 선교적 교회의 공적 선교는 단지 서구-비서구의 이분법적 도식 안에 갇혀 있을 수 없다. 서구와 비서구를 막론하고 어느 국가나 사회에서도 권력계층, 대기업, 매스미디어, 그리고 심지어는 시민연대와 산업노조와 같은 새로운 사회적 권력이 자행하는 불의에 의한 대중과 약자의 소외와 억압이 있을 수 있다. 성숙한 민주 시민사회에서 지배자-피지배자, 억압자-피억압자의 이분법적 도식은 더 이상 적절치 않을 수 있다. 독재정권이 종식되고 이미 민주 시민사회로 진입한 국가에서 여전히 독재-반독재, 기업가-노동자, 부자-빈자라는 이분법적 이데올로기 안에서 전자를 타도해야 할 대상으로 삼고 선동적 투쟁을 일삼는 것은 시대착오적인 구습이 아닐 수 없다. 서로 이해관계가 충돌하는 다양한 집단들이 병존하고 있는 다원적 사회에서, 자신과 자기가 속해 있는 집단의 이념이나 이해관계와 대립되는 다른 개인이나 집단을 단순히 타도해야 할 악의 세력으로 간주하고 선동적 투쟁을 벌이는

---

43   Bosch, *Transforming Mission*, 456.

것은 성숙한 민주시민사회 발전의 걸림돌이 된다. 공적인 장에서의 열린 대화를 통해 사회의 소외된 약자들을 우선적으로 돌보고, 사회 전체의 복지를 증진하기 위한 현실적이고 합리적인 대안을 제시하며, 구체적인 삶 속에서 디아코니아적 섬김을 실천하는 것이 성장과 평등을 함께 추구하는 성숙한 민주시민사회를 발전시키는 길이다. 이 땅에 하나님 나라의 통치를 구현하기 위한 삼위일체 하나님의 선교에 참여하는 교회의 선교의 공적 과제가 여기에 있다.

6. 간문화적—토착적 공적 선교 해석학

오늘날의 지구적·다원적 시대에 삼위일체 하나님의 선교에 참여하는 교회의 선교는 문화의 다원성을 깊이 고려하는 방향으로 발전되어야 한다. 교회는 본질적으로 다문화적이다. 각 시대와 장소에서 교회는 자신이 처해 있는 문화와의 상호작용 속에서 독특하게 형성되고 발전한다.[44] 오늘날의 지구화 시대에 증대되는 서로 다른 문화들 간의 충돌을 해소하기 위해서는 문화들 간의 차이를 이해하기 위한 공적 영역에서의 상호 대화와 소통이 요구된다. 따라서 삼위일체 하나님의 선교 개념과 선교적 교회론은 간문화적(intercultural) 공적 해석학의 관점에서 새롭게 이해될 필요가 있다.

　　모든 지상의 교회는 예외 없이 자신이 속해 있는 세계 안에서 역사적으로 체화된 것이다. 교회가 스스로 자신이 속해 있는 문화권 안에서

---

[44]　　Darrell Guder L, et al., ed., *Missional Church: A Vision for the Sending of the Church in North America* (Grand Rapids: Eerdmans, 1998), 233.

체화된 것임을 부인하고 자신을 하나님 나라와 동일시할 때, 교회의 선교는 자신의 특수한 문화적 형태의 복음을 절대적인 것으로 간주하고 그것을 다른 문화권의 교회에 이식하고자 하는 제국주의적 선교가 된다. 켈러는 선교와 선전(propaganda)을 구별했다. 세속화된 복음, 즉 지역적 환경 안에서 체화된 특정한 복음의 표현을 복음 전체로 간주하는 것은 위험하다. 선교사가 "자신의 특수한 기독교를 가져오면서 자신이 기독교 자체, 복음 자체를 가지고 온다고 생각할 때" 선교는 선전이 된다.[45]

신약성서의 배경이 되는 초기 교회가 이미 다원적인 문화적 상황에 놓여 있었다. 신약성서의 책들은 각기 예루살렘, 사마리아, 안디옥, 빌립보, 에베소, 로마 등의 매우 다양한 지역들의 문화적 상황들을 반영한다. 신약성서 시대의 교회들은 유대인과 헬라인, 남성과 여성, 주인과 종을 그리스도 안에서 화해시켜야 하는 과제를 가지고 있었다(갈 3:28). 초기 교회의 지도자들인 사도들은 예루살렘 회의에서 이방인 선교를 위해 복음이 번역되어야 할 필요성이 있음에 공감했다(행 15). 번역과 해석의 과정을 통해 기독교는 팔레스타인 교회로부터 헬레니즘 세계의 다양한 교회들로 확장되어 나아갈 수 있었다.[46] 초기 교회가 문화적 다원성 안에 있었으며, 따라서 신약성서가 다양한 문화적 상황을 반영한다는 사실은 신약성서의 복음이 성서 내적 관점에서 다양한 문화의 언어로 번역될 수 있음을 함축한다.[47] 성서 이야기의 번역 가능성은 간문화적 선교를 위한 원천이다. 여기서 번역이란 단지 문자적 직역이 아니라 서로 다른 문

---

45   Martin Kähler, *Schriften zu Christologie und Mission: Gesamtausgabe der Schriften zur Mission*, ed. Heinzgünter Frohnes (Munich: Chr. Kaiser Verlag, 1971), 115.

46   Lamin Sanneh, *Translating the Message: The Missionary Impact on Culture* (Maryknoll, NY: Orbis, 1989), 9-85.

47   Ibid., 1-8.

화들 간의 상호 대화를 통한 이해를 추구하는 간문화적인 해석학적 작업을 의미한다. 다시 말해 해석학적 대화로서의 번역은 서로 다른 두 문화와 언어 세계 사이의 합류와 수렴을 통한 지평융합을 지향한다. 물론 이 지평융합은 각 세계가 속해 있는 전통의 영향사를 단순히 전제하는 것이 아니라 그에 대한 의혹과 비판의 해석학을 필요로 한다. 왜냐하면 전통의 영향사는 종종 힘과 지식의 연계성 안에서 약자에 대한 강자의 지배를 정당화하기 때문이다.

조지 린드벡은 바람직한 복음과 문화의 관계를 "문화적-언어적"(cultural-linguistic) 모델 안에서 제시했다. 그에 따르면 종교는 문화의 궁극적 차원으로서, 유의미한 문화적 성취를 가능케 하는 경험적 모태를 제공한다.[48] 그의 문화적-언어적 모델은 텍스트 내재적(intratextual) 이야기 방법론을 채택한다. 그는 성서 텍스트의 언어를 성서 텍스트 밖의 문화의 언어로 번역하는 것을 거절한다. 텍스트 내재적 신학은 실재를 성서의 이야기적 세계 안에서 재기술하고자 한다. 우주는 성서의 이야기적 세계 안에 흡수된다. "세계가 텍스트를 흡수하는 것이 아니라 텍스트가 세계를 흡수한다."[49] 이와 같은 린드벡의 텍스트 내재적 이야기 신학에서는 하나님의 말씀이 성서의 내재적 차원에 갇히며 문화의 언어가 성서의 언어로 환원된다. 린드벡은 다원적인 비기독교적 문화의 사람들이 성서의 이야기 세계와 만날 때 경험하는 다양한 지평융합으로서의 이해의 과정에 대한 충분한 해석학적 인식을 결여하고 있다.

선교적 교회가 복음과 다원적 문화를 어떻게 관련시켜야 하는가

---

48   George Lindbeck, *The Nature of Doctrine: Religion and Theology in a Postliberal Age* (Philadelphia: Westminster, 1984), 34.

49   Ibid., 118.

에 관심을 가졌던 레슬리 뉴비긴은 복음과 문화를 변증법적 관계 안에서 이해했다. 한편, 복음은 문화의 부정적인 요소들(예를 들어 식인풍습, 아내의 순장, 노예제도, 카스트제도)을 비판하고 거부한다. 그러나 다른 한편, 복음은 문화적으로 체화되지 않을 수 없다. 복음은 역사적 성격을 갖는다. 즉 복음은 특수한 시기에 특수한 지역인 팔레스타인에서 발생했다. 그리고 기독교는 유럽에서 발전했다. 선교사들은 "모든 인간의 문화적 요소들을 제거한 천상의 그 무엇(복음)"이 아니라, 자신들의 특수한 문화(유럽)의 언어와 생활방식 안에서 표현된 복음을 가져갔다.[50] 뉴비긴은 복음이 언제나 문화적으로 체화되고 번역될 수밖에 없음을 인정하지만, 복음과 선교사의 전통적 문화가 구별되어야 한다고 보았다. 복음은 인간문화의 폭넓은 다원성을 인정한다. 그러나 그리스도와 성령 안에서의 하나님의 자기해석이라는 신학적 주제는 문화적 번역이란 이름 아래 나타나는 전적인 상대주의를 초월한다. 이러한 전제 아래, 뉴비긴은 어느 한 문화의 지배는 거부되고 문화의 다양성이 환영되어야 한다고 주장했다.[51] 따라서 서구 기독교는 서구 문화 안에 갇혀있는 성서번역과 해석에 도전하는 다른 문화에 속한 그리스도인들의 목소리를 겸손히 들어야 한다.

　　삼위일체 하나님의 선교를 위한 교회의 간문화적 공적 선교해석학은 문화인류학의 통찰로부터 배울 필요가 있다. 문화인류학은 인간의 신념체계와 문화가 밀접한 관계에 있음을 잘 보여준다. 사물을 보는 인간의 방식은 역사적·사회문화적 세계 안에서 형성된다. 모든 인간은 각기 자신이 속해 있는 역사적·사회문화적 세계 안에서 형성된 자신과 실

50　J. E. Lesslie Newbigin, *The Gospel in a Pluralist Society* (Grand Rapids: Eerdmans, 1989), 189.

51　Ibid., 197.

재에 대한 관점을 가지고 있다. 클리포드 기어츠에 의하면, 문화란 그 안에서 사회적 사건, 행위, 제도, 또는 과정이 이해 가능한 방식으로 즉 "두껍게"(thickly) 기술되는 맥락이다.[52] 우리는 다른 문화의 사람들이 참되고, 의미 있고, 적합하다고 받아들이는 신념체계를 이해하기 위해, 우리 자신의 관점(etic)에서가 아니라 그들 자신의 관점(emic)에서 접근하는 법을 배워야 한다. 인류학은 우리 자신의 역사적·문화적 세계 안에서 형성된 우리의 선입견과 한계를 인식하도록 해줌과 동시에, 다른 문화와 그 문화 안에 사는 사람들의 신념체계를 존중해야 할 필요성을 일깨워준다.

선교학은 인류학으로부터 선교사가 다른 토착적 문화와 관계를 맺을 때 문화적 우월주의를 버려야 함을 배워야 한다. 폴 히버트는 선교학이 단지 복음을 다른 문화의 사람들에게 효과적으로 전달하는 것만 아니라, 인류학과의 대화를 통해 우리 자신, 우리의 상황적 맥락, 그리고 복음을 더욱 올바로 아는 것이 필요하다고 주장한다.[53] 우리 자신의 문화적 맥락을 올바로 알 때 우리는 문화들 간의 차이를 극복하기 위한 간문화적 해석학과 토착화 문제에 보다 더욱 진지한 관심을 기울이게 된다.

사도행전의 오순절 성령 사건에서 각국의 사람들은 제자들이 말하는 것을 자신들의 언어를 초월하는 하나의 통일된 언어로 듣지 않고 각기 자신들의 언어로 듣고 이해했다(행 2:8). 성령은 각 문화의 사람들이 각기 자신들의 문화적 삶의 맥락에서 자신들의 언어로 복음을 이해할 수 있게 하신다. 그러므로 각 문화의 사람들이 성서의 하나님 말씀을 자신들의 언어로 이해하기 위한 토착적 번역과 해석이 요구된다. 오늘날의

---

52   Clifford Geertz, *The Interpretation of Cultures* (New York: Basic, 1973), 12, 14.

53   Paul G. Hiebert, *Anthropological Reflections on Missiological Issues* (Grand Rapids: Baker, 1994), 15

다문화적 지구화 시대에 선교적 교회가 공적으로 책임 있는 교회가 되기 위해서는 어느 한 문화의 지배적 담론으로부터 해방된 토착적 선교 해석학을 수립해야 한다. 토착적 선교 해석학에서 중요한 것은 선교사의 관점에서 토착적 문화가 어떻게 이해되느냐 하는 것이 아니라, 토착적 문화의 관점에서 기독교의 복음이 어떻게 이해되느냐 하는 것이다. 토착적 해석학의 의미에 대하여 폴 정은 "성서가 다른 언어들로 번역될 수 있음과 다른 종교적 맥락들 안에서 하나님을 토착적으로 부를 수 있음은 탈 서구적 기독교 시대에 하나님의 선교에 대한 토착적 기여를 인식하고 촉진할 수 있는 전환점이 된다"고 주장한다.[54]

그러므로 성서의 복음이 문화적 경계를 넘어 다른 문화 속에서 이해되고 체화되기 위해서는 간문화적-토착적 해석학이 요청된다. 다양한 문화권에 있는 교회들이 복음에 대한 자신의 이해를 절대화함 없이 복음을 다양하게 이해하고 표현하는 것은 허용될 뿐만 아니라 고무되어야 할 일이다. 성서주석은 문화 해석학과 함께 가며, 복음화는 타자와의 해석학적 대화와 함께 간다. 따라서 모든 문화들 안의 교회는 복음에 대한 토착화된 형태의 이해와 표현을 할 수 있어야 한다. 여기에 오늘날의 전 지구적인 다문화시대에 교회에 부여된 공적 책임으로서의 간문화적-토착적 해석학의 과제가 있다.

---

54   Paul S. Chung, *Reclaiming Mission as Constructive Theology: Missional Church and World Christianity* (Eugene, OR: Cascade Books, 2012), 85.

7. 결론

선교의 주체가 교회가 아니라 하나님임을 강조하는 하나님의 선교 개념은 교회 중심적이고 제국주의적인 선교개념에 대한 비판적 원리가 된다. 하나님의 선교의 최종목표는 교회가 아니라 하나님 나라의 건설이다. 교회는 이 목표를 위한 "도상의 교회"(ecclesia viatorum)다. 교회를 세우고 개인을 회심시키는 것은 종국적으로 온 세상에 하나님의 통치를 구현함으로써 하나님 나라를 건설하기 위한 것이다. 삼위일체 하나님의 선교 개념은 선교의 지평을 세상의 역사적 차원으로 확장한다. 삼위일체 하나님의 선교는 교회 안에서뿐만 아니라 교회 밖 세상의 역사 한 가운데서도 이루어진다. 하나님은 교회 안과 밖에서 일하시며 교회로 하여금 모든 인간의 삶의 공적 영역에서 하나님의 사역에 동참하도록 부르신다. 교회는 세상의 정사와 권세의 정체를 폭로하고 그것들에 도전함으로써, 하나님 나라의 징표와 선취와 도구로서의 메시아적·종말론적 공동체가 되어야 한다.[55] 세상의 공적 역사의 차원을 향한 선교의 확장이 교회의 중요성을 약화시키는 것은 결코 아니다. 교회의 선교가 개인주의적 사사화(privatization)나 제국주의적 교화(domestication)에 빠지지만 않는다면 여전히 교회는 하나님의 선교를 위한 유일한 희망이다. 삼위일체 하나님의 선교에 참여하는 교회의 선교는 그리스도에 대한 증언을 통해 세상 사람들을 교회 안으로 인도하는 구심적 선교와, 교회 밖의 세상 속에서 하나님 나라를 구현하기 위해 예수의 하나님 나라 운동에 동참하는 원심적 선교의 역동적이고 변증법적인 통합을 추구해야 한다.

---

[55] Crage Van Gelder, *The Ministry of Missional Church: A Community Let by the Spirit* (Grand Rapids: Baker, 2007), 110-11.

결론적으로, 이 세상에 하나님 나라를 구현하기 위한 삼위일체 하나님의 선교에 참여하는 교회의 선교는 다음 세 가지 방향을 지향해야 한다. 첫째, 교회는 이 세상의 현실 속에서 디아코니아 선교를 추구해야 한다. 교회는 개인의 영혼을 구원할 뿐만 아니라 이 세상의 현실 속에 하나님 나라의 통치를 구현하기 위한 공적 책임감을 가지고, 가난한 자, 병든 자, 이방인, 과부를 향한 예수의 우선적 관심과 돌봄을 따르는 디아코니아 선교를 실천해야 한다. 둘째, 교회는 서구 기독교세계의 식민주의에 대한 탈식민주의적인 의혹의 해석학을 전유함과 아울러 오늘날의 성숙한 민주 시민사회의 발전을 위한 탈식민주의 이후의 공적 선교신학을 수립해야 한다. 셋째, 교회는 제국주의적인 통일적 메타내러티브 대신, 성서 이야기에 대한 다양한 문화 속에서의 다양한 이해를 통한 다양한 이야기들을 증진시키는 간문화적-토착적인 공적 선교의 해석학을 발전시켜야 한다.

제2부

하나님 나라를 위한 공적 신학

제9장

공적 신학의
주요 초점과 과제

1. 서론

최근에 신학의 공공성과 사회적 책임을 강조하는 공적 신학이 한국교회와 신학계의 주된 관심사로 부상하고 있다. 이것은 오늘날 한국교회의 위기 상황과 무관치 않은 것으로 보인다. 다시 말해 이와 같은 공적 신학에 대한 관심은 한국사회로부터 신뢰를 상실하고 침체에 빠져 있는 한국교회의 위기상황 속에서 세상을 향한 교회의 공적·사회적 책임에 대한 새로운 인식의 증대를 반영한다고 할 수 있다. 몇 년 전부터 각종 여론조사 기관이 발표한 통계에서 한국교회의 사회적 신뢰도는 매우 낮은 것으로 나타나고 있다. 한국교회가 사회에 부정적인 이미지로 각인되고 있는 데에는 여러 가지 원인들이 있을 것이다.[1] 그런데 한국교회가 사회로부터 불신을 당하게 된 주된 원인 가운데 하나는 교회가 사회와 소통하지 못하고 고립된 채 배타적인 태도를 가지고 자신만의 폐쇄적인 울타리 안에 안주하면서 이기적인 자기만족을 추구하는 집단으로 인식되고 있기 때문이다. 이러한 상황 속에서 교회와 신학의 공공성과 사회적 책임을 강조하는 공적 신학에 대한 관심이 높아지고 있는 것은 이상한 일이 아니다.

　　트레이시는 신학의 공적 초점과 과제를 강조한다. 신학은 사사화

---

[1]　주된 원인들로는 교회의 세속화, 영적 능력의 약화와 종말론적 하나님 나라의 비전 상실, 교회와 그리스도인의 부도덕성, 공동체 의식(코이노니아)의 약화와 분열, 신학적 미성숙, 목회전략의 부재와 교회 지도자의 리더십의 위기 등을 들 수 있다. 이에 관해서는 이 책의 제3장 "기독교 역사 속의 교회론과 미래 한국교회의 패러다임, 5. 미래 한국교회의 패러다임, A. 한국사회의 도전과 한국교회의 현실"을 참고하라.

(私事化)되어서는 안 된다. 신학자는 공적 담론을 위한 책임을 지닌다. 진실한 공공성의 추구는 모든 신학자에게 부여된 책임이다.[2] 마찬가지로 스택하우스는 신학이 비판적이고 건설적인 학문으로서, 공공의 삶의 중요한 영역들을 해석하는 동시에 시민 사회를 위한 윤리적 규범을 제시하는 공적 담론이 되어야 한다고 주장한다.[3] 이 글의 주제는 제목 그대로 공적 신학의 주요 초점과 과제다. 공적 신학의 주요 초점과 과제는 두 가지 차원에서 이해될 수 있다. 하나는 세상과의 소통이며, 다른 하나는 세상을 향한 섬김이다. 전자가 소통적·변증적이라면 후자는 실천적·변혁적이다. 트레이시가 분류한 세 공적 영역의 관점에서 말하자면, 교회는 학계와 사회라는 공적 영역들과의 관계 안에서 소통적-변증적, 실천적-변혁적 과제를 수행해야 한다. 따라서 공적 신학은 교회와 신학의 소통적-변증적, 실천적-변혁적 과제의 중요성을 강조한다. 공적 신학은 기독교 신앙이 교회 안의 신자들에게만 아니라 교회 밖의 사람들에게도 말해져야 하며, 세속적인 시민사회의 모든 영역에 선한 영향을 미쳐야 한다고 믿는다.

---

2   David Tracy, *The Analogical Imagination: Christian Theology and the Culture of Pluralism* (New York: The Crossroad Publishing Company, 1987), 29.

3   Max L. Stackhouse, *Globalization and Grace* (New York/London: The Continuum International Publishing Group, 2007), 85.

2. 공적 신학의 정의

공적 신학은 성서가 증언하는 예수 그리스도의 하나님 나라 복음에 기초하여 교회와 신학의 공공성과 사회적 책임을 강조하는 신학이다. 그러나 공적 신학에 대한 신학자들의 일치된 정의는 아직 존재하지 않는다. 이 개념은 매우 광범위하며 아직은 다소 모호한 가운데 있다. 로널드 티만은 공적 신학을 "기독교적 확신과 기독교 공동체가 속한 더 넓은 사회적·정치적 상황 사이의 관계를 이해하려고 노력하는 신앙"으로 정의했다.[4] 공적 신학을 한다는 것 그리고 공적 교회가 된다는 것은 사적인 신앙을 공적인 질서와 연관시키는 것을 의미한다. 공적 교회는 자신의 특수한 계시와 자신이 발전시킨 원리들에 기초하여 공적 담론에 기여하고자 한다. 브라이텐버그에 의하면, 공적 신학은 신학에 기초한 공적 주제들에 관한 공적 담론으로서, 종교 공동체뿐만 아니라 일반 대중을 대상으로 하며, 사회 전체에 의해 평가되고 판단될 수 있는 방식으로 논증하고자 한다. 공적 신학은 "기독교의 신앙과 실천이 공적 삶과 공공선과 어떻게 관계를 갖는지, 그리고 어떻게 그리스도인과 비그리스도인 모두를 설득하여 행동하도록 할 것인지"에 관심을 갖는다.[5]

    존 그루치는 공적 신학의 특징을 일곱 가지로 요약한다. 이 일곱 가지는 다음과 같다. ① 그리스도인이 믿는 공공선을 위한 가치를 증언한다. ② 기독교 전통과 연관되면서 동시에 기독교 전통 밖의 사람들에

---

4   Ronald F. Thiemann, *Constructing a Public Theology: The Church in a Pluralistic Culture* (Louisville: Westminster/John Knox Press, 1991), 21.

5   E. Harold Breitenberg, "To Tell the Truth: Will the Real Public Theology Please Stand Up?," *Journal of the Society of Christian Ethics* 23/2 (2003), 64-67.

게 접근할 수 있는 언어를 발전시킨다. ③ 공적 정책과 주제들에 대한 지식을 숙지하며, 그것들을 분석적으로 평가하고 신학적으로 비판한다. ④ 간학문적인 신학 방법론을 발전시킨다. ⑤ 희생자와 생존자의 관점, 그리고 정의의 회복에 우선성을 부여한다. ⑥ 성서적·신학적 반성에 의해 양육된 예배 공동체를 필요로 한다. ⑦ 정의와 온전성(wholeness)을 향한 갈망, 그리고 복지를 저해하는 모든 것에 대한 저항 안에서의 하나님 경험을 가능케 하는 영성을 요구한다.[6]

　　세바스찬 김은 공적 신학의 특징을 다음 네 가지로 소개한다.[7] ① 공적 신학은 공적 영역의 다양한 대화 상대자들과 함께 공적 주제들에 참여하기 위한 공동의 근거와 방법론을 수립하고자 한다. 공적 신학은 기독교적 정체성 또는 독특성을 잃어버리지 않고 유지하면서 공적 대화에 참여함으로써 공동의 해결을 추구한다. ② 공적 신학의 주된 관심은 신학의 공공성 추구에 있다. 공적 신학은 교회, 학계, 사회와의 역동적 관계 안에서 하나님 나라를 추구한다. ③ 공적 신학은 기존질서가 반드시 악하거나 전적으로 잘못되었다고 보지 않는다. 공적 신학은 혁명적이라기보다는 개혁적인 입장을 취한다. 공적 신학은 공적 삶에 있어 모든 종류의 독점에 도전하며 비판적 대화와 토론을 통한 보다 더욱 공정하고 개방된 사회를 추구한다. 따라서 공적 신학은 공적 차원에서의 비판적 탐구와 개방된 토론을 가능케 하는 사회의 민주적 발전을 요구한다. 특히 공적 신학은 종교 공동체와 아울러 시민사회와 긴밀하게 협력한다. ④ 공적 신학의 주된 주제는 불평등, 공적 삶에서의 종교의 사사화와 주변화, 그리고

6　　John de Gruchy, "Public Theology as Christian Witness: Exploring the Genre," *International Journal of Public Theology* I/I (2007).

7　　Kim, *Theology in the Public Sphere*, 22-25

공적 영역에서의 국가, 시장, 또는 미디어의 지배다. 공적 영역에서의 지배적 세력들에 도전하기 위하여 공적 신학은 지방 또는 중앙정부의 안팎에서 정책을 수립하는 일에 적극적으로 참여한다.

장신근은 공적 신학을 일곱 가지 특성으로 설명하였는데, 그중 다섯 가지만 소개하면 다음과 같다. ① 공적 신학은 하나님 나라를 지향하는 가운데 끊임없이 오늘의 상황 및 공적 이슈들과 대화하는 신학인 동시에 행동을 중시하는 신학이다. 공적 신학은 하나의 정형화된, 체계적이고 이론적인 신학이라기보다는 하나님 나라를 지향하는 가운데 구체적 상황과 오늘의 공적 이슈들에 대하여 실천적으로 응답하는 의미에서 상황적이고 행동적 신학이다. ② 공적 신학은 기독교적 증언으로서의 공적 참여를 중시하는 신학이다. 공적 신학의 주요 과제 중 하나는 정치, 경제, 사회, 문화, 생태 등 다양한 분야의 공적 이슈에 참여하는 것이다. ③ 공적 신학은 기독교적 정체성과 공적 삶을 향한 관계성 사이의 역동적 대화를 통해 공공선(common good)을 추구하는 신학이다. ④ 공적 신학은 다양한 형태의 신학에 기초하여 신학의 공적 사명을 이해하고 실천하는 신학이다. ⑤ 공적 신학은 공공선을 지향하는 학제적 대화를 지향하는 신학이다.[8]

공적 신학에 대한 이상의 정의들을 압축적으로 요약하여 우리는 공적 신학을 다음과 같이 정의할 수 있다. "공적 신학은 예수 그리스도가 선포하고 실천한 하나님 나라의 비전 아래, 다원적 차원의 공적 영역에서 다른 학문분야, 이념집단, 종교전통들과 대화하면서 보편적 하나님의 통치를 세상의 모든 공적 영역에서 구현하기 위해 실천하는 신학이다."

---

8   장신근, "공적 신학이란 무엇인가?" 이형기 외, 『공적 신학과 공적교회』 (용인: 킹덤북스, 2010), 73-79.

공적 신학에 있어 하나님과의 수직적 관계에서의 개인적 신앙의 중요성은 결코 무시되지 않는다. 그러나 동시에 하나님과의 수직적 관계가 세상과의 수평적인 관계와 동떨어져서 존재할 수 없으며 수평적 관계 안에서 구체화된다는 점이 강조된다(마 5:23-24). 공적 신학은 사회의 공적 영역에서 종교적인 문제에 국한되지 않는 다양한 공적 주제와 관심사에 관해 교회 밖 사람들과의 대화에 적극적으로 참여함으로써, 사회의 모든 영역에서 개인적 결단과 집단적 정책 결정에 기여하고자 한다.

3. 공적 신학의 신학적 근거: 하나님 나라와 보편적 하나님

종교는 언제나 사회 안에서 사회의 한 현상으로 존재해왔다. 기독교는 자신의 의도와 관계없이 정치, 경제, 과학, 문화, 교육, 의료, 예술 등 사회의 여러 영역들에 영향을 미쳐왔으며, 또한 그것들로부터 영향을 받아왔다. 그러나 서구 근대 이후 종교와 정치, 교회와 국가의 엄격한 분리정책이 시행됨으로써 종교는 사회정치적인 공적 영역으로부터 추방되어 개인의 사적이고 내면적인 영역으로 유폐되었으며, 따라서 사회학의 영역으로부터 심리학의 영역으로 후퇴했다. 그러나 종교인들의 개인적 신앙과 종교 행위는 공적인 영역과 불가피하게 연결되어 있다. 기독교는 교회라는 공적 영역을 통해 사회의 다른 공적 영역들과 사회 전체에 영향을 미쳐왔다. 즉 교회는 경제활동에 영향을 미치고, 정치를 변화시키며, 교육과 의료를 발전시키고, 사회의 가치관과 세계관의 형성에 영향을 준다. 기독교의 정체성과 사회적 공공성 및 책임성은 결코 서로 분리될 수 없다. 또한 세속화된 오늘날의 세계 속에서 단순히 기독교의 계시를 자명한 진리로 전제하는 계시신학은 더 이상 불가능하다. 판넨베르크에 따르면, "포이어바흐 이후로부터 신학은 설명 없이는 더 이상 하나님이라는 단어를 입에 올릴 수 없게 되었음을 알아야 한다. 더 이상 이 단어의 의미가 자명한 것처럼 말할 수 없게 되었다."[9] 오늘날 신학은 하나님의 자기계시로부터 시작한다는 주장 배후로 들어가서 하나님에 관한 논의의 논리적 정당성을 보여주어야 한다. 다시 말해 신학은 이미 정립된 사실처럼 하나님으로부터 시작해서는 안 되며, 하나님에 관한 담론의 정당성을 먼저 보여주어야 한다.

공적 신학의 신학적 근거는 무엇인가? 공적 신학의 신학적 근거는 무엇보다도 예수 그리스도가 선포하고 실천한 하나님 나라다. 예수 그리스도의 복음을 전파함으로써 개인의 영혼을 구원하는 일과 이 세상에 하나님의 통치를 실현함으로써 하나님 나라를 구현하는 일은 서로 분리될 수 없다. 기독교의 복음은 그 자체가 하나님 나라의 복음이다. 예수가 선포한 복음은 "하나님 나라가 가까이 왔다"(마 4:17)는 것이었다. 하나님 나라, 즉 하나님의 통치가 이 세상에 임박하게 도래한다는 것이 예수가 선포한 복음의 핵심이었다. 왜 하나님 나라의 임박한 도래에 관한 소식이 복음인가? 그것은 하나님 나라가 도래하면 하나님의 사랑과 의의 통치가 이 땅에 구현되고 진정한 평화(샬롬)가 실현되기 때문이다. 하나님의 통치가 이 세상에서 실현되기 위해서는 정치, 경제, 문화를 포함한 모든 사회의 영역에서 하나님의 뜻이 이루어져야 한다. 교회는 단지 자체의 성장을 위해서 존재하거나 개인들에게 죽음 이후 저 하늘에서의 구원을 약속하기 위해 존재하는 것이 아니라 이 땅의 공동체적·사회적 현실 속에서 하나님의 뜻을 구현함으로써 하나님 나라를 구현하기 위해 존재한다. 교회

---

9   Wolfhart Pannenberg, *Basic Questions in Theology*, vol. 2 (London: SCM Press LTD, 1967), 89.

가 이와 같은 하나님 나라의 비전을 상실하는 것은 바로 교회 자체의 정체성과 존재 의미를 상실하는 것이다. 몰트만은 신학이 도래하는 하나님 나라에 대한 보편적 관심을 공적으로 유지해야 하며, 하나님 나라의 신학으로서 공적 신학이 되어야 한다고 강조했다. 공적인 관련성 없는 기독교적 정체성은 없으며, 기독교적 정체성이 없는 공적 관련성은 없다. 그에 따르면 공적 신학은 비판적·예언자적·합리적 사회 참여를 통해 가난하고 소외된 자들에게 하나님 나라를 가져오는 것을 목적으로 한다.[10]

공적 신학의 신학적 근거는 궁극적으로 보편적 하나님의 실재를 믿는 기독교 신관에 있다. 기독교의 하나님은 창조주로서 온 세상을 창조하고 섭리하시는 보편적 하나님이다. 하나님은 단지 어느 한 민족이나 집단의 하나님이 아니라 모든 인간과 전체 창조세계의 하나님이다. 이와 같은 보편적 하나님에 대한 진리는 단지 어느 한 집단(교회) 안에 갇혀 있을 수 없다. 하나님의 실재의 보편성에 기초하여 누구보다도 신학의 보편성을 강조한 신학자가 판넨베르크다. 판넨베르크에 따르면 신학은 (철학과 마찬가지로) "의미의 포괄적인 지평"에 대하여 관심을 갖는 학문이다.[11] 신학은 경험되는 모든 실재를 통일시키는 통일체(unifying unity)로서의 하나님의 실재라고 하는 특수한 관점으로부터 의미의 포괄적인 지평을 추구한다. 하나님의 진리는 보편적이며, 이 세상의 모든 진리(기독교 신학, 다른 종교, 철학, 사회과학, 자연과학)는 궁극적으로 보편적인 하나님의 진리 안에서 만나고 통일된다. 그러므로 기독교 신학은 교회 안에 게토화된 학문이

---

10   Jürgen Moltmann, *God for a Secular Society: The Public Relevance of Theology* (London: SCM Press, 1999), 5-20.

11   Wolfhart Pannenberg, *Theology and the Philosophy of Science* (Philadelphia: The Westminster Press, 1973), 336.

아니라 다른 학문과 종교와의 개방적이고 상호비판적인 대화를 통해 보편적 진리를 추구해야 한다.

　　　창조자 하나님의 통치는 전우주적이기 때문에, 기독교 신앙은 단지 개인화, 내면화, 사사화되거나 교회 공동체 안에 머물러 있을 수 없으며, 세상의 공적 영역 안에서 하나님의 통치를 구현하는 일에 실천적으로 참여해야 한다. 이를 위해 필요하다면 교회는 인권단체, NGO, 봉사단체, 매스미디어, SNS, 기업, 다른 종교 등과 같은 사회의 다른 영역들과의 연대를 통해 사회의 불의와 악을 비판하고 변혁시킴으로써 이 세상에 하나님의 뜻을 이루는 일에 앞장서야 한다. 교회의 사회참여는 정치 체제를 비판하거나 또는 직접 정치 단체에 참여함으로써만 아니라, 경제, 과학, 문화, 교육, 의료, 예술 등 비정치적인 영역에서의 사회참여를 통해 이루어질 수 있다. 그러나 사회의 다차원적인 공적 영역들은 부분적으로 중첩되거나 서로 영향을 주고받기 때문에, 정치적 사회참여와 비정치적 사회참여 간의 구별은 절대적인 것이 아니다.

4. 공적 신학, 시민종교, 그리고 정치 · 해방신학

"공적 신학"이라는 용어는 1960년대 미국의 상황에서 마틴 마티가 "시민종교"(civil religion)와 구별하기 위해 처음 사용한 것으로 알려져 있다.[12] 마티는 미국의 공적 삶에 있어서 종교의 역할에 대한 여러 상충되는 견해들을 분류하고자 했다. 마티는 국가적인 도덕적 가치 체계를 수립하는

12　　Martin Marty, "Reinhold Niebuhr: Public Theology and the American Experience," *The Journal of Religion* 54/4 (October 1974).

것을 목표로 하는 "시민종교"와 달리, 공적 주제들에 대하여 명시적으로 성서적·교리적 원천에 의지하여 말하는 사람들(예를 들면, 조나단 에드워즈, 호러스 부쉬넬, 월터 라우쉔부쉬, 라인홀드 니버 등)의 신학을 가리키기 위해 "공적 신학"이란 용어를 사용했다.[13] 시민종교가 국가와의 관계에서 종교의 자리와 역할, 그리고 종교인의 공적 삶과 사회적 책임을 강조한다면, 공적 신학은 종교 공동체로부터 출발하여 사회와 국가에 대한 종교 공동체의 기여를 숙고한다.[14] 시민종교와 공적 신학은 공통적으로 세상의 정치권력, 정부, 사회와 하나님과 성(聖)의 영역 사이의 관계에 관심을 갖는다. 그러나 시민종교의 주된 관심이 국가와 국민에게 있다면, 공적 신학의 주된 관심은 종교적 신앙과 실천으로부터 출발한다. 시민종교가 시민의 공적 삶과 사회적 책임을 강조하는 반면, 공적 신학은 종교 공동체와 특수한 신앙전통의 관점을 나타내며 신학적 개념의 공적 의미를 설명하고자 한다. 공적 신학은 1960년대 미국의 상황에서 가톨릭의 사회 교서와 에큐메니칼 운동에 의해 채택된 사회 정치적 주제에 관한 성명들, 흑인신학, 여성신학, 종교다원주의 등에 의해 촉진되었다. 1980년대 미국에서 공적 신학의 주된 주제는 민주정치체제 안에서의 종교의 역할, 기독교의 사회적 비전과 정치적 자유주의, 교회와 연관된 사회기구들의 중요성, 세계경제의 신학적 의미 등이었다.[15]

　　그러면 공적 신학과 정치 및 해방신학은 어떻게 다른가? 이 세 가

13　Stackhouse, *Globalization and Grace*, 87-89. 국가의 정치 이데올로기에 맹종하는 시민종교의 극단적 예로는 나치 독일의 기독교, 소련 공산주의 치하의 정교, 인종차별주의 (apartheid) 정책을 지지한 남아프리카 공화국의 교회 등이 있다.

14　Kim, *Theology in the Public Sphere*, 3-4.

15　J. Bryan Hehir, "Forum," *Religion and American Culture* 10/1 (2000), p. 20. Kim, *Theology in the Public Sphere*, p. 5.

지 신학은 공통적으로 종말론적 미래의 하나님 나라에 대한 기독교 신앙에 근거하여, 단지 개인의 내면이나 초역사적 미래가 아니라 공동체적·역사적 현실 속에서의 불의, 부조리, 악을 비판하고 이 세상에 하나님의 의의 질서를 구현하고자 한다. 그러나 이 세 가지 신학은 그것들이 생겨난 시대와 상황을 반영하는 각기 다른 특징들을 보여준다. 세바스찬 김이 공적 신학을 정치 및 해방신학과 비교한 내용을 도표로 소개하면 아래와 같다.[16]

	정치신학	남미의 해방신학	공적 신학
상황적 맥락	전후 독일	남미	북미, 남아프리카, 호주
주된 신학자	요한 메츠, 위르겐 몰트만	구스타보 구티에레즈, 레오나르두 보프, 후안 루이스 세군도, 호세 미구에즈 보니노	라인홀드 니버, 데이비드 트레이시, 존 코트니 머레이, 던칸 포레스트, M. M. 토마스
이슈	고통/신앙과 정치/정치적 참여	가난/부정의/국가와 교회/혁명	불평등, 정책수립/종교의 사사화/ 국가, 시장, 미디어의 독점/지구화(세계화)/시민사회
신학적 주제	비판이론/희망의 신학/십자가에 달린 그리스도	실천/해방/가난자를 위한 선택/신학의 해방/출애굽/나사렛 선언문	신학의 공공성/교회-학계-사회/하나님 나라/공적 참여의 신학
방법론	정치적 이론에 참여/정치제도와 국가권력의 남용 비판	해석학적 순환/의혹의 해석학/텍스트와 상황/실천의 우선성	관련주제에 대한 간학문적 참여/비판적 연구와 개방된 토론/사회 윤리 방법론과 합의 정치
목적	정의로운 정치제도	가난한 자와 피억압자를 위한 정의로운 사회	모든 사람을 위한 공정한 사회/비판적 연구와 개방된 토론

---

16   Kim, *Theology in the Public Sphere,* p. 23.

한계/비판	정치와 구조에 집중/정치적 좌파/마르크스적 해석과의 밀접한 연관	영성의 결여/가난한 자들을 위한 오순절적 선택/덜 민주화된 상황을 위한 신학/종종 급진적인 접근을 취함	'공적'(public)이란 의미의 모호성/관심 주제가 너무 넓음/전문가 집중적 접근의 결여/일관된 방법론의 결여/가난한 자와 주변화 된 자들을 위한 정의 문제에 대한 분명한 입장의 결여

세바스찬 김의 설명을 참고하여 정치 및 해방신학과 비교할 때 나타나는 공적 신학의 주요 특징을 요약하면 다음과 같다. 공적 신학은 ① 혁명적이라기보다는 개혁적이다. 투쟁이나 폭력이 아닌 대화, 논증, 토론을 통해 점진적으로 개혁해 나아간다. ② 국가, 시장, 미디어 등에 의한 모든 종류의 독점적 지배에 저항한다. ③ 기존질서와 체계가 필연적으로 악하거나 전적으로 잘못되었다고 보지는 않는다. ④ 일방적으로 어느 한편(가난한 자)을 들기보다는 대화를 통해 서로 대립되는 입장들 사이의 타협과 절충을 추구한다. ⑤ 정의롭고 평등한 사회뿐만 아니라 공정하고 개방된 사회를 지향한다. ⑥ 교회로 하여금 시민사회의 일원으로 사회의 공적 문제들에 참여하며, 시민사회와 다른 종교단체들과 협력하도록 한다. ⑦ 정치적 문제들에 대하여 의식화와 투쟁이 아니라 대안적인 정책의 수립과 제도개선을 통한 합의 정치를 추구한다. ⑧ 사회 분석과 대안 수립을 위해서 마르크스 또는 사회주의 이론을 사용하기보다는 기독교적 사회 윤리 또는 정치철학을 사용하며, 철학자, 정치가, 경제인, 평화연구가, 환경연구가, 정부 등과 대화하고 필요할 경우 협력한다. ⑨ 단지 정치적 영역만이 아니라 경제, 문화, 교육 등 사회의 모든 공적 영역에서 하나님 나라의 질서와 이에 기초한 기독교적 가치를 실현하고자 한다. ⑩ 오늘날 세계화 시대의 다원주의적 상황에서 인류의 공공선의 실현을 위해 다른 전통들과 종교들과의 연대와 협력을 추구한다.

5. 공적 신학의 방법론

공적 신학을 수행함에 있어 기독교만의 독특한 방법론을 유지하면서 그
것을 서로 다른 사회적 상황에 적용해야 하는가, 아니면 사회 현상을 해
석하고 사회를 인도하기 위해 기독교만의 독특한 방법론이 아닌 보편적
인 방법론, 즉 교회 안과 밖의 사람들에게 모두 이해 가능하고 설득력 있
는 방법론이 필요한가? 특수한 방법론을 고수할 것인가, 아니면 보편적
방법론을 추구할 것인가? 어떤 신학자는 특수성의 중요성을 더 강조하고
다른 신학자는 보편성의 중요성을 더 강조한다. 세바스찬 김은 공적 신학
이 기독교의 독특성을 중요하게 여겨야 하지만 단지 그리스도인 청중에
만 국한되지 않도록 하기 위해서는 "일반적인 공적 영역과 전문적인 학
문 분야에 의해 받아들여지고 이해될 수 있는 개념들을 발견해야 한다"
고 주장한다.[17]

　　　　방법론의 문제가 이것이냐 저것이냐의 양자택일의 문제는 아니
다. 즉 특수성과 보편성이 다 중요하다. 공적 신학은 기본적으로 특수성
에서 출발하여 보편성을 지향한다. 공적 신학은 결코 개인적 신앙고백과
교회의 신앙전통의 중요성을 간과하지 않으면서, 신학의 변증적-변혁적
과제에 관심을 집중한다. 공적 신학은 특정한 종교집단이 보여주는 그들
만의 종교적 자기축제에 비판적인 시선을 보내며, 공적 담론의 관점에서
공공의 삶에 관해 말할 수 있는 능력을 함양하고자 한다. 신학은 개인적
신앙과 관련되고 특수한 역사적 공동체로부터 생겨남에도 불구하고, 단
지 개인적 경건도 아니며 오직 신자들에게만 말하는 "교회 교의학"도 아

17　　Ibid., 9.

니다. 신학은 공공의 삶을 해석하고 인도하는 포괄적인 길을 모든 사람에게 제공해야 한다.[18] 공적 신학은 선택된 특정 집단만이 사용하는 자료에만 의존하지 않고, 사회 분석가들이 다루는 문제들과 동일한 문제들에 관심을 기울인다.

스택하우스에 따르면 공적 신학은 신앙주의나 탈근대적 상대주의와 정면으로 대립된다. 이 입장들은 공적 주제들에 관한 보편적 차원에서의 토론은 불가능한 것으로 간주하고, 신자들에게 오직 특수한 신앙의 눈을 통해 알려질 수 있는 것만을 선포하도록 요청한다. 왜냐하면 공적 삶에 있어 다른 모든 사람도 역시 입증할 수 없는 특정한 확신에 기초한 견해들을 제시하기 때문이다. 그러나 공적 신학은 인간에게 서로 다른 사람의 언어를 배울 수 있는 능력, 그리고 공적 문제들(인권, 공정무역, 공정한 법률, 품질의학, 생태문제 등)에 대한 유의미한 토론에 참여할 수 있는 능력이 있다고 본다.[19] 신학이 공적 담론에 참여하고자 한다면 자신이 주장하는 바를 비신자들도 이해 가능한 방식으로 변증해야 하며, 사회의 공공선을 위한 변혁적 능력을 통해 자신의 진리를 입증해야 한다.

잘 알려진 바와 같이, 트레이시는 신학자의 대표적인 세 가지 공적 영역을 교회, 학교, 사회로 구별했다. 이것은 단지 신학자가 자기의 외부에 있는 공적 영역들을 향해 말하는 것을 의미하지 않는다. 신학자는 진정한 실존에 대한 자신의 반성적 숙고에 있어서 내면화된 공적 영역들을 향해 말한다. 즉 우리는 단일한 자아가 아니다. 우리 안에는 서로 다른 사회적 자리들과 연관된 서로 다른 자아들이 동시에 존재하며, 따라서 상

---

18   Stackhouse, *Globalization and Grace,* 91, 94.

19   Ibid., 113.

이한 타당성 구조들(plausibility structures)이 존재한다.[20] "신학적 결론의 다원성 뒤에는 신학적 담론을 위한 공적 영역의 역할과 준거집단으로서의 공적 영역의 다원성이 놓여 있다."[21]

트레이시는 신학의 공공성이 궁극적으로 세 가지 공적 영역 모두를 포괄하는 전체적 차원에서 구현되어야 한다고 주장한다. 모든 신학자는 세 공적 영역 모두의 의미와 진리의 문제를 대면해야 한다. 세 공적 영역은 분리되지 않고 서로 긴밀하게 연관되어 있다. 모든 신학자는 (하나가 아닌) 세 공적 영역을 다양한 정도로 내면화한다. 신학자들은 각가 갈등을 일으키는 해석들과 타당성 구조들의 힘을 경험한다.[22] 사실상 모든 신학자는 함축적으로 세 공적 영역 모두를 향해 말한다. 트레이시는 신학의 세 공적 영역에 대한 신학자의 관계를 이해하기 위해서는 사회학적 상호작용 모델을, 그리고 타당성 구조들 사이의 유사성을 관련시키고 그것들 사이의 갈등을 판결하기 위해서는 신학적 상관관계 모델을 사용할 것을 제안한다. 그는 세 공적 영역 모두를 포괄하는 전체적 차원에서 신학의 공공성을 구현하기 위해서는 서로 다른 공적 영역에서의 주장들 사이의 갈등에 대한 비판적 반성과 아울러 공적 영역들의 경계를 가로지르는 공공성을 위한 적절성의 기준이 필요하다고 주장한다. "신학자는 어떤 특정한 주제에 대한 갈등을 논의하는 데 유익한 일반적인 신학적 모델로서 타당성 논증과 적절성의 기준을 수립함으로써 세 공적 영역 모두의 기본

---

20   Tracy, *The Analogical Imagination*, 4-5.

21   Ibid., p. 5. 트레이시에 따르면, 서로 다른 공적 영역들(교회, 학교, 사회)과 신학자들의 타당성 구조들(조직신학, 기초신학, 실천신학) 사이에는 선택적 친화력이 존재한다. 28.

22   Ibid., 29-30.

적인 타당성 구조를 설명해야 한다."[23]

　　공적 신학의 방법론 문제는 오늘날 기독교가 공적 역할을 수행해야 할 사회가 매우 복잡한 실재가 되었기 때문에 보다 복잡한 논의를 필요로 한다. 오늘날의 사회는 동질적이고 단일한 실재가 아니라 다양한 하부체계의 공적 영역들로 구성된 복잡한 실재다. 즉 오늘날 사회 안에는 매우 다양한 공적 영역들이 존재하며, 따라서 다양한 공적 영역들에 대한 다원적인 접근방식이 요구된다. 사회 안의 하부체계로서의 공적 영역들에 대한 구별은 학자들마다 조금씩 다르다. 스택하우스는 종교, 정치, 학계, 경제의 네 가지 공적 영역을 구별한다.[24] 세바스찬 김은 공적 영역을 국가, 시장, 미디어, 학계, 시민사회, 그리고 종교 공동체로 구별한다.[25] 공적 신학은 자신이 속해 있는 종교 공동체와 긴밀한 관계를 유지하면서 다른 공적 영역들과의 관계 속에서 신학적 자원과 대상을 확장하고자 한다. 이 다양한 공적 영역들과의 관계 속에서 공적 신학을 수행하기 위한 한 가지 통일된 방법론은 존재하지 않는다. 그러나 또한 다양한 사회적 실재들이 서로 고립되지 않고 유기적인 관계 속에 있기 때문에, 다양한 공적 영역들과의 관계 속에서 채택되는 다양한 신학 방법론들이 서로 고립된 것들이 되지 않도록 하기 위해서는 차이성 안의 유사성을 추구하는 대화가 요구된다.

23　　Ibid., 31.

24　　Max L. Stackhouse, "Public Theology and Ethical Judgement," *Theology Today* 54/2 (1997), 165-79.

25　　Kim, *Theology in the Public Sphere*, 11-14

6. 공적 신학의 공공성: 사사화(私事化)와 정치화(政治化) 사이

공적 신학은 종교를 사적인 영역으로 제한하는 종교의 사사화를 거부한다. 공적 신학은 헌법적인 교회와 국가의 분리를 반대하지 않는다. 그러나 헌법적 개념으로서의 교회와 국가의 분리는 교회가 공적 영역에서 사적 영역으로 추방됨을 의미하지 않는다. 스택하우스에 따르면, 정교분리는 교회가 정부를 통제할 수 없다는 것, 교회의 일원이 되는 것이 시민으로서의 권리에 긍정적으로나 부정적으로 영향을 주어서는 안 된다는 것, 그리고 시민권(국적)이 교회의 일원이 되기 위한 자격요건이 되어서는 안된다는 것을 의미한다. 이 분리는 실제로 공공의 삶을 위한 기본적인 도덕적·영적 구조에 관한 종파간(종교간)의 공적인 토론을 위한 문을 열어 놓는다. 그리고 이러한 비정치적 차원에서의 토론은 국가 정치에 영향을 준다.[26]

니콜라스 월터스토프는 정치적 자유민주주의가 정의에 관한 토론을 위한 장을 제공하지만 쟁점이 되는 문제들을 해결하지는 못한다고 본다. 그는 종교적 문제들을 정치적 삶의 범주 밖으로 몰아내거나 공적 토론과 정책수립에 있어서 종교의 잠재적 역할을 심각하게 제한하는 것은 근본적으로 차별적인 것이라고 지적한다. 그에 의하면, "종교인들에게 종교는 그들의 사회적·정치적 실존 이외의 다른 그 무엇에 관한 것이 아니다."[27] 종교적 신앙은 개인적 경험, 사적인 헌신, 개인적 결단에 근거해

---

26   Stackhouse, *Globalization and Grace*, 98-99.

27   Robert Audi and Nicholas Wolterstorff, *Religion in the Public Square: The Place of Religious Convictions in Political Debate* (Lanham, MD: Rowan & Littlefield, 1997), 105.

있으며, 공적 또는 정치적 논의와 숙고의 대상이 아니라는 생각은 잘못된 것이다. 종교적 담론에도 논리가 있으며, 종교적 언어는 신앙 공동체 안에서 전승되고 사용될 뿐만 아니라 종종 공적으로 접근 가능한 저술로 발표되며, 종교적 가치는 공적으로 접근 가능한 기관에 의해 실천되기도 한다.[28]

다른 한편, 공적 신학은 종교를 사적인 영역으로 제한하는 종교의 사사화도 거부하지만, 종교를 국가정치의 문제로 만들고자 하는 종교의 정치화도 거부한다. 그동안 "공적 영역"은 "정치적 영역"을 의미하는 것으로, "사적 영역"은 "개인적 영역"을 의미하는 것으로 이해되어왔다. 따라서 "정치적"이지 않은 것은 모두 "사적" 또는 "개인적"인 것으로, 그리고 "사적" 또는 "개인적"이지 않은 것은 모두 "정치적"인 것으로 간주되어왔다. 이러한 이분법에서는 종교단체에 의해 설립된 대학, 병원, 사회복지시설과 같은 여러 공공기관들이 공적인 일을 하는 것으로 인식되기 어렵다. 그러나 공적 신학의 관점에서 보면, 이러한 시설들은 국가적 차원에서의 정치적 삶이 생겨나는 기층으로서 기본적인 공적, 사회적 하부조직을 구성한다. 따라서 스택하우스는 "공적 영역"을 "정치적 영역"으로, "정치적 영역"을 정부 정책으로 이해하는 것을 전제로 하는, 공적 영역과 사적 영역의 구분은 잘못된 것이라고 지적한다. 물론 종교는 근본적으로 인격적이고 개인적인 차원을 갖는다. 그러나 공적이지만 아직 정치적이지는 않은 공적 담론의 차원들과 공적 영역들이 존재한다. 이 영역들은 개인의 신앙을 형성하고 정치 질서와 정책에 영향을 주며, 실제로 국가적인 정치정책을 수립하지는 않지만 정부가 잘못된 정책을 수립할 경

---

28 유럽과 미국에서 기독교 신학은 입헌민주공화제의 역사적 발전에 직접적인 영향을 주었다. Stackhouse, *Globalization and Grace*, 97-98.

우 자신들의 사회적 영향력을 사용하여 잘못된 정부 정책의 변경 또는 포기를 요구 또는 관철할 수 있다.[29]

그러므로 공적 신학은 신학과 정치를 너무 직접적으로 정부 정책과 결합시키는 "정치적 신학"과 구별된다. 물론 공적 신학이 반(反)정치적 신학은 아니다. 어떤 사회도 정치적 질서 없이는 존립할 수 없다. 그러나 공적 신학은 도덕적·영적 가치에 의해 인도되는 삶의 영역으로서의 공적 영역(public)이 정부(republic) 이전에 존재하며, 정치가 사회와 종교에 미치는 영향보다 시민사회의 도덕적·영적 구조가 정치에 미치는 영향이 더욱 크다는 확신에 기초하여, 정치적인 "위로부터 아래로"가 아닌 "중심으로부터 밖으로" 또는 "아래로부터 위로" 공공의 삶을 형성하는 사회적 상호작용의 영역을 구축하고자 한다.[30] 공적 신학이 주요한 공적 영역으로 간주하는 삶의 영역으로는 교회의 공공 봉사, 여론, 공공매체, 공적 기업, 병원, 법률 서비스, 인터넷 등이 있다. 정치는 단지 공적 삶의 한 영역으로서, 다른 모든 삶의 영역들을 제한적으로 규제할 수 있지만 그것들을 지배할 수는 없으며, 그것들에 의해 인도되고 규제받아야 한다.[31] 이 다양한 삶의 영역들이 올바로 조직되고 시민사회의 공동선을 위해 통치자들과 권력자들을 윤리적으로 규제하고 인도할 때, 그것들은 모든 사람을 위한 은혜의 기회가 될 수 있다.

---

29   Ibid., 100.
30   Ibid., 101, 103.
31   Ibid., 103.

7. 배제와 침투에 대한 대안으로서의 공적 신학의 전략: 내부적 차이와 정치적 종교다원주의

미로슬라브 볼프는 그리스도인이 공적 삶에서 수행해야 하는 역할을 "배제"와 "침투" 양쪽의 위험을 모두 극복하는 방식으로 제시하고자 한다. 즉 그는 단일한 종교가 공적 삶에 강제적으로 "침투"하고자 하는 전체주의적 입장 및 공적 삶으로부터 모든 종교를 "배제"하고자 하는 세속주의적 입장을 모두 거부하고, 이에 대한 대안을 제시하고자 한다. 그는 기독교 신앙의 중심으로부터 어떻게 문화와 관계를 맺어야 할지를 여섯 가지로 설명하는데,[32] 이 가운데 특히 오늘날의 종교적 다원주의 상황에서 그리스도인은 다원주의를 정치적 기획으로 포용해야 한다는 여섯 번째 제안은 주목할 만하다. 그는 다원적인 종교적·비종교적 문화들이 공존하는 오늘날의 상황 속에서 복음과 문화의 관계를 재정립하고자 한다. "나는 기독교 공동체가 단지 많은 행위자 중 하나가 되는 것을 편안하게 받아

---

32 ① 그리스도는 이 세상의 모든 사람의 선을 위해 오셨다. 따라서 기독교 신앙은 세상을 고치고자 하는 예언자적 신앙이다. 세상을 고치고자 하지 않는 나태한 신앙은 심각한 기능장애에 빠진 신앙이다. ② 그리스도는 죄인들을 대신해 죽음으로써 세상을 구속했다. 강제적인 방식으로 타인에게 자신과 자신의 삶의 방식을 강요하는 강제적인 신앙은 심각한 기능장애에 빠진 신앙이다. ③ 이 세상에서의 삶 속에서 그리스도를 따르는 것은 모든 사람의 번영과 공공선을 위해 일하는 것이다. ④ 이 세상은 하나님의 피조물이며 말씀이 자기의 땅이 자기를 영접하지 않았음에도 불구하고 자기 땅에 오셨기 때문에 문화를 향한 그리스도인의 태도는 세상을 완전히 거부하거나 전면적으로 변혁하는 것일 수 없다. 내부적으로 분화되어 있고 급속히 변화하는 문화의 다양한 요소들에 대한 수용, 거부, 배움, 변혁, 전복, 선용 등의 태도가 요구된다. ⑤ 그리스도인이 인간의 번영을 위해 일하는 방식은 자신들이 생각하는 인간의 번영과 공공선에 대한 비전을 강요하는 것이 아니라 선한 삶을 구현하시는 그리스도를 증언하는 것이다. ⑥ 다원화된 상황 속에서 그리스도의 명령(마 7:12)은 그리스도인이 자신을 위해 요구하는 것과 동일한 종교적, 정치적 자유를 다른 종교 공동체들에게 허용할 것을 요구한다. 그리스도인은 다원주의를 정치적 기획으로 포용해야 한다. Miroslav Volf, *A Public Faith* (Grand Rapids: Brazos Press, 2011), xv-xvii.

들이도록 만들기를 원한다. 그리하여 나는 기독교 공동체가 어느 곳에 있든지(주변부든지, 중심부든지, 그 사이의 어디든지) 그곳에서 인간의 번영과 공공선을 증대시키기 위해 노력할 수 있기를 원한다."[33]

볼프는 오늘날의 사회적 상황 또는 문화의 특징을 "자발성", "차이", "다원주의", "상대적 자족성"으로 파악하는데, 특히 다원주의와 상대적 자족성에 대한 그의 설명은 주목할 필요가 있다.[34] 먼저, 오늘날의 문화는 다원주의적이다. 오늘의 문화적 세계는 교회가 전체적으로 긍정 또는 부정할 수 있는 하나의 문화적 세계가 아니라, 국가적이고 세계적인 범위 안에서 급속히 변하는 다원적인 문화적 세계들로 분화했다. 이 문화적 세계들은 부분적으로 양립 가능하고 부분적으로 양립 불가능하며, 부분적으로 상호의존적이고 부분적으로 독립적이다. 다원적인 문화적 세계는 부분적으로 중첩되는 공간을 형성하며 변화무쌍한 혼합적인 하위문화를 창조한다. 오늘날의 사회는 경제, 교육, 미디어 등 다양한 하부조직으로 기능이 분화되어있다. 이 하부조직들은 상대적 자족성을 가지며, 외부로부터 들어오는 가치에 의해 영향 받는 것을 거부한다. 오늘날 사회들과 세계질서 전체의 기능을 장악하고 통제하고 지시하는 중심적인 권력이란 존재하지 않는다. 기독교 공동체는 현대 사회들 속에서 영향력을 내부로부터, 단편적인 방식으로 발휘할 수밖에 없다.

이러한 사회적 상황 속에서 볼프는 자유주의적인 "적응", 후기 자유주의적인 "순응 방향의 전도(顚倒)" 그리고 분리주의적인 "세상으로부터의 철수"를 거부하고, "내부적 차이"를 대안으로 제시한다.[35] 즉 그

---

33   Ibid., 79.
34   Ibid., 81-84.
35   Ibid., 84-97.

는 문화에 대한 포기와 지배 사이의 중도로서, 문화 안에 남아 있으면서 차이점을 유지하는 전략을 제안한다. 정복과 식민지화라는 이미지는 기독교 공동체와 문화의 관계를 기술하는 데 적절치 않다. 또한 문화에 대한 단순한 부정이나 긍정은 불가능하다. 우리는 현대사회를 구성하는 복잡하면서도 급속히 변화하는 문화의 다원성을 고려하면서 보다 더 복합적인 방식으로 문화와의 관계를 생각해야 한다. 문화 안에는 단순히 받아들여야 할 요소도 있으며, 변형해서 사용해야 할 요소도 있고, 거부해야 할 요소도 있다. 문화 안에서의 그리스도인의 정체성은 수용, 거부, 분리, 전복, 대안제시와 실행 등의 복합적이고 유연한 네트워크에 의해 구성된다. "주어진 문화 전체와 관계 맺는 단일한 길이란 없다.…오직 주어진 문화의 다양한 측면들을 안으로부터 수용하고, 변혁시키고, 대체하는 다양한 길이 있을 뿐이다.…그리스도인이 된다는 것은 떠나지 않으면서 다르게 사는 것을 의미한다. 그리스도인으로 산다는 것은 문화 밖으로 나가지 않으면서 주어진 문화 안으로 계속해서 차이를 도입하는 것이다."[36]

볼프에 의하면 종교적 이성이 공적 결정 과정에서 배제되고 교회와 국가의 분리가 강화되면 결국 세속주의가 지배적인 관점으로 선호되는데, 이것은 신앙인들에게 불공평한 것이다. 이에 대한 대안으로서 그는 월터스토프의 자유민주주의 개념인 "사회적 협의"(consocial)를 소개한다. 이 개념은 두 가지 내용을 갖는다. 첫째는 종교적 이성의 사용을 제한

---

[36] Ibid., 93. 그렇다면 문화적 변화 속에서 기독교의 정체성과 차이는 어떻게 유지할 것인가? 이에 대하여 볼프는 세 가지를 말한다. 첫째, 기독교의 정체성은 외부에 있는 것을 부정하고 그것과 싸움으로써가 아니라 내부에 있는 중심, 즉 육신을 입고 세상 죄를 지신 말씀으로서의 예수 그리스도를 감싸 안고 강조함으로써 수립된다. 둘째, 외부의 대상과의 관계는 사랑에 의해 지배되어야 한다. 셋째, 경계는 투과성이 있어야 한다. 경계는 안과 밖 사이의 상호 소통을 위해 열려 있어야 한다. 95-96.

하지 않는다는 것이며, 둘째는 중립성의 요구 즉 국가가 종교적 견해나 다른 견해들에 대하여 중립을 지켜야 한다는 것은 분리가 아닌 비편향성을 요구하는 것으로 이해되어야 한다는 것이다.[37] 오늘날 국가들은 다수의 종교들과 인생관을 지닌 사람들로 구성된 공동체다. 자유주의 정치체제하에서, 그들은 각기 자신의 목소리로 공적 광장에서 말할 권리를 인정받아야 한다. 다시 말해 국가는 모든 공동체들을 공평하게 대하고, 종교 공동체들은 공적 영역에서 자신의 목소리를 낼 수 있어야 한다. 그리스도인은 자신이 공적 영역에서 자신의 목소리를 낼 권리가 있는 것처럼 다른 종교인들도 그들의 목소리를 낼 권리가 있다는 것을 인정해야 한다. 이것이 볼프가 말하는 "정치적 종교다원주의"(religious political pluralism)다.

오늘날 다원주의적 상황에서 기독교가 자신의 목소리를 낸다는 것은 두 가지를 의미한다. 첫째는 신앙의 중심으로부터 말한다는 것이다. 즉 하나님은 모든 죄인을 사랑하신다. 그리스도인은 타자와의 만남 속에서 죄인을 위해 자신을 희생하는 그리스도의 공감적 사랑과 관대함과 자선을 실천해야 한다. 둘째는 정체성의 성격에 관한 것이다. 그리스도인의 정체성은 투과 가능한 것이어야 한다. 타자와의 만남에 있어서, 경계선은 비록 미미할 정도라도 언제나 통과되게 되어 있다. 타자와의 만남에서 종교인들은 서로 배우고 가르치며, 풍성해지고 풍성하게 하며, 새로운 가능성과 길을 모색할 수 있다.[38]

---

37   Wolterstorff, "Role of Religion," 115. Volf, *A Public Faith*, p. 125.
38   Volf, *A Public Faith*, 132-33.

8. 세계화 시대의 공적 신학

공적 신학의 필요성은 오늘날의 세계화 시대에 더욱 증대된다. 모든 지역적인 맥락을 상대화시키는 전 지구적 시민사회의 출현은 보다 더욱 광범위한 공공성에 대한 인식을 강화한다. 따라서 탈근대주의적인 파편화 경향에도 불구하고, 지역적 상황주의를 넘어서는 새로운 공공성이 요구된다. 초국가적·간문화적·다인종적·다언어적·다종교적 만남이 일어나는 오늘의 세계화 시대에 인류 전체가 공감할 수 있는 보편적인 가치와 이념이 요구된다. 스택하우스는 공적 신학이 초월적인 토대와 보편적인 공공성을 갖는다고 주장한다. 참으로 신적인 것이야말로 참으로 유일하게 보편적인 실재다. 따라서 공적 신학은 간문화적인 이해를 위한 적절한 기초를 제공하고, 세계화 시대의 모든 사람을 위한 공공선을 추구하며, 기만적이고, 불의하고, 오도된 세계화의 양태를 윤리적으로 인도하고, 교정하고, 저항하고자 한다.[39]

　　　　오늘날 세계는 다양한 공적 영역들에 의해 형성되고 있으며, 고도로 다원화된 세계적 시민사회가 복합적인 전 세계적 문명의 기초를 이루고 있다. 비록 일부 강대국이 비공식적인 주도력을 가지고 영향력을 행사하고 있는 것처럼 보이지만 세계적인 공적 영역을 지배하는 통합된 정치적 질서는 존재하지 않는다. 이러한 상황에서 공적 신학의 과제는 다양한 공적 영역들로 구성되는 다원적이고 복합적인 전 세계적 시민사회가 개방적이고 정의로운 질서 안에서 체계화되도록 하는 데 있다. 스택하우스는 트레이시가 신학의 공공성을 위해 제시한 세 가지 공적 영역(교회, 학

39　　Stackhouse, *Globalization and Grace*, 84-85, 91.

계, 사회)을 변형, 확장시켜 모든 개별적 국가 차원에서의 공적 영역을 초월하는 보다 더 광범위한 공적 영역들을 제시한다.[40]

첫째, 오늘날 세계의 다양한 종교들이 서로 만나는 종교 다원적 상황 속에서, 공적 신학은 단지 "교회"만이 아니라 보다 더 넓은 "종교적 공적 영역"을 향해 말해야 한다. 둘째, 복잡한 상호작용이 일어나는 세계의 모든 영역 속에서 공적 신학은 국가적 정체성을 초월하여 모든 사회에 필요한 정의로운 정치적 권력조직을 수립하는 데 도움을 줄 수 있어야 한다. 셋째, 기독교의 진리 주장은 비판적 분석을 견뎌내고 규범적 실재(신)를 위한 설득력 있는 논증 또는 증거를 제시함으로써 정당성을 인정받아야 한다. 넷째, 다국적 기업과 전 지구적인 시장경제 시스템의 출현과 더불어 경제는 점차 독립적인 공적 영역이 되고 있다. 많은 사람들이 이러한 상황이 경제적 식민지화를 초래한다고 비판함에도 불구하고, 새로운 전 지구적인 공적 경제가 세계를 휩쓸고 있다. 이 외에도 오늘날 가정생활, 과학기술, 미디어, 공중보건, 환경문제 등이 중요한 공적 관심사다. 세계화의 과정 속에서 각 문화들과 고전적 종교 전통들이 제시하는 도덕적·영적 기준들은 종종 서로 충돌한다. 이러한 상황에서 공적 신학의 필요성이 더욱 증대된다.

스택하우스는 다양한 종교들 간의 만남이 점증하는 다원적 세계화의 상황에서 기독교가 다른 종교들과 더불어 인류 전체가 공감할 수 있는 보편적인 가치와 이념을 형성하기 위한 공적 논의를 수행해야 한다고 주장한다.[41] 공적 신학은 성서의 무오성에 기초하여 배타적이고 절

---

40   Ibid., 109-11.

41   Max L. Stackhouse, *God and Globalization* (Harrisburg, Pa.: Trinity Press International, 2015); Deirdre King Hainsworth & Scott R. Paeth eds. *Public Theology for a Global*

대적인 믿음을 주장하는 신앙주의나, 모든 종교를 문화의 우상적인 발명품으로 간주하고 계시에만 초점을 맞추는 교의학 전통을 따르지 않는다. 공적 신학은 기독교 전통 밖에서 오는 통찰, 즉 철학, 과학, 타종교, 비그리스도인의 문화적 성취 등으로부터 오는 주제들이 보편적 또는 초문화적인 기독교 사상의 주제들을 형성하고 제시하는 데 도움을 줄 수 있다고 본다.[42] 공적 신학은 공적 영역에서 기독교 신앙을 변증하고 다른 종교들과 대화함으로써 인류의 공공선을 위해 기여하고 이 땅에 하나님 나라를 구현하고자 한다. 스택하우스는 기독교가 단일한 국가를 넘어서는 전 세계적 시민사회들의 질서화를 위한 모델을 제시해 주어야 한다고 주장하면서, 유대교에 의해 발전되고 개혁교회에 의해 수정된 "연방-계약"(federal-covenantal) 모델을 대안적 모델로 제시한다. 이 모델은 계약 사상에 기초하면서, 이와 동시에 종교, 언론, 과학, 경제, 정치적 참여의 자유를 보장하는 현대의 입헌민주주의를 가져온 "원칙 있는 다원주의"를 표방하는 "연방제" 전통을 지지한다.[43]

한편 데이비드 홀렌바흐는 오늘날의 상호의존적이고 다원주의적인 세계화 상황을 딜레마적 상황으로 이해한다. 즉 오늘날은 다원주의 상황 속에서 좋은 삶의 의미에 대한 합의된 정의가 없음에도 불구하고, 세계화의 관점에서 그 어느 때보다 인류의 공공선에 대한 분명한 비전이 요구된다. 이와 같은 상황에서, 전통적인 로마 가톨릭교회의 사회윤리 모델을 보편화시키고자 하는 것은 적절치 않다. 이에 대한 대안으로, 홀렌

Society: Essays in Honor of Max L. Stackhouse (Grand Rapids, Mich.: W.B. Eerdmans, 2010).

42   Stackhouse, Globalization and Grace, 78-79, 90.

43   Ibid., 115.

바흐는 공적 신학이 추구해야 할 비전인 "좋은 인간의 삶"을 성취하기 위한 모델로서 "대화적 보편주의"를 제안한다. 이 모델은 복음에 근거한 인간의 선에 대한 특수한 비전에 대한 충성과, 다원적이지만 상호의존적인 세계에서 요구되는 공공의 도덕성을 식별하기 위한 헌신을 결합하고자 한다. 종교의 자유가 허용되는 상황에서, 종교 공동체는 정치와 법과 공적 문화에 영향을 끼칠 수 있는 권리가 있다. 그러나 동시에 다른 종교 공동체들도 그렇게 할 수 있는 권리가 있음을 인정해야 한다. 따라서 합리적인 담론을 통한 설득이 공적 참여의 적절한 양태다.[44]

9. 결론

결론으로서 필자는 공적 신학의 주요 초점과 과제를 다음 일곱 가지 주제를 중심으로 제시하고자 한다.

    1. 공적 신학은 "소통적-변증적"이다. 즉 공적 신학은 사회의 다른 영역들과의 상호 대화를 통해 기독교의 진리를 이해 가능한 방식으로 소통하고 변증하고자 한다. 공적 신학은 그리스 철학과의 대화를 통해 세속사회를 향해 기독교의 진리를 변증하고자 했던 고대 교부들의 변증학 전통 안에 있다. 공적 신학은 기독교의 진리를 교회 안에 게토(ghetto)화시키지 않고 공적 영역에서의 대화를 통해 소통 가능한 방식으로 변증하고자 한다. 신학의 대상인 하나님이 보편적 하나님이며 모든 진리는 다 보편적 하나님 안에 포괄되기 때문에 신학은 보편적 신학을 추구해야 한

---

44   David Hollenbach, *The Global Face of Public Faith: Politics, Human Rights, and Christian Ethics* (Washington, DC: Georgetown University Press, 2003), 10-14.

다. 따라서 공적 신학은 모든 일반학문들, 비기독교적 사상들, 다른 종교들과의 상호 비판적 대화와 토론을 통해 교회 밖의 사회와 가급적 이해 가능한 방식으로 소통하고 자신의 진리를 설득력 있게 변증해야 한다.

2. 공적 신학은 "실천적-변혁적"이다. 즉 공적 신학은 단지 이론만이 아니라 실천을 통해 사회적 책임을 수행하고자 한다. 공적 신학은 예수 그리스도가 선포하고 실천한 하나님 나라의 빛 아래에서 사회의 모든 영역들을 비판하고 변혁시킴으로써 전체 사회의 영역에 하나님의 통치를 실현하고자 한다. 교회와 신학의 사회적 책임은 각각의 시대, 지역, 상황 속에서 다양한 형태로 수행될 수 있다. 따라서 공적 신학은 정치신학, 해방신학, 여성신학, 생태신학 등과 구별되는 자신만의 특성이 있음에도 불구하고 넓은 의미에서 이러한 실천신학들을 포괄할 수 있으며 필요할 경우 그것들과 연대할 수 있다. 공적 신학은 보편성을 추구하지만 이 보편성은 추상적인 것이 아니라 구체적인 상황 안에서 실천을 통해 체현되는 보편성이어야 한다.

3. 공적 신학은 사회적 소통과 변증을 통해 오늘의 특수한 상황들을 향해 말하고 사회의 공공선을 실현하기 위한 변혁적 실천에 기여함에 있어 성서와 사도적 신앙 전통에 대한 충실성을 유지하고자 한다. 즉 공적 신학의 신학적 근거는 하나님과 하나님 나라의 보편성에 있다. 무엇보다 예수 그리스도가 선포하고 실현한 하나님 나라는 공적 신학을 위한 성서적·신학적 근거이자 종말론적 목표다. 그리고 공적 신학의 주된 주체는 예수 그리스도의 하나님 나라 비전을 공유하고 그를 따르는 신앙 공동체, 즉 교회다.

4. 공적 신학의 주제와 대상은 모든 영역의 사회적 현실이다. 오늘날의 사회는 단일한 실체가 아니라 교회, 시민연대, 대학, 미디어, 시장 (경제), 정부 등 상대적 독립성을 지닌 다원적인 공적 영역들로 구성되는

복합적 실재다. 이 모든 영역의 사회적 현실들이 공적 신학의 주제와 대상이 될 수 있다. 다원적인 공적 영역들로 구성되는 오늘의 사회를 향한 그리스도인의 태도는 전적인 거부나 전면적인 변혁일 수 없으며, 사회의 다양한 영역들의 다양한 요소들에 대한 선별적인 수용, 거부, 배움, 변혁, 전복, 선용 등의 태도가 요구된다.

5. 기본적으로 자유민주주의적인 시민사회를 전제하는 공적 신학은 투쟁적이라기보다는 대화적이며, 혁명적이라기보다는 개혁적이다. 공적 신학은 다른 사회적 영역들과의 열린 토론과 연대와 협력을 통해 도덕적·영적 가치체계를 제시하고, 사회제도를 개혁하고, 국가정책을 수정하고자 한다. 그러나 공적 신학은 자유민주주의적인 시민사회가 아직 형성되지 못한 국가나 사회의 독재적·억압적 상황에서는 정치신학이나 해방신학의 투쟁적·혁명적 방법이 필요할 수 있음을 인정한다.

6. 공적 신학은 세계화를 단지 거스를 수 없는 운명으로 전제하기보다는 세계화의 순기능과 역기능을 정당하게 평가해야 한다. 공적 신학은 특히 세계화의 역기능에 대하여 스택하우스보다 더 비판적인 입장을 가질 필요가 있다. 즉 공적 신학은 강대국과 다국적 기업에 의한 세계시장 지배와 부의 편중을 심화시키는 신자유주의 이념과 경제체제에 대한 비판적이고 예언자적인 기능을 수행해야 한다. 아울러 공적 신학은 다원주의적인 세계화의 상황 속에서 기독교가 요구하는 것과 동일한 종교적, 정치적 자유를 다른 집단들과 종교 공동체들도 요구할 권리가 있음을 인정하고, (볼프가 제안하는) 정치적 기획으로서의 다원주의를 채택할 필요가 있다. 따라서 공적 신학은 개방된 공적 포럼에서 세속적 사상 및 타종교 전통들과 소통 가능한 언어로 대화하고 자신의 진리를 변증하며, 시민사회를 위한 도덕적·영적 체계를 수립함으로써 개인과 공적 삶 속에 공공선이 구현되도록 노력해야 한다.

7. 모든 시대와 상황에 적용 가능한 하나의 보편적인 공적 신학이 아니라 다양한 시대와 다양한 상황에 적합한 다양한 형태의 공적 신학이 필요하다. 오늘날 한국의 상황 속에서 공적 신학은 동북아의 평화, 한반도의 비핵화와 평화통일, 사회적 계층, 집단, 지역 간의 갈등, 탈북자에 대한 차별, 여성 및 외국인 노동자의 인권, 부의 불평등으로 인한 빈익빈 부익부, 사회적 정의, 청년실업, 고령화로 인한 노인복지, 환경오염 및 온난화, 정치 및 종교 지도자들의 도덕적 해이 등의 문제들을 주요 공적 의제로 다룰 필요가 있다.[45] 이 가운데 특히 세계에서 유일하게 남은 분단국가인 한반도에서의 평화통일신학을 수립하는 일은 가장 중요하고 시급한 한국 공적 신학의 과제다.

---

45 광복 70주년과 민족 분단 70주년을 맞아 광복절에 즈음하여 발표된 '2015년 장로회 신학대학교 신학성명'은 한국적 상황에서의 공적 신학의 초점과 과제를 잘 보여준다. 제1명제: 우리의 신학은 삼위일체 하나님의 말씀인 성경이 증언하는 예수 그리스도의 하나님 나라 복음에 기초한다. 제2명제: 우리의 신학은 하나님의 평화를 이루는 민족의 화해와 한반도 통일과 세계 평화를 추구한다. 제3명제: 우리의 신학은 하나님의 정의를 구현하기 위해 사회적 약자와 작은 자를 돌보는 공공성을 추구한다. 제4명제: 우리의 신학은 하나님의 생명 회복과 창조질서를 위하여 피조세계와 생태계의 회복과 보전을 추구한다. 제5명제: 우리의 신학은 하나님의 선교를 지향하는 교회의 연합과 일치를 추구한다. 제6명제: 우리의 신학은 한국 교회의 위기에 적극 대처하고 그 위기를 극복하기 위한 교육에 힘쓴다. 제7명제: 우리의 신학은 세속주의 문화를 변혁시켜서 하나님 나라 문화 형성과 확산에 기여하고자 한다. 「국민일보」 2015년 8월 5일, 27, 30면.

제10장

기독교와 문화의 관계에 대한
유형론적 고찰

1. 서론

기독교와 문화의 관계는 본질적이고 또한 영속적인 신학적 주제의 하나로 논의되어왔지만, 오늘날 다시금 중요한 신학적 관심사로 새롭게 부상하고 있다. 현 시대는 한마디로 문화의 시대라고 불린다. 문화의 힘이 국가의 힘이다. 한 국가나 사회에 있어 경제 수준보다 문화 수준이 더 중요한 발전과 성장의 지표다. 이른바 케이팝(K-Pop)이라고 불리는 한국 대중음악을 필두로 한 한류 문화가 전 세계로 확산되고 있는 것은 한국사회가 그만큼 발전하고 성장했다는 증거다. 오늘날의 포스트모던 문화 속에서 교회가 보다 효과적인 선교사역을 수행하기 위해서는 이 시대의 문화코드를 잘 이해하고 그에 상응하는 선교전략을 수립해야 한다. 그래서 요즈음에는 문화선교라는 용어가 교회의 선교전략을 위한 필수적인 개념처럼 사용되고 있다.

그렇다면 문화란 과연 무엇인가? 이 물음에 대한 답변은 그렇게 간단하지 않다. 왜냐하면 문화의 개념은 매우 광범위하고 다양한 실재의 범주를 포괄하기 때문이다. 백과사전에서는 문화를 "인간이 자연 상태에서 벗어나 일정한 목적 또는 생활 이상(理想)을 실현하려는 활동의 과정 및 그 과정에서 이룩한 물질적, 정신적 소득의 총칭"으로 정의하고 있다. 일반적으로 문화란 인간 활동의 모든 과정과 결과를 의미한다고 할 수 있다. 리처드 니버는 말리노브스키의 정의를 인용하여 문화란 인간이 자연에 부과하는 "인위적이고 이차적인 환경"으로서, 언어, 습관, 사상, 믿음, 관습, 사회적 기구, 전승된 유물, 기술 과정, 그리고 가치를 포함하는

"사회적 유산"을 가리킨다고 정의한다.[1]

인간은 종교적 존재인 동시에 문화적 동물이다. 우리 인간은 문화—그것이 토착적인 종교, 사상, 관습, 가치관의 영역이든지, 정치, 경제적 영역이든지, 또는 과학기술, 예술과 오락, 스포츠와 레저의 영역이든지—를 떠나서는 존재할 수 없다. 인간은 문화로부터 자유로울 수 없다. 니버는 이렇게 말한다. "결코 우리는 자연으로 벗어날 수 없는 것보다 더 쉽게 문화로부터 벗어날 수 없다. 왜냐하면, '자연적 인간'(Naturmensch)이란 존재하지 않기 때문이다. 그리고 어떤 인간도 세계를 원시적인 눈으로 보지 않는다."[2]

그는 문화의 주요 특징을 네 가지로 제시했다.[3] 첫째, 문화는 불가피하게 인간의 사회적 삶과 결부되어 있다. 문화는 사적인 것이 아니라 사회적인 것이다. 둘째, 문화는 자연과 구별되는, 인간의 노력에 의해 성취되는 업적이다. 셋째, 이 업적은 어떤 목표를 향한 것이다. 문화의 세계는 인간을 위한 선을 추구하는 가치의 세계다. 인간의 활동이 문화 속에서 실현하고자 하는 목적을 규정함에 있어서, 인간은 주된 가치이며 다른 모든 가치의 원천으로서의 자신과 더불어 시작한다. 그러나 이것은 문화가 반드시 인간 중심적이거나 자기중심적인 가치만을 추구한다는 의미는 아니다. 인간은 문화 속에서 자신의 실존을 초월하는 타자의 선과 대의를 추구할 수 있다. 넷째, 문화가 어떤 시공간 속에서 실현하고자 추구

---

1   H. Richard Niebuhr, *Christ and Culture* (New York: Harpers & Brothers, 1951), 32. Malinowski, Bronislaw, art. "Culture," *Encyclopedia of Social Sciences*, Vol. IV, 621 이하. 한편 타일러는 문화를 "지식, 신앙, 예술, 도덕, 법률, 관습 및 사회의 한 구성원으로서 인간이 습득한 다른 모든 능력이나 습관들을 포함하는 복합적인 전체"라고 정의했다. Edward B. Tylor, *Primitive Culture* (London: John Murray, 1871), 1.

2   Niebuhr, *Christ and Culture*, 39.

3   Ibid., 32-39.

하는 가치는 다원적이다. 많은 가치들 가운데 하나님 나라가 포함될 수도 있다. 예수 그리스도, 하나님 아버지, 복음, 교회, 영생이 문화의 복합적 요소들 가운데 일부로서 문화 속에 자리할 수 있다.

하지만 하나님 나라로 대표되는 기독교적 가치와 세계관이 단지 다원적인 문화의 가치들 가운데 하나로서 문화 안에 포함될 수 있다고 말하는 것은 문제가 있다. 하나님 나라는 단지 복합적인 문화적 요소의 하나가 아니라 모든 문화적 형식의 심층이며, 모든 다원적인 문화적 가치에 대한 비판적 척도이며, 모든 문화적 과정의 궁극적이고 종말론적인 목표다. 이 글은 트뢸치와 니버와 틸리히를 중심으로 기독교와 문화의 관계에 대한 유형론적 고찰을 수행하고, 이를 통해 오늘의 포스트모던 문화 속에서 기독교가 문화적 형식의 심층적 실체로서 어떻게 문화에 비판적 척도와 궁극적인 목표를 제공하고 문화를 변혁하는 실천적인 주체가 되어야 하는지를 논하고자 한다. 이러한 논의를 위해서는 기독교와 문화의 관계 문제의 여러 차원들에 대한 고찰이 선행될 필요가 있다.

2. 기독교와 문화의 문제의 차원들

기독교와 문화의 관계는 몇 가지 문제와 관련하여 중요한 신학적 주제가 되어왔다. 첫째는 기독교 복음의 초월적 차원과 세계내적 차원이 문화와 갖는 관계에 관한 문제다. 이것은 "그리스도 또는 복음과 문화"라는 제목 아래 특히 전통적인 서구 신학이 다루어왔던 주제다. 서구 신학은 전통적으로 그리스도 또는 복음과 문화, 계시와 이성, 성서와 상황, 텍스트와 컨텍스트, 또는 기독교 전통과 비기독교 세계의 양극적 구조 속에서 전자는 초월적·절대적·수직적·불변적인 상수를 대변하며 후자는 내재적·상대적·수평적·가변적인 상수를 대변하는 것으로 이해해왔다. 하지만 계몽주의 이후 성서를 포함하는 기독교의 전통과 인간 실존의 역사성에 대한 인식의 출현과 보편화로 말미암아 이러한 이분법적인 구도는 더 이상 불가능하게 되었다. 그리스도와 기독교 또는 교회는 단순히 동일시될 수 없다. 왜냐하면 역사적 실재로서의 기독교 전통과 교회는 언제나 자신이 속해 있는 역사적 상황, 문화, 삶의 세계(Lebenswelt)와의 상호작용 속에서 자신의 정체성이 형성되고 또한 정체성을 형성해가기 때문이다. 더욱이 기독교 전통과 교회는 항상 그리스도의 영으로부터 이탈되거나 변질될 가능성에 열려 있으며, 또한 그러한 가능성은 종종 역사적 현실이 되어왔다. 그러므로 기독교(그리스도가 아닌)와 문화의 관계는 오늘날 복잡하고 정교한 논의를 요구한다.

둘째로, 기독교와 문화의 관계는 타 문화권에 대한 선교 및 토착화의 문제와 관련해서 중요한 신학적 주제가 되어왔다. 신약성서 시대 이래, 기독교의 역사는 타문화권에 대한 선교의 역사였다. 따라서 비기독교적인 문화권에서 선교를 수행함에 있어 그 문화의 종교, 사상, 생활습관, 가치관 등의 문화전통과 유산을 어떻게 평가하고 수용할 것인가 하는 것은 영속적인 교회의 신학적·선교적 문제였다. 그 모든 비기독교적인 문화전통과 유산은 기독교 복음의 선교를 위해 제거되거나 부정되어야 할 것인가, 아니면 존중되고 보전되어야 할 것인가? 그것도 아니면 이 둘 사이의 중도로서 어떤 경우에는 부정되고 어떤 경우에는 존중되어야 할 것인가? 또한 어떤 경우에 어느 정도까지 부정 또는 존중되어야 할 것인가? 기독교의 전통과 비기독교적 문화가 만났을 때, 비기독교적 문화의 영향사 안에서 살아온 그리스도인들은 어떻게 그리고 어느 정도까지 자신의 문화적 유산을 기독교의 전통과 접목 또는 융합시킬 수 있는가? 다시 말하면 어떤 방식으로 어느 정도까지 토착화된 기독교의 형성이 가능한가?

이것이 비기독교적 문화권에서의 선교신학과 토착화신학이 답변해야 할 물음들이다.

　　세 번째로, 기독교와 문화의 관계는 정치적 차원에서의 기독교의 사회참여 문제와 관련해서 중요한 신학적 주제가 되어왔다. 이 주제는 아우구스티누스의 『하나님의 도성』 이후 전통적으로 "교회와 국가"라는 제목 아래 다루어져왔다. 교회는 국가 또는 정치와 어떤 관계를 가져야 하는가? 루터의 두 왕국 사상에서처럼 이 둘은 아무런 관계가 없이 서로 분리된 두 영역인가, 아니면 서구 중세의 경우처럼 국가의 교회화가 바람직한가, 아니면 그 반대로 동방 교회의 경우처럼 교회가 국가화되어야 하는가? 그것도 아니면 어떤 경우에는 분리되고 어떤 경우에는 합치될 수 있는 중도의 길이 존재하는가? 또한 어느 정도까지 분리되고 어느 정도까지 합치될 수 있는가? 오늘날에는 유럽의 정치신학과 남미의 해방신학 같이 교회의 적극적인 정치참여의 필요성을 주장하는 진보적 입장과 교회의 비정치성과 정치적 중립을 주장하는 보수적 입장이 대립하고 있다. 하지만 교회와 그리스도인이 자신의 정치적 실존을 부인하든지 긍정하든지 교회와 그리스도인의 정치적 연루성은 불가피하다. 그렇다면 그리스도인의 정치적 실존은 어떤 경우에, 그리고 어느 정도까지 인정(또는 부정)되어야 할 것인가? 또한 오늘날에는 정치와의 관계에서뿐만 아니라 경제적 영역과의 관계에서도 이와 동일한 질문들이 제기되고 있다. 정치신학 뿐만 아니라 경제신학의 정립도 중요하다.

　　그러나 최근에는 이러한 세 가지 차원의 문제의식 이외에 기독교와 문화의 관계가 주된 신학적·선교적 주제로 대두되는 또 다른 이유가 있는데, 그것은 오늘날 새롭게 출현하고 빠르게 변화하는 다양한 문화 현상들을 이해하고 그것들에 효과적으로 대처하지 못하면 교회가 시대에 뒤떨어지고 낙오될 것이라는 위기의식이라고 할 수 있다. 여기서 이야기되는 문화는 과거의 전통의 영향사로서의 문화라기보다는 현재와 미래의 문화 현상, 말하자면 따라잡고 적절히 대응하지 못하면 교회의 존립 자체가 위협을 받는 급변하는 포스트모던적 문화라고 할 수 있다. 특히 오늘날 교회가 대응해야 하는 문화 현상은 컴퓨터, 인터넷, 멀티미디어, 사이버 영상매체를 중심으로 발전되고 있는 디지털 과학기술 문화, 애니메이션, 영화, 연극, 만화 등의 예술과 오락문화, 그리고 갖가지 종목과 유형의 스포츠, 레저, 여행, 복지산업을 중심으로 발전되고 있는 엔터테인먼트 또는 웰빙 문화 등이다. 오늘날 기독교의 신학적·선교적 관심은 어떻게 현재의 문화 현상들을 올바로 분석·평가하고, 그러한 문화 현상들을 비판할 뿐만 아니라 그것들을 기독교의 복음을 효과적으로 변증하고 확장하기 위한 매개로 사용할 수 있을까, 그리고 그렇게 함으로써 세속적인 문화를 기독교적인 문화로 변화시켜 이 땅에 하나님 나라를 확장시킬 수 있을까 하는 데 있다. 이것이 바로 오늘날의 교회와 신학이 문화선교적 관점에서 추구해야 하는 주된 과제다.

이상과 같은 기독교와 문화의 관계에 대한 물음의 다양한 차원들을 고려할 때, 그 둘 사이의 관계에 대한 보다 더 실질적인 논의를 위해서는 그 논의의 구체적인 맥락에 대한 명료화가 선행되어야 할 것이다. 하지만 그럼에도 불구하고 이 네 가지 문제의 차원들의 저변에는 기본적인 공동의 관심사가 놓여 있으며 또한 그 문제의식들이 상호 연관되어 있는 것이 사실이다. 그러므로 이 글에서 다루고자 하는 기독교와 문화의 관계에 대한 통전적인 논의는 이 네 가지 문제의 차원들의 상이성과 공통성을 함께 고려하는 포괄적인 형태가 될 것이다.

3. 트뢸치의 종교상대주의: 타협과 종합의 교회 유형

기독교와 문화의 관계에 대한 현대적인 신학적 논의의 물꼬를 튼 선구자는 19세기 종교사학파의 지도적 신학자인 에른스트 트뢸치다. 그는 역사상대주의 입장에서 당시의 실증주의적인 역사주의를 극복하려고 했다. 그에게 있어 역사에 대한 올바른 태도는 거리를 두고 객관적으로 관찰하는 것이 아니라 역사에 참여하고 역사의 과정에 대하여 결단을 내리는 것이다. 트뢸치는 자신의 역사상대주의적 관점을 기독교 이해에 적용하여 기독교를 절대적 종교가 아니라 유럽적인 종교로 이해했다. 즉 그는 기독교를 서양문화에 한정시키고 유럽주 종교로 삼음으로써 상대화했다.

이와 같이 트뢸치의 역사상대주의는 종교에 대한 이해에 있어 종교상대주의로 나타나는데, 종교상대주의는 종교와 문화의 상호적인 상관관계에 대한 인식에 기초한다. 그는 사회학자 막스 베버(Max Weber)의 영향을 받아 자신의 저서 『기독교 교회의 사회적 가르침』[4]에서 "기독교 교회의 사회적 가르침은 어떤 것인가?" 하는 질문을 제기했다. 그는 교회의 교리적 주장을 사회적 현실과의 관계에서 보고자 했다. 이 둘 사이의 관계는 상호적이다. 한편으로, 모든 교리는 사회적 조건에 의존하고 이 조건을 떠나서는 이해될 수 없다. 그러나 다른 한편으로, 사람들이 사회적 조건을 구사하는 방법은 대체로 그들의 궁극적 관심에 의존하고 있고, 그들의 종교적 확신이나 윤리적 의미에 의해 제약을 받는다.

이와 같은 종교(문화)상대주의의 입장에서 트뢸치는 기독교

---

4   Ernst Troeltsch, *The Social Teaching of the Christian Churches*, trans. Olive Wyon, two vols. (New York: The Macmillan Company, 1949[2nd ed.]).

의 유형을 교회 유형(church-type), 종파 유형(sect-type), 신비주의 유형 (mysticism-type)으로 구별했다. 첫째로, 교회 유형은 문화와의 타협형으로서 "문화의 유형"이라고 할 수 있다. 그에 따르면 기독교와 서구 문화의 관계는 불가분리의 관계다. 교회는 성례, 성직자, 예배의식, 체계적 교리로 구성된 조직과 제도로서 세상을 향하여 개방적이다. 교회는 은혜와 구원을 세상에 전파하는 가운데 세상의 문화에 맞추어 자신을 조정하며 부분적으로 세속의 질서를 받아들인다. 세속의 모든 질서가 초월적인 목적을 위한 수단과 예비가 된다. 트뢸치는 "타협"(compromise)이 세상의 문화와의 관계 속에서 교회가 보여주는 대표적인 특징이라고 주장한다. 즉 교회가 이 세상의 역사와 문화의 문제들을 해결하려는 적극적인 태도를 가지고 그 문제들에 참여할 때, 이 참여는 타협적인 것이었다. 그는 기독교 정신사를 이 타협을 위한 지속적인 갱신의 추구의 역사이자 동시에 그러한 타협에 대한 지속적인 거부의 역사라고 본다.[5]

둘째로, 종파 유형은 문화와의 비타협형으로서 "문화와 대립하는 유형"이라고 할 수 있다. 이 유형은 타락한 세상과 타협하거나 그것을 지배하거나 변혁시키려는 생각을 거부하고 죄악된 인간들을 세상으로부터 구원해내고자 하며, 소공동체 안에서의 인격적인 교제와 금욕적인 신앙생활을 통한 개인적인 내적 완성을 추구한다. 종파 유형은 사회적·문화적 규범과 그리스도의 법(lex Christi)을 대립시킴으로써 문화와 기독교, 세속적 제도와 하나님 나라 사이의 긴장과 갈등을 극단화시키고 양자택일을 요구한다. 교회 유형이 교회의 본질을 객관적이고 제도적인 성격으로 이해하는 데 반해서, 종파 유형은 교회의 본질을 인격적이고 자발적인 성

---

5   Ibid., 999.

격으로 이해한다. 전자가 타협을 통한 보편주의를 지향한다면, 후자는 비타협으로 인한 종파 또는 소집단의 자발적인 공동체 형태로 남는다.[6]

셋째로, 신비주의 유형은 문화와의 관계에 있어 탈문화적·초월적 입장을 유지한다. 말하자면 "문화 초월적 유형"이라고 할 수 있다. 이 유형은 교회 유형이나 종파 유형의 외면적이고 형식적인 구조를 탈피하여 황홀경, 열광, 환상, 환영과 같은 순수하게 내면적이고 주관적인 신앙체험을 추구하고자 한다. 이 종파의 사람들에게 그리스도의 통치는 신적인 영의 통치이며, 따라서 하나님 나라는 "오직 우리 안에" 있음을 의미한다.[7] 이와 같은 신비주의 유형은 개인적이고 주관적인 신비적 체험의 강조와 신앙의 비구체성과 탈역사성으로 인하여 교회와 역사와 문화와 무관한 신비주의적인 사적 집단으로 전락할 운명을 지니고 있다.

이와 같은 트뢸치의 세 가지 유형은 실제적으로는 두 가지 유형, 즉 교회 유형과 종파 유형으로 단순화될 수 있다. 왜냐하면 신비주의 유형은 다분히 종파 유형적인 성격을 갖기 때문이다. 교회 유형은 사회질서를 수용하며 대중을 지배하는 반면, 종파 유형은 구원과 교제에 있어서 개인주의적인 태도를 고수하고자 한다. 교회는 상층계급으로 구성되며 세상과의 우호적인 관계 속에서 윤리를 강조하는 반면, 종파 유형은 하층계급으로 구성되며 사회와 국가에 대하여 무관심하거나 적대적이며 묵시적인 하나님 나라 사상을 모든 세속적 관심과 대립시킨다. 트뢸치는 문화와의 관계에서의 기독교의 특성을 유형론적으로 분석하면서, 종교(문화)상대주의의 입장에서 종교와 문화 사이의 상호 타협을 통한 교회 유형적 종합을 시도했다. 이와 같은 그의 문화개신교적 또는 자유주의적 종합

---

6 Ibid., 337-47.
7 Ibid., 993-96.

은 20세기에 들어 신정통주의 신학자들의 주된 비판의 표적이 되었다.

4. 니버의 그리스도와 문화: 문화의 변혁자로서의 그리스도

리처드 니버는 자신의 저서 『그리스도와 문화』에서 트뢸치의 유형론적 분석을 발전시켜 그리스도와 문화의 관계를 다섯 가지 유형으로 구별했다. 첫 번째 유형은 그리스도와 문화의 대립을 강조하는 유형이다(Christ against culture).[8] 그리스도인이 살고 있는 사회의 관습이나 사회가 보전하고 있는 인간의 업적은 그 무엇이든지 그리스도와 대립된다. 그리스도는 우리에게 "이것이냐 저것이냐" 둘 중 하나를 선택하도록 요구한다. 중세의 수도원 규정이나 소종파 운동이 대표적인 경우이다.

두 번째 유형은 그리스도와 문화 사이에 근본적인 일치가 있다고 주장한다. 이것은 문화의 그리스도(Christ of culture) 유형이다.[9] 여기서 예수는 인간 문화역사의 위대한 영웅으로 나타난다. 예수의 삶과 가르침은 가장 위대한 인간적 성취로 간주된다. 예수에게서 인간의 가치를 향한 인간의 열망이 절정에 이르며, 예수는 문화의 과정이 그 목표를 향하여 나아가도록 인도한다. 이러한 견해는 문화개신교주의자들 또는 자유주의자들에게서 발견된다.

세 번째 유형에서 그리스도는 문화적 열망의 성취자이자 참된 사회제도의 회복자로 간주된다. 그러나 동시에 그리스도는 사회적 삶과 문화와 연속성 및 불연속성의 관계에 있다. 사회적 삶과 문화는 우리를 그

---

8   Niebuhr, *Christ and Culture*, 40, 45 이하.

9   Ibid., 83 이하.

리스도에게로 인도하는 것이 사실이지만 그것은 예비적인 양태로서이며, 우리가 그리스도에게 도달하기 위해서는 커다란 도약이 필요하다. 참된 문화의 실현은 인간의 모든 성취와 가치 추구와 사회를 넘어서서 위로부터 그리스도가 인간의 열망이 예상하지도 못하고 인간의 노력이 획득할 수도 없는 선물을 가지고 인간의 삶 속으로 들어올 때에만 가능하다. 그리스도는 문화의 그리스도지만 또한 문화 위의 그리스도다(Christ above culture).[10] 이 입장은 토마스 아퀴나스와 그의 신학에 기초한 로마 가톨릭 교회에서 발견된다.

　　네 번째 유형에서는 그리스도와 문화가 이원론적으로 대립하지만 동시에 그리스도인에 대하여 권위를 갖는다. 그리스도인들은 서로 대립되는 두 권위에 순종해야 하는 역설과 긴장 속에 살아간다(Christ and culture in paradox).[11] 그들은 그리스도의 요구를 세속사회에 적용하려고 하지 않는다. 이 점에 있어서 그들은 문화에 대립하는 그리스도의 유형과 같다. 하지만 그들은 하나님에 대한 순종이 사회를 심판하시는 그리스도에 대한 순종을 요구할 뿐만 아니라 사회제도와 그 구성원에 대한 순종을 요구한다고 확신하는 점에서 첫 번째 유형과 다르다. 그리스도인은 그리스도와 문화의 두 대립된 세계 안에 동시적으로 존재하며 역사 너머의 칭의를 희망하면서 불안정하며 죄악된 현재적 삶을 살 수밖에 없다. 루터와 루터교의 신학적 입장이 이에 속한다고 할 수 있다.

　　다섯 번째 유형은 변혁주의적 해결을 제시한다(Christ the transformer of culture).[12] 첫 번째와 네 번째 유형과 마찬가지로 여기서는 인

10　　Ibid., 116 이하.
11　　Ibid., 149 이하.
12　　Ibid., 190 이하.

간의 본성이 타락 또는 왜곡되었으며, 이러한 왜곡이 문화에 나타나고 문화에 의해 전승된다고 본다. 따라서 그리스도와 인간의 모든 제도와 관습이 대립되는 것으로 인식된다. 그러나 이러한 대립은 첫 번째 유형처럼 그리스도인을 세상으로부터 분리시키거나, 네 번째 유형처럼 단지 초역사적인 구원을 기다리면서 인내하도록 하지 않는다. 그리스도는 인간의 문화와 사회 안에서 인간을 변혁시키는 분으로 이해된다. 왜냐하면 문화 없는 자연(본성)이 없으며 사회를 떠나서는 인간이 자아나 우상으로부터 하나님께로 돌아갈 길이 없기 때문이다. 니버에 따르면, 이 입장은 아우구스티누스와 칼뱅에게서 발견된다.

　　니버는 이상의 다섯 가지 유형이 나름대로 성서적·신학적 근거와 정당성을 가지고 있음을 인정한다. 그럼에도 불구하고 그는 문화를 반기독교적인 것으로 간주하는 분리주의(첫째 유형)나 기독교를 문화의 가장 높은 형태로 여기는 일치주의(두 번째 유형)를 거부하고, 이 양극단 사이의 세 가지 유형을 매개적인 입장들로 제시하면서 그 가운데서도 변혁주의 유형을 가장 바람직한 모델로 제시한다. 그리스도는 문화의 변혁자다! 그러므로 교회와 그리스도인도 문화의 변혁자가 되어야 한다. 그러나 니버에게 있어 문화변혁의 작인(作因)으로서의 교회와 변혁의 대상으로서의 문화의 관계는 단순히 교회의 절대적인 규범과 그러한 규범이 무시간적으로 적용되어야 하는 상황의 관계는 아니다. 왜냐하면 문화적 상황과 마찬가지로 역사적 상대성 안에 존재하는 교회의 규범 자체가 문화적 상황과의 관계 속에서 그리스도에 의해 변혁되어가야 하기 때문이다. 이러한 니버의 입장은 그가 개혁주의 전통에 서 있으면서도 트뢸치의 역사적 상대주의를 기본적으로 수용하고 있음을 보여준다. 하지만 인간실존 일반, 다시 말하면 교회와 문화 양자 모두의 역사성에 대한 그의 인식은 오늘날 행해지는 것과 같은 상관관계적인 관점에서의 해석학적 논의로까지 발전되지는 못했다.

서구 교회의 역사는 기독교와 문화의 관계가 그렇게 단순하지 않다는 사실을 보여준다. 사실상 니버가 제시하는 유형들은 모두 기독교와 그리스도인들이 그리스도의 이름으로 채택했던 유형들이다. 그리고 그 유형들은 모두 각각의 시대 속에서의 문화 현상들에 대한 나름대로의 기독교적 응답들이었다. 이 응답들은 각각 전적으로 옳은 것도 아니지만 전적으로 잘못된 것도 아니다. 왜냐하면 그 응답들은 그 시대의 특수한 문화적 상황에 대한 나름대로의 최선의(또는 잘못된) 응답이었기 때문이다.

여기서 우리는 그리스도와 기독교가 동일한 실재가 아니라는 사실을 다시 한번 상기할 필요가 있다. 그리스도인들은 그리스도를 믿고 따르지만 그리스도와 동일시될 수는 없다. 왜냐하면 그리스도인의 삶과 교회의 역사 속에는 언제나 모호성이 존재하기 때문이다. 문화만 타락하는 것이 아니라 교회도 때때로 타락한다. 그래서 거듭 종교개혁이 요청된다. 서구 교회의 역사는 그리스도인과 기독교의 이러한 모호성을 잘 보여준다. 그러므로 정말 문제성이 있는 주제는 그리스도와 문화의 관계가 아니라 기독교와 문화의 관계다.

기독교가 모호성 가운데 있다는 것은 기독교와 문화의 관계가 일방적이 아니라 보다 상관적이어야 한다는 것을 의미한다. 물론 가장 바람직한 교회의 유형은 변혁주의 모델일 것이다. 그러나 이것은 문화의 변혁자로서의 교회가 무시간적으로 적용되어야 할 절대적인 객관적 원리와 규범을 소유한 것을 의미하지는 않는다. 교회가 자신의 역사적 상대성과 모호성을 인정하지 않을 때 교회는 교조주의에 빠지게 되며, 역설적으로 변혁의 주체가 아닌 변혁의 대상으로 전락한다.

기독교와 문화의 상관관계는 경우에 따라서 니버가 제시한 다섯 가지 유형 모두를 포함한다고 할 수 있다. 변혁주의 유형 외의 다른 유형들이 다 전적으로 잘못되거나 틀린 것만은 아니다. 그것은 매 시대의 기독교의 유형과 문화의 유형 자체가 각기 다양하며, 따라서 각각의 경우에 그 둘 사이의 관계 유형도 달라질 수밖에 없기 때문이다. 우리는 과거의 타락한 문화적 삶으로부터 돌이켜 예수 그리스도의 복음으로 나아올 때, 문화와 그리스도, 세상과 하나님 나라 둘 중 하나를 선택하지 않을 수 없다. 사실상 우리는 개인적 또는 공동체적인 삶의 매 순간에 이것이냐 저것이냐를 선택하고 결단해야 한다. 그러나 또한 우리는 그것이 비록 기독교적 형태를 지니고 있지 않다고 하더라도 문화 속에 고상한 이상과 가치를 향한 인간의 열망이 표현될 수도 있음을 의심치 않는다. 그러므로 그리스도는 인간의 존재 안에 각인된 하나님의 형상을 회복하고 인간의 역사를 그 목표로 인도하는 인간(vere homo)으로 이해될 수 있다. 이와 같은 경우 기독교와 문화는 상호배타적이거나 적대적일 필요가 없으며, 좀 더 대화적이고 협력적일 필요가 있다. 하지만 문화는 아무리 최선의 것이라 하더라도 궁극적으로 불완전하고 유한하다. 그러므로 위로부터의 초월적인 은혜가 필요하다. 은혜가 자연을, 계시가 이성을 폐하지 않고 완성하는 것처럼, 그리스도는 문화를 폐하지 않고 완성한다. 하지만 또한 다른 한편, 그리스도인의 실존은 세상 나라와 하나님 나라, 율법과 복음, 정의의 법과 사랑의 법의 이중적이고 역설적인 관계 안에 동시적으로 속해 있는 것도 부인할 수 없는 사실이다. 이러한 이중성과 역설성은 종말론적인 미래를 바라보면서 역사의 도상에 존재하는 모든 교회와 그리스도인들의 실존적인 운명이기도 하다.

그러나 무엇보다도 교회와 그리스도인들은 이 세상의 문화를 예수 그리스도의 복음으로 변화시키고 이 세상에 하나님 나라를 확장하기 위해 부르심을 받았음을 자각해야 한다. 이것이 그리스도인과 교회의 소명이며 궁극적인 존재 이유다. 그러나 이 소명은 반드시 앞의 네 가지 유형의 문화와의 관계를 폐기하거나 그것들과 양립 불가능한 것은 아니다. 니버는 다섯 번째 변혁주의 유형이 기본적으로 첫 번째와 네 번째 유형과 마찬가지로 문화와의 적대적인 관계를 전제로 하고 있다고 말했다. 그러나 반드시 그럴 필요는 없다. 변혁주의 유형은 이 세상의 문화의 긍정적 측면에 대한 인식과 양립 불가능한 것만은 아니다. 변혁주의 유형은 반드시 대립적이고 전투적인 영성을 전제할 필요가 없으며, 보다 대화적이고 포용적인 영성을 가질 필요가 있다.

　　기독교와 그리스도인들은 이 세상의 문화를 변혁시켜 이 땅에 하나님 나라를 확장하기 위한 소명을 수행함에 있어서, 어떤 경우에는 문화와 대립하고 문화로부터 떠나야 할 때가 있으며, 어떤 경우에는 문화와 대화하고 화해해야 할 때가 있으며, 어떤 경우에는 문화를 보완하고 완성해야 할 때가 있으며, 어떤 경우에는 문화와 그리스도와의 이중적인 관계 속에서 그리스도인으로서의 실존적 현실을 받아들여야 할 때가 있으며, 이러한 모든 경우들에서 그리스도인들은 때를 얻든지 못 얻든지 문화를 변혁시켜야 할 자신의 소명을 자각해야 한다. 이와 같은 통전적인 관점에서, 우리는 토착적인 종교, 사상, 관습, 가치관의 영역의 문화와의 상관관계 속에서의 토착화 신학과 선교신학의 과제와, 정치적·경제적 영역의 문화와의 상관관계 속에서의 정치경제신학의 과제와, 과학기술, 예술과 오락, 스포츠와 레저 영역의 문화와의 상관관계 속에서의 문화선교신학의 과제를 성공적으로 수행하기 위한 보다 통전적인 변혁주의 모델에 대한 전망을 수립해야 한다.

5. 틸리히의 문화신학: 신율, 문화의 심층에 있는 그리스도

20세기의 대표적인 신학자 중 한 사람으로서 기독교와 문화의 관계에 대한 가장 탁월한 통찰력을 보여준 인물은 폴 틸리히다. 그는 자신의 저서 『프로테스탄트 시대』 안의 "종교와 세속문화"라는 제목의 글에서 문화신학에 관한 자신의 생각을 밝혔다.[13] 이 글에서 그는 제1, 2차 세계대전에 의해 서구 문화가 붕괴된 이후 종교와 문화 사이에 새로운 관계가 수립되어야 하며, 그것은 "종교와 문화의 상호 내재"의 관계여야 한다고 주장했다. 제1차 세계대전 이후 종교는 문화에 의해 거부되고 세속문화의 주장은 종교에 의해 거부되는 유럽의 상황에서, 틸리히는 이 양자가 보다 상호적인 관계 안으로 들어와야 한다고 믿었다. 그는 "신율적"(theonomous) 문화라는 개념을 통해서 종교와 문화의 관계를 설명하고자 했다.[14]

　　"신율적" 문화는 "자율적" 문화 및 "타율적" 문화와 대립하면서 양자를 변증법적인 관계 속에서 종합하는 개념이다. 자율적 문화는 궁극적이고 비제약적인 그 어떤 것에 관련됨이 없이 개인적·사회적 삶을 구축하고자 시도하는 문화다. 사람들은 오직 합리적이고 좋아 보이는 것만을 행한다. 인간 자신의 이성이 삶의 법이므로 자율이라고 불린다. 인간이 자신의 법이며, 인간 상황의 외부로부터 그 어떤 법도 부과되어서는

13　　Paul Tillich, *The Protestant Era* (Chicago: The University of Chicago Press, 1948, 축소판 1957), pp. 55-65.

14　　신율 또는 신율적 문화에 대한 틸리히의 보다 발전된 사고는 그의 『문화신학』과 『조직신학』 제3권에서 발견된다. Paul Tillich, *Theology of Culture* (New York: Oxford University Press, 1959). Paul Tillich, *Systematic Theology*, vol 3 (Chicago: University of Chicago Press, 1963).

안 된다. 이와는 반대로, 타율적 문화는 인간의 이성적 사고와 행동을 그 어떤 외부의 권위(정치적 또는 종교적)에 종속시키고자 시도하는 문화다. 삶의 법이 인간 자신이 아닌 외부의 권위로부터 오기 때문에 타율이라고 불린다. 제1차 세계대전 이후 교회는 많은 새로운 문화적·정치적 운동들을 세속적 자율의 표현으로 간주하고 거부했다. 그리고 역으로 교회는 초월적인 타율의 표현으로 간주되어 거부되었다. 이러한 상호배타적인 불행한 상황 속에서 틸리히는 신율적 문화의 개념을 발전시켰다.

신율적 문화는 궁극적 관심 또는 초월적 의미를 외부로부터 부과되는 어떤 것으로서가 아니라 문화 자체의 영적 근거로서 표현하는 문화 형태를 의미한다. 이것은 하나님이 모든 인간 현실의 내적 근거임을 함축한다. 하나님의 법은 다름이 아니라 인간 자체의 내면의 법이다. 인간은 이 법에 종속된다. 따라서 신율이라고 불린다. 그러나 이 법은 인간 상황의 외부로부터 오지 않는다. 그 대신, 무한자가 유한자 안에 현존한다. 무한자는 유한자의 외부에 있거나 유한자와 분리되어 있지 않다. 그러므로 틸리히는 신율을 표현하는 가장 정확한 진술은 "종교는 문화의 본체(substance)이고 문화는 종교의 형식(form)이다"[15]라고 말한다. 이렇게 이해될 때, 가장 세속적인 문화라고 할지라도 모종의 종교적 근거나 본체를 가지고 있는 것이다.

틸리히는 모든 문화의 심층에는 궁극적 관심, 거룩하고 비제약적인 그 무엇이 있다고 주장했다. 타율적 문화의 경우 이것은 명백하다. 물론 그 궁극적 관심은 그 문화가 실제로 창조하고 표현하는 것과 동일하지 않을 수 있다. 예를 들면, 토마스 아퀴나스의 철학과 같은 문화 현상은

---

15   Tillich, *The Protestant Era*, 57. 그리고 *Theology of Culture*, 42.

우리의 궁극적 관심을 표현하고자 시도함에도 불구하고 그 자체가 우리의 궁극적 관심은 아니다. 그러나 자율적 문화의 경우에서조차도 그 심층에는 거룩하고 비제약적이고 궁극적인 그 무엇이 있다. 그러한 문화에는 숨겨진 종교적 의미가 있다. 이러한 사실은 쉽사리 예증된다. 전체주의적 정치체제는 거의 종교적인 주장을 한다. 궁극적인 그 무엇의 잔여가, 비록 매우 그릇된 방식으로 이해된 것이긴 하지만 언제나 존재한다. 자율적 문화 안에도 궁극적으로 중요한 것으로 간주되는 것이 언제나 있다.

종종 종교적 본체는 자율적 문화가 언제나 창조하는 것처럼 보이는 저항에서 가장 잘 나타난다. 러시아의 비인격적이고 비인간적인 공산주의 정치체제에 대한 솔제니친의 강력한 저항이 그 한 예다. 그러나 종교를 자신의 정치적 목적을 위해 사용하는 보수주의적 정치체제에 대해서도 동일하게 강력한 저항이 일어날 수 있다. 틸리히는 또 다른 예를 제시한다. 그는 자신이 종종 특별히 종교적인 그림이 아니라 일상적이고 비종교적인 그림을 볼 때 더욱 강력한 거룩의 경험을 했다고 말한다. 형식은 종교적이지 않아도 그 본체, 즉 내적 실재는 종교적일 수 있다. 비종교적인 형식이 거룩에 대한 깊고 강력한 경험을 가져다줄 수도 있는 반면, 종교적 형식이 어떤 때에는 거의 종교적 본체를 갖지 못할 수도 있으며, 따라서 전통적인 종교적 상징이나 예배의식이 그 종교적 형식에도 불구하고 살아 계신 하나님에 대한 경험을 가져오지 못할 경우가 있다.

종교와 문화의 창조적인 종합으로서의 신율을 위한 원리와 기준은 무엇인가? 이 물음에 대한 답변으로 틸리히는 "가톨릭(보편적) 실체(Catholic Substance)"와 "개신교(저항) 원리(Protestant Principle)"를 제시한다. 신율은 가톨릭 실체와 개신교 원리의 창조적 일치 외에 다른 것이 아니다. 틸리히는 가톨릭 실체를 성례전적 원리라고도 부르는데, 이는 모든 존재들에 나타날 수 있는 하나님의 영적 현존을 가리킨다. 가톨릭 실체는 모든 인간, 장소, 사물이 신적 영의 힘과 현존을 매개하는 상징이나 성례전이 될 수 있다는 신념에 근거한다. 즉 역사상 존재하는 모든 피조물이나 형식들은, 만일 그것들이 궁극적인 근원이나 원천인 존재의 힘을 지시하는 한, 신적인 것의 현존을 나타내는 상징이 될 수 있다는 것이다. 이러한 틸리히의 성례전적 가톨릭 실체는 개신교 원리에 의해 비판적으로 검증된다.

개신교 원리는 개신교의 핵심적 교리인 "은혜에 의한, 믿음을 통한 칭의"(justification by grace through faith)에 의거하여 어떠한 인간적인 요소나 역사적이고 유한한 실재의 신성화도 배격한다. 개신교 원리는 한편으로는 제한적이고 유한한 것을 무제한적이고 무한한 것으로 만들고자 하는 모든 비극적이고 마성적인 인간의 시도들에 저항하는 원리이며, 다른 한편으로는 참으로 궁극적이고 무한한 것을 모든 조건적이고 유한한 것들로부터 해방하려는 종교적 노력이다. 따라서 개신교 원리는 결코 문화를 평가절하하지도 이상화하지도 않으며, 오직 문화 가운데 있는 종교적 실체, 영적 기초, 즉 신율적인 본질을 이해하고자 한다. 또한 개신교 원리는 결코 종교를 평가절하하지도 이상화하지도 않으며, 오직 종교를 모든 문화적 형식 안에 간접적이고 무의식적으로 존재하는 영적 실체의 직접적이고 의식적인 표현으로 해석하고자 한다.[16] 가톨릭 실체와 개신교 원리의 관계는 변증법적이며 상호 보완적이다. "개신교 원리는 가톨릭 실체를 필요로 하며, 영적 현존의 구체적인 형상화를 필요로 한다. 또한 개신교 원리는 이러한 구체적인 형상화의 악마화를 평가하는 기준이다."[17] 가톨릭 실체가 기독교와 문화 사이의 관계에 대한 모든 초자연주

---

[16]   Tillich, *The Protestant Era*, 205.
[17]   Tillich, *Systematic Theology*, vol 3, 245.

의적·이원론적 사고에 저항한다면, 개신교 원리는 모든 자연주의적·일원론적 사고에 저항한다.

이와 같은 틸리히의 문화신학과 니버의 신학 사이에는 유사점과 차이점이 함께 발견된다. 니버와 마찬가지로 틸리히는 가톨릭 실체에 의해 문화를 반기독교적인 것으로 간주하는 분리주의(문화에 대립하는 그리스도) 또는 초월주의적 타율도 거부하며, 또한 개신교 원리에 의해 기독교를 문화의 가장 높은 형태로 여기는 일치주의(문화의 그리스도), 또는 내재주의적 자율도 거부한다. 가톨릭 실체와 개신교 원리의 일치로서의 틸리히의 신율 개념은 양극적 입장 사이의 매개적 유형들을 포괄하되, 특히 니버가 제시하는 변혁주의 유형과 가장 유사하다고 할 수 있다. 왜냐하면 니버의 문화의 변혁자 그리스도 유형과 틸리히의 가톨릭 실체와 개신교 원리의 일치로서의 신율 개념 모두 창조의 본질적 선함과 실존적 타락 또는 소외, 그리고 하나님의 은혜에 의한 역사적·종말론적인 문화의 변혁과 완성이라는 변증법적인 도식을 전제하고 있기 때문이다.

그러나 두 신학자 간의 차이점도 간과될 수 없다. 니버의 변혁주의 유형은 기본적으로 문화와의 대립 관계를 전제로 하지만 틸리히의 신율 개념은 반드시 그렇지는 않다. 틸리히에게 있어 문화는 변혁되어야 할 대상이기만 한 것이 아니라 또한 그리스도가 온전히 현시되는 매개요 형식이요 장소다. 종교적 실체 없는 문화적 형식이 없듯이 문화적 형식 없는 종교적 실체도 없다. 틸리히는 문화의 변혁을 통한 신율적인 문화의 도래를 소망하면서 동시에 문화 안에 임재하는 그리스도와 성령의 현존을 바라본다. 따라서 "경계선상에 선 중재의 신학자"로서 틸리히는 니버보다 더욱 분명하게 가톨릭적인 동일성의 원리가 개신교적인 차별성의 원리와 균형과 조화를 이루어야 함을 강조한다. 또한 이러한 의미에서 틸리히는 트뢸치의 입장과 니버의 입장의 중간 또는 경계선상에 있다고 할 수 있다. 가톨릭 실체와 개신교 원리의 일치를 통한 종교적 실체와 문화적 표현 사이의 조화와 통일로서의 틸리히의 신율적 문화 유형은 니버의 유형론적 분석의 범위를 넘어서는 제6의 유형으로서 "문화의 심층에 있는 그리스도"(Christ the depth of culture) 유형이라고 명명될 수 있다.

6. 결론: 신율적 변혁주의

문화는 변혁되어야 할 대상이지만 동시에 그리스도가 현시되고 신율이 실현되어야 할 현실적인 매개와 형식과 자리다. 이 사실은 변혁주의 유형이 반드시 이 세상 문화의 긍정적 측면에 대한 인식과 양립 불가능한 것만은 아니라는 사실을 함축한다. 문화와의 관계에서 이와 같은 사실은 특히 오늘날의 토착화신학과 포스트모던 문화선교의 전략을 위하여 매우 중요하다. 왜냐하면 이 경우들에 있어서 모두 문화의 매개적 중요성이 전제되기 때문이다. 문화는 단지 변혁되어야 할 대상이 아니라 기독교 복음의 체화(embodiment)와 하나님 나라의 통치를 구현하기 위한 매개와 형식과 장소가 될 수 있다. 문제는 문화가 그 심층적 본체인 하나님 나라와 복음과의 신율적인 관계를 회복할 수 있느냐 하는 것이다.

문화가 바로 그리스도가 현시되고 하나님 나라의 통치가 신율로서 실현되어야 할 구체적인 매개와 형식과 자리라는 인식과 더불어 문화에 대한 변혁을 추구하는 변혁주의 유형을 가리켜 우리는 "신율적 변혁주의 유형"(the type of theonomous transformation)이라고 이름 붙일 수 있다. 신율적 변혁주의 유형은 다음과 같은 특징들을 갖는다.

첫째, 이 유형은 존재론적인 관점에서 문화 자체를 죄악시하고 기독교와 문화를 대립시키는 초월주의적 이원론이나 문화가 독립적으로 선과 구원의 능력을 지니고 있으며 기독교는 세상의 문화의 일부로서 다른 문화의 영역들과 동등한 입장에서 문화와 대화해야 한다는 내재주의적 일원론 둘 다를 받아들이지 않는다. 초월주의적이고 이원론적인 사고는 이 세상의 문화와 역사의 한가운데서 하나님 나라의 신율적 통치를 실현해야 하는 교회의 역사적 사명을 부정하는 반면, 내재주의적이고 일원론적인 태도는 초월적인 하나님 나라의 비전에 의해 타락한 세속의 문화를 비판적으로 변혁시켜야 하는 교회의 종말론적 사명을 약화시킨다. 신율적 변혁주의는 중도적 입장에서 이 양자를 비판적으로 극복하면서 동시에 그것들을 변증법적으로 통합하고자 한다. 즉 신율적 변혁주의는 초월적이고 종말론적인 하나님 나라의 비전 안에서 타락한 세속의 문화를 비판적으로 변혁하고자 하면서 동시에 바로 하나님 나라의 신율적 통치를 다름이 아닌 문화적 매개와 형식을 통해 이 세상의 역사 안에 구현하고자 한다.

둘째, 문화와의 관계 속에서 양극단 사이의 중도의 입장을 취하는 이 신율적 변혁주의 유형은 다양한 문화적 상황 속에서, 보다 유연한 문화신학적 입장과 문화선교 전략을 채택한다. 기독교와 문화 간의 관계는 정형화된 틀 안에서 획일적이고 무시간적으로 규정될 수 있는 것이 아니다. 초월과 내재의 대립, 유비적 공존, 상하관계, 역설과 긴장, 이 모든 관계의 유형들은 시간적 흐름 속에서 끊임없이 변화하는 다양한 상황들 속에서 모두 가능할 수 있으며(또한 모두 불가능할 수도 있으며), 따라서 기독교의 문화변혁 과업은 다양한 문화적 상황에 적합한 다양한 관계의 유형들 안에서 적절하게 수행될 수 있다. 다시 말해 교회는 특정 문화적 현실 속에서 그 현실에 적합한 특정한 관계의 유형들을 유연하게 전유함으로써 그 문화적 현실 속에 신율, 즉 하나님 나라를 구현하고자 해야 한다.

셋째, 신율적 변혁주의는 문화가 그 존재론적인 심층에 있어서 본질적으로 창조적 선함에 뿌리를 두고 있다는 사실과, 타락과 소외의 실존으로서 변혁되어야 할 대상이지만 동시에 신율의 실현을 위한 매개와 형식이며 신율이 실현되어야 할 자리라는 사실에 대한 인식에 기초하고 있다. 따라서 문화와의 관계에 있어서 단지 대립적이고 분리주의적인 영성이 아니라 포용적이고 참여적인 영성이 요구된다. 그러므로 교회는 기독교적 확신에 기초하여 능동적이고 적극적으로 문화와의 참여적인 관계에 들어가야 한다. 특히 오늘날의 다원주의적이고 포스트모던적인 시대에 요청되는 선교이론은 적대적인 문화전쟁론이 아니라 대화적인 문화참여론이라고 할 수 있다. 과거의 그 어느 때보다도 오늘날의 포스트모던 문화시대에서는 타율적 지배와 통제가 아닌 자율적 응답을 유도하는 대화적이고 참여적인 선교전략이 요청된다.

넷째, 신율적 변혁주의는 기독교적 신앙과 세계관을 가지고 오늘날의 다원적이고 포스트모던적인 문화의 흐름을 정확하게 파악하고 문화를 매개로 하는 모든 가능한 전략과 방법을 통해 기독교의 진리를 전파하고 문화를 변혁시켜 나아가야 한다. 교회는 세상의 문화 속에 기독교 문화를 확장시켜 나아가기 위한 구체적이고 효과적인 전략을 수립해야 한다. 그러기 위해서 교회는 국가, 경제, 문화, 기술과학, 예술, 문학, 각종 엔터테인먼트 문화(영화, 연극, 레저, 스포츠 등)와 같은 다양한 공적 영역들에 적극적으로 참여할 필요가 있으며, 경우에 따라서는 다른 비기독교적인 진영들과의 부분적인 연대의 전략도 필요하다. 교회는 다원적인 문화의 공적인 영역에서 이해 가능한 방식으로 기독교의 진리를 변증하고 보다 효과적으로 하나님 나라를 구현하고 신율을 실현하기 위한 문화선교전략을 다각도로 수립해야 한다.

다섯째, 신율적 변혁주의는 기독교 교회와 문화 양자에 대한 해석학적 이해에 기초하여 이 둘 사이의 상호비판적인 상관관계 안에서의 해석학적 지평융합을 통한 상호변혁을 추구한다. 비문화적 기독교와 비기독교적 문화가 존재하는 것이 아니라 기독교 문화와 비기독교 문화가 존재한다. 예수 그리스도의 탄생이 인간의 육신을 입고 세상에 성육신(incarnation)한 사건이라면, 기독교와 교회의 탄생 자체가 문화 안에서 발생한 종교-문화적 사건이라고 할 수 있다. 물론 이 종교-문화적 사건은 소외와 타락의 실존으로서의 세상의 문화를 변혁하고 구원하기 위한 하나님의 초월적인 계시 행동으로부터 말미암는다. 하지만 기독교 문화는 단지 진공 상태에서 위로부터 수직적으로 주어지고 단번에 완결되는 것이 아니다. 그것은 통시적으로는 선험적인 전통문화의 영향사와, 공시적으로는 동시대적인 삶의 세계(Lebenswelt)로서의 세상 문화와의 상관관계 속에서 끊임없이 새롭게 형성되어간다. 따라서 세상의 문화뿐만 아니라 기독교 문화도 역사적 상대성의 운명으로부터 완전히 자유롭지 못하다. 더욱이 과거 서구 기독교의 역사와 현재의 세계교회 현실이 보여주듯이, 세상의 문화뿐만 아니라 기독교 문화도 역사적 모호성과 왜곡의 가능성으로부터 결코 면제되어 있지 않다. 기독교 문화와 세상 문화의 관계가 단순히 일방적이고 전투적이 아니라 상호적이고 대화적이어야 할 이유가 여기에 있다. 교회는 세상과의 상호적인 대화를 통해 세상을 변혁시킴과 아울러 자신의 변혁 가능성에 늘 겸손히 열려 있어야 한다.

마지막으로, 교회는 자신이 먼저 자기반성을 통해 끊임없이 새롭게 개혁되어야 한다. 개혁되지 않는 교회는 세상을 변혁할 수 없다. 기독교의 자기비판과 변혁의 궁극적 원리는 예수 그리스도이며, 예수 그리스도가 선포한 하나님 나라다. 예수 그리스도의 하나님 나라 복음은 가장 근본적이고 영속적인 변혁의 원리다. 이 원리의 빛 아래에서 교회가 먼저 자신을 끊임없이 개혁해 나아갈 때, 교회는 세상을 변혁시키는 예수 그리스도의 교회가 될 수 있다. 무엇보다 예수 그리스도의 십자가는 하나님 나라의 복음의 능력이 무엇인지를 분명히 보여준다. 그것은 자기희생적인 사랑의 힘이다. 교회는 세상 문화와의 관계에 있어 기독교의 가장 근본적인 변혁의 원리와 능력이 일방적이고, 강제적이고, 패권적인 힘에 있는 것이 아니라, 대화적이고, 설득적이고, 자기희생적인 섬김과 사랑에 있다는 사실을 다시 한번 기억해야 한다. 예수 그리스도의 십자가의 길만이 세상을 변혁하고 구원하는 가장 강력하고 효력 있는 교회의 능력이요 선교전략이다.

제11장

그리스도인의
정치적 실존

1. 서론

400여 년의 역사 속에서 개신교는 기독교 신앙의 역사적 상황과 정치적 위임을 규명할 수 있는 두 가지 서로 다른 신학적 개념들을 발전시켰다. 이 두 개념은 루터교의 "두 왕국론"과 개혁교회의 "그리스도 주권론"이다. 독일에서 이 두 교리는 국가사회주의 독재(나치)하에서 교회가 투쟁하고 있는 동안 국가에 대하여 개신교 교회가 취했던 태도에 잘 반영되었다. 두 왕국론에 기초하여 루터교 국가교회는 1935년의 안스바흐 신조(Ansbach Decree)에 명시한 바와 같은 "중립적 입장"을 표방한 반면, 고백교회는 삶의 전체 영역을 규정하는 그리스도 주권론에 근거하여 1934년의 바르멘 신학선언에 나타나는 바와 같은 저항의 입장을 취했다.

전후 오늘에 이르기까지의 개신교 교회의 정치와 사회윤리에 대한 현격한 입장 차이도 이러한 두 상이한 개념에 그 뿌리를 두고 있다. 핵무장 문제, 낙태 문제, 사유재산 통제문제, 인종차별 문제, 성차별 문제, 자연환경 파괴문제, 후진국 발전을 위한 원조문제 등에 대하여 두 입장 간의 차이가 오늘날도 뚜렷하다. 한편으로 두 왕국론 진영에서는 이런 문제들이 비신학적인 것으로서 "세상 왕국"의 영역으로 넘겨져 오직 정치적 이성과 합목적성의 관점에서 다루어져야 할 것으로 규정된다. 다른 진영에서는 그러한 정치적 결정들을 그리스도의 주권 아래서의 제자도의 의미 안에 위치시키려고 노력한다. 또한 이와 같은 두 가지 상이한 기독교의 정치적 실존과 입장을 극복하기 위한 제3의 대안으로서, 로마 가톨릭과 개신교 일각에서는 "정치신학적 윤리"가 대두, 발전되고 있다.

이처럼 상반되는 신학적 윤리의 모델들은 근본적으로 복음과 신앙 자체에 대한 서로 다른 이해에서 비롯된다. 따라서 서로 다른 신학적 입장들을 검증하고 살펴봄으로써만 우리는 교회와 신앙이 취할 올바른 정치적 방향의 수립을 위한 변화를 모색할 수 있을 것이다. 다시 말해 신앙과 정치와의 관계는 단지 윤리의 문제가 아니라 근본적으로 신학 자체의 문제다. 진정한 기독교 신앙이 무엇인지 알아야 우리는 그것을 정치적인 문제들에 올바로 연관시킬 수 있으며, 참된 교회가 무엇인지 알아야 우리는 교회와 국가의 관계를 올바른 방향으로 이끌어나갈 수 있다.

이 글은 이미 언급된 세 부류의 신학적 개념의 중요한 요점들을 소개하고 비교함으로써, 오늘날 우리의 역사적 현실 속에서 어떻게 기독교 신앙이 정치와, 교회가 국가와, 그리스도가 사회와 연관되어야 할 것인가에 대한 비판적이고 건설적인 전망을 제시하고 그리스도인과 교회의 정치적 실존을 올바로 규명하기 위한 신학적 기초를 제공하고자 한다.

2. 루터의 두 왕국론

A. 루터의 두 왕국론의 이중적 내용

루터의 두 왕국론은 조직적인 구조를 가지기는 했으나 사색적인 사고의 산물이라기보다는 실천적 목회의 산물이다. 그의 두 왕국론에 역설적이고 개념규정이 어려운 애매모호한 면들이 포함된 것은 이 때문이다.[1] 루터는 아우구스티누스회 수도사였다. 특히 루터의 초기 저술들에는 하나님의 도성(*civitas Dei*)과 악마의 도성(*civitas diaboli*) 사이의 충돌을 이야기하는 아우구스티누스 전통이 그대로 받아들여져 있다. 도성(*civitas*)이란 단어는 왕국 또는 영역(*regnum*)이란 단어와 같은 의미인데, 예루살렘과 바벨론, 가인과 아벨, 선과 악, 하나님과 악마는 언제나 충돌 관계에 있는 두 왕국이다. 이러한 두 왕국 사이의 충돌이 세계역사를 지배하듯이, 그리스도인의 개인적인 삶에서도 육과 영, 죄와 의, 죽음과 생명, 불신과 신앙이 끊임없이 충돌한다. 옛사람이 죽고 영 안에서 다시 거듭나고자 하는 신앙의 투쟁은 몸의 부활을 통하여 죄의 세력이 정복되고 생명의 승리 안에 죽음이 삼켜질 때 비로소 종결될 것이다.

젊은 시절의 루터는 세계사, 교회사, 개인의 역사를 말할 때 언제나 하나님의 도성과 지상의 도성(*civitas terrena*), 그리스도의 왕국과 악마의 왕국, 그리스도의 몸과 마귀의 몸, 신앙과 죄, 영과 육이란 대립 명제의 관점에서 말한다. 그러나 넓은 의미에서 보면 이것은 서로 나란히 병존할 수 있는 두 가지 다른 차원 또는 두 가지 분리된 영역의 문제가 아니라 하나의 창조세계와 동일한 인간 안에서의 충돌, 모순, 투쟁의 문제이다.

루터의 두 왕국론은 직접적으로는 아우구스티누스의 『하나님의 도성』(*De Civitate Dei*)에 나타난 사상을 받아들인 것이지만 근원적으로는 예언자 다니엘이 기술한 고대 유대교의 묵시문학적 역사관을 수용한 것이다. 여기서는 이스라엘의 역사뿐 아니라 세계사 전체가 두 시대의 충돌

---

1 Martin Luther의 두 왕국 교리는 1523년의 "Temporal Authority: To What Extent It Should be obeyed," 1526년의 "Whether Soldiers, too, Can be Saved," 1532년의 "The Sermon on the Mount" 등에 산발적으로 나타난다.

에 의해 규정된다. 이 세상의 짐승 같은 통치자들이 지배하는 불의의 시대는 새로운 하나님의 의의 영원한 시대에 의해 정복되고 소멸할 것이다. 역사 안에서 이방인은 이스라엘의 하나님의 백성을 대항하여 싸우고 불신의 죄인들은 하나님을 신뢰하는 의인들을 대항하여 싸운다. 전체 역사가 마지막 시대에 도래하는 종말론적 투쟁의 싸움터일 뿐만 아니라 신자 개인의 삶도 역시 그러한 싸움터다.

그러나 하나님의 통치와 악의 통치 사이의 충돌을 말하는 두 왕국론이 단지 이러한 묵시문학적 세계관만을 계승한다면 그것은 아직 기독교적이라고 할 수 없다. 오직 이 충돌이 그리스도의 오심과 신앙의 도래로부터 초래될 때, 그리고 그리스도와 신앙 자체가 종말론적인 충돌의 원초적인 요인이 될 때, 이 두 왕국 교리는 단순히 정치적이 아닌 기독교적인 기반을 갖게 된다. 따라서 그리스도의 왕국을 위하여 두 왕국의 충돌이 이야기되어야 한다.[2]

루터의 두 왕국론은 이중적인 내용을 갖는데, 이는 그가 "세상"이라는 단어에 대하여 양가 감정적인 개념을 갖기 때문이다. 루터는 어떤 곳에서는(초기의 저작에) 하나님의 말씀에 대하여 마음을 닫고 하나님을 증오하면서 사는 사람들을 가리키거나 죄, 악마, 사탄의 자식들이 권세를 잡은 영역을 기술하는 데 "세상"이란 말을 사용한다.[3] 그러나 다른 곳에서는(후기의 저작에) "세상" 또는 "세속"을 "지상"이란 말과 동일하게 사용한다. 이런 의미에서 그리스도인은 이 세상의 시민이다.[4] 이 세속의 삶과

---

2   Gerhard Ebeling, "Die Notwendigkeit der Lehre von den zwei Reichen," *Wort und Glaube I* (Tübingen, 1960), 407-28.

3   Martin Luther, *Temporal Authority: To What Extent it should be obeyed*, Luther's Work (이후 LW로 표기) Vol. 45 (Philadelphia: Fortress Press, 1962), 113.

4   M. Luther, *The Sermon on the Mount, LW*. Vol. 21, 86.

그것을 구성하고 있는 신분들은 하나님에 의해 제정되었다. 이와 같이 루터는 "세상" 혹은 "세속"의 의미를 "하나님의 원수"로서의 의미로 사용하기도 하며, 또 단순히 "현세적", "지상적", "육체적"이란 의미로 사용하기도 한다. 이러한 이중적 의미는 다음과 같은 사실을 함축적으로 표현한다고 볼 수 있다. 즉 타락한 세상이 하나님을 대적하여도 여전히 세상은 하나님의 세계이며, 비록 사탄이 이 세상의 주가 되었으나 세상은 아직도 하나님의 창조세계다. 결과적으로 세상은 자기모순 가운데 있다. 세상은 하나님을 떠났으나 신실하신 하나님은 세상을 저버리지 않으신다. 세상은 하나님 안에 있는 자신의 근원을 떠나 죄로 인하여 멸망에 빠졌다. 그러나 세상이 아직 존립하고 있다는 사실은 하나님께서 이 세상의 배역에도 불구하고 인내와 은혜 가운데 세상을 보전하고 계심을 보여준다. 마찬가지로 모든 인간은 피조물인 동시에 죄인이다.

그리스도의 왕국은 악마의 왕국과 투쟁하지만, 세상을 자기모순으로부터 구원하여 다시 하나님의 선한 창조세계로 만들기를 원한다. 따라서 그리스도의 통치는 악마의 왕국으로서의 이 "세상"에는 대적하지만, 그리스도에 상응하는 하나님의 창조세계로서의 세상 편에 선다. 모든 세상적인 것 안에 하나님을 대적하는 요소와 하나님의 피조물적 요소가 서로 나눌 수 없이 결합되어 있기 때문에 그리스도의 왕국은 세상의 왕국(regnum mundi)과 이중적인 관계에 있다. 에벨링은 바르트와 더불어 이 이중적 관계성을 "상충과 상응"의 관계로 규정했다. 상충의 관계란 세상의 왕국이 악마의 왕국 혹은 바벨론의 도성으로서 그리스도의 왕국과 맞설 때의 관계이며, 상응의 관계란 세상의 왕국이 피조적·지상적·시간적 세상으로서 도래하는 영원한 하나님 나라를 가리킬 때의 관계다.[5] 신자들도 마찬가지다. 죄인으로서 그들은 하나님과 상충하며, 의롭게 된 자로서 그들은 창조주에게 상응한다. 역사가 계속되는 한 그들은 지속적으로 이 양면성을 동시에 지니며, 따라서 늘 자신과의 투쟁 속에 있다. 그래서 그들은 "주여, 내가 믿사오니 나의 믿음 없음을 도우소서"라고 기도한다.

세상과 인간을 두 부분, 즉 하나님과 상충하는 부분과 하나님에게 상응하는 부분으로 나누려고 하는 것은 잘못이다. 본래 두 왕국론은 추종자들이 종종 그렇게 하였음에도 불구하고, 그렇게 나누려고 의도하지는 않았다. 두 왕국론은 세상과 인간의 두 전체적 측면, 즉 하나님과의 상충 및 상응의 두 관점에 더욱 관심을 기울였다. 언제나 전체적인 세상과 통전적인 인간이 문제시되었다. 상충과 상응은 하나님 나라의 궁극적 현재에 이르기까지 갈등 관계 속에 있다.

그러나 어쨌든 우리는 루터 자신에게서 이중의 구분을 발견한다. 첫 번째는 하나님의 왕국과 악마의 왕국, 영과 육, 참된 신자와 사탄의 종 사이의 구분이다. 두 번째는 창조자에 대한 피조물의 상응인데, 즉 창조세계는 일시적이며 하나님은 영원하고, 창조세계는 역사적이며 하나님 나라는 미래이고, 창조세계는 영원한 진리의 그림자와 표적으로 가득 차 있고 하나님의 영광은 완전하다는 것이다. 여기에는 하나님과 상충되는 요소가 없다. 악마의 왕국과의 투쟁 속에서 그리스도의 왕국은 피조물과 동일시함이 없이 자신의 사역을 위하여 정치, 경제, 가정, 예술, 그리고 학문 등의 영역에서 피조물의 상응성을 취한다. 그러므로 루터는 종종 "모든 질서는 그의 신학을 표현하는 도구와 표상으로서 하나님으로부터 나

---

5   Gerhard Ebeling, op.cit., 422.

온 것이다"라고 말하였다.[6]

　　따라서 세상의 전체 역사를 지배하는 하나님의 왕국과 악마의 왕국 사이의 큰 구분 안에서, 두 왕국 교리는 또한 구원하는 그리스도의 왕국과 보전하는 세상의 왕국 사이를 재구분한다. 즉 사탄의 힘을 제한하고 와해시키기 위해 하나님은 서로 다른 두 통치권을 세우셨는데, 영적 통치권과 세속적 통치권이 그것이다.

B. 그리스도의 왕국(영적 정부)과 세상 왕국(세속적 정부)

하나님은 세상을 통치하시고 악마의 왕국을 무찌르기 위해서 두 가지 정부를 수립하셨는데, 그것은 곧 영적 정부와 세속적 정부다.[7] 세속 정부는 외형적 세속의 의를 보전하며, 물질적·지상적·현세적 삶을 유지함으로써 세상을 보전한다. 영적 정부는 인간으로 하여금 참다운 그리스도인의 의를 성취하도록 도우며 영생을 얻게 함으로써 세상의 구원에 이바지한다. 하나님은 전 세계에, 하나님을 믿지 않는 이방인에게도 세속 정부를 주신다. 그러나 영적 정부는 오직 하나님의 백성들에게만 주신다.

　　이 영적 정부는 하나님 나라, 곧 은혜의 나라를 도래시킨다. 하나님의 은혜는 그리스도 안에 있다. 그러므로 이 나라는 그리스도의 나라다. 그리스도는 이 나라의 "왕과 주님"이시다.[8] 그리스도는 죄와 죽음에 갇혀 있는 사람들에게 은혜와 복음을 전달함으로써 그의 통치권을 행사하신다. 이 은혜와 복음 안에는 죄의 용서와 함께 하나님의 자녀들의 자

6　　Ernst Wolf, "Politia Christi," *Peregrinatio*, Vol. 1 (Munich, 1954), 214 이하 참조.

7　　M. Luther, *Temporal Authority: To What Extent it Should be obeyed*, 91.

8　　Ibid., 88.

유가 포함되어 있다. 이 자유는 정죄하는 율법으로부터의 자유며, 하나님의 율법으로부터의 자유며, 모든 사탄의 권세와 이 피조세계의 권세로부터의 자유다. 그리스도의 통치는 성령을 통하여 인간의 마음속에 행사하시는 주권이다.[9] 이 나라에서는 폭력이 용인되지 않으며 모든 것이 복음의 말씀 안에 내재하고 있는 성령의 강권하는 능력을 통하여 자발적으로 행하여진다. 이 능력은 하나님의 말씀의 "영적 검"이다. 결과적으로, 그리스도의 주권은 결코 이 세상의 제도나 질서일 수 없으며 그것은 인격적 실재다.

다른 한편, 그리스도의 나라를 세우신 하나님께서 또 하나의 나라 곧 세속 왕국을 세우셨다. 그리스도는 이 세속 왕국에 참여하지 않는다. 세속 왕국도 넓은 의미에서 하나님 나라이기는 하나 그리스도의 왕국은 아니다. 그러나 이 세속 정부도 역시 분명히 하나님의 뜻과 질서다.[10] 세속적 통치자들과 백성은 모두 하나님의 창조와 보전의 질서 안에 있다. 하나님께서는 친히 세속 정부를 세우시고 보전하시며, 친히 그 속에 현존하시며, 세속 정부를 통하여 다스리시고 말씀하시고 정의를 집행하신다. 그러므로 이 정부에 불순종하고 반항하는 것은 하나님께 불순종하고 반항하는 것이다. 하나님께서는 이 정부에 특별한 과업을 주셨는데, 그것은 백성들을 그들 동포의 폭력과 야만적 이기심에 의한 착취로부터 보호하는 것이다. 정부는 법을 제정하고 법을 범하는 죄인들에게 벌을 주기 위해 검의 힘을 사용함으로써 법과 질서를 보전한다. 만일 그렇게 하지 않으면 온 세상은 악해져서 사람들은 피차 물고 뜯게 되고 천에 하나의 신자도 드물게 될 것이다. 야수들을 인간으로 만들고 또 인간이 야수가 되

---

9   Ibid., 93, 100-101.
10   Ibid., 101.

지 않도록 방지하는 것이 세속 정부의 기능과 명예다. 세속 정부는 이렇게 평화의 귀한 선물을 보전한다.

그러므로 우리는 생명 없이 살 수 없는 것 같이 (세속)정부 없이 살 수 없다. 루터에게 있어서 세속 정치는 정치 당국과 정부의 이상을 포함한다. 즉 지상의 삶을 보전하는 데 필요한 모든 것들, 곧 결혼, 가정, 재산, 사업 그리고 하나님께서 제정하신 모든 신분과 직업을 포함한다.[11] 루터는 이 모든 것을 은혜, 하나님의 말씀, 영적 실재로부터 구별하여 외적인 것, 우리 몸, 세속의 검(劍)과 관련된 것으로 본다. 이 세속 정부는 그리스도의 나라와 함께 나란히 필요하다. 왜냐하면 이 세상 안에는 믿는 자와 믿지 않는 자가 함께 공존하고 있으므로 이 세상을 복음으로만 다스릴 때는 무질서가 발생되기 때문이다. 세속 정치는 검의 힘을 통하여 사회 조직을 파괴하고 혼란케 하는 악을 억제하고 현세의 삶을 유지한다.

이상을 요약해보면, 그리스도의 영역에서 하나님은 본질적으로 인간 영혼의 내적인 통치를 통해 인간을 영원한 생명으로 인도하고자 하신다. 그러나 세속 영역에서 하나님은 지배자들에게 검을 주어 인간의 외적 행동을 다스리게 하고 질서를 유지하게 하신다. 하나님은 그리스도의 영역에서는 구원자로서, 세속적인 영역에서는 창조자와 보전자로서 역사하신다. 그리스도의 영역은 사랑과 신앙이 지배하고 세속적 영역은 정의가 지배한다. 전자에서는 용서가 지배하며 모든 것이 자발적인 데 반해, 후자에서는 법과 정의를 보전하기 위해 강압적인 힘과 보복과 징벌이 행사된다. 그리스도의 왕국에서 그리스도는 그의 성령을 통해 복음으로 인격적인 통치를 하는 반면, 세속 영역은 그리스도의 복음의 말씀이나 성령

---

11   M. Luther, *The Sermon on the Mount*, 29.

이 아니라 이성이 통치한다. 세속 왕국은 세상의 의(*justitia civilis*)를 가지나 그리스도의 왕국은 하나님의 의(*justitia Dei*)를 갖는다. 세속 왕국에서는 검이, 영적 왕국에서는 말씀이 통치한다. 세속 왕국에서는 율법, 선행, 이성, 징벌하는 검과 선행에 대한 보상이 타당하며, 그리스도의 영역에서는 오직 은혜, 칭의, 그리고 신앙만이 타당하다.[12] 세속 왕국에서는 인간이 일시적 안녕을 돌보지만, 영적 왕국에서는 하나님이 영원한 구원을 베푸신다.

C. 그리스도 왕국과 세속 왕국의 이중적 관계: 구별과 상호의존

루터의 두 왕국론을 이해함에 있어 명심해야 할 것은 이 두 왕국이 완전히 분리된 두 영역이 아니라는 사실이다. 두 왕국론은 이 두 영역을 분리하지는 아니하고 온전히 구별함을 목적으로 한다.[13] 그리스도의 영적 영역으로서의 교회와 세속 영역으로서의 국가는 모두 하나님의 주권에 종속되며 둘 다 하나님의 정부다. 다만 하나님의 주권을 행사하는 양식과 방법이 매우 다르다. 두 영역은 그 목적과 기능에 있어서는 다르지만 하나님 안에서 통일을 이루며 함께 하나의 전체를 형성한다.

    그러나 루터의 사상은 시종 일관된 입장이 아니라 변화의 과정을 보여주기 때문에 혼란을 불러일으키기도 한다. 두 왕국 교리를 포함하는 최초의 글인 "세속 권위에 대하여"(1523)에서는 두 왕국을 서로 대

---

12   H. T. Kerr, *A Compend of Luther's Theology* (Philadelphia: The Westminster Press, 1972), 213.

13   Helmut Thielicke, *Theological Ethics*, Vol. I, ed. by William H. Lazareth (Philadelphia: Fortress Press, 1966), 568.

립적인 것으로 보아 참신자는 하나님의 왕국에 속해 있고 그리스도 아래 있으며, 신자가 아닌 사람은 모두 세상 나라에 속해 있고 율법 아래 있다고 하였으나,[14] "군인들도 구원을 받을 수 있는지에 관한 글"(1526)에서는 하나님께서 두 왕국을 세우셨으며 하나는 영적 왕국이고 다른 하나는 세상 왕국인데, 이 둘은 모두 하나님이 세우신 신성한 것이라고 기록하고 있다.[15] 초기의 글 "세속 권위에 대하여"에 나타난 두 왕국 사상은 하나님 나라와 세상 나라의 기본적 대립에 기초하고 있는 아우구스티누스의 하나님의 도성과 악마의 도성이라는 두 도성론의 입장을 따르고 있는 것으로 보인다. 그러나 루터가 결혼과 재산 등을 포함시키는 보다 넓은 의미에서의 세속 정부에 관하여 언급하면서부터 그는 이를 더 이상 악한 세력과 동일시할 수 없게 되었다. 그는 결혼과 재산은 낙원에서 제정되었고 본래 죄악이나 타락과 아무 관계도 없다고 보았다. 그러므로 이제는 세속 나라가 이 지상의 삶을 보전하는 데 이바지하는 지상의 나라로 이해된다. 두 정부는 더 이상 두 개의 별개의 집단, 즉 신자의 집단과 불신자의 집단으로 취급되지 않는다. 두 정부는 하나의 동일한 삶의 두 다른 영역 속에 있는 하나님의 자녀들의 삶에 영향을 준다. 그리스도인은 두 정부 안에 산다. 그 역시 이 세상의 시민이다. 그러므로 그리스도인은 세속 정부를 필요로 하지 않는다고 말할 수 없다. 세속 정부는 인간에게 주신 하나님의 축복이다. 하나님은 두 정부를 다 수립하셨다. 세속 정부는 악마의 도성이 아니요 오히려 악마를 대적하기 위하여 세워진 하나님 자신의 일이요 신적인 제도며 창조다. 하나님께서는 동일하게 이 두 정부 안에 계시지만 각기 다른 방식으로 역사하신다. 하나님 안에서의 이러한 전체적 통

---

14   M. Luther, *Temporal Authority*, 88-90.
15   M. Luther, *Whether Soldiers, too, Can be Saved*, *LW*. Vol. 46, 99-100.

일 안에서 두 영역은 상호 구별적인 동시에 상호 보완적이다.

구별점은 다음과 같다. 우선 영적 정부는 세속 정부보다 높은 지위에 있다. 왜냐하면 세속 정부는 오직 이 지상의 삶에만 이바지하고 현세의 삶과 함께 소멸되는 반면, 영적 정부는 영원한 삶에 이바지하며 하나님의 궁극적인 목적을 성취하는 데 공헌하기 때문이다.[16] 그리스도의 나라에서는 사랑과 말씀과 성령이 지배원리고 모든 것이 자발적이며, 용서로써 통치한다. 그러나 세속 정부에서는 강제력을 가진 정의와 이성이 지배원리며, 검과 보복과 형벌로써 통치한다. 그리스도의 나라에서는 하나님 앞에서 모든 백성이 하나이며 평등하다. 그러나 하나님은 세속 정부에서는 인간들 사이에 차별을 두어서 위의 권위에 순종하도록 하셨다.

두 정부는 이처럼 구별되기는 하지만 둘 다 하나님의 주권에 속하며, 각기 독립적이지만 동시에 서로를 필요로 한다. 그리스도의 나라는 세속 정부의 다양한 기능을 떠나서 홀로 존재할 수는 없다. 왜냐하면 결혼 제도는 새로운 기독교 회원을 만들어내고 정치 당국은 그리스도인이 그의 임무를 수행하는 데 필요한 평화를 지키기 때문이다. 이 세상에 악의 세력은 계속해서 존재한다. 따라서 정치적 권위를 거부하고 모든 것이 복음으로부터 나올 것을 기대하는 것은 "사나운 야수를 매어놓은 밧줄을 풀어주는 것과 마찬가지"다.[17]

또한 세속 정부도 영적 정부를 필요로 한다. 만일 사회가 영적 정부가 공급해주는 하나님에 관한 지식과 진리를 가지고 있지 않다면 그 사회는 법과 질서를 적절히 유지할 수 없다. 오직 복음의 선포만이 우리들로 하여금 세속 정부와 사회의 다양한 신분을 하나님의 일과 뜻으로

---

16   M. Luther, *Sermon on the Gospel of St. John, LW*. Vol. 24, 229.

17   M. Luther, *Temporal Authority*, 91-92.

적절히 인정하고 존중하게 해준다. 세속 정부는 인간의 외적 행동을 강제하고 바르게 할 수는 있으나 마음을 의롭게 만들 수는 없다. 세속 정부만으로는 하나님을 향한 올바른 태도 없이 외형적으로 순종하는 위선만을 만들어낼 뿐이다.[18]

이처럼 두 정부는 서로 구별되면서도 상호 연관되어 있다. 루터는 특히 이 둘을 혼합하려는 입장들을 비판했다. 예를 들면, 그는 로마 가톨릭의 교황들이 이 둘을 혼합하는 죄를 범했으며, 열광주의자들 역시 세속 정부를 위한 법의 기원을 복음으로부터 찾고자 하면서 이 둘을 혼합했으며, 농민들 역시 복음의 이름으로 사회적 요구를 하면서 이 두 왕국을 혼동했다고 비판했다. 또한 루터는 교회를 지배하려는 세속 군주들과 정치 당국자들도 정죄하였다. 루터에 의하면 두 왕국은 근본적으로 하나님의 통치 아래 있으며 서로를 떠나서 존재할 수 없는 상호 의존 관계에 있다. 그러나 양자의 영역과 질서는 분명히 구분된 것이므로 서로 통합되거나 어느 한쪽이 다른 한쪽을 지배할 수는 없다. 세속 권세자는 결코 하나님의 왕국과 영적 영역을 침해할 수 없으며, 또한 영적 세계 역시 세속적 영역을 침해해서는 안 된다. 왜냐하면 복음으로 이 세상을 통치할 수는 없기 때문이다.

D. 루터의 두 왕국론에 대한 평가와 비판

이상과 같은 루터의 두 왕국 이론은 다음과 같이 도식화될 수 있다.[19]

---

18 Ibid., 92.

19 Jürgen Moltmann, *On Human Dignity, Political Theology and Ethics* (Philadelphia: Fortress Press, 1984), 73.

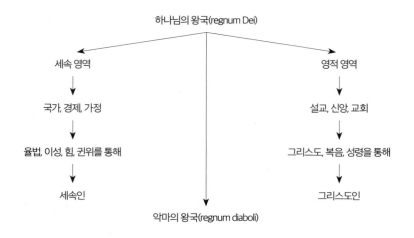

이 도식에 나타나는 두 왕국 간의 관계는 두 가지 관점에서 설명될 수 있다. 첫째, 영적 영역에서 세속적 영역을 바라보면 이렇게 구별된다, 즉 이쪽은 성령, 저쪽은 무력, 이쪽은 신앙, 저쪽은 행위, 이쪽은 복음, 저쪽은 율법이다. 둘째, 그러나 하나님 나라에서 악마의 왕국을 바라보면 세속적 영역과 영적 영역은 더욱 밀접하게 가까워진다. 즉 하나님은 이 두 영역을 통하여 사탄의 세력과 투쟁하는데, 이쪽에서는 말씀과 믿음을 가지고, 저쪽에서는 질서와 평화와 법을 가지고 싸우신다. 이처럼 루터는 세속 왕국과 그리스도의 왕국을 하나는 사탄적인 것으로, 다른 하나는 하나님의 것으로 보지 않고 둘 다 하나님으로부터 나오는 것이며 하나님의 창조와 섭리의 각기 다른 방식이라고 보았다. 이 점에서 우리는 루터가 아우구스티누스를 넘어섰다고 볼 수 있다.

그러나 루터의 이중적 의미(즉 하나님 나라와 사탄의 나라의 구분과, 그리스도의 나라와 세속 나라의 구분)의 두 왕국론이 아우구스티누스의 이원론적인 두 왕국 개념을 넘어섰다고는 하지만 여전히 루터에게는 이원론적인 사상이 잔존하고 있다. 루터에게 있어 그리스도인은 이중적인 역설적 정체성을 갖고 있다. 즉 그는 영적 나라의 시민인 동시에 세속 나라의 시민이다.[20] 엄밀히 말하면 그는 먼저 이 세상 나라의 시민으로 태어나고 그 후에 하나님 나라의 시민이 된다. 그러므로 그는 두 정부의 시민이며, 두 왕을 갖는다. 하나는 세상의 군주요, 다른 하나는 영적 나라의 왕이다. 그리스도인은 외적 삶에서는 군주에게, 내적 삶으로는 신앙으로 그리스도에게 충성을 다해야 한다. 신앙 안에서 인간은 그리스도인이 되고 행위 안에서는 세속인이 된다. 하나님 앞에서는 오직 신앙만이 도움이 되고 이웃 앞에서는 오직 선행만이 도움이 된다. 루터에게 있어서는 하나님이 신자를 그리스도인과 세속인으로서 복음과 율법이란 두 왕국의 영역에 두신 것으로 나타난다. 하나님은 영적 영역에서는 그리스도와 신앙을 통하여 지배하시고, 세속 영역에서는 그리스도 없이 율법을 통해 지배하신다.

이러한 이원론적인 사고는 루터와 루터교 신학자들로 하여금 불의한 국가와 경제의 구조에 순응하도록 하였다. 루터에게 있어 복음은 이 세상에서 새로운 질서를 창조하기보다는 이미 현존하는 질서(국가, 경제, 가정 등)를 하나님의 질서로 존중하고 보전할 것을 요구한다. 물론 루터는 그리스도인이 이 세상 속에서 살아야 하며 이 세상의 삶을 위하여 필요한 직임과 책임을 받아들여야 한다고 했다.[21] 그는 또한 그리스도인이 올바른 신앙을 가지고 있다면 복음을 공격하는 세력이 왕이든 교황이든 간에 어떤 희생을 치르더라도 진리를 굳게 지켜야만 한다고 하였다.[22] 그러나 루터는 이러한 경우에도 그리스도인이 정부에 능동적으로 저항하는 것은 금지하였다. 다만 그리스도인은 불의한 정부에 대하여 불복종함으

---

20   M. Luther, *The Sermon on the Mount*, 109.

21   Ibid., p. 113.

22   M. Luther, *Treaties on Good Works, LW*. Vol. 44, p. 112.

로써 진리를 지켜야 하며, 정부의 권력에 의한 모든 핍박을 달게 받아야한다. 그리스도인은 이러한 능욕에 저항할 것이 아니라 참아야 하며, 유일한 다른 선택은 이민을 가는 것이다.[23] 오직 하나님만이 정부의 유일한심판자이기 때문에 혁명과 반항은 하나님의 재판권을 침해하는 것이다.

이처럼 루터는 세속 권력에 대하여 묵종주의적 경향을 보여준다.그의 두 왕국론은 상호 배타적인 두 개의 윤리 규범, 즉 개인적인 그리스도인에게는 산상수훈에 입각한 철저한 윤리를 요청하나, 사회 속에서는타협된 표준을 요구한다고 비판을 받는다. 개인적·영적 영역과 사회적·세속적 영역 사이의 극단적인 분리는 결국 묵종주의를 초래한다. 따라서루터는 기존질서와 구조의 변화보다는 지속을, 저항보다는 복종을 강조하는 보수적 경향을 보여준다. 루터의 이원론적인 두 왕국론에서는 세속왕국의 변혁을 위한 구체적인 기독교적 윤리 기준이 결여되어 있으며 이세속 왕국에서의 정의의 기준이 없다. 그것은 단지 세속 윤리나 세속 질서의 정의를 승인할 뿐이다. 그것은 주어진 사실만을 고려하는 현실주의를 기독교 윤리 안에 들여옴으로써 세상을 변혁시키는 희망을 불러일으키지 못한다. 여기에 루터의 두 왕국론의 문제점이 있다.[24]

---

23   M. Luther, *Temporal Authority*, p. 112.

24   틸리케는 루터의 두 왕국론에 내포된 잠재적 위험성을 세 가지로 지적하는데, 첫째 이중 윤리의 위험성, 둘째 세속화의 위험성, 셋째 조화화(harmonization)의 위험성이 그것이다. Helmut Thielcke, *Theological Ethics*, Vol. I, ed. by William M. Lazareth (Philadelphia: Fortress Press, 1966), pp. 364-382.

3. 개혁교회의 그리스도 주권론

A. 칼뱅에 있어서 교회와 국가

그리스도의 주권이 이미 모든 삶의 영역에 임재해 있으며 따라서 어디서든지 그리스도인을 제자도로 부르신다는 그리스도 주권설은 개혁교회 전통으로 전해 내려오고 있다. 이런 개혁교회 전통은 칼뱅의 교회와 국가에 대한 사고로부터 기원한다. 이제 칼뱅에 있어서 교회와 국가의 관계를 아우구스티누스로부터 루터에 이르는 두 왕국 사상의 맥락에서 살펴본다.

1) 두 왕국: 영적 정부(교회)와 세속 정부(국가)

칼뱅은 『기독교강요』 III,xix,15[25]에서 인간은 이중적인 정부(*duplex in homine regimen*) 아래 산다고 하였다. 그는 두 정부를 이렇게 묘사한다.

> 인간에게는 이중적인 정부가 있는데 하나는 영적 정부로서 양심이 경건의 교육을 받으며 하나님을 경외하는 교육을 받는 영역이요, 다른 하나는 정치적 정부로서 양심이 인간으로서의 의무와 시민으로서의 의무를 교육받는 영역이다. 보통 영적인 관할 영역과 세속적인 관할 영역으로서, 전자는 영혼의 삶에 관한 것이요 후자는 세상의 삶에 관한 것이다.… 전자는 내적인 정신을 규제하며 후자는 외적인 행동을 규제한다. 그래서 우리는 전자를 영적인 왕국이라 부르고 후자를 정치적 왕국이라 부른

---

[25]   John Calvin, *Institutes of the Christian Religion*, ed. by John T. McNeill (Philadelphia: The Westminster Press) 이후 권, 장, 절만 표기.

다.[26]

칼뱅은 국가의 필요성을 거부하는 당시의 좌경화 종교개혁자들에 반대하여 국가, 공직자, 법령 등의 필요성을 강조하면서 교회와 국가의 두 영역은 전혀 다른 본성을 가진다고 한다. 그리고 순례의 길을 가는 그리스도인에게 국가가 도움이 된다고 한다. 즉 국가의 역할은 우리가 이 땅 위에 살고 있는 한 하나님에 대한 외적인 예배를 보호해주며, 경건의 교리와 교회의 위치를 지켜주며, 우리 그리스도인의 삶을 믿지 않는 사람들의 사회와 연결하며, 우리의 사회적 행동이 시민적 의에 이르게 하고, 우리를 상호 간에 화해케 하며, 평화와 안정을 진척시키는 것이다.[27] 그러므로 칼뱅에게 있어 국가의 본래적인 존재 이유는 일차적으로 영적인 정부, 그리스도의 왕국을 위한 것이다. 그러나 이 두 왕국은 한 왕국으로 융합되거나 혼합될 수 없다. 따라서 중세의 로마 가톨릭교회처럼 국가를 교회화하려고 해서도 안 되고 반대로 세속 전제군주들처럼 교회를 국가화하려고 해서도 안 된다. 이러한 칼뱅의 두 왕국 사상은 루터의 견해와 크게 다르지 않다. 이 둘에게는 공통적으로 국가의 존재 근거가 하나님께 있고, 국가의 존재 이유가 그리스도의 왕국을 위한 것이라는 점에서 말이다.

그러나 칼뱅의 경우, 국가가 종교개혁에 협조적이었던 스위스에서의 경험과 더불어 국가에 대한 그의 태도는 더욱 적극적이었다. 그의 적극적인 사회윤리 또는 국가윤리는 양심법에 기초한 실정법의 사용과 국민의 순종에서 나타난다. 즉 자유롭게 된 그리스도인도 국가의 질서를

---

26   J. Calvin, III, xix, 15.
27   J. Calvin, IV, xx, 1-2.

필요 없는 것으로 여기지 않는다. 왜냐하면 그리스도인의 자유가 율법으로부터의 자유일 뿐만 아니라 하나님의 뜻으로서의 율법을 감사와 기쁨으로 지키고 양심의 소리에 순응하는 자유라면,[28] 국가의 법이 양심의 소리 위에 세워져 있고 주님의 뜻에 속하는 한 이 국가의 영역에서 순종의 삶을 살아야 하는 것이 마땅하기 때문이다. 따라서 칼뱅은 양심을 공통분모로 하여 국가 질서의 필요성을 적극적으로 수용하는데, 이는 복음과의 관계 속에서의 율법의 제3용법(*usus legis tertius*)에 대한 칼뱅의 강조와 연관되어 있다.

칼뱅은 국가의 존재 근거와 이유를 적극적으로 주장하면서 국가의 공직자를 "하나님의 대리자", "하나님의 위탁 명령과 권위를 부여받은 자", "하나님의 봉사자", "신적인 진리의 도구"라고 부른다.[29] 이들은 하나님을 대신하여 심판하며 세상을 통치한다. 칼뱅은 로마서 13:1-2, 디도서 3:1, 베드로전서 2:13-14, 디모데전서 2:1-2 등의 말씀에 의거하여 국가의 법을 따라야 하고 공직자에게 순응해야 한다고 가르친다. 악한 공직자까지도 하나님으로부터 권세를 받았다.[30] 그러나 칼뱅은 공직자에 대한 순종이 하나님께 대한 순종을 방해해서는 안 된다고 한다. 따라서 만약 이 공직자들이 하나님을 거슬러 명령할 때는 그것을 들을 필요가 없다.[31] 개인적인 차원에서는 가능한 한 공직자의 권위에 순응하고 수난을 받아야 하나, 만약에 왕들의 독재적 고집을 제압하기 위하여 백성 중에서 공직자로 선출된 사람들이 있다면 이들이 자신의 의무를 따라 왕들의 횡

---

28   J. Calvin, III, xix, 4.
29   J. Calvin, IV, xx, 4.
30   J. Calvin, IV, xx, 25.
31   J. Calvin, IV, xx, 32.

포와 방자함에 항거해야 된다는 데 반대할 이유가 없다고 본다.[32] "왕들의 명령이 하나님의 권한을 손상하고, 하나님을 하늘 보좌로부터 끌어 내리려 할 때 우리는 이들에게 순종할 것이 아니라 항거해야 한다."[33]

2) 루터와 칼뱅의 비교

루터는 국가를 향한 사회윤리에 있어서 아우구스티누스보다는 적극적이다. 적어도 그는 이 세상과 역사를 그리스도인의 적극적인 삶의 장으로 보았고 국가 영역을 하나님의 뜻이 실현되는 장으로 보았다. 그러나 루터는 여전히 이원론적인 한계 안에 갇혀 있었다. 교회는 그리스도와 복음과 믿음의 영역이고, 세속국가는 검과 이성과 율법의 영역이라고 보았다.

이에 비하여 칼뱅은 세속 국가의 영역까지 그리스도의 적극적인 통치 영역으로 보았다. 루터의 주요 관심사가 교회 안의 이신칭의 교리에 집중되어 국가 영역에서의 그리스도인의 사명이 소홀히 여겨졌다면, 칼뱅은 루터보다 국가 영역에 군림하는 하나님의 주권, 국가의 존재 근거와 이유에 대한 더욱 적극적인 신학적 의미를 강조하였다. 따라서 그는 이 세상 역사 안에서 그리스도의 제자로서 성화의 삶을 살아감으로써, 하나님의 영광을 위하여 그리스도의 뜻을 이 세상에 실현할 것을 주장한다. 또한 루터와 달리 칼뱅은 그리스도의 뜻을 위해서는 국가 권력에 대한 저항도 마다하지 말아야 할 것으로 보았다(스코틀랜드 신앙고백 14항). 칼뱅의 경우 국민이 국가의 법과 공직자에게 순종해야 할 신학적 근거가 확고하고 적극적인 동시에, 잘못된 국가의 법과 공직자에 대한 항거와 투쟁

---

32   J. Calvin, IV, xx, 31.

33   John T. McNeill, ed., *On God and Political Duty* (The Liberal Arts Press, Inc., 1956), 102에 인용된 칼뱅의 로마서 주석.

의 성경적 근거도 강조되었다. 이처럼 세속적인 삶에서 그리스도의 뜻을 이루어야 한다고 주장하는 점에서 칼뱅의 국가관과 윤리는 루터에 비해 더욱 적극적이다.

물론 칼뱅이 지상에 하나님의 왕국을 건설하려고 한 것은 아니었다. 칼뱅은 루터처럼 신적 의와 인간적 의를 구분한다. 그러나 칼뱅은 둘 사이의 상충을 강조하여 여기서는 복음을 저기서는 율법을 말한 것이 아니라, 오히려 인간적 의와 신적 의 사이의 상응을 말하였다. 율법은 그것이 만일 하나님의 은혜로운 율법이라면 "복음의 양식(樣式)"이다. 우리는 루터처럼 칼뱅에게서도 분명히 신앙과 정치, 교회와 국가가 분리되는 두 왕국 교리를 발견한다. 그러나 칼뱅은 정치적 영역에 있어 그리스도의 제자도를 향한 개인적인 소명을 강조한다는 점에서 루터와 구별된다. 칼뱅의 개혁교회의 전통에서는 그리스도인은 두 상이한 세계에 동시적으로 사는 존재가 아니다. 그리스도인은 이 세상의 다양한 관계성 속에서 포괄적인 그리스도의 주권 안에 살아간다.

B. 칼 바르트의 그리스도 주권론

1) 바르멘 신학선언

오늘날의 "그리스도 왕적 주권설"의 동인(動因)은 칼 바르트의 신학과 히틀러 시대의 독일 고백교회의 투쟁에서 유래한다. 그 기본적인 공식적 입장표명은 1934년의 바르멘 신학선언의 1, 2 명제에 나타난다.[34]

---

[34] *The Constitution of the Presbyterian Church(U. S. A) Part 1, Book of Confessions* (New York, Atlanta: The Office of the General Assembly, 1983), 8.11, 8.12, 8.14, 8.15.

명제1. 성서 안에서 우리에게 증거된 예수 그리스도는 우리가 들어야 하고 우리가 죽든지 살든지 신뢰하고 순종해야 할 하나님의 말씀(One Word of God)이다. 우리는 교회가 선포의 원천으로서 이 하나님의 말씀 외의 다른 사건, 능력, 형상, 진리들을 하나님의 계시로 인정할 수 있으며 인정해야 한다는 거짓 가르침을 배격한다.

명제2. 예수 그리스도는 우리의 모든 죄에 대한 하나님의 용서의 확증인 것과 같이, 마찬가지로 또한 우리의 전 삶에 대한 하나님의 강력한 요구이시다. 그를 통하여 이 세상의 무신론적 속박으로부터 그의 피조물에 대한 자유롭고 감사에 넘친 봉사로의 즐거운 구원이 주어진다. 우리는 우리의 삶의 영역 속에 우리가 예수 그리스도에 속하지 아니하고 다른 주에게 속하여 있는 영역, 즉 우리가 그리스도를 통한 칭의와 성화를 필요로 하지 않는 영역이 있다는 거짓된 가르침을 배격한다.

고백교회는 국가와 사회의 전체주의적 요구에 직면하여 그리스도 중심적인 종교개혁의 고백을 재확인하였다. 정치적 힘과 사회경제적 이해가 교회를 자기들의 종으로 만들려고 할 때면 언제나 그리스도의 주권, 실로 교회에 대한 그리스도의 유일한 주권이 고백되고 저항을 통하여 공개적으로 증언되어야 한다. 오직 그리스도의 주권 안에서만 교회는 자유로울 수 있으며 사람들에게 해방의 영향을 줄 수가 있다. 교회는 결코 다른 권세의 하수인이나 조직화된 불의의 공범자가 될 수 없다.

오직 그리스도를 통해서 그리고 오직 그의 복음을 통한 구원에 대한 신앙을 통해서만 인간은 이 세상의 무신론적이고 비인간적인 속박으로부터 자유로워질 수 있다. 세상에는 그리스도의 해방적인 주권으로부터 제외되거나 그 주권이 효력이 없는 영역이란 없다. 이 세상의 무신의 사슬로부터의 해방의 경험은 모든 하나님의 피조물에 대한 감사가 넘치는 봉사로 나타난다. 따라서 그리스도의 해방하는 능력은 정치경제적 관계성을 포함한 모든 삶의 영역 안에 침투하며 구속하며 요구한다. 그리스도의 주권을 영적·교회적·사적 영역에 제한하며 따라서 다른 삶의 영역은 자율적이라고 선언하는 자는 근본적으로 그리스도의 주권을 부인하는 것이다.

　　이러한 바르멘 선언을 통해 고백교회는 국가 이데올로기와 "정치적 종교"의 강요로부터 교회를 자유롭게 하였다. 이 선언의 첫 번째 명제는 "그리스도는 영혼을 위해, 그리고 히틀러는 국민을 위해" 또는 "복음은 신앙을 위해, 그리고 독일의 법은 윤리를 위해"라고 외치는 독일-기독교 이단을 배격하였다. 이 선언은 그리스도 안에서 하나님이 완전하고도 최종적으로 자신을 계시하셨으며 따라서 교회를 위한 다른 계시의 근원은 없다는 전제로부터 출발한다. 하나님은 그의 말씀이신 예수 그리스도 안에서 자신을 계시하신다. 하나님은 그리스도 안의 계시와 대립되는 정치적 인물이나 정치적 운동, 자연, 역사 안에서도 자신을 계시하시지 않는다. 결과적으로 바르멘 선언의 두 번째 명제는 예수 그리스도가 이미 우주와, 모든 권세와, 인간의 모든 삶의 주인이시라고 단정한다. 따라서 그리스도인에게는 그리스도의 목소리와 더불어 들어야 할 다른 권세나 법의 영역이 없다. 모든 사물과 관계성은 이미 현재 자유케 하시며 요구하시는 그리스도의 주권 아래 있다.

2) 바르트의 그리스도 주권론

이러한 바르멘 선언의 기본적인 신학적 입장은 칼 바르트의 신학에서 유래한다. 그는 세 편의 글을 통해 교회의 충돌과 갈등의 시기에 교회와 세상과의 관계성을 기독론적으로 이해하려고 시도하였다.[35] 그의 기본 사상은 분명하다. 즉 그리스도 안에서 하나님이 자신을 낮추어 모든 인간을 받아들이셨다는 것이다. 그는 십자가에 죽기까지 자신을 낮추시고 모든 인간의 비참과 버림받음을 받아들이셨다. 그러나 또한 하나님은 그리스도 안에서 인간을 높이시고 자유와 영광으로 인도하셨다. 따라서 그리스도는 인간의 죄와 저주를 제거하시는 인간의 화해자이며, 모든 권세와 권력에 대한 승리자시다. 그의 죽음으로부터의 부활과 주님으로의 고양은 하나님의 은혜가 승리함을 계시한다. 죽음은 이미 승리에 의해 삼킨 바 되었으며, 고양되신 주는 개선의 행진 속에 모든 권세와 권력을 뒤로 물리치신다. 바르트의 그리스도 주권 사상은 다음 세 가지 관점에서 파악된다.[36]

첫째는 기독론적 종말론이다. 전 세계는 이미 객관적으로 그리스도 안에, 그리고 그의 통치 아래 있다. 더 이상 하나님 나라와 사탄의 나라 사이의 묵시적 투쟁은 없다. 투쟁은 그리스도의 십자가에서 단번에 영원히 결정되었으며 그리스도의 부활에서 승리가 계시되었다. 기독교 신앙은 그리스도의 승리에 대한 확신 속에서 산다. 하나님은 이미 이 세상의 구원을 결정하셨다. 객관적으로, 즉 하나님의 관점에서 볼 때 모든 인간은 이미 그리스도 안에서 화해되었다. 그러나 주관적으로, 즉 인간의

---

35 세 편의 글은 "Gospel and Law"(1935), "Justification and Justice"(1938), "Christian Community and Civil Community"(1946)이다. 이 세 편의 글은 K. Barth, *Community, Church and State: Three Essays* (New York: Doubleday, 1960)에 실려 있는데 이 책에서는 두 번째 논문, "Justification and Justice"가 "Church and State"로 제목이 바뀌어 있다. 또 *Church Dogmatics*, Vol. IV, 1-4 에서 바르트는 구속 교리의 틀 안에서 기독론을 자세히 다루고 있다. 또한 교회와 사회의 상관관계의 관점에서 바르트의 정치신학을 다룬 책으로서는 Ulrich Danneman, *Theologie und Politik im Denken Karl Barth*, 이신건 역, 『칼 바르트의 정치신학』(서울: 한국신학 연구소, 1991)이 있다.

36 J. Moltmann, *On Human Dignity*, 196-98.

관점에서 볼 때 화해를 인식하는 신자와 인식하지 못하는 불신자가 있다. 여기서는 루터의 묵시문학적 기독론이 기독론적 종말론으로 대치된다. 하나님과 사탄 사이의 부단한 싸움으로부터 하나님의 승리가 그리스도 안에서 모든 인간을 위하여 단번에 영원히 쟁취되었다. 따라서 종말론적 미래는 이미 성취된 그리스도의 승리를 공개적이고 보편적으로 드러낼 따름이다.

둘째는 보편적 기독론이다. 그리스도가 주님이시라면 하늘과 땅의 모든 권세가 이미 그에게 주어졌다. 그리스도는 우주의 통치자(Pantocrator)이다. 그러므로 국가는 본래적으로 그리고 최종적으로 예수 그리스도에 속하며 국가의 상대적으로 독립적인 실체, 권위, 기능, 그리고 목적은 예수 그리스도의 인격과 사역에 봉사해야 하며, 따라서 그리스도 안의 죄인의 칭의에 봉사해야 한다. 그러나 여기서 기억해야 할 것은, 신약성서의 주제는 국가에 대한 기독교적 형이상학이 아니라 정치에 대한 그리스도인의 관계라는 사실이다. 성서가 가르치는 것은 국가에 대한 신학적 교리가 아니라 정치의 영역에서의 그리스도의 제자도를 위한 신학적 기초다.

셋째는 기독론적 정치윤리다. 무엇보다 바르트는 신약성서가 새로운 창조의 질서들을 종교적이 아니라 정치적인 개념으로 기술하고 있음을 주목하였다(예를 들면, 하나님 나라[basileia], 하늘의 도시[polis], 하늘의 시민권[politeuma] 등). 그에 따르면, 현실적 지상의 교회는 자신의 미래와 희망을 자기 고유의 실존의 천상적 환영에서가 아니라 실제적인 천국의 국가 안에서 본다. 영원한 교회가 아니라 하나님에 의해 세움을 받아 하늘로부터 이 땅에 도래하는 천국(polis)이 교회의 약속이요 희망이다. 따라서 지상의 미완성적인 국가와 인간적이고 불완전한 사회는 도래하는 하나님의 주권을 지향한다. 그리스도의 공동체는 이 정치적 종말론을 정치적인 자의식의 실존 안에 살아감으로써 드러낸다.

그리스도인은 세상이 더 이상 악마의 힘에 종속되어 있지 않다고 고백한다. 그리스도 안에서 세상은 자유와 평화를 발견한다. 이러한 신앙으로부터 국가, 법, 경제적 체계를 포함하는 모든 삶의 영역을 형성해야 하는 그리스도인과 교회의 책임성이 뒤따른다. 그리스도의 주권이 온 세상을 뒤덮고 있으므로 그리스도인은 예수를 뒤따르는 제자로서 모든 삶의 영역에서 자신의 책임성을 인식한다.

3) 그리스도 공동체(교회)와 시민 공동체(국가)

바르트는 교회와 국가라는 두 공동체가 근본과 목적에 있어서 단일함을 강조하는 반면, 또한 이 두 가지 서로 다른 공동체를 분명히 구분한다. 교회는 그리스도의 공동체다. 교회는 예수 그리스도에 대한 지식과 고백을 통해 뭇 사람들 가운데서 특별히 그리스도인으로 부름을 받은 사람들의 공동체다. 교회는 "신자의 모임(*ecclesia*)" 안에 구체화된다. 그 삶은 내적으로는 한 믿음, 한 사랑, 한 희망을 통해, 그리고 외적으로는 공동의 신앙고백과 모든 사람을 향한 공동의 선포를 통해 규정된다.

시민 공동체는 공동의 법적 질서에 의해 결합된 모든 사람의 공동체다. 이 공동체의 목적은 각 개인의 외적·상대적 자유와 공동체의 외적·상대적 평화를 보장함으로써 그들의 삶의 기본적 인간성을 보전하는데 있다. 바르트가 시민 공동체를 가리켜 힘을 독점하는 권력으로서가 아니라 법(계약)의 공동체로서 규정한 것은 중요하다. 법의 준수를 강요하는 것은 힘이지만 국가의 기초는 힘이 아니라 정의다. 시민 공동체에는 그리스도인과 비그리스도인이, 비록 지역적으로나 국가적으로는 서로 떨어져 있으나, 함께 있다. 그리스도의 공동체에는 오직 신자만이 함께 있으며, 에큐메니칼적인 보편성 안에서 모든 나라에 있다. 그리스도의 공동체는 하나님 의식에 의해 결합되어 있으나, 시민 공동체에서는 하나님과의 관계성이 법적 질서의 요소가 될 수 없다.

그리스도의 공동체는 본질적으로 상이한 시민 공동체의 필요성을 인식한다. 그리스도의 공동체는 법적 질서가 힘에 의해 보호되어야 함을 인식하며 또한 그 속에서 인간의 죄와 대면하는 신적 질서와 신적 섭리의 지속성과 하나님의 은혜의 도구를 본다. 시민 공동체는 그리스도의 공동체와 함께 공동의 근원과 공동의 목표를 소유한다. 따라서 하나님의 은혜가 아직 구속되지 못한 세상과의 관계성 속에서 계속적인 하나님의 인내를 의미하는 한, 시민 공동체는 신적 은혜의 질서다. 시민 공동체는 하나님이 세상을 버려두지 아니하시고 상대적 자유 안에서의 혼돈으로부터 보전하신다는 표적이다. 시민 공동체는 인간에게 복음 선포와 신앙을 위한 시간을 제공한다. 그것은 그리스도의 왕국을 떠나 자체의 독립적인 실존을 갖지 못한다. 그것은 교회 밖에 있으나 예수 그리스도의 주권 밖에 있지 아니한, 그리스도의 왕국의 지수(指數, exponent)다. 바르멘 선언의 제5명제에 따르면, 그리스도의 공동체가 하나님께 대한 감사와 경외를 가지고 하나님의 이 자비하심과 예비하심을 인식한다면, 무관심한 비정치적인 기독교란 있을 수 없다는 결론에 이른다.

그런데 그리스도의 공동체는 어떻게 정치적으로 시민 공동체에 영향을 줄 수 있을까? 좌익이든 우익이든 기독교를 정치적 운동으로 해소하려는 입장에 반대하여 바르트는 언제나 교회는 교회로 머물러 있어야 한다는 입장을 고수하였다. 교회는 예수 그리스도의 교회이므로 주님께 전적으로 집중함으로써 시민 공동체에 영향을 줄 수 있다.

바르트는 그리스도의 공동체와 시민 공동체의 관계성을 두 동심원의 도식을 사용하여 표현하였다. 그리스도의 공동체는 그리스도 왕국의 안쪽 원이다. 이것은 자유롭게 하는 그리스도의 주권과 도래하는 하나님 나라의 희망을 선포한다. 시민 공동체는 아무리 최상의 경우에도 이 일을 할 수 없다. 자기의 고유한 사명을 잘 수행함으로써 그리스도의 공동체는 간접적으로 시민 공동체의 역할에 참여한다. 교회가 예수 그리스도를 믿고 선포할 때 교회는 교회의 머리가 되신 그리스도가 또한 세상의 주가 되심을 믿고 선포하는 것이다. 하나님 나라를 선포할 때 교회는 자신의 희망에 비추어 모든 정치적 개념들을 정당화하거나 비판하게 되는데, 이것은 특히 정치적 현실성을 위해 중요하다.

교회는 정치를 신성시하지도 악마시하지도 않는다. 교회는 모든 정치의 종말론적 잠정성에 주목하며, 역사적인 불완전성과 영속적인 개혁 가능성의 현실을 파악한다. 정치란 이 땅에서 자유와 정의를 향한 불완전한 과정으로 존재한다. 국가는 하나님 나라가 아니며 하나님 나라가 될 수도 없다. 그럼에도 불구하고 국가는 하나님 나라의 약속 아래 있다. 바르트는 국가와 하나님 나라의 관계를 표현하기 위해 동일성과 상이성의 중간적 상태인 비유의 언어를 사용한다. 즉 국가는 하나님 나라와 동일시될 수 없으나 그렇다고 전적으로 상이한 것도 아니다. 이 동일성과 상이성 사이에 비유가 존재한다. 기독교적 관점에서 국가의 참된 실존이란 교회에 의해 믿어지고 선포되는 하나님 나라에 응답하는 실체로서의 비유와 유비다.

그리스도의 공동체와 시민 공동체는 역사 안에서 서로 다른 사명을 가지나, 그리스도 안에서 공동의 기반을 가지며 하나님의 왕국 안에서 공동의 목표를 갖는다. 따라서 상이점뿐만 아니라, 공동의 기반과 공통된 구조에 근거한 상응과 유비도 갖는다. 정치는 문화와 같이 하나님 나라에 대한 비유가 될 수 있다. 이런 의미에서 바르트는 시민 공동체를 그리스도 왕국의 바깥 원이라고 부른다. 안쪽 원으로서의 그리스도의 공동체와 바깥 원으로서의 시민 공동체는 공동의 중심을 그리스도 안에, 공동의 목표를 하나님 나라에 두고 있으므로, 그리스도의 공동체는 정치적 결단을 통하여 정치적 정의가 하나님의 정의에 상충되지 아니하고 상응하는 비유가 되도록 부단히 노력해야 한다. 그리스도의 공동체는 국가가 하나님 나라로부터 멀어지지 아니하고 하나님 나라로 가까이 나아가기를 원하며, 또한 하나님의 은혜가 정치적 공동체의 외적이고 잠정적인 행위 속에서 구현되기를 원한다.

그러므로 국가란 악을 대항하는 하나님의 필수적인 힘으로서가 아니라 선을 위한 외적·지상적·잠정적인 도구로서 여겨진다. 루터에게서 부분적으로 나타나는 것처럼 국가는 혼돈과 죄에 대항하는 억압적인 힘으로만 이해되어서는 안 된다. 시민 공동체와 정의의 법적 공동체로서 국가는 하나님 나라의 비유로서의 긍정적인 가능성을 포함한다. 또한 루터파 교리에 따르면 세속적 영역에서 그리스도인은 오직 이성, 합목적성, 이웃 사랑의 원리에 따라 정치적으로 행동할 것이 요청되지만, 바르트는 비유의 이론으로 그리스도인의 정치적 행위를 위한 실질적인 기준과 지침을 마련한다. 그리스도의 신앙은 루터주의자들이 말하는 것처럼 정치적 이성과 합리성을 자유롭게 할 뿐만 아니라, 하나님 나라를 지금 여기 지상에 가시화시키기 위한 관심에 의해 정치적 이성이 하나님 나라의 유비로서 이 땅에서 표출될 것을 요구한다.

실제로 바르트는 민주적 사회주의를 하나님 나라와 그리스도의 주권에 대한 가장 상대적으로 가능한 최선의 상응과 선구자로 본다. 바르트는 신학적·정치적으로 자명한 사회주의의 민주적 요구로서 모든 정치적 논의와 결정의 공개적 투명성을 요구한다. 물론 민주적 사회주의가 지상의 하나님 나라는 아니며, 그렇게 될 수도 없다. 그러나 바르트에게 그것은 하나님 나라에 대한 비록 잠정적이지만 현재에 대한 최선의 정치적 비유로 여겨졌다. 바르트의 이 민주적 사회주의는 결코 단순히 "사회주의를 위한 그리스도인"을 긍정하는 것이 아니라 오히려 오직 사회주의가 하나님 나라와 상충하지 아니하고 상응하는 한에 있어서 언제나 비판적인 "하나님 나라를 위한 사회주의"다.

C. 평가와 비판

바르트의 그리스도 공동체와 시민 공동체에서의 그리스도 주권론의 모델을 도식화하면 다음과 같다.[37]

중심

그리스도 안의 하나님
주 그리스도
↓
그리스도 공동체
신앙-선포-기도
↓
시민 공동체
비유의 가능성과 필요성:
1. 인간을 위함 2. 약한 자의 권리
3. 인간의 자유권 4. 대중정치
↓
공동의 목표
하나님 왕국, 지상의 하늘도시
우주 통치자이신 그리스도에 대한 신앙의 종국성
모든 지상의 정치적 과정의 잠정성

바르트는 교회와 국가 사이의 상관성을 그리스도 중심적으로 이해했다는 점에 특유함이 있다. 그러나 이상의 설명과 도식에 나타난 바르

37　J. Moltmann, op.cit., 92.

트의 그리스도 주권 교리의 문제점을 몰트만은 다음과 같이 지적한다.[38]

첫째, 바르트는 그리스도의 공동체가 "참교회"로서 시민 공동체와 동심을 가진 안쪽 원이며 시민 공동체에 대하여 모범이 되어야 한다고 했는데, 과연 어디에 참교회가 존재하는가 하는 문제다. 실제로 교회는 대부분 중세적 제도와 시대에 뒤떨어진 상징과 의식, 그리고 낡은 언어로 인하여 시민 공동체의 선구자적 역할을 했다기보다는 오히려 문화의 발전을 뒤따라가는 형편이다. 만일 정치적 삶에서 그리스도의 주권에의 비유를 창조할 수 있는 능력이 그리스도의 공동체의 탁월함과 모범에 의존한다면, 바르트의 비유 이론은 실천에 있어서 비참하게 실패하거나, 아니면 그리스도의 공동체를 교권적으로 수호하는 이데올로기에 불과하게 될 것이다.

둘째, 그리스도의 공동체와 시민 공동체에 대한 그리스도 주권 교리는 기독론적 종말론에 기초한다. 그리스도는 이미 하늘과 땅을 통치하시는 우주의 통치자다. 영광의 찬양 가운데 그리스도인들은 이미 그리스도의 우주적 주권에 참여한다.

그러나 이것은 십자가에 달리신 분을 잊어버리고 지상의 현실을 외면한 열광주의적 경건성일 수도 있다. 바울은 이른바 고린도적 열광주의를 비판하면서 그리스도의 주권은 십자가에 달리신 분의 주권임을 누차 강조하였다. 현재 그리스도인은 그리스도의 부활의 영광보다는 십자가를 보다 직접적으로 공유하고 있다. 바르트에게서는 "이미" 그리스도의 십자가와 부활을 통해 성취된 것이 바울에게 있어서는 "아직도 아님"이다. 바르트에게는 승리의 확신이 바울에게는 그리스도인의 희망의 확

---

38   Ibid., 92-95.

신이다. 바울에게 있어 그리스도가 주라는 것은 "그가 그의 모든 원수들을 그의 발 아래 둘 때까지 지배해야 한다"(고전 15:25)는 뜻이다. 그때까지, 즉 십자가에 달리신 분의 주권이 하나님의 주권이 되기까지는 모든 지상의 주권, 권세, 힘, 죽음이 멸망되지 않을 것이다.[39] 그러므로 진정한 그리스도의 현재적 주권은 강력한 왕적인 주권이 아니라 힘없이 대리적 고난을 받으심으로써 통치하시는 십자가에 못 박히신 자의 주권이라는 사실이 강조되어야 한다. 그리스도는 왕 중의 왕도 아니며, 슈퍼스타도 아니며 그의 "능력이 연약함 가운데서 완전해지는"(고후 12:9) 인자다.

셋째, 그리스도의 주권이 이미 모든 열방과 권력 위에 현존한다고 하는 바르트의 교리는 자신이 "그리스도의 공동체는 의로운 국가에 대한 교리를 내세우지 않는다"고 말함에도 불구하고 국가 형이상학에 빠질 위험성이 있다. 우리는 여기서, 우리가 그리스도의 주권으로부터 정치적 삶에서의 그리스도인의 제자도를 위한 지침을 이끌어낼 수는 있지만 그리스도인과 비그리스도인에게 똑같이 타당한 국가 형이상학을 이끌어낼 수는 없다는 사실을 기억해야 한다. 그리스도의 정치윤리는 오직 뒤따름, 즉 제자도의 윤리로서만 가능하다. 그것은 그리스도인을 위한 윤리이지, 국가를 위한 그리스도적 윤리는 아니다. 그것은 그리스도의 공동체의 정치윤리이지, 시민 공동체의 그리스도적 정치는 아니다.

---

39   J. Moltmann, *The Crucified God* (New York: Harper and Row, 1974) "Trinity and Eschatology," 256-67 참조.

4. 결론

루터의 두 왕국론은 그 이중적 의미에도 불구하고 하나님 나라와 세속 나라 사이의 이원론적인 한계를 극복하지 못했다고 비판된다. 그리스도는 영적·교회적 또는 인간의 내면적·신앙적 영역을 통치하나, 외면적·물질적·세상적 영역은 율법 아래 있다. 신자는 이 양쪽 영역에 걸쳐 존재하는 역설적 정체성을 가지는데, 궁극적으로 하나님의 창조, 보전의 질서로서의 세속 정치를 능동적으로 변혁시킬 수 있는 아무런 권리도 힘도 없다. 그리하여 루터는 그의 십자가 신학을 교회와 신자들을 자유롭게 하기 위하여 적용했으나, 사회정치적 귀결은 그가 열광주의자라고 낙인찍고 저주한 칼슈타트와 뮌처 등에게 양도했다. 이러한 정죄가 바로 개신교에서 십자가에 달리신 분의 주권을 오직 믿는 자의 내면적 칭의로만 해석하도록 유도해온 요인이다.

한편 칼뱅 전통의 개혁교회에서는 기본적으로는 두 왕국론에 근거하면서도 루터교보다는 더욱 적극적으로 세속 영역의 신학적 의미를 발전시키고 세속 정치에의 참여를 강조하였는데, 이러한 입장은 모든 사회, 정치 영역에서 이미 현존하는 그리스도의 주권 교리에 대한 신앙에 기초하고 있다. 이 그리스도 주권론의 입장은 바르트가 초안한 고백교회의 선언에서 새롭게 분명히 천명되었다. 바르트의 정치 신학은 적극적으로 세속 정치 속에서 하나님 나라의 비유를 찾는다. 그러나 그리스도 우주 통치자 교리로 인하여 바르트는 일종의 열광주의에 빠지게 되었다고 비판을 받는다.

교회와 사회, 그리스도인과 세속인, 하나님 나라와 세상 나라는 이분법적인 도식으로 가를 수 없으며, 반대로 쉽사리 하나로 융합될 수도 없다. 둘은 전적으로 상이하지도 않고 전적으로 동일하지도 않다. 이 말은 둘 사이에 상충이나 충돌과 함께 유비와 상응이 존재함을 뜻한다. 상충의 면을 강조한 소극적 입장이 루터교 전통이며, 보다 적극적으로 유비와 상응을 강조해온 것이 칼뱅 이후의 개혁교회 전통이라고 할 수 있다. 정치신학은 이러한 개혁교회 전통을 비판적으로 이어받아 교회의 본질적인 정치적 기능을 강화한다. 특히 몰트만의 정치신학은 하나님의 왕국과 세상 왕국의 구분을 철폐하지 않으면서, 두 왕국 사이의 상충과 유비의 관계를 단순히 반성적으로 숙고하는 것이 아니라 세상 속에서의 그리스도인의 변혁적 삶을 위한 정치적 실존을 강조한다.

바르트와는 달리 이 정치신학은 현대의 상황 속에서 교회의 사회적·정치적 기능에 대한 비판과 새로운 정의를 제시함으로 시작하였다. 정치신학은 마르크스의 종교비판을 수용한다. 마르크스의 비판은 기독교 신학과 종교적 신앙의 내용에 관한 비판이 아니라 종교와 교회의 사회적·정치적·심리적인 기능에 관한 비판이다. 이것은 더 이상 신학적 교리가 참인지 거짓인지를 묻지 않고 그것의 결과가 억압적인 것인지 자유하게 하는 것인지, 소외시키는 것인지 인간화시키는 것인지에 관한 실천적인 면을 시험한다. 따라서 실천이 진리의 시금석이다. 정치신학은 이처럼 교회의 정치적 실존과 실제적인 사회적 기능을 비판적으로 의식함으로써 출발한다.[40] 자신의 정치적인 기능을 의식하는 신학이 있는 반면, 정치적인 자의식이 없는 순진한 신학도 있다. 그러나 비정치적 신학이란 없다. 사회 속에서 자기의 정치적인 삶의 자리를 공개적으로 인정하지 않으려는 교회들이 있다. 이들은 자신들의 정치적인 삶의 자리를 은폐하고, 침묵하며, 자기들은 정치적으로 중립이라고 주장한다. 그러나 그들은 실

40　Ibid., 98-99.

제로 결코 중립이 아니다. 비정치적인 교회란 하나님 나라에도, 역사 안에도 없다. 정치신학은 신학적 질문 대신에 정치적 질문을 신학의 중심적 관심사로 만들려는 것이 아니다. 그것은 신학의 정치적 기능 안에서 철저히 기독교적인 신학이 되고자 한다. 그것은 교회를 정치화하려는 것이 아니라 교회 정치와 그리스도인의 정치적 연루성을 기독교화하기를 원한다. 따라서 그것은 종교의 기능에 대한 현대의 비판을 수용하고 신앙의 정통교리로부터 그리스도의 제자로서의 정통실천으로 나아가도록 촉구한다.

몰트만의 정치신학은 그리스도의 현재적인 우주적 통치를 주장하는 바르트의 그리스도 주권설이 고통과 고난의 현실을 외면한 열광주의적인 영광의 신학이라고 비판하면서, 그리스도의 통치는 만유의 주 되신 하나님의 종말론적 통치가 이르기까지 이 땅의 역사 속에서 항상 십자가에서 고난받음을 통한 연약한 자의 힘(the power of the powerless)[41]에 의한 통치이며, 이러한 십자가에 달린 자의 통치를 통해서만 미래의 능력으로서의 하나님의 종말론적 통치가 그리스도의 부활 속에서 현재화되며 선취된다고 주장한다. 그러므로 부활 안에서 선취되는 하나님의 종말론적 통치에 대한 희망은 오직 그리스도의 십자가와 그리스도인이 져야 하는 십자가를 전제한다. 몰트만은 말한다.

> 그리스도의 주권은 왕적 주권(바르트)이 아니라 하나님께 순종하는 종의 주권이며(빌 2장) 하나님의 어린양의 친교다(요한계시록). 그것은 세상을 부인하는 종교적 통치도 아니고 이 세상 한가운데서 실제로 십자가에

---

41 이러한 주제에 관한 몰트만의 책으로 *The Power of the Powerless* (San Francisco: Harper & Row, Publishers, 1981)이 있다.

몸이 못 박힌 분의 통치다. 그는 섬김으로써 통치하며 고난을 통해 구속한다. 그는 자신의 대속적 죽음을 통해 이 세상을 죽음으로부터 해방한다. 부활한 자와 십자가에 달린 자의 연합은 두 왕국론으로도, 그리스도 주권론으로도 포착될 수 없고, 오직 종말론적 기독론, 앞으로부터의(from ahead) 기독론으로부터만 포착될 수 있다.[42]

오늘 한국교회, 특히 비정치적인 복음주의 입장을 표방하는 보수적 개신교 교회와 신학은 교회와 사회 및 국가를 이분법적으로 날카롭게 나누고 영적·개인적·내면적 세계에 그리스도의 주권을 제한한 채 사회적·국가적 불의와 억압의 현실을 외면하고 침묵함으로써 암묵적으로 권력층의 기득권을 비호하는 이데올로기 노릇을 하면서 자신을 기만해오지 않았는지 깊이 반성해야 한다. 반면에 하나님 나라와 세상 나라 사이의 갈등과 충돌이 궁극적으로 하나님의 종말론적인 은혜의 현실 속에서 극복될, 이 역사 속에서의 영속적인 현상임을 알지 못하고, 단순히 교회를 국가화하려고 하거나 국가를 교회화함으로써 지상의 역사 속에서 두 왕국을 융합하려는 세속 정치가와 과격한 급진주의 신학운동의 시도도 배격되어야 할 것이다. 이 지상의 역사 속에서 두 왕국 사이의 충돌과 상응, 유비의 긴장 관계는 영속적이다. 상충은 교회 자신과 세상에 대한 비판 정신을, 상응은 적극적인 창조 정신을 요청한다. 개혁교회는 끊임없이 자신을 비판적·창조적으로 개혁함으로써 세상을 비판적·창조적으로 변혁시켜야 한다. 이 둘 사이의 변증법적인 긴장 관계 속에서 그리스도인은 자아-사회 변혁적인 정치적 실존의 자의식과 실천을 통하여, 하나님의

---

42   J. Moltmann, *On Human Dignity*, 104.

뜻이 하늘에서 이루어진 것같이 이 땅에서도 이루어지도록 성례전적 삶을 살아가야 한다. 이 세상에서 그리스도인의 성례전적인 정체성은 곧 정치적 실존을 의미한다. 그리스도의 부활 안에서 선취된 종말론적 영광의 현존을 그리스도의 십자가를 뒤따르는 고난의 삶 속에 예기적으로 경험하면서 오늘도 엄중한 자기비판과 더불어 이 세상을 창조적으로 변혁시키는 정치적 실존을 몸으로 살아낼 때, 교회와 그리스도인은 세상을 향해 미래의 영광스런 하나님의 통치를 소망 가운데 선포할 수 있을 것이다.

제12장

오늘의 사회현실에 대한 신학적 진단과
교회의 사회 참여

1. 서론

오늘날 우리 사회의 최대 현안은 경제문제다. 경제적으로 우리 사회는 매우 어려운 시련기를 지나고 있다. 경제 불황으로 인한 기업의 고용위축으로 실업자의 수가 백만 명이 훨씬 넘고 있다. 하루 평균 백 개의 기업이 파산하고, 만 명이 직장을 잃고, 수많은 가계(家計)가 파산하고 있다. 대기업의 취업 경쟁률은 수백 대 일에 이르고 있다. 거리에는 대학을 졸업하고도 일자리를 갖지 못한 젊은이들이 넘쳐나고, 극장과 공원과 산에는 직장을 잃은 가장들이 방황하고 있다. 초등학교에는 결식아동이 늘어나고 대학교에는 대량의 휴학 사태가 발생하고 있다. 기업 파산과 실업의 불안은 사회적인 증후군이 되고 있으며, 사회 전체에 집단적인 우울증과 절망감이 팽배해가고, 절망감을 못 이겨 자살하는 사람들이 속출하고 있다. 내일의 날씨를 알려주는 기온, 풍향, 갬 흐림 등의 기상정보가 이미 일상적인 생활 정보가 된 것처럼, 언제부터인가 매일 매일의 환율, 주가지수, 금리를 나타내는 지표는 단지 경제 전문가의 관심사가 아니라 온 국민의 초미의 관심사가 되었다. 우리나라의 생존과 지탱 여부가 그 수치의 등락에 달려 있다고 생각하기 때문이다.

작금 우리나라의 경제 위기의 원인은 구조적이며 총체적인 것이다. 위로는 대통령을 수장으로 한 정부의 실정(失政), 관료사회의 뿌리 깊은 부패와 무사안일주의, 정경유착, 임금인상과 자동화로 인한 기업들의 구조조정과 이로 인한 일자리의 감소, 강성노조의 과도한 임금 투쟁, 고임금 고비용 저기술 저생산성으로 인한 경쟁력의 저하, 부동산 투기 과

열, 일부 계층의 과소비, 허영과 사치, 무분별한 해외여행 등의 총체적인 요인들이 오늘 우리 사회의 경제 위기를 초래하고 있다. 그러므로 우리 모두는 사실상 직간접적으로 오늘의 경제 위기를 초래한 가해자요 공범들인 동시에 피해자들이라고 할 수 있다.

하지만 오늘의 경제 위기는 단순히 경제적인 차원에서만 규명될 수 있는 문제가 아니다. 그 배후에는 보다 궁극적이고 본질적인 문제, 즉 신학적 차원의 문제가 있다. 물질문명의 위기 뒤에는 언제나 정신문화의 위기가 잠재해 있는 법이다. 오늘날 우리의 경제적·물질적인 위기의 배후에는 고상하고 높은 가치관과 철학의 부재, 올바른 삶의 비전과 목표의 상실이 자리 잡고 있다. 다시 말해 오늘 우리나라가 겪고 있는 경제적·물질적 위기 현상 배후에 있는 실체는 정신적·영적 위기이다. 오늘의 위기 상황은 고상한 정신적 가치관 대신 물질주의적 배금(拜金)사상이, 절제 대신 탐욕이, 정직 대신 거짓이, 정의 대신 불의가, 성실 대신 불성실이, 공동체 의식 대신 개인주의가, 상생의 정신 대신 상극의 논리가 우리의 정신과 영적 삶을 지배함으로써 초래되는 현실이다.

오늘의 경제적·사회적 난국을 극복하기 위해서는 물론 정부와 기업과 국민이 합심하여 여러 가지 효과적이고 합리적인 경제정책을 수립하고 시행해야 할 것이다. 하지만 교회는 단지 이와 같은 경제적인 정책의 차원이 아니라 보다 본질적인 차원, 즉 정신적·영적 차원에서의 변화와 개혁을 주도해 나아가야 한다. 그런데 정신적·영적 차원이란 물질적·사회경제적 차원과 분리된 초월적 또는 내면적 차원을 의미하는 것이 아니라 모든 문화 형식의 심층적 차원에 있는 종교적 실체를 의미한다. 종교적 실체로부터 소외된 이 사회에 팽배한 불의와 부정직과 거짓과 뇌물과 탐욕과 불성실과 이기주의와 황금만능주의적인 맘몬 숭배와 사치와 향락주의가 작금의 경제적 위기를 불러왔을진대, 이러한 잘못된 가치관과 윤리관과 정신의 변혁이 없이 단지 경제적 회생을 위한 대책과 전략에만 몰두한다면, 설사 우리가 불황의 터널을 빠져나와 다시 경제적인 안정과 물질적인 풍요의 길로 들어선다고 해도, 그것은 오히려 우리 사회를 더욱 절망스러운 파국의 상황으로 몰고 갈 수 있다.

여기서 우리가 다시금 기억해야 할 점은 정신적·영적 차원의 개혁이 결코 인간의 개인적·내면적 차원의 변화만을 의미하지 않고 사회구조적 차원을 포함한다는 사실이다. 개인의 내면적 차원의 변화 없이 사회구조적 차원의 변화가 불가능한 것과 마찬가지로, 사회의 불의하고 왜곡된 구조를 변혁시킴 없이 진정한 정신적·영적 차원의 개혁이란 불가능하다. 왜냐하면 하나님의 구원과 평화의 현실로서의 하나님 나라는 단지 개인적·내면적 현실만이 아니라 공동체적·사회적 현실이기 때문이다. 하나님 나라는 정치, 경제를 포함하는 역사 속의 모든 불의한 구조의 근본적인 변혁을 요청한다. 빵은 물질이며, 빵을 생산하고 소비하는 것은 경제적인 행위다. 하지만 빵을 어떻게 분배하며 어떻게 소비하는가 하는 것은 정신적이고 영적인 문제이다. 빵을 내가 먹는 것은 물질적 행위지만 빵을 굶주린 이웃과 나누는 것은 정신적·영적 행위다. 굶주린 이웃을 외면하고 나 혼자 빵을 독식하는 것은 악이며, 나의 빵을 굶주린 이웃과 나누어 먹는 것은 선이다. 그러므로 물질적 행위와 정신적·영적 행위가 분리되어 있는 것이 아니다.

우리 사회에서는 불의하고 왜곡된 정치, 경제, 문화 구조를 변혁시키는 운동과 더불어 도덕성 회복과 정신 개조와 영적 각성을 위한 운동이 그 어느 때보다 절실히 요구된다. 교회는 이러한 운동들을 통한 개인의 정신적·영적 변화와 사회의 구조적 개혁을 위한 원천이 되어야 한다. 그러나 유감스럽게도 지금까지 한국교회는 한국 사회에 높은 도덕적 기준과 고상한 가치관을 제시하거나 공적 사회 참여를 통한 개혁운동에 앞장서지 못했다. 근래 한국교회는 사회개혁의 주체가 아니라 오히려 개혁의 대상으로서 세속법정의 판결과 통제를 받아야 하는 처지가 되고 있다. 이 사회의 죄와 악에 대한 책임이 이 사회의 빛과 소금의 역할을 감당하지 못한 교회에 있다면, 그리고 오늘의 한국 사회의 총체적 위기 상황의 배후에 정신적·영적 위기가 있다면, 한국교회는 하나님 앞에서 참회하고 새롭게 거듭나야 한다.

오늘 한국교회는 새로운 차원의 종교개혁을 요청받는다. 한국교회는 교회 안의 갱신을 위해 일어났던 16세기 종교개혁운동을 사회를 향한 교회의 공적 책임의식 안에서 새롭게 되살려야 한다. 다시 말해 한국교회는 하나님 앞에서 개인의 철저한 회개와 도덕적·영적 갱신과 아울러 사회적 섬김과 참여를 통해 세상을 변혁시키고 하나님 나라의 정의와 평화와 창조세계의 조화를 실현하는 교회가 되어야 한다. 21세기 한국교회의 개혁 과제는 개인적·사회적·역사적·자연적 차원에서의 창조적 변혁을 위해 헌신함으로써 이 땅에 종말론적 하나님 나라의 도래를 선취적으로 구현하는 데 있다. 개혁된 교회만이 세상을 개혁할 수 있다. 종말론적인 하나님 나라를 향해 끊임없이 자신을 개혁하는 교회만이 종말론적 하나님 나라를 향해 사회와 역사를 지속적으로 개혁해나갈 수 있다.

2. 본회퍼의 신학에 나타난 교회의 사회 참여의 기독론적 정당성

오늘의 총체적 난국의 상황을 겪으면서, 우리는 개인적 실존이 사회구조적 차원과 결코 분리될 수 없는 불가분의 관계 안에 존재한다는 사실을 절감하게 된다. 나 혼자 깨끗하고 성실하고 정직하게 살아도 이 사회의 구조적인 불의와 악을 변혁시키지 못하면 결국 너나 할 것 없이 그 구조적인 불의와 악의 피해자가 되고 만다는 사실을 우리는 뼈저리게 체험하고 있다. 따라서 그리스도인의 신앙은 개인적인 차원의 문제일 뿐 아니라 사회적인 차원의 문제다. 개인적인 인격의 회개와 거듭남, 그리고 사회적인 구조의 갱신과 변혁은 기독교의 통전적인 구원을 위한 불가분리의 두 측면이다. 근대의 신학자들 중에 그리스도인과 교회의 사회 참여의 필요성을 그 누구보다도 설득력 있게 논증했을 뿐만 아니라 실천으로 몸소 보여준 신학자가 본회퍼다. 이제 우리는 본회퍼의 신학사상을 통하여 교회의 사회 참여를 위한 정당성을 살펴보기로 하자.

본회퍼에게 있어서 그리스도인의 사회 참여의 근거는 무엇보다도 기독론적이다. 예수 그리스도 안에서 교회와 세상의 이분법은 극복된다. "오직 세상의 화해자 예수 그리스도라고 하는 한 장소에서 교회와 세상의 균열이 해소되었다. 그래서 누구든지 예수 그리스도를 보는 자는 하나님과 세상을 하나의 현실로 본다. 따라서 그는 하나님을 세상 없이 보지 않고 세상을 하나님 없이 보지 않는다."[1] 따라서 세상의 현실을 떠나서는 결코 그리스도인이 될 수 없으며, 진정한 세상적 실존은 예수 그리스도의 현실을 떠나서 있을 수 없다. 그리스도인은 그리스도에게 전적으로 속해 있으면서 동시에 세상 한복판에 서 있다.[2]

예수 그리스도 안에 나타난 하나님의 현실은 "하나의 현실"이다. 하나님의 현실은 나를 전적으로 세상의 현실 속으로 던질 때 노출된다. 내가 이 세상의 현실과 만날 때 이미 이 세상은 하나님의 현실 안에서 지탱되었고, 용납되었고, 화해되었다. 이것이 바로 예수 그리스도 안에 나

---

1   Dietrich Bonhoeffer, *Ethics*, ed. by E. Bethge (New York: The Macmillan Company, 1961), 8.

2   Ibid., 262-263.

타난 하나님의 계시의 내적 의미다.[3] 만일 그리스도와 세상이 두 개의 대립되고 상호 배타적인 영역이라면 우리는 현실 전체를 버리든가 아니면 이 두 영역 중 어느 한 영역에 속하든가 해야 하는 모순에 봉착할 것이다. 즉 우리는 세상없는 그리스도를 찾든가, 그리스도 없는 세상을 찾든가 해야 한다. 이것은 우리 자신을 속이는 것이다. "그리스도 안에서 하나님과 화해된 세계는 바로 이 무질서의 세계이며, 이 무질서의 세계는 그 궁극적이고 진정한 현실에 있어서 악마가 소유하고 있는 것이 아니라 그리스도께서 소유하고 계신다. 이 세상은 그리스도와 악마로 나뉘어 있지 않으며, 이 세상이 그것을 인정하든 말든 이 세상은 오직 전적으로 그리스도의 세상이다."[4]

본회퍼에 따르면, "교회는 그리스도를 예배하는 사람들의 종교적 공동체가 아니라 사람들 사이에 형태를 취하신 그리스도 자신이다. 교회란 그리스도의 몸이라 일컬어진다. 왜냐하면 인간이 그리스도에 의하여 그의 몸 안으로 용납되기 때문인데, 모든 인류가 그러하다. 그래서 교회란 모든 인류가 취해야 할 인류 본연의 형태를 지니고 있다."[5] 그러므로 교회의 공간이란 이 세상으로부터 이 세상의 영토 중 한 조각을 빼앗아 가지기 위한 것이 아니라, 이 세상을 향하여 교회 자체도 세상이라는 사실을 증명하려는 것이다. 그러나 교회는 하나님에 의해 사랑받고 화해된 세상이다. 화해된 세상으로서 교회는 이 세상을 향하여 이 세상이 하나님에 의해 구원되고 화해되었다는 사실을 선포하여야 한다. 교회는 설교나 성례를 통해서만 아니라 행동을 통해서도 이 사실을 세상에 알려야 할

---

3   Ibid., 61.
4   Ibid., 70.
5   Ibid., 83.

책임이 있다. "그리스도 안에서 일어난 하나님의 성육신에 관한 신약성서의 진술은 모든 인간이 그리스도의 몸 안에서 받아들여지고, 포괄되고, 지탱된다는 사실을 함축하며, 바로 이 사실을 믿는 자들의 공동체들이 이 세상을 향하여 말과 행동으로 알려야 할 사실이다. 여기서 의도된 것은 세상으로부터의 분리가 아니라, 이 세상을 그리스도의 몸의 사귐으로 초대하는 것으로, 사실 세상은 이미 이 그리스도인에게 귀속하고 있다."[6]

　　본회퍼에게 있어 기독교 윤리의 목적은 오늘날 예수 그리스도 안에서 하나님의 현실과 세상의 현실에 참여하는 것이요, 이 참여는 내가 세상의 현실성 없이 하나님의 현실성을 경험할 수 없고, 하나님의 현실성 없이 세상의 현실성을 경험할 수 없다고 하는 것이다. 만일 하나님의 현실성과 세상의 현실성이 이분법적으로 존재한다고 하면, 그것은 하나님께서 그리스도 안에서 온 세상과 하나님을 화해시켰다고 하는 사실을 부인하는 것이 된다.[7]

　　『옥중서신』에서 본회퍼의 사상은 『윤리학』에서보다 더욱 한 걸음 나아가 사회적 참여와 섬김의 실천은 단지 윤리적인 문제일 뿐만 아니라 바로 그리스도인과 교회의 존재론적 동일성의 문제가 된다. 그에 따르면 그리스도는 타자를 위한 존재다. 그리스도인은 그리스도의 타자를 위한 존재론적 구조에 실천적으로 참여하는 자다. 그리스도인의 정체성이 이 세상의 사회적 관계성 안에서의 삶 속에서 구현되는 것처럼, 그리스도의 몸 된 교회의 공동체적 정체성도 세상 안에서의 사회적 관계성 안에서의 실천적 삶 속에서 실현된다. 본회퍼는 다음과 같이 말한다.

6　　Ibid., 206.
7　　Ibid., 204.

교회란 그것이 타자를 위해서 실존할 때에만 비로소 교회다. 우선 교회는 그의 모든 소유를 가난한 사람에게 나누어주는 것으로부터 출발하여야 한다.…교회는 일상적인 삶에서 일어나는 온갖 세속적인 문제들을 세상과 나눠 가져야 한다. 교회는 세상 위에 군림하지 말고 세상을 돕고 섬겨야 한다. 교회는 모든 직업인들에게 그리스도 안에서 사는 것과 타자를 위해서 실존하는 것이 무엇을 의미하는가를 말해주어야 한다.[8]

예수 그리스도를 믿고 따르는 그리스도인과 교회의 정체성은 그리스도처럼 타자를 위하여 자기를 비우며 섬기는 삶 속에서 구체화된다.

3. 세계교회협의회의 신학에 나타난 교회의 사회 참여의 정당성

오늘날 교회의 사회 참여를 위한 신학적 정당성은 무엇보다도 세계교회협의회의 신학과 선교와 실천에 의해 논증되고 강조되고 입증되고 있다. 세계교회협의회(WCC)의 총무였던 비셔트 후프트는 오늘의 교회론에 있어 신학적 도전은 교회의 "본질"에 관한 문제로부터 오는 것이 아니라 교회의 "과제"에 관한 문제로부터 온다고 하였다. 그는 자신의 "기능론적 교회론"에서 교회란 그 본성적 성격이 아니라 그 기능과 사역에 의해서 정체성이 규정된다고 말하였다.[9] 존재론적 교회론과 기능론적 교회론, 교

---

8   Bonhoeffer, *Letters and Papers from Prison*, ed. by E. Bethge, trans. by Reginald H. Fuller (New York: The Macmillan Company, 1966), 282-83.

9   Peter Lodberg, "The History of Ecumenical Work on Ecclesiology and Ethics," *The Ecumenical Review*, vol. 47, No. 2, April 1955, 130.

회의 신학적 정체성과 윤리적 행위의 이분법은 지양되어야 한다. 하나님 앞에서의 교회의 존재론적 동일성은 세상 안에서의 교회의 사명과 삶을 통하여 구체화되고 실현되며, 세상 안에서의 교회의 사명과 삶은 하나님 앞에서의 존재론적인 동일성으로부터 온다. 그러므로 하나님 앞에서의 교회의 신학적 자기 정체성과 세상 안에서의 교회의 관계성은 별개의 것이 아니라 하나의 과정이며 사건이다.

교회의 사회 참여는 1961년 WCC 뉴델리 총회에서부터(가톨릭에서는 1962년 제2차 바티칸 공의회에서부터) 강조되기 시작하였으며, 1966년 제네바에서의 "교회와 사회분과" 회의의 주제였던 "현대 기술혁명과 사회혁명에 직면한 그리스도인들"과 1968년 베이루트에서의 "발전을 위한 세계협력에 관한 베이루트 회의"의 결정을 1968년 WCC 웁살라 대회에서 받아들임으로써 중심적인 관심으로 부각되었다. 웁살라 대회에서 하나님의 선교(missio Dei) 신학을 천명한 이후, 교회는 이 세상을 향하여 하나님으로부터 파송 받은 교회로서 자신을 인식하게 되었다.

이제 더 이상 세상은 단지 교회의 정체성을 위협하는 "위험한 장소"이거나 단지 교회를 위한 "무대"가 아니다. 세상은 오히려 교회가 교회 되기 위해서 그 안에 존재하지 않으면 안 되는 장소다. 교회의 존재 의미와 목적은 오직 세상 안에서의 사회적 섬김과 참여의 삶 안에서만 성취된다.[10] 교회와 세상의 관계는 이중적이며 변증법적이다. 교회는 세상으로부터 떠났으며, 동시에 세상을 향하여 나아간다. 교회가 약속하는 구원은 세상으로부터의 구원이며, 동시에 세상 안에서 실현되어야 하는 구원이다. 예수 그리스도가 하나님 나라를 위하여 하나님으로부터 세상으

---

10 세계교회협의회 엮음, 이형기 옮김, 『세계교회협의회 역대총회 종합보고서』 (서울: 한국장로교출판사, 1993), 261-72 참고.

로 파송되신 것처럼, 그리고 최초의 교회 공동체였던 제자 공동체가 예수 그리스도에 의해 이스라엘로 파송되었던 것처럼, 성령의 능력 안에서 이 땅에 지속적이고 공동체적인 그리스도의 몸으로서 존재하는 교회는 하나님 나라를 위하여 예수 그리스도로부터 이 세상을 향하여 파송을 받는다. 예수 그리스도 사건이 이 땅에 도래할 하나님 나라의 선취적 사건이었다면, 교회도 이 땅에 도래할 종말론적인 하나님 나라의 선취적 표징(sign)으로서 존재한다.

　　본질적으로 세상을 향하여 열려 있는 실재로서의 교회관은 1982년 페루의 리마에서 세계교회협의회 신앙과 직제 위원회가 작성한 BEM(Baptism, Eucharist, and Ministry)문서에서도 잘 표명되었다. 이 문서에 따르면 교회 안에서 행하여지는 성만찬은 성부 하나님께 드리는 감사이며, 그리스도에 대한 기념이며, 성령의 초대이며, 성도의 교제일 뿐 아니라, 나아가 삶의 모든 측면을 포함한다. "성만찬 의식은 하나님의 한 가족 안에서 형제자매로 간주되는 모든 사람들 간의 화해와 동참을 요구하며 사회, 경제, 정치적 삶 속에서 합당한 관계를 추구하도록 촉구하는 끊임없는 도전이 된다. 우리가 그리스도의 몸과 피에 동참할 때, 모든 종류의 부정의, 인종차별, 인종분리주의, 자유의 결핍이 근본적으로 도전을 받게된다.…성만찬은 신자들을 세계사의 중심적 사건들과 연결시켜준다. 따라서 성만찬에 참여하는 자들로서 우리가 만일 세계의 상황과 인간의 상태를 지속적으로 회복시키는 일에 적극적으로 참여하지 않는다면 우리가 일관성이 결여되어 있다는 사실이 드러날 것이다." 그리하여 성만찬은 창조의 궁극적인 갱신을 약속하는 하나님의 통치에 대한 비전을 열어

주며 그 통치를 미리 맛보는 징표로서의 하나님 나라의 식사다.[11]

　　몰트만이 역설한 바와 같이 삼위일체 하나님의 존재와 삶이 본질적으로 인간과 우주의 역사를 향하여 열려 있다면, 그리고 성육신하신 그리스도의 존재와 삶이 이 세상을 섬기고 세상을 위하여 자기 목숨을 버리는 희생적인 사랑에 있다면, 교회의 존재와 삶도 본질적으로 세상을 향하여 열려 있어야 하며 세상을 위하여 참여와 섬김과 자기희생의 길을 가야 한다. 교회의 선포와 교육과 친교와 선교의 목표는 개인의 영혼을 구원함과 아울러, 세상의 사회적·정치적·경제적인 불의한 구조를 변혁시킴으로써 종말론적인 하나님 나라를 이 땅 위에 구현하는 데 있다. 하나님의 부름(calling)은 소명(calling)이다. 교회는 하나님을 섬김으로써 세상을 섬기는 것과 마찬가지로, 세상을 섬김으로써 하나님을 섬긴다. 하나님을 위한 예배(service)는 세상을 위한 봉사(service)를 통하여 완성된다. 교회는 이 세상에 하나님 나라, 즉 하나님의 정의와 사랑의 통치를 실현함으로써 하나님께 영광을 돌린다. 이 세상과 사회를 향한 교회의 실천적 참여를 위한 신학적·교회론적 정당성이 여기에 있다.

4. 교회의 사회 참여의 지향점과 JPIC(Justice, Peace, and the Integrity of Creation, 정의, 평화 창조질서의 보전)

1983년 캐나다 밴쿠버에서 열린 제6차 세계교회협의회 총회는 "회원 교회들로 하여금 정의, 평화, 창조질서의 보전에 상호 헌신할 공동체적

11　　세계교회협의회 엮음, 이형기 옮김, 『세계교회협의회 BEM 문서: 세례, 성만찬, 직제』 (서울: 한국장로교출판사, 1993), 35-40, 41-42.

삶의 방향을 찾도록"하는 결정을 하였다. 그리고 1987년 제네바에서 모인 중앙위원회에서는 1990년에 JPIC 세계대회를 서울에서 열기로 결정했다. WCC 안에 조직된 JPIC 준비위원회는 오랜 기간의 연구와 토론을 거쳐서 1989년 12월 「JPIC 제2차 초안」이라는 준비문서를 발표했다. 이 초안은 3부로 구성되어 있다. 제1부는 JPIC의 현실상황 분석과 계약적 공동체의 신앙고백을 담고 있고, 제2부는 JPIC의 세부적인 주제들에 관한 「신학적 확언」을 담고 있고, 제3부는 계약의 구체적인 행동 방안을 담고 있다. 1990년 3월 서울에서 2차 초안을 바탕으로 한 JPIC 본회의가 열렸는데, 그 결과로서 10일 후에 모인 WCC 중앙위원회에서 "JPIC는 2천년대에 대한 에큐메니칼 비전의 핵심이다"라고 천명하는 「최종선언문」을 채택하였다.[12]

　　JPIC는 성서에 나타난 대로 하나님이 온 인류에게 약속하신 "샬롬"(Shalom), 그리고 예수 그리스도가 선포한 "하나님 나라"를 인간의 역사 속에서 실현하기 위한 현실적 지향점, 또는 중간 공리(middle axiom)[13]를 정의와 평화와 창조질서의 보전이라는 세 가지 개념 또는 범주로써 요약한 것이다. 이 「JPIC 제2차 초안」과 「최종선언문」에 담겨 있는 현실상황분석 및 신학적 확언과 행동 방안은 오늘 한국교회와 세계교회가 세

12　　JPIC 서울 대회에 관한 자세한 자료는 한국기독교사회문제연구원 편, 『정의, 평화, 창조질서의 보전 세계대회 자료집』(서울: 민중사, 1990)에 실려 있다.

13　　"중간공리"의 개념은 1937년 제2회 「삶과 봉사」 옥스퍼드 대회에서 올드햄이 교회의 사회적 사명에 대한 신학적 입장을 기독교 현실주의에 입각하여 표현한 개념으로서, 사회의 구체적인 상황 속에서 그 사회적, 정치적, 경제적 정책과 제도에 대하여 그것들을 하나님 나라의 질서와 동일시하지 않으면서 잠정적이면서도 책임적이고 구체적으로 그리스도인이 참여해야 할 것을 주장하기 위하여 제안한 개념이다. 이에 대하여는 Ans van der Bent, *Commitment to God's World, A Concise Critical Survey of Ecumenical Social Thought* (Geneva: WCC Publications, 1995), 그리고 J. H. Oldham, *Church, Community and State: A World Issue* (New York: Harper, 1936) 참조.

상의 사회적·자연적 현실을 어떻게 이해하고 그것과의 관계 속에서 어떻게 신학적인 입장을 정립하고, 그 현실 속에 어떻게 실천적으로 참여하여야 할지를 매우 훌륭하게 지시해준다. 따라서 필자는 「제2차 초안」과 「최종선언문」의 내용을 후자를 중심으로 간략히 소개하고자 한다.

JPIC는 인류가 지금 전 세계적인 위기에 직면해 있다는 현실 인식으로부터 출발한다. 인류는 자신을 멸망시킬 능력을 획득한 역사의 새 시대에 이미 들어와 있다. 경제와 정치와 기술 분야에서의 발전은 현재와 같은 추세로 계속될 수 없다. 점점 더 많은 사람들이 대파국을 면하려면 철저하게 새로운 방향으로 전환할 필요가 있다는 사실을 깨달아가고 있다. 생명에 대한 전 세계의 위협들은 첫째, 정의의 위배로, 둘째, 평화에 대한 위협으로, 셋째, 인류와 창조세계 전체를 위험에 빠뜨리는 땅과 바다와 공기의 오염으로 간주된다. 상호 관련된 이 세 분야에서의 투쟁은 생명 보전을 위한 하나의 통일적인 투쟁으로 결합되어야 한다.[14]

A. 우리가 직면하고 있는 현실[15]

오늘의 세계는 정치경제적인 그리고 그 밖의 형태의 불의, 전쟁과 국제적인 폭력과 핵 대결, 그리고 자연 질서의 광범위한 훼손으로 인해 고통당하고 있다. 매분마다 전 세계의 국가들은 천 8백만 달러를 군사무기에 소비하고 있다. 매시간 천오백 명의 어린이들이 기아로 죽어 가고 있다. 매일 한 종류의 종(種)이 멸종되고 있다. 1980년대에는 매주 제2차 세계대전 때를 제외하고 역사상 어느 시대보다 더 많은 이들이 감금되고, 고

14　『정의, 평화, 창조질서의 보전 세계대회 자료집』, 59-60.
15　이 내용은 Ibid., 72-145.

문당하고, 암살당하고, 피난민이 되었거나 억압적인 정부에 의해 유린되었다. 매달 세계의 경제체제는 제3세계 국민의 등에 이미 짐 지워진 1조 5천억 달러(미화)라고 하는 엄청난 부채에 750억 달러를 추가하고 있다. 매년 한반도의 3/4정도의 크기의 열대림 지역이 황폐화되고 있다. 십 년 마다 현재 전 세계적 온난화의 결과로 바다의 해수면이 1.5미터 정도씩 높아져 지구 특히 해안 지역에 치명적인 결과를 경고하고 있다.[16] 최근 수 년 동안에 전 세계에 이상 기온과 재난을 몰고 오는 엘니뇨 현상은 바로 이러한 지구 온난화와 해수면의 상승 현상으로 말미암은 것이다. 이와 같은 자료는 정의, 평화, 창조질서에 대한 인간의 극심한 유린의 실상을 보여준다. 오늘 광범위한 변화가 일어나지 않는다면 내일에는 파국적인 결과가 초래될 것이다.

1) 불의의 통치

a. 빈곤: 오늘날 세계적으로 9억 5천만 명이 넘는 인구가 사람이 살아가는 데 기본적으로 요구되는 수준 이하에서 살고 있다. 유니세프(유엔아동기금)의 보고서에 의하면 매일 4만 명의 어린이들이 기아와 관련된 이유로 죽어가고 있으며, 매년 3천만 명에 달하는 사람들이 영양실조로 죽어간다. 세계 인구 중에서 최빈곤층 20퍼센트에 해당되는 사람들이 지구에서 산출되는 경제적인 생산물의 2퍼센트 이하를 수혜받고 있음에 반하여, 최부유층 20퍼센트에 해당하는 사람들은 그것의 74퍼센트를 소비하고 있다. 제3세계 국가들 중에서 채무국가들은 부유한 채권국가들에 대하여 1조 5천억 달러 이상의 빚을 지고 있다. 몇몇 채무국가들은 자국 자

---

16   Ibid., 70-71.

본을 부유한 국가들의 주머니 속으로 고스란히 지출하고 있다. 현 세계 경제체제는 돈이 빚으로 시달리는 사람들로부터 부유한 사람들에게 불가피하게 흘러 들어가는 것을 보장하고 있다. 빈곤은 추상화되어서는 안 된다. 가난해진다는 것은 하루하루를 절망의 변두리에서 살아간다는 것을 의미한다. 가난해진다는 것은 곧 비인간화되며, 자기 목소리를 잃어버리며, 소외되며, 권력자의 처분에 내맡겨지게 되며, 종속과 숙명론적인 절망에 빠지는 것을 의미한다.

b. 인권유린: "모든 인간 가족의 구성원이 소유한 고유한 존엄성과 양도할 수 없는 권리야말로 이 세계 안에서 자유와 정의, 평화의 토대다."(인권선언, 1968) 그러나 오늘날 이 땅 위에서는 인종차별과 고문, 납치, 법과는 무관하게 자행되는 처형, 그 밖에 갖가지 종류의 인권유린이 자행되고 있다. 우리는 특히 두 가지 문제에 관심을 기울이는데, 하나는 인종적·민족적으로 소수를 이루는 집단이 자신들의 정체성을 주장하거나 찾기 위하여 지배문화와 맞서서 자신들 본래의 언어와 문화 그리고 종교를 보존하기 위해 들이는 노력이다. 그리고 다른 하나는 내란, 빈곤, 식량과 일거리, 주거, 종교적 차별, 그리고 환경의 악화 등으로 인한 난민 숫자의 극적인 증가와 이들이 겪고 있는 곤경의 문제다.

c. 성차별: 대부분의 나라에서 여성은 남성보다 덜 가치 있는 존재이며 덜 존중받는 존재다. 남성은 사회의 가치를 결정할 권리를 갖고 있으며, 여성에게는 종속적인 역할이 요구된다. 여성은 가부장적 사회질서에서 밑바닥의 지위에 놓인다. 그들은 어렸을 때 사랑과 관심을 덜 받으며 소녀가 될 때 교육을 덜 받는다. 또한 취업의 선택 기회가 남자보다 적으며, 근로자로서 임금을 남자보다 덜 받고, 재판에서 정의의 혜택을 남자보다 덜 받는다. 최근의 유엔 보고서는 "여성은 세계 인구의 반을 차지하고, 남성의 시간의 2/3를 일하며, 세계 수입의 1/10을 받고, 세계 부

(富)의 1/100미만을 차지하고 있다"고 지적했다.

　　오늘날 세계의 모든 곳에서 여성들은 그들을 여타 재화처럼 구매할 수 있는 성적 대상으로 환원시켜버리는 사회적 실제에 종속되어 있다. 소녀와 여성들은 성적인 목적이나 그 밖의 목적으로 매매되거나 보급된다. 광고는 여성을 다른 상품들처럼 구입할 수 있는 성적 도구로 전락시키는 데 공헌하고 있다. 여성은 또한 매일 강간, 구타, 다른 형태의 폭행을 당하고 있으며 그런 위험에 처해 있다. 가부장주의와 성차별은 유감스럽게도 기독교 공동체 안에서도 고수되고 있다.

　　d. 인종차별: 흑인에 대한 백인의 고전적인 인종차별주의와 억압은 세계 전역에 여전히 남아 있고 미국과 유럽에서는 증가하는 양상을 보이기도 하며, 남아프리카에서 가장 극심하게 나타난다. 이 나라의 정치적인 지도력의 변화에도 불구하고 위기 상황은 불변인 채로 남아 있다. 인종차별주의는 또한 외국인 이주노동자들, 이민자들, 외국 학생들, 그리고 집시들에 대하여 이루어지고 있다. 아프리카 몇몇 지역에서의 종족 간의 적대감과 분쟁도 인종적인 것이다. 또한 과거 식민 세력이 자행한 사실상의 종족 멸종으로부터 살아남은 토착 원주민들은 여전히 지배 사회의 주변부에서 냉대를 당하고 있다. 그들은 그들의 땅과 문화 그리고 성스러운 전통에 대하여 가해지는 살해 행위에 맞서서 생존하기 위한 투쟁을 벌이고 있다. 그리고 유감스럽게도 기독교는 다른 종교들에 대하여, 그리고 특히 서구 기독교 세계(Christendom)는 다른 지역에 대하여 개선주의적인 태도를 못 버리고 있다.

2) 폭력의 통치

a. "세계대전" 이후의 전쟁들: 1945년 이래로 1백 회 이상의 전쟁이 발생했다. 오늘날 숱한 분쟁과 전쟁이 인간과 자연 질서에 비극적인 결과를

초래하면서 수많은 나라에서 벌어지고 있다. 각국의 경쟁적인 군비증강, 핵무기와 재래식 무기의 증가가 인류와 모든 지구의 생명체를 위협하고 있다.

　　b. 핵의 위협: 새롭고도 훨씬 더 치명적인 핵무기가 유럽과 북미의 강대국들에 의해 실험, 생산, 배치되고 있으며, 인도와 이스라엘, 파키스탄, 남아프리카, 북한, 이란, 리비아 등에서도 비밀리에 핵무기 제조를 위한 계획을 추진해오고 있다.

　　c. 제3세계 국가의 군사화: 나토와 바르샤바 조약 기구에 속해 있지 않은 나라 20개국 정도가 화학무기를 보유하고 있다. 제3세계 국가들 안에서 다양한 군사력과 군사 기술이 확산되고 있다. 1989년 제3세계 국가들의 군사 예산은 1960년대에 비하여 대략 일곱 배로 증가하였다. 세계의 총 무기 수입액의 75퍼센트를 이들 국가가 지불하고 있다. 이러한 군사화는 자국 내의 군사적인 독재통치로 이어진다.

3) 창조질서의 해체

a. 위험한 실험: 인간은 창조질서에 대하여 광대한 실험을 벌여왔는데, 이러한 실험의 궁극적인 결과는 대단히 파국적인 것으로 보인다.

　　b. 몇 가지 특정한 문제들: 온실가스의 영향으로 지구의 기온이 상승하고 해수면이 상승하여 전 생명체가 위협을 받고 있다. 지상의 생명체를 과다한 자외선 노출로부터 막아 주는 방패 역할을 하는 오존층이 고갈되고 있다. 전 지구에 걸쳐서 광대한 농지들이 도시개발, 토양침식, 사막화, 염분의 증대 등으로 피폐화하고 있다. 살충제, 제초제, 화학비료, 유독성 폐기물 등으로 인하여 지표수가 오염되고 있다. 근대에 들어 제3세계 삼림의 근 절반가량이 소멸되었다. 남아 있는 8억 5천만 평방킬로미터에 달하는 삼림 지대에서 매년 근 10만 평방킬로미터가 소멸

되고 있으며 해마다 화전 경작으로 또 약 10만 평방킬로미터의 삼림이 훼손되고 있다. 그 외에 서식지가 파괴되고 종(種)이 멸종되고 있으며, 각종 유독성 폐기물로 인하여 지구가 유독화되고 있으며, 무제한적인 자원 착취가 행해지고 있으며, 생명공학이 오용되고 있다. 십 년마다 전 세계의 오존층이 4-6%씩 감소하는 경향이 있다는 보고가 있는데, 우리나라에서도 지난 84년 이래 십 년 동안 오존층이 3.8%가 감소했으며, 따라서 7, 8월 정오를 전후해서 15분 이상 햇빛에 피부가 직접 노출되면 피부암에 걸릴 가능성이 있다는 보도가 나와 있다.[17] 이 모든 것들은 창조질서를 해체하고 있다.

JPIC 문서는 현재와 같은 정의, 평화, 창조질서 보전의 위기가 상호 연관적인 것이라고 지적한다. 그리고 이 문서는 이러한 위기를 창출한 원인들을 불공평한 세계경제 질서와 정치, 군사세력, 근대적인 생산수단으로서의 과학과 테크놀로지 등으로 규명하면서, 그러나 보다 궁극적인 원인은 인간의 마음과 태도와 목표, 가치관에 있다고 결론짓는다. 즉 인간의 만물에 대한 주권 의식과 지배적 태도, 불변의 성장이라는 이데올로기, 자연 착취라는 이데올로기, 모든 문제의 기술주의적인 해결에 대한 맹목적인 신뢰, 왜곡된 자신감과 인간중심주의 등이 그것이다.

이 문서는 이러한 위기의 현실을 극복하기 위한 다음과 같은 신학적 입장을 천명한다. 다음은 그 중요한 내용만을 발췌한 것이다.

---

17   1998년 5월 5일자 조선일보 22면 사회면.

B. 신학적 확언들[18]

1. 우리는 모든 권력의 행사가 하나님께 대하여 책임을 져야 한다고 확언한다. 우리는 삼위일체 하나님이 모든 인간적 형태의 권세를 참으로 주관하시는 분이라고 선언한다. 우리는 권력을 독점하고 정의, 평화, 창조 질서의 보전을 위한 변혁 과정을 금지하는 권력과 권위의 행사에 저항할 것이다. 우리는 인간적 존엄과 해방을 위해서 그리고 정의롭고 참여적인 형태의 정부와 경제 구조를 수립하기 위해서 헌신한다.

2. 우리는 하나님께서 가난한 자의 편에 서신다는 것을 확언한다. 우리는 하나님께서 특별히 가난한 사람들을 사랑하신다고 믿는다. 예수는 사회적으로 "지극히 작은 자들"로 취급을 받는 사람들을 그의 자매와 형제로 여긴다(마 25:31-46). 우리 시대에 "지극히 작은 자들"의 필요는 구조 변화를 통한 세계경제의 근본적인 변화에 의해서만 충족될 수 있다. 자선과 원조계획만으로는 그 필요를 충족시킬 수 없고 세계에서 가장 가난한, 여성과 어린이가 다수를 이루는 수십억 민중의 존엄을 보호할 수 없다. 외채 위기의 해결은 부채상환 기간의 조정과 같은 임시방편으로는 이루어질 수 없고 의롭고 공평한 세계경제 질서를 통해서만 이루어질 수 있다.

3. 우리는 모든 인종과 민족의 평등한 가치를 확언한다. 우리는 모든 인종이 아름다우며 평등하고 풍성한 다양성을 지니고 있다고 믿는다. 매우 다양한 문화와 전통 속에서 그들은 하나님의 창조의 풍부한 다양성을 반영한다. 그러므로 우리는 인종주의, 종족주의, 신분주의의 세력

18　이 내용은 Ibid., 145-67.

들에 저항하고 그 희생자들과 그들의 투쟁에 연대하며 그들을 지원하는 데 헌신한다.

4. 우리는 남성과 여성이 하나님의 형상대로 창조된 것을 확언한다(창 1:27). 우리는 여성들의 노동과 성을 착취했던 가정과 사회에서 여성들에 대한 폭력을 영구화하는 가부장제적 구조에 저항할 것이다. 이 가운데서 우리는 가장 상처받기 쉬운 여성들―가난한 여성들, 흑인, 원주민, 난민, 이주민, 노동자, 그리고 억압받은 집단인 여성들―을 특별히 주목한다. 우리는 여성들의 신학적·영적 기여를 배제하고 교회와 사회에서 여성들이 의사결정과정에 참여하는 것을 거부하는 모든 지배 구조에 저항한다. 우리는 여성과 남성의 새로운 공동체를 실현하는 길을 찾는 데 헌신한다.

5. 우리는 진리가 자유로운 민중 공동체의 토대임을 확언한다. 우리는 예수 그리스도가 민중을 자유하게 하신 진리라고 믿는다. 우리는 진리와 교육, 정보와 커뮤니케이션의 수단에 접근하는 것이 기본적인 인권이라고 확언한다. 모든 사람은 교육받고 자신의 이야기를 하고 자신의 신념과 믿음을 말하고 다른 사람들에게 경청되고 진리와 거짓을 구별할 능력과 권리를 지니고 있다. 우리는 표현의 자유를 부정하거나 커뮤니케이션 매체가 국가 혹은 강력한 독점 재벌의 손에 집중되는 것을 반대한다.

6. 우리는 예수 그리스도의 평화를 확언한다. 영구적인 평화의 유일한 토대는 정의의 수립이다(사 32:17). 하나님의 정의는 가장 상처받기 쉬운 자들(신 24장), 지극히 작은 자들을 보호하는 것이다. 하나님은 가난한 자들의 옹호자시다(암 5장). 우리는 행동적인 비폭력에 의해 정의를 수립하고 평화를 이룩하고 갈등을 해결하는 모든 가능한 수단을 추구한다. 우리는 대량으로 파괴할 수 있는 모든 무기 사용과 위험에 기초한 안보 이론과 체제에 저항할 뿐 아니라 군사적 침략, 개입, 점령에 저항하고, 소

수의 특권을 보호하기 위해 민중을 통제하고 압제하려는 국가안보 이론에 저항한다.

7. 창조자로서 하나님은 우주 전체의 근원과 유지자시다. 우리는 전체 피조세계가 하나님의 사랑의 대상이라고 믿는다. 창조세계의 신비한 길들, 그것의 생명, 역동성은 모두 창조자의 영광을 드러낸다. 예수 그리스도 안에서 하나님의 구속 사업은 만물을 화해케 하고 모든 창조세계 안에서 성령의 자유하게 하는 역사로 우리를 초청한다. 창조세계는 하나님의 것이고 하나님의 선하심이 스며 있기 때문에 신성하다. 우리는 모든 피조물이 인간이 좌우할 수 있는 재료에 불과하다는 주장에 저항한다. 인간의 이익을 위한 종(種)의 멸절, 소비주의와 유해한 대량생산, 땅과 대기와 강들의 오염, 기후를 위협하는 공기의 파괴적 변화들, 그리고 창조보전의 해체에 기여하는 정책들과 계획에 저항한다.

8. 우리는 땅이 하나님께 속해 있다고 확언한다. 우리는 땅을 단지 시장성 있는 상품으로만 취급하고, 가난한 자들을 희생시키면서 투기를 허용하고, 땅과 그 생산물의 착취나 불공평한 분배나 오염을 조장하며, 직접 땅으로부터 먹고사는 사람들이 땅의 참된 위탁자가 되지 못하도록 하는 여하한 정책에도 저항한다.

9. 우리는 젊은 세대의 존엄성과 헌신을 확언한다. 우리는 젊은 세대의 권리를 유린하고 그들을 악용하고 착취하는 정책이나 권위에 저항한다. 우리는 자아실현, 참여, 그리고 희망과 믿음의 삶을 위해 투쟁하는 젊은이들을 지원하고 모든 어린이들이 존엄하게 살 수 있는 조건들을 창출하는 일에 헌신한다.

10. 우리는 인권이 하나님에 의해 주어진 것임을 확언한다. 우리는 인권을 침해하고 개인과 집단의 충분한 잠재력을 실현할 기회를 거부하는 모든 구조와 체제들에 저항한다. 특히 고문, 납치, 탈법적 법집행, 사

형 등에 저항한다. 우리는 장애인들의 인권을 보장하는 데 헌신한다.

C. 계약행위

본 문서는 오늘날 요구되는 긴급한 집단행동의 사례들로서 다음 네 가지 영역의 "계약행위"를 선택하였다. 첫째는 정의로운 경제질서와 부채위기로부터의 해방을 위한 것이며, 둘째는 모든 국가와 국민의 참된 안보를 위한 것이며, 셋째는 신선한 대기를 보존하고 세계의 생명을 기르고 지탱하기 위한 것이며, 넷째는 인종차별과 모든 민족들의 국가적·국제적 차별을 근절하기 위한 것이다.

　　1. 모든 사람들을 위한 지방, 국가, 지역 및 국제적 차원에서의 정의로운 경제 질서를 위하여, 수백만의 삶에 영향을 미치고 있는 외채의 속박으로부터의 해방을 위하여, 국제적 금융체제의 정의로운 구조를 위하여, 그리고 민중을 우선적으로 고려하는 경제체제와 정책을 위하여 다음과 같은 언약의 행위를 한다.[19]

　　2. 모든 국가들과 국민들의 진정한 안보를 위하여, 그리고 비폭력 문화를 위하여, 국제 관계의 비군사화를 위하여 그리고 비폭력적 형태의 방위를 진작시키기기 위하여, 군국주의와 국가안보이론 및 체제에 반대하여, 변화와 해방의 힘인 비폭력의 문화를 위하여, 하나님의 해방적 사랑을 증언함으로써 그리스도의 몸임을 확인할 수 있다고 주장하는 교회 공동체를 위하여 다음과 같은 언약의 행위를 한다.

　　3. 하나님께서 조성하신 지구 대기를 보존하여 세계의 생명을 양

19　　반복되는 "다음과 같은 언약의 행위"들의 구체적인 내용은 Ibid., pp. 167-210을 참조.

육하고 유지하기 위하여, 지구 환경을 하나님께서 주신 그대로 보존하고 조화롭게 살 수 있는 문화를 만들기 위하여, 지구의 기후를 혼란에 빠뜨리어 광범위한 고통을 야기할 위험이 있는 외적인 변화 원인들과 싸우기 위하여, 그리고 교회의 사고 전환을 위하여 다음과 같은 언약의 행위를 한다.

4. 모든 민중에게 자행되는 국내적·국제적인 인종차별과 차별대우의 근절을 위하여, 인종적 근원이 다름으로 인해 민족을 분열시키는 장벽을 헐어 내기 위하여, 인종차별의 죄를 영속화하는 경제적·정치적·사회적 관행을 철폐하기 위하여, 하나님께서는 민족, 계급, 인종에 관계없이 모든 인간을 사랑하신다는 진리가 반영되는 공정한 제도와 정체의 건설을 위하여, 교회 및 교회관련 단체의 정치와 의식에서 위에서 말한 원리를 이행하도록 하기 위하여 다음과 같은 언약의 행위를 한다.

5. 결론

JPIC의 문서에 나타난 이상의 내용들, 즉 정의, 평화, 창조질서의 보전의 관점에서 제시된 오늘 우리가 직면하고 있는 현실에 대한 분석과 신학적 확언과 계약행동에 관한 선언들은, 오늘 한국교회의 사회 참여를 위한 전거와 지향점을 제공해준다. 우리나라는 바로 오늘날 세계가 경험하고 있는 JPIC의 모든 문제를 전형적으로 안고 있는 축소판이라고 할 수 있다. 민족분단의 한반도 현실 속에서 "평화적" 통일은 지상 과제다. 한국은 또한 오랜 군사독재 정권의 통치하에서 인권이 탄압 당하는 "정치적 불의"와, 급격한 산업화 과정과 고속의 경제성장을 추구하는 과정 가운데 노동력의 착취와 부의 분배의 불균형으로 인한 "경제적 불의"의 현실이 지속되어 왔다. 오늘 우리가 겪고 있는 경제적·사회적 시련은 이러한 불의의 결과 외에 다른 것이 아니다. 또한 산업화와 자본주의적 생산과 소비문화로 인한 자연환경의 오염과 파괴의 문제가 오늘날 한국 사회의 긴급하고도 핵심적인 이슈로 부각되고 있다.

오늘날 한국교회는 한국 사회의 정치경제적 불의를 고발하고 책망할 뿐만 아니라 그러한 불의한 구조를 변혁시키기 위한 실천적 행동을 요구받는다. 풀뿌리 민주주의의 구현을 위한 정치 정의와 자본주의의 모순을 극복하기 위한 경제 정의를 실현하기 위한 정치, 경제신학과 실천적 행동이 요청된다. 특히 평화적 방식의 수평적 정권교체를 통해 절차적 민주시민사회로 들어선 오늘의 한국 사회에 있어서, 구조적으로 영속화되고 있는 경제 불황과 빈익빈 부익부의 양극화 현상을 극복하는 것이 최우선적인 과제로 여겨진다. 물론 경제성장이 없는 분배정의의 실현은 공허한 구호일 뿐이다. 그러나 한국교회는 단순히 경제 회복만을 추구하는 정책을 지지하기 전에, 자본주의 경제체제와 경쟁적인 시장경제원리, 그리고 세계의 선진국 중심의 자본주의 경제 질서와 물신 숭배적 가치관 등의 문제점들을 신학적으로 비판하고 성서에 근거한 대안적 삶의 질서와 방향을 제시하는 경제신학을 수립하고 제시해주어야 한다. 경제신학은 60년대에 시작된 근대화 과정 이후 오늘에 이르기까지의 성장 위주의 경제정책과 현실을 신학적으로 조명, 비판하고 근본적인 구조적 개혁을 위한 대안을 제시해야 한다.[20] 한국교회는 오늘의 경제난국 상황을 한국 사회의 정신과 구조를 새롭게 변화시킬 수 있는 카이로스적 기회로 여기고, 하나님의 정의를 이 땅에 구현하는 일에 앞장서야 한다.

20　한국의 경제문제에 대한 신학적 이해를 위해서는, 채수일, "IMF 시대의 경제문제에 대한 신학적 판단,"『기독교사상』, 1998년 5월호, 198-215 참조.

한국 사회가 성숙한 민주시민사회로 성장하기 위해서는 1970-80년대 군사독재 시기의 물리적 투쟁방식으로부터 벗어나서 공적인 대화의 장에서의 상호 의사소통 과정을 통해 합리적이고 민주적인 방식으로 각 계층과 집단 간의 갈등을 해결해 나아가는 법을 배워야 한다. 특히 오늘의 경제난국 시대에 폭력적인 투쟁과 물리적 진압과 강제 해고의 악순환에 의해서가 아니라, 노동자와 기업과 정부가 노사정 협의체 안에서 평화적인 방식으로 문제들을 슬기롭게 해결해 나아가야 한다. 나아가 남한과 북한의 정치적·군사적·이데올로기적 대립을 해소하고 평화통일의 길을 열기 위해서는 인도주의적 차원의 대북 원조, 문화 예술 종교 차원의 민간 교류의 활성화, 상호 군비축소, 이산가족 만남과 자유 왕래, 그리고 한반도 비핵화를 통해 불신의 장벽을 허물고 상호 신뢰의 토대를 구축해 나아가야 한다. 이와 같은 한국 사회와 민족의 시대적 과제를 위해 한국교회는 평화의 사도로서의 역할을 다해야 한다.

또한 한반도의 자연 파괴와 생태계 위기의 상황 속에서, 한국교회는 자연과 생태계의 회복을 교회의 선포와 실천의 중심적 주제의 하나로 삼아야 한다. 이를 위해서는 구속신학과 아울러 창조신학이 교회의 선포와 그리스도인의 신앙과 삶을 위한 주요 주제가 되어야 한다. 파괴된 자연을 다시 회복하고 치유하는 것은 인간과 창조세계의 통전적 구원을 위한 필수 조건이다. 왜냐하면 종말론적으로 구원은 창조의 완성을 지향하며, 종말론적인 창조의 완성 안에서 인간의 구원이 완성되기 때문이다. 따라서 한국교회는 전통적인 인간 중심적 구속신학을 극복하고 창조신학과 구속신학의 관계를 생태신학의 관점에서 새롭게 재정립해야 한다. 그리고 한국교회는 한국 사회의 지속 가능한 발전을 위해 한반도의 땅과 대기와 물을 다시 살리고 보전하는 일에 앞장서야 하며, 그렇게 함으로써 인간과 자연이 조화를 이루는 가운데 다함께 평화를 누리는 하나님 나라의 비전을 실현하는 일에 기여해야 한다.

교회의 사회 참여는 교회의 사회화(근대의 세속화)를 지향하는 것이 아니며, 사회의 교회화(중세의 기독교 세계[Christendom])를 지향하는 것도 아니다. 교회의 사회 참여는 교회의 사회화와 사회의 교회화를 둘 다 비판하고 지양하는 하나님 나라의 비전 안에서 이루어져야 한다. 이와 같은 교회의 사회 참여는 교회로 하여금 본래의 교회가 되도록 하기 위한 것이며 동시에 세상이 본래의 세상이 되도록 하기 위한 것이다. 세상의 본래의 현실은 교회가 세상 속에서 선취적으로 구현해야 하는 하나님 나라의 현실 안에서 구현된다. 하나님께서 예수 그리스도의 성육신 안에서 세상 속에 들어오신 것처럼, 그리고 예수 그리스도의 존재가 본질적으로 세상의 타자를 위한 존재인 것처럼, 교회의 존재도 오직 세상의 타자를 위한 존재여야 한다. 한국교회는 이러한 교회의 본질적인 모습을 향해 끊임없이 자신을 개혁해 나아가야 한다. 이렇게 끊임없이 자신을 개혁하는 교회를 통해 세상은 그리스도 안에서 화해된 하나님의 현실로서 종말론적인 하나님 나라를 향해 누룩이 그 속에서 발효하는 밀가루 서 말처럼 눈에 보이지 않게 그러나 점차적으로 변화되어 나아갈 것이다. "천국은 마치 여자가 가루 서 말 속에 갖다 넣어 전부 부풀게 한 누룩과 같으니라"(마 13:33).

제13장

종말론적 하나님 나라와
현실변혁적 교회

1. 서론

오늘날 많은 사람들이 한국교회의 위기를 말하고 있다. 위기의 징후로 무엇보다도 먼저 교회의 저성장과 침체가 거론되곤 한다. 그러나 한국교회 위기의 본질은 성장 저하나 침체에 있는 것이 아니라, 이 세상에서의 현실변혁적 능력의 상실에 있다. 왜 한국교회가 현실변혁적 능력을 상실했는가? 그것은 한국교회가 하나님 나라의 비전을 잃어버리고 제도화, 세속화되었기 때문이다. 그러므로 한국교회가 위기를 극복하는 길은 하나님 나라의 비전을 회복함으로써 현실변혁적 능력을 되찾는 데 있다. 다시 말해 종말론적 하나님 나라의 비전을 회복하는 것이 근본적으로 위기상황에 놓여 있는 한국교회에 가장 중요한 과제다.

종말론은 단지 마지막 일들에 대한 교의학적 결론이 아니라 기독교 신학 전체를 관통하는 주제다. 종말론은 신학의 궁극적 관심에 대한 진술이다. 20세기 종말론의 부흥 시대를 열었던 바르트는 이렇게 말했다. "전체적으로 그리고 전적으로 종말론이 아닌 기독교는 전체적으로 그리고 전적으로 그리스도와 아무런 관련이 없다."[1] 몰트만도 이에 호응하여 이렇게 말했다. "종말론은 기독교의 한 요소가 아니라 기독교 신앙 자체의 매개다. 그러므로 종말론은 단순히 기독교 교리의 한 부분일 수 없다. 오히려 종말론적 전망은 모든 기독교의 선포와 모든 기독교의 실존

---

1   Karl Barth, *The Epistle to the Romans* (London: Oxford University Press, 1933), p. 314.

과 전체 교회의 특성이다."[2]

종말론은 마지막 날에 있을 이 세계의 최종적인 완성과 모든 사람들의 영원한 운명에 관한 교리를 의미한다. 전통적으로 교회는 종말론이란 제목 아래 죽음과 부활, 마지막 심판과 세계의 종말, 영원한 형벌(지옥)과 영원한 생명(천국) 같은 주제들을 다루어왔다. 그러나 오늘날 교회는 그러한 종말론적 완성과 구원과 심판이 의미 있는 삶을 위해 투쟁하는 현실세계와 어떤 관계가 있는가, 즉 종말론이 이 세계 속에서 어떻게 현실변혁적인 기능을 할 수 있는가 하는 데 더 큰 관심을 가지고 있다. 종말론의 주제를 다룸에 있어 이 글에서는 개인적 차원에서의 인간의 죽음 이후에 일어날 일, 즉 몸의 부활과 심판과 영생 등에 초점을 맞추지 않고, 성서에 나타나는 사회적·우주적 차원의 종말론적 구원과 완성의 상징인 하나님 나라에 초점을 맞출 것이다.

기독교의 종말론은 예수 그리스도의 하나님 나라 비전에 근거한다. 기독교 종말론은 본질적으로 예수 그리스도의 하나님 나라의 비전에 대한 교의학적 진술이다. 물론 교회가 고대의 헬레니즘 세계에서 새롭게 기독교의 정체성을 형성하고 발전시켜 나아감에 있어서 기독교의 종말론과 하나님 나라 사상이 상당한 변화를 겪게 된 것이 사실이다. 또한 오늘날 우리는 초기 교회 시대의 묵시적·신화론적 세계관 안에서 형성된 종말론적 상징과 표현들을 그대로 반복할 수만은 없다. 그렇기 때문에 오늘의 신학은 "예수 그리스도와 신약성서에 나타나는 종말론과 하나님 나라의 표상들"을 오늘의 세계관과 언어로 새롭게 표현할 과제를 가지고 있다.

---

2   Jürgen Moltmann, *Theology of Hope*, trans. James W. Leitsch (Minneapolis: Fortress Press, 1993), p. 16.

이 글의 제목인 "종말론적 하나님 나라와 현실변혁적 교회"가 지시하는 바와 같이, 이 글에서는 두 가지 연관된 주제를 다루고자 한다. 하나는 바람직한 기독교의 종말론과 예수 그리스도의 하나님 나라 비전을 밝히는 것이고, 다른 하나는 그 하나님 나라와의 올바른 관계 속에 있는 현실변혁적 교회의 모습을 찾아보는 것이다. 이 두 가지 주제는 서로 연관되어 있다. 왜냐하면 종말론적 하나님 나라의 비전은 바로 교회에 현실변혁적 힘을 제공해주기 때문이다. 이 글에서 주장하고자 하는 핵심 논점은 교회가 종말론적 하나님 나라와의 역동적이고 변증법적인 긴장 관계 안에서 이 땅에 하나님 나라를 구현하는 현실변혁적 공동체가 되어야 한다는 것이다.

이와 같은 논지 아래 이 글에서 다룰 구체적인 소주제들은 "예수와 하나님 나라"(II), "하나님 나라와의 관계 속에서의 교회의 본질"(III), "교회의 역사 속에서의 하나님 나라와 종말론"(IV), "하나님 나라의 선취 또는 전조로서의 교회"(V), "교회의 선교적 사명: 예수 그리스도의 복음 전파와 하나님 나라의 구현"(VI), "통전적인 종말론적 하나님 나라의 비전과 현실변혁적 교회"(VII), "결론: 하나님 나라와 한국교회"(VIII)다.

2. 예수와 하나님 나라

예수의 메시지의 핵심 주제는 도래하는 하나님 나라였다. 하나님 나라 복음은 예수의 메시아 사역의 목표이자 내용이었다. "예수께서 갈릴리에 오셔서 하나님의 복음을 전파하여 이르시되 '때가 찼고 하나님 나라가 가까이 왔으니 회개하고 복음을 믿으라' 하시더라"(막 1:14-15). 예수는 하나님 나라가 매우 가까운 미래에 임할 것으로 기대했다. 따라서 예수는 긴급하게 사람들에게 회개하고 믿으라고 호소했다. 하나님 나라는 종말론적 미래에 완성될 것이나 이미 "가까이 왔으며", 예수 그리스도의 인격과 사역 안에 현존하는 나라다. "그러나 만일 내가 하나님의 손을 힘입어 귀신을 쫓아낸다면 하나님의 나라가 이미 너희에게 임하였느니라"(눅 11:20).

예수가 선포한 하나님 나라는 하나님이 통치하시는 나라다. 하나님 나라는 인간의 나라나 세상의 나라가 아니라 하나님의 나라다. 하나님 나라의 통치권과 주도권은 인간이 아니라 하나님에게 있다. 하나님 나라는 하나님의 사랑의 통치가 실현되는 나라다. 하나님 나라는 하나님께서 모든 인간, 특별히 잃어버린 죄인들을 찾아오셔서 구원의 은총을 베풀어 주시는 나라다. 예수께서 가르치신 하나님 나라의 본질은 하나님께서 주도적으로 잃어버린 자를 찾아 구원하신다는 것이다.[3] 누가복음 15장에 나타나는 예수의 비유들, 즉 잃은 양을 찾은 목자 비유, 잃은 드라크마를 찾은 여인 비유, 잃어버렸던 탕자를 되찾은 아버지 비유, 그리고 마태복음 22장(마 22:1-14; 참조. 눅 14:15-24)에 나타나는 혼인 잔치 비유 등은 하나님 나라가 잃어버린 자, 즉 죄인을 찾아 구원하시며 또한 그들을 구원의 잔치 자리로 초청하시는 은혜의 나라라는 사실을 잘 보여준다.

하나님 나라는 하나님의 은혜와 권능으로 실현되는 나라다. 인간이 "회개하고 복음을 믿음으로" 하나님 나라를 받아들여야 함에도 불구하고 이러한 행동에 의해 하나님 나라가 도래하는 것은 아니다. 하나님 나라를 받아들이라는 요구의 근거는 예수 그리스도 안에서 하나님 나라

3　G. E. Ladd, *A Theology of the New Testament*, 신성종, 이한수 역, 『신약신학』 (서울: 대한기독교출판사, 1984), p. 89.

가 역사 속에 이미 도래했다는 사실에 있다.[4] 예수는 이사야 61:1-2을 인용하여 하나님 나라를 위한 자신의 메시아적 자의식과 사명을 선포했다. 그것은 가난한 자에게 복음을 전하고, 포로 된 자에게 자유를 주고, 눈 먼 자를 다시 보게 하며, 눌린 자를 자유롭게 하고, 주의 은혜의 해를 전하는 것이다(눅 4:18-19, 21). 책을 덮고 예수는 말씀했다. "이 글이 오늘날 너희 귀에 응하였느니라"(눅 4:21). 예수는 이사야가 예언한 종말론적 하나님 나라가 이미 도래했음을 선포하면서, 사람들에게는 회개와 근본적인 삶의 전환을, 제자들에게는 가족, 안식처, 소유를 모두 버리고 자신을 따를 것을 요구했다.

신학자들은 예수가 가지고 있었던 하나님 나라의 성격에 관하여 오랫동안 논쟁하였다. 예수는 당시에 유행하던 묵시적 종말론을 가지고 있었는가, 아니면 그 이전의 예언자적 종말론을 가지고 있었는가? 예수가 선포한 하나님 나라는 미래적인 나라인가, 아니면 현재적인 나라인가? 그것은 초역사적 실재인가, 아니면 역사적 실재인가? 예수에게 있어 이 두 차원은 서로 분리되지 않고 변증법적으로 결합되어 있다. 즉 묵시적·미래적·역사초월적 차원의 하나님 나라와 예언자적·현재적·역사적 차원의 하나님 나라는 예수의 인격 안에서 역동적으로 결합되어 있다. 다시 말해 종말론적 미래의 하나님 나라의 통치는 예수의 인격을 통해서 이미 지금 여기에 선취적으로 현존하며 현실변혁적 힘으로 역사하고 있다. 하나님 나라의 종말론적 완성은 아직 오지 않았다. 그것은 미래의 시제다. 그러나 그 나라는 성령의 능력 안에서 예수의 인격과 사역, 특히 십자가와 부활을 통해 역사 속에 선취적으로 도래했으며, 성령의 능력 안에

G. E. Ladd, *The Presence of the Future*, 이태훈 역, 『예수와 하나님의 나라』 (서울: 도서출판 엠마오, 1985), p. 220.

있는 교회를 중심으로 지금도 이 세상 속에서 현실변혁적 힘으로 역사하고 있다.

3. 하나님 나라와의 관계 속에서의 교회의 본질

예수 그리스도의 공동체적 몸으로서 존재하는 교회의 정체성은 예수가 선포한 하나님 나라와의 관계성으로부터 주어진다. 하나님 나라와의 관계 속에서 교회의 정의는 다음과 같다. 즉 교회는 "종말론적 하나님 나라를 선포한 예수를 그리스도로 고백하는 신앙 공동체로서, 하나님 나라의 구원을 지금 여기서 선취적으로 경험하면서, 그 나라의 비전을 품고 예수 그리스도의 복음을 전파하며 이 땅에 하나님 나라를 구현하도록 부름을 받은 현실변혁적 공동체"다. 이 정의는 다음과 같은 교회의 네 가지 핵심적 본질을 함축하고 있다.

첫째, 교회는 예수를 그리스도와 주로 고백하는 신앙 공동체다. 교회는 예수의 죽음과 부활 이후(또는 이전)에 예수를 따르던 공동체 안에서 예수를 그리스도와 주로 고백하는 신앙고백과 더불어 탄생했다. 다시 말해 예수의 인격에 대한 기독론적 신앙고백과 그분의 사역 특히 십자가 죽음에 대한 구원론적 신앙고백과 더불어 교회가 출현하였다. 이 세상의 모든 교회는 예수를 그리스도, 주, 하나님의 아들로 고백하는 신앙 안에서, 그리고 그분의 십자가와 부활을 통해 우리가 죄 사함과 구원을 받았다는 것을 고백하는 신앙 안에서 "하나의" "보편적" 교회다. 이와 같은 신앙고백을 공유하지 않는 교회는 기독교 교회가 아니다. 교회는 종말론적 하나님 나라의 구원을 예수 그리스도 안에서, 즉 예수 그리스도에 대한 기독론적·구원론적 신앙고백 안에서 선취적으로 경험하며 그 나라의 비전을 가슴에 품을 수 있다.

둘째, 교회의 존재와 그 존재 양태는 하나님 나라로부터 기인한다.[5] 예수가 선포한 하나님 나라(바실레이아)와 교회(에클레시아)는 어떤 관계에 있는가?[6] 예수는 자신의 하나님 나라 운동이 더욱 효과적으로 지속되도록 하기 위해서 제자 공동체를 구성하였다. 이스라엘의 열두 지파를 의미하는 숫자인 열두 명의 제자들로 이루어진 공동체는 새로운 이스라엘을 상징하며, 이 새로운 이스라엘 공동체는 교회의 원형이 되었다. 다시 말해 예수의 제자 공동체가 예수의 십자가와 부활 이후에 성령의 강림과 더불어 교회 공동체가 되었다.

예수는 하나님 나라를 선포하였는데, 교회는 예수를 선포하였다. 따라서 하나님 나라를 선포했던 예수의 복음과 예수 그리스도를 선포하는 교회의 복음 사이에는 쉽게 동일시될 수 없는 불연속성이 존재한다. 그럼에도 불구하고 그 둘 사이에는 본질적인 연속성이 존재한다. 왜냐하면 예수가 선포하고 실천한 하나님 나라가 예수 자신의 인격과 사역 안에 선취적으로 현존하기 때문이다. 예수 그리스도의 부활 경험 이후에 초기 교회는 예수 그리스도의 인격과 사역 그리고 무엇보다 십자가의 대속을 통해 하나님 나라가 이미 도래했다고 믿었으며, 예수를 하나님 나라의 주님으로 고백했다. 따라서 예수의 하나님 나라 선포에 대한 "예"와 "아니오"는 바로 예수의 인격에 대한 "예"와 "아니오"를 내포하며, 역도 마찬가지이다. 그러므로 예수 전승의 간접적 또는 암시적 기독론과 교회 전

---

5 Herman N. Ridderbos, *When the Time Had Fully Come*, 오광만 역, 『구속사와 하나님 나라』(서울: 풍만출판사, 1986), 75.

6 복음서에는 "바실레이아"라는 단어가 거의 매장 등장하는 반면, "에클레시아"라는 단어는 공관복음서 전체를 통틀어 마 16:18; 18:17에 두 번밖에 언급되지 않는다.

승의 직접적 또는 명시적 기독론 사이에는 불연속성과 더불어 본질적 연속성이 존재한다.

셋째, 교회는 예수 그리스도 안에서 종말론적 하나님 나라의 구원을 선취적으로 경험하는 공동체다. 그리스도인은 성령의 능력 안에서 이미 지금 여기에 현존하는 하나님 나라의 새로운 질서 안에 산다. 예수를 믿고 교회의 일원이 되는 것은 하나님 나라의 시민이 되는 것을 의미한다. 그리스도인의 시민권은 하늘에 있으며(빌 3:20), 그들의 본향인 영원한 하나님 나라를 약속받았다(히 11:16). 이것은 인간의 행위나 노력에 의해 쟁취되는 결과물이 아니라, 하나님의 은혜에 의해 값없이 주어지는 선물이다. 이미 현존하는 하나님 나라를 선취적으로 경험하는 그리스도인만이 이 땅에서의 하나님 나라의 확장을 위해 올바로 쓰임을 받을 수 있다. 하나님의 은총과 선물(gabe)은 하나님의 명령과 과제(aufgabe)를 선행한다. 은총이 없이는 명령이 없으며, 선물이 없이는 과제가 없다.

넷째, 교회는 예수 그리스도의 복음을 전파하고 이 땅에 하나님 나라를 구현하도록 부름을 받은 현실변혁적 선교 공동체다. 이미 언급한 바와 같이 하나님 나라의 도래를 선포하는 예수 그리스도의 복음과 예수 그리스도를 주로 선포하는 교회의 복음 사이에는 본질적인 일치가 있다. 이 두 복음은 온전한 복음의 내용을 구성하는 타원의 두 초점과 같다. 따라서 교회의 선교는 예수 그리스도를 주님으로 믿는 믿음을 위한 개인적 복음화와, 이 땅에 하나님 나라의 통치를 실현하기 위한 사회적 복음화라는 불가분리적인 두 차원 안에서 수행되어야 한다. 이 땅에서의 하나님 나라의 온전한 구현은 이 두 차원의 복음화를 통한 개인적·공동체적 현실 변혁을 통해 이루어진다. 교회는 이와 같은 통전적인 현실변혁적 선교의 주체로 부름을 받은 공동체다.

교회의 선교는 호켄다이크(J. C. Hoekendijk)가 주장한 바와 같이 예수 그리스도를 이 세상에 보내신 "하나님의 선교"(missio Dei)에 참여하는 것이다. 하나님의 선교는 전체 역사 속에서 하나님과 인간 사이의 화해에 기초한 샬롬을 목표한다. 교회가 "하나님의 선교"에 참여한다는 것은 역사 가운데 활동하시는 하나님의 동역자가 되는 것을 의미한다. 호켄다이크는 사도직을 하나님 나라와 세상을 연결하는 개념으로 이해하였는데, 이것은 교회가 "하나님→교회→세상"의 관계가 아니라 "하나님→세상→교회"의 관계 속에서 세상을 섬겨야 한다는 것을 의미한다.[7] 이러한 관계 도식 속에서 교회는 모이는 교회가 될 뿐만 아니라 흩어지는 교회가 되어야 한다. 다시 말해 교회는 사람들을 전도하여 세상으로부터 교인들을 모으는 교회가 될 뿐만 아니라 그들을 세상으로 파송하는 교회가 되어야 한다. 교회는 세상에 대한 하나님의 활동의 한 부분으로 사용되는 한에서 참된 교회다. 다시 말해 교회의 존재 이유는 교회 자체 안에 있는 것이 아니라 세상을 향한 섬김을 통하여 이 세상을 변혁시키고 이 땅에 하나님 나라를 구현하는 데 있다.

알프레드 루아지(A. Loisy)는 하나님 나라를 선포했던 예수의 죽음과 부활 후에 교회가 생겨난 것에 대하여, "예수는 하나님 나라를 선포했는데, 그 후에 온 것은 교회였다."[8]라고 표현했다. 그는 예수는 하나님 나라를 예언했지만 하나님 나라는 교회에 임했다는 의미에서 이 말을 했다. 그러나 이 말은 "예수는 하나님 나라를 선포했지만, 유감스럽게도 교회가 왔다"는 의미를 담고 있는 구절로 받아들여져서, 예수가 선포했던 종

---

7   J. C. Hoekendijk, *The Church Inside Out*, 이계준 역, 『흩어지는 교회』 (서울: 기독교서회, 1979), 30-46.

8   A. Loisy, *The Gospel and the Church*, p. 166. W. Huber, *Kirche*, 이신건 역, 『교회』 (서울: 한국신학연구소, 1990), p. 60.

말론적인 하나님 나라가 역사 변혁적인 힘을 상실하고 제도적 교회로 변질된 사실을 비판하는 의미로 사용되어왔다. 이것은 교회의 신학적 본질과 역사적 실존[9] 사이에 괴리가 존재함을 함축한다. 교회가 예수 그리스도의 하나님 나라의 비전을 상실하게 될 때, 교회의 역사적 실존은 자신의 신학적 본질로부터 이탈한다. 지난날의 교회 역사는 이를 잘 보여준다.

4. 교회의 역사 속에서의 하나님 나라와 종말론

초기 교회는 예수의 임박한 종말론적 하나님 나라의 비전을 공유하는 종말론적 선교 공동체였다. 최초의 그리스도인들은 파루시아가 임박했고, 그리스도가 곧 재림할 것이며, 역사는 바야흐로 파국적인 종말을 맞을 것으로 확신했다. 처음 두 세기 동안 교부들의 하나님 나라 이해도 종말론적인 것이었다.[10] 그들은 교회를 현재의 가시적인 지상의 하나님의 백성으로 이해했으며, 하나님 나라는 그리스도의 임박한 재림 이후에 오는 미래의 축복의 영역으로 보았다. 초기 교회에서는 종말론적 하나님 나라와의 역동적인 긴장관계가 지속되었으며, 교회는 강력한 현실변혁적 대안

---

9 필자는 전통적인 비가시적 교회와 가시적 교회라는 구분 대신에 교회의 신학적 본질과 역사적 실존이라는 구별을 전제한다. 비가시적 교회와 가시적 교회의 두 교회의 실재가 있는 것이 아니라 신학적 본질에 기초를 둔, 그리고 그 기초로부터 때때로 이탈하는 역사적 실존으로서의 한 교회의 실재만이 있을 뿐이다.

10 G. E. Ladd, *Crucial Questions About the Kingdom of God*, 신성종 역, 『하나님 나라에 관한 중요한 문제들』(서울: 성광문화사, 1982), 20-21. 2세기 초의 기독교 지도자들은 이렇게 기도했다. "주여 당신의 교회를 기억하사 사망으로부터 당신이 예비하신 당신의 나라로 거룩함 가운데 불러 모으소서." The Didache X, 5. *The Apostolic Fathers*, The Loeb Classical Library (London: Heinemann, 1930), I. 325.

공동체로서 존재했다.

그러나 2세기 이후 기독교가 제도화되고 로마 제국의 종교가 됨에 따라 차츰 교회는 임박한 종말론적 하나님 나라의 비전을 상실하였으며 이와 동시에 하나님 나라와 교회 사이의 역동적 긴장관계도 소멸되었다. 교부 시대에 종말에 관한 교리는 개인에 관련된 것과 세계 일반에 관련된 것들로 분리되었다. 죽음이 개인들의 종말의 초점이 되었다. 개인의 죽음은 임박했으나 파루시아는 임박하지 않았다. 세계 일반의 마지막 일들은 먼 미래로 연기되었다. 따라서 이제 종말론은 먼 미래의 세상의 끝날에 일어날 마지막 일들에 관한 부록과 같은 교리가 되었고, 그 대신 제도화된 교회에 관한 교회론이 중심적인 신학적 관심사가 되었다. 하나님의 통치는 현재 교회 안에서 또는 교회를 통하여 이루어지는 것으로 생각하게 되었으며, 따라서 교회에 대한 복종과 충성이 요구되었다. 하나님 나라의 확장은 곧 교회의 확장과 동일시되었다.

중세에 들어서서 하나님 나라와 교회의 동일시는 더욱 분명해졌다. 로마 가톨릭교회는 예수 그리스도가 그 안에 현존하는 교회는 바로 지상의 하나님 나라라고 주장했다. 아우구스티누스는 『하나님의 도성』에서 하나님 나라와 세상의 나라를 대립시키면서, 하나님 나라를 가시적 형태의 계층질서적 교회와 동일시하고 보편적 교회가 그리스도의 나라요 하나님의 도성이며 천년왕국은 그리스도의 초림과 더불어 시작되었다고 주장하였다.[11] 아우구스티누스가 하나님 나라를 진정한 교회, 즉 그리스도 안의 순수한 신자들의 공동체와 동일시했는지 아니면 로마 교회의 가시적 교회조직 단체와 동일시했는지는 논란의 여지가 있다.[12] 하지만 중

---

11   Ladd, 『하나님 나라에 관한 중요한 문제들』, 23.

12   한편으로 아우구스티누스는 교회라는 말을 하나님의 도성과 같은 의미로 사용했다. 이

세 교회는 하나님 나라를 가시적 교회 체계로 이해함에 있어 아우구스티누스로부터 지대한 영향을 받았다. 중세 가톨릭교회는 하나님 나라가 제도적 교회인 자신 안에 실현된다고 주장하였다.[13]

종교개혁자들은 하나님 나라와 제도적 교회를 동일시하는 중세 가톨릭교회의 견해를 다소 수정하였다. 루터는 두 왕국 사상에 기초하여 하나님 나라가 숨겨져 있는 것인 동시에 계시된 것이며, 비가시적인 신비한 교회가 하나님 나라를 대표한다고 주장했다. 그러나 그는 보이는 교회의 행정을 국가에 맡길 정도로 국가를 신뢰하여 "국가교회제도"를 만들고자 했다. 칼뱅은 그리스도의 지배가 교회를 통해 사회 모든 부분에 실현되기를 바랐으며, 따라서 그는 제네바에서 신정정치를 실시하고자 하였다. 이와 같이 종교개혁자들은 로마 가톨릭교회의 제도적 교회에 대항하여 개혁을 시도했지만, 하나님 나라와의 관계 속에서의 교회의 본성에 대해서는 대체로 아우구스티누스적인 이해를 갖고 있었다고 할 수 있다. 그들은 "무형적 교회" 또는 "하나님의 성도들의 공동체"와 "하나님 나라"를 동일시하는 데 묵시적으로 동의했다. 하나님 나라와 교회를 동일시하는 견해는 어느 정도 완화된 형태이긴 하지만 개혁주의 전통 속에

때 교회는 인류창조 이후부터 이 세상의 종말까지, 그리고 종말 이후의 모든 구원받은 성도들로 구성된 초역사적·비가시적·영적 공동체를 의미한다. 다른 한편으로 그는 교회라는 말을 역사적·제도적 공동체의 의미로 사용했다. 그는 이러한 교회가 곧 하나님 나라라고 말하지는 않는다. 그러나 그는 교회 안에 가라지가 있음에도 불구하고 성도가 하나님과 함께 교회 안에서 통치하는 한 교회가 하나님 나라라고 믿었다.

13　물론 초기 교회적인 종말론적 하나님 나라에 관한 사고와 운동이 중세 시기에 없었던 것은 아니다. 묵시적인 사상과 혁명적인 종말론적 사상의 기이한 혼합이 알비겐파, 왈도파, 요아힘파 같은 이단적이고 소종파주의적인 운동들 안에서 번창했다. 특히 성부, 성자, 성령의 시대를 구분하는 요아힘의 종말론은 교회에 대항하는 비판적인 방향을 취하고 있었다. 칼 브라텐, "하나님 나라와 영생," 피터 하지슨, 로버트 킹 편, 『현대기독교 조직신학』, 윤철호 역 (서울: 한국장로교출판사, 1999), 492-93.

남아 있다고 할 수 있다.[14]

계몽주의 시대에 들어서서 자연주의적 합리주의(뉴턴, 아담 스미스, 루소)에 의해 성서적인 역사의 하나님은 자연법칙으로, 기독교 종말론은 조화로운 사회질서로, 하나님 나라는 인간 이성의 능력에 의해 이 세계에서 실현되어야 할 사회적 과업으로 대체되었다. 그리고 유토피아적 사회주의(콩트)와 과학적 혁명사상(마르크스)에 의해 종말론적 희망은 유토피아적 이상으로 대체되었다. 특히 마르크스에게 있어 마지막 상태는 선한 세력(프롤레타리아)과 악한 세력(부르주아) 사이의 묵시적 투쟁의 잿더미에서 출현하는 계급 없는 사회를 의미했다. 종말론은 이단적 천년왕국으로 철저하게 세속화되었다. 초월은 내재화되고 신학은 목적론이 되고 내세는 혁명 후의 미래가 되었다.[15]

19세기 개신교 신학(리츨 학파와 라우셴부쉬의 사회복음운동)은 동시대의 낙관주의적 진보 신화를 받아들여 하나님 나라를 인간 활동의 결과로, 그리고 역사 속에서의 도덕적 진보를 통하여 실현될 새로운 사회질서로 표상했다. 하나님 나라라는 미래의 목표는 인간의 현재의 윤리적 성취를 통해 점차 실현되고 있는 중이다. 이 지상에서의 자신의 운명을 개선할 인간의 잠재력에 대한 신념은 전통적인 기독교의 종말론적 하나님 나라에 대한 기대를 약화시켰다.

슈바이처가 『역사적 예수 탐구』(1906)를 통해서 예수와 복음서의 메시지의 핵심이 종말론적 하나님 나라라는 사실을 밝혀낸 이래, 20세기에 들어 종말론적 하나님 나라가 교회 안에서 부활하였다. 그러나 20세기 중반까지는, 19세기의 역사주의에 반대하여 종말론을(그리고 신학 자체

---

14   Ladd, 『하나님 나라에 관한 중요한 문제들』, 23, 149.
15   칼 브라텐, "하나님 나라와 영생," 『현대기독교조직신학』, 498-99.

를) 역사로부터 구출하려는 시도들이 나타났다. 바르트는 종말론적 하나님 나라를 시간의 범주를 수직적으로 초월하며 또한 시간 속에 수직적으로 돌입해 들어오는 영원의 범주 안에서 이해한 반면, 불트만은 도래하는 종말론적 하나님 나라를 인간 실존의 시간적 구조 속에 있는 미래성의 요소로 환원하였다.

20세기 전반기의 신학자들 중 하나님 나라에 대한 훌륭한 해석을 제시한 신학자들 가운데 대표적인 사람은 틸리히다. 그는 종말론적 하나님 나라의 문제를 역사의 의미와 목표에 대한 질문으로 정의하면서, 역사 내적 차원과 역사 초월적 차원의 변증법적 관계 안에서 설명하였다. 20세기 중반 이후의 대표적인 개신교 신학자들인 판넨베르크와 몰트만은 미래의 지평이 위로부터 전격적으로 돌입해 들어오는 영원에 의해 삼켜지는 종말론을 비판하면서, 종말론의 미래적 차원을 회복시켰다. 판넨베르크에 따르면 하나님 나라는 하나님 자신이 가져오시는 종말론적 미래다. 이것은 존재하는 모든 것의 운명을 결정하는 미래의 능력이다.

한편, 몰트만은 미래를 "새로운 초월의 패러다임"[16]으로 규정하였다. 그에게 있어 미래는 현재에서 발전되어가는 세계의 진보과정이 아니라 현재 안으로 질적으로 새로운 어떤 것을 가지고 들어오는 초월적 실재다. 초월적 미래는 현실의 토대 안에 있는 악의 조건들을 공격하고 혁명적인 변혁의 과정을 통해 그것을 앞으로 인도하는 힘이다. 그에 따르면 역사적으로 해방하는 통치는 오고 있는 나라에서의 자기성취를 향하고 있으며, 거꾸로, 오고 있는 나라는 역사의 갈등 속에서 이미 '그 빛을 던지

---

16   Jürgen Moltmann, *Religion, Revolution and the Future* (New York: Charles Scribner's, 1969), 177 이하.

고 있다.[17] 하나님의 해방하는 통치가 종말론적 왕국의 내재라면, 오고 있
는 왕국은 현재 믿어지고 체험되는 하나님의 통치의 초월이다. 이러한 이
해는 한편으로는 하나님의 주권을 지상적·역사적 삶과 무관한 피안 속으
로 내몰지 못하도록 만들며, 다른 한편으로는 하나님 나라를 역사의 조건
과 동일시하지 못하도록 만든다.

다른 한편, 신학을 역사 속에서의 해방적 실천에 대한 비판적 성
찰로 정의하는 해방신학도 종말론에 대한 새로운 해석을 제시하였다. 여
기서는 성서의 종말론적 하나님 나라의 상징에 대한 해석의 초점이 내세
적인 미래로부터 삶의 물질적인 조건에 대한 역사적 변혁으로 전환되었
다.

5. 하나님 나라의 선취 또는 전조로서의 교회

교회가 이 세상에서 현실변혁적인 능력을 회복하는 것은 종말론적 하나
님 나라의 비전을 회복할 때다. 반대로 교회가 현실변혁적 능력을 상실하
게 되는 것은 종말론적인 하나님 나라의 비전을 상실하게 될 때다. 종말
론적인 하나님 나라의 도래를 단지 아주 먼 미래에 일어날 세상의 끝날
에 관한 일로 간주하거나, 이와 반대로 하나님 나라를 교회와 동일시할
때, 교회는 종말론적인 하나님 나라의 비전을 상실한다. 이 두 가지 모두
의 경우에 교회는 하나님 나라와의 역동적 긴장관계를 상실하며, 따라서
역사를 변혁시키는 능력을 잃어버리게 된다. 교회의 역사 속에서 대부분

---

17   J. Moltmann, 『성령의 능력 안에 있는 교회』, 212.

의 경우 이 두 가지는 실제로 동시에 일어났다. 위에서 교회의 역사를 통해 살펴본 바와 같이, 종말론이 세상의 먼 끝날에 일어날 일에 관한 부가적 교리로 간주되는 것과, 현재의 제도적 교회가 하나님 나라와 동일시되는 것은 동전의 양면과 같은 불가분리적 현상이다.

하나님 나라와 교회는 분리되어서도 안 되지만 또한 동일시되어서도 안 된다. 교회는 (특히 신학적 본질에 있어서) 하나님 나라와 분리될 수 없지만, (특히 역사적 실존에 있어서) 하나님 나라와 동일시될 수 없다. 한편으로, 하나님 나라와 교회는 분리될 수 없다. 교회는 예수 그리스도로부터 이 세상에서 승리를 보장받았으며 천국의 열쇠를 부여받았다. "너는 베드로라. 내가 이 반석 위에 내 교회를 세우리니 음부의 권세가 이기지 못하리라. 내가 천국의 열쇠를 네게 주리니 네가 땅에서 무엇이든지 매면 하늘에서도 매일 것이요, 네가 땅에서 무엇이든지 풀면 하늘에서도 풀리리라"(마 16:18-19). 교회는 예수 그리스도의 인격과 사역을 통해 성령의 능력 안에서 종말론적 하나님 나라가 이 땅에 선취적으로 도래한 결과로 생겨났다. 그 나라의 도래가 선취적이기 때문의 교회는 하나님 나라와의 "이미"와 "아직 아니"의 변증법적 실존 안에 존재한다. 몰트만이 말한 바와 같이, 성령의 능력 안에 있는 교회는 "아직" 하나님 나라는 아니지만 "이미" 하나님 나라의 역사 안의 선취(Vorwegnahme)다.[18] 교회는 아직 새로운 피조물은 아니지만 새롭게 창조하는 성령의 활동이며, 아직 새로운 인류는 아니지만 새로운 인류의 전위대이며, 하나님 나라를 역사 한 복판

---

18   Jürgen Moltmann, *The Church in the Power of the Spirit*, 박봉랑외 역,『성령의 능력 안에 있는 교회』(서울: 한국신학연구소, 1982), 217. 몰트만에 따르면, 선취란 아직 성취된 것은 아니지만 이미 역사의 상황 속에서 이룩되는 미래의 현재, 오고 있는 전체의 한 단편이다. 그것은 성취로의 선물이며 오는 것을 이리 내다보는 것이다. Ibid., pp. 214-215, 218.

에서 역사의 목표로 증언한다는 의미에서 하나님의 백성이다. 교회가 종말론적인 하나님 나라의 비전을 상실하고 그것으로부터 분리될 때 교회는 자신의 정체성을 상실하고 세속화된다. 세속화된 교회는 세상을 변화시킬 수 없다.

다른 한편, 하나님 나라와 교회는 동일시될 수 없다. 교회는 하나님 나라에 속한 공동체이지 하나님 나라 자체는 아니다. 교회는 하나님 나라 자체가 아니라 하나님 나라의 백성이다.[19] 하나님 나라의 백성은 이 세상의 현실 한 가운데서 미래의 하나님 나라를 바라보며 푯대를 향해 나아간다. "내가 이미 얻었다 함도 아니요 온전히 이루었다 함도 아니라. 오직 내가 그리스도 예수께 잡힌 바 된 그것을 잡으려고 달려가노라. 형제들아, 나는 아직 내가 잡은 줄로 여기지 아니하고 오직 한 일 즉 뒤에 있는 것은 잊어버리고 앞에 있는 것을 잡으려고 푯대를 향하여 그리스도 예수 안에서 하나님이 위에서 부르신 부름의 상을 위해 달려가노라"(빌 3:12-14). 교회가 자신을 하나님 나라와 동일시하고 절대화하는 순간 종말론적 하나님 나라의 도래에 대한 비전을 상실하며, 따라서 세상을 변혁시킬 능력을 잃어버린다. 피체돔(Vicedom)에 따르면 하나님 나라는 현재적 형태로 나타날 수 없고 언제나 종말론적 성격을 지닌다. 교회는 이 세상 속에서 살아야 하기 때문에 세상을 거슬러 믿음으로 하나님 나라에 의해 지배받도록 자신을 허용하는 한도까지만 하나님 나라에 속할 수 있다. 따라서 교회는 자신이 하나님 나라에 속해 있다고 해서 자신을 하나님 나라와 동일시하는 오류를 범해서는 안 된다.[20]

---

19   J. Bright, *The Kingdom of God*, 김철손 역, 『하나님의 나라』 (서울: 컨콜디아사, 1973), 306.

20   G. F. Vicedom, *Missio Dei*, 박근원 역, 『하나님의 선교』 (서울: 기독교출판사, 1980),

한스 큉도 하나님 나라와 역사상의 실제 교회인 에클레시아 사이의 동일성과 연속성을 강조하는 견해의 위험성을 경고한다. 동일성을 강조할 수 없음은 신약성서에 나타나는 하나님 나라란 온 세계를 포괄하는 최종적 바실레이아이기 때문이며, 연속성을 강조할 수 없음은 하나님 나라란 조직적 발전이나 서술이나 침투과정에 의해서가 아니라 온전히 새롭고 즉각적인 하나님의 행위에 의해 완성되는 것이기 때문이다. 교회는 하나님 나라는 아니지만 하나님 나라의 선포에서 유래하며, 하나님 나라를 내다보고 기다리며, 그 나라를 향해 순례하며, 전령으로서 세상에 그 나라를 선포하며, 지금 이미 돌입한 하나님의 지배 아래 존재한다. 이러한 의미에서 큉은 교회를 하나님 나라의 전조(Vor-Zeichen)라고 불렀다.[21]

그런데 역사적 실존 속의 교회는 언제나 모호성 가운데 있다. 교회는 의인인 동시에 죄인인 인간들의 공동체다. 역사적 교회는 종종 또는 자주 오류를 범해왔으며 지속적으로 범하고 있다. 교회가 종말론적인 하나님 나라의 비전을 상실하고 세속화되거나 자신을 하나님 나라와 동일시함으로써 절대화되고 우상화될 때, 교회는 세상을 변화시킬 힘을 상실할 뿐만 아니라 심지어 마성적 힘으로 변질되기까지 한다. 이것이 역사의 교훈이다.

교회가 한편으로는 세속화의 위험으로부터, 다른 한편으로는 자기 우상화의 위험으로부터 벗어나서 자신의 참된 정체성과 현실변혁적인 능력을 회복하려면, 무엇보다 종말론적인 하나님 나라의 비전과 그 나라와의 바른 관계성을 회복하여야 한다. 즉 교회는 통전적인 종말론적 하

163.

21   Hans Küng, *Was is Kirche?*, 이홍근 역, 『교회란 무엇인가?』 (분도출판사, 1995), 93-99.

나님 나라와의 변증법적 관계 안에 존재할 때, 진정한 현실변혁적 교회가 될 수 있다. 다시 말해 교회가 묵시적·미래적·역사초월적 차원과 예언자적·현재적·역사내재적 차원이 통합된 통전적인 하나님 나라에 대한 비전을 가질 때, 그리고 자신을 하나님 나라와 분리시키지도 동일시하지도 않고 자신을 종말론적 하나님 나라의 선취 또는 전조로서 "이미"와 "아직 아니"의 변증법적 긴장 관계 안에서 이해할 때, 비로소 교회의 참된 정체성과 현실변혁적인 능력이 회복될 수 있다. 교회가 미래의 종말론적인 하나님 나라의 완성에 대한 희망과 현재의 하나님 나라의 선취적 현존에 대한 경험의 역동적인 긴장관계 안에서 현실변혁적 능력을 회복할 때, 교회는 예수 그리스도의 복음 전파와 하나님 나라의 구현을 위한 선교적 사명을 효과적으로 수행할 수 있을 것이다.

6. 교회의 선교적 사명: 예수 그리스도의 복음 전파와 하나님 나라의 구현

하나님 나라의 선취 또는 전조로서의 교회의 선교적 사명의 핵심은 이 세상에 예수 그리스도의 복음을 전파하고 하나님 나라를 구현하는 데 있다. 예수 그리스도의 복음은 예수 그리스도가 선포하고 실천한 하나님 나라의 복음이다. 따라서 예수 그리스도의 복음을 전파하는 것과 하나님 나라를 구현하는 것은 서로 다른 것이 아니다. 그러나 예수 그리스도의 복음은 또한 예수를 그리스도와 주로 고백하고 증언하는 교회의 복음이기도 하다. 교회의 선교적 과제는 일차적으로 예수를 그리스도로 고백하는 신앙의 토대 위에서 이 세상 속에서 그분의 주 되심을 증언하는 데 있다. "누구든지 주의 이름을 부르는 자는 구원을 받으리라 하였느니라"(행

2:21). "네가 만일 네 입으로 예수를 주로 시인하며 또 하나님께서 그를 죽은 자 가운데서 살리신 것을 네 마음에 믿으면 구원을 받으리라"(롬 10:9). 복음이란 예수 그리스도의 메시아적 사역 안에서 이미 도래하였으며, 회개와 신앙의 결단을 요구하고 있는 종말론적 하나님의 통치에 관한 좋은 소식을 말한다. 한스 큉의 말을 빌리면 복음이란 "하나님의 은총과 자비의 소식이요, 죄 많은 인류의 칭의와 성화와 소명의 소식이요, 율법과 죄와 죽음에서 해방된 새로운 자유 속에서 신앙과 사랑과 소망을 가지고 만물의 완성을 내다보면서 이미 현재에 돌입해 있는 미래를 사는, 성령 안의 삶의 소식이다."[22] 이 하나님 나라의 복음이 예수 그리스도의 인격과 사역, 십자가와 부활을 통하여 우리에게 은혜로 주어졌다. 이 소식을 세상에 전하여 세상을 하나님과 화목하도록 하는 것(고후 5:18-19)이 교회의 첫째 되는 선교적 사명이다.

하나님 나라의 복음은 인간의 개인적 차원뿐 아니라 사회적 차원을 포함하는 모든 현실 속에서 구현되어야 한다. 즉 복음화는 수직적·개인적 차원의 화해와 수평적·사회적 차원의 화해를 모두 포함한다. 물론 하나님과의 화해가 곧 인간 상호 간의 화해는 아니며, 사회정치적 구조의 변혁이 곧 하나님 나라의 구현은 아니다. 그럼에도 이 두 차원은 분리될 수 없다. 왜냐하면 하나님의 통치는 신자 개인들의 내면적 삶과 교회의 공동체적 삶의 영역에서뿐 아니라 교회 밖 세상의 모든 사회정치적 삶의 영역에서 실현되어야 하기 때문이다. 종말론적인 하나님 나라에서의 구원과 완성은 이 모든 차원을 포괄한다. 서정운은 통전적 선교 개념이 개인의 영혼 구원이나 교회 중심적 전도와 교회성장뿐 아니라 타자 중심적

---

22   Ibid., 202-3.

인 사회봉사와 사회참여까지 포함해야 한다고 말하면서, M=P.S+S.R, 즉 선교(mission)는 개인 구원(personal salvation)과 사회적 책임(social responsibility)을 통합한다고 설명했다.[23] 개인 영혼의 구원뿐만 아니라 사회질서의 변혁을 통해서 이 땅에 하나님 나라를 구현하는 것이 통전적 선교의 목표다.

개인 영혼의 구원과 사회적 변혁 양자를 통합하는 통전적 선교의 핵심 과제는 이중적 섬김에 있다. 교회는 하나님을 섬김으로써 세상을 섬기며, 또한 이웃과 세상을 섬김으로써 하나님을 섬긴다. 이 이중적 섬김은 불가분리의 관계에 있다. 교회는 개인의 구원을 위하여 말씀의 증언으로 섬기며, 사회적 변혁을 위하여 사회정치적 행동으로 섬긴다. 이 두 가지 섬김 모두가 나(교회) 자신이 아닌 하나님과 이웃과 세상을 위한 섬김이며 공통으로 자기비움과 자기희생을 요구한다. 예수는 이 둘의 불가분리성을 이렇게 말씀했다. "너희가 여기 내 형제 중에 지극히 작은 자 하나에게 한 것이 곧 내게 한 것이니라"(마 25:40). 교회와 그리스도인의 선교적 삶의 궁극적인 척도는 말이나 교리에 있지 아니하고 섬김과 자기희생적 헌신의 능력에 있다. "하나님 나라는 말에 있지 않고 오직 능력에 있음이라"(고전 4:20). 하나님 나라의 복음은 구체적인 섬김과 봉사를 통한 현실 변혁의 능력에 의해 그 진리가 입증된다.

하나님 나라의 섬김은 세상의 지배적 권력과 정면으로 대립된다. 섬김은 세상적인 지배적 권력의 포기를 의미한다. 이 포기는 자기중심으로부터 타자 중심으로의 전환을 요구한다. 교회와 그리스도인의 존재 이유는 자기 자신에게 있지 않고 타자에게 있다. 본회퍼가 말한 바와 같이

---

23 서정운, "2000년대를 향한 선교신학," 장신대출판부, 『신학과 교육』 (서울: 장신대출판부, 1992), 198-99.

교회는 타자를 위한 존재다. 예수는 종말론적 심판의 비유에서 가장 작은 이웃이 우리가 주님을 만나게(또는 배척하게) 되는 가시적 실재라고 말씀하였다(마 25:31-46).[24] 교회가 있는 곳에 주님이 있는 것이 아니라 주님이 있는 곳에 교회가 있어야 한다. 이것이 "하나님의 선교"에 참여하는 교회 선교의 모습이다. 주님은 가난하고 소외되고 억압당하고 병들고 갇힌 자들과 함께 계신다. 교회는 바로 이들의 얼굴에서 주님을 만나며, 이들을 섬기는 바로 그곳에서 예수를 섬긴다. 보프(Boff)는 "가난한 자들과 연대하여 해방의 복음을 생활화할 때에야 비로소 우리는 예수의 추종자가 되고 참된 기독교 신자들이 될 수 있다"[25]고 말했다. 억압의 상황에서 가난하고 억눌린 자들과 연대하여 구조적 불의와 제도적 폭력에 대항하여 투쟁하는 것은 바로 복음을 구체적으로 실천하는 주된 한 가지 방법이요 길이다.[26]

7. 통전적인 종말론적 하나님 나라의 비전과 현실변혁적 교회

지금까지의 내용은 두 가지 주제로 요약될 수 있다. 하나는 하나님 나라의 성격에 관한 것이고, 다른 하나는 하나님 나라와 교회의 관계에 관한

---

24 Gustave Gutierrez, *A Theology of Liberation*, 성염 역, 『해방신학』(왜관: 분도출판사, 1977), 259.

25 Leonardo Boff, *Come teologia de la liberacion*, 김수복 역, 『해방신학입문』(서울: 한마당, 1989), 20.

26 물론 이 말은 교회가 사회의 구조를 가난한 자와 부자, 피지배계급과 지배계급, 노동자와 자본가 등의 이분법적 계층구조로 이해하고 후자에 대한 전자의 계급투쟁을 통해서 전자의 승리를 쟁취하고자 하는 마르크스적인 이데올로기를 수용하거나 따라간다는 것을 의미하는 것은 결코 아니다.

것이다. 이 두 가지 주제는 밀접한 상호 연관성 속에서 교회의 정체성과 기능을 구성한다. 이 글의 주된 논지는 통전적인 종말론적 하나님 나라의 비전은 묵시적-예언자적, 종말론적 하나님 나라의 비전이며, 신학적 본질과 역사적 실존 사이의 괴리로 인한 모호성 안에 존재하는 지상의 교회가 통전적인 종말론적 하나님 나라의 비전을 자신 안에 체화할 때에 진정으로 현실변혁적인 교회가 될 수 있다는 것이다.

통전적인 종말론적 하나님 나라의 비전이란 어떤 것인가? 위에서 우리는 성서와 기독교 역사를 통해서 다양한 하나님 나라의 유형들을 살펴보았다. 성서 안에는 크게 두 가지 유형의 하나님 나라의 비전이 나타난다. 하나는 묵시적 하나님 나라이고 다른 하나는 예언자적 하나님 나라다. 우리는 이미 위에서 예수 그리스도에게서 이 두 가지 사상이 하나로 결합되어 있음을 언급한 바 있다. 초월적이고 미래적인 종말론적 하나님 나라가 성령의 능력 안에서 예수의 인격과 사역을 통해 현재의 역사 안에 이미 선취적 또는 전조적으로 현존하고 있으며, 이 현존하는 하나님의 능력이 귀신을 내어 쫓으며 인간을 구원하며 이 세상의 현실을 변혁시킨다.

그러므로 통전적인 종말론적 하나님 나라란 바로 "예수 그리스도 안에서 현실화되고 경험되는 묵시적-예언자적 하나님 나라"라고 정의될 수 있다. 묵시적-예언자적 하나님 나라의 비전에서는 역사 초월적 미래성과 역사 내재적 현재성이 변증법적인 관계 안에서 역동적으로 결합되어 있다. 예수 그리스도에게 있어 참으로 묵시적인 것은 참으로 예언자적인 것이며, 참으로 예언자적인 것은 참으로 묵시적인 것이다. 다시 말하면 예수 그리스도의 예언자적·현실변혁적 능력은 묵시적 비전과 초월적 내세에 대한 소망으로부터 나오며, 그분의 묵시적 비전과 초월적 내세에 대한 소망은 예언자적·현실변혁적 능력에 의해 확증된다.

이미 살펴본 바와 같이 기독교의 역사 속에는 다양한 유형의 하나님 나라 사상이 출현했다. 고대 교회에서는 서구의 이원론적 세계관 안에서 개인 영혼의 영원한 삶을 약속하는 내세적 구원론이 기독교 복음의 핵심이 되고 하나님 나라는 먼 세상 끝날에 일어날 역사의 부록으로 격하됨에 따라, 하나님 나라 사상은 종말론적인 역사 변혁적 힘을 상실하였다. 그리고 중세 교회에서는 아우구스티누스의 영향으로 하나님 나라(천년왕국)가 지상의 제도적 교회와 동일시됨으로써 역시 종말론적인 현실변혁적 힘을 상실했다. 계몽주의 이후 18세기의 합리주의 신학과 19세기의 개신교 자유주의, 그리고 기독교적 마르크스주의는 차안적이며 미래적인 하나님 나라 사상을 대표한다. 개신교 자유주의는 하나님 나라가 진화론적 진보에 의해 역사의 미래에 실현될 것이라는 역사 낙관주의에 사로잡혔으며, 기독교적 마르크스주의는 하나님 나라가 투쟁과 혁명에 의해 이 땅에 실현될 것이라는 마르크스적 유토피아주의에 사로잡혔다.

20세기에 종말론의 부흥을 가져온 칼 바르트와 변증법적 신학자들에게 있어서 하나님 나라는 피안적인 동시에 현재적인 실재였다. 바르트는 영원이 매 순간의 현재의 시간과 수직적으로 잇대어 있는 것으로 이해했다. 후에 그는 수평적·미래적 차원이 결여된 자신의 수직적·현재적 하나님 나라 개념의 문제점을 인식하였으나 결국 역사의 종국적 미래의 운명에 관한 종말론은 쓰지 못했다. 반면, 틸리히는 하나님 나라의 피안성과 차안성, 미래성과 현재성의 변증법적 관계에 대한 균형 잡힌 이해를 보여주었다. 한편 판넨베르크, 몰트만, 큉은 이 변증법을 미래의 존재론적 우위의 관점에서, 다시 말하면 과거, 현재, 미래로 나아가는 물리적 시간이 아닌 미래, 현재, 과거로 들어오는 역동적 시간의 관점에서 설명하고자 하였다. 이러한 의미에서 미래의 종말론적 하나님 나라가 지금 여기에 선취적 또는 전조적으로 현존한다. 특히 몰트만은 교회를 예수 그리스도의 통치 속에 있는 하나님 나라에 대한 이해에 기초하여 세계에서 예수 그리스도의 통치를 종말론적으로 실현시켜 나아가는 메시아적 교회로 이해하는데, 이러한 몰트만의 메시아적 교회론은 종말론적 하나님 나라의 선취로서 그 나라와의 역동적이고 변증법적인 관계 안에서의 교회의 변혁적 실천의 과제를 강조하는 대표적인 현실변혁적 교회론이라고 할 수 있다.

교회가 피안성과 차안성, 미래성과 현재성 사이의 역동적·변증법적 관계 안에 있는 하나님 나라의 비전, 다시 말해 묵시적-예언자적 종말론적 하나님 나라의 비전을 회복할 때에만 교회는 탈역사적 실존주의(불트만), 초역사적 현재주의(바르트), 초역사적 내세주의(개신교 정통주의), 세속적 메시아주의(마르크스적 해방신학)에 빠지지 않고 진정한 현실변혁적인 메시아적 공동체가 될 수 있다. 성서의 종말론적 전통 속에 있는 상징적 요소들은 현재적/내세적, 역사적/초역사적 차원의 인간의 모든 희망을 포괄한다. 특히 예수 그리스도에게 있어 묵시적 종말론과 예언자적 종말론은 그분의 인격과 사역 속에서 결합되어 있다. 미래의 종말론적 하나님 나라는 그리스도의 인격과 사역 안에 선취적으로 현존하고 역사한 것처럼, 예수를 그리스도로 고백하는 교회 공동체 안에서 성령의 능력 안에 이미 지금 여기서 선취적으로 현존하고 역사한다.

그러므로 교회는 묵시적 종말론과 예언자적 종말론이 변증법적 관계 속에 통합된 하나님 나라 비전을 회복해야 하며, 따라서 자신을 하나님 나라의 미래적·우주적 차원의 완성과 현재적·역사적 차원의 도래가 "아직 아니"와 "이미"의 변증법적 관계 속에 통합된 하나님 나라의 선취적 현존으로 이해하여야 한다. 오늘의 역사 속에서의 현실변혁적 실천과 미래의 우주적 하나님 나라의 완성에 대한 희망은 불가분리적이다. 미래의 우주적·초역사적 차원에서의 파루시아와 하나님 나라의 완성에 대한 희망과 믿음이 오늘의 역사적 차원에서의 교회와 그리스도인의 현실 변혁적 실천과 헌신을 가능하게 한다면, 역으로 이러한 현실변혁적 실천과 헌신은 파루시아에서의 하나님 나라에 대한 완성에 대한 희망과 믿음을 확증한다. 따라서 묵시적 비전이 없는 예언자적 실천은 지상에서의 유토피아를 꿈꾸는 세속적 메시아니즘에 불과하며, 예언자적 실천이 없는 묵시는 현실 도피적 환상이나 사변에 불과하다.

하나님 나라와 교회는 중세 가톨릭교회가 주장하는 바와 같이 단순히 동일시될 수도 없으며, 급진적인 세속화 신학이 주장하는 것과 같이 단순히 분리될 수도 없다. 역사적 실존으로서의 교회는 신학적 본질과 역사적 실존 사이의 괴리로 인한 모호성에서 결코 완전히 벗어날 수 없지만, 그럼에도 불구하고 성령의 능력을 통하여 묵시적-예언자적, 종말론적 하나님 나라의 비전과 그 나라와의 선취 또는 전조로서의 자신의 정체성을 회복할 때, 교회는 진정한 현실변혁적 능력을 회복할 수 있으며, 예수 그리스도의 복음 전파와 하나님 나라의 구현을 위한 선교적 사명을 다할 수 있다. 예수 그리스도의 인격과 사역 안에서 묵시적·피안적·미래적 하나님 나라가 예언자적·차안적·현재적 하나님 나라로 선취되었듯이, 예수 그리스도의 몸 된 교회는 성령의 능력 안에서 그러한 선취를 하나님의 은혜 안에서 경험하는 동시에 현실변혁적 실천을 통해 이 세상속에서 하나님 나라를 확장해 나가는 선교 공동체가 되어야 한다.

8. 결론: 하나님 나라와 한국교회

한국교회는 이 땅에 기독교를 전해준 서구 선교사들의 보수적인 신학의 영향으로 하나님 나라를 피안적이고 미래적인 실재로만 이해해 온 경향이 있다. 그 결과 교회가 약속하는 구원이 현재의 역사적 현실의 삶과 분리되는 현상이 초래되었다. 구원은 개인적·실존적인 차원에서의 영혼의 구원이나 죽음 이후의 영원한 하늘나라에서의 영생을 의미하는 것으로 이해되었다. 또한 성서에 대한 문자적 해석에 기초한 세대주의적인 천년 왕국 사상이 한국교회의 종말론을 오랫동안 지배해왔다. 따라서 세상의 역사는 미래의 종말에 종국적으로 폐기되어야 할 것으로 간주되었다. 이와 같은 종말관에서는 현재 이 땅에 하나님 나라를 구현하기 위한 교회와 그리스도인의 노력은 의미 없는 헛수고일 뿐이다. 한국교회가 한국 사회와 역사 속에서의 책임의식과 현실변혁적 능력을 상실한 것은 한국교회의 피안적·미래적 종말론과 그에 따른 개인주의적이고 내세주의적인 구원론과 무관하지 않다.[27] 한국교회의 초현실적·내세적 종말론과 구원론의 특징은 하나님 나라가 탈역사적 개념인 천당(天堂)으로 불려왔다는 사실에 잘 나타난다. "예수 천당 불신 지옥"이라는 전도 구호가 이를 단적으로 잘 보여준다.

과거 수년 동안 한국 기독교의 신학계에서는 한국교회의 초현실적이고 탈역사적인 묵시적 종말 사상에 대한 비판이 꾸준히 제기되어온 것이 사실이다. 그럼에도 불구하고 아직도 통전적인 종말론적 하나님 나라 및 그 나라와 교회의 관계성에 대한 목회자들과 일반 그리스도인들의 이해는 매우 부족하다. 아직도 많은 한국교회에서는 성서에 대한 문자적

---

27 전경연은 일찍이 한국교회가 묵시적 말세신앙을 고수하게 된 이유를 다음과 같이 분석한 바 있다. 첫째, 재래종교와 조상숭배, 또 일제가 기독교 신앙을 박해하므로 현 시대에 소망을 걸 수 없다고 생각한 일. 둘째, 불교의 영향으로 극락, 지옥 같은 사후의 광경이 종교의 중요 관심사가 된 것. 셋째, 정감록 같은 일종의 역사철학이 오랫동안 민중의 마음을 이끌었다는 것. 넷째, 17, 18세기의 유럽의 성서주의의 배경을 지닌 근본주의 신학이 축자적 성서의 권위를 신자에게 강요한 것. 전경련, "내세신앙과 한국교회," 『기독교사상』, 1963년 12월 호, 295-96.

해석에 기초한 세대주의적 종말론과, 묵시적 하나님 나라 사상에 기초한 탈역사적이고 실존론적인 구원론이 큰 영향력을 발휘하고 있다. 한국교회의 현실변혁적 능력의 상실은 이러한 탈역사적이고 실존론적인 종말론 또는 구원론과 결코 무관하지 않다.

이와 아울러, 한국 사회가 70년대 이후 고도 경제성장을 거듭하여 온 것처럼 고도의 양적 성장을 거듭해온 한국교회는 차츰 제도화되고 세속화됨으로 말미암아 성령의 능력을 상실해 가고 있다. 마치 서구의 고대 교회가 제도화, 세속화됨으로 말미암아 초기 교회의 종말론적 비전과 현실 변혁의 능력을 상실하고 로마의 제국종교로서 로마 제국의 정치 사회질서를 재가해주는 지배 이데올로기의 기능을 한 것과 유사하게, 제도화되고 세속화된 한국교회와 그리스도인들은 오늘날 한국 사회의 정치적·경제적 구조의 기득권층을 형성하게 되면서, 종말론적 하나님 나라의 비전과 현실변혁적 능력을 상실하고 있다. 고대와 중세의 제도화된 교회가 자신을 이 땅에서 실현된 하나님 나라의 통치와 동일시한 것과 유사하게, 제도화된 한국교회는 자신을 지상의 하나님 나라의 통치와 동일시하는 경향이 있다. 그리하여 교회 밖에는 구원이 없다는 키프리아누스적 교회론에 사로잡혀 교회 중심적인 사고의 틀을 벗어나지 못하고 있다.

오늘날 한국교회는 복음의 희망을 단지 피안적인 미래에만 투사시켜온 전통적 종말론을 비판적으로 반성하고 예언자적이고 현실변혁적인 종말론적 하나님 나라의 비전을 회복하여야 한다. 예수에게 예언자적 하나님 나라의 비전과 묵시적 하나님 나라의 비전은 분리되어 있지 않다. 예수께서 단지 묵시적인 종말론적 하나님 나라의 비전만을 가졌었다면 결코 십자가에 달려 죽음을 당하지 않았을 것이다. 왜냐하면 예수의 십자가의 죽음은 직접적으로 그의 현실변혁적인 예언자적 행동에 의해 초래된 것이기 때문이다. 그러나 다른 한편 예수에게 임박한 하나님 나라의 도래 즉 하나님의 통치의 가까움에 대한 묵시적인 종말론적 비전이 없었다면, 그는 그와 같은 예언자적 삶과 죽음의 길을 가지 않았을 것이다.

또한 한국교회는 자신을 하나님 나라와 동일시하고 자신을 절대시하는 오류를 벗어나야 한다. 양적인 성장과 제도화와 더불어 성령의 능력을 상실해가는 한국교회는 통전적인 종말론적 하나님 나라의 비전, 즉 예언자적-묵시적 하나님 나라의 비전을 자신 안에 새롭게 회복하여야 한다. 그렇게 함으로써, 한국교회는 예수 그리스도 안에서 도래한 종말론적 하나님 나라를 선취적으로 경험하면서, 이 세상 한 가운데서 예수 그리스도의 복음을 전파하고 하나님 나라를 구현하는 선교 공동체가 되어야 한다. 한국교회는 복음을 단지 사적이고 개인적인 차원이나 피안적이고 미래적인 차원으로 환원시켜온 전통적인 종말론을 비판적으로 반성함과 아울러, 자신을 하나님 나라와 동일시하는 배타적인 교회 중심성과 교회 절대주의를 벗어버리고, 하나님의 통치가 인간 실존의 모든 상황, 즉 모든 사회적·정치적·경제적·문화적·자연적 현실 속에서 구현되도록 하기 위해 부름 받은 현실변혁적 공동체로서의 자기 정체성을 회복해야 한다.

제14장

한반도 분단 상황과
통일의 길

1. 서론: 통일의 당위성[1]

대한민국은 2018년 광복 73년, 건국 70년을 맞이했다. 남한에서 대한민국이 건국된 1948년에 북한에서는 조선민주주의인민공화국이 수립되었다. 따라서 대한민국 건국 70년의 역사는 분단 70년의 역사이기도 하다. 적화통일을 위한 북한의 남침으로 발발한 6.25 한국전쟁이 1953년 정전협정으로 비극의 막을 내렸지만, 정전이란 전쟁의 완전한 종식과 평화의 정착을 의미하지 않는다.[2] 따라서 한반도에서 전쟁은 아직 완전히 종식된 것이 아니다. 따라서 정전협정을 평화협정으로 바꾸어야 한다는 주장들도 있어왔다.[3] 그리고 최근에는 북한의 비핵화를 조건으로 한 종전선언과 평화협정에 대한 논의가 한국, 미국, 북한 정부 간에 진행되고 있다. 그러나 본질적인 문제는 협정 명칭의 변경이 아니라 남북한의 상호 교류와 진정성 있는 대화를 통한 신뢰 회복이다. 그러나 세계 역사상 유

---

1 이 글은 제11회 한국조직신학자 전국대회(2016년 4월 44일, 덕수교회)의 주제강연에서 발표된 논문을 수정·보완한 것이다.

2 정전(停戰, truce) 또는 정화(停火, ceasefire)는 일반적으로 한정된 기간이나 한정된 장소에서 적대 행위나 폭력을 일시적으로 중단하는 것을 말한다. 양측의 군대가 정전한 뒤, 잠정 협정인 휴전 협정이 이어져 전투의 종료가 합의되고 그 후에 서로의 지위를 정하는 평화 조약까지 연결되면 전쟁은 정식으로 종결된다. 그러나 1953년 7월 27일에 체결된 한국 전쟁의 정전 협정은, 휴전 협정 체결이 평화 조약까지 이어지지 않은 대표적인 예이다. https://ko.wikipedia.org/wiki/%ED%9C%B4%EC%A0%84

3 북한은 1974년 조국통일의 근본 조건으로 북미 평화협정 체결을 제안했다. 그리고 한국기독교교회협의회(NCCK)를 위시한 남한의 진보 진영은 대체로 평화협정을 지지한다.

레없는 3대 세습 독재체제 하에서 지금까지 벼랑 끝 전술을 펴며 예측할 수 없는 각종 도발을 감행해온, 개인으로 말하자면 인격 장애(personality disorder)를 지닌 북한체제와 대화를 한다는 것은 매우 어려운 일이다. 그럼에도 불구하고 우리는 한반도의 긴장완화와 신뢰 회복을 위한 모든 노력을 다하지 않을 수 없으며, 결코 통일에 대한 희망을 버릴 수 없다.

왜 통일을 해야 하는가? 통일의 당위성을 논함에 있어서 빠뜨릴 수 없는 문제가 통일비용과 통일편익의 문제다. 통일비용이란 남북한이 하나의 경제 공동체를 완성하기까지 부담해야 하는 비용을 의미한다.[4] 막대한 통일비용에 대한 부담 때문에 특히 오늘날의 일부 젊은 세대들은 통일에 대하여 소극적이거나 심지어는 회의적인 태도를 보이기도 한다.[5] 그러나 장기적인 관점에서 보면 통일에 드는 비용보다 통일로 인해 얻는 편익이 압도적으로 크다. 통일비용은 한시적이지만 대북 투자에 따른 부가가치 유발효과, 국방비 절감 효과, 노동 인력의 증가 효과, 토지의 증대 효과 등 통일편익은 무한대다. 정치적·군사안보적·경제적·사회문화적·생태환경적 관점에서 통일편익은 통일비용을 훨씬 능가한다.[6]

그러나 통일의 당위성을 단지 경제적이고 물질적인 관점에서만

---

4   여기서 남북한 간의 경제 공동체를 완성했다고 판단하는 시점은 북한 주민들이 경제적인 이유 때문에 남한으로 이동할 이유가 없어지는 때를 의미한다. 윤덕룡, "통일과 통일비용에 대한 기독교적 이해," 고재길 외, 『통일에 대한 기독교적 성찰』, 전우택 편 (서울: 새물결플러스, 2014), 19.

5   한국개발원(KDI)이 한국정부 미래기획연구소의 의뢰를 받아 2010년 수행한 연구결과에 의하면, 북한의 개혁과 개방의 과정을 거쳐 점진적으로 통일을 할 경우 30년간 연평균 100억 달러(12조 원) 총 3,220억 달러의 통일비용이 필요하고, 급변사태로 통일이 될 경우 30년간 연평균 720억 달러(약 86조), 총 2조 1,400억 달러의 비용이 필요한 것으로 나타났다. 이상근, 『남북한 지역간 갈등 최소화와 공영을 지향하는 통일비용 지출』, 『통일연구』 (서울: 연세대 북한연구원, 2011 12월호), 16.

6   이에 대한 자세한 내용은 이해완, "통일의 목적, 방법, 준비에 대한 기독교적 성찰," 『통일에 대한 기독교적 성찰』, 44-45를 참고하라.

논의하는 것은 바람직하지 않다. 무엇보다도 통일의 당위성은 돈의 관점이 아니라 사람의 관점에서 이해되어야 한다. 경제적 편익을 넘어서는 통일의 당위성은 무엇보다 통일이 북한 주민의 자유와 인권의 회복과 민족 공동체성의 회복을 가능케 한다는 데 있다. 통일은 독재정권 아래에서 억압과 비인간적인 조건 속에 살아가고 있는 북한 동포들에게 인간다운 삶을 회복시켜주고 민족의 하나 됨을 다시 가능케 하는 길이다. 남과 북이 불신의 벽을 허물고 적대적 관계를 청산하고 화해함으로써 상호 신뢰 안에서 한민족의 공동체적 정체성을 회복하고 모두가 인간으로서의 존엄성을 누리며 자유롭고 평화롭게 살아가는 것이 통일의 궁극적인 목적이다. 그러므로 통일은 막대한 비용과 그에 따르는 모든 손해와 고통과 희생을 감수하고서라도 반드시 이루어내야 하는 우리 민족의 지상 과제다.

통일의 당위성은 유구한 역사와 풍부하고 귀중한 문화전통을 가진 우리 민족의 동질성과 하나 됨을 회복하는 데 있다. 그러나 이것은 폐쇄적이고 배타적인 민족주의를 추구하는 것을 의미하지는 않는다. 오늘날의 세계화 시대에 우리나라도 이미 다인종적 다문화 사회로 진입하였다. 그러므로 우리는 우리 민족의 유구한 역사와 문화전통을 소중히 여김과 아울러, 폐쇄적이고 배타적인 민족주의를 넘어서 다인종과 다문화를 포용하는 열린 민족주의를 지향해야 하며 나아가 동북아시아와 세계의 평화라는 인류의 보편적 가치를 추구하는 세계시민적 자기 정체성을 함양해야 한다.

그리스도인에게 통일의 궁극적 당위성은 사회경제적·인간적 차원을 넘어 신학적 차원에 있다. 기독교는 하나 됨의 종교다. 분열하고 분쟁하는 것은 인간을 하나님의 형상으로 지으신 하나님의 뜻이 아니다. 하나님은 예수 그리스도 안에서 만물이 통일되기를 원하신다. "하늘에 있는 것이나 땅에 있는 것이 다 그리스도 안에서 통일되게 하려 하심이라"(엡 1:10). 예수 그리스도는 십자가를 통해 만물의 화해와 통일을 가져 오셨다. "그의 십자가의 피로 화평을 이루사 만물 곧 땅에 있는 것들이나 하늘에 있는 것들이 그로 말미암아 자기와 화목하게 되기를 기뻐하심이 라"(골 1:20). 예수 그리스도 안에서 모든 사람은 하나이다(갈 3:28). 그리 고 성령은 하나 되게 하시는 영이다(엡 4:3). 그러므로 남북통일은 하나님 의 삼위일체적 경륜 안에서 반드시 이루어져야 하는 하나님의 뜻이며, 그 리스도인들은 이 뜻을 위하여 부름을 받았다.

2. 통일과 평화

통일은 우리 민족의 지상 과제이지만 그 자체가 궁극적 가치는 아니다. 통일을 위한 통일은 무의미하다. 통일이 지향하는 궁극적 가치는 평화(샬 롬)이다. 통일은 한반도의 평화, 나아가 동북아시아와 세계의 평화라는 인류의 보편적 가치에 기여하기 위한 것이어야 한다. 평화는 통일의 궁극 적 가치이자 목적이다. 평화에는 소극적 평화와 적극적 평화가 있다. 소 극적 평화는 전쟁이 없는 상태를 의미하며, 적극적 평화는 인간의 자유와 정의가 실현되는 상태를 의미한다. 소극적 평화는 현실주의적 평화라고 할 수 있으며, 적극적 평화는 이상주의적 평화라고 할 수 있다.

A. 소극적 평화: 현실주의

진정한 평화는 적극적 평화다. 그러나 적극적 평화로 가는 과정에서 상호 적대적인 국가들 간에 군사적 힘이 대립하고 있는 현실에서 소극적 평화 가 요구된다. 이러한 현실에서 소극적 평화를 유지하기 위해서는 사전에 전쟁을 방지할 수 있는 억제력이 요구된다. 남과 북이 첨예하게 대립하고 있는 한반도의 상황에서, 현실적으로 힘의 균형을 유지하기 위한 군사적 억제력이 확보되지 않는다면 그것은 이미 우리가 6.25에서 경험했듯이 적화통일을 추구하는 북한의 도발을 불러일으킬 수 있다. 물론 소극적 평화는 진정한 평화가 아니다. 그것은 적극적인 평화로 가기 위한 과도기적 단계에서 불가피하게 요청되는 것이다. 하지만 소극적 평화가 없다면 적극적 평화의 실현은 불가능하다.

북한 정권은 1970-80년대에는 고려연방공화국 건설을 위한 연방제 통일론을 주장하면서 평화공세를 펴다가 1990년대 이후 구소련과 동유럽이 붕괴하고 경제난이 심해지자 체제유지를 위해 주체사상을 강화하고 거듭 무력도발과 핵실험과 미사일 발사를 감행하면서 벼랑 끝 외교를 펼치고 있다. 북한은 세 차례(1999년, 2002년, 2009년)에 걸쳐 서해에서 도발을 자행하였으며, 2010년에는 천안함 폭침사건과 연평도 포격사건을 일으켰다. 또한 북한은 2013년 한반도 위기상황에서 정전협정 완전 백지화를 선언하고(3월 5일), 남북 불가침에 관한 모든 합의도 폐기하였으며(3월 8일), 다섯 차례에 걸쳐(2006년, 2009년, 2013년. 2016년 1월과 9월) 핵실험을 강행했다.

이와 같이 남북한이 정치 군사적으로 첨예하게 대치하고 있는 한반도의 상황에서, 안보는 평화를 위한 필수전제조건이다. 안보는 군사력을 전제한다. 왜냐하면 가공할 만한 무력으로 대치하고 있는 현실에서 군사력 없는 안보는 불가능하기 때문이다. 군사력은 전쟁수행능력이자 전쟁억지력이다. 북한의 무력도발에 대응하거나 사전에 방지할 수 있는 현실적인 대책은 무력도발을 물리칠 수 있는 군사력을 유지하는 것이다. 그러므로 북한의 무력도발에 대응하고 전쟁을 억제함으로써 소극적 평화를 유지하기 위한 군사적 힘은 필수적이다.

남북한이 정치 군사적으로 대치하고 있는 상황에서 적정한 군사력 유지를 통해 전쟁을 억제해야 한다는 생각은 현실주의적인 정당전쟁론의 입장과 유사하다. "현실주의"(realism)란 단지 상황에 적합한 현실적인 정책을 채택하는 것을 의미하지 않는다. 기독교 현실주의의 본래적 의미는 타락한 인간의 죄성에 대한 현실적 이해에 있다. 즉 타락한 인간의 잘못된 행동을 무한정 방임할 수는 없으며, 때로는 강제적으로 통제할 수밖에 없다는 것이다.[7] 니버(Reinhold Niebuhr)는 평화주의자들이 죄의 비극적 사실을 간과하고 인간이 본질적으로 선하다는 잘못된 전제를 지니고 있다고 비판했다.[8] 인간의 죄성은 사회집단의 정치적 영역에서 더욱 심화·증폭된다. 이것이 집단 간의 관계에서 힘의 균형과 강제력이 필요한 이유다.

현실주의적 인간 이해에 기초한 정당전쟁론은 단순히 전쟁을 정당화하는 데 목적이 있는 것이 아니다. 정당전쟁론의 본래적 의도는 무력 사용을 피해야 하지만 무력 사용을 허용할 수밖에 없는 불가피한 경우를 예외적으로 인정하는 데 있다.[9] 유엔헌장도 분명히 무력 사용을 규제하면서(제2조 4항), 예외적으로 무력사용을 인정한다.[10] 문제는 정당전쟁론이

---

7   St. Augustine, *The City of God*, 조호연 역, 『하나님의 도성』 (서울: 크리스찬다이제스트, 1998), 제14권 17.

8   Reinhold Niebuhr, *Christianity and Power Politics* (Hamden, Conn.: Archon Books, 1969), 5-7, 17.

9   아퀴나스는 전쟁의 정당성이 성립하기 위해서는 다음 세 가지 조건이 필요하다고 보았다. 첫째, 군주의 명령에 의해 전쟁이 선포되어야 한다. 둘째, 정당한 원인(*causa justa*)이 있어야 한다. 셋째, 교전국들은 반드시 정당한 의도(*intentio recta*)가 있어야 한다. Thomas Aquinas, *Summa Theologica*, 2.2, Q.40.

10   유엔헌장 51조는 "개별적 또는 집단적 자위의 고유 권리"를 명시하며, 제7장은 "유엔 안보리는 국제평화와 안전을 보호하기 위해 무력사용을 승인한다"고 명시한다. David Armstrong, Theo Farrell, Hélène Lambert, *International Law and International Relations* (Cambridge: Cambridge University Press, 2007), 조한승 역, 『국제법과 국제관계』 (서

제시하는 원칙(평화의 목적, 최후의 수단, 비례성의 원리 등)이 개인이나 집단의 이해관계에 따라 임의적으로 해석되고 오용된다는 데 있다. 전쟁을 일으키는 모든 국가들이 평화수호라는 대의명분을 내세우며 자국의 무력사용을 정당화하기 때문에 정당전쟁론은 사실상 무의미한 이론으로 전락하기 쉽다. 어떤 전쟁이 정당하고 어떤 전쟁이 부당한지를 판단할 수 있는 가치중립적이고 객관적인 법정은 이 땅에 존재하지 않는다. 그러나 이것은 어떤 전쟁의 정당성(또는 부당성)에 대한 판단도 포기해야 한다는 것을 의미하지는 않는다. 6.25 당시 북한이 적화통일을 위한 치밀한 계획을 세워 남한을 기습 공격하여 대한민국 전국토가 순식간에 공산주의자들에 의해 점령될 위험에 처해 있는 급박한 상황에서 미국의 주도하에 유엔이 21개국이 참여하는 연합군을 신속하게 파견하여 북한군을 격퇴한 것은 국제사회의 인도주의적·인류애적 공감대에 의한 것으로서 충분한 정당성이 있다고 하지 않을 수 없다.[11]

그러나 오늘날 정당전쟁 개념은 핵무기를 사용할 위험이 있는 상황에서 더 이상 유지되기 어렵게 되었다. 왜냐하면 아무리 정당한 명분을 가진 전쟁이라고 하더라도 핵무기를 사용하는 경우에는 모두가 공멸하기 때문이다. 한반도에서도 정당전쟁 개념은 더 이상 가능하지 않아 보인다. 왜냐하면 한반도에서 또다시 전면전쟁이 일어난다면 남북한에 막

울: 매봉, 2010), 171.

11 이 점에 있어서 필자는 한반도의 "악의 축"(Axis of Evil)의 기원이 미국의 (한국)전쟁 개입을 정당화하기 위해 니버가 발전시킨 "경찰행동"(police action) 개념에 뿌리를 두고 있다는 주장에 동의할 수 없다. 또한 니버가 말하는 경찰행동이 "세계지배를 추구하는 경찰국가의 공격적 제국주의"라는 호마드카의 견해에도 동의할 수 없다. Jooseop Keum, "Korean War: The Origin of the Axis of Evil in the Korean Peninsula," Sebastian C. H. Kim, Pauline Kollontai Greg Hoyland (eds), *Peace and Reconciliation: In Search of Shared Identity* (Aldershot, Hampshire, England: Ashgate, 2008), 127-28.

대한 인명피해가 발생하고 전 국토가 폐허가 될 뿐만 아니라, 북한이 핵무기를 개발한 상황에서 전쟁은 곧 한반도 전체의 파멸을 초래할 것이기 때문이다. 한반도에서 핵은 결코 용납될 수 없다. 국제사회로부터 핵무기 보유국으로 인정받고 이를 통해 대외 협상력을 높이려는 북한의 핵무기 정책은 용인될 수 없다. 독일도 비핵화 선언 이후에야 국제사회로부터 통일이 허락되었다. 따라서 한반도의 비핵화는 통일의 필수적인 선결 과제다.

소극적 평화는 팽팽한 힘의 긴장 속에서 군사력 증강의 악순환을 반복하는 냉전적 대립과 혼동되어서는 안 된다. 진정한 전쟁억지는 상호 간 군사력 증강을 통해서가 아니라 군사력 축소를 통해서 이루어지며, 전쟁억지의 궁극적인 목표는 상호 무장해제를 통한 완전한 평화의 실현이다. 냉전적 대립과 달리, 소극적 평화는 비록 구도를 단번에 극복할 수는 없다고 할지라도 지속적인 대화를 통해 긴장을 완화하고, 상호 신뢰를 구축하고, 점진적인 군비축소를 실현함으로써 적극적인 평화를 위한 길을 예비하는 것이어야 한다.

B. 적극적 평화: 이상주의

평화는 통일의 목적이자 방법이다. 평화는 전쟁과 함께 갈 수 없다. 통일은 평화를 목적으로 하기 때문에 그 방법도 평화적이어야 한다. 평화로 가는 다른 길은 없다. 평화가 유일한 길이다. 전쟁은 남북한 주민을 공멸로 몰아넣기 때문에 결코 통일의 방법이 될 수 없다. 한반도의 통일은 평화적 과정에 의한 평화통일이 되어야 한다. 물리적인 억제력에 의존하는 소극적 평화가 국가의 정치적 원리에 근거한다면, 자발적 사랑 안에서 정의가 구현되는 적극적 평화의 원리는 종교로부터 나온다. 정치는 군사적 대치 상황에서 현실주의적 정책을 수립함으로써 소극적 평화의 길을 실현하고자 하는 반면, 종교는 인류가 궁극적으로 지향해야 하는 이상주의적인 목표를 제공함으로써 적극적 평화의 길을 제시한다. 기독교가 추구하는 하나님 나라의 평화는 강제적 힘에 의해 유지되는 평화가 아니라, 하나님의 사랑의 힘 안에서 정의가 구현되는 적극적인 평화, 즉 참된 평화이다.

요더(John Howard Yoder)는 국가를 위한 정치적 조항으로서의 평화주의와 그리스도인을 위한 윤리적 원칙으로서의 평화주의를 구별하였다.[12] "성서적 현실주의"(Biblical realism)라고 불리는 요더의 평화주의는 단지 정치적 차원의 소극적 평화가 아니라 종교적 차원의 적극적 평화를 지향하는 기독교 이상주의를 보여준다. 요더의 이상주의적 평화주의는 예수의 삶에 근거한다. 그에 의하면 예수의 모든 삶은 사회윤리적 의미를 지닌 정치적 삶이다.[13] 예수의 십자가는 예수가 세상의 폭력에 무력으로 맞서지 않고 비폭력과 섬김으로 맞선 것을 의미하며, 예수의 부활은 십자가의 종국적 승리를 입증한다. 악으로는 악을 이길 수 없고 오직 선으로만 악을 이길 수 있기 때문에 폭력은 용납될 수 없다. 따라서 그리스도인은 예수를 본받아 십자가의 윤리, 즉 비폭력의 제자도를 실천해야 한다.[14] 비폭력의 제자도만이 종국적인 변혁과 승리의 길이다.

그러나 적극적 평화는 단지 충돌을 피하기 위해 불의를 방관하거나 용인하는 평화가 아니다. 적극적 평화는 정의가 실현되는 평화, 즉 정

---

[12] John Howard Yoder, "Reinhold Niebuhr and Christian Pacifism," *Mennoite Quaterly Review*, vol. 29. 104.

[13] John Howard Yoder, *Politics of Jesus*, 신원화, 권연경 역, 『예수의 정치학』 (서울: IVP, 2007), 15-19.

[14] Yoder, 『예수의 정치학』, 43, 118-19.

의로운 평화다. 평화는 정의의 구현을 요구한다. 평화는 정의의 열매이며 결과다(사 32:17). 평화는 불의와 공존할 수 없다. 진정한 평화는 정의가 실현되는 평화다. 가장 기본적인 사회 정의는 인간의 자유와 인권의 보호에 있다. 그러나 매우 유감스럽게도 북한의 인권 상황은 세계 최악의 수준에 있다. UN 북한 인권조사위원회(UN COI)가 북한의 인권실태를 조사하여 2014년 2월 17일 발표한 최종보고서는 북한의 인권 침해 사례들이 반(反)인도적 범죄에 해당하며, 그 형사책임을 김정은을 비롯한 북한 지배층이 져야 한다고 강조하였다.[15] 북한에는 총 6개의 정치범 수용소가 있으며 수감자는 15만 4000여명으로 추정된다. 이와 같은 심각한 인권 억압의 상황은 평화통일로 가는 길에 가장 큰 걸림돌이다. 인간의 자유와 인권의 보호를 통한 사회 정의의 구현 없는 평화는 공허한 구호일 뿐이다.

남한과 북한의 가장 큰 차이는 북한과 달리 남한은 자유민주주의 국가로서 국민이 인간의 기본적 인권인 자유를 누리고 있다는 점이다. 탈북해서 남한에서 살고 있는 새터민들에 대한 의식조사의 결과, 새터민들은 남한에 와서 가장 만끽하는 것이 자신이 하고 싶은 일을 할 수 있는 자유라고 응답하였다.[16] 대한민국 헌법 제4조는 "대한민국은 통일을 지향

15　UN "북한 김정은, 인권 침해 형사책임," 2014. 2. 18. MBN. 영국 이코노미스트 산하 EIU(Economist Intelligence Unit)에서 발표한 2014년 전 세계 민주화 지수에서 북한은 167개국 가운데 167위로 최하위를 기록했다. 또한 북한은 2015년 헤리티지 재단이 발표한 경제자유화지수에서 178개 국가들 중 178위로 세계에서 가장 경제적 자유가 없는 나라로 꼽혔다. 2015년 프리덤 하우스는 각국의 언론 자유를 조사했는데, 북한은 199개국 가운데 199위를 차지하여 최악의 언론 탄압국으로 평가되었다. 2015년 오픈도어즈가 발표한 세계 기독교 박해지수에서 북한은 2001년부터 13년 연속 1위를 차지하여 세계 최악의 기독교 탄압국임이 드러났다.

16　조성돈, "새터민 심층 인터뷰-교회공동체를 통한 재사회화의 가능성,"『통일 · 사회통합 · 하나님나라』(대한기독교서회, 2010), 150. 유경동, 『남북한 통일과 기독교의 평

하며 자유민주적 기본 질서에 입각한 평화적 통일 정책을 수립하고 이를 추진한다"고 명시함으로써 평화통일의 원칙을 천명하고 있는데, 여기서 "자유민주적 기본 질서"가 평화통일의 전제로 제시되고 있음을 주목할 필요가 있다. 자유민주적 기본 질서는 단지 남한만의 기본 질서가 아니라 통일한국의 기본 질서가 되어야 한다. 왜냐하면 자유와 절차적 민주주의 질서가 확립되지 않는다면 정의로운 평화의 실현은 불가능하기 때문이다. 그러므로 "자유민주적 통일의 원칙은 남한의 특수한 체제를 북한에 강요하는 문제가 아니라 남북한 모두가 자유와 평화를 누리며 공존 공영할 수 있는 보편적 가치를 구현하는 문제"[17]다. 물론 이것이 곧 남한 사회가 정의로운 평화가 구현되는 통일한국의 모델이라는 것을 의미하지는 않는다. 자본주의 이념에 기초한 남한 사회의 심각한 부의 편중과 경제적 불평등은 남한 사회도 역시 정의로운 사회가 아님을 보여준다. 부의 공정한 분배와 경제적 평등이 이루어지지 않는 곳에 정의로운 평화의 구현은 불가능하다. 따라서 적극적 평화는 자유민주주의와 아울러 분배정의를 통한 경제적 평등의 실현을 요구한다.

화』 남북한평화신학연구소 연구총서 02 (서울: 나눔사, 2012), 113에서 재인용.
17   이해완, "통일의 목적, 방법, 준비에 대한 기독교적 성찰,"『통일에 대한 기독교적 성찰』, 54.

3. 통일의 길과 방안

A. 우리 정부의 통일 정책

우리 정부는 1994년 김영삼 정부 때 공식적인 통일 방안을 수립했다. 그것은 단계적 통일 방안으로서, 남북 화해 협력 단계와 남북 연합 단계를 거쳐 민족공동체로서의 통일국가를 이루는 것이다. 김대중 정부는 대북 화해협력정책(이른바 햇볕정책)을 추진했다. 이 정책은 북한에 대한 지원을 통해 남북교류를 확대하고 화해와 협력을 강화하는 대북포용정책이다. 햇볕정책은 세 가지 원칙을 바탕으로 한다. ① 북측의 무력 도발을 허용하지 않는다. ② 남측은 흡수 통일을 시도하지 않는다. ③ 남측은 화해와 협력을 추구한다.[18] 이 정책은 금강산 관광과 이산가족 상봉 및 개성공단 조성 등의 성과를 이루었으나, 북한의 무력 도발과 핵실험을 막지 못함으로써 안보 측면에서는 문제를 드러냈다. 즉 북한은 햇볕정책이 시행되던 당시에 두 번(1999년, 2002년)에 걸쳐 연평해전을 일으켰으며, 2006년에는 제1차 핵실험을 강행했다.

노무현 정부는 김대중 정부의 햇볕정책을 계승하여 평화공존정책을 내세웠다. 평화공존정책은 남북이 서로의 차이를 인정하고, 남북대화, 경제협력, 문화교류를 강화함으로써 평화와 민족이라는 큰 틀 안에서 함께 공생을 추구하는 정책이라고 할 수 있다.

이명박 정부는 북한이 핵을 완전히 폐기하고 개방에 나서면 10년 안에 북한의 1인당 국민소득을 3000달러까지 끌어올릴 수 있도

---

[18]　남북, 햇볕 속으로…"한반도 평화 전도사" DJ, 노컷뉴스, 2010년 8월 18일.

록 경제적으로 지원하겠다는 이른바 "비핵 3000구상"이라는 대북정책
을 수립하였다. 그러나 북한이 이에 반발하여 남북관계는 경색되었으며,
2차 핵실험(2009년), 천안함 사건, 연평도 포격 사건 등이 이어지면서 개
성공단을 제외하고 남북교류는 거의 단절되었다.

　　박근혜 대통령은 2014년 3월 28일 독일 드레스덴에서 "한반도
평화통일을 위한 구상"이라는 제목 아래 대북 3대 제안을 발표했다. 주
요 내용은 다음과 같다.[19] ① 남북한 주민들의 인도적 문제부터 해결해가
야 한다. ② 남북한 공동번영을 위한 인프라를 함께 구축해나가야 한다.
③ 남북 주민 간 동질성 회복에 나서야 한다. 박근혜 정부는 통일정책으
로서 "한반도 신뢰프로세스"를 제시했는데, 이 정책은 튼튼한 안보를 바
탕으로 남북 간 신뢰를 형성함으로써 남북관계를 발전시키고 한반도에
평화를 정착시키며 나아가 통일기반을 구축하는 것을 목표로 한다. 그러
나 북한은 "드레스덴 구상은 남한 주도의 흡수통일을 하려는 대결선언"
이라며 강하게 반발했다.[20] 북한이 2016년 4차 핵실험을 강행하고 마사
일 도발까지 감행하자 박근혜 정부는 더 이상 대화를 통한 북핵 문제해
결이 불가능하다고 판단하고 개성공단을 폐쇄하였다.

　　평화공존을 위한 포용과 북한주민을 위한 인도적 지원은 단순히
포기되거나 폐기될 수 없다. 그러나 계속되는 북한의 핵실험과 무력도발
은 포용과 지원정책이 수정, 보완될 필요가 있음을 시사한다. 왜냐하면
진정성 있는 협상 의지가 없는 북한에 대한 일방적인 포용과 지원이 북
한에게 핵개발에 필요한 돈과 시간을 벌어준 셈이 되었다는 비판이 제기
되기 때문이다. 한반도 상황에서 안보가 없는 포용이나 평화공존은 비현

19　　박근혜 대통령, "드레스덴 선언", 머니투데이, 2014년 3월 28일.

20　　북한 "'드레스덴 구상'은 흡수통일을 위한 대결선언", 연합뉴스, 2014년 4월 7일.

실적인 사변에 불과하다. 무엇보다도 한반도의 비핵화 원칙은 결코 양보나 협상의 대상이 될 수 없다.

B. 제3의 길

한국기독교교회협의회는 2010년 6월 17일 "한반도 평화통일을 위한 한국교회 선언"을 발표하였다.[21] 이 선언은 남북 평화공동체, 이념을 초월한 민주주의, 열린 민족국가를 지향하는 "과정으로서의 평화통일"을 제안하였는데, 평화통일의 과정은 평화공존, 남북연합, 연방국가의 단계들로 이루어진다. 이에 덧붙여 우리는 자유민주주의에 기초한 1민족 1국가 1체제 1정부의 완전한 통일국가로서의 한민족공동체를 구현하는 것이 통일의 최종목표임을 다시금 강조할 필요가 있다.

우리가 지향해야 하는 통일의 길은 북한의 전체주의적 공산(사회)주의 체제도, 남한의 개인주의적 자본주의 체제도 아닌 제3의 길이어야 한다. 이 길은 현재의 북한과 남한 체제의 문제점들에 대한 철저한 비판을 전제한다. 구소련과 동유럽의 몰락은 전체주의적 공산(사회)주의 체제가 이미 실패했음을 입증한다. 구소련과 동유럽에서 공산주의가 몰락하자 김정일은 북한의 공산주의 체제를 유지하기 위해 북한식 사회주의를 내세우면서 주체사상을 내세웠다. 주체사상은 사회주의 건설과정에서 불가피하게 프롤레타리아 독재가 요구되며 따라서 수령의 탁월한 영도력이 필요하다고 주장하면서, 백두혈통으로 이어지는 김씨 일가의 독재권

---

[21]   http://www.kncc.or.kr/sub03/sub00.php?ptype=view&idx=9548&page=1&code=old_
        pds&searchopt=subject&searchkey=통일

력세습을 정당화한다.[22] 일인 독재자를 우상화하는 주체사상은 유사종교적 특성을 갖는다. 북한 주민은 일인 독재자를 숭배하는 전체주의 체제 아래에서 자유를 박탈당하고 억압과 굶주림 속에 고통당하며 신음하고 있다.

다른 한편, 자유민주주를 헌법적 이념으로 삼는 남한의 개인주의적 자본주의의 폐해도 매우 심각하다. 북한 주민들이 억압적인 전체주의 체제 아래에서 우상화된 독재자의 노예가 되어 살아가고 있다면, 남한 주민들은 자본주의 체제 속에서 물질의 노예가 되어 살아가고 있다. 특히 한국 사회는 무한경쟁의 시장경제 체제 속에서 빈익빈 부익부의 양극화 현상이 매우 심각하다. 우리나라의 자살률은 OECD국가 가운데 1위이다. 특히 장기화되고 있는 경기침체 속에서 실업, 사업실패, 생활고 등에 의한 우울증으로 인한 자살률이 증가하고 있다. 요즈음 젊은 세대들은 불공정하고 불평등한 구조로 인해 노력해도 안 되는 한국의 현실을 "헬조선"이라고 부르고 있다. 남한의 자유민주주의는 계승 발전되어야 하지만 자본주의는 변혁되어야 한다. 우리는 개인의 자유와 권리를 가능한 한 최대로 보장하면서도 분배 정의를 실현함으로써 사회 구성원 전체의 평등 복지를 구현하는 제3의 길을 모색해야 한다.

그러나 제3의 길은 단순히 남한과 북한의 체제를 똑같이 싸잡아 비판하는 것을 전제하지는 않는다. 적어도 1990년대 초에 문민정부가 들어선 이래 개인의 자유가 세계적 수준으로 신장된 남한과 달리 여전히 심각한 인권 유린이 자행되고 있는 북한의 상황을 고려할 때, 일부 좌파 진영처럼 남북한을 똑같이 싸잡아 비판하거나 심지어는 참담한 북한의

22　　사회과학 철학연구소, 『철학사전』 (평양: 사회과학출판사, 1985), 253.

인권상황에는 침묵하면서 남한체제에 더 적대적인 태도를 보이는 방식으로 제3의 길을 말할 수는 없다. 무엇보다 두 체제가 기독교와 갖는 관계를 고려할 때 더욱 그러하다. 북한 공산(사회)주의의 종교관은 기본적으로 종교를 아편으로 간주한 마르크스의 무신론에 기초한다. 여기서 종교는 인간을 소외시키고 사회주의 건설에 방해가 되는 비과학적 이데올로기, 즉 미신으로 간주된다. 북한의 공산주의자들은 1925년 조선공산당을 결성하고 모든 종교를 미신으로 간주하고 기독교를 탄압하기 시작하였다. 그리하여 1950년대 이후 북한에서 모든 종교단체나 종교의식은 사라졌거나 지하로 숨어들었다. 그러다가 1970년대 이후 남북대화가 시작되면서 북한은 종교의 자유가 있는 것처럼 보이기 위해 유명무실한 단체였던 "조선기독교도연맹", "조선불교도연맹" 등의 활동을 재개시켰다.[23]

한편 남한의 기독교는 북한에서의 탄압을 피해 월남한 그리스도인들에 의해 기틀이 세워졌다. 한국전쟁에서 공산당에 의해 핍박당하고 많은 순교자를 낸 남한의 기독교, 특히 월남한 그리스도인들이 철저한 반공의식을 갖게 된 것은 이상한 일이 아니다. 그러나 1990년대 이후 세계가 탈냉전 시대로 들어서고 남북한 사이에 대화가 간헐적으로나마 재개됨에 따라, 남북한이 함께 평화통일의 길로 나아가기 위해서는 지난날의 반공주의는 이제 버려야 한다는 여론이 사회와 교회 안에 형성되고 있다. 지난날의 냉전적 반공 이데올로기는 극복될 필요가 있다. 그러나 하나님의 존재를 부인할 뿐만 아니라 기독교를 탄압하는 공산주의를 비판하는 것을 단순히 냉전 이데올로기로 간주하는 것은 온당치 않다. 또한 공산주

---

23 박균열, "북한의 종교실체와 연구 동향," 이온죽 외, 『북한의 사회와 문화 그리고 통일』 (서울: 철학과 현실사, 2010), 170-78 참고.

의를 비판하는 것이 공산독재정권 아래에서 신음하는 북한 주민 전체를 적으로 간주하는 것을 의미하는 것도 결코 아니다. 물론 기독교는 과거에 공산주의자들에 의해 상처받은 부정적 경험에 사로잡혀 미래지향적인 통일의 길을 가로막는 수구세력이 되어서는 안 될 것이다. 그러나 기독교가 북한의 사회주의체제에 반대하는 근본적인 이유는 단지 과거에 핍박을 받았던 경험에 사로잡혀 있기 때문이 아니라, 그 체제가 여전히 하나님을 대적하는 무신론적 유물사상과 주체사상을 신봉하고 있으며, 헌법상으로는 종교의 자유를 인정한다고 하지만 실제로는 신앙의 자유를 박탈하고 주민을 억압하는 체제이기 때문이다.

C. 통일 방안

통일은 정부나 민간기구가 만들어놓은 프로그램에 따라 예정된 순서대로 오지는 않을 것이다. 8.15 해방처럼 통일은 하나님의 선물로 단시일 내에 급작스럽게 도래할 것이다. 따라서 통일이 언제 어떻게 이루어질지 아무도 정확하게 예측할 수 없다. 그럼에도 불구하고 우리는 통일의 구체적인 방안을 연구하고 수립함으로써 통일을 준비해야 한다. 우리는 이미 통일을 이룬 독일의 사례로부터 교훈을 얻을 필요가 있다. 독일은 제2차 세계대전 후의 냉전체제 아래서 연합국에 의해 강제로 분단되었다가 1990년 10월 3일 하나의 국가로 통일되었다. 우리는 독일의 통일과정을 타산지석으로 삼아 긍정적인 면과 부정적인 면을 올바로 평가하여 취할 것은 취하고 버릴 것은 버릴 필요가 있다. 독일의 통일 방식은 흡수통일이었다.[24] 1990년 7월 동·서독의 경제화폐통합은 동독화폐를 폐기하고 서독의 마르크를 단일통화로 채택함으로써 동독경제를 서독의 시장경제체제로 흡수했다. 동독의 경제주권은 서독으로 넘어갔고 동독지역의 국영기업의 민영화, 국가의 가격보조금 지원 중단, 물가의 전면 자유화 등 경제개혁이 시작되었다. 통일 이전에 이미 서독은 동독에 복지혜택, 환경복구, 기간시설 재건 등을 위해 연간 1400억 마르크를 지원했다. 그럼에도 불구하고 구동독의 경제는 정권붕괴 당시 이미 파산상태에 있었다.[25]

독일의 통일방식이 흡수통일이기 때문에 실패한 사례라고 단정하는 사람들이 많다. 그러나 우리는 독일의 흡수통일의 양가적 특성을 올바로 평가해야 할 필요가 있다. 독일 통일은 사실상 서독의 힘이 동독의 힘보다 압도적인 우위에 있었기 때문에 거둔 성과였다고 할 수 있다. 통일 이전에 상호 교류를 통해 양쪽의 경제력을 비슷한 수준으로 만드는 것이 통일비용과 충격을 최소화하는 길인 것은 분명하다. 그러나 양쪽의 힘이 균형을 이루면 통일은 더 어려워지는 것 또한 사실이다. 흡수통일의 경우 남한이 지불해야 할 통일비용이 너무 크고 부작용도 너무 많기 때문에 이 방식은 가능한 한 피해야 할 방식이긴 하지만 현실적으로는 가장 가능성이 높은 불가피한 선택이 될 수 있다. 많은 사람들이 통일비용 절감을 위해 북한경제 발전을 지원해야 한다고 생각한다. 물론 인도주의적 지원은 필요하다. 그러나 독일의 사례를 통해 우리는 현 북한체제 아

---

24 독일의 통일은 다음과 같은 과정을 거쳐 완성되었다. ① 동독정권의 붕괴, ② 콜 총리의 10단계 통일방안, ③ 콜-모드로 정상회담, ④ 동독 최초 자유총선거 실시(1990년 3월 18일), ⑤ 동·서독 화폐 경제 사회통합의 달성, ⑥ 독일 통일을 위한 대외 협력, ⑦ 독일 통일의 완성.

25 http://www.happycampus.com/doc/11357917

래에서는 남한의 경제적 지원이 북한의 경제회생을 가져오기 어려울 뿐 아니라 통일에도 별 도움이 되지 않는다는 것을 확인할 수 있다.

독일의 흡수통일이 막대한 통일비용과 양독 간의 큰 격차로 인해 크나큰 후유증을 낳은 것은 사실이다. 그러나 독일은 이미 통일의 후유증을 상당히 극복하고 다시금 유럽과 세계의 리더로서의 역할을 훌륭하게 수행하고 하고 있다. 통일된 독일은 정치적·경제적 측면에서 이미 괄목할 만한 성과를 거두고 있다. 물론 서독의 자유주의 시장경제 체제가 동독의 사회주의 기획경제 체제를 흡수한 이래 동독인의 소득 증대에도 불구하고 동독인과 서독인 간의 소득격차가 여전히 큰 것이 사실이다. 그러나 양자 사이의 경제적 격차는 점차 줄어들고 있다. 반면, 사회적·문화적·심리적 측면에서는 아직도 상당한 후유증이 남아 있다. 통일 후 20여 년이 지난 지금도 독일 내 동독인과 서독인 간의 사회문화적 갈등과 상대적 박탈감으로 인한 동독민의 심리적 소외감은 여전히 해소되지 않고 있다. 통일 이후에 동독인이 겪은 사회문화적 충격은 바로 정신적 충격으로 내면화되고 내면적 정체성의 혼란을 초래하였다.[26]

우리는 이와 같은 독일의 사례를 타산지석으로 삼아 갈등을 예방·치유하고 진정한 화해와 통합을 이루는 평화통일을 준비해야 한다. 독일의 통일은 정신적인 화해와 통합이 없는 제도적 통일은 내부의 상처를 더욱 키워 더욱 큰 사회적 갈등과 혼란을 야기할 수 있다는 점을 우리에게 일깨워준다. 북한정권의 급작스런 붕괴로 말미암은 급속한 통일의 경우 사회적 갈등과 혼란은 극심할 것이다. 따라서 통일 이후의 남과 북

---

26 2001년 동독인의 74%가 통일 독일 사회에 대해 여전히 2등 국민으로 느끼고 있다고 대답했다는 설문조사가 이를 잘 드러낸다. Gensicke, Thomas(2001) Deutschasnd Archiv 3/2001.

의 갈등을 최소화하기 위해서는 남북 간의 상호 교류와 협력을 통해 남북의 정치적·경제적·사회적·문화적·심리적 격차를 적정한 수준까지 낮추면서 점진적인 통일을 추진하는 것이 원칙적으로 바람직하다. 남북 간의 지속적인 교류와 협력을 통해 단계적으로 이질적인 사고방식과 문화와 경제적 격차를 최소화하고 상호 신뢰를 회복함으로써 최종적인 통일국가를 이루기 전에 먼저 민족 공동체로서의 동질감을 회복해 나가는 것이 단지 제도적인 통일이 아닌 진정한 통일, 즉 사람의 통일을 이루는 첩경이다. 그러나 이미 언급한 바와 같이 통일은 우리가 준비를 철저히 한 결과로 성취되는 것이라기보다는 하나님의 은혜로 주어지는 것이다. 독일의 경우처럼 우리의 통일도 북한정권의 급작스러운 붕괴로 인해 어느 날 갑자기 올 가능성이 현실적으로 매우 높다.[27] 따라서 우리는 언제 닥쳐올지 모를 통일을 맞이하기 위해 더욱 비상한 마음으로 준비해야 한다.

4. 통일 이후에 대한 전망

20세기 말에 일어난 공산주의 국가들의 몰락은 공산주의 실험이 이미 실패로 끝났음을 보여준다. 북한 공산주의 체제의 몰락도 시간문제다. 통일 이후에 가장 중요한 실질적인 문제는 북한의 공산주의 체제가 몰락한 이후 어떻게 북한 주민이 자본주의에 기초한 통일 한국의 사회에 적응하며 남한 주민과 함께 어울려 살 수 있을까 하는 문제일 것이다. 새터민의 남

---

27 국제신용평가사 무디스는 2016년 1월 11일 북한 내부의 경제적, 정치적 압박이 갑작스러운 정권 붕괴로 이어질 가능성이 있으며, "이는 한국에게 거대한 도전이 될 것"이라고 전망했다. http://news.chosun.com/site/data/html_dir/2016/01/11/2016011101935.html

한 생활이 이 문제에 대한 예비적 실험의 성격을 보여준다. 남한 사회에 안정적으로 정착하여 중산층 이상의 삶을 사는 새터민은 많지 않다. 이들의 실업률은 40%에 달하고 90% 이상이 사회복지대상자로 살아가고 있다.[28] 이들 가운데는 남한 사회에 적응하지 못하고 다른 나라로 이민 가거나 심지어 북한으로 돌아간 사람들도 있다.

통일(특히 흡수통일) 이후에 가장 우려되는 것은 남한의 자본주의 체제의 문제점들이 고스란히 북한에서 재연되는 것이다. 자본주의 체제에 적응하지 못하는 북한 주민들이 무한경쟁에서 뒤처지고 낙오됨으로 인해 남북 간의 부의 편중 현상이 더욱 심화될 수 있다. 따라서 통일 이후에 북한 주민이 남한의 자본주의 사회에 적응할 수 있도록 돕는 방법을 찾는 것이 가장 큰 사회적 과제가 될 것이다. 이미 몰락한 공산주의 국가들이 경험한 후기공산주의 사회에서는 다수가 경제적 빈곤층으로 전락하는 대중빈곤 현상이 나타났다.[29] 통일 이후 수많은 실업자가 양산됨으로 인해 현재 우리 사회가 안고 있는 실업자 문제, 고용불안 등의 문제가 더욱 심화될 수 있다. 특히 북한 주민들 다수가 빈곤층으로 전락하고 주변화됨으로써 상대적 박탈감을 경험하고 통일한국의 자본주의 사회질서에 대한 회의에 사로잡히게 될 가능성이 높다.

그러므로 통일이 되면 모든 어려운 문제들이 곧 해결되리라는 환상은 잘못된 것이다. 적어도 통일세대에게 있어 통일은 현실의 모든 난제

---

[28] 정병호 외 편, 『웰컴투코리아: 북조선사람들의 남한살이』 (서울: 한양대학교출판부, 2006), 16.

[29] Bertram Silverman & Murray Yanowitch, *New Rich, New Poor, New Russia: Winners and Losers on the Russian Road to Capitalism*, expanded ed. (Armonk, New York/London: M.E. Sharpe, 2000), 36; 안교성, "평화통일신학 구성의 전제로서의 후기공산주의사회의 변화에 대한 연구," 배희숙 외, 『평화통일신학: 신학적 근거의 모색』, 제1회 평화통일신학 포럼 (서울: 장로회신학대학교 남북한평화신학연구소, 2015), 207에서 재인용.

를 일시에 해결해주는 대박이 결코 아니다. 오히려 통일 이전보다 통일 이후의 현실이 더욱 어려워질 수 있다. 오늘날 남북의 갈등 못지않게 남한 내에서의 지역, 계층, 당파, 세대 간의 갈등도 매우 심하다. 이러한 모든 갈등 상황이 통일이 된다고 해소되는 것은 아니다. 오히려 통일 이후에 남과 북의 경계선이 무너지고 군사적 대립이 해소됐음에도 불구하고 남북 갈등과 남남 갈등이 합쳐져서 더욱 큰 심리적·사회적 갈등이 표출될 가능성이 있다.

예상되는 통일한국 사회가 시장경제의 무한경쟁 원리에 기초한 신자유주의적 자본주의 체제로 고착되지 않도록 하기 위해서, 기독교는 한편으로 개인의 자유, 인권, 사유재산을 보호하며 다른 한편으로 사회 전체의 복지를 추구함으로써 자본주의와 사회주의를 비판적으로 통합하는 제3의 길을 제시할 수 있어야 한다. 교회는 하나님 나라의 비전 아래 사회적인 공적 책임을 올바로 감당해야 한다. 무엇보다 교회는 사회의 경쟁에서 낙오되고 상처받은 사람들의 편에 서서 그들을 치료하고 그들의 손을 잡아 일으키는 사마리아인의 역할을 수행해야 한다.

통일 이후에 한반도를 둘러싼 강대국들 간의 역학관계 속에서 어떻게 한반도에 영구적으로 평화를 정착시키느냐 하는 문제는 통일 이전의 평화통일의 과제 못지않게 중요한 과제다. 한반도는 중국과 러시아와 일본, 대륙과 태평양을 연결하는 동북아의 지정학적 중심에 있다. 따라서 통일 한국은 이러한 지정학적 위치에 상응하는 동북아 지역의 금융, 무역, 정보, 문화의 중심으로서의 역할을 담당해야 한다. 그리고 통일 한국이 주변 강대국들의 힘이 균형을 이루는 중립지대로서 국제관계 속에서 독자적인 정책을 수행함으로써 동북아시아와 세계의 평화에 기여할 수 있기 위해서는 스위스처럼 주변의 어느 한 강대국에 종속되지 않는 영세

중립국[30]의 선포를 고려해볼 필요가 있다.

5. 결론: 한국교회의 과제

그리스도인의 궁극적 희망은 민족의 통일이 아니라 하나님 나라의 구현
이다. 하나님의 사랑과 정의의 통치가 이루어지는 평화(샬롬)의 나라가 우
리의 궁극적 소원이자 기도 제목이다. 그러므로 통일은 하나님의 사랑과
정의의 통치가 실현되는 하나님 나라를 지향해야 한다. 하나님 나라는 이
세상의 모든 이데올로기와 체제와 제도를 초월한다. 그러나 하나님 나라
는 단지 저 하늘에만 있는 나라가 아니라 이 땅에서 이루어져야 하는 나
라다(마 6:10). 하나님 나라는 예수 그리스도의 인격과 사역 안에서 선취
적으로 도래했으며, 종말론적 미래에 최종적으로 완성될 것이다. 하나님
나라가 예수 그리스도 안에서 이 땅에 선취적으로 도래했다는 것, 그리고
예수 그리스도를 믿는 믿음 안에서 하나님 나라의 백성이 된다는 것이
기독교의 복음이다. 예수 그리스도 안에서 선취적으로 도래하고 미래에
종말론적으로 완성될 하나님 나라로의 초대가 하나님의 선교(missio Dei)
이며, 하나님 나라를 자신의 인격과 사역 안에서 선취적으로 성취한 예수
그리스도에 대한 믿음으로의 초대가 복음화(evangelization)다. 하나님 나라
는 궁극적으로 인간의 노력의 산물이 아니라 하나님의 은혜의 선물이지
만 동시에 우리의 노력과 헌신을 요구한다. 하나님은 이 땅에 하나님의

---

30 영세중립국이 되기 위한 조건은 첫째, 중립화가 될 국가가 국제조약에 의해 전쟁을 하
지 않을 것을 약속하고, 둘째, 다른 체약국들이 그 국가의 독립과 영토의 보전을 존중할
것을 약속하며, 셋째, 만약 이것이 침해될 경우에는 다른 체약국들이 원조할 것을 약속
하는 것이다. 강광식, 『중립화와 한반도 통일』(서울: 백산서당, 2000), 27-28.

사랑과 정의의 통치 안에서의 참된 평화가 실현되도록 하기 위해 교회와 그리스도인들을 하나님 나라의 일꾼으로 부르신다.

하나님 나라를 지향하며 통일과 통일한국 이후 시대를 준비하는 한국교회에 주어진 과제는 무엇인가?

한국기독교교회협의회의 "한반도 평화통일을 위한 한국교회 선언"은 평화통일을 향한 한국교회의 실천 방향을 여섯 가지로 제시하였다. 이 여섯 가지는 다음과 같다.[31] ① 한국교회는 민족 화해와 평화통일을 우리의 사명으로 믿고, 실천해 나간다. ② 한국교회는 남북 간의 적대의식과 대결의식을 회개하고, 극복해 나간다. ③ 한국교회는 남북공동의 생존과 번영을 위해 화해와 평화의 원칙을 지켜 나간다. ④ 한국교회는 낮아짐으로써 서로 높이는 공동체 생활양식을 세워나간다. ⑤ 한국교회는 평화의 세계화를 위해서 최선을 다한다. ⑥ 한국교회는 하나님의 샬롬을 이루는 세계교회의 일원임을 확인한다.

결론적으로, 필자는 통일한국을 위한 한국교회의 과제를 갈등의 치유와 화해, 사회 정의의 구현, 나눔의 사랑 실천, 회개의 기도로 제시하고자 한다. 통일과 통일 이후의 한반도에서 구현되어야 할 하나님 나라의 평화는 바로 이 네 가지의 실천을 통해 하나님의 은혜로 실현될 수 있을 것이다. 첫째, 한국교회는 이념, 지역, 빈부, 계층, 당파, 세대 간의 갈등이라는 중병에 걸려 신음하고 있는 한국 사회를 치유하고 화해를 가져오는 일에 앞장 서야 한다. 우리나라의 사회 갈등지수는 OECD 국가 중에서 두 번째로 높다. 삼성경제연구소의 보고서에 따르면 우리 사회의 갈등비용은 최소한 82조에서 최대 246조에 달한다고 한다. 갈등비용이 최대

---

31   http://www.kncc.or.kr/sub03/sub00.php?ptype=view&idx=9548&page=1&code=old_pds&searchopt=subject&searchkey=통일, 6-7.

240조라면 이는 국내총생산의 1/5 정도가 된다. 이것은 국민이 세금을 한 푼도 안 내도 되는 막대한 금액이다. 따라서 사회갈등은 국가의 발전과 성장을 저해하는 주된 요인으로 작용하고 있다.[32] 통일 이후 이념적·문화적 차이와 경제적 격차로 인한 사회적·심리적 갈등은 더욱 심화될 것이 분명하다. 그리고 이 모든 갈등은 통일 한국의 번영에 최대 걸림돌이 될 것이다. 갈등비용은 단지 경제적 차원의 문제가 아니다. 이념, 지역, 빈부, 계층, 당파, 세대 간의 갈등이 없는 사회는 얼마나 따뜻하고 인간애가 넘치는 평화로운 사회가 될 것인가? 그러므로 교회가 하나님의 사랑과 정의의 통치가 이루어지는 하나님 나라의 평화를 지향한다면 끝없이 한국 사회를 소모적인 분열과 불화와 분쟁으로 몰아넣는 모든 종류의 갈등을 치유하고 화해를 가져오는 일에 앞장서야 한다(마 5:9).

　　그러나 한국교회는 한국사회의 갈등을 치유하기 이전에 먼저 한국교회 안의 갈등을 극복하여야 한다. 한국사회 못지않게 한국교회는 보수와 진보 진영으로 나누어져 날카롭게 대립하고 있다. 전자는 한국기독교총연합회(한기총)에 의해 대표되고, 후자는 한국기독교교회협의회(KNCC)에 의해 대표된다. 이 두 진영은 제반 사회정치적 이슈나 통일문제에 관해 첨예하게 대립된 입장을 보여준다. 진보 진영은 평화통일 자체를 선교로 이해하며 통일운동을 주도해오고 있는 반면, 보수 진영은 선교 즉 북한 동포들의 영혼을 구원하는 민족복음화를 통일의 목적으로 본다.[33] KNCC가 1988년 평화통일 선언을 발표했을 때,[34] 한국복음주의협

32　　http://news.kbs.co.kr/news/view.do?ncd=2788028

33　　이상규, "민족과 교회: 한국교회 통일운동에 대한 복음주의적 평가,"「성경과 신학」 37(2005), 146.

34　　KNCC는 "민족의 통일과 평화에 대한 한국기독교회 선언"에서 ① 자주 통일, ② 평화 통일, ③ 신뢰와 협력을 통한 민족의 통일, ④ 국민의 참여에 의한 민주적 통일, ⑤ 인도

의회(한복협)를 위시한 보수 진영에서는 이에 반대하는 성명을 냈다.[35] 또한 KNCC는 2013년 10월 부산에서 열린 제10회 WCC 총회가 남북 평화협정 체결을 촉구하는 결의문을 채택해줄 것을 요청한 반면, 한기총은 주한 미군의 철수를 전제로 정전협정을 평화협정으로 바꾸자는 북한의 제안을 거부해야 한다고 주장했다.[36] 이와 같이 좌우로 분열된 한국교회의 상황 속에서, 분단된 민족의 화해와 통일을 말하기 전에 분열된 교회의 화해와 하나 됨을 이루는 것이 우선적인 과제가 아닐 수 없다. 만일 이 과제를 먼저 해결하지 못한다면 작금의 한국교회의 교파적·교회적 분열과 다툼이 선교라는 명목으로 북한에 고스란히 이식되어 북한 교회에서도 남한 교회에서의 분열상이 그대로 재연될 것은 불을 보듯 뻔하다. 그러므로 우리는 한국교회 안에 좌우의 극단적인 입장들을 지양하고 양쪽을 중재하고 비판적으로 통합할 수 있는 중도적인 세력을 형성하고 발전시켜 나아가야 한다.

통일을 위한 한국교회의 두 번째 과제는 사회 정의의 실현이다. 한국교회와 그리스도인은 한국 사회의 불평등과 소외로 인한 갈등을 치유하기 위해 사회 정의를 실현함으로써 정의로운 평화 공동체를 구현하는 데 앞장서야 한다. 구약성서에 나타나는 희년사상은 사회 정의의 실현을 통한 정의로운 평화 공동체 구현의 모델을 잘 보여준다. 레위기

주의에 기초한 남북관계의 5원칙을 제시하였다. 한국기독교교회협의회 통일위원회 편, 「1980년대-2000년 한국 교회 평화통일운동 자료집」(2000.11).

35 한국복음주의협의회, "NCC 통일론에 대한 복음주의 입장," 한국기독교교회협의회 (NCCK) 통일위원회 편, 「1980년대-2000년 한국 교회 평화통일운동 자료집」.

36 김재현, "한미 기독교계, 평화협정 촉구집회 '논란'," 「연합뉴스」(2013. 5. 13); 송주열, "정전협정 60년, 평화협정 촉구 기독인 선언 발표," 「CBS 노컷뉴스」(2013. 7. 28). 조동준, "평화협정 논의의 역사적 전개와 분열된 한국 사회," 『통일에 대한 기독교적 성찰』, 123에서 재인용.

25:10은 50년째 되는 해를 희년으로 선포하고 모든 주민들에게 자유를 공포하며 각각 자기 소유지와 가족에게 돌아가도록 하라고 말씀한다. 요더에 의하면 희년의 의미는 첫째, 휴경년, 둘째, 채무자 빚 탕감, 셋째, 노예 해방, 넷째, 재산 재분배다.[37] 희년은 땅을 쉬게 할 뿐만 아니라 부채를 탕감함으로써 타인의 노예상태에 있던 사람을 해방시켜 인간의 기본권을 되찾아주고 사회경제적 평등을 회복하는 것을 목적으로 한다. 다시 말해 희년의 정신은 노예의 굴레와 부의 편중을 50년째 되는 해에 해방과 재분배를 통해 해소함으로써 하나님의 정의를 실현하고 본래의 만인평등적인 하나님의 계약 공동체의 모습으로 돌아가는 것이다.[38]

희년은 하나님의 은혜의 해다. 예수는 공생애를 시작할 때 이사야 61:2을 인용하면서 자신의 사역이 하나님의 은혜의 해를 선포하는 것임을 밝혔다(눅 4:18-19). 예수의 오심의 목적은 바로 하나님의 은혜의 해를 선포함으로써 새로운 평등 공동체를 이루어 나가는 데 있다. 모든 인간은 하나님의 형상으로 지음 받은 동등한 존재들로서, 다른 사람의 노예가 되거나 다른 사람에게 경제적으로 종속되어서는 안 된다. 재산의 증식은 일정한 한도 내에서 허락되고 일정 기간이 지나면 사회에 환원되어 모두가 더불어 행복한 사회를 만들어야 한다. 자본주의의 무한경쟁체제로 인해 갈수록 경제적 불평등이 심화되는 한국 사회에서, 교회는 이러한 희년의 정신이 먼저는 그리스도인들의 삶 속에서 실천되고, 나아가서는

---

37 Yoder, 『예수의 정치학』, 131.

38 이에 대해 http://blog.naver.com/actjoy/10089802561 참고. KNCC는 우리나라가 일제의 지배로부터 해방된 지 50년째 되는 1995년을 희년으로 명명하고 이 해를 평화통일의 해로 선포한 바 있다. 한국기독교교회협의회, "민족의 통일과 평화에 대한 한국기독교회 선언"(1998), 한국기독교교회협의회(NCCK) 통일위원회 편, 「1980년대-2000년 한국 교회 평화통일운동 자료집」.

사회 전체에 확산되게 함으로써 사회 정의가 구현되도록 더욱 힘써야 한다.

통일 한국을 준비하는 한국교회의 세 번째 과제는 나눔의 실천이다. 적어도 통일 직후의 세대에게 통일은 보랏빛 낭만이 아니라 매우 힘들고 어려운 현실이 될 것이다. 왜냐하면 천문학적인 통일비용이 고스란히 남한 주민들이 분담해야 할 몫으로 돌아올 것이기 때문이다. 그렇기 때문에 통일 이후 사회적 갈등과 국민의 불만은 오히려 더욱 커질 수 있다. 우리에게 고통 분담의 의지가 없다면 통일 한국의 미래는 없다. 그러므로 한국교회와 그리스도인은 나눔의 실천을 통해 고통 분담에 앞장서야 한다. 자신의 목숨을 내어주는 십자가를 통해 모든 인간을 하나님과 화해시키신(엡 2:16) 예수 그리스도의 자기희생적 사랑을 본받는 구체적인 실천은 나눔을 통한 고통의 분담에 있다(마 19:21; 막 10:21; 눅 18:22). 나눔은 다른 사람의 고통에 동참하는 것을 의미한다. 나눔은 다른 사람 고통을 경감시키거나 고통으로부터 벗어나도록 하기 위해서 기꺼이 자신의 손해를 감수하는 것을 의미한다. 나눔은 고통을 함께 하는 공감적 사랑(compassionate love)의 구체적 표현이다. 그러므로 그리스도인들은 고통 받는 북한 주민을 위해 함께 고통을 분담하고 나눔을 통한 사랑의 실천에 앞장서야 한다. 수백 가지의 추상적인 거대담론보다 하나의 작은 구체적인 나눔의 실천이 남과 북의 민족적 동질성을 회복하고 사회적 통합을 이루는 첩경이다. 길에서 강도 만나 쓰러져 있는 이웃을 위해 자기의 귀한 시간과 재물을 나누어 사랑을 실천했던 사마리아인 같이, 한국교회와 그리스도인들은 사회의 경쟁에서 낙오되고 상처받은 사람들을 감싸주고 치료하여 다시 일으켜 세우는 선한 사마리아인이 되어야 한다. 이를 위한 구체적인 실천 방안으로 한국교회는 교단별로 교단 소속 교회 전체가 참여하는 통일 나눔 재단을 만들고 펀드를 조성하여 통일 이후의 시대를 준비해야 한다.

　마지막으로, 통일의 날이 속히 오도록 하기 위해서 한국교회와 그리스도인들은 더욱 기도에 힘써야 한다. 독일의 통일 뒤에는 독일 그리스도인들의 기도가 있었다. 독일의 통일은 1981년에 독일 라이프치히의 니콜라이 교회에서 시작된 평화를 위한 촛불기도회로부터 촉발되었다고 할 수 있다. 그리스도인들은 매달 한 번 이 교회에 모여 공산정권의 폭력과 억압에 저항하는 기도회를 열었다. 1989년 9월 4일 이 기도회는 「월요데모」로 발전되었다. 1천명의 사람들이 거리로 나가 "우리가 국민이다"(Wir sind das Volk!)라는 구호를 외치며 독재정권에 항거하였다. 매주 월요일 니콜라이 교회에서 데모가 계속되었으며, 날이 갈수록 확산되어 다른 도시들도 동참하였다. 1989년 10월 16일 동베를린 알렉산더 광장에서 열린 월요데모에는 약 20만 명의 시민이 모여 공산정권의 타도를 외쳤다. 그리고 10월 30일 월요데모에는 30만 명이 넘는 사람들이 모였다. 결국 사회주의통일당(SED)은 12월 3일 호네커 당 서기장 겸 국가평의회 의장을 제명시키고 베를린 장벽을 해체할 것을 결의했다. 그리하여 마침내 1990년 10월 3일 베를린 장벽이 무너지고 독일이 통일되었다. 한반도를 가로지르는 휴전선도 한국 그리스도인들의 기도에 대한 하나님의 응답으로 무너지게 될 것이다.

　한국교회와 그리스도인들은 이와 같은 믿음을 가지고 한반도의 평화통일을 위해 지속적으로 기도해야 한다. 8.15 해방과 같이, 통일은 단지 정부의 통일정책이나 경제교류나 인도주의적 원조의 결과로가 아니라 의인의 기도에 응답하시는 하나님의 은혜로 어느 날 불현듯 찾아올 것이다. 통일의 문을 열기 위한 기도에 있어서 가장 중요한 것은 바로 우리 자신의 죄에 대한 회개다(약 5:16). 우리 민족의 분단은 단지 세계 강대국의 냉전체제의 산물이 아니라 서로 물어뜯고 분열을 거듭해온 우리 민족 자신의 죄의 결과다. 우리는 한반도의 분단과 분단 이후의 증오와 대립 상황에 대한 책임이 우리 민족에게 있으며, 한국 사회의 분열과 불의에 대한 책임이 바로 우리 자신에게 있음을 통감하고, 우리 민족과 우리 자신의 죄를 고백하고 회개해야 한다. 더욱이 정통주의와 자유주의, 보수주의와 진보주의로 나뉘어 끊임없이 분열과 당파적 분쟁을 거듭해온 한국교회의 현실에 대하여 우리 한 사람 한 사람이 책임을 통감하고 회개해야 한다. 예수 그리스도의 하나님 나라 운동은 회개운동으로부터 시작되었다(마 4:17; 막 1:14-15). 하나님은 소돔과 고모라 성을 심판하실 때처럼(창 18:32) 오늘도 이 땅에서 의인 열 사람을 찾고 계신다. 하나님께서는 민족의 죄를 끌어안고 진정으로 회개하는 의인들의 기도를 통하여 통일의 날을 앞당겨주시고 이 땅에 하나님 나라의 평화를 허락해주실 것이다.

제15장

화해의
신학

1. 서론

우리는 깨어지고 분열된 세상에 살고 있다. 깨어짐과 분열은 가정, 사회, 국가, 세계의 모든 영역에서 일반적인 현상이다. 우리나라는 가족갈등, 지역갈등, 빈부갈등, 노사갈등, 세대갈등이 매우 심각하다.[1] 한반도는 세계에서 유일하게 남은 분단국가로서 남북갈등이 가장 첨예하게 일어나고 있는 곳이며 최근에는 북한의 계속되는 핵실험과 미사일 발사로 긴장과 갈등이 더욱 고조되고 있다. 세계 곳곳에서 갈등과 폭력이 끊임없이 일어나고 있다. 제2차 세계대전 이후 지난 세기말에 세계에서 일어난 가장 잔혹한 폭력사태 중 하나는 종족갈등으로 인한 르완다의 집단학살이다. 1994년 다수족인 후투족에 의한 대대적인 집단학살의 결과로 백여만 명의 투치족이 죽임을 당하고 수만 명의 여성들이 강간당하고 이로 인해 AIDS 감염의 피해자가 되었다.[2] 금세기에 들어서도 종교, 민족, 인종 간의 갈등과 그로 인한 폭력과 테러가 그치지 않고 있다. 근래에는 이

---

1 삼성경제연구소에서 발표한 우리나라의 2010년 갈등비용은 82조-240조로 갈등지수가 OECD 국가 가운데 2번째이다. 최대 240조라고 할 때 이는 국내 총생산의 1/5에 해당하는 액수로서 모든 국민이 세금 한 푼 안내도 되는 엄청난 금액이다. 그런데 실제 생활에 있어서 정신적·물질적으로 갈등비용은 돈으로 계산한 것보다 훨씬 더 심각하다. http://www.yonhapnews.co.kr/economy/2013/08/20/0325000000AKR20130820170600003.HTML

2 벨기에 식민지 시절 분할통치 전략에 따라 투치족은 소수임에도 불구하고 식민모국의 힘을 업고 르완다 사회를 지배했다. 그러나 후투족을 중심으로 한 독립운동의 결과로 1962년 르완다가 독립하자 다수 후투족이 사회를 지배하고 투치족을 탄압했다. http://actiontoday.kr/archives/7186

슬람 수니파 무장단체 이슬람국가(IS)가 기독교 세계를 대상으로 무차별적인 민간인 테러를 자행하고 있다.[3]

화해를 향한 희망적인 소식도 없지는 않다. 콜롬비아 정부와 좌익 콜롬비아 무장혁명군(FARC)이 반세기 이상 계속돼온 내전을 끝내기 위한 평화협정에 최근 최종 합의했다. 콜롬비아 내전은 남미에서 가장 오래된 좌·우 무장투쟁으로, 지금까지 26만 명이 숨지고 4만 5천명이 실종됐다. 카스트로가 이끈 쿠바혁명에 자극을 받은 농민군 지도자들은 1964년 FARC를 조직해 좌익정부 수립을 목표로 지난 52년간 정부군과 싸워왔다. 정부와 FARC는 평화협정 논의 끝에 FARC의 무장 해제와 합법 정당 구성, 내전 희생자 보상, FARC의 자금줄이었던 마약 유통 근절 등에 합의했다.[4]

깨어지고 분열된 세상에서 살아가는 우리에게는 치유와 회복이 필요하며, 치유와 회복은 화해를 통해서만 가능하다. 화해의 주제에는 가족 갈등, 사회계층(부자와 빈자, 기업가와 노동자 등) 간의 갈등, 남녀 차별, 장애인 차별, 인종 차별, 권력에 의한 폭력, 성폭력, 민족분열, 종교 간의 갈등 등이 포함된다. 이러한 문제들로 인하여 깨어지고 분열된 현실 속에서 화해를 추구하는 것은 이 땅에 하나님 나라를 구현하기 위한 하나님의 선교를 실천하는 것이다.

---

3 작년(2015. 11. 13)에는 프랑스 파리에서 이들에 의해 자행된 자살 폭탄 테러 및 대량 총격 사건으로 130명 이상이 사망하고 300명 이상이 부상당하였으며, 금년(2016. 7. 14)에는 프랑스 대혁명 축제를 즐기던 프랑스 휴양지 니스에서 자생적 IS로 밝혀진 튀니지계 1세 프랑스인이 대형트럭을 몰고 수천 명이 집결한 곳으로 돌진해 84명이 사망하고 100여명이 부상당하는 테러가 발생했다. 범인은 죽기 직전 "알라는 위대하다"고 외쳤다고 한다.

4 「조선일보」, 2016년 8월 26일 A20. 그러나 평화협정은 FARC에 대해 너무 관대하다는 여론으로 인해 2016년 10월 2일의 국민투표에서 부결되었으며, 정부는 새로운 수정 평화협정을 만들어 의회에서 통과시켰다.

이 글에서는 깨어짐, 분열, 갈등, 폭력의 현실 속에서 화해와 평화를 가져오기 위한 길을 공적 신학의 관점에서 모색하고자 한다. 따라서 개인들 간의 화해보다는 집단들 간의 관계에서 도덕적 질서를 회복하고 사회적 관계를 재수립하는 과정으로서의 화해의 길을 진실, 회개, 용서, 정의, 치유 등의 개념들과의 연관성 속에서 고찰할 것이다.

2. 공적 신학으로서 화해신학

기독교 신학은 교회 안의 신자들을 위한 내적 담론을 제공할 뿐만 아니라 교회 밖의 사람들과 이해 가능한 방식으로 소통할 수 있어야 한다. 오늘날 화해에 관한 담론은 종교적 영역뿐만 아니라 사회정치적 영역에서도 활발히 이루어지고 있다. 종교적 화해와 사회정치적 화해는 분리시켜 생각될 수 없다. 기독교 신앙은 구체적인 사회정치적 현실에서 폭력을 거부하고 화해와 평화를 구현해야 하는 공적 과제를 갖는다. 화해는 함께 공존하는 것 이상의 것이다. 화해란 조화로운 관계의 회복을 의미한다. 화해는 가해자와 피해자가 더 이상 과거에 얽매이지 않고 서로를 용납하고 상호 신뢰를 회복함으로써 조화로운 관계를 형성하는 것이다. 화해는 하나님과의 수직적 관계에서의 개인의 구원만이 아니라, 이웃과 세상과의 수평적 관계에서의 조화와 하나 됨의 문제다. 즉 화해는 단지 개인적 영역에서의 사적인 주제가 아니라 사회정치적 영역에서의 공적인 주제다. 사회정치적 영역을 포함한 모든 인간의 공적 영역은 하나님의 보편적 화해의 섭리 안에 있다. 따라서 하나님과의 관계에서의 화해는 세상의 사회정치적 관계에서의 화해로 구체화되어야 한다.

교회의 성장과 부흥을 가져다주신 하나님의 은혜에 대해서는 매주일 말하면서도 사회에서 일어나는 계층갈등, 인종차별, 테러, 학살 등에 대해서는 한 마디도 언급하지 않는 목회자들이 적지 않다. 마찬가지로 자신의 영혼을 구원하신 하나님의 은혜에 대해서는 날마다 간증하면서도 사회에서 일어나는 갖가지 갈등과 차별과 폭력에 대해서는 별 관심을 갖지 않는 그리스도인들도 많다. 르완다에서 인종 학살이 일어났던 시기에 르완다는 아프리카에서 가장 교회가 폭발적으로 성장하는 나라였으며, 이 나라의 그리스도인들은 자신의 구원에 대한 강한 확신을 지닌 매우 복음적인 신앙을 가진 그리스도인들이었다. 그러나 교회는 이 대량 학살의 비극을 막기 위해 별다른 역할을 하지 못했을 뿐만 아니라, 심지어 성직자들과 많은 그리스도인들이 이 학살에 참여했다.

불의한 사회 현실의 변혁과 무관한 개인의 번영과 내세의 구원만을 약속하는 현실 도피적 복음은 값싼 복음 또는 거짓된 복음이다. 하나님의 선교는 이 세상을 떠나서가 아니라 상처로 얼룩지고 혼란하고 부패한 이 세상의 한 복판에서 모든 파괴적 힘들에 맞서 투쟁함으로써, 그리고 치유하고 용서하고 화해함으로써 이루어져야 한다. 이웃과 사회의 상처와 아픔을 무시하고 평화가 없는 곳에 선포되는 평화는 거짓된 평화다. "그들이 딸 내 백성의 상처를 가볍게 여기면서 말하기를 '평강하다, 평강하다' 하나 평강이 없도다"(렘 8:11).

예수 그리스도의 십자가에서 (불의를 용납함 없이) 불의한 인간을 용서하시고 자신과 화해시키시는 하나님의 무조건적인 사랑의 이야기는 인간의 사회정치적 상황을 위한 공적 함의를 갖는다. 즉 이 이야기는 광범위한 문화적 관습과 기대와 사회정치적 제도를 변혁하고 새롭게 형성함으로써 가장 광범위한 공적 영역인 하나님 나라를 이 땅에 선취적으로 구현한다. 깨어짐, 분열, 차별, 분쟁, 폭력의 현실 속에서 화해를 위해서는 나 자신의 변화를 포함하는 일상적 삶 속에서의 개인들의 변화와 더불어 사회정치적 차원에서의 관습적·제도적·체제적 변화가 함께 요구된다. 서로 인접한 곳에 위치한 두 집단 가운데 한 집단이 다른 집단을 학대했거나 두 집단이 서로 학대하는 상황 가운데 있을 때, 계속되는 폭력의 악순환을 중지시키고 평화를 가져오기 위해 화해가 반드시 필요하다. 한 집단이 다른 집단에 의해 부당한 가해를 당하고 큰 고통을 받았을 때, 피해를 입은 집단의 구성원들은 자신들을 왜소하고 연약한 존재로 느낀다. 그들은 세상을 위험한 장소로 인식하며, 다른 집단의 사람들을 적으로 간주한다. 따라서 그들은 투쟁적이 되며, 그들 자신이 다른 집단의 사람들에게 폭력적 가해자가 되기 쉽다.[5] 가해자들에 대한 정의를 요구하고 피해자들의 삶의 질을 향상시키기 위해서, 그리고 가해자들뿐만 아니라 피해자들 자신이 다시금 다른 사람들에게 가해자가 되는 것을 막기 위해서는 개인적 차원과 사회적·공적 차원에서의 화해가 꼭 필요하다.

개인적 화해와 사회적 화해는 어떤 관계에 있는가? 개인적 화해는 희생자의 손상된 인간성이 회복될 때 일어난다. 이 회복은 하나님의 일이다. 화해의 경험은 희생자를 새로운 곳으로 데려간다. 종종 화해의 경험은 희생자를 특수한 소명으로 이끌기도 한다. 사회적 화해 프로그램이 성공을 거두기 위해서는 화해된 개인들의 리더십이 있어야 한다. 개인적 화해는 사회적 화해를 육성하고 강화하는 것을 돕는다. 그러나 사회적 화해는 개인적 화해로 환원될 수 없다. 사회적 화해는 사회의 도덕적 질

---

5   L. I. McCann and L. A. Pearlman, *Psychological Trauma and the Adult Survivor: Theory, Therapy, and Transformation* (New York: Brunner/Mazel, 1990); J. L. Krupnick and M. J. Horowitz, "Stress Response Syndromes: Recurrent Themes," *Archives of General Psychiatry* 38 (1981): 428–35; Ervin Staub and Laurie Anne Pearlman "Healing, Reconciliation, and Forgiving after Genocide and Other Collective Violence," Raymond G. Helmick, S. J. and Rodney L. Petersen (eds.), *Forgiveness and Reconciliation* (Philadelphia/London: Templeton Foundation Press, 2001), 205–6.

서를 재수립하는 과정이다. 사회적 화해는 도덕성, 즉 정의에 깊은 관심을 기울인다.[6]

　　로버트 슈라이터에 따르면 개인적 차원과 사회적 차원에 있어 회개, 용서, 화해의 순서는 동일하지 않다. 개인적 차원에서 화해의 과정은 하나님의 치유의 능력을 경험한 희생자로부터 시작된다. 즉 먼저 희생자 안에서 내적으로 화해가 일어난다. 하나님의 치유의 능력을 경험한 희생자는 가해자를 용서하기 위해 하나님을 부른다. 희생자의 내적 치유와 화해가 행악자에 대한 용서를 가능하게 한다. 그리고 이 용서의 결과로써 가해자의 회개가 기대된다. 즉 가해자는 피해자의 용서를 경험함으로써 회개에 이른다. 따라서 화해의 과정은 화해-용서-회개의 순서가 된다.[7] 반면, 사회적 화해는 회개-용서-화해의 과정을 따라야 한다. 즉 사회적 화해에 있어서 공적인 회개와 이에 따른 용서가 최종적으로 화해를 가져온다. 사회적 화해에서는 공적인 정의의 추구가 화해과정의 신뢰성을 위해 요구된다.[8] 개인적 차원과 사회적 차원에서 화해과정의 순서가 역전된다는 슈라이터의 견해는 라인홀드 니버의 기독교 현실주의를 상기시킨다. 즉 개인적 차원에서는 회개 이전에 화해와 용서가 가능하지만 사회적 차원에서는 회개 없이는 용서와 화해가 불가능하다는 것이다. 이것은 개인적 차원에서는 사랑의 법(화해, 용서)이 우선적이지만 사회적 차원에서는 사랑의 법이 실현되기 어려우며 따라서 정의의 법(회개)이 우선되어야 한다는 것을 의미한다.

6　　Robert J. Schreiter, *The Ministry of Reconciliation* (New York: Orbis Books, 1998, 2008), 111.

7　　Ibid., 64, 114.

8　　Ibid., 64-65, 115.

개인적 화해는 문화에 따른 차이가 크지 않은 반면, 사회적 화해는 문화적 편차가 크다. 사회적 화해가 이루어지지 않은 곳에서도 개인적 화해가 일어날 수 있다. 그러나 개인적 화해가 전혀 일어나지 않은 곳에서 사회적 화해가 이루어지는 것은 상상하기 어렵다. 사회적 화해의 실현을 위해서는 화해된 일군의 개인들의 지도력이 요구된다. 그러나 이 개인들은 사회적 화해의 필요조건이지만 충분조건은 아니다. 개인적 화해와 사회적 화해의 목적은 상호 연관되어 있지만 같지는 않다. 개인적 화해의 목적은 손상된 인간성의 회복과 치유인 반면, 사회적 화해의 목적은 과거의 폭력이 다시 일어나지 않는 보다 정의롭고 안전한 사회를 만드는 것이다. 사회적 화해의 과정에서 진리와 정의의 문제는 결코 무시될 수 없다.[9]

3. 기독교적 화해의 비전과 영성

화해는 단지 심리적·사회적 차원에서의 인간의 과제가 아니라 궁극적으로 신학적 차원에서의 하나님의 선물이다. "화해란 단순히 우리가 기울인 모든 노력의 결과물이 아니다. 그것은 우리가 하나님 백성의 이야기 속으로 들어가 살 때 받아 누리는 특별한 선물이기도 하다."[10] 기독교적 화해는 단지 프로그램, 기술, 방법, 전략에 의한 실용주의적인 문제해결 이상의 것이다. 기독교적 화해는 일반 사회봉사단체나 정부기구의 목표

---

9   Ibid., 64-65, 116.
10   에마뉘엘 카통골레·크리스 라이스, 『화해의 제자도』, 안종희 옮김 (서울: 한국기독학생회출판부, 2013), 31.

와 혼동되어서는 안 된다. 기독교적 화해는 단지 전문적 기술과 프로그램과 전략을 사용해서 세상의 갈등 상황들을 신속하게 해결하는 것이 아니라 문제 상황을 하나님의 이야기와 연결시키고 하나님의 이야기를 통해 상황을 변화시키는 것이다.

화해는 무엇보다 우리에게 주신 새로운 창조의 약속을 실현해 가시는 하나님의 여정이다. 그리스도인이 된다는 것은 새로운 창조를 위한 이 여정에 동참하는 것을 의미한다. 성서의 이야기는 화해를 위한 하나님의 여정을 보여준다. 즉 성서의 하나님 이야기는 이 세상의 깨어짐과 갈등의 상황 속에서 어떻게 하나님께서 화해를 이루어 가시는지 보여준다. 성서 이야기의 핵심 줄거리는 창조, 타락, 화해, 새 창조다. 성서의 이야기에서 하나님은 거듭 하나님께 반역하는 인간을 위해 화해의 계약을 갱신하며 새로운 창조를 약속하신다(사 65:17). 무엇보다 예수 그리스도의 이야기는 만물을 화해시키시는 하나님의 비전을 분명히 보여준다. 예수 그리스도의 삶과 죽음과 부활 안에 나타난 하나님 나라의 비전은 기독교적 화해의 비전의 원천이다.

예수의 이야기는 하나님의 화해가 불의한 인간에 대한 하나님의 값없는 용서를 통해 이루어짐을 보여준다. "아버지, 저들을 사하여 주옵소서. 자기들이 하는 것을 알지 못함이니이다"(눅 23:34). 자신을 십자가에 못 박는 대적자들을 위한 이 용서의 기도로 말미암아 모든 죄인들이 하나님의 은혜로 값없이 용서함을 받고 하나님과 화해되었으며, 다른 사람들과 화해할 수 있게 되었다. 하나님의 용서는 값없이 주어지지만 단지 인간의 죄에 눈을 감고 불의를 용납하는 값싼 용서가 아니다. 그것은 예수 그리스도가 인간의 죄를 대신 걸머지고 죽음을 당함으로 하나님의 정의를 충족시킴으로써 주어지는 값비싼 용서다. 그러나 하나님의 사랑은 하나님의 정의보다 훨씬 크고 깊다. 십자가는 단지 하나님의 정의를 만족시키기 위한 인간의 사건이 아니라 인간을 향한 하나님의 자기희생적인 사랑의 사건이다. 하나님의 용서는 바로 이 하나님의 자기희생적인 사랑으로부터 나온다. 그 아들을 우리를 위해 내어줌으로써 우리의 죄를 용서하고 우리를 하나님과 화해시키는 이 하나님의 자기희생적인 사랑이 개인과 개인, 집단과 집단 사이의 용서와 화해를 가능케 한다(갈 3:26-28).

기독교적 화해 영성의 핵심은 화해가 궁극적으로 하나님의 사랑의 선물로 주어짐을 믿는 데 있다. 우리는 화해를 위해 일을 할 수 있지만 화해를 만들어낼 수는 없다. 화해를 이루시는 분은 하나님이다. 예수 그리스도 안에서 선물로 주어지는 화해는 기독교 화해 신학과 영성의 핵심이다. 예수 그리스도 안에서 주어지는 하나님의 화해의 선물로부터 그리스도인의 화해의 사명이 주어진다(고후 5:18-19).

슈라이터는 영성으로서의 화해에 관한 바울의 가르침의 요점을 다섯 가지로 요약한다.[11] 첫째, 화해는 하나님의 사역이다. 하나님은 희생자의 삶속에서 화해의 사역을 시작하신다. 하나님은 가해자가 파괴하려고 했던 희생자의 인간성을 회복시켜주신다. 화해의 경험은 손상된 인간성이 하나님과의 관계 안에서 회복되는 은혜의 경험이다. 화해가 하나님의 사역이라면 우리는 "그리스도의 사신"(고후 5:20)이다. 화해는 우리를 통한 하나님의 일하심 안에서 발견된다. 둘째, 영성과 전략 사이에는 균형과 상호작용이 있어야 한다. 전략이 행동과 실천을 통해 영성에 형태를 제공한다면, 영성은 전략을 인도해야 한다. 셋째, 화해의 경험은 희생자와 가해자를 모두 새로운 피조물로 만든다(고후 5:17). 하나님께서 회복시키시는 인간성은 불의와 폭력의 고통스런 경험을 부정하거나 망각하는

---

11   Schreiter, *The Ministry of Reconciliation*, 14-17.

것이 아니라 그 경험을 변혁시키는 것이다. 희생자의 회복된 인간성은 고통스런 폭력의 경험을 새로운 목적을 향해 변혁된 형태로서 포함한다. 넷째, 새로운 인간성을 창조하는 화해의 과정은 신적 화해의 "원형적 이야기"(master narrative)인 예수 그리스도의 고난, 죽음, 부활의 이야기에서 발견된다. 우리의 고통스런 폭력 경험의 이야기는 그리스도 안에서 하나님께서 하신 일에 관한 이야기 안에서 변혁된다. 다섯째, 화해의 과정은 그리스도 안에서의 하나님의 세계 완성과 더불어 완성될 것이다.

4. 진실과 화해

화해의 출발점은 과거를 잊거나 억누르는 것이 아니라 과거와 대면하고 과거의 진실을 규명하는 데 있다. 진실이란 일어난 일과 그 일에 관해 말해진 것 사이의 일치를 의미한다. 실제로 일어난 사건이 회복되어야 한다.[12] 화해는 과거에 대한 진실된 기억에 기초해야 한다. 즉 사회의 도덕적 질서의 재건을 위해서는 일어난 사건에 대한 진실이 수립되어야 한다. 이전 체제하에서 자행된 가혹한 인권유린과 집단적 폭력의 진상을 밝혀냄으로써 과거에 대한 공유된 진실을 수립하는 것이 화해를 이루기 위한 선결조건이다. "거짓에 기초하거나 현실을 외면한 화해는 참된 화해가 아니며 오래 지속될 수 없다."[13] 진실은 치유와 용서와 화해의 기초다.

12　하버마스(Jürgen Habermas)에 따르면, 진실이란 내가 신뢰할 수 있는 자료로부터 내가 이해할 수 있는 방식으로 사실과 일치하는 것이다. Daan Bronkhorst, *Truth and Reconciliation: Obstacles and Opportunities for Human Rights* (Amsterdam: Amnesty International, 1995), 145-46.

13　Archbishop Desmond Tutu, Chairperson's foreword, *Truth and Reconciliation Commission*

가해자에 의해 일방적으로 일어난 폭력의 진상을 규명하는 것은 피해자의 무고함을 입증함으로써 피해자의 정신적 고통을 완화하는 데 도움을 준다. 또한 진실을 선포하는 것은 세상이 폭력을 용납하지 않는다는 것을 보여줌으로써 피해자로 하여금 안도감을 가지고 세상과의 관계를 회복할 수 있게 해준다. 더욱이 가해자가 오히려 피해자를 비난하면서 자신이 피해자라고 주장하는 경우에, 가해자의 폭력적 행동의 진상을 밝히는 것은 가해자가 더 이상 그러한 주장을 할 수 없게 만든다.

진실은 종종 매우 복잡하다. 즉 가해가 일방적이 아니라 쌍방적인 경우가 종종 있다. 또한 한 집단이 명백히 가해자인 경우에도 그 이전의 역사에서는 학대가 쌍방으로 또는 역으로 일어났던 경우를 종종 볼 수 있다. 그러나 이러한 이전의 역사가 가해자의 폭력을 정당화하지는 못한다. 가해자가 자신의 폭력적 행위의 진실을 직시하지 못한다면 치유와 용서와 화해는 어렵다. 르완다의 집단학살에서 살아남은 한 여인의 말이다. "만일 그들이 나에게 진실을 말하지 않는다면, 만일 그들이 자신들이 한 일을 인정하지 않는다면, 어떻게 내가 그들을 용서할 수 있겠는가?"[14]

20세기에 여러 나라에서 폭력과 분열로 얼룩진 과거를 청산하고 새로운 미래로 나아가기 위해 진실위원회를 구성하였다. 진실위원회는 과거의 특정한 시기 동안에 일어났던 집단 폭력과 심각한 인권침해의 진실을 규명하고 과거를 청산함으로써 분열과 적대감을 극복하고 새로운 화합의 미래로 나아가는 문을 여는 것을 목표로 한다. 진실위원회의 역할

of South Africa Report, vol. I (Cape Town: CTP Book Printers Ltd. for the Truth and Reconciliation Commission, 1998), 17.

14 Ervin Staub and Laurie Anne Pearlman, "Healing, Reconciliation, and Forgiving after Genocide and Other Collective Violence," Forgiveness and Reconciliation, 218.

은 상처를 치유하고 공동의 미래를 만들기 위한 첫 단계로서 진실을 밝혀내는 것, 즉 갈등과 사악한 범죄의 유산을 문서로 기록하고 사실을 인정하는 것이다.[15] 다시 말해 진실위원회의 임무는 특정한 시기와 체제에 일어났던 폭력을 기록하고, 폭력의 주된 원인을 규명하고, 미래에 그와 같은 일이 다시 일어나지 않도록 하기 위한 조치를 제안하는 것이다. 진실위원회는 사법적 재판을 위한 공소권을 가지고 있지는 않으며, 사법기관과 달리 폭력사건에 대한 도덕적 판단을 통하여 "인정, 책임성, 시민적 가치를 보여주는 새로운 국가적 이야기 안에서 그 사건을 규정하는 것"을 돕는다.[16]

과거의 진실 규명은 보복적 정의가 아닌 회복적 정의를 위한 것이다. 밀러 파렌홀츠에 의하면, "기억의 기술은 뒤를 돌아보는 행위에 있지 않고 생동적이고 미래지향적인 사회를 건설하기 위해 과거의 고통을 변형시키는 노력에 있다."[17] 따라서 진실위원회는 진실에 대한 규명을 넘어 화해를 촉진하도록 위임받는다. 진실위원회의 초점은 진실을 조사하고 규명하는 데 있지만, 이 진실은 사회 또는 국가 전체의 화해를 위한 것이다. 남아프리카의 "진실과 화해 위원회"(Truth and Reconciliation Commission, 이하TRC)는 진실의 규명을 넘어서 "과거의 갈등과 분열을 넘어서는 이해의 정신 안에서 국가의 일치와 화해를 촉진하도록" 위임을 받았다.[18] 다른 진실위원회와 달리, TRC는 사면권과 회복적 정의를 위한

---

15   Priscilla Hayner, "Fifteen Truth Commissions, 1974 to 1994: A Comparative Study," *Human Rights Quarterly* 16 (1994): 607.

16   Martha Minow, *Between Vengeance and Forgiveness* (Boston: Beacon Press, 1998), 78.

17   Geiko Müller-Fahrenholz, *The Art of Forgiveness: Theological Reflections on Healing and Reconciliation* (Geneva: WCC Publications, 1997), 49-59.

18   Preamble, Promotion of National Unity and Reconciliation Act, 1995 *Republic of South Africa, Government Gazette* 361, no. 16, 579.

권한을 부여받았다. 즉 TRC는 자신의 폭력행위를 자백하고 그 행위가 정치적인 동기에 의한 것이었음을 보여주는 가해자를 사면하고, 희생자와 생존자를 위한 보상을 제안할 수 있는 권한을 부여받았다.[19] TRC는 공개청문회를 통해 희생자들이 가해자를 용서하도록 유도하였다. TRC의 보고서는 피해자와 가해자 사이의 다양한 용서와 화해의 이야기들을 싣고 있다.[20] TRC가 용서와 회복적 정의를 강조한 것은 의장인 투투 대주교를 위시한 기독교 지도자들의 영향 때문이라고 할 수 있다. 공개적 증언의 과정은 TRC의 가장 큰 성취로 평가된다.[21]

19   Audrey R. Chapman, "Truth Commissions as Instruments of Forgiveness and Reconciliation," *Forgiveness and Reconciliation,* 260.

20   Piet Meiring, *Chronicle of the Truth Commission: A Journey through the Past and Present Into the Future of South Africa* (Vanderbijlpark, South Africa: Carp Diem Books, 1999).

21   그러나 부정적인 평가들도 없지 않다. 남아프리카 공화국의 아파르트헤이트(apartheid)를 명시적 또는 암묵적으로 지지했던 대다수 백인들이 자신들의 정치적·도덕적 책임과 죄과를 인정하도록 촉구하는 것이 이들에 대한 피해자들의 용서를 촉구하는 것 못지않게 중요했으며, 가해자에 대한 피해자의 용서를 촉진하기보다는 피해자가 슬픔과 분노의 감정을 표현할 수 있도록 했어야 했다는 지적이 있다. 사실 공개청문회가 피해자와 가해자 사이의 진정한 용서를 가져올 수 있는 적절한 장소라고 하기는 어렵다. 또한 TRC는 살인, 고문, 실종, 육체적 상해와 같은 개인적 인권침해에만 집중한 나머지 국가적·공동체적 차원에서의 아파르트헤이트의 제도적 범죄를 간과하고 화해를 피해자와 가해자 사이의 용서라는 개인적 차원으로 축소했다는 비판도 있다. Brandon Hamber, "How Should We Remember? Issues to Consider When Establishing Commissions and Structures for Dealing with the Past," Centre for the Study of Violence and Reconciliation, Johannesburg, 1998. *Forgiveness and Reconciliation,* 269에서 재인용.

5. 회개와 용서와 치유

가해자의 회개와 사죄가 없이는 진정한 화해와 평화가 어렵다. 진정한 화해는 회개와 용서를 통한 상호 관계의 회복을 통해 구현된다. 화해는 가해자의 회개를 피해자가 받아들이고 용서하고 포용함으로써 이루어진다. 가해자가 자신의 책임을 인정하고 자신의 행동을 사과하며 용서를 구하는 것은 피해자가 가해자를 용서하는 데 기여한다.[22] 회개가 당연히 용서를 가져오는 것은 아니지만 회개가 없으면 용서가 어렵다. 인간에게 용서란 과거에 의해 지배받지 않는 것이다. 용서는 다른 미래를 위해 결단하는 것이다. 그러나 용서는 과거를 무시하거나 잊는 것을 의미하지 않는다. 과거를 무시하거나 잊는 것은 희생자를 비하하고 희생자가 당한 고통을 하찮게 여기는 것이다.

용서는 잊는 것이 아니라 다른 방식으로 기억하는 것이다. 우리는 우리에게 일어난 일을 잊을 수 없다. 우리의 기억의 일부를 지우는 것은 우리의 인격적 정체성의 일부를 지우는 것이다. 그러나 우리는 화해와 용서를 경험한 후에 하나님의 관점으로부터 다른 방식으로 기억할 수 있다. 우리가 과거를 잊는다면 그것은 과거의 부정적인 감정에 더 이상 사로잡히지 않는다는 것을 의미한다.[23] 용서는 상처를 가져온 행위에 관한 것이 아니다. 용서는 희생자가 가해행위의 지속적인 영향과 갖는 관계에 관한 것이다. 과거의 행위는 지워지지 않는다. "희생자가 용서할 수 있다는 것은 그가 자신의 삶을 지배하고 지시하는 힘을 가진 행위로부터 자유롭게

22　S. R. Freedman and R. D. Enright, "Forgiveness as an Intervention Goal with Incest Survivors," *Journal of Consulting and Clinical Psychology* 64 (1996), 983-92.

23　Schreiter, *The Ministry of Reconciliation,* 66-67.

된 지점에 도달했다는 표식이다."[24] 용서는 희생자가 과거에 상처를 준 사건이 지시하는 궤도를 따라가지 않고 다른 미래의 방향을 선택하는 것이다.

용서의 힘은 궁극적으로 하나님으로부터 온다. 하나님은 모든 용서의 원천이다. 하나님은 바로 용서 안에서 자신의 힘을 나타내신다. 용서의 힘은 사랑의 힘이다. 하나님의 사랑은 용서를 가능하게 한다. 하나님의 사랑의 용서는 예수 그리스도의 십자가에서 나타났다(눅 23:34). 예수 그리스도 안에서 희생자는 하나님을 부름으로써 용서가 하나님으로부터 나온다는 것을 인정하며 하나님의 용서에 참여한다. 우리는 모두 누군가로부터의 피해자인 동시에 누군가에 대한 가해자다. 하나님의 은혜로 우리 자신의 죄가 용서받고 우리의 인간성이 회복되는 것처럼, 하나님의 은혜로 가해자들의 악행도 용서받고 그들의 인간성도 회복될 수 있다.

공적 신학에서 용서는 단지 개인적·사적 차원이 아니라 사회적·공적 차원에서 이해된다. 즉 여기서 용서는 한 집단, 민족, 국가 전체가 다른 집단, 민족, 국가 전체의 폭력과 가해를 용서하는 행위로 간주된다. 국가적 차원에서의 화해는 개인들 사이의 용서뿐만 아니라 집단들(인종, 민족, 계층, 성별 등의 다름에 의한) 사이의 용서와 보다 더욱 평등한 사회·경제·정치 제도의 수립을 포함해야 한다. 슈라이버는 정치적·공적 영역에서의 용서가 네 가지 요소, 즉 도덕적 진실, 관용, 공감, 그리고 파괴된 인간관계를 회복하기 위한 헌신으로 구성된다고 말한다.[25]

---

24 Ibid., 59.

25 용서의 첫 번째 요소는 "도덕적 판단으로 채워진 기억"이다. 과거에 관한 도덕적 진실은 화해의 미래로 가기 위한 선결조건으로서 용서의 출발점이 된다. 용서의 두 번째 요소는 가해자에 대한 복수를 포기하는 관용이다(이것이 반드시 처벌의 요구를 포기하는 것을 의미하지는 않는다). 용서의 세 번째 요소는 공감으로서, 공감은 이해의 요소를 포

개인적 관계뿐만 아니라 사회적 관계[26]에서도 용서가 반드시 가해자(집단)로부터 그 무엇을 요구해야만 하는 것은 아니다. 회개가 용서에 기여할 수 있지만 용서의 필수 전제조건은 아니다.[27] 회개가 없어도 용서가 가능하다는 것이 예수 그리스도 안에서 값없이 주어지는 하나님의 용서에 근거한 기독교 화해신학의 본유적 특징이다. 하나님은 우리가 아직 회개하기 이전의 죄인이었을 때 예수 그리스도 안에서 우리의 죄를 용서하셨다. 이 용서는 하나님의 무한하신 사랑의 표현이다. 하나님의 용서는 인간의 회개를 불러일으키는 능력이 있다. 우리가 예수 그리스도 안에서 나타난 하나님의 무한한 사랑의 용서를 진정으로 경험할 때, 우리는 회개하고 하나님과의(그리고 이웃과의) 화해의 길로 나아가지 않을 수 없다.

회개하지 않는 가해자를 용서하는 것은 극히 어려운 일이다. 또한 피해자가 가해자를 용서해도 가해자가 끝까지 회개하지 않으면 그 용서는 실제적으로 효력을 발휘하지 못하며, 따라서 진정한 관계의 회복, 즉 화해는 불가능하다. 그럼에도 불구하고 성서는 회개하지 않는 원수라도 용서하라고 가르친다. 왜냐하면 하나님께서 예수 그리스도 안에서 하나님과 원수 되었던 우리의 죄를 용서하셨기 때문이며, 이 용서가 회개를 불러일으키는 능력이 있기 때문이다. 그리고 가해자가 끝까지 회개하지

함하며 가해자의 인간성을 심지어 그가 비인간적인 행위를 할 때에도 인정하는 것이다. 마지막으로, 용서는 새로운 공동의 정치 공동체의 형성을 위해 깨어진 인간관계를 바로잡을 것을 요구한다. Donald Shriver Jr., *An Ethic for Enemies: Forgiveness in Politics* (New York: Oxford University Press, 1995), 6-9.

26 사회는 개인과 같은 방식으로 용서할 수 없다. 사회적 차원에서 용서는 사면으로 나타난다. 사면은 행해진 일에 대한 합법적 망각이다. 사면하에서, 지난 범법행위는 더 이상 조사되지 않으며, 가해자는 자신의 행위에 대한 비난이나 형벌을 받아들일 필요가 없다. Schreiter, *The Ministry of Reconciliation,* 124-25.

27 L. Gregory Jones, *Embodying Forgiveness: A Theological Analysis* (Grand Rapids, Mich.: Wm, B. Eerdmans, 1995), xi-xvii.

않음으로써 피해자와 가해자와 사이의 진정한 화해가 불가능하게 될 경우, 피해자가 가해자에게 베풀었지만 효력을 발휘하지 못한 용서는 땅에 떨어지지 않고 하나님의 더욱더 큰 은총으로 피해자에게 되돌아오게 될 것이다(마 5:44-48).

용서와 치유는 순환관계에 있다. 한편으로, 용서는 치유를 전제한다. 집단학살(유대인 학살, 르완다 학살)과 같은 끔찍한 사건에서 가까스로 살아남은 생존자들에게 누가 감히 가해자를 용서하라고 요구할 수 있는가? 이들은 특히 가해자 집단과의 관계에서 자신들을 매우 왜소하게 느끼기 때문에 이러한 상태에서는 진정으로 가해자를 용서할 수 없다. 이러한 상태에서 가해자를 용서한다는 것은 진정한 용서가 아니라 가해자의 힘에 심리적으로 굴복하는 것이 될 것이다. 그러므로 진정한 용서를 위해서는 먼저 가해자에 대한 심리적 속박으로부터 벗어나는 것이 필요하다. 즉 용서는 피해자의 심리적 치유를 전제한다.

다른 한편, 용서는 치유를 가져온다. 용서는 피해자의 정신적 건강 즉 치유를 위해서 유익하다. 뮐러 파렌홀츠에 따르면 "용서는 악한 행위가 두 사람 또는 집단 사이에 초래한 왜곡, 즉 강탈당한 힘과 강요된 무기력을 교정한다."[28] 용서는 분노와 복수심으로부터 자유를 가져다준다. 우리가 용서할 때 우리는 심리적·영적 짐을 벗어버리게 된다.[29] 다시 말해 용서는 피해자를 과거의 굴레로부터 해방시키고 그에게 새로운 미래를 열어준다.

---

28 Müller-Fahrenholz, *The Art of Forgiveness,* 4-5, 28.

29 M. E. McCullough and E. L. Worthington, "Promoting Forgiveness: A Comparison of Two Brief Psychoeducational Group Interventions with a 'Waiting List' Control," *Counseling and Values* 40 (1995): 55-69; J. M. Templeton, *Worldwide Laws of Life: 200 Eternal Spiritual Principles* (Philadelphia: Templeton Foundation Press, 1997).

화해가 일어나기 위해서는 피해자뿐 아니라 가해자도 치유되어야 한다. 종종 학대는 일방적인 것이 아니라 쌍방적인 경우가 많으며, 따라서 양측이 모두 가해자인 동시에 피해자가 되는 경우가 많다. 또한 가해자와 피해자가 명확히 구별되는 경우에도, 한 집단이 다른 집단에 대한 가해자가 되는 것은 이전에 그 다른 집단으로부터 해를 당하였기 때문인 경우가 종종 있다. 이러한 경우가 아니라고 하더라도 가해자는 스스로 자신의 폭력적 행동으로 인해 상처를 입는다. 가해자는 그가 다른 사람들을 가해할 때 자신에게 입힌 상처로부터 치유되어야 한다. 치유는 가해자로 하여금 자신의 행동을 돌아보고, 피해자의 고통을 함께 느끼며 화해로 인도하는 과정에 참여하도록 만든다.[30]

6. 정의와 화해

정의는 화해의 필수적인 구성요소다. 정의가 무시되는 화해는 거짓된 화해다. 특히 사회적 화해는 정의를 요구한다. 희생자들이 겪은 심각한 폭력의 고통은 단순히 무시될 수 없다. 억압의 상태에서 아무 일도 일어나지 않은 것처럼 단순히 해방의 상태로 옮겨갈 수 없다. 불의로 점철된 과거는 똑바로 대면되어야 한다. 정의란 과거의 악행(또는 선행)이 있는 그대로 밝혀지고 그에 상응하는 보응이 이루어지는 것을 말한다. 정의를 추구하지 않는 평화는 거짓된 평화다. 억압에 대한 저항, 불의에 대한 예언자적 비판, 자유를 위한 투쟁은 화해와 평화의 전제조건이다. 우리는 살인

---

30 Ervin Staub and Laurie Anne Pearlman, "Healing, Reconciliation, and Forgiving after Genocide and Other Collective Violence," *Forgiveness and Reconciliation*, 208.

자의 범죄를 단순히 "없었던 것으로" 간주함으로써 살인자를 용서할 수 없다. 그렇다면 언제나 정의가 선행되어야 화해가 가능한가?

정의가 없이는 화해도 없다는 입장을 고수하는 사람들이 있다. 과거의 잘못에 대한 고발과 책임추궁 없이, 과거의 상처의 치유 없이, 그냥 과거를 묻어버리고 잊고 용서하려는 태도는 결코 진정한 관계의 회복 즉 화해와 평화를 가져올 수 없다. 따라서 화해 이전에 정의가 반드시 먼저 실현되어야 한다는 것이다. 그러나 정의가 엄격하게 실현되어야 화해가 가능하다면 화해는 영원히 불가능할 것이다. 왜냐하면 이 세상에서 정의가 엄격하게 실현되는 것은 거의 불가능하며, 불의를 행한 자가 온전히 회개하고 진심으로 용서를 구하는 일도 매우 드물기 때문이다. 따라서 이러한 입장은 불의가 여전히 만연한 현실 속에서 새로운 미래를 창조하기 위한 화해의 비전을 제공하지 못한다.

볼프는 "정의가 먼저, 그 후에 화해"라는 명제의 문제점을 세 가지로 지적한다.[31] 첫째, 정의가 어느 정도는 특수한 개인이나 집단에 따라 상대적으로 이해된다. 각 개인이나 집단들은 나름대로 정당한 이유를 제시하면서 서로 자신들이 피해자이고 상대방이 가해자라고 주장한다. 더욱이 모든 정의의 추구가 부분적으로 불의에 의존하며 또한 새로운 불의를 만들어내기도 한다. 우리의 행동은 불가피하게 모호하며 적어도 부분적으로 불의하다. 엄격한 정의란 불가능하기 때문에 엄격한 정의를 전제로 하는 평화란 불가능하다. 따라서 평화를 위해서는 종종 "정의"가 아니라 "가능한 만큼의 정의"가 요구된다. 둘째, 엄격한 정의가 가능하다고 해도 과연 그것이 바람직한 것인지 의문이다. 셋째, 정의가 만족될 수 있

31　Miroslav Volf, "Forgiveness, Reconciliation, & Justice," *Forgiveness and Reconciliation*, 38-40.

다고 해도 갈등관계에 있는 당사자들은 계속 불화할 수 있다. 정의의 만족은 과거의 잘못을 교정할 수 있어도 희생자와 가해자 사이의 교제를 창조하지 못하며, 따라서 진정으로 (타자와의 관계성이 우리 자신의 구성요소인) 우리를 치유하지 못한다.[32]

정의에는 처벌적(punitive) 또는 보복적(retributive) 정의와 회복적(restorative) 정의가 있다. 처벌적 정의는 범죄자를 체포, 재판, 판결, 처벌하는 것이다. 처벌적 정의는 가해자에 대한 처벌에 초점을 맞춘다. 그러나 처벌적 정의는 종종 보복적 정의로 변모한다. 다음과 같은 볼프의 말은 되새겨볼 필요가 있다. "일편단심의 진실 추구에 부정직함이 너무 많으며, 정의를 위한 비타협적인 투쟁에 불의가 너무 많다."[33] 이와 달리 회복적 정의는 가해자, 피해자, 공동체에 함께 초점을 맞춘다. 처벌적 정의에서 보상은 가해자에 대한 처벌을 의미한다면, 회복적 정의에서 보상은 가해를 당한 사람들의 유익을 위해 행동하는 것을 의미한다. 회복적 정의는 가해자의 행동에 대한 책임적 보상을 피해자에게 제공하고, 갈등을 해결하고, 공동체를 회복하고자 한다. 여기서는 피해자를 위한 정의를 추구

---

32 이와 같은 맥락에서 볼프는 용서와 정의의 관계를 다섯 가지로 설명한다. 첫째, 용서는 정의와 무관하지 않다. 용서가 타자를 무조건 용납하는 것은 아니다. 용서에는 악과 가해자에 대한 거부와 비판이 전제되어 있다. 둘째, 그러나 용서는 정의가 완전히 구현되지 않았음을 전제한다. 만일 정의가 완전히 실현되었다면, 용서는 필요 없을 것이다. 용서는 엄격한 정의가 구현되지 않았기 때문에 필요한 것이다. 셋째, 용서는 정의의 요구를 앞서기 때문에 모험과 약속을 함께 포함한다. 용서는 가해자가 자신의 불의를 인식할 수 있는 맥락이 된다. 용서는 가해자가 자신의 악을 인식하고 죄책감을 갖고 회개하도록 이끈다. 넷째, 첫 단계에서 용서는 무조건적이다. 즉 용서는 가해자의 회개에 근거하지 않는다. 그러나 완결된 용서는 무조건적이지 않다. 회개는 용서의 선행조건이라기보다는 가능한 결과다. 회개는 용서의 결과로서, 회개가 없으면 죄책감도 거부하며 용서를 용서로 받아들이는 것도 거부한다. 다섯째, 회개 외에, 가해자로부터 빼앗긴 것에 대한 보상이 있을 때, 용서는 (가해자에게) 가장 잘 받아들여진다. Ibid., 45-47.

33 Miroslav Volf, *Exclusion and Embrace: A Theological Exploration of Identity, Otherness, and Reconciliation* (Nashville: Abingdon, 1996), 29.

하면서 동시에 가해자, 피해자, 공동체 사이의 조화를 회복하는 길을 찾고자 한다. 하워드 제어에 따르면, "회복적 정의는 바로잡음, 화해, 새로운 확신을 촉진하는 해결을 추구함에 있어 피해자, 가해자, 공동체를 포함한다."[34] 회복적 정의는 가해자와 피해자 사이의 대화를 통해 가해자의 불의한 행동에 대한 책임을 물을 뿐만 아니라, 사회 또는 국가 공동체 안에 용서와 화해의 분위기를 만들고자 한다.

기독교 신앙에서 "정의 이후에 용서와 화해"라는 명제에 대한 대안은 그리스도의 십자가 이야기에서 발견된다. 예수 그리스도의 십자가 안에 나타난 하나님의 정의는 죄인을 처벌하는 정의가 아니라 죄인을 대신하여 자신의 아들을 희생시킴으로써 죄인을 "의롭게 만드는 사랑의 정의"(justifying justice of love)라고 할 수 있다. 십자가에서 심판자(the Judge)가 피심판자(the Judged)가 되어 우리의 죄를 자신에게 전가하고 우리 대신 심판을 받음으로써 자신의 의를 우리에게 전가한다. 하나님의 이 사랑의 정의는 새로운 관계의 회복, 즉 화해를 가져온다. 하나님의 사랑의 정의에 근거한 기독교 화해신학은 처벌적 정의가 아니라 회복적 정의를 추구한다.

화해를 추구함에 있어서 우리는 우리 자신은 정의를 대표하고 상대방은 불의를 대표한다는 이분법적 사고가 아니라, 우리 자신과 상대방 모두 안에 정의와 불의가 혼재하고 있다는 생각을 가질 필요가 있다. 이러한 생각을 할 때 우리는 왜 하나님의 무조건적인 은혜가 도덕적 판단보다 우선성을 가져야 하는지를 이해할 수 있게 된다. 하나님 앞에서 의

---

[34] Howard Zehr, *Changing Lenses* (Scottsdale, Pa.: Herald Press, 1995), 181. 회복적 정의에 대해서는 G. Brazemore and M. Umbreit, "Rethinking the Sanctioning Function in Juvenile Court: Retributive or Restorative Responses to Youth Crime," *Crime and Delinquency* 41, no. 3(1995): 296-316을 참고하라.

인은 하나도 없으며, 모두 죄인이다(롬 3:10-12). 따라서 그 누구도 하나님의 무조건적인 은혜, 즉 예수 그리스도 안에서 나타난 하나님의 사랑의 용서가 아니면 의롭다 함을 얻을 수 없다. 이것이 왜 평화와 화해를 위해서 은혜가 정의의 요구보다 우선적이어야 하는지를 보여준다.

물론 진정한 화해를 위해서 올바른 것과 잘못된 것을 구별하고, 잘못된 것을 바로 잡으려는 노력은 매우 중요하다. 정의의 실현은 올바른 관계형성의 기초다. 그러므로 정의에 대한 관심은 결코 약화될 수 없다. 그러나 정의는 은혜라는 보다 큰 틀 안에서 추구되어야 한다. 은혜로부터 분리된 정의의 추구는 폭력을 정당화할 수 있다. 은혜의 화해가 엄격한 정의의 토대 위에 수립되는 것은 아니다. 그리스도께서 우리를 위하여 죽으심으로 하나님께서 우리에 대한 자기의 사랑을 확증하신 것은 "우리가 아직 죄인 되었을 때"다(롬 5:8). 악과 불의는 거부하되, 행악자가 아직 회개에 이르지 못하고, 따라서 아직도 정의가 온전히 구현되지 못한 상태에서 그 행악자를 사랑으로 용서하고 품는 은혜의 화해는 불가피하게 악과 불의가 존재하는 이 세상에서 평화를 창조하기 위한 유일한 길이다. 이 화해는 아직도 여전히 배타적이고 폐쇄적인 고립을 추구하고 있는 사람들이 있는 상황에서, 그리고 완전한 정의와 조화가 실현되지 못하고 있는 상황에서 구현되어야 한다.

7. 화해의 사역자와 화해의 여정

그리스도인은 깨어진 세상에서 화해의 사역자로 부름을 받는다. 화해는 순간적인 문제 해결이 아니라 하나의 긴 여정이다. 오드리 채프만은 사회적 차원에서 화해의 과정이 다음 여섯 단계로 구성된다고 말한다.[35] 첫째는 과거에 있었던 갈등, 폭력, 학대에 관한 진실의 규명이다. 둘째는 피해자의 상처와 상실, 그리고 그에 대한 가해자(침묵함으로써 암묵적으로 동조한 방관자들을 포함)의 도덕적 책임의 인정이다. 셋째는 가해자에 대한 피해자의 관용, 즉 복수심을 버리고 새로운 미래를 향해 나아가는 것이다. 넷째는 범죄자들을 조사, 기소, 처벌하는 처벌적 정의가 아닌, 불의를 바로잡고, 피해를 보상하며, 관계성과 미래 행위에서의 건설적 변화를 목표로 하는 회복적 정의의 수립이다.[36] 다섯째는 가해자(집단)에 대한 피해자의 용서와 함께 공존하고자 하는 의지를 가지고 적대적 관계를 바로 잡으려는 쌍방의 노력이다. 여섯째, 새로운 공동의 미래에 대한 비전의 수립이다.

기독교적 화해의 여정은 예수 그리스도 안에서 나타난 하나님의 화해의 이야기와 함께 시작하여 성령의 인도하심을 따라가는 여정이다. 화해의 여정을 가는 화해의 사역자에게는 다음 다섯 가지가 꼭 필요하다.

A. 한 걸음 뒤로 물러섬

화해의 사역자로서 화해의 여정을 시작하기 전에, 그리고 여정 가운데 수시로 우리는 기독교적 화해의 비전의 원천인 예수 그리스도 안에서 주어지는 하나님의 화해의 선물에 관한 이야기를 새롭게 기억하기 위해 한 걸음 뒤로 물러설 필요가 있다. 뒤로 물러가는 것은 화해의 사명을 수행

---

35 Audrey R. Chapman, "Truth Commissions as Instruments of Forgiveness and Reconciliation," *Forgiveness and Reconciliation*, 266–68.

36 Martha Minow, *Between Vengeance and Forgiveness*, 91.

하기 위한 전제 조건이다. "그리스도인들이 이 세상의 상황을 바르게 보고 불붙은 세계 너머로부터 오는 비전을 살아낼 새로운 가능성을 상상하기 위해 필요한 것은 한 걸음 물러서는 능력이다.…물러서는 것은 깨어진 세상에서 도피하는 것이 아니라 이 세상을 향한 하나님의 상상력을 받아들이는 것이다."[37] 우리가 깨어짐과 갈등의 상황에서 화해의 사역을 올바로 수행하기 위해서는 언제나 예수 그리스도처럼 먼저 깨어짐과 갈등의 상황으로부터 한 걸음 뒤로 물러나 기도와 명상과 예배의 시간을 가져야 한다(막 1:35). 기도와 명상과 예배 가운데 하나님의 임재와 화해의 선물을 새롭게 경험하는 것은 화해 사역의 전제다.

B. 탄식과 회개

깨어진 세상에서 화해의 여정을 시작하는 그리스도인이 첫 번째로 할 일은 탄식과 회개다. 탄식은 깨어짐의 상처와 고통으로 인한 신음이며 절규이다. 탄식은 값싼 위로(렘 31:15)나 거짓된 평강의 약속(렘 6:14)을 거절한다. 그러나 탄식은 단지 비관적인 절망의 부르짖음이 아니라 하나님을 향한 부르짖음이다(시 22:1-2). 탄식은 부르짖음의 기도다. 그러나 우리는 단지 깨어진 상황을 위해서만 탄식할 수는 없다. 우리는 우리 자신을 깨어진 상황 속에서 화해를 구현해야 하는 해결사로만 생각할 수는 없다. 우리는 바로 우리 자신이 깨어짐과 분열의 한 원인임을 깨달아야 한다. 전쟁은 항상 평화의 이름으로 시작된다. 기독교는 하나님의 평화를 수호한다는 명목으로 십자군 전쟁을 자행하였다. 1930년대에 고백교회를 제

37　　에마뉘엘 카통골레 · 크리스 라이스, 『화해의 제자도』, 51.

외한 독일교회와 교회지도자들은 나치 당국에 동조했다. 1994년의 르완다 인종 학살의 현장에는 교회도 있었으며, 그리스도인, 심지어는 목회자도 학살에 가담했다. 남아프리카공화국의 아파르트헤이트 정책은 교회(개혁교회)의 지지 속에 유지되었다. 우리는 우리 자신이 깨어짐과 분열 가운데 있는 세상의 일부임을 기억해야 한다. 우리가 우리 자신이 문제의 일부임을 인식할 때, 우리는 바로 우리 자신을 위해 탄식하지 않을 수 없다. 자신을 위해 탄식한다는 것은 회개하는 것을 의미한다. 다른 사람을 변화시키기 전에 우리 자신이 먼저 변화되어야 한다. 우리는 우리 자신이 먼저 변화되고 화해됨으로써만 다른 사람을 위한 화해의 사역을 올바로 수행할 수 있다. 변화는 하나님의 은혜로 주어지는 선물이다. 회개와 변화는 한순간의 사건이 아니라 하나님과 동행하는 여정 속에서 끊임없이 일어나야 하는 사건이다. "회심은 우리를 새로운 미래를 향해 새롭게 충성하는 새로운 사람으로 바꾸시려는 하나님과 지속적으로 동행하는 여정이다."[38] 이 여정을 통해 우리가 우리에게 상처를 준 가해자를 진정으로 용서하고 더불어 같이 친교를 나눌 수 있는 사람으로 변화될 때 우리는 진정으로 화해의 일군이 될 수 있다.[39]

C. 공감과 이해

화해의 여정에서 그리스도인이 해야 할 가장 중요한 일은 학대를 당하고

---

[38]   Ibid., 162.
[39]   남아프리카공화국의 "진실과 화해위원회"의 훌륭한 점은 이 위원회가 투투 대주교와 같은 화해의 지도자의 인도에 의해 역사적 불의에 관한 진실을 자비와 용서의 분위기 속에서 밝혀냈다는 데 있다. Ibid., 126.

상처를 입은 개인이나 집단의 고통에 공감하고 함께 아픔을 나누는 것이다. 공감은 상처를 치유하고 고통을 경감한다. 공감을 위해서는 깨어진 현실에서 상처받은 사람들과 함께 생활하면서 그들의 아픔을 함께 경험해야 한다. 그리고 피해자들이 스스로 치유와 용서와 화해의 과정에 능동적으로 참여할 수 있도록 그들 자신의 목소리를 찾아주고 힘을 불어넣어 주어야 한다. 아울러 가해자의 폭력을 촉발하거나 방임한 요인들에 대한 이해가 필요하다. 가해자의 행동은 사회적·문화적·심리적 영향력에 대한 응답이라고 할 수 있다. 르완다 집단학살의 경우, 많은 사회적 요인들이 있었다. 즉 사회의 경제적·정치적 혼란과 내전, 다른 집단에 대한 차별의 역사, 적대감을 강화하는 지도자의 선동, 권위에 대한 복종심, 다른 집단에 대한 폭력의 역사, 사회 내외에서의 수동적 방관 그리고 가해자에 대한 지지와 공모 같은 요인들이 집단학살을 조장했다.[40] 이러한 사실들이 비록 가해자들의 책임을 감소시키지는 못한다고 해도, 그것들에 대한 이해는 용서를 좀 더 용이하게 하고 치유를 도울 수 있다. 또한 현재의 피해자 집단에 의해 가해자 집단이 과거에 당한 피해를 아는 것도 화해에 도움이 된다. 르완다에서 투치족을 집단학살한 후투족은 과거 투치족의 지배하에서 차별을 당했으며, 투치족과의 싸움에서 후투족도 죽임을 당했다.[41] 이와 같은 사실들에 대한 이해는 양자의 화해에 도움이 된다.

40　Ibid., 221.

41　또한 가해자 집단 안에도 집권 세력의 잘못된 정책에 반대하다가 희생을 당한 사람들, 그리고 제2차 세계대전 당시 나치로부터 많은 유대인들을 구한 독일의 쉰들러처럼 피해자 집단의 사람들을 도우려고 했던 사람들이 있다.

D. 다양성과 차이의 인정 및 포용

화해는 차이를 인정하고 포용함을 통해 실현된다. 기독교 화해 신학은 다양성과 차이가 단지 위협이 아니라 하나님의 창조질서이자 선물임을 인정하는 것이다. 다양성과 차이가 없이는 조화와 아름다움이 없다. 타자와의 관계에서의 차이가 나의 정체성의 본질적 구성요소이며, 타자와의 관계의 다양성은 나의 정체성을 풍요하게 만드는 요인이다. 인간은 다양성과 차이의 인정과 포용을 통한 화해를 구현하는 만큼 하나님의 형상에 가까워진다. 그러나 다양성과 차이의 인정과 포용은 단지 다원주의적 가치관의 수용을 의미하지는 않는다. 다원주의는 다양하고 상이한 것들이 모두 동등한 조건과 상황에 있다는 것을 전제한다. 그러나 우리는 모두 똑같은 조건과 상황에 있지 않다. 우리 가운데는 부자와 가난한 자, 건강한 자와 병든 자, 강한 자와 약한 자, 가해자와 피해자가 있다. 진정한 화해를 위해서는 연약한 자를 더 귀하게 여기고 보호해야 하며, 연약한 자가 당하는 고통에 함께 참여해야 한다(고전 12:24-26).

E. 공동의 목표를 위해 함께 일함

서로에 대한 적개심과 부정적 시각을 극복할 수 있는 한 가지 길은 공동의 목표를 위해 함께 일하는 것이다. 공동의 목표를 위해 함께 일하는 가운데 서로의 인간성과 유사성을 경험할 수 있으며, 가해자와 피해자 사이의 용서와 화해가 촉진될 수 있다.[42] 큰 고통을 경험한 후에, 다른 사람들

---

42   T. F. Pettigrew, "Generalized Intergroup Contact Effects on Prejudice," *Personality and Social Psychology Bulletin* 23, no. 2 (1997): 173-85.

을 돕기 위해 그리고 폭력 없는 세상을 창조하기 위해 함께 힘을 모으는 것은 "고통으로부터 잉태되는 이타주의"(altruism born of suffering)라고 할 수 있다.[43] 교회와 그리스도인은 정부와 다양한 차원의 사회조직이나 단체들과 협력하여 이와 같은 공동의 참여를 촉진할 수 있다.

8. 결론

기독교가 종종 갈등과 분쟁의 원인이 되고, 또한 역사상 가장 추악한 전쟁들이 기독교 신앙의 이름으로 저질러졌음에도 불구하고, 본래 기독교는 갈등과 분쟁이 아니라 화해와 평화의 근원이다. 모든 어제와 오늘(그리고 아마도 내일)의 과오에도 불구하고 그리스도인이 세상의 희망이다. 이 세상의 갈등과 분쟁을 종식시키고 화해와 평화를 구현하는 것은 가장 본유적인 기독교의 공적 과제다. 화해를 위한 기독교의 공적 과제는 단지 갈등을 중재하는 구체적인 방법과 전략을 제시하는 것이 아니라 깨어진 현실 너머의 새로운 화해의 현실에 대한 비전을 보여주고 대안적인 삶의 패러다임을 제시하는 것이다.

기독교 화해신학의 핵심은 예수 그리스도의 삶과 죽음과 부활 안에서 체현된 화해의 메시지와 영성에 있다. 예수 그리스도는 악한 인간들의 폭력에 의해 가장 극심한 고통을 당한 희생자로서, 그들을 하나님의 사랑으로 용서할 뿐만 아니라 그들의 죄를 걸머지고 죽음으로써 모든 인

---

43   E. Staub, "Basic Human Needs and Their Role in Altruism and Aggression," manuscript, 1998, Department of Psychology, University of Massachusetts, Amherst. *Forgiveness and Reconciliation* 226에서 재인용.

간과 하나님, 그리고 모든 가해자와 피해자 사이의 화해를 가져왔다. 이 화해의 메시지는 희생자가 자신의 이야기를 예수의 이야기 안에 놓음으로써 예수와 더불어 화해된 인간으로 변화되도록 만들며, 이 화해의 영성은 그리스도인들로 하여금 희생자들의 고통에 동참하고 그들의(그리고 또한 가해자의) 인간성 회복을 위해 노력함으로써 개인적·사회적 차원에서의 용서와 화해의 사역에 헌신하도록 만든다.

화해의 여정은 전지구적인 거대한 비전보다 구체적인 일상생활로부터 출발해야 한다. 나를 배신하고 깊은 상처를 준 사람에 대한 분노에 사로잡혀 있는 나의 삶, 내가 몸담고 있는 지역 사회의 깨어진 현실, 화해의 여정은 이러한 일상적인 삶의 자리로부터 출발해야 한다. 우리는 매일의 일상적인 현실에 깊이 참여함으로써 하나님이 창조하시는 화해의 비전을 제시하여야 한다. "화해는 교회가 가장 평범하고 단순하고 일상적인 현실 속에서 초월의 비전을 충실하고 끈기 있게 살아낼 때 이루어진다.…화해는 살인자와 피해자의 가족들이 공동 작업을 하다가 잠시 쉬는 동안 같은 컵으로 바나나 술을 마시는 것이다."[44]

화해의 여정은 하나님의 은혜의 선물과 함께 출발하지만 이 여정 중에 우리는 때로 매우 심한 어려움과 고난을 당할 수 있다. 그러나 우리는 낙심하거나 절망하지 않는다. 왜냐하면 바로 그러한 어려움과 고난을 통하여 예수 그리스도의 생명이 나타나고 화해의 역사가 이루어지기 때문이다(고후 4:8-11).

---

[44]   에마뉘엘 카통골레·크리스 라이스, 『화해의 제자도』, 143-44.

제16장

차별과
평등

1. 서론

이 글의 주제는 제목 그대로 차별과 평등이다. 사전적 정의에 따르면 "차별"은 "기본적으로 평등한 지위의 집단을 자의적인 기준에 의해 불평등하게 대우함으로써, 특정집단을 사회적으로 격리시키는 통제 형태"[1]를 의미한다. 차별은 일반적으로 차별 받는 사람들의 실제행동과는 거의 무관하거나 전혀 관계없는 생각에 근거하여 열등성을 부여하는 제도화된 관행을 통하여 이루어진다. 사회적 차별은 평등의 기본원리를 표방하는 사회에도 명백히 존재한다.

"구별"(distinction) 또는 "차이"(difference)와 "차별"(discrimination)은 다르다. 사람들은 각기 가지고 있는 서로 다른 신체적 특징, 성격, 재능, 종교, 문화, 정치적 의견 등의 차이에 의해 구별된다. 사회는 모든 것들이 서로 다른 다양한 사람들로 이루어진다. 차이는 존중되어야 한다. 너와 나의 차이는 우리 모두를 풍요롭게 할 수 있다. 반면에 차별이란 합당한 이유 없이 차이를 근거로 부당하게 불이익을 주는 것을 말한다. 차별은 차별하는 자와 차별받는 자 모두를 비인간적으로 만든다. 차별에는 성차별, 장애인 차별, 계층차별, 외국인 차별, 인종차별 등이 있다.

반면, "평등"은 "인간의 존엄, 권리, 인격, 가치, 행복의 추구 등에

---

1   [네이버 지식백과] 『두산백과』 http://terms.naver.com/entry.nhn?docId=1145366&cid=40942&categoryId=31614

있어 차별이 없이 같은 상태"를 말한다.[2] 인간은 모두 선천적으로 평등하다는 천부인권사상은 민주주의의 가장 핵심적인 이념이고 사회 정의를 결정짓는 본질적 요소며 인권을 가늠하는 척도다. 무엇보다 평등은 기독교 신앙의 가장 근본적인 가치 가운데 하나다. 하나님의 형상으로 지음을 받은 모든 인간은 하나님 앞에서 평등하다. 그럼에도 불구하고 동서고금을 막론하고 인간 사회의 역사 속에 그리고 심지어 교회의 역사 속에 항상 차별적 현실이 존재해왔다. 한국 사회와 한국 교회도 예외가 아니다.

이 글에서는 인간 사회와 교회의 역사 그리고 한국 사회 속에서의 차별적 현실을 살펴보고, 배제와 포용에 대한 볼프의 사상을 고찰한 후에, 만인평등적인 보편적 인간성으로서 하나님의 형상을 새롭게 조명하고, 차별로부터 평등으로의 길과 아울러 한국교회와 그리스도인의 실천적 과제를 제시하고자 한다.

2. 차별의 현실: 인종차별, 백인우월주의, 계층차별

인간 사회에서 나타나는 인간에 대한 가장 대표적인 차별은 인종차별이다. 인종차별 또는 인종차별주의는 "인종"을 근거로 다른 이들을 차별하고 특정 인종에 대한 적대감을 드러내는 배타주의를 의미한다. 오드레 로데의 정의에 따르면, "인종차별주의는 한 인종이 모든 다른 인종들보다 본유적으로 우월하며 따라서 지배권을 갖는다는 믿음이다."[3] 오늘날 세계적으로 제도적 차별은 많이 감소되었지만, 다른 인종에 대한 거부감

---

2   『위키백과』 https://ko.wikipedia.org/wiki/%ED%8F%89%EB%93%B1

3   Audre Lorde, *Sister Outsider* (New York: Crossing Press, 1984), 115.

과 다른 인종의 문화에 대한 혐오감과 같은 심리적·문화적 차별은 아직도 많이 남아 있다. 미국의 경우, 흑인을 노예로 부리던 백인 중심의 나라에서 흑인 대통령이 탄생했다는 사실 자체가 놀라운 변화가 아닐 수 없다. 흑인에 대한 불평등한 인종분리정책은 1954년 "브라운 대 토페카 교육위원회" 재판에서 대법원에 의해 위헌으로 판결되었으며, 마틴 루터 킹 2세가 주도한 인권운동의 영향으로 1964년 흑인의 시민권과 투표권이 인정되었다. 따라서 적어도 제도적으로 인종차별은 철폐되었다. 그러나 그럼에도 불구하고 세계에서 가장 인권 제도와 의식이 발전된 국가이자 다원적 인종과 문화로 이루어진 미국에서조차 여전히 흑인뿐만 아니라, 아메리카 원주민, 아시아인, 히스패닉, 아랍인, 유대인 등에 대한 다양한 형태의 심리적·문화적 차별이 편만하다.[4]

한편, 일본에서는 한국인에 대한 뿌리 깊은 차별이 여전하다. 극우단체들의 혐한 시위가 수년째 이어지고 있다. 미국 국무부는 2014년 3월 1일 발표된 국가별 인권보고서에서 일본의 극우단체들이 한국인을 상대로 자행하는 혐한 시위를 강하게 비판했다.[5] 이 보고서는 한일 밀집

---

4 2007년 ABC 뉴스의 보도에 의하면, 미국인들 중 34%가 인종차별적 감정을 갖고 있다고 밝혔다. 6%가 유대인에 대해, 27%가 무슬림에 대해, 25%가 아랍인에 대해, 10%가 히스패닉에 대해 편견을 갖고 있는 것으로 나타났다. 최근에 미국에서 일어난 대표적인 인종차별 사건 두 가지는 다음과 같다. 하나는 2014년 8월 9일 미주리주의 퍼거슨시에 거주하는 흑인 대학생 마이클 브라운(18세)이 경찰과의 실랑이 중에 총격을 당해 사망한 사건이다. 브라운은 비무장 상태에서 두 발을 들고 얌전히 검문에 응하는 상태에서 흑인에 대한 인종차별적 편견에 따른 해당 경찰관의 과잉반응에 의해 총에 맞아 죽었다. 그리고 이 사건의 재판을 담당한 백인들로 구성된 배심원들은 백인 경관에게 불기소 처분을 내렸다. http://blog.naver.com/5345341/220091449641 다른 하나는 2015년 6월 17일 사우스캐롤라이나주 찰스턴에 있는 흑인교회인 임마누엘교회 안에서 백인 딜런 로프(21세)가 총기를 난사해 상원의원도 맡고 있던 담임 목사 클레만타 C. 핀크니를 포함하여 총 9명이 사망한 사건이다. 로프는 극단적 백인 우월주의자로서 "인종전쟁을 시작하고 싶었다"고 진술했다. 「조선일보」 2015년 6월 19, 20일.
5 http://news.ichannela.com/3/02/20140301/61291810/1

지역에서 시위를 벌인 극우단체들이 인종적으로 모욕적인 표현을 쓰면서 증오에 가득 찬 연설을 했다고 기술하면서, 일본에 거주해온 재일교포들이 시민의 권리와 정치적 권리를 제대로 행사하지 못한다는 점을 비판했다. 또한 한국인 등 귀화하지 않은 외국인들이 다양한 차별을 받고 있으며 심지어 일부 호텔이나 식당에는 "일본인만 출입하라"는 간판이 붙어 있다고 지적했다.

인간의 역사 속에서 무엇보다 가장 지배적으로 나타나고 있는 인종차별주의는 백인우월주의이다. 조지 프레드릭슨에 따르면, 백인 우월주의는 "인종 또는 피부색을 시민 공동체의 멤버십을 위한 조건으로 만들려는 조직적이고 자기 의식적인 노력을 가리킨다."[6] 백인우월주의는 "유색인들이 아무리 숫자가 많고 또 문화적으로 동화된다고 하더라도 영원한 이방인 또는 외부인으로 취급되는 일종의 '지배민족'(Herrenvolk, 나치에 의한 독일 민족의 자칭) 사회를 창조한다."[7] 조엘 코블에 따르면, "인종차별주의(백인우월주의)의 관점에서, 백인 자아는 지배적(dominative) 인종차별주의에서처럼 과장되거나, 또는 혐오적(aversive) 인종차별주의에서처럼 순수한 것으로 간주되는 반면, 흑인은 인격 이하, 자아 이하의 존재로 간주된다."[8] 백인우월주의에 사로잡혀 있는 백인들은 흑인을 "진화가 덜 된 이상한 인간들"로 간주하고, 미개하고 야만적인 존재로 평가한다. 또한 이들의 눈에는 동양인들도 크게 다르지 않다. 이른바 "오리엔탈리즘"[9]

---

6   George M. Fredrickson, *White Supremacy: A Comparative Study in American and South African History* (New York: Oxford Univ. Press, 1981), xi.

7   Ibid., xi-xii.

8   Joel Kovel, *White Racism: A Psychohistory* (New York: Pantheon, 1970), p. 215.

9   "오리엔탈리즘"(orientalism)은 원래 유럽의 문화와 예술에서 나타난 동방취미(東方趣味)의 경향을 나타냈던 말이다. 하지만 오늘날에는 동양과 서양을 이분법적으로 구분하여 동양에 대한 서양의 우월성이나 동양에 대한 서양의 지배를 정당화하는, 서양의

이 이를 잘 뒷받침해준다.

인종차별과 더불어 인간 차별의 현실을 보여주는 또 다른 유형의 차별이 계층차별이다. 계층차별 또는 계층차별주의(classism)는 어느 개인 또는 집단의 사회경제적 위치 또는 삶의 방식 때문에 그들을 차별하는 태도를 일컫는다. 다시 말해 계층차별주의는 어느 개인과 집단의 "낮은" 사회경제적 계층 때문에 그들에 대한 부정적인 편견을 갖고 그들을 경멸하거나 차별하는 태도와 행동을 가리킨다. 계층차별주의는 노예제도, 카스트제도, 성직자 계층주의 등에서 잘 드러난다. 이와 같은 계층차별은 사회정치적 또는 종교적 체제 안에 불평등한 관계를 제도화시킴으로써 사회적 계층화와 불평등, 그리고 차별과 억압을 심화시킨다.

3. 교회 역사 속에서의 차별과 평등

예수의 하나님 나라 비전을 공유했던 초기 교회의 그리스도인들이 꿈꾸었던 세상은 모든 차별적 현실이 극복되는 만인평등의 사회였다. 그러나

동양에 대한 고정되고 왜곡된 인식과 태도 등을 총체적으로 나타내는 말로 쓰인다. 오리엔탈리즘이라는 개념이 "서양의 동양에 대한 인식"이라는 폭넓은 의미로 쓰이게 된 것은 1978년 에드워드 사이드(Edward Wadie Said, 1935-2003)가 발간한 『오리엔탈리즘』이라는 책이 계기가 되었다. 이 책에서 사이드는 서구 국가들이 비(非)서구 사회를 지배하고 식민화하는 과정에서 동양에 대한 왜곡된 인식과 태도가 어떻게 만들어져 확산되었는지를 분석했다. 사이드는 오리엔탈리즘을 "동양과 서양이라는 인식론적인 구별에 근거한 사고방식"이자, "동양을 지배하고 재구성하며 억압하기 위한 서양의 제도 및 스타일"로 정의한다. 서구 국가들은 동양은 비합리적이고 열등하며 도덕적으로 타락되었고 이상(異常)하지만, 서양은 합리적이고 도덕적이며 성숙하고 정상(正常)이라는 식의 인식을 만들어오면서 동양에 대한 지배를 정당화해왔다. 오리엔탈리즘은 서구 제국주의의 식민지 지배를 합리화시키는 수단일 뿐 아니라, 그에 앞서 식민지 지배를 낳고 정당화하는 근원적인 힘이다. [네이버 지식백과] 『두산백과』

2세기 이후 교회가 제도화되고 권력화된 이래, 기독교는 인간에 대한 차별을 고취 또는 지지하는 많은 역사적 과오를 되풀이하였다. 인류의 역사 속에서 가장 비극적인 인종차별 사건인, 20세기에 일어난 독일 나치 정권에 의한 유대인 대학살의 근원은 기독교 세계의 오랜 반셈족주의(anti-Semitism) 또는 반유대주의(anti-Judaism) 전통에 그 뿌리를 두고 있다. 로즈메리 류터는 반유대주의가 교부 신학의 핵심에 놓여 있다고 주장한다.[10] 테르툴리아누스는 예수와 유대인의 대립은 곧 하나님과 유대인의 대립을 의미한다고 주장했다. 그리고 이레나이우스에 따르면 예수는 아들을 받아들이지 않고 아버지를 알 수 있다는 유대인들의 주장을 비판했다.[11] 전통적으로 그리스도인들은 교회가 이스라엘을 대체하여 계약의 상속자가 되었으며, 유대인들은 오직 기독교로 개종을 함으로써만 계속적으로 계약 전통에 참여할 수 있다고 믿어왔다.

또한 고대 교회에서는 감독제도 아래 계층차별적인 위계질서가 수립되었다. 그리고 "사도적 계승"(apostolic succession)에 의해 남성이 교회의 감독직을 독점하고 여성은 교회의 직제로부터 배제되었다. 중세에 들어 교회 안의 계층질서와 성차별은 절정에 이르렀다. 중세 가톨릭교회는 이 땅에 존재하는 하나님의 도성과 동일시되고 신성화되었음에도 불구하고 교황을 정점으로 하는 교회의 조직은 심대하게 계층차별적이었다. 11세기 말에 중세 가톨릭교회는 인간을 그리스도인과 이교도인으로 구별하고 이교도를 죽이는 것은 죄가 되지 않는다고 주장하면서 성전(聖戰)

---

10   Rosemary Ruether, *Faith and Fratricide: The Theological Roots of Anti-Semitism* (New York: Seabury, 1974). 장춘식 역, 『신앙과 형제 살인: 반유대주의 신학적 뿌리』 (서울: 대한기독교서회, 2001).

11   David Efroymson, "The Patristic Connection," in *Anti-Semitism and the Foundations of Christianity*, ed. Alan T. Davies (New York: Paulist, 1979), 103-4.

이란 명목하에 무모한 십자군 전쟁을 일으켰다. 16-17세기에 남성 성직
자들이 지배하는 교회는 여성을 성녀와 마녀로 양분하고 50만 명에 이
르는 여성을 마녀로 낙인찍어 불에 태워 죽였다. 18-19세기 동안에 미
국의 식민지 개척에 필요한 노동력 확보를 위해 아프리카 원주민을 사로
잡아 노예로 팔아넘긴 유럽인들은 대부분 그리스도인들이었다. 그들은
흑인은 함의 저주를 받은 인종으로서 노예가 되는 것이 당연하다고 생각
했다. 미국의 남북전쟁 당시(1861-65) 남침례교단은 농장주였던 신자들
의 편에서 성서가 노예제도를 정당화 한다고 주장했다.

그러나 인간에 대한 차별의 문제에 있어서 기독교의 역사는 양면
성을 보여준다. 다른 한편, 교회는 인간에 대한 모든 종류의 차별을 극복
하고 평등을 구현하기 위해 투쟁하였다. 미국의 역사에서 인종차별에 대
한 가장 강력한 저항은 교회로부터 나왔다. 19세기에 찰스 피니의 부흥
운동은 노예제 폐지에 큰 기여를 했으며, 20세기에 침례교 목사인 마틴
루터 킹 2세의 인권운동은 흑인들의 인권향상에 결정적인 영향을 미쳤
다. 20세기 중반 이후에 여성신학자, 흑인신학자, 유럽의 정치신학자들,
그리고 남미의 해방신학자들은 인간의 평등성에 대한 신학적 확신에 기
초하여 가난하고 차별받고 억눌리고 소외된 자들의 편에서 불공평한 사
회 경제 정치구조에 저항하였다. 제임스 콘은 근본적인 신학적 문제는
"유럽의 계몽주의에 의해 만들어진 불신자(unbeliever)"가 아니라 "유럽의
식민지화와 제3세계의 착취에 의해 만들어진 비인간(nonperson)"이라고
주장했다.[12]

---

12   James Cone, *For My People: Black Theology and the Black Church* (Maryknoll, N.Y.:
Orbis, 1984), 70.

4. 한국사회의 차별적 현실

일반적으로 우리나라에는 인종차별과 같은 차별이 존재하지 않는다고 생각하기 쉽다. 그러나 실제로 한국 사회에는 다양한 계층과 부류의 사람들에 대한 다양한 형태의 차별이 존재한다. 오늘날의 세계화 시대에 우리나라도 더 이상 순수한 혈통을 지닌 단일민족국가임을 주장할 수 없게 되었다. 단일민족 신화는 더 이상 지속 불가능하다. 한국 사회는 이제 다양한 인종과 민족과 국가의 사람들이 함께 사는 다원적 사회로 진입하고 있다. 2014년 10월 현재 다문화가정, 화교, 외국인 근로자, 탈북자 등 한국 사회 안에서 다른 문화를 형성하는 인구는 약 200만 명 정도로 추산된다. 그리고 2015년 1월 현재, 90일 이상 장기 체류 중인 외국인, 귀화자, 결혼이민자, 그 자녀 등을 포괄하는 외국인 주민은 174만 1919명으로, 인구 1000명당 34명꼴이다.[13] 국제결혼을 통해 생겨난 다문화가정 구성원은 22만 명으로서, 이들은 주로 농촌지역과 어촌지역을 중심으로 살고 있다. 각 대학들에는 외국에서 온 유학생의 숫자가 증대하고 있다. 최근에는 외국인들 출연자들끼리 한국어로 다양한 주제에 관해 이야기하는 TV 프로그램까지 생겨났다.

그러나 아직도 한국인은 백인들에 대해서는 비교적 관대한 반면, 아시아나 아프리카에서 온 유색인종에 대한 차별의식이 강하다. 국제결혼을 한 이민자 출신의 국회의원을 향해 "너희 나라로 가라"는 배타적 망언을 하는 것을 서슴지 않는 사람들도 있다. 특히 아시아계 외국인 근로자들에 대한 심각한 차별과 인권유린이 행해지고 있다. 외국인 근로자의

13　「국민일보」 2015년 8월 5일, 2면.

수는 공식적으로는 37만 명이지만 비공식적으로는 약 100만 명으로 추산된다. 주로 3D업종에서 일하는 이들의 상당수는 불법 취업자들로서, 임금 차별을 받고 노동력을 착취당하며 심지어 반인륜적인 학대와 폭력을 당하기도 한다. 차별은 외국인 근로자에만 국한되는 이야기가 아니다. 최근에 우리나라에서는 이른바 갑과 을로 대변되는 고용자와 피고용자, 정규직과 비정규직 간의 사회적 차별 및 격차가 심화되고 있다. 이에 따라 비정규직의 저임금, 근로조건의 불평등, 고용불안의 문제가 심각한 사회적 문제가 되고 있다.

이와 아울러 오늘날 탈북자에 대한 차별도 심각한 사회문제로 대두되고 있다. 2014년 말 현재의 통계에 의하면 탈북자 수는 2만 7500명으로 "3만 탈북자 시대"를 눈앞에 두고 있다. 의사, 교사 등 전문 경력을 가진 탈북자는 533명인데, 이 중 관련 분야에 취업한 사람은 10%에 불과하다. 나머지는 막노동이나 식당일 등을 하고 있는 것으로 조사됐다.[14] 자유를 찾아 목숨 걸고 남한에 왔지만 생존경쟁이 치열한 남한 사회에 적응하지 못하고 중국이나 북한으로 돌아가는 탈북자들도 증가하고 있다. 탈북민들이 집중적으로 모여 사는 서울 양천구와 인천 남동구 등의 일부 임대아파트 단지가 탈북자에 대한 편견과 지역 주민의 기피로 우리 사회의 "소외된 섬"처럼 되어가고 있다. 탈북자 상당수는 차별과 편견의 벽에 부딪혀 좌절을 경험하고 있다. 식당에서 조선족은 써도 탈북자는 안 쓴다고 한다.[15]

14　「조선일보」, 2015년 3월 9일 1면, 3면.

15　서울대 통일평화연구소의 2014년 조사에 따르면, 탈북자에 대한 일반 국민 의식은, 매우 친근하게 느낀다 2.5%, 다소 친근하게 느낀다 40.7%, 별로 친근하게 느끼지 않는다 50.7%, 전혀 친근하게 느끼지 않는다 5.9%로 나타났다. 탈북자와의 결혼은, 전혀 꺼리지 않는다 5.9%, 별로 꺼리지 않는다 13.1%, 그저 그렇다 33.6%, 다소 꺼려진다

한편, 우리나라는 국민소득이 3만 달러 시대를 바라보고 있지만 아직도 장애인에 대한 차별은 매우 심각한 상태에 머물러 있다. 2005년 현재 우리나라에는 전국적으로 214만 9천 명의 장애인이 있는 것으로 파악된다. 이 가운데 재가 장애인이 210만 천 명이고 시설 장애인이 4만 8천 명이다. 장애인 가구는 여덟 가구당 한 가구의 분포를 보인다. 대다수의 장애인들이 활동의 제약으로 인해 집을 중심으로 생활하기 때문에 사회적 공간에서 좀처럼 그들의 존재가 드러나지 않는다. 따라서 장애인이 당하는 고통에 대한 일반인의 인식은 매우 미약하다. 장애인들은 정신적·육체적으로 장애를 가지고 있다는 이유만으로 사회적·인격적으로 차별을 받고 심지어 기피와 혐오의 대상이 되는 것이 다반사다.

기독교 전통에서 창조론은 "본래적으로 완전하고 정상적인" 세계의 창조를 말하는 것으로 이해되었으며, 따라서 종종 모든 장애와 질병이 죄로 인한 악으로 간주되곤 했다. 이 본래적으로 "정상적인" 것의 기준에 따르면, 장애인은 불완전하고 비정상적인 인간이다. 그러나 과연 장애가 죄의 형벌로서의 악으로 정의될 수 있는지는 심히 의문스럽다. 설사 장애가 인간에게 고통을 준다는 의미에서 악으로 정의될 수 있다고 하더라도, 악과 죄의 연관성은 개별적이고 개인적인 차원이 아니라 오직 구조적인 차원에서 인식되어야 한다. 예수는 선천적으로 맹인 된 사람이 맹인으로 난 것이 "이 사람이나 그 부모의 죄로 인한 것이 아니라, 그에게서 하나님이 하시는 일을 나타내고자 하심이라"(요 9:3)고 말씀하였다. 우리는 무엇이 "정상적인" 것인지를 과거의 창조로부터가 아니라 하나님의 창조 사역이 완성되는 미래의 관점에서 판단해야 할 것이다. 1975년 나

30.9%, 매우 꺼려진다 16.3%로 나타났다. 「조선일보」, 2015년 3월 10일 1면, 5면.

이로비에서 열린 세계교회협의회 제5차 총회에서는 "교회가 장애인들의 사회적 소외를 묵인하고 사회적 삶에 대한 그들의 온전한 참여를 계속 부정한다면…그리스도 안에 계시된 온전한 인간성을 예증할 수 없다"고 천명했다.[16]

한국 사회에서 여성의 현실은 어떠한가? 오늘날 한국 사회에서는 각 분야에서 여성의 약진이 괄목할 만하다. 먼저, 여러 종류의 국가고시에서 여성이 약진하고 있다. 행정고시의 여성 합격률은 2000년도에 25.1%였는데, 2005년도에는 배로 늘어난 51.2%였다. 외무고시 합격률은 2000년에는 불과 20%였는데 2005년도에는 3배가 넘는 65.7%였다. 현재 여성 판사는 전체의 26%이지만(2007) 머지않아 남성 판사의 숫자를 능가할 가능성이 있다. 전체 공무원 중 여성비율은 42%(2010)로 꾸준히 증가하고 있다. 여성의 사회적 진출로 인해 여성의 경제력은 점점 향상되고 있다. 2008년도에 여의사 비율이 20.6%였고, 종합소득세 신고자의 40.3%가 여성이었다. 2010년에는 여자의 대학진학률(83.6%)이 남자의 대학진학률(79.6%)을 앞질렀다. 톰 피터스(Tom Peters)는 지금은 우머노믹스(womenomics) 시대이고, 미래는 여성의 것이라고 단언했다. 그는 수많은 기사와 통계를 인용하며 여성은 가족을 위한 구매 책임자로서 막강한 역할과 함께 경제 활동에서도 두각을 나타내고 있기 때문에 기업은 마케팅부터 제품 개발과 유통, 브랜딩, 전략에 이르기까지 모든 과정에서 여성시대를 잊지 말아야 한다고 강조한다.[17] 한국에서도 여성은 이

---

16   Geiko Müller-Fahrenholz, ed., *Partners in Life: The Handicapped and the Church*, Faith and Order Paper No. 89 (Geneva: World Council of Churches, 1979), 177.

17   톰 피터스, 『미래를 경영하라』(*Re-imagine*), 정성묵 옮김. 21세기 북스, 2005; 『리틀 빅 씽』(*The Little Big Thing*), 최은수, 황미리 옮김, 더난출판사, 2010.

미 모든 소비 분야에서 주도권을 장악한 것으로 보인다.[18]

그러나 이와 같은 한국 여성의 사회적 약진과 한국 사회의 현실 사이에는 괴리가 있다.[19] 2014년 영국 경제 전문지 이코노미스트가 만든 "유리천장 지수"(Glass Ceiling Index)에 따르면 한국은 26위다. 한국 여성은 문화와 소비의 흐름을 주도하고 있지만, 정작 생산에서는 소외되고 있다. 생산에 참여하더라도 최종 결정권과 생산권력의 정점은 여전히 남성들의 몫이다.[20] 뿐만 아니라 성별에 따른 임금격차도 줄어들지 않는 것으로 조사되었다.[21]

5. 배제와 포용

볼프는 오늘날 문화의 특징을 사회적 배제(exclusion)로 파악한다. 그는 사회적 배제를 더 넓은 사회 전체 안에 있는 모종의 사회집단들에 대한 거

---

18 가정 내에서 재테크를 담당하는 사람은 남편(16%)이 아니라 아내(57%)이며, 자신과 가족을 위한 생활용품과 살림살이는 물론 자동차, 부동산에 이르기까지 모든 구매 결정권은 이미 여성의 손 안에 있는 것으로 조사되었다. 구본형 변화 경영 연구소, 구본형 칼럼, "여성, 나, 그리고 일." http://www.bhgoo.com/2011/index.php?mid=column&page=21&document_srl=54339

19 한국 여성의 경제활동참가율은 25-29세가 71.4%인데, 30대 여성은 55.5%로 뚝 떨어진다. 이는 결혼과 출산, 육아와 일을 병행할 수 없게 하는 사회 현실을 반영한다. 여성 경제활동참가율이 OECD 평균은 약 60%인데, 한국은 49.7%이다(2011).

20 여성 임금비율은 기획재정부의 "2011년 국가경쟁력보고서"에 의하면 57.2%(2007년 기준)로 OECD 19개국 중 19위이다. "2013 한국의 성 인지 통계"에 따르면 성 격차 지수(Gender Gap Index)의 경우 한국은 2013년에 135개국 중 111위에 머물렀다. 한국여성정책연구원, 『2013 한국의 성 인지 통계』, 2014; 한겨레, "남녀간 임금격차 13년째 OECD 1위," 2014년 8월 4일.

21 남성 대비 여성의 임금 비율은 2010년 63.9%에서 2012년 66.7%로 좀처럼 줄어들고 있지 않다. 이는 OECD 회원국 가운데 성별 임금격차가 가장 심한 것이다.

부로 정의한다.[22] 그가 말하는 배제는 배타적 차별을 의미하는 것으로 이해해도 별 문제가 없을 것이다. 사회적 배제는 자신(개인과 집단)의 안전을 공고히 하기 위해 타자를 제거하는 행위다. 그것은 자신의 고유한 공간으로부터 타자를 축출하는 행위다. 배타적인 사회일수록 공간의 경계는 더욱 경직화되고 불투과적이 된다. 예를 들면, 유럽의 엘리트 문화는 문명이란 미명하에 다른 인종집단들의 문화를 강제로 지배적 문화에 동질화, 동화, 예속시키거나 제거하였다. 이것은 백인들의 문화우월주의를 반영한다.

볼프는 오늘날 일어나고 있는 서로 다른 사회집단 사이의 충돌을 이념의 차이에 의한 것이라기보다 문화적 정체성의 갈등에 의한 것으로 본다.[23] 사람들이 서로를 배제하는 까닭은 자신들의 정체성을 위협하는 대상을 물리치기 위함이다. 즉 자신들의 세계 안의 질서의식을 회복하기 위해 타자를 제거하는 것이 필요하다고 생각하기 때문에 타자를 배제하고자 한다.[24] 배타적 문화는 순수성을 고수하고자 하는 의지로 말미암아 제거, 동화, 지배, 포기 등을 통해 타자의 실존을 희생시킨다.[25]

그러면 그리스도인은 문화와의 관계에서 어떤 태도를 취해야 할까? 볼프는 그리스도인이 기본적으로 문화와의 관계에서 "거리와 귀

---

22 Miroslav Volf, "Exclusion and Embrace: Theological Reflections in the Wake of 'Ethnic Cleansing,'" *Communio Viatorum* 35, no. 3 (1993): 263-66.

23 Miroslav Volf, "A Vision of Embrace: Theological Perspective on Cultural Identity and Conflict," Ecumenical Review 47, no. 2 (Apr 1995): 196.

24 Miroslav Volf, *Exclusion and Embrace: A Theological Exploration of Identity, Otherness, and Reconciliation* (Nashville: Abingdon Press, 1996), 78. 박세혁 역, 『배제와 포용』 (서울: IVP, 2012).

25 Ibid., 67.

속"(distance and belonging)의 변증법을 필요로 한다고 주장한다.[26] 모든 나라와 문화의 사람들이 함께 모이는 미래의 하나님 나라에 대한 충성으로 인하여, 그리스도인은 자신의 문화로부터 거리를 유지해야 한다. 그러나 이것은 그리스도인이 문화 밖으로 나가는 것을 의미하지 않는다. 비록 그리스도인이 자신의 문화로부터 스스로 거리를 둠에도 불구하고, 그리스도의 몸은 모든 문화를 포괄하기 때문에 그리스도인은 여전히 문화에 속해 있다. 그리스도인의 문화적 정체성은 문화와의 거리와 귀속의 변증법적 관계 안에서 형성된다.

볼프는 그리스도인이 문화와 거리 및 귀속의 변증법적 관계를 유지하면서 배제의 문화를 포용의 문화로 변화시켜야 한다고 주장한다. 포용은 "타자를 위한 공간을 창조하는 것"으로서, 적대적 상황 안에 있는 개인과 공동체의 정체성을 재이미지화(re-imagining)하는 길이다.[27] 볼프는 그리스도인이 사회적 배제에 대항하여 포용적 문화를 수립하기 위해서는 "보편적 인격"을 함양해야 한다고 주장한다. 보편적 인격은 자기 폐쇄적인 배타적 세계로부터 벗어나 타자를 수용하는 포용적 인격이다. 볼프는 인간의 보편적 인격이 삼위일체 하나님의 보편성에 근거한다고 주장한다. 즉 그는 포용의 신학적 근거를 삼위일체 안에서의 세 위격 사이의 신적 포용에서 발견한다. 신적 위격들의 상호적인 자기 내어줌이 페리코레시스의 기초를 형성한다.[28] 페리코레시스 안에서 한 인격은 자신의 정체성을 파괴함 없이 다른 위격을 포용하며 자신의 공간을 다른 위격에게

---

26   Volf, "A Vision of Embrace," 197-200.

27   Volf, *Exclusion and Embrace*, 140.

28   Miroslav Volf, "The Trinity is Our Social Program: The Doctrine of the Trinity and the Shape of Social Engagement," *Modern Theology* 14, no. 3 (Jul 1998): 412.

개방한다.[29] 이러한 신적 포용은 인간 공동체를 위한 사회적 비전을 제공한다. 정체성은 자족적인(self-contained) 것이 아니라 타자를 위한 공간을 만들고 내어줌으로써 형성된다. 신적인 포용과 자기 내어줌에 근거하여, 볼프는 인간의 정체성이 타자를 위한 공간을 개방함으로써 형성되며 이것이 사회적 배제에 대항하는 데 있어 매우 중요하다는 점을 강조한다.[30]

그리고 볼프는 삼위일체의 포용을 십자가의 고난과 연결한다. 즉 삼위일체 위격들의 신적 포용 안의 순환적 자기 내어줌이 세계와의 관계에서 소외된 인류 전체를 포용하기 위해서 십자가의 그리스도의 고난을 통해 흘러나온다. 그리스도의 고난은 희생자들과 유대하고 죄인을 대신(대리)하는 하나님의 포용이다.[31] 따라서 십자가의 고난은 모든 인류를 향한 하나님의 가장 완전하고 전적인 공간의 개방을 현시한다. 그리스도의 고난에 대한 기억은 우리 그리스도인에게 자기를 내어주는 포용의 삶을 살도록 요구한다.

나아가 볼프는 그리스도의 고난에 대한 기억을 성만찬과 연관시킨다. 성만찬은 이 기억을 재현하는 성례전이다. 십자가에서 일어난 것이 성만찬에서 일어난다. 즉 성만찬에서 그리스도의 희생을 통한 삼위일체의 페리코레시스적 사랑의 부으심으로서의 하나님의 자기 내어줌과 포용이 재현된다. 성만찬에서의 그리스도의 고난에 대한 기억의 재현은 배제의 문화 가운데서 타자를 포용하는 사회적 주체의 정체성을 형성한다. 성만찬은 하나님의 포용의 성례전이다.[32] 볼프는 사회적 배제의 문화

---

29   Ibid., 406.

30   Ibid., 412

31   Miroslav Volf, "Memory, Eschatology, Eucharist," *Liturgy* 22, no. 1 (2007): 31

32   Volf, *Exclusion and Embrace*, 129.

에 대항하기 위한 "보편적 인격"이 그리스도의 고난을 기억하는 성만찬을 통해 형성될 수 있다고 주장한다.[33] 성만찬은 십자가에 나타난 하나님의 포용을 고난에 대한 기억 안에서 재현함으로써 보편적 인격을 형성한다. 그리고 성만찬은 십자가에서의 하나님의 행동에 대한 이야기를 따라가는 그리스도인의 삶의 길을 지시한다.[34] 따라서 그리스도인은 성만찬을 통해 형성된 보편적 인격으로서, 사회적 배제에 대항하는 포용의 삶을 살아가야 한다.[35]

볼프의 성만찬적 포용 사상은 세 가지로 요약될 수 있다. 첫째, 무조건적인 은혜는 악인에게도 주어진다. 그리스도인은 그리스도를 본받아 악인까지도 포용해야 한다. 악인도 역시 하나님에 의해 기억되고 용서받는다.[36] 둘째, 그리스도는 죄인을 대신하여 죽음을 당했다. 그러나 또한 그리스도는 희생자들의 정체성을 보호하고 그들이 악인에 의해 파괴되지 않도록 하신다. 희생자들은 악인을 포용하고 불의와 투쟁함으로써 하나님을 닮아가도록 성령에 의해 힘을 얻는다.[37] 셋째, 그리스도의 고난의 기억은 더 이상 배제가 없는 대포용(Grand embrace) 안에서 가해자와 희생자가 함께 만나는 종말론적인 화해의 공동체를 예기한다.[38] 그리스도의 고난에 대한 기억은 하나님 나라에서 성취될 가해자와 희생자, 배제하는

---

33   Ibid., 21-22.

34   Miroslav Volf, "Forgiveness, Reconciliation, and Justice: A Theological Contribution to a More Peaceful Social Environment," *Journal of International Studies* 29, no. 3 (2000), 876.

35   Volf, "Memory, Eschatology, Eucharist," 32, 34.

36   Ibid., 31.

37   Ibid., 31.

38   Miroslav Volf, *The End of Memory: Remembering Rightly in a Violent World* (Grand Rapids: William B. Eerdmans Publishing Company, 2006), 119. 홍종락 역, 『기억의 종말: 잊히지 않는 상처와 포용하다』 (서울: IVP, 2016).

자와 배제당한 자의 상호 포용과 최종적 화해에 대한 예기를 가능하게
한다.[39]

여기서 제기되는 질문은 "그러면 정의는 어떻게 되는가?" 하는
것이다. 정의 없는 용서와 포용이 가능한가? 그리고 한 사람도 배제됨이
없이 모든 악인이 다 포용될 수 있는가? 이에 대한 답변으로, 볼프는 악
행에 대한 기억을 그리스도의 고난에 대한 기억의 틀 안에서 재구성할
것을 제안한다.[40] 그리스도의 고난에 대한 기억은 최후의 심판과 화해를
예기한다. 악행에 대한 기억은 단순히 지워지는 것이 아니라 그리스도의
고난의 렌즈를 통해 하나님의 최후의 화해와 변호에 대한 희망 안에서
재구성된다. 다시 말해 배제당하고 악행을 당한 희생자는 그리스도의 고
난에 대한 기억으로부터 최후의 심판과 화해에 대한 기대 안에 살 수 있
는 자원을 이끌어낸다.[41]

> 그리스도가 구원사역을 완성하고 종말론적인 전환이 일어난 후에, 행악
> 자와 악행을 당한 자가 이 세계에 들어온 후에─최후의 심판 후에, 저질
> 러진 악행이 하나님의 은혜의 심판 안에서 공공연하게 드러난 후에, 행
> 악자가 고발당하고 희생자가 변호된 후에, 그들이 서로를 포용하고 서로
> 동일한 완전한 사랑의 공동체에 속해 있는 것으로 인식한 후에─고통스
> 런 악행에 대한 기억은 해방될 것이다.[42]

---

39   Ibid.

40   Ibid., 124-25.

41   Miroslav Volf, "God's Forgiveness and Ours: Memory of Interrogations, Interrogation of Memory," *Anglican Theological Review* 89, no. 2 (Spr 2007): 220.

42   Volf, *The End of Memory*, 182-83.

그러나 여전히 물음은 남는다. 종말론적 완성은 과연 모든 행악자를 한 사람도 배제하지 않고 다 포용하는 보편적 구원과 화해를 의미하는 것인가? 그것은 가능한 일이며 또한 바람직한 일인가? 종말 이전의 역사적 현실 속에서 가해자의 악행으로 인해 차별받고 배제된 희생자가 여전히 회개함 없이 계속 악을 행하고 있는 악인을 과연 포용할 수 있는가? 어떻게 그것이 가능한가? 그리고 차별과 배제의 현실에 대한 극복이 차별과 배제의 힘을 제거하기 위한 비판적·변혁적 실천과 투쟁 없이 단지 포용만으로 성취될 수 있는가?

6. 만인평등적인 보편적 인간성으로서 하나님의 형상

성서에 따르면 인간은 하나님의 형상으로 창조되었다(창 1:26). 하나님의 형상은 모든 인간이 함께 공유하는 만인평등적인 보편적 인간성이다. 즉 하나님의 형상으로 창조된 인간은 귀천이나 우열이나 차별 없이 모두 고귀하며 평등하고 동등하다. 인간 안의 하나님의 형상은 선물이자 목표이다. 초기 교회의 교부들은 형상은 선물로, 모양은 목표로 이해했다. 목표로서의 하나님의 형상은 하나님의 성품에 참여하는 것이다(벧후 1:4). 하나님의 성품을 닮아 하나님처럼 되어가는 것, 즉 신화(神化, *theosis*)가 하나님의 형상의 궁극적인 목표다. 볼프가 말하는 "보편적 인격"이란 이 신화를 지향하는 만인평등적인 보편적 인간성으로서의 하나님의 형상을 의미한다고 할 수 있다. 보편적 인격으로서 하나님의 형상의 궁극적 완성은 단지 개인적 차원이 아니라 평등 공동체로서의 사회적 차원, 즉 하나님 나라에서 완성된다.

예수 그리스도가 말씀과 행동을 통해 선포하고 실천한 하나님 나라는 새로운 인간 공동체, 즉 만인평등적인 사랑의 공동체였다. 예수가 우선적으로 환대한 사람들은 세리, 과부, 창기, 사마리아인, 문둥병자 등과 같이 그 당시에 "죄인"으로 낙인찍히거나 멸시당하고 소외당한 사람들이었다. 당시의 유대 종교지도자들은 율법의 이름으로 이들을 정죄함으로써 죄인과 의인의 이분법적 구도를 만들어내었다. 당시의 유대교는 사회적 배제와 억압을 재가하고 정당화함으로써 계층적 사회질서를 유지하고 강화하는 지배 이데올로기적인 기능을 하였다.

예수는 차별적 사회질서를 재가하는 종교적 이데올로기, 즉 선과 악, 죄와 의의 이분법적 고정관념에 도전하였다. "내가 너희에게 이르노니 이에 저 바리새인이 아니고 이 사람(세리)이 의롭다 하심을 받고 그의 집으로 내려갔느니라"(눅 18:14). 예수가 선포하고 실천했던 하나님 나라는 당시의 계층적 사회질서의 근본적인 변혁과 전도를 의미했다. "이방인의 집권자들이 그들을 임의로 주관하고 그 고관들이 그들에게 권세를 부리는 줄을 너희가 알거니와 너희 중에는 그렇지 않아야 하나니, 너희 중에 누구든지 크고자 하는 자는 너희를 섬기는 자가 되고, 너희 중에 누구든지 으뜸이 되고자 하는 자는 너희의 종이 되어야 하리라"(마 20:25-27). 하나님 나라는 세상의 계층적 지배질서와 이에 기초한 차별과 배제와 억압에 대한 근본적인 변혁을 요구한다.

예수는 가난한 자, 세리, 과부, 창기와 같이 사회에서 배제되고 차별받고 소외된 사람들을 우선적으로 자신의 식탁에 초대하였다. 예수의 식탁에서 사회적 경계선은 무너지고, 계층적 사회질서는 전도되었으며, 배타적·배제적·불평등적 문화는 포괄적·포용적·만인평등적 문화로 변혁되었다. 예수의 십자가 고난의 구원론적 의미는 이와 같은 맥락에서 이해되어야 한다. 예수는 십자가에서 자신을 못 박는 자들까지도 용서하고 포용하고 구원한다. "아버지, 저들을 사하여 주옵소서. 자기들이 하는 것을 알지 못함이니이다"(눅 23:34). 원수까지도 용서하고 포용하는 하나님의 자기희생적인 사랑으로부터, 모든 사람을 구원하는 십자가의 구속적 능력이 나타난다.

바울은 만인평등적인 공동체로서의 하나님 나라에 대한 비전을 다음과 같이 표명하였다.

> 그러므로 생각하라. 너희는 그때에 육체로는 이방인이요 손으로 육체에 행한 할례를 받은 무리라 칭하는 자들로부터 할례를 받지 않은 무리라 칭함을 받는 자들이라. 그때에 너희는 그리스도 밖에 있었고 이스라엘 나라 밖의 사람이라. 약속의 언약들에 대하여는 외인이요 세상에서 소망이 없고 하나님도 없는 자이더니 이제는 전에 멀리 있던 너희가 그리스도 예수 안에서 그리스도의 피로 가까워졌느니라. 그는 우리의 화평이신지라. 둘로 하나를 만드사 원수 된 것 곧 중간에 막힌 담을 자기 육체로 허시고 법조문으로 된 계명의 율법을 폐하셨으니 이는 이 둘로 자기 안에서 한 새 사람을 지어 화평하게 하시고 또 십자가로 이 둘을 한 몸으로 하나님과 화목하게 하려 하심이라. 원수 된 것을 십자가로 소멸하시고 또 오셔서 먼 데 있는 너희에게 평안을 전하시고 가까운 데 있는 자들에게 평안을 전하셨으니 이는 그로 말미암아 우리 둘이 한 성령 안에서 아버지께 나아감을 얻게 하려 하심이라. 그러므로 이제부터 너희는 외인도 아니요 나그네도 아니요 오직 성도들과 동일한 시민이요 하나님의 권속이라"(엡 2:11-19).

바울에 따르면 그리스도 안에서 모든 사람(유대인과 이방인)이 하나가 되었다. 그리스도의 십자가에 의해 모든 사람이 하나님과 화해되었으며, 중간에 막힌 모든 담이 허물어지고 모든 적대적인 관계가 청산되었다. 그러므로 그리스도 안에서 이제 더 이상 그 어떤 차별도 존재하지 않으며 모든 사람은 동일한 하나님 나라의 시민과 하나님의 가족으로서 평등하다.

하나님의 형상으로서의 만인평등적인 보편적 인간성은 결코 획일적인 동일성을 의미하지 않는다. 오히려 보편적 인간성은 다양한 특수성을 지닌 개별적 인간들 안에서 구체화된다. 인종차별, 성차별, 계층차별 등 모든 차별은 인간의 다양성이 본질적으로 선한 것임을 부인하고 편향된 기준에 따라 사람들을 범주화함으로써 비롯된다. 보편적 인간성으로서의 하나님의 형상은 인종적·민족적 순수성 또는 계층적·성적 정체성과 아무런 관계가 없다. 특정한 혈통이나 계층의 순수성을 지키기 위해 혼종성(hybridity)을 배척하는 것은 보편적 인간성의 형성과 정면으로 배치된다. 이스라엘의 조상인 아브라함은 본래 갈대아 우르(지금의 이라크 지역) 사람이었다. 예수 자신도 순수한 유대인 혈통이 아니다. 왜냐하면 예수의 족보는 라합, 다말, 룻과 같은 이방인 여성들을 포함하기 때문이다. 바울은 그리스도 안에서 하나님의 형상을 회복한 그리스도인에게는 인종적 또는 민족적 차별, 사회 계급적 차별, 남녀 간의 성적 차별이 있을 수 없음을 강조하였다. 다민족, 다종교, 다문화적 공동체를 위한 성서적 토대는 바울의 글에 잘 나타난다. "너희는 유대인이나 헬라인이나 종이나 자유인이나 남자나 여자나 다 그리스도 예수 안에서 하나이니라"(갈 3:28). 볼프에 따르면, 이 본문은 혈통적 육체성으로부터 믿음의 영성으로, 민족의 특수성으로부터 다문화적 보편성으로, 땅의 지역성으로부터 세계의 전지구성으로의 전환을 보여준다.[43]

---

43   Volf, *Exclusion and Embrace*, 43.

성만찬의 본래적 의미는 모든 사람들, 특히 사회에서 소외되고 배제되고 차별받는 사람들을 우선적으로 자신의 식탁에 초대한 예수의 하나님 나라 운동의 연속선상에서 이해되어야 한다. 초기 교회에서 성만찬은 로마 제국의 문화 안에서 소수였던 그리스도인들이 로마 제국의 계층적이고 배제적인 문화 관습을 거부하고 자신들의 정체성과 삶의 방식을 형성하는 사회적 실천이었다.[44] 예수의 식탁과 십자가의 고난을 기억하고 기념하는 성만찬은 사회적 배제에 대항하여 하나님의 포용을 재현하는 예전으로서, 하나님 나라에서의 궁극적인 보편적 화해와 포용을 예기한다. 그러므로 유대교처럼 민족적 혈통에 의한 하나님의 계약백성으로서의 배타적인 선민사상을 갖는 것, 이슬람교의 종교문화적 전통에서처럼 여성을 억압하고 남성 중심적인 가부장적 질서를 고수하는 것, 인도의 카스트제도처럼 다른(이른바 "낮은") 사회 계층을 차별하고 억압하며 계층질서적인 계급적 순수성을 고수하는 것은 보편적 인간성으로서의 기독교의 하나님 형상과 정면으로 대립된다. 폐쇄적이고 자족적인 순수한 정체성을 추구하는 것은 근본적으로 잘못된 것이다. 왜냐하면 개인 또는 공동체의 정체성이란 본질적으로 자신과 다른 타자와의 관계성 안에서 형성되는 것이며, 다름의 폭이 크고 다양한 관계의 전체성 안에서만 보편적인 개인적·공동체적 정체성의 형성이 가능하기 때문이다.

---

[44]　당시 사회적으로 소외된 집단이었던 그리스도인들은 함께 모여 자유로운 시민들만의 특권적 관습이었던 "옆으로 기댄 자세"로 식사하였다. Dennis E. Smith and Hal E. Taussig, *Many Tables: The Eucharist in the New Testament and Liturgy Today* (London: SCM Press, 1990), 33-34.

7. 평등의 관계 회복을 위한 길: 회개, 용서, 화해

차별과 평등, 배제와 포용은 양립할 수 없다. 차별과 배제를 극복해야 평등과 포용을 실현할 수 있다. 차별로부터 평등으로, 배제로부터 포용으로 가는 길은 무엇인가? 차별로부터 평등으로, 배제로부터 포용으로 가기 위한 전제는 가해자의 회개와 피해자의 용서 및 상호적인 화해다. 즉 가해자의 진정한 회개와 피해자의 너그러운 용서 및 상호 간의 화해를 통해서만 차별로부터 평등으로, 배제로부터 포용으로 갈 수 있다.

독일과 일본은 똑같은 제2차 세계대전 전범 국가지만 전후 상반된 길을 걸어왔다. 독일 정치 지도자들은 좌·우파를 가리지 않고 나치 독일이 저질렀던 범죄에 대해 사죄를 거듭해왔다. 앙겔라 메르켈 독일 총리는 2015년 1월 26일 아우슈비츠 해방 70주년 기념식에서 "나치의 만행을 되새겨 기억하는 것은 독일인의 항구적 책임"이라고 말했다. 그러나 일본은 사과와 번복을 거듭하는 행태를 보여 왔다. 1995년 8월 15일 일본의 무라야마 도미이치 총리는 전후 50주년 종전기념일을 맞아 행한 담화에서 "식민지 지배와 침략으로 아시아 제국의 여러분에게 많은 손해와 고통을 줬다. 의심할 여지없는 역사적 사실을 겸허하게 받아들여 통절한 반성의 뜻을 표하며 진심으로 사죄한다"고 발표했다.[45] 이 담화는 지금까지도 식민지배에 대한 가장 적극적인 사죄라는 평을 받는다. 그러나 2012년 말에 집권한 아베 총리 내각은 이전 내각의 사죄를 부정하였다. 아베 신조는 무라야마 담화를 검토하겠다고 하면서 이 담화에 담긴 "침략"이라는 표현을 거부하려는 움직임을 보이고 있으며, 위안부 동원의

---

45 [네이버 지식백과] 『시사상식사전』 http://terms.naver.com/entry.nhn?docId=928773& cid=43667&categoryId=43667

강제성을 인정한 고노 담화를 훼손함으로써 일본의 과거 역사를 왜곡하고 있다. 총리와 내각 각료들은 A급 전범이 합사된 야스쿠니 신사 참배를 강행함으로써 다시금 일본을 군국주의적인 강대국으로 만들고자 하는 야심을 드러내고 있다.

메르켈 독일 총리는 2015년 3월 9일 일본 도쿄에서 열린 강연에서 "(제2차 세계대전 후) 유럽에서 화해가 진전될 수 있었던 것은 독일이 과거와 똑바로 마주했기 때문"이라고 말했다. 그는 "홀로코스트(유대인 대학살)에도 불구하고 독일이 다시 국제사회에 받아들여진 것은 행운이었다"며 이는 "(침략을 당한) 프랑스의 관용과 (침략한) 독일의 진정한 반성이 있었기에 가능했다"고 했다. 그는 정상회담 후 공동회견에서도 "과거를 정리하는 것이 화해를 위한 전제"라고 강조했다.[46] 메르켈 총리의 발언은 과거사를 속죄하고 도덕성을 확보한 독일의 지도자가 공개적으로 일본의 자성을 촉구한 발언이라는 점에서 의미가 있다. 프랑스가 독일에게 베푼 것과 같은 일본에 대한 한국의 관용적 용서와 포용은, 독일이 보여준 것과 같은 일본의 올바른 역사인식과 진정한 반성을 전제로 한다.

차별과 배제의 행위자의 진정성 있는 반성과 회개가 없다면 진정한 화해를 통한 평등 공동체의 건설은 불가능할 것이다. 여기서 회개란 단지 가해자가 피해자에게 용서를 구하는 사죄 행위를 의미하지 않는다. 회개란 무엇보다 자신의 과거 역사를 직시하는 것을 의미한다. 자신의 과거에 대한 올바른 역사인식을 가진 개인이나 집단에게만 진정한 새로운 미래가 있으며, 그러한 개인이나 집단만이 다른 개인이나 집단과 새로운 미래지향적인 관계를 맺을 수 있다. 회개란 자신의 잘못된 과거의 역사를

46　「조선일보」, 2015. 3. 16, A1-2, 31면 기사.

반성하고 돌이키는 것, 즉 방향을 전환하는 것(turn around)이다. 이와 같은 회개가 선행되어야 진정한 화해와 평등 공동체로의 길이 열린다.

가해자의 회개가 선행(先行)되지 않는 상태에서 피해자의 용서는 가능한가? 이것은 매우 대답하기 어려운 질문이며 실천하기는 더욱 어려운 문제이다. 그러나 분명한 사실은 회개가 선행하지 않을 때조차도 여전히 용서는 가장 위대한 사랑의 행위라는 것이다. 그리스도인은 하나님으로부터 예수 그리스도를 통해 이러한 사랑의 용서를 받은 사람들이다. "우리가 아직 죄인 되었을 때에 그리스도께서 우리를 위하여 죽으심으로 하나님께서 우리에 대한 자기의 사랑을 확증하다"(롬 5:8). 우리는 모두 우리가 아직 죄인이었을 때 하나님의 사랑의 용서에 의해 값없이 의롭다 하심을 받고 하나님의 자녀가 되었다. 이것이 하나님의 은혜다. 기독교의 구속교리, 즉 화해론은 바로 자신을 십자가에 못 박는 대적자들을 용서하는 예수의 기도에 근거한다. "아버지, 저들을 사하여 주옵소서. 자기들이 하는 것을 알지 못함이니이다"(눅 23:34). 성령의 감동 감화를 통해 우리의 마음이 하나님의 사랑으로 채워질 수 있다면, 우리는 예수 그리스도처럼 가해자의 회개에 선행하여 그를 용서할 수 있을 것이다. 물론 용서는 모든 덕목들 가운데 가장 실천하기 어려운 덕목이며, 회개하지 않는 가해자를 용서한다는 것은 더욱 어려운 일이다. 더욱이 개인과 개인의 관계가 아니라 집단과 집단, 국가와 국가의 관계에 있어서는 더욱더 그러하다. 그렇기 때문에 라인홀드 니버는 집단과 집단, 국가와 국가의 관계에 있어서는 궁극적 가치인 사랑만으로는 악의 세력에 대처할 수 없기 때문에 현실주의적 선택으로서 차궁극적(penultimate) 가치인 정의(justice)를 수립하는 것이 필수적 조건임을 강조하였다. 그럼에도 불구하고, 그리고 그렇기 때문에 용서는 더욱 위대하다.

영화 "쉰들러리스트"의 주인공 오스카 쉰들러는 "진정한 힘은 사람을 죽일 수 있는 힘이 아니라 용서하고 살릴 수 있는 힘이다"라는 감명 깊은 대사를 남겼다. 볼프는 그리스도를 따르는 사람은 잘못한 사람의 회 개가 없어도 용서를 할 수 있어야 한다고 다음과 같이 주장한다. "우리는 용서라는 선물을 회개에 대한 보상으로 주는 것이 아니라 그 선물이 가해자가 회개하고 그 선물을 받는 것을 도울 것이라는 바람을 가지고 주는 것이다.⋯용서의 목적은 단지 용서하는 사람의 심리적 부담을 덜거나 단지 갈등을 해소하는 것이 아니라, 가해자를 선으로 돌려놓는 것이며, 궁극적으로 가해자와 피해자의 친교(communion)를 회복하는 것이다."[47] 용서는 그리고 오직 용서만이 인간의 악한 마음의 변화를 가져오며, 회개를 가능하게 만들고, 진정한 화해의 미래로 나아가는 문을 연다.

9명의 흑인이 희생된 찰스턴 임마누엘교회 총격사건의 범인인 딜런 로프에 대한 재판에서 유가족들은 로프에게 다음과 같은 용서의 말들을 전했다. "당신을 용서할게요. 당신은 내게서 정말 소중한 걸 앗아갔어요. 다시는 그녀에게 말을 걸 수도 없고 그녀를 안아줄 수도 없을 거예요. 하지만 당신의 영혼을 위해 기도할게요." "당신을 용서하라고 하나님께 기도할게요. 엄마를 다신 안을 수 없고 이야기할 수도 없고 많은 사람들이 고통 받겠지만 하나님은 당신을 용서할 것이고 나도 당신을 용서할게요." "할아버지와 다른 피해자들이 당신의 증오에 의해 죽음에 이르렀지만 다른 사람들은 당신의 영혼을 위해 기도할거예요."[48] 추모예배에서 노벨 고프 목사는 "폭력과 악의 세력은 우리를 흑인과 백인과 황인으로 갈라놓고 싸우기를 원하지만, 우리가 경험한 삶과 죽음은 결코 그런 폭력

---

47   Miroslav Volf, *A Public Faith* (Grand Rapids: Brazos Press, 2011), 115. 김명윤 역, 『광장에 선 기독교: 공적 신앙이란 무엇인가』 (서울: IVP, 2014).

48   http://blog.naver.com/khn9322?Redirect=Log&logNo=220396438341

에 굴복하지 않을 것"이라고 말했다.[49] 용서는 모든 차별과 폭력과 악의 세력에 대한 가장 강력한 투쟁의 방식이며, 화해를 통한 평등의 관계를 회복하기 위한 길(the way)이다.

8. 결론

한국교회는 먼 외국으로 나아가는 이른바 열방선교에는 열정적인 관심을 가지고 많은 인력과 재정을 쏟지만 정작 우리 사회 안에서 행해지고 있는 갖가지 억압적인 차별들(탈북자 차별, 비정규직 차별, 외국인 노동자 차별, 성차별, 장애인 차별 등)에 대해서는 별 관심을 기울이지 않는 경향이 있다. 뿐만 아니라 오히려 교회가 사회보다 뒤떨어져 있는 경우도 없지 않다. 예를 들면, 교회 안에서의 성차별은 교회 밖에서보다 더욱 심하다. 사회에서는 여성 대통령, 여성 장관, 여성 장성이 나오는데, 아직도 여성 목사와 장로를 허용하지 않는 시대착오적인 교회와 교단들도 있다. 가정에서 전통적인 어머니와 아내의 역할을 하고 있는 전업주부들이 교회 여전도회의 핵심 주체로 활동하고 있으며, 그러한 역할을 하지 않는 직업여성들, 특히 전문직종의 여성들은 교회의 외곽지대에 머물러 있거나 교회를 떠나고 있다.[50]

---

49 http://news.khan.co.kr/kh_news/khan_art_view.html?artid=201506221657051&code=970201

50 침체에 빠진 한국 교회가 새로운 활력을 되찾기 위해서는 리더십의 변화가 필요하다. 가부장적이고 권위주의적인 리더십은 대화적이고 민주적인 리더십으로 대체되어야 한다. 보다 대화적이고 민주적인 여성 리더십의 증대는 침체에 빠진 한국 교회에 새로운 생명력을 불어넣을 수 있을 것이다.

한국교회의 문제는 우리 사회에서 소외되고 차별받는 계층들을 단지 전도의 대상으로 간주한다는 것이다. 한국교회는 이들을 "대상"으로 한 일과성의 집단적인 행사를 정기적으로 여는 것으로써 이들에 대한 책임을 다했다고 생각하는 경향이 있다. 그러나 정말로 필요한 것은 이들을 대상으로 간주하고 그들을 위한 행사 위주의 프로그램을 기획하고 전도하는 것이 아니라, 이들을 한 공동체의 일원으로 그리고 한 식구로 받아들이고 함께 삶을 나누는 것이다. 자기의 옆 자리에 다른 피부색을 가진 다문화 가정의 사람이 함께 앉아서 예배를 드리고 교제하는 것을 부담스러워 하는 태도가 변하지 않는 한, 그들과 진정으로 한 공동체, 한 가족, 한 그리스도의 지체를 이룰 수 없다. 그러므로 집단적인 행사보다 실제적인 삶 속에서의 개별 그리스도인들의 의식의 전환이 요청된다.

우리 인간은 집단적·개인적으로 한편으로는 다른 사람과 집단으로부터 차별받는 피해자이면서, 다른 한편으로는 다른 사람과 집단을 차별하는 가해자일 수 있다. 우리는 피해자인 동시에 가해자다. 우리는 다른 사람들로부터 차별과 배제를 당하면서 동시에 또 다른 사람을 의식적 또는 무의식적으로 차별하고 배제한다. 우리는 우리보다 강한 자로부터 차별을 받을 때 그 차별의 부당함에 대하여 항의하지만, 우리가 강할 때 우리보다 약한 자를 차별하며 그 차별의 부당함에 대해서는 눈을 감는 이중적인 존재다. 그러므로 모든 종류의 차별을 극복하기 위한 첫걸음은 언제나 우리 자신(개인 또는 집단)을 살펴보고 반성하는 것으로부터 시작되어야 한다. 특히 교회와 그리스도인은 차별을 자행했던 역사적 과오를 되풀이하지 않기 위해 자신을 철저히 반성해야 한다.

개혁교회는 언제나 "개혁하는 개혁교회"가 되어야 한다(The Reformed Church is the reforming Reformed Church). 교회는 먼저 자기를 개혁함으로써만 세상을 변혁시킬 수 있다. 교회가 먼저 자기를 개혁하지 못할 때, 우리가 종종 경험하고 있는 것처럼 교회는 수치스럽게도 오히려 세상에 의한 개혁의 대상으로 전락한다. 예수 그리스도가 선포하고 실천한 하나님 나라는 그리스도인과 교회(그리고 세상)에 대한 영속적인 자기비판과 변혁의 원리이다. 우리 자신과 교회의 진정한 개혁은 오직 예수 그리스도가 선포한 하나님 나라의 복음 앞에서의 끊임없는 자기비판을 통해서만 가능하다. 교회는 끊임없이 자기를 비판하고 개혁하는 교회가 될 때에만 세상을 변혁시키고 세상 속에 하나님 나라를 구현할 수 있다. 그러므로 교회 안에서부터 모든 종류의 차별과 배제가 극복되고 진정한 평등과 포용의 공동체, 즉 하나님 나라가 실현되어야 한다. 그럴 때에만 우리 그리스도인과 교회는 하나님 나라의 역사적 선취로서 이 땅에 하나님 나라를 확장시키는 일에 쓰임을 받을 수 있다.

인간의 평등에 대한 계몽주의적인 철학적 인간학이나 하나님의 형상으로 지음을 받은 모든 인간이 평등하다는 신학적 인간학의 수립은 매우 중요하다. 그러나 우리에게는 이러한 것들 이상의 그 무엇이 필요하다. 왜냐하면 이와 같은 인간학이 있음에도 불구하고 갖가지 인간 차별의 현실이 감소하거나 근절되지 않고 있기 때문이다. 우리에게 개념적 이해나 이론적 깨달음보다 더욱 필요한 것은 공감적 사랑, 포용적 영성, 변혁적인 삶의 방식, 지속적인 투쟁의 용기, 그리고 변혁적 실천에 뒤따르는 희생과 고통을 끝까지 견디는 인내이다. 우리가 모든 인간의 근본적인 평등성에 대한 신학적 확신과 도덕적 명령을 차별과 배제의 현실 속에서 실천하고자 할 때, 개인적 차원에서의 희생과 사회적 차원에서의 갈등은 불가피하다. 그러나 희생과 갈등 없이 평등을 실현하는 것은 불가능하다.

우리가 하나님께 드리는 예배는 이 땅의 모든 차별을 타파하고 평등을 실현함으로써 이 땅에 하나님의 통치를 실현하기 위해 우리 자신을 드릴 수 있는 힘과 용기를 공급받는 예배가 될 때 진정한 영적 예배가 될 것이다(롬 12:1). 하나님 나라, 즉 만인평등적인 사랑의 공동체를 건설하는 일에 참여한다는 것은 무엇보다 우리가 다른 사람의 고통을 함께 나눈다는 것을 의미한다. 배제되고 차별받는 이웃을 향한 공감적 사랑이 포용적이고 평등한 사회의 구현을 위한 가장 근본적인 전제조건이다. 예수는 "내 이웃이 누구니이까?"(눅 10:29)라는 율법교사의 질문을 받고 선한 사마리아인의 이야기를 들려준 후에 그에게 다음과 같이 반문했다. "네 생각에는 이 세 사람 중에 누가 강도 만난 자의 이웃이 되겠느냐?"(눅 10:36) 율법교사가 "자비를 베푼 자니이다"라고 대답하자, 예수는 이렇게 말씀했다. "가서 너도 이와 같이 하라"(눅 10:37). 사람들은 "내 이웃이 누구인가?"라고 묻지만 예수는 "누가 강도 만난 자의 이웃이 되겠느냐?"라고 묻는다. 우리는 이 예수의 질문에 사마리아인처럼 강도 만난 자를 향한 공감적 사랑의 실천으로 응답해야 한다. 그렇게 할 때 우리는 만인평등적인 사랑의 공동체로서의 하나님 나라의 종말론적 완성을 믿음 가운데 소망할 수 있을 것이다(계 7:9).

제17장

창조와
진화

1. 서론

오늘날 진화론을 둘러싼 세계관 전쟁이 기독교와 세속문화, 그리고 기독
교 안에서 일어나고 있다. 기독교와 세속문화 사이에서 벌어지는 이 전쟁
은 유신론과 무신론 사이의 전쟁이다. 물론 진화론이 곧 무신론을 의미하
는 것은 결코 아니다. 그러나 진화론의 이름으로 무신론을 주장하는 과학
자들이 세속문화 안에 많이 있다. 창조주 하나님을 믿는 기독교 신앙이
세속문화의 무신론적 진화론의 거센 도전을 받고 있다.

　　　진화론과 관련된 세계관 전쟁은 기독교와 세속문화 사이에서뿐
만 아니라 기독교 안에서도 일어나고 있다. 오늘날 교회에 출석하는 많
은 청년들이 학교 생물학 수업시간에 배우는 진화론이 성서해석에 근거
한 교회의 가르침과 충돌한다고 여긴다. 어렸을 적부터 유년주일학교에
서 창조신앙을 배우고 성장한 청년들 가운데 학교에서 배우는 과학이 신
앙을 위협한다고 생각하는 청년들이 적지 않다. 미국의 근본주의와 복음
주의의 영향을 받은 한국의 보수적인 개신교 교회 안에는 진화론을 배격
하는 것이 무신론으로부터 기독교 신앙을 지키는 길이라고 믿는 지도자
들과 교인들이 많이 있다.

　　　그러나 어렸을 적부터 "쥬라기 공원"과 같은 영화를 보며 트라이
아스기, 쥐라기, 백악기로 이어지는 중생대 시기(2억 3천만 년 전-6천 5백
만 년 전) 동안 지구상에 살았던 거의 모든 공룡의 이름을 외우며, 학교에
서는 오늘날의 진화생물학, 지질학, 천체물리학을 배우고 성장한 대부분
의 청년들은 교회가 우리가 살고 있는 과학적 세상에서 점차 멀어지고

있다고 느낀다. 우리는 갈릴레이 시대에 교회가 우주에 관한 과학의 이해를 거부함으로써 역사적으로 지울 수 없는 오류를 범했음을 잘 알고 있다. 그 당시에 교회는 갈릴레이의 지동설이 성서의 세계관과 충돌한다는 이유로 거부했다. 오늘날 보수적인 복음주의 교회들이 진화론에 대해 보여주는 반감도 이와 다르지 않다. 즉 그 교회들은 진화론이 성서와 충돌한다는 이유로 거부한다. 이들은 역사의 교훈을 망각하고, 다시금 성서의 권위에 의지하는 교회가 과학적 진리를 과학자들보다 더 정확 무오하게 소유하고 있다고 주장했던 중세 교회와 동일한 오류를 반복하고 있다.

유감스럽게도 일반 대중은 오늘날 첨단 과학이론들을 담고 있는 자료에 직접 접근하기 어려우며 혹여 접근 가능하다고 해도 이해하는 것이 쉽지 않다. 예를 들면, 일반 대중 가운데 이미 오래된 이론인 아인슈타인의 상대성 이론을 제대로 이해하고 있는 사람들을 발견하는 것도 쉽지 않다. 대중은 증거로 제시된 과학적 자료를 해당 분야의 전문가들이 선별하고 해석한 것들에만 접근 가능하며, 따라서 대체로 이들의 선별과 해석에 의존한다. 그러므로 대중을 올바로 이끌어야 할 해당 분야 전문가들의 책임은 실로 막중하다. 창조와 진화의 관계를 올바로 수립하기 위해서는 성서해석학을 연구하는 신학자들과 천체물리학, 지질학, 진화생물학, 신경과학 등을 연구하는 과학자들의 역할이 중요하다. 그리고 신학자의 입장에서 말하자면, 열린 마음으로 과학과 대화함으로써 신학과 과학의 진리를 함께 아우를 수 있는 간학문적(interdisciplinary) 신학을 추구하는 신학자의 역할이 무엇보다도 중요하다.

이 글에서는 무신론적 진화론, 창조과학론(젊은 지구 창조론), 지적 설계론에 관해 고찰하고 이에 대한 대안으로 유신론적 진화론을 제시할 것이다. 창조와 진화의 관계와 관련해 무신론적 진화론과 창조과학론 사이에는 다양한 스펙트럼의 이론들이 있으며, 또한 유신론적 진화론 안에도 여러 유형들이 있다. 그러나 그 다양한 이론들과 유형들을 다 소개하는 것이 이 글의 목적은 아니다. 이 글에서는 무신론적 진화론, 창조과학론, 지적설계론에 대한 대안으로 제시되는 다양한 유형의 유신론적 진화론 모델들 가운데 필자가 가장 적절하다고 여기는 모델을 특히 성서해석 방법론과 자연주의 방법론을 중심으로 제시할 것이다.[1]

2. 무신론적 진화론

진화론을 창시한 다윈은 무신론자가 아니었다. 다만 그는 자연과 생명 과정에 대한 과학적 연구를 위해서 경험적 관찰과 실험에 의존하는 자연주의적 방법을 택했을 뿐이다. 다윈은 『종의 기원』(1859)[2]에서 부모가 가지고 있는 형질이 후대로 전해져 내려올 때 "자연선택"(natural selection)을 통해 주위 환경에 보다 더욱 잘 적응하는 형질이 선택되어 살아남음으로써 진화가 일어난다고 주장했다. 다윈의 진화론에 따르면, 지구상의 모든 생명체는 공통조상으로부터 수백만 년에 이르는 점진적인 변화(variation) 과정을 거쳐 생겨났다. 생물 개체는 같은 종이라도 환경에 적응하여 여러가지 변이를 나타내게 되는데, 이 중 자신의 생존과 번식에 유리한 변이

---

1 이미 발표된 창조와 진화에 관한 논문으로 김기석, "진화론과 공존 가능한 창조신앙," 「한국조직신학논총」, 33 (2012, 9): 387-420이 있다. 이 글에서 특히 근본주의적 유형인 창조과학론을 다루는 까닭은 이 이론이 보수적인 한국교회와 교인들에게 매우 잘못된 영향을 주고 있기 때문이다.

2 Charles Darwin and Julian Huxley, *The Origin of Species* (New York: Random House, 2008). 『종의 기원』은 제1판이 1859년, 마지막 제6판이 1872년에 *The Origin of Species by Means of Natural Selection*, 또는 *The Preservation of Favoured Races in the Struggle for Life*라는 제목으로 출판되었다.

로의 선택이 일어나서 후대까지 전해져 내려간다는 것이다. 자연선택을 통해 변이가 유전되고 매우 긴 지질학적 시간 동안 이러한 변화들이 새로운 종의 탄생으로 이어지는 것이 진화의 과정이다. 다윈의 진화이론은 생물의 다양성과 적응성이 미리 설계된 것이 아니라, 원리적으로 변이와 선택의 역사적 산물이라는 이해 구조를 확립하였다.

20세기에는 다윈의 모델과 현대 유전학이 결합하여 신다윈주의적 종합이 이루어졌다. 유전학은 DNA 및 유전자 기능에 대한 이해를 통해 세포 및 분자 단위에서의 진화를 이해 가능하게 만들었다. 신다윈주의는 기본적으로 다윈의 유산인 공통조상, 점진주의, 자연선택 개념을 유지하면서, 새로운 변형을 가져오는 돌연변이, 단속평형(punctuated equilibrium) 이론, 그리고 세포내공생(endosymbiosis) 이론[3] 등을 종합한다. 신다윈주의에 의하면 공통조상으로부터 오랜 기간에 걸쳐 점진적인 종분화가 일어났다. DNA내 염기서열의 유사성은 공통조상이 존재했음을 보여주는 강력한 증거다. 화석들은 시간의 흐름에 따라 복잡성이 증대되는 양상을 보여주며, 중간형태의 화석은 한 종에서 다른 종으로의 이행을 보여준다.[4]

진화론을 창시한 다윈은 무신론자가 아니었음에도 불구하고, 그

---

3   단속평형 이론: 화석 기록이 정체와 도약을 보이는 이유는 특정 시간대에 유기체의 급격한 변화 때문이지 화석 기록이 완벽하지 못하기 때문이 아니라는 이론. 세포내공생 이론: 원핵생물이 숙주 세포 안에서 공생관계로 오랜 시간 존재해 둘이 따로 독립적으로 살 수 없게 된 결과로 진핵생물의 미토콘드리아와 엽록체로 진화했다는 이론. 제럴드 라우, 『한눈에 보는 기원 논쟁』, 한국기독과학자회 역 (서울: 새물결플러스, 2016), 298, 305.

4   중간 형태 또는 이행 형태의 화석이 발견된 대표적인 사례는 고래 종으로서, 고래와 우제류(짝수 발가락을 지닌 발굽 동물) 사이를 연결하는 분자학적 증거가 화석증거와 일치한다고 한다. Darrel R. Falk, *Coming to Peace with Science: Bridging the Worlds between Science and Faith* (Downers Grove, IL: InterVarsity Press, 2004), 105-11.

리고 진화론 자체는 무신론과 아무런 관계가 없음에도 불구하고, 일반적으로 진화론은 무신론을 지지하는 것으로 잘못 간주되어왔다. 그리고 진화론자들 가운데는 실제로 무신론의 입장을 가진 과학자들이 상당수 존재한다. 무신론적 진화론은 물질세계 이외에는 다른 실재가 없다고 믿는 유물론적 세계관을 전제로 한다. 이 이론에 따르면 초자연적인 실재는 존재하지 않으며, 따라서 초자연계와 자연계 사이의 상호작용은 존재하지 않는다. 자연계로부터 주어지는 경험적 증거만이 지식의 유일한 기반이며, 따라서 과학은 지식을 획득하기 위한 유일한 길이다.

무신론적 진화론자들은 빅뱅 이전의 최초 특이점을 우주의 기원으로 보지 않는다. 이 모델에 따르면 태초에 출현한 에너지는 반드시 다른 물질 근원으로부터 왔어야만 한다. 이를 설명하기 위해 이들 가운데 다중 우주론(multiverse)을 주장하는 이들도 있다. 그러나 다른 차원의 우주가 존재하는지를 입증하는 근거가 없기 때문에 이러한 주장은 유신론자들이 하나님을 믿는 것과 다름없는 믿음일 뿐이다. 또한 무신론적 진화론자들은 세포, 즉 생명체가 무기물질로부터 점진적으로 우연히 생성되었다고 본다. 이들은 생명이 우연히 발생하는 것이 불가능한 일이 아님을 인류원리에 입각해서 주장한다. 즉 인간이 존재하므로 생명은 틀림없이 발생했고, 따라서 생명이 발생할 수 있는 조건을 만족시켰던 것도 틀림없다는 것이다. 에른스트 메이어(Ernst Mayr)에 따르면, "생명의 탄생은 그렇게 어려운 일이 아니다. 왜냐하면 지구에서 그 일이 약 38억 년 전에 생명에 적합한 조건이 마련되자마자 일어났기 때문이다."[5] 인간이란 종은 자연적인 진화과정을 거쳐서 우연히 생겨났다. 즉 인간은 450만-600만

---

5   Ernst Mayr, *What Evolution is* (New York: Basic Books, 2001), 43.

년 전 점진적으로 다른 영장류, 즉 유인원에서 갈라져 나와 오늘날의 모습을 가진 인간으로 진화했다.

무신론적 진화론에 따르면, 인간에게 실증할 수 있는 물질과 에너지와 독립적으로 존재하는 영혼이란 존재하지 않는다. 우리의 정신은 뇌의 기능일 뿐이다. 그리고 뇌의 기능이 멈추면 인간의 존재도 함께 끝난다. 따라서 무신론적 진화론자들은 인간의 생명과 다른 동물의 생명 사이에서 질적 차이를 발견하지 못한다. 리처드 도킨스(Richard Dawkins)는 "다른 모든 동물과 마찬가지로 우리 인간 역시 유전자에 의해 만들어진 기계"라고 주장한다.[6] 그는 유전자의 이기적인 생존전략이 같은 유전자를 지닌 타자를 위한 이타적인 행동을 가능케 한다고 주장한다.

무신론적 진화론과 그렇지 않은 다른 진화론들 사이에는 과학 방법론에 있어서 기본적으로 차이가 없다. 즉 둘 다 자연주의 방법론을 채택한다. 그러나 전자는 초자연적인 실재는 없다는 전제를 가지고 자연주의 방법론을 사용하며, 후자는 그러한 전제를 가지지 않고 자연주의 방법론을 사용한다. 초자연적인 실재는 존재하지 않는다는 무신론적 진화론의 전제는 경험적 관찰이나 실험을 통해 입증될 수 있는 과학적 추론이나 결론이 아니다. 자연 세계만이 유일한 실재라는 것은 철학적 신념에 의한 전제다. 자연을 대상으로 하는 과학은 초자연적인 신의 존재 여부에 대해 입증도 반증도 할 수도 없다. 그러므로 자연주의적 과학 방법론에 충실한 과학자라면 초자연적인 신의 존재 여부에 대하여 불가지론의 태도를 갖는 것이 합리적이다. 그리고 초자연적인 신의 존재여부를 과학을 통해 실증하는 것이 불가능하다면, 그 신과 자연계 사이의 상호작용 여부

---

6   Richard Dawkins, *The Selfish Gene* (Oxford/New York: Oxford University Press, 1976), 2.

도 과학을 통해 실증하는 것이 불가능하다.

3. 창조과학론(과학적 창조론)

"창조과학론" 또는 "과학적 창조론"(scientific creationism)은 진화론을 유물
론적 무신론과 동일시하고 진화론에 대하여 가장 적대적인 태도를 취하
는 이론이다. 창조과학론은 근본주의적 배경을 가진 캐나다의 안식교도
조지 맥크리디 프라이스(George McCready Price)와 미국의 남침례교도 헨리
모리스(H. M. Morris)에 의해 시작되었다. 20세기 전반기에 프라이스는 성
서에 대한 문자적 해석에 기초하여 지구의 역사가 6천년 밖에 안됐으며,
노아의 홍수 때 모든 지층이 형성되었다는 홍수지질학을 주장하였다. 모
리스는 1970년대에 미국 샌디에이고에 창조과학연구소를 설립해 창조
과학론을 확산시켰다. 우리나라의 창조과학 운동은 모리스의 영향을 받
아 1980년대 초에 시작되었다.

　　　창조과학론은 성서를 문자적으로 무오하고 정확한 하나님의 말
씀으로 믿는 믿음에 기초한다. 창조과학론자들은 성서가 초자연적인 영
감에 의해 기록되었기 때문에 영적·신학적으로뿐만 아니라 역사적·과
학적으로도 무오하다고 믿는다.[7] 따라서 이들은 성서가 과학 교과서로 사
용될 수 있으며, 성서에 기록된 하나님의 창조 이야기가 과학에 의해 입
증될 수 있다고 생각한다. 이들은 성서가 과학적 증거 위에 있다고 믿으
면서, 동시에 성서에 대한 문자적 이해를 과학적 증거에 의해 입증하고자

---

[7]　　Ken Ham, ed. *The New Answers Book 1* (Green Forest, AR: Master Books, 2006), 76.

한다.

테드 피터스와 마르티네즈 휼릿은 창조과학론자들이 주장하는 바를 다음 여섯 가지로 요약한다. ① 우주 즉 존재하는 모든 것이 하나님의 활동에 의해 무로부터 갑자기 창조되었다. ② 돌연변이와 자연선택은 하나의 근원에서 모든 종류의 생명체들이 발전했다는 것을 설명할 수 없다. ③ 최초에 창조된 식물과 동물의 종류들 안에서 일어나는 모든 변화는 제한된 범위 안에서만 일어날 수 있다. ④ 공통의 조상은 없다. 원숭이와 인간은 서로 다른 조상을 갖고 있다. ⑤ 지구의 지질학은 전지구적인 홍수를 포함한 대재앙들로 설명된다. ⑥ 지구의 나이는 1만 년 이하로 젊다.[8]

창조과학론자들은 창세기 1:1-2:4의 창조 이야기에 대한 문자적 해석에 기초하여 창조가 하루가 24시간인 6일 동안 일어났다고 믿으며, 또한 창세기의 족보를 근거로 창조가 대략 6천 년-1만 년 전에 일어났다고 주장한다.[9] 따라서 이들은 오늘날의 과학의 지배적 이론인 우주의 나이가 약 138억 년이라는 빅뱅우주론을 거부한다. 젊은 지구론을 주장하는 대표적인 인물인 러셀 험프리즈(D. Russell Humphreys)에 따르면, 우리 은하는 우주의 중심에 있기 때문에 일반 상대성 이론에 따라 예측된 중력 시간 팽창으로 인해 중력의 중심에서 멀리 떨어진 곳보다 시간이 느리게 흐른다. 따라서 창조시에 지구에서 엿새가 경과하는 동안 우주의 먼

8　테드 피터스 · 마르티네즈 휼릿, 『하나님과 진화를 동시에 믿을 수 있는가』 천사무엘 · 김정형 역 (서울: 동연, 2015), 113.

9　영국의 어셔 대주교는 구약성서의 족보를 근거로 창조는 BC 4004년에, 노아의 홍수는 BC 2348년에 일어났다고 주장했다. James Ussher, The *Timechart of History of the World: Traces 6000 Years of World History* (Chippenham, UK: Third Millenium Trust, 2001)를 참고하라.

곳에서는 100억 년 이상이 경과했다는 것이다. 그리고 또한 이러한 이유로 지구는 젊어 보이는 반면 별들은 매우 늙어 보인다는 것이다.[10] 그러나 시간의 흐름의 차이를 지나치게 과장하는 이러한 이론은 천체물리학계에서 인정받지 못한다.

창조과학론자들은 하나님의 창조 사역 자체가 기적이므로 그 기적에 대한 과학적 메커니즘을 제시하는 것은 불필요하다고 여기면서도 자신들의 주장의 타당성을 과학적으로 입증하고자 한다. 이러한 이유로 이들은 스스로를 "성서적 창조론자"가 아니라 "과학적 창조론자"라고 부른다. 이들은 창세기 1-2장에 대한 문자적 해석에 기초한 젊은 지구론을 과학적으로 입증하기 위해, 역시 성서에 나타나는 노아 홍수 사건에 대한 문자적 해석에 기초한 홍수지질학을 통해 지구의 지질 현상을 설명하고자 한다. 즉 오늘날의 대부분의 지구 지층과 화석은 전지구적인 노아 홍수 때 만들어졌다는 것이다. 이들은 해양 생명체가 가장 밑에 묻혀 있고 위로 올라갈수록 점차 더 크고 활동적인 생명체가 묻혀 있는 화석층의 순서를 홍수의 결과로 설명한다.[11] 그러나 만약 이들의 주장대로 모든 퇴적물이 대홍수 때 쌓였다면 꽃가루가 전 세계의 모든 퇴적층에서 발견되어야 한다. 왜냐하면 꽃가루는 전 세계로 퍼져나가기 때문이다. 그러나 꽃가루는 중생대 이전의 퇴적물에서는 발견되지 않는다. 창조과학론자들은 생명이 진화과정을 통해 점진적으로 그리고 우연히 발생할 확률은 너

---

10   D. Russell Humphreys, *Starlight and Time: Solving the Puzzle of Distant Starlight in a Young Universe* (Green Forest, AR: Master Books, 2001), 138.

11   이들은 또한 홍수 이전의 생명체에서 측정된 동위원소 연대가 왜 그렇게 오래된 것으로 나타나는지를 설명하기 위해, 방사성 원소의 붕괴 속도가 창조의 첫째와 둘째 날과 노아의 홍수, 이 두 기간에 증가했다고 주장한다. Don DeYoung, *Thousands...not Billions: Challenging An Icon of Evolution, Questioning the Age of the Earth* (Green Forest, AR: Master Books, 2005), 9장.

무 낮아 실제로는 불가능하다고 믿는다. 또한 이들은 한 종에서 다른 종으로의 진화를 입증할 전이형태가 발견되지 않는다고 주장한다. 이들에 따르면 창조세계는 하나님의 직접적인 창조행위를 보여주는 경험적 증거들을 보여준다. 그러나 이들은 생명체가 생겨나는 메카니즘에 대한 과학적 설명은 시도하지 않는다. 단지 이들은 생명체가 중간 과정을 거치지 않고 전능한 하나님에 의해 처음부터 완성된 형태로 창조되었다고 주장한다. 즉 하나님은 모든 종류(종)의 유기체와 생물을 개별적으로 직접 창조했다. 이들은 모든 화석에서 유인원과 인간을 확실히 구별할 수 있다고 주장한다. 인간과 침팬지의 유사성은 공통설계에 기인하는 것이지, 공통혈통에 기인하는 것이 아니다. 이들은 하나님이 공통조상을 통해서가 아니라 영혼을 지닌 인간인 아담과 하와를 직접 만들었다고 믿는다. 아담과 하와는 하나님이 직접 창조한 2명의 개인으로서, 모든 인류의 선조이며 이 두 사람의 죄로 인해 전 인류적 타락이 발생하고 죽음이 시작되었다.

한 종에서 다른 종으로의 진화를 입증할 전이 형태가 발견되지 않는다는 창조과학론자들의 주장은 오늘날의 다양한 고생물학적 발견에 의해 논박된다. 예를 들면, 오늘날 과학자들은 날개 달린 파충류의 화석과 같은 전이 형태가 바다 생물이 하늘을 나는 생물로 진화했음을 입증한다고 본다.[12] 근래에는 이들 가운데 현대 과학의 정설대로 지구의 나이를 40-50억 년으로, 우주의 나이를 138억 년으로 보는 비교적 온건한 입장의 "오랜 지구론"주의자들도 있다. 그러나 이들은 소수이며 한국창조과학회의 공식 입장은 아직 "젊은 지구론"이다. 또한 창조과학론자들 가운데는 대진화가 아닌 소진화를 받아들이는 사람들도 간혹 있다. 소진

---

12   Kenneth Miller, *Finding Darwin's God* (New York: Cliff Street Books, 1999), 264.

화는 종의 범위 안에서 일어나는 변화이며, 대진화는 종의 분화 즉 새로운 종의 발달로 이어지는 변화를 의미한다. 소진화에 따르면, 한 개체 내의 종 분화는 매우 다양한 유전적 정보를 포함한 서로 다른 원형을 지닌 한 쌍의 개체로부터 시작된 다양성을 나타낸다. 그러나 점진적 진화는 종 안에서의 또는 가까운 종간에서의 변화를 설명할 수 있지만 큰 규모의 변화는 설명할 수 없다는 것이다.

4. 지적설계론

지적설계론은 창조과학론을 학교에서 가르치는 것이 미국 법정에서 금지되자(1982, 1987), 이에 대한 대안으로 생겨났다고 할 수 있다. 지적설계론은 찰스 택스턴(Charles Thaxton)의 저작[13]에 의해 시작된 것으로 알려져 있다. 택스턴은 지적설계론을 "생명의 기원과 관련해 철저히 유물론적인 진화론에 대항하는, 증거에 기반을 둔 과학이론"[14]으로 정의한다. 지적설계론자들은 자연 속에서 경험적 증거를 통해 신적 설계를 확증할 수 있다고 주장한다. 이들은 태양계와 지구가 생명체가 살기에 적합하도록 다양한 특성이 정교하게 조율되었으며, 이것은 확률적인 우연성으로는 도저히 설명될 수 없고 오직 고차원적인 지성을 가진 신의 설계로서만 설명될 수 있다고 주장한다.

---

[13] Charles B. Thaxton, Walter L. Bradley & Roger L. Olsen, *The Mystery of Life's Origin: Reassessing Current Theories* (Dallas: Lewis & Stanley, 1984).

[14] Stephen C. Meyer, *Signature in the Cell: DNA and the Evidence for Intelligent Design* (New York: Harper One, 2009), 4.

지적설계론자들은 다윈의 진화론을 전적으로 거부하지는 않는다. 이들은 진화론의 많은 부분을 인정한다. 그러나 이들은 진화론이 근본적으로 자연주의 세계관에 의해 지배되고 있다고 비판한다. 이들은 신다윈주의가 주장하는 무작위적인 작은 돌연변이의 누적만으로는 새로운 종이 발생할 수 없다고 본다. 즉 자연선택에 의한 점진적 변화를 통해서는 자연계 안에 "환원 불가능한 복잡한 구성체"가 형성될 수 없다. 대표적인 지적설계론자의 한 사람인 윌리엄 뎀스키(William A. Dembski)에 따르면 생명이 진화를 통해 우연히 발생할 확률은 온 우주의 모든 원자 중 하나를 우연히 뽑게 될 확률보다도 낮다.[15] 생명이 점진적인 진화과정에 의해서 생겨나는 것이 불가능하다는 것은 결국 생명을 창조한 행위 주체가 있다는 것을 의미한다. 자연 현상 중에는 과학으로는 설명이 안 되고 하나님의 개입으로만 설명되는 간격 또는 틈이 있다. 다시 말해 "환원 불가능한 복잡한 구성체"는 자연선택에 의해서는 설명될 수 없고, 오직 지적 설계자의 개입을 통해서만 설명될 수 있다는 것이다.[16]

지적설계론은 토마스 아퀴나스의 자연신학적 신 존재 증명방법인 우주론적 논증 가운데 하나인 목적론적 증명의 현대적 변형이라고 할 수 있다.[17] 즉 이 이론은 세계가 지적 존재에 의해 설계되었음을 보여주는 증거를 과학을 통해 발견하고 이를 통해 지적 설계자의 존재를 추론하고

---

15   William A. Dembski, *The Design Revolution: Answering the Toughest Questions about Intelligent Design* (Downers Grove, IL: InterVarsity Press, 2004), 제10장.

16   이에 대해 William A. Dembski, *No Free Lunch* (Lanham, Md.: Rowman & Littlefield, 2002)를 참고하라. 그러나 뎀스키는 2016년 9월 23일 자신은 더 이상 지적설계론자가 아니라고 공표했다.

17   토마스 아퀴나스의 목적론적 증명은 자연세계 속에 존재하는 목적성으로부터 이 모든 목적성의 질서를 초월하며 모든 존재에게 목적성의 질서를 부여하는 신적 설계자가 있다는 것이다. Thomas Aquinas, *Summa Theologica*, Pt. 1, Q. 2, art. 3.

자 한다. 지적설계론은 "환원 불가능한 복잡한 구성체"가 자연적으로 생겨날 확률이 너무 낮기 때문에 자연주의적 진화론으로는 설명될 수 없으며, 오직 지적 설계자의 설계로만 설명될 수 있다고 논증한다. 따라서 지적설계론은 자연주의 방법론과 정면으로 대립된다. 자연주의 방법론은[18] 모든 자연 현상이 물리적 인과관계 안에서 설명되어야 한다고 주장하는 반면, 지적설계론은 이러한 주장은 우주의 운행에 직접 개입하는 하나님의 행동을 선험적으로 배제하기 때문에 잘못되었다고 주장한다. 자연주의 방법론은 과학과 종교가 상호보완적인 두 분리된 지식의 영역이라고 보는 반면, 지적설계론은 과학과 종교가 분리된 두 영역이 아니라 상호작용하는 두 영역이며 자연에 대한 경험적 증거를 통해 하나님의 행동을 탐지할 수 있다고 주장한다.

지적설계론자들은 자신들의 논증이 과학적으로 타당한 증명방법이라고 주장한다. 그러나 지적설계론은 과학적 논증이라기보다는 형이상학적 논증이다. 어떤 자연 현상을 과학적으로 설명할 수 없다고 해서 지적설계자가 과학적으로 보증되는 것은 아니다. 뿐만 아니라 현재 과학으로 설명되지 않는 현상이 미래에 과학으로 설명된다면, 틈새의 하나님은 존립이 어렵게 될 것이다. 따라서 과학적으로 설명되지 않는 틈새에 근거한 지적설계론의 신 논증 방식은 취약하다. 우종학은 지적설계론자들의 문제가 설계의 증거를 자연적 과정으로 설명되지 않는 현상들에서 찾음으로써 하나님의 다양한 설계 방식을 제한하는 오류를 범하는 데 있다고 지적하면서, 모든 것이 자연적으로 설명된다고 해도 그렇게 완벽하게 이

---

18   초자연적 실재 즉 신의 존재와 관련하여 방법론적 자연주의자는 유신론자일 수도 있고, 무신론자일 수도 있으며, 불가지론자일 수도 있다.

해 가능한 우주를 창조한 설계자는 여전히 필요하다고 강조한다.[19]

　　　　지적설계론의 문제점의 핵심은 자연에 대한 경험적 증거를 통해 하나님의 행동을 탐지할 수 있다는 자신들의 형이상학적 논증을 과학적 논증이라고 강변하는 데 있다. 그러나 초자연적 설계자, 즉 하나님의 존재는 과학을 통해서 논박될 수도 없지만 입증될 수도 없다. 다시 말해 무신론적 진화론자들이 과학을 통해 하나님이 존재하지 않는다는 것을 입증할 수 없는 것처럼, 지적설계론자들 역시 과학을 통해 하나님이 존재한다는 것을 입증하는 것은 불가능하다. 과학이 할 수 있는 그리고 해야 하는 과제는 자연주의적 방법론을 사용하되 하나님의 존재 가능성을 열어 놓는 것이며, 자연현상에 대한 과학의 설명이 하나님에 대한 종교의 설명과 모순되지 않고 오히려 그것을 지지해줌을 확증하는 것이다.

5. 유신론적 진화론

이미 언급한 바와 같이 유신론적 진화론 안에 다양한 스펙트럼의 유형들이 존재한다. 하지만 이 글에서는 필자가 바람직하다고 여기는 유신론적 진화론의 모델에 관해서만 논술하고자 한다. 특히 이 글에서 제시하는 유신론적 진화론은 하나님이 창조 시에 자연법칙을 세우고 창조 이후에는 단지 자연법칙에 따라 진화가 일어나도록 우주에서 손을 뗐다고 주장하는 유신론적 진화론과 구별된다. 필자는 진화론과 기독교의 창조신앙이 서로 모순된다고 보지 않는다. 하나님은 진화의 과정 속에서 그리고 그

19　　우종학, 『무신론 기자, 크리스천 과학자에게 따지다』 (서울: Ivp, 2014), 196.

과정을 통해 창조적 섭리를 수행하신다. 미국 성공회의 후원으로『창조교리문답』이라는 이름 아래 진행된 연구는 유신론적 진화론을 다음과 같이 설명한다. "진화하고 있는 이 우주에서 하나님은 자연 활동의 결과를 지시하지 않고, 세상이 모든 다양성 안에서 가능한 모든 것을 허용하신다. 즉 하나님은 확정된 계획이 아니라 목적을 갖고 계시며, 청사진이 아니라 목표를 갖고 계시다고 말할 수 있다."[20]

유신론적 진화론은 하나님이 우주를 창조하셨을 뿐만 아니라 계속 그 안에서 일하신다고 믿는다. 하나님은 우주의 과정과 개인의 삶 속에서 일하심으로써 자신의 계획을 실현해 가신다. 그러나 하나님은 자신이 만드신 자연법칙을 스스로 무너뜨리는 방식으로 일하시지는 않는다. 하나님의 일하심의 방식은 정신적 차원에서 인간의 마음을 조명하거나 물리적(특히 양자역학적) 우연성의 영역에서 높은 확률의 사건뿐 아니라 때때로 낮은 확률의 사건의 현실화를 가능케 하심을 포함한다. 이러한 하나님의 일하심에는 간혹 기적과 같은 현상들이 수반될 수도 있다. 그러나 이것은 곧 하나님이 자신이 만드신 자연법칙을 깨뜨리는 방식으로 일한다는 것을 의미하지는 않는다. 왜냐하면 인간이 현재 과학을 통해 이해할 수 있는 자연법칙은 극히 작은 일부일 뿐이며, 따라서 지금의 과학이 설명할 수 없다고 해서 그것이 곧 자연법칙을 깨뜨리는 것을 의미하지는 않기 때문이다.

그러므로 유신론적 진화론은 자연주의 방법론을 수용한다. 자연주의 방법론은 과학과 종교를 상호보완적인 두 지식의 영역으로 간주한다. 초자연적 존재인 하나님은 자연에 대한 관찰과 실험에 의존하는 과학

---

20 테드 피터스 · 마르티네즈 휼릿,『하나님과 진화를 동시에 믿을 수 있는가』, 40.

적 실증을 통해 입증될 수도 반증될 수도 없다. 그러나 하나님은 단지 과학이 설명할 수 없는 자연 현상뿐만 아니라 과학이 설명할 수 있는 모든 자연적 현상을 통해서 창조적 섭리를 수행하신다. 하나님이 진화라는 자연적 메커니즘을 통해 오랜 세월에 걸쳐 생물들과 인간을 만드셨다는 의미에서 하나님의 설계와 섭리를 말하는 것은 결코 창조주 하나님의 권위를 손상시키지 않는다. 따라서 유신론적 진화론은 돌연변이와 자연선택의 우연성을 하나님의 목적과 화해시키고자 한다. 하나님은 세상을 스스로 조직하고 창조하도록 창조했다. 그레거슨에 따르면 유신론적 진화론에 있어서 "우리는 설계를 뛰어넘어 살 수 있도록 설계된 세계 안에 살고 있다. 세계는 자기발전과 공동진화의 자유를 위해 은혜롭게 설계되었다."[21] 세계는 하나님에 의해 우연성, 자유, 자기 조직화로 나아가도록 창조되고 설계되었다.

　　가톨릭교회의 프란치스코 교황은 2014년 10월 27일 교황청 과학원 총회에서 행한 강연에서 진화론과 빅뱅우주론이 창조론과 조금도 모순되지 않으며, 오히려 창조주의 존재를 필요로 한다고 강조했다. 그는 다음과 같이 말했다. "우리는 창세기의 창조 이야기를 읽을 때, 하느님을 만능 마술 지팡이를 휘두르는 마법사로 상상할 위험이 있다. 그러나 그렇지 않다. 그분은 만물을 창조하셨고, 만물이 하나님이 그것들 각각에 부여한 내적 법칙에 따라 발전하고 충만해질 수 있도록 하셨다.…오늘날 세상의 기원으로 제시되는 빅뱅 이론은 창조주의 개입과 모순되지 않고 오히려 창조주에 의존한다. 진화는 진화하는 존재의 창조를 전제하기 때문

21　Niels Henrik Gregersen, "Beyond the Balance: Theology in a Self-organizing World," in *Design and Disorder*, ed. Niels Henrik Gregersen and Ulf Görman (London and New York: T.& T. Clark, 2001), 79. 테드 피터스 · 마르티네즈 휼릿, 『하나님과 진화를 동시에 믿을 수 있는가』, 160.

에, 자연 안의 진화는 창조의 개념과 충돌하지 않는다."[22]

　　창세기 1-2장의 창조 이야기의 의도는 창조의 시점이나 기간 또는 과정이나 순서를 말하는 데 있지 않다. 이 이야기는 비유 언어를 통해 하나님이 곧 창조주임을 증언하는 고대 문학의 한 장르다. 따라서 하나님이 6일 동안 창조를 수행했다는 성서의 진술은 우주의 나이가 138억 년 되었다는 오늘날의 천체물리학의 이론과 일치하는 것도 아니지만 모순되는 것도 아니다. 다시 말해 창조 이야기는 하나님이 언제 어떤 방식으로 우주를 창조했는지에 대한 과학적 물음과는 아무런 관계가 없다. 이 이야기는 하나님의 창조주 되심과 인간의 유한성 그리고 창조주 하나님에 대한 피조세계와 인간의 절대적 의존성을 고대의 세계관을 반영하는 언어로 표현한 것이다.

　　유신론적 진화론에 있어서, 하나님은 처음부터 완벽한 생명을 창조하신 것이 아니라 진화의 순차적 과정을 통해 생명을 창조하신다. 이 이론은 화석 기록의 전체 패턴과 다양한 염색체상의 유사성이 공통조상을 지시한다는 신다윈주의의 견해를 공유한다. 그러나 이 이론은 화석 기록에 나타나는 진화과정의 도약, 즉 창발적 변화를 단지 우연한 자연선택의 결과로가 아니라 하나님의 간섭과 인도에 의한 것으로 이해한다. 창발이란 진화 과정의 각 단계에서 과거의 조건들에 의한 필연성으로부터 유래되지 않는 새로운 무언가가 존재하게 된다는 것을 의미한다. 클레이턴은 창발론을 "우주적 진화가 반복적으로 예측 불가능하고 환원 불가능한 새로운 출현을 포함한다는 이론"으로 정의한다.[23] 판넨베르크는 창발

22　　http://w2.vatican.va/content/francesco/en/speeches/2014/october/documents/papa-francesco_20141027_plenaria-accademia-scienze.html

23　　창발적 속성은 "하위 체계로부터 생겨나지만 그 하위 체계로 환원되지 않는 속성"이

적 진화 개념이 하나님이 진화과정의 새로운 전환점들에서 활동하신다고 말할 수 있게 해준다고 본다. 즉 미분화된 단일한 존재로부터 분화된 존재가 생겨난다는 후성적(後成的, epigenesis) 진화 개념은 하나님의 창조 개념과 양립 가능하다.[24] 유신론적 진화론은 하나님이 창발적 진화를 포함하는 창조세계의 모든 자연적·역사적 과정 안에서 행동하신다는 사실을 확증하고자 한다. 예를 들면, 하나님은 진화 과정의 우연성의 영역 속에서 그리고 특히 양자 차원의 비결정론적 영역 속에서 낮은 확률의 사건의 현실화를 가능케 하심으로써 행동하실 수 있다. 과학자는 자신이 이해하는 자연법칙의 범주 안에서 이와 같은 하나님의 행동을 증명할 수도 또한 반증할 수도 없다.

유신론적 진화론은 인간이 진화의 과정 속에서 유인원의 혈통으로부터 급격한 변화, 즉 창발적인 도약을 통해 생겨났을 것으로 본다. 아마도 하나님은 진화가 진행 중인 인간 이전 단계의 조상 가운데 한 개체를 창조적으로 변형시켜 하나님의 형상을 부여했을 것이다. 인간과 침팬지의 DNA 분석 결과 유전자의 98.5%가 일치한다는 것이 밝혀졌다. 그런데 모든 유인원은 24쌍의 염색체(48개)를 가지고 있으나 인간은 23쌍을 가지고 있다. 주목할 만한 사실은 인간의 염색체 중 두 번째로 큰 2번 염색체가 두 염색체의 끝과 끝이 연결된 것처럼 보이는 특징을 가지고

다. 창발은 "그 이상이지만 전적으로 다른 것은 아닌" 것에 관한 것이다. Philip Clayton, *Mind and Emergence: From Quantum to Consciousness* (Oxford/New York: Oxford University Press, 2004), 39.

24 Wolfhart Pannenberg, "Human Life: Creation Versus Evolution?" Ted Peters ed., *Science and Theology: The New Consonance*, pp. 141-42. 볼프하르트 판넨베르크, "인간의 생명: 창조인가 진화인가?" Ted Peters ed., *Science and Theology: The New Consonance* (Boulder: Westview Press, 1998), p. 150. 윤철호 외 역, 『과학과 종교: 새로운 공명』 (서울: 동연, 2002), 247.

있다는 것이다. 더욱이 인간의 2번 염색체에 존재하는 유전자 순서는 침팬지의 서로 다른 2개 유전자 순서와 마치 침팬지의 두 염색체의 짧은 팔이 합쳐진 것처럼 일치한다. 이것은 하나님이 이미 존재하는 원형을 재조합해서 인간의 물리적 형상을 만들고 그 후에 하나님의 형상을 불어넣었다는 추론을 가능케 한다.[25] 오늘날의 고고인류학의 관점에서 볼 때, 성서가 말하는 첫 번째 인간인 아담은 첫 번째 호모 사피엔스로 이해될 수 있을 것이다.[26]

6. 성서해석 방법론

창조와 진화의 관계에 대한 잘못된 이해(특히 창조과학론)의 주된 원인 중 하나는 잘못된 성서해석에 있다. 성서해석에 있어서 성서의 역사적 상황과 세계관과 오늘날의 역사적 상황과 세계관의 차이는 충분히 고려되어야 한다. 창세기(특히 P문서)는 그것이 기록될 당시의 세계관인 바벨론의

---

25 이에 관해서 Fazale R. Rana, "Chromosome 2: The Best Evidence for Human Evolution?" *New Reasons to Believe*, 2010, 6-7. 제럴드 라우, 『한눈에 보는 기원 논쟁』, 198, 212에서 재인용.

26 유인원과 인간 사이의 중간 형태를 보여주는 화석들이 있다는 것이 고고인류학자들의 일반적인 견해이다. 이 화석들 가운데 오스트랄로피테쿠스 속(4백만-150만 년)은 유인원(호미닌 또는 호미니드, 오랑우탄, 고릴라, 침팬지)에 가깝고 호모 속(호모 하빌리스, 190만-150만 년), 호모 에렉투스(180만-20만 년), 호모 네안데르탈렌시스(25만-4만 년) 호모 사피엔스(19만 년-현재)는 인간과 가깝다. 인간은 두개골의 크기와 형태, 치아, 턱뼈, 그리고 직립자세를 가능케 하는 척추와 골반의 형태, 엄지손가락과 엄지발가락의 크기와 위치 등, 유인원과 구별되는 신체상의 특징들을 지니고 있다. 이에 관해 다음을 참고하라. Sigrid Hartwig-Scherer, "Apes or Ancestors?" in *Mere Creation: Science, Faith & Intelligent Design*, ed. William A. Dembski, pp. 212-35 (Downers Grove, IL: InterVarsity Press, 1998); Jeffrey H. Schwarz, *Sudden Origins: Fossils, Genes, and the Emergence of Species* (New York: John Wiley, 1999).

세계관을 바탕으로 기록되었다. 따라서 성서의 저자가 당시의 역사적 상황과 세계관 안에서 그 당시의 언어로 표현하고자 했던 것을 오늘 우리의 역사적 상황과 세계관 안에서 우리 시대의 언어로 이해하고자 하는 것이 올바른 성서해석 방법이다.

창세기 1-2장은 이스라엘의 하나님 야웨가 우주와 인간의 창조자이심을 선포하는 것을 주요 목적으로 한다. 하나님이 언제 어떤 방식으로 우주와 인간을 창조하셨는지를 과학적으로 설명하고자 하는 것은 저자의 관심사도 아니며 성서의 주제도 아니다. 창세기 1-2장은 저자가 우주와 인간의 창조에 관한 묘사를 문자적 사실로 받아들이기를 의도하지 않았음을 보여주는 비유 언어로 가득 차 있다. 창세기 1:1-2:3에 나타나는 창조의 순서는 병렬구조 안에서 이해되는 것이 적절하다. 첫째 날부터 셋째 날까지의 창조는 넷째 날부터 여섯째 날까지의 창조와 구조적으로 대응된다. 첫째 날에 하나님은 빛과 어둠을 나누셨고, 이에 대응하는 넷째 날에는 이 빛과 어둠을 주관하는 태양과 달과 별들을 만드셨다. 둘째 날에 하나님은 궁창을 만드시고 하늘과 물(바다)을 나누셨다. 그리고 이에 대응하는 다섯째 날에 궁창을 나는 새를 만드시고 바다에 서식하는 물고기를 만드셨다. 셋째 날에 하나님은 육지와 식물을 만드시고 이에 대응하는 여섯째 날에는 이들을 서식지와 먹이로 사용하는 짐승과 사람을 만드셨다. 이 해석은 다음과 같이 도표화될 수 있다.[27]

---

27   Denis O. Lamoureux, *Evolutionary Creation: A Christian Approach to Evolution* (Eugene, OR: Wipf & Stock, 2008), 290; 트렘퍼 롱맨, "창세기 1-2장이 주는 교훈,"『창조 기사 논쟁: 복음주의자들의 대화』, J. 대릴 찰스 편집, 최정호 역 (서울: 새물결플러스, 2016), 242-44.

형성	채움
1. 빛과 어둠이 나누어짐	4. 빛과 어둠을 채움 (해와 달/별)
2. 물과 하늘이 나누어짐	5. 물과 하늘을 채움 (새와 물고기)
3. (물로부터) 땅이 나누어짐	6. 땅을 채움 (짐승과 사람)

여기서 "날"은 문자적으로 하루 24시간으로 구성된 날이 아니다. 첫 3일 동안은 태양, 달, 별, 하늘도 없는데 무슨 24시간으로서의 날이 있겠는가? 하나님의 몇 마디 말씀만으로 창조가 진행된 6일을 실제적인 144시간으로서의 한 주간으로 이해하는 문자적 해석은 넌센스가 아닐 수 없다.

하나님이 흙에 생기를 불어넣어 아담을 창조하신 이야기도 신인 동형론적인 비유 언어다. 이 이야기는 하나님이 인간을 어떻게 만드셨는지 그 방법을 문자적으로 알려주고자 하는 의도로 쓰인 것이 아니라 인간의 근원이 창조주 하나님께 있음을 보여주려는 의도로 쓰인 것이다. 이 창조 이야기는 이 이야기가 기록된 당시의 역사적 배경인 고대 근동의 창조 이야기들과의 관계에서 이해되어야 한다. 하나님이 아담을 존재하게 하신 과정은 바벨론의 작품들(에누마 엘리쉬, 아트라하시스 서사시)에 나타나는 창조 이야기들과 매우 유사한 특징들을 보여준다. 그러나 이것은 성서의 창조 이야기가 단순히 근동의 창조 이야기를 모방했다는 것을 의미하는 것은 결코 아니다. 오히려 성서의 창조 이야기는 당시의 다른 창조 이야기들에 나타나는 세계관에 저항하기 위해 기록된 것으로 보인다. 에누마 엘리쉬(*Enuma Elish*)[28]는 세계가 여러 신들의 투쟁의 결과로 생겨났

---

28 에누마 엘리쉬는 바벨론에서 가장 오래된 창조 서사시로 꼽힌다. 에누마 엘리쉬는 천지 창조 이전 신들의 탄생과 투쟁에 관한 이야기에서 시작된다. 태초의 혼돈 속에 있던 담수를 다스리는 아프수와 바다의 짠물을 다스리는 티아마트 사이에서 라흐무(Lahmu), 라하무(Lahamu), 안샤르(Anshar) 등 최초의 신들이 탄생하고, 이 신들이 다시 자신들을 닮은 자식을 낳는 과정에서 훗날 신들의 왕이 될 마르두크가 태어난다. 이후 자신의

다고 말한다. 그러나 성서는 우주와 인간을 창조한 신이 다른 신이 아니라 이스라엘의 하나님 야웨라는 사실을 선포한다. 따라서 성서의 창조 이야기는 변증적 목적을 갖는다. 다른 신은 없으며, 오직 하나님만이 온 우주의 창조주라는 것이 성서의 창조 이야기의 메시지다. 트렘퍼 롱맨은 창세기 1-2장을 읽는 현대인들이 이 창조기사가—다윈주의에 대항하기 위한 것이 아니라—바벨론, 가나안, 이집트인들의 세계관에 맞서기 위해서 기록되었다는 사실을 깨달아야 한다고 강조한다.[29] 이 본문에 대한 문자적 해석을 통해 하나님이 우주와 인간을 만드신 방법을 과학적으로 설명하고자 하거나 현대의 진화론을 반박(또는 옹호)하고자 하는 시도는 모두 잘못된 것이다.

뱃속을 어지럽히는 신들을 멸망시키려는 티아마트와 마르두크 신 사이에 싸움이 벌어지고, 마르두크가 주문을 걸어 티아마트를 죽이고 승리한다. 승리한 마르두크는 티아마트의 시체를 둘로 나누어 하늘과 땅을 창조한다. 그리고 점토에 신의 피를 섞어서 사람을 만들어 그 동안 작은 신들이 담당했던 노역을 담당하게 했다.…에누마 엘리쉬에 나오는 천지창조 내용은 기본 골격이 구약성서 창세기의 내용과 유사하다는 평가를 받고 있다. 신이 천지를 창조한 뒤 휴식을 취했다는 것이나 빛에서 시작해서 인간으로 끝나는 창조의 순서 등이 유사점으로 거론된다. 학자들은 구약성서 창세기가 에누마 엘리쉬에서 변형된 것이거나, 두 이야기가 모두 동일한 제 삼의 원전(수메르 신화일 것으로 보고 있다)에서 파생된 것으로 추정하고 있다. [네이버 지식백과] 에누마 엘리쉬 [Enuma Elish] (두산백과) http://terms.naver.com/entry.nhn?docId=1240620&cid=40942&categoryId=32966

29 트렘퍼 롱맨, "창세기 1-2장이 주는 교훈," 『창조 기사 논쟁: 복음주의자들의 대화』, 246-47.

7. 자연주의 방법론

창조와 과학의 관계에 대한 잘못된 이해(특히 무신론적 진화론과 지적설계론)는 성서해석 방법론에 대한 잘못된 이해 못지않게 과학의 방법론에 대한 잘못된 이해에서 비롯된다. 과학의 영역에서 초자연적 영역을 포함시켜야 하는가 배제해야 하는가? 과학은 자연 현상에 대한 자연적 원인을 설명하는 과업이다. 즉 과학은 자연주의적 방법론에 기초한다. 과학은 자연 현상의 초자연적인 원인을 설명할 수 없다. 그러나 이것은 과학이 초자연적 원인이나 원인 제공자가 없다고 결론 내려야 한다는 것을 의미하지는 않는다. 화이트헤드는 이렇게 말했다. "과학은 기독교를 긍정도 부정도 할 수 없다. 기독교는 과학을 초월한 곳에 있는 것으로서, 과학과 같은 차원에서 논할 수 없다."[30] 과학은 초자연적 실재의 존재와 행동을 입증도 반증도 할 수 없다.

이 사실은 두 가지 상반된 사실에 대한 함의를 갖는다. 한편으로, 자연주의적 방법론은 무신론을 전제할 이유가 전혀 없다. 자연주의 방법론을 사용하는 진화론과 유물론적 무신론은 동일한 것이 아니다. 무신론은 과학적 결론이 아니라 과학자의 개인적 철학일 뿐이다. 다시 말해 초자연적 실재는 존재하지 않으므로 진리에 이르는 유일하고 타당한 방법은 과학뿐이라는 주장은 과학적 주장이 아니라 철학적 주장이다. 만일 우주의 물질이 실제로 존재하는 전부이고 그 외에 다른 것은 아무 것도 존재하지 않는다고 생각한다면, 그리고 세포의 구성요소들과 그것을 구성하는 원자들이 생명체의 전부라고 생각한다면, 그는 존재론적 환원주의

---

30 알프레드 노스 화이트헤드, 『과학과 근대세계』, 김준섭 역 (서울: 을유문화사, 1993), 9.

자, 즉 무신론적 유물론자가 되겠다는 철학적 결단을 한 것이다.[31] 그러나 다윈주의는 하나님의 존재를 부인하는 유물론적 철학으로 간주될 필요가 없다.

테드 피터스와 마르티네즈 휼릿은 다윈주의가 유물론적 무신론과 관계가 없으며 무신론은 다윈주의에 옷 입혀진 포장지 또는 철학적 이데올로기일 뿐이라고 말한다. 이들은 자연주의 방법론을 유지하는 진화론이 기독교 신앙과 대립되거나 모순되지 않는다고 강조한다. 이들은 목적이나 방향 또는 가치를 "자연 안에"(within nature) 두는 대신, "자연을 향한"(for nature) 하나님의 목적을 믿는다. 이 목적은 종말에 가서야 밝혀질 것이다. 이들에 의하면 하나님은 두 가지 의미에서 세상에 미래를 제공했다. 미래의 첫 번째 의미는 개방성이다. 하나님은 이 세상에 다양성과 사물들의 자기 조직화에 개방된 미래를 제공하고 계신다. 미래의 두 번째 의미는 완성이다. 하나님은 최종적인 완성을 약속하신다.[32]

다른 한편, 자연주의 방법론을 사용하는 과학은 하나님의 존재를 부정할 수 없는 것과 마찬가지로 입증할 수도 없다. 이 점에서 유신론적 진화론은 지적설계론과 결정적인 차이점을 갖는다. 유신론적 진화론은 과학을 자연 현상에 대한 자연적 원인을 설명하는 과업으로 이해한다. 유신론적 진화론자는 자신이 과학을 통해 자연 현상의 초자연적 원인으로서의 하나님의 존재와 행동을 입증할 수 있다고 생각하지 않는다. 그러나 이것은 결코 그가 하나님이 자연 현상의 초자연적 원인으로 존재하고 행동하심을 부인하는 것을 의미하지는 않는다. 이것은 단지 초자연적인 하나님의 존재와 행동이 자연주의적 방법론에 의존하는 과학에 의해 증명

---

31 테드 피터스 · 마르티네즈 휼릿, 『하나님과 진화를 동시에 믿을 수 있는가』, 76-77.
32 Ibid., 206-11.

될 수 있다고 주장할 수 없다는 것을 의미한다. 그러나 유신론적 진화론은 자연주의 방법론을 사용하는 과학이 하나님이 자연 안에서 행동하실 수 있는 가능성에 개방될 수 있음을 보여줌으로써, 하나님이 과학과 모순되지 않는 방식으로 자연 안에서 행동하실 수 있다는 종교적 믿음을 뒷받침하고자 한다.

8. 결론

과학은 자연 현상에 대한 인과적 메커니즘은 설명할 수 있지만 목적론적 질문에 답할 수는 없다. 과학자가 목적론적 주장을 한다면 그것은 자신의 철학적 또는 종교적 신념에 의한 것이다. 무신론적 진화론자들은 빅뱅 우주론을 통해 우주의 기원을 설명할 수 있다고 주장한다. 그러나 과학은 은하 성단의 구성 성분에서부터 별의 유형과 행성에 이르기까지 현재 우주의 양상에 관한 기원은 설명할 수 있어도, 왜 기본적인 물리 상수가 생명이 존재할 수 있도록 적정한 수준으로 준비되었는지는 설명할 수 없다. 무신론적 진화론자들은 초자연적인 실재는 존재하지 않으며, 생명의 기원에 대한 자연적 즉 과학적(과학은 확률론적 자연법칙을 포함한다) 설명이 가능하다고 주장한다. 그러나 이들은 생명의 발생으로 귀결되는 결정적인 과정의 메커니즘을 제시하지 못한다. 생명에 필요한 매우 복잡한 조건이 우연히 형성되고 인간과 같이 고도로 복잡한 생명체(그것에 코드화되어 있는 모든 정보와 함께)가 우연히 발생할 확률은 너무 낮아 보인다.

창조과학론은 성서해석과 과학 양쪽에 문제점을 가지고 있다. 한편으로, 창조과학론자들은 성서가 종교적으로만이 아니라 과학적으로도 무오한 진리를 가르친다는 근본주의적 신념을 성서에 투사하여, 과학 텍스트로 읽히도록 의도되지 않은 성서를 과학 텍스트로 해석한다. 이들은 성서의 역사적 지평 및 세계관과 오늘날의 역사적 지평 및 세계관의 차이를 무시하고 성서를 무시간적·문자적으로 읽어낸다. 그러나 성서를 과학 텍스트로 간주하고 문자적으로 읽어내는 것은 오히려 성서의 진정한 메시지를 놓치는 결과를 초래한다. 창세기의 목적은 우주의 기원에 관한 과학적 정보를 제공하는 데 있는 것이 아니라, 하나님이 천지만물을 창조하신 창조주가 되시며 세상 만물과 우리 인간은 그분의 피조물이라는 사실을 당대의 세계관 안에서 당대의 언어로 증언하는 데 있다. 그리고 이 증언 안에 담긴 진리를 이해하는 것이 모든 시대의 성서해석의 영속적 과제다.

다른 한편, 창조과학론자들은 생명체에 필요한 정보의 기원에 대한 과학적 메커니즘을 제시하지 못하고 단지 성서에 대한 문자적 해석에 의거하여 그것이 하나님의 창조에 의한 것이라고만 주장한다. 이들에게 과학의 언어는 성서의 언어로 환원된다. 이들은 오늘날의 과학계에서 상식처럼 받아들여지고 있는 명백한 과학적 사실이나 이론조차도 거부하거나 왜곡한다. 만약 이들이 과학적으로 옳다면 오늘날의 모든 과학 교과서(천문학, 물리학, 지질학, 생물학, 유전학 등)들은 다시 써져야 할 것이다.[33] 헤

---

33 창조과학론자들 가운데 관련 과학 분야의 전문가가 거의 없음이 지적된다. 이들 가운데 천문학과 우주론 분야에서 현대 우주론의 표준모델인 대폭발이론이나 별이나 은하의 나이에 관해 전공한 학자가 거의 없으며, 관련 과학 분야에서 논문심사가 이루어지는 국제적인 학술지에 논문을 발표하며 학문 활동을 하는 사람은 더 찾아보기 어렵다. 한국창조과학회에서는 더욱더 그렇다. 이들은 주류 과학계의 정설에 학문적으로 도전하기보다는 일반 기독교 신자들을 대상으로 하는 대중적 캠페인에 집중한다. 이에 관해서, Ronald L. Numbers, *The Creationists: The Evolution of Scientific Creationism* (Berkeley: University of California Press, 1992); 양승훈, 『프라이드를 탄 돈키호테』 (서울: SFC, 2009), 35-38, 42-43; 우종학, 『무신론 기자, 크리스천 과학자에게 따지다』, 151-52를 참고하라.

아릴 수 없이 많은 지구상의 미생물, 식물, 동물 개체를 하나님이 일시에 직접 창조했다는 창조과학론자들의 주장은 하나님을 동화 속에 나오는 마법사로 만드는 것이다.[34] 이들은 세상과 소통하는 데 실패하며 세상을 향해 기독교의 복음을 변증하는 데 큰 걸림돌이 된다.

지적설계론은 중세의 우주론적·목적론적 신 존재 증명방법이 그러하듯 형이상학적 논증으로서는 유의미한 가치가 있다. 그러나 지적설계론자들은 과학적 논증과 형이상학적 논증을 혼동하는 범주적 오류를 범하고 있다. 과학과 종교가 단지 분리된 두 영역이 아니라 상호작용하는 두 영역이라는 이들의 주장은 옳지만, 자연에 대한 경험적 증거를 통해 하나님의 행동을 탐지할 수 있다는 이들의 주장은 옳지 않다. 무엇보다 지적설계론자들은 자연의 과정 안에서 과학적으로 설명될 수 없는 틈새에서 하나님을 찾지 말고 모든 자연의 과정 안에 현존하고 활동하시는 하나님을 발견할 필요가 있다.

창조과학론자들과 지적설계론자들이 진화론을 거부하는 이유는 기본적으로 동일하다. 즉 우주와 생명체가 진화론의 주장처럼 결코 우연히 만들어질 수 없다는 것이다. 한국창조과학회 회장인 이은일은 "정교한 우주와 생명체의 설계가 우연의 결과"라거나 "생명체의 설계도가 돌연변이와 자연선택을 통해 우연히 만들어질 수 있다"는 진화론의 주장은 잘못된 것이며 성서의 창조신앙과 대립된다고 주장한다.[35] 그러나 자연적

---

34   지구상에는 1조 이상의 미생물 종류와 약 140만 종의 생물들이 살고 있는 것으로 알려져 있으며, 아직 알려지지 않은 생물까지 포함하면 적어도 3천만 종 이상이 되고, 지구가 생긴 이래 지금까지 출현했던 생물들을 모두 합치면 적어도 수십억 종이 될 것으로 추정된다. http://cafe.naver.com/kccknonsul.cafe?iframe_url=/ArticleRead.nhn%3Farticleid=206

35   이에 대해서 이은일, "창조론 교육 이대로 좋은가?" 「온누리신문」 (2016. 4. 24)을 참고하라.

우연성과 창조신앙은 서로 대립될 필요가 없다. 왜냐하면 자연주의 방법론을 따르는 과학자가 우연으로 간주하는 바로 그 영역이 성서적 창조신앙을 가진 신학자가 (과학이 증명도 반증도 할 수 없는) 하나님의 행동을 말할 수 있는 영역이기 때문이다. 따라서 기독교 신앙은 반다윈주의일 필요가 없다. 하나님은 자연적 세계에 우연성, 자유, 그리고 자기조직화에 개방된 미래를 제공한다. 그러나 하나님의 계속적 창조는 단지 미래 개방성을 세상에 제공하고 사물들의 우연적인 자기조직화에 내맡겨두는 것만으로는 충분치 않다. 그렇게 된다면 최종적인 완성에 대한 확신이나 보증은 불가능할 것이다. 자연 속에서의 인과적 과정과 최종적 목적 사이의 괴리는 극복되어야 한다. "자연을 향한" 하나님의 목적은 "자연 안에서"의 과정을 거쳐야 최종적으로 실현될 수 있다. 따라서 "자연 안에서"의 하나님의 지속적인 창조적 행위에 대한 보다 더욱 진지한 관심이 필요하다. 하나님은 지속적으로 높은 확률뿐 아니라 낮은 확률의 영역과 창발적 우연성 안에서 새로운 미래를 창조해 가심으로써 종말론적 미래에 하나님 나라를 완성하실 수 있다.[36]

종교와 과학은 서로 구별되는 상호보완적인 지식의 영역인 동시에 상호작용하는 영역으로 이해되어야 한다.[37] 종교와 과학 사이의 상호작용하는 영역에는 함께 만나 공명하는 부분이 있을 수 있다. 종교와 과학은 이 공명의 가능성을 열어놓고 이 공명이 더욱 증대되도록 서로 열린 마음으로 대화해야 한다.

---

[36] 이런 의미에서 유신론적 진화론은 창조적 진화론 또는 진화적 창조론이라고 불릴 수 있으며, 과학적 개념인 창발적 우연성은 신학적 관점에서 창발적 창조성으로 이해될 수 있다.

[37] J. P. Moreland & John Mark Reynolds, "Introduction," in *Three Views on Creation and Evolution*, Edited by J. P. Moreland & John Mark Reynolds (Grand Rapids: Zondervan, 1999), 9-10.

제18장

21세기 탈근대적 시대의
신학의 길

1. 서론

오늘날 우리는 서구 중심적인 제국주의적 거대담론이 지배하던 근대시기가 종언을 고하고, 지구화(세계화), 탈중심화, 다중심화, 다원화를 특징으로 하는 탈근대적 시대에 살고 있다. 레비나스가 말한 바와 같이 탈근대적 시대는 타자의 얼굴을 다시 찾는 시대다. 즉 오늘날 가난한 자, 제3세계, 여성, 자연, 타문화, 타종교 등을 포함하는 소외되고 억압되고 망각되었던 타자의 얼굴이 의식과 역사의 수면 위로 부상하고 있다. 이러한 탈근대적 시대에 기독교 신학은 어디로 가야 하는가? 한국 사회와 교회에서는 전근대성과 근대성과 탈근대성, 다시 말하면 전통적 권위주의와 이성적 합리주의와 탈중심적 다원주의가 갈등 속에 혼재하고 있으며, 근본주의와 자유주의, 보수진영과 진보진영 사이의 분열과 대립이 극심하다. 이러한 상황에서 우리의 신학은 어디로 가야 하는가?

이 글에서는 여섯 가지 주요 신학적 주제들을 중심으로 21세기 탈근대적 시대에 우리의 신학이 나아가야 할 길을 제시하고자 한다. 필자는 탈종파적 에큐메니칼 신학을 추구하지만 그럼에도 불구하고 불가피하게 필자가 속해 있는 개혁교회 전통의 신학적 관심과 관점이 어느 정도 반영될 수밖에 없을 것이다. 그러나 세계화, 다원화로 대표되는 오늘날의 탈근대적 상황 속에서, 이 여섯 가지 주제들을 중심으로 하는 신학의 길은 단지 개혁교회의 신학이 지향해야 할 길일 뿐만 아니라 온전함 또는 통전성을 추구하는, 오늘과 내일의 한국 신학과 세계 신학이 지향해야 할 길이다.

이 여섯 가지 주제들은 다음과 같다. ① 온전한 복음을 지향하는 신학, ② 신학의 해석학적 과제, ③ 케리그마적·변증적·실천적 신학, ④ 교회와 하나님 나라를 위한 통전적 신학, ⑤ 에큐메니칼 개혁신학, ⑥ 21세기 탈근대적 시대의 공적 신학. 이제 이 주제들에 대하여 차례로 고찰하고자 한다.

2. 온전한 복음을 지향하는 신학

우리의 신학은 온전한(whole, holistic) 복음[1]을 지향하는 신학이 되어야 한다. 전통적인 개신교 신학의 문제점 가운데 하나는 복음 이해가 지나치게 구속교리 중심적이란 사실에 있다. 구속이란 예수 그리스도가 모든 인간의 죄를 대신 지고 죽으심으로써 인간을 구원하심을 의미한다. 이 구속교리는 개인 영혼의 구원에 집중한다. 여기서 구원은 인간의 공로가 아니라 오직 하나님의 은혜에 의해 믿음으로 주어지기 때문에 행위가 아니라 믿음이 강조된다. 물론 이러한 복음 이해 자체가 잘못된 것은 결코 아니다. 그러나 이 구속교리적 복음 이해가 보다 포괄적인 하나님 나라의 복음으로부터 괴리될 때 복음은 개인화, 내면화, 비역사화 된다. 그리고 이 경우에 선교는 오직 구속의 복음을 전함으로써 개인의 영혼을 구원하는 행위로 이해되며, 하나님 나라를 이 세상에 구현하기 위한 사회적 책임은 선교의 본질적인 요소가 아닌 부차적인 요소로 간주된다. 여기서 복음과 사회적 책임은 분리되고 차등화된다. 즉 사회적 실천이 없어도 복음은 전혀

---

1   온전한 복음에 대해서는 본서 제1장 "온전한 복음과 통전적 선교"를 참고하라.

문제가 되지 않지만, 복음이 없으면 사회적 실천은 아무 의미가 없다.

신약성서 안에는 "예수의 복음"과 "예수에 관한 복음"이 나타난다. 전자는 예수가 선포한 하나님 나라의 복음이며 후자는 사도들이 선포한 구속의 복음이다. 온전한 복음은 이 두 복음을 통전적으로 결합하는 복음이다. 예수가 선포한 복음은 하나님 나라의 복음이었다(막 1:15, 그리고 마 4:12-17; 눅 4:14-15). 예수가 선포한 복음 즉 복된 소식은 하나님 나라가 가까이 왔다는 소식이다. 이 소식이 복음인 이유는 그것이 이스라엘 백성이 오랫동안 기다려왔던 하나님의 통치가 바야흐로 이 땅에 실현됨을 의미하기 때문이다. 이 하나님의 통치가 예수의 하나님 나라 운동과 더불어 시작되었다. 예수의 공생애는 임박한 하나님 나라의 현존에 대한 확신에 의해 지배되었다. "내가 만일 하나님의 손을 힘입어 귀신을 쫓아낸다면 하나님의 나라가 이미 너희에게 임하였느니라"(눅 11:20). 공관복음서에서 예수의 하나님 나라 운동은 다음 네 가지 내용을 중심으로 나타난다. 첫째, 예수는 말씀으로 하나님 나라를 선포하고 가르치셨다. 둘째, 예수는 병자들을 고치고 귀신을 내쫓고 굶주린 사람들을 먹이는 기적 행위를 통해 하나님 나라를 보여주셨다. 셋째, 예수는 하나님 나라를 거부하는 자들(특히 유대 종교지도자들)과 논쟁하며 대립하셨다. 넷째, 예수는 결국 그들의 음모에 의해 십자가에 죽음을 당하셨다. 예수의 십자가 죽음은 하나님 나라 운동의 최종적 결과였다.

다른 한편, 초기 교회가 선포한 복음은 "예수에 관한 복음"이었다. 이 복음은 예수의 십자가 구속을 통한 구원을 약속하는 구속의 복음이다. 예수의 하나님 나라 복음으로부터 초기 교회의 구속의 복음으로의 전환은 십자가와 부활에 대한 사도들의 경험에 의해 이루어졌다. 사도들은 예수의 부활을 하나님께서 예수의 하나님 나라 운동의 정당성을 변호하신 사건으로 이해했다. 부활하심으로써 예수는 주가 되셨다(행 3:36;

5:31; 롬 1:4). 하나님께서는 예수를 다시 살리시고 자신의 우편으로 높여 온 세상을 다스리는 통치권을 주셨다(마 28:18).[2] 사도들은 자신들이 경험한 부활의 빛에 비추어 예수의 죽음을 그 자신의 하나님 나라 복음의 성취로 이해했다. 즉 예수의 죽음으로 말미암아 그 자신이 선포했던 하나님 나라가 이미 도래했다. 따라서 사도들이 선포한 복음은 예수의 죽음(그리고 부활)에 초점이 맞추어졌다. 이제 예수의 십자가 죽음 자체가 복음이 되었다. 왜냐하면 예수의 죽음이 하나님 나라의 복음을 성취했기 때문이다. 십자가를 통해 성취된 복음의 핵심에 구속교리가 있다. 특히 바울은 십자가 구속(갈 1:4; 딤전 2:6)의 복음, 즉 죄 용서((갈 3:11; 엡 1:7; 골 1:14)와 의롭게 됨(갈 2:16)의 복음을 발전시켰다. 그러나 바울의 복음은 단지 구속의 복음일 뿐만 아니라 동시에 하나님 나라의 복음이었다. 바울은 하나님께서 십자가에 못 박힌 예수를 죽은 자들 가운데서 살리심으로써 온 세상의 주가 되게 하셨다고 선포했다.[3] 즉 바울의 복음은 십자가에서 죽임을 당하고 부활한 예수가 하나님의 통치권을 부여받은 온 세상의 주라는 것이다. 바울에게 십자가는 모든 악한 세상의 권세에 대항해서 사람들을 해방하는 하나님의 승리의 상징이다(골 2:14-15). 바울은 이 세상 나라의 통치자들과 권세자들을 향해 하나님 나라의 복음을 선포하였다.[4] 즉 그는 세상의 왕이 아니라 예수 그리스도가 세상의 주, 즉 통치자로서 세상을 지배하신다고 선포하였다.

　　그러므로 바울에게 예수를 믿는다는 것은 단지 구속교리만을 고

2　이와 관련하여 김세윤, 『복음이란 무엇인가』(서울: 두란노, 2003/2017) 2부 9장 5. "하나님의 통치를 계속 대행하는 '주' 예수 그리스도"를 참고하라. 188-200.

3　톰 라이트, 최현만 역, 『바울의 복음을 말하다』(서울: 에클레시아북스, 2011), 58-59.

4　Ibid., pp. 85-89.

백하는 것이 아니라 십자가와 부활을 통해 하나님 나라의 통치자가 된 예수를 주로 고백하는 것이다(롬 10:9-10). 예수를 주로 고백한다는 것은 단지 말로만 하는 것이 아니라 예수가 나의 삶 속에서 주가 되시게 하는 것이다. 예수의 주 되심을 믿는 것은 곧 주이신 그분께 순종하는 것이다. 따라서 믿음과 순종의 삶은 분리되지 않는다. 예수 그리스도의 십자가 구속의 복음을 받아들이는 믿음은 그분의 주 되심을 인정하고 그분이 우리의 주가 되도록 그분께 순종하는 삶을 실천하는 것을 의미한다.

하나님 나라를 선포한 예수의 복음과 예수 그리스도를 주로 선포한 초기 교회의 구속의 복음 사이에는 쉽게 동일시될 수 없는 긴장과 아울러 본질적인 연속성이 있다. 왜냐하면 예수가 선포한 하나님 나라가 바로 예수 자신의 사역과 죽음과 부활 안에서 도래했기 때문이다. 예수 그리스도 안에서 선취적으로 도래한 하나님 나라 안에서 구속의 은총이 주어진다. 교회가 선포해야 할 온전한 복음은 "하나님 나라의 복음을 선포한 예수의 사역과 죽음과 부활을 통해 선취적으로 도래한 하나님 나라 안에서 구속의 은총이 주어지며, 우리는 구속의 은총을 경험함으로써 하나님 나라로 들어간다"는 것이다.

예수 그리스도 사건이 종말론적 하나님 나라의 선취라는 사실은 그 사건 자체가 최종적인 것이 아니라 종말론적인 미래의 완성을 향해 열려 있는 사건임을 함축한다. 따라서 기독교의 복음은 이미 실현된 구속의 복음에 초점이 맞추어짐에도 불구하고 궁극적으로 종말론적 미래에 완성될 하나님 나라에 대한 약속과 보증이다.[5] 왜냐하면 예수 그리스도

---

5 이러한 견해는 예수 그리스도 안에 나타난 하나님의 계시를 종말론적 미래에 성취될 약속으로 이해하는 몰트만의 견해와 같은 것이다. Jürgen Moltmann, *Theology of Hope*, trans. by James W. Leitch (Minneapolis: Fortress, 1993), pp. 42-45.

안에서 선취적으로 도래한 하나님 나라는 인간과 모든 창조세계의 구원이 성취되는 종말론적 미래의 하나님 나라에서 최종적으로 완성될 것이기 때문이다.

온전한 복음은 개인 영혼의 구원과 사회적·우주적 변혁을 하나님 나라의 포괄적 지평 안에서 통합한다. 따라서 온전한 복음에서 사회적 선교는 개인의 영혼을 구원하기 위한 복음 전도 이후에 부수적으로 부가되는 교회의 이차적 과제가 아니다. 사회적 선교는 인간과 모든 피조물이 함께 풍성한 생명과 평화를 누리는 하나님 나라의 구현을 위해 세상 속에서 역사하시는 성령의 변혁적 활동에 참여하는 선교로서, 온전한 복음에 근거한 통전적 선교의 핵심 요소이다. 따라서 개인적 복음화와 사회적 실천은 분리 또는 차등화될 수 없다. 십자가 구속의 복음을 전함으로써 개인의 영혼을 구원하는 전도와 이 땅에 하나님 나라의 통치를 실현하기 위한 사회적 실천은 동등한 교회의 선교적 과제다.

예수는 하나님 나라의 복음을 위한 사회적 실천의 중요성을 거듭 강조했다. 예수는 가난하고 비천한 이웃에게 한 것이 자신에게 한 것이고 그에게 하지 않은 것이 자신에게 하지 않은 것이라고 말씀하시면서, 이에 따라 구원과 저주가 결정될 것이라고 말씀했다. "내가 진실로 너희에게 이르노니 '이 지극히 작은 자 하나에게 하지 아니한 것이 곧 내게 하지 아니한 것이니라' 하시리니 그들은 영벌에, 의인들은 영생에 들어가리라 하시니라"(마 25:45-46). 이 예수의 말씀에 따르면, 작은 자를 위한 섬김의 행위는 구원과 관계없는 단지 율법적 차원의 부차적인 윤리적 요구가 아니라 바로 의인과 악인, 영생과 영벌을 가르는 심판의 척도다. 가난한 자를 섬기는 사회적 선교는 하나님 나라 복음을 위한 예수의 선교의 핵심이었다(눅 4:18). 우리는 예수의 십자가 죽음이 바로 가난한 자를 위한 하나님 나라의 복음을 사회적으로 실천하다가 맞은 최후의 운명이었음을 다시금 기억할 필요가 있다. 이 사실을 기억해야 구속의 복음이 비역사화, 마술화되는 것을 막을 수 있다. 선교의 목적은 하나님의 사랑과 정의의 통치가 이 땅에 실현되도록 하는 것이다. 그러므로 사회적 선교는 결코 개인의 구원을 위한 복음 전도에 덧붙여지는 부차적 활동이 아니라 온전한 복음을 구현하는 통전적 선교의 한 축이다.

3. 신학의 해석학적 과제

우리의 신학은 신학의 본유적인 해석학적 과제를 올바로 수행하는 신학이 되어야 한다. 신학은 계시와 경험의 상관성 안에서 수행된다. 신학의 과제는 이 두 가지 요소를 어떻게 연관시키는가 하는 것이다. 계시와 경험 또는 계시 신학과 경험 신학은 양자택일의 관계에 있지 않다. 경험이 없는 계시가 공허하다면, 계시가 없는 경험은 맹목적이다. 계시와 경험은 계시현실을 구성하는 불가분리적인 구성요소다. 신학은 인간에 의해 경험된 하나님의 계시로부터 시작된다. 인간의 내재적 경험이 아니라 하나님의 초월적 계시가 먼저다. 하나님께서 우리에게 다가오시지 않으면 우리는 하나님을 만날 수 없으며, 하나님께서 자신을 우리에게 알려주시지 않으면 우리는 하나님을 알 수 없다. 하나님의 존재가 신비인 것처럼 하나님의 계시는 인간의 예측과 기대의 차원을 넘어선다. 하나님의 계시는 예측 불가능한 방식으로 그리고 때때로 인간의 기대와 상반되는 방식으로 일어난다. 그럼에도 불구하고 하나님의 계시는 언제나 인간에 의해 경험된 계시다. 하나님의 계시는 인간의 구체적인 역사적 현실 속에서 주어지며 인간의 현상학적 인식 구조 안에서 경험되고 이해된다. 그런데 인간의 경험은 백지상태에서가 아니라 전통의 영향사와 삶의 세계로부터 주어지는 이해의 선구조(先構造) 안에서 일어난다. 인간의 경험은 언제나 해석된 경험이다. 인간은 가치중립적이고 객관적인 방식으로 경험하고 그 후에 해석하는 것이 아니라, 이미 전통의 영향사와 삶의 세계 안에서 형성된 이해의 선구조에 의한 암묵적 해석 안에서 경험하고 이해한다.

하나님의 계시는 이스라엘의 역사와 예수 그리스도 사건에 대한 성서의 증언에 의해 매개된다. 신학의 과제는 오늘의 상황을 위해 성서를 해석하는 것이다. 성서에 근거한 신학의 정체성은 현재적 상황과의 관계성 안에서 항상 새롭게 체현될 필요가 있다. 성서가 당시의 구체적인 역사적 상황 속에서 경험되고 이해된 계시사건에 대한 증언인 것처럼, 성서의 증언은 오늘의 상황 속에서 새롭게 경험되고 이해되어야 한다. 신학의 과제는 미래 지향적 관점에서 과거의 성서(전통)와 현재적 경험(상황) 사이의 상호비판적인 상관관계를 수립하는 데 있다. 이것은 신학의 해석학적 본성을 전제한다.

인간의 경험과 이해가 다양한 전통의 영향사와 삶의 세계 안에서 형성된 다양한 이해의 선구조 안에서 일어나기 때문에 과거의 계시경험의 기록인 성서(전통)와 현재적 경험(상황) 둘 다에 이중적 다원성이 존재한다. 데이비드 트레이시는 이중적인 다원성 안에 있는 성서(전통)와 경험(상황) 사이의 상호비판적 상관관계 안에서 수행되는 신학의 해석학적 과제에 대하여 다음과 같이 말한다. "편견 없는 순수한 해석도 존재하지 않고, 모호하지 않은 전통도 존재하지 않으며, 역사나 주관으로부터 자유로운 해석자도 존재하지 않고, 추상적이고 일반적인 상황도 존재하지 않는다. 오로지 신학적 해석 그 자체의 모험만이 존재할 따름이다. 즉 현재 위대한 상징들을 해석하고 이 상징들을 비판적으로 전유하기 위하여 그 해석을 더 넓은 신학 공동체와 더불어 나누려는 모험만이 존재한다."[6] 모든 신학은 성서(전통)에 대한 무시간적·문자적 반복이 아니라 그것과의 대화를 통한 오늘날의 상황에서의 새로운 해석이어야 한다.[7]

해석학으로서 신학의 다원성은 단지 신학자의 다양한 경험(상황)으로부터만이 아니라 성서(전통) 안의 다원성으로부터도 기인한다. 성서는 다양한 역사적 상황과 경험을 반영한다. 신약성서는 예수 그리스도 사건에 대한 다양한 역사적 상황과 경험 안에서의 초기 그리스도인들의 해석적 응답을 포함한다. 즉 신약성서는 당시의 종교적 영향사와 삶의 세계인 유대교 전통과 헬레니즘 세계 안에서 초기 그리스도인들이 구약성서의 빛 안에서 예수 그리스도를 해석하고 예수 그리스도에 대한 경험의 빛 안에서 구약성서를 재해석한 결과물이다. 신구약성서의 다양한 주제와 장르와 내용은 하나의 기독론 중심적 원리에 의해 지배되지 않으며, 신약성서는 단 하나의 기독론을 가지고 있지도 않다. 신약성서의 통일성은 교리적 원리에 의해 전제될 수 있는 것이 아니라, 신약성서 안의 다양한 주제와 장르와 내용에 대한 주석과 해석 과정을 통해 귀납적으로 수

---

6   데이비드 트레이시, "신학 방법론", 피터 C. 하지슨, 로버트 H. 킹 편, 윤철호 역『현대 기독교 조직신학』(서울: 한국장로교출판사, 1999), 70.

7   이에 대해서는 David Tracy, "Tillich and Contemporary Theology," in J. P. Adams, W. Pauck & R. L. Shinn, *The Theology of Paul Tillich* (New York: Harper & Row, Publishers, 1985), pp. 261 이하를 참고하라. 트레이시는 성서 해석과정을 변증법적 대화의 과정으로 설명한다. ① 해석자는 역사적, 사회적, 공동체적 주체로서 영향사와 문화의 영향에 의해 입력된 (주제에 대한) 전이해를 가지고 텍스트와 만난다. ② 텍스트는 해석자의 주의집중을 요구하며 관심을 불러일으킨다. ③ 텍스트와 해석자 사이의 대화가 일어난다. 대화의 현상은 해석자에게 텍스트의 주제(질문, 응답, 암시, 공명[共鳴], 감정)와 형식을 통해 탈은폐되는 "세계"에 집중하도록 요구한다. 그리하여 해석자와 텍스트의 자기 초월적 자유의 변증법 안에서 왕복운동으로서의 대화가 이루어진다. ④ 탐구 공동체 전체와의 더 넓은 대화 속에서 타자로부터의 도전을 통해 나의 해석을 수정한다. David Tracy, *The Analogical Imagination: Christian Theology and the Culture of Pluralism* (London: SCM Press, 1981), 118-22.

립되어야 한다. 에큐메니칼 문서인 "1967년 신앙과 직제 브리스톨 회의에서의 새로운 지침"은 성서 안에 상호보완적인 것뿐 아니라 쉽사리 조화될 수 없는 불일치하고 대립하는 다양성이 있음을 지적하면서 성서의 통일성은 이러한 다양성을 충분히 반영하는 것이어야 함을 천명했다.[8] 성서의 진리는 결코 무시간적이고 추상적인 것이 아니라 구체적으로 경험된 특수한 계시 현실에 기초한다. 성서의 복음의 통일성은 다양한 장르의 증언과 표현들을 통해 드러나는 것이다. 성서 안의 차이점들에 대한 인식은 그리스도인들 간의 교파적 차이점을 하나의 동일한 복음에 대한 가능하고 합법적인 해석들로 받아들일 수 있도록 도와준다.

역시 에큐메니칼 문서인 "신앙과 직제, 루뱅 1971년"[9]은 신약성서가 여러 가지 다양한 해석을 포함하고 있음을 밝혔다. 성서의 해석은 특수한 역사적 상황과 연관되며, 따라서 그 상황의 관점에서 이해되어야 한다. 서로 다른 상황들에 맞춰서 이루어진 서로 다른 해석들이 성서 안에 나란히 있다. 성서의 해석들을 오늘날 무시간적으로 이해하고 적용하는 것은 불가능하다. 참된 해석은 가다머가 말한 바와 같은 변증법적 지평융합에 기초하여 이루어진다. 오늘의 해석 과정은 성서 속에서 인식될 수 있는 해석 과정의 연장선상에 있다. 성서 저자들이 특수한 상황에 응

---

8   "성서 안에서의 사상의 다양성은 서로 다른 역사적 상황 속에서 하나님의 활동의 다양하심과 하나님의 활동에 대한 인간의 응답의 다양성을 반영한다. 진정 그리스도 안에서 진리는 하나라 할지라도, 그에 대한 인간의 증언은 다양하다. 성서 안에서 이미 발견되는 전통들의 다양성과 연관되어 교회전통들의 다양성이 존재한다. 이러한 다양한 교회전통들 간의 일치를 추구하기 위한 연구는 개별적인 성서 증언들의 다원성 속에 반영된 복음의 통일성에 관한 전유를 포함한다." "1967년 신앙과 직제 브리스톨 회의에서의 새로운 지침," 「신앙과 직제 문서」 50 (1968). Ellen Flessenman-van Leer ed., *The Bible Its Authority and Interpretation in the Ecumenical Movement*, Faith and Order paper No. 99 (Geneva: World Council of Churches, 1983), 31-32.

9   「신앙과 직제 문서」 59 (1971). Ibid., 42 이하.

답했던 것처럼, 역시 오늘의 해석도 우리 자신의 상황에 응답하는 것이어야 한다. 성서 안의 다양하고 상이한 해석들은 성서의 메시지를 우리 자신의 언어로 증언하도록 초대한다.

성서와 기독교 전통은 오늘날 상황 안에서의 해석의 과정을 통해서만 새롭게 진리를 탈은폐하고 구원의 능력을 발휘하는 살아 있는 말씀과 전통이 될 수 있다. 해석의 다원성과 모호성의 문제를 해결하기 위해 단지 성령에 호소하는 것만으로는 충분치 못하다. 왜냐하면 해석의 다원성과 모호성은 성령을 받지 못한 세속 사회 안에서만 아니라, 성령으로 거듭난 그리스도인들 안에서도 편만한 현상이기 때문이다. 성령의 인도하심은 인간 실존의 역사성과 이해의 선구조 자체를 무시하고 주어지는 것이 아니라 그것들 안에서 그리고 때때로 그것들을 변화시키며 주어지는 것이다. 성령의 인도하심은 성서와 오늘의 상황 사이의 지평융합으로서의 끊임없는 새로운 해석의 과정을 가능하게 한다. 진정한 성령의 인도하심을 받는 성서해석은 성서 시대에서와 마찬가지로 오늘도 다원성 안에 존재하는 교회전통들 간의 협의회적(conciliar) 일치와 연대를 가능케 해준다.

4. 케리그마적 · 변증적 · 실천적 신학

우리의 신학은 케리그마적·변증적·실천적 신학을 통전하는 신학이 되어야 한다. 이미 언급한 바와 같이 신학은 두 양극적 요소, 즉 성서(전통)와 경험(상황)으로 구성된다. 이 두 요소를 어떻게 상관시키느냐에 따라 신학의 유형이 결정된다. 복음주의 또는 보수주의 신학은 성서(전통)의 중요성을 강조하는 반면, 자유주의 또는 진보주의 신학은 경험(상황)의 중요성을 강조한다. 다양한 유형의 신학들이 존재하는 것 자체는 잘못된 것이 아니다. 왜냐하면 성서(전통)의 중요성을 더욱 강조할 필요가 있는 경우도 있고 경험(상황)의 중요성을 더욱 강조할 필요가 있는 경우도 있기 때문이다. 그러나 본래적으로 복음주의와 자유주의, 보수주의와 진보주의의 대립은 잘못된 것이다. 왜냐하면 성서(전통)와 경험(상황) 사이의 올바른 상관관계를 추구하는 신학에 있어 그와 같은 대립은 불가능하기 때문이다. 다양한 유형의 신학들이 존재하는 주된 요인은 신학의 주체들이 관심을 갖는 준거집단이 다르기 때문이다. 트레이시는 이 준거집단을 세 가지 공적 영역으로 보았는데, 교회와 학교와 사회가 그것이다.[10] 이 세 가지 영역 가운데 어느 것을 주된 준거집단으로 삼느냐에 따라 케리그마적 신학과 변증적 신학과 실천적 신학이 생겨난다.[11] 케리그마적 신학은 교회를, 변증적 신학은 학교를, 실천적 신학은 사회를 각각 자체의 주된 준거집단으로 삼는다.

케리그마적 신학은 고백적·교회적 신학이라고 할 수 있다. 이 신학은 복음주의와 보수주의에 의해 대표된다. 케리그마적 신학의 주된 공적 영역인 교회는 예수 그리스도 안에 나타난 하나님의 구원의 은총을 믿음으로 받아들이는 신앙 공동체이다. 여기서는 초월적·수직적 차원에서의 하나님의 계시 또는 말씀과 이에 대한 개인적·실존적 차원의 순종적 응답, 즉 신앙의 중요성이 강조된다. 케리그마적 신학 유형을 보여주는 신학자들 가운데는 신학의 독립성과 배타성을 강조하는 신학자들이 있다. 즉 그들은 신학과 철학 또는 일반학문과의 대화의 필요성을 인정하

10　Tracy, *The Analogical Imagination*, 3-46.

11　이 세 가지 신학의 유형에 대한 설명은 윤철호, 『기독교 신학 개론』 (서울: 대한기독교서회, 2015), 30-36을 참고하라.

지 않는다. 왜냐하면 하나님의 계시의 진리는 인간 이성의 입증이나 반증에 종속되지 않기 때문이다.[12] 그러나 교회를 위한 케리그마 신학이 반드시 배타적인 태도를 취해야 할 이유는 없다. 케리그마 신학이 일반학문과의 대화를 거부하게 될 때 세상과의 소통능력을 잃고 게토(ghetto)화 된다.

변증적 신학은 철학적 신학, 기초신학(가톨릭)이라고도 불린다. 이 신학은 대체로 자유주의에 의해 대표된다. 신학은 교회 안에서의 고백적·실존적 신앙을 전제할 뿐만 아니라, 학문의 한 분야로서 객관적 타당성을 추구하며 열린 공적 담론의 장에서 기독교 신앙의 진리를 가능한 한 합리적으로 설명할 수 있어야 한다. 따라서 변증적 신학은 일반학문들과의 대화를 통해 세상을 향해 기독교 신앙의 진리를 가급적 이해 가능한 방식으로 변증하는 일에 관심을 기울인다.[13] 오늘날의 변증적 신학의 특징은 철학뿐 아니라 다양한 인문사회과학과 자연과학과의 학제간 대화를 통해 신학의 학문적 공공성 또는 보편성을 추구한다는 사실에 있다. 그러나 변증적 신학은 하나님의 계시의 초월적·신비적 차원을 간과하거나 기독교 신앙의 실존적·고백적 차원을 무시하고 실증주의적 합리주의로 나아가서는 안 된다.

실천적 신학은 교회 내적인 목회적 실천을 넘어서 이 세상의 역사적 현실 속에서 하나님의 정의와 사랑의 통치가 이루어지는 하나님 나라를 구현하기 위한 그리스도인의 사회적 책임과 실천을 강조한다. 이 신

---

12   고대에는 계시의 도시인 예루살렘과 철학의 도시인 아테네는 아무런 관계가 없다고 주장했던 테르툴리아누스가, 현대에는 교회를 위한 하나님의 말씀의 신학을 전개하면서 철학과의 대화를 거부했던 바르트가 대표적인 케리그마적 신학자라고 할 수 있다.

13   대표적인 변증적 신학자로서는 고대의 순교자 유스티누스와 오리게네스, 중세의 아퀴나스, 근대의 슐라이어마허와 자유주의 신학자들, 그리고 오늘날의 틸리히와 판넨베르크 등이 있다.

학은 이른바 진보주의 신학에 의해 대표된다.[14] 이 신학은 개인의 회심과 중생을 통한 영적 구원을 약속하는 사적, 내세적 복음을 넘어서 사회의 불의한 구조와 억압적 권력에 저항함으로써 가난한 자, 소외된 자, 억눌린 자에게 자유와 해방을 가져오는 공적·역사적 복음을 구현하고자 한다. 이 신학의 출발점은 이론적 반성이 아니라 자유와 정의를 위한 실천으로서, 신학적 이론은 실천에 대한 이차적 성찰의 산물이다. 이 신학에서는 정통교리가 아니라 정통실천이 진리의 시금석이다. 즉 여기서 진리는 이론이 아니라 변혁적 능력에 있다. 그러나 실천적 신학이 신앙적 또는 이론적 토대를 무시하고 실천만을 일방적으로 강조할 때, 맹목적 행동주의에 빠지게 될 위험이 있다.

이 세 가지 신학 유형이 서로 긴장관계에 있는 것은 사실이지만 반드시 대립적일 필요는 없다. 이 세 가지 신학 유형은 상호보완적인 관계 속에서 함께 통전적 신학의 세 축을 구성한다. 어느 신학자에게 있어서 이 세 공적 영역 가운데 어느 하나가 보다 직접적인 준거집단이 될 수 있으며, 따라서 케리그마적 신학, 변증적 신학, 실천적 신학의 유형이 구별되어 나타날 수 있다. 그러나 모든 신학자는 서로 긴밀하게 연결되어 있는 교회, 학교, 사회 세 공적 영역의 현실 안에 동시적으로 존재하며, 세 영역 전체와 관계를 맺으며 살아간다. 그리스도인의 삶의 전체 영역에서 실존적 신앙(교회)과 합리적 이해(학교)와 변혁적 실천(사회)은 분리될 수 없다. 신앙은 이해와 실천을 추구하며, 실천을 통해 신앙과 이해가 체현된다. 그러므로 우리의 신학은 "경건의 훈련"과 "학문의 연마"와 "복음의

---

14   실천적 신학은 19세기의 리츨학파의 실천이성적 신학과 20세기의 몰트만 등에 의한 유럽의 정치신학, 미국의 흑인신학, 남미의 해방신학, 한국의 민중신학, 여성신학, 생태신학, 그리고 제3세계의 탈식민지신학 등에 의해 대표된다.

실천"[15]을 구현하기 위하여 경건(*pietas*)과 학문(*scientia*)과 실천(*exercitatio*)을 조화롭고 균형 있게 추구하는 신학이 되어야 한다.

5. 교회와 하나님 나라를 위한 통전적 신학

우리의 신학은 교회와 하나님 나라를 위한 통전적 신학이 되어야 한다. 한국교회 안에 통전적 신학의 골격을 세운 신학자는 이종성이다. 김명용은 이종성의 통전적 신학의 방법론을 다음 5가지로 요약했다. ① 에큐메니칼 운동의 신학과 복음주의 운동의 신학의 통합을 지향한다. ② 개신교 신학과 가톨릭 신학 및 동방 정교회 신학을 종합적으로 검토 평가한다. ③ 기독교 신학뿐만 아니라 모든 종교와 문명의 내용을 신학적으로 검토 평가한다. ④ 신학과 타학문과의 대화를 중요시하고 타학문에 대한 신학적 평가와 신학적 인도를 수행한다. ⑤ 예수 그리스도의 계시의 궁극성과 성서의 표준성은 통전적 신학의 전제다.[16] 김명용은 "통전적"이라는 한자어를 '온'이라는 순수 한글로 바꾸어 "온신학"을 말한다.[17]

통전적 신학의 특징들은 그동안 장로회신학대학교에서 발표된 여러 신학성명들에 잘 나타나 있다. 1985년에 발표된 "장로회신학대학 신학성명"은 장신대 신학의 통전적 성격을 잘 보여준다. 이 성명의 7개 명제는 다음과 같다. 제1명제: 우리의 신학은 복음적이며 성경적이다. 제

---

15   이 세 가지는 장로회신학대학교의 교육목표이다.

16   이종성·김명용·윤철호·현요한, 『통전적 신학』 (서울: 장로회신학대학교출판부, 2004), 65-68.

17   김명용, "온신학의 선교신학," 「온신학」 창간호 (2015, 10): 9.

2명제: 우리의 신학은 개혁주의적이며 에큐메니칼하다. 제3명제: 우리의 신학은 교회와 하나님 나라에 봉사한다. 제4명제: 우리의 신학은 선교적인 기능과 역사적·사회적 참여의 기능을 수행한다. 제5명제: 우리의 신학의 장은 한국이요 아세아요 세계이다. 제6명제: 우리의 신학은 기술사회 문제들에 응답하여야 한다. 제7명제: 우리의 신학은 대화적이다.[18]

2002년에 발표된 "장신대 신학교육 성명을 위한 기초문서"[19]는 "예수 그리스도의 복음전파와 하나님 나라의 구현"이라는 장신대의 교육이념을 수립하였다. 이 문서의 7개 항목의 주제들은 "예수 그리스도의 복음"(3항목)과 "하나님 나라"(5항목)라는 두 핵심 개념을 중심으로 구성되었다. 이 기초문서에 근거하여 2003년에 채택된 "21세기 장로회신학대학교 신학교육성명서"는 "예수 그리스도의 복음전파와 하나님 나라의 구현"이라는 교육이념 아래, "하나님 나라의 시민 육성과 교회와 사회 및 국가에 봉사할 교역자 양성"이라는 교육목적과, "경건의 훈련", "학문의 연마", "복음의 실천"이라는 교육목표를 수립하였다.

2015년에는 광복 70년 및 분단 70주년을 맞이하여 다음 7가지 명제로 구성된 "2015년 장로회신학대학교 신학성명"이 발표되었다. 제1명제: 우리의 신학은 삼위일체 하나님의 말씀인 성경이 증언하는 예수 그리스도의 하나님 나라 복음에 기초한다. 제2명제: 우리의 신학은 하나님의 평화를 이루는 민족의 화해와 한반도 통일과 세계 평화를 추구한다. 제3명제: 우리의 신학은 하나님의 정의를 구현하기 위해 사회적 약자와 작은 자를 돌보는 공공성을 추구한다. 제4명제: 우리의 신학은 하나님

---

18   "장로회신학대학 신학성명," 「장신논단」 창간호 (1985, 12): 9-14.
19   "장로회신학대학교 신학교육성명을 위한 기초문서," 「교회와 신학」 48/49 (2002, 5): 12-19.

의 생명 회복과 창조질서를 위하여 피조세계와 생태계의 회복과 보전을 추구한다. 제5명제: 우리의 신학은 하나님의 선교를 지향하는 교회의 연합과 일치를 추구한다. 제6명제: 우리의 신학은 한국 교회의 위기에 적극 대처하고 그 위기를 극복하기 위한 교육에 힘쓴다. 제7명제: 우리의 신학은 세속주의 문화를 변혁시켜서 하나님 나라 문화 형성과 확산에 기여하고자 한다.[20] 이 신학성명은 광복 70년 및 분단 70주년의 한반도 상황을 반영하여 신학의 공적 책임을 보다 더 강조하였다.

이와 같은 신학성명들은 교회와 하나님 나라를 위한 통전적 신학의 성격을 잘 보여준다. 복음주의 신학이 교회의 중요성을 강조하고 에큐메니칼 신학이 하나님 나라의 중요성을 강조한다면, 통전적 신학은 교회와 하나님 나라를 동시에 강조함으로써 복음주의 신학과 에큐메니칼 신학을 함께 포괄하는 신학이다. 신옥수는 예수 그리스도를 통해 나타난 하나님의 통치가 개인의 전인적인 구원과 삶의 전 영역에 미치고 무엇보다도 사회적·정치적·우주적 차원까지 미친다는 것이 성경적이고 복음적이며 동시에 에큐메니칼적인 신학의 입장이며, 이런 의미에서 장신 신학의 정체성은 에큐메니칼 복음주의 신학 또는 복음적 에큐메니칼 신학이라고 할 수 있다고 말한다.[21]

우리가 지향하는 통전적 신학은 무엇보다 먼저 교회를 위한 신학, 교회를 섬기는 신학이 되어야 한다. 교회는 성령이 임재하고 역사하는 그리스도의 공동체적 몸으로서, 그리고 도래하는 종말론적 하나님 나라의 예표로서 이 땅에 존재한다. 신학은 교회의 신앙과 삶을 인도하는 신학이

---

20   「국민일보」 (2015, 8, 5): 27, 30.

21   신옥수, "구원에 대한 복음주의적 관점과 에큐메니칼적 관점," 『한국교회와 장신신학의 정체성』, 박상진 책임편집 (서울: 장로회신학대학교출판부, 2016), 221.

어야 한다. 교회 없는 신학은 공허하며, 신학 없는 교회는 맹목적이다. 한
국교회의 문제는 목회자의 신학적 빈곤으로 인해 신학이 부재하며, 신학
이 교회로부터 유리되어 있다는 점이다. 오늘날 한국교회의 조로(早老) 현
상은 결코 교회 안에서의 신학의 경시 또는 부재 현상과 무관치 않다.

　　교회는 성령의 능력 안에서 성장해야 한다. 그러나 교회는 그 자
체가 하나님 나라는 아니다. 오히려 현실적으로 크게 성장한 교회일수록
하나님 나라의 비전을 상실하고 세속화되는 경우가 많이 있다. 따라서 신
학은 교회의 신앙과 삶을 올바로 인도하기 위한 비판적·예언자적 사명
을 감당해야 한다. 교회를 위한 신학의 섬김은 궁극적으로 교회로 하여
금 교회의 본질인 하나님 나라의 복음으로 돌아가도록 일깨우며, 미래의
종말론적 하나님 나라를 향하여 교회를 인도하고 변혁시킴에 있다. 그리
스도가 자신을 위해 존재하지 않고 세상을 섬기기 위해 존재한 것처럼(막
10:45) 교회는 자신을 위해 존재하지 않고 세상을 섬기기 위해 존재하며,
따라서 교회를 위한 신학의 섬김은 종국적으로 세상을 위한 섬김이다.

　　교회는 단지 자신의 성장을 위해서 존재하거나 세상으로부터 구
원받을 자들을 구출해내기 위해서 존재하는 것이 아니라, 이 세상의 현실
속에서 하나님의 뜻을 실천함으로써 하나님 나라를 구현하기 위해 존재
한다. 신학은 교회가 자신의 성장을 위해서가 아니라 이 세상에 하나님의
통치를 구현하기 위해 존재하며 이를 위한 길이 예수 그리스도의 십자가
의 길임을 늘 새롭게 상기시켜줌으로써 교회를 섬겨야 한다. 하나님 나라
는 단지 개인의 내면적 차원이나 제도적 교회의 차원에서가 아니라 전인
류적·전지구적·전우주적 차원에서 실현되는 하나님의 통치를 의미한다.
따라서 신학은 개인적·교회적 차원을 넘어 전인류적·전지구적·전우주
적 차원에서의 하나님의 통치를 갈망해야 한다.

　　신학은 궁극적으로 하나님의 영광을 위해 존재한다. 그런데 하나

님의 영광은 저 하늘이 아니라 이 땅에서 하나님께 돌려져야 한다. 하나
님의 뜻이 이루어지지 않는 이 땅에 하나님의 뜻이 이루어지도록 하는
것이 하나님께 영광을 돌리는 길이다. 예수 그리스도는 "하늘에 계신 우
리 아버지여, 이름이 거룩히 여김을 받으시오며 나라가 임하시오며 뜻이
하늘에서 이루어진 것 같이 땅에서도 이루어지이다"(마 6:9-10)라고 기
도하라고 가르쳤다. 신학의 목표는 하나님의 뜻이 이 땅에서 이루어지도
록 함으로써 하나님의 이름을 거룩하게 하는 데 있다.

6. 에큐메니칼 개혁신학

우리의 신학은 자신의 신학 전통을 소중히 여기되 탈교파적 교회일치와
연대를 추구하는 에큐메니칼 신학을 지향해야 한다. 필자는 기본적으로
16세기 종교개혁자들에게서 발원한 개혁교회의 신학전통을 계승한다.
그런데 개혁신학에 대한 잘못된 이해를 가진 사람들이 적지 않다. 개혁신
학이란 일차적으로 16세기에 종교개혁자들에 의해 생겨난 개혁교회의
신학을 지칭한다. 그러나 개혁신학은 16세기에 머물러 있지 않다. 각 시
대에는 그 시대의 개혁신학이 있다.[22] 개혁교회는 어느 한 시기에 단번에
완결된 교회가 아니다. 그런 교회는 이 땅에 존재하지 않는다. 흔히 회자
되는 바와 같이 "개혁교회란 언제나 개혁하는 교회"(*ecclesia reformata semper
reformanda*)이다. 개혁교회는(그리고 모든 참된 교회는) 과거의 어느 한 시기
의 신학에 고착된 교회가 아니라 새로운 시대와 역사적 현실 속에서 종

---

[22]   16-17세기에는 네덜란드의 개혁신학, 19세기에는 슐라이어마허의 개혁신학, 20세기
에는 바르트의 개혁신학, 오늘날에는 몰트만의 개혁신학이 있다.

말론적인 하나님 나라의 비전 아래 끊임없이 자신을 개혁해 나아가는 교회가 되어야 한다.

오늘날 세계 개혁교회에는 대체로 16세기의 개혁신학 전통을 유지하고자 하는 보수적인 화란의 개혁교회 진영과, 현대의 변화된 다원적 세계와 교회의 상황 속에서 개혁신학의 전통을 발전적으로 계승하는, 세계개혁교회연맹(WCRC)를 중심으로 한 보다 폭넓은 에큐메니칼 개혁교회 진영이 있다. 오늘날의 세계화 시대는 과거 어느 때보다도 서로 다른 다양한 문화들, 종교들, 교파들이 공존하는 다원적 상황을 보여준다. 이러한 다원적 상황 속에서 배타적 교파주의로 인해 무수히 분열되어 있는 한국교회에 무엇보다 절실하게 요구되는 것은 에큐메니칼 영성이다. 오늘날의 전지구적·다원적 상황에서 한국 개혁교회는 세계의 다양한 교회 전통들과의 대화를 통해 에큐메니칼적 일치를 추구하고 그들과의 실천적 연대를 통해 이 땅에 하나님 나라를 구현하는 일에 힘을 모아야 한다. 삼위일체 하나님에 대한 공동의 믿음 안에서의 친교(*koinonia*)를 통한 다양성 안의 일치, 그리고 실천적 연대 안에서의 세상을 향한 섬김(*diaconia*), 이것이 에큐메니칼 영성이다.

개혁신학 전통은 16세기의 종교개혁자들에 의해 하늘에서 뚝 떨어진 것처럼 생겨난 것이 아니다. 그것은 오백 년 동안에 이르는 고대 교회 시대의 교부 신학과 천 년 동안의 중세 교회 시대의 스콜라 신학을 포함하는 기독교의 오랜 역사적 전통의 영향사 안에서 형성된 것이다. 성서와 교회전통의 다양성을 거부하고 개혁교회의 정체성을 수립할 수 있다는 생각은 잘못된 것이다. 우리는 개혁교회의 정체성 수립을 위한 우리의 성서 이해가 일면적이고 선별적인 것은 아닌지 반성할 필요가 있다. 개혁교회 전통은 루터가 종교개혁을 위한 작업경전으로 삼았던 바울서신들에 나타나는 십자가와 부활의 변증법에 기초한 구속신학적 선포

(proclamation)의 패러다임 안에 속해 있다. 그런데 이 패러다임은 요한복음의 성육신 사상에 나타나는 창조신학적 현현(manifestation)의 패러다임 (동방 정교회와 가톨릭교회)과, 공관복음서에 나타나는 하나님 나라를 향한 사회 정치현실 속에서의 변혁적·예언자적 실천(praxis)의 패러다임(정치, 해방신학)에 의해 보완될 필요가 있다.[23] 맹목적인 일치를 위한 일치의 추구가 아니라 상호비판적이고 건설적인 대화를 통해 온전한 복음 안에서 서로 다른 고전적 기독교 전통들이 협의회적 일치를 이룰 수 있다는 믿음이 에큐메니칼 영성의 본질이다. 오늘날의 개혁신학은 종말론적 하나님 나라의 비전과 에큐메니칼 영성 안에서 교회의 일치와 연대를 추구함으로써 하나의 거룩하고 사도적이고 보편적인 교회를 지향하는 교회의 정체성을 작금의 전지구적·다원적 상황 속에서 새롭게 구현해 나아가야 한다.

    WARC 신학협의회는 1994년 개혁교회의 자기 이해를 위한 아홉 가지 명제들은 채택했는데, 이 명제들은 다음과 같다. ① 성서 중심성, ② 하나님의 주권, ③ 은총의 우선성, ④ 선포, ⑤ 개혁된 교회는 항상 개혁되어야 한다, ⑥ 그리스도인의 자유, ⑦ 그리스도인의 책임, ⑧ 만인제사장직, ⑨ 다양성 속의 통일성.[24] 이 가운데 ⑥번과 ⑦번을 묶어 여덟 가지 명제들을 오늘날의 상황 속에서 새롭게 해석하여 제시하고자 한다.[25]

---

23 십자가와 부활의 변증법 속에서의 선포로서의 바울의 신학과 영광스런 부활과 성육신 안에 나타난 요한의 현현 신학의 특징과, 현현과 선포와 역사적 실천을 대표하는 기독교 전통들에 대하여는 각각 Tracy, *Analogical Imagination,* 281-304, 371-404를 참고하라.

24 "Who are We Called to Be?" *Reformed Self-Understanding*, WARC Consultation (Massachusetts: April 28-30, 1994).

25 이에 대해서는 윤철호, 『현대 신학과 현대 개혁신학』(서울: 장로회신학대학교, 2003), 261-64를 참고하라.

1. 성서 중심성: 개혁교회는 "오직 성서로만"이라는 종교개혁자들의 성서원리를 계승한다. 그러나 이 원리는 모든 성서의 구절과 단어가 문자적으로 초자연적인 하나님의 영감에 의해 기록되었다는 성서주의와는 구별되어야 한다.[26] 우리는 성서를 믿는 것이 아니라 성서가 증언하는 예수 그리스도 사건 안에 나타난 삼위일체 하나님을 믿는다. 성서의 권위는 성서 자체로부터가 아니라 성서가 증언하는 예수 그리스도 사건으로부터 온다. 신약성서는 예수 그리스도 사건에 대한 초기 그리스도인들의 증언으로서, 후대 교회의 신앙과 삶과 신학을 위한 "규범적 전거"가 된다. 그런데 신약성서의 증언은 무시간적·비역사적인 것이 아니라 예수 그리스도 사건에 대한 다양한 삶의 자리를 반영하는 다양한 양태의 응답을 통해 표현된다. 따라서 성서의 증언은 오늘의 다양한 삶의 자리에서의 다양한 새로운 응답을 허용하고 또 요구한다. 성서가 예수 그리스도 사건에 대한 다양한 상황 속에서의 다양한 양태의 응답을 포함하고 있다는 사실은, 다양한 상황 속에서 예수 그리스도 사건에 다양하게 응답하는 다른 전통들과 교회들과의 에큐메니칼적 대화를 통한 일치를 추구하기 위한 성서적 근거가 된다.

2. 하나님의 주권: "하나님의 주권"은 개인과 세계의 모든 역사가 하나님의 섭리 안에서 하나님이 의도하시는 종말론적 미래의 완성을 향해 나아감을 표현한다. 하나님의 주권적 섭리는 일방적이고 강제적인 전제군주적 통치가 아니라 상호적인 관계성 안에서의 사랑의 통치다. 예수 그리스도의 십자가 안에 나타난 자기희생적인 사랑이 전능하신 하나님

---

26   밀리오리는 성서주의를 "죽음의 권위주의"라고 부른다. Daniel J. Migliore, *Faith Seeking Understanding: An Introduction to Christian Theology* (Grand Rapids: Wm. B. Eerdmans Publishing Co., 2004), 48.

의 통치력이다. 하나님의 주권은 인간의 운명을 일방적으로 결정하지 않는다. 하나님은 인간을 자유로운 결정에 의해 자신과 세계의 미래를 만들어갈 수 있는 존재로 창조하셨다. 하나님의 주권적 섭리는 인간의 자유로운 결정을 무시하지 않으며, 스스로 죄의 굴레에 사로잡힌 인간을 예수 그리스도의 십자가 구속을 통해 구원하시고 성령을 통해 개인과 세계의 역사 안에 현존하시고 동행하심으로써 그 역사를 종말론적 미래의 하나님 나라로 인도하신다.

3. 은총의 우선성: 종교개혁자들의 구원 원리인 "오직 은총으로만", "오직 믿음으로만"은 인간이 자신의 행위의 의가 아니라 오직 하나님의 은총에 의해 믿음으로 구원 받음을 표현한다. 인간은 인간의 죄를 대신 지고 죽음을 당한 예수 그리스도 안에 나타난 하나님의 자기희생적 사랑을 통한 구속을 믿음으로 받아들임으로써 값없이 의롭다 함을 얻는다. 인간을 구원하시는 하나님의 의는 불의한 자를 불러 "의롭게 하는 의"(justifying justice)다. 그런데 하나님의 은총은 예수 그리스도 안의 구속만을 가리키지는 않는다. 온 우주와 인간을 창조, 보전, 인도하시는 하나님의 모든 행위가 은총이다. 은총과 자연은 동일시될 수도 없지만 분리될 수도 없다. 또한 하나님의 은총은 인간의 행위를 배제하지 않고 포괄한다. 하나님의 은총은 인간의 행위 없는 홀로의 은총이 아니라 인간의 실천적 행동을 요청하고 또한 가능케 한다.

4. 선포: 개혁교회 전통은 하나님의 말씀 선포를 복음을 구현하기 위한 가장 중요한 방편으로 삼는다. 바르트의 말처럼 예수 그리스도와 성서와 함께 선포는 하나님의 삼중적 말씀을 구성한다. 선포는 교회 안에서의 설교의 형태뿐만 아니라 세상 속에서의 예언자적 경고와 약속의 형태로도 이루어져야 한다. 또한 우리는 개혁교회의 말씀 선포의 전통을 존중함과 동시에 다른 전통들과 에큐메니칼적 대화를 수행함으로써, 바울 서

신에 기초한 개혁교회 선포 전통과 아울러, 요한복음에 기초한 동방정교의 현현 전통, 그리고 공관복음서에 기초한 정치·해방신학의 실천 전통을 함께 전유함으로써 에큐메니칼적인 개혁교회 전통을 수립해 나아가야 한다.

5. 개혁된 교회는 항상 개혁되어야 한다: 개혁교회 전통은 16세기에 완결된 것이 아니다. 완결된 교회전통이란 존재하지 않는다. 화석화된 유물이 아닌 생명력 있는 전통은 끊임없이 새롭게 갱신되는 전통화(traditioning)의 과정 안에 서 있다. 살아 있는 존재의 정체성이 타자와의 관계성 안에서 끊임없이 변화하고 성장하는 과정 안에 있는 것처럼, 예수 그리스도 안에서 선취적으로 도래한 하나님 나라의 예표인 개혁교회를 포함한 모든 교회전통은 종말론적 미래에 완성될 자신의 정체성을 향하여 끊임없이 자신을 개혁해 나가야 한다. 이를 위해서 교회와 세상의 다른 전통들과 세계관들과의 상호비판적 관계성이 요구된다. 예를 들면, 기존의 개혁교회 안의 남성중심적·유럽중심적·인간중심적 전통과 전근대적 세계관은 오늘날의 여성신학, 탈식민주의신학, 생태신학, 과학적 세계관의 도전을 진지하게 받아들여야 한다. 개혁교회는 끊임없이 자신을 개혁함으로써만 이 세상을 종말론적인 하나님 나라를 향해 변혁시켜 나갈 수 있다.

6. 그리스도인의 자유와 책임: 그리스도인은 하나님의 은혜에 의해 죄로부터 자유함을 얻을 뿐만 아니라 이 세상에 하나님 나라의 일꾼으로 보내심을 받는다. 우리는 하나님의 은혜에 의해 자유자가 되었으나 다시금 하나님의 명령 앞에 책임적인 존재로 선다. 하나님의 명령에 대한 우리의 순종은 구원을 위한 전제가 아니라 선행적인 하나님의 구원의 은총에 대한 감사의 표현이다. 다시 말해 우리의 윤리적 실천의 동기는 구원을 얻기 위한 타율적 의무감에 있지 않고 구원받은 하나님의 자녀로서

의 자발적 헌신에 있다. 그러므로 그리스도인의 책임은 이미 하나님의 자녀로서 누리는 자유 안의 책임이다. 아울러 그리스도인의 책임은 개인적 차원의 성화를 넘어 세상적 차원에서의 변혁적 실천을 위한 책임을 포함한다. 그리스도인의 자유 안의 책임은 이 세상의 현실과 전체 창조세계 속에서 하나님의 사랑과 정의와 평화의 통치를 구현하기 위한 실천적 삶으로의 부름을 의미한다.

7. 만인제사장직: 루터가 강조한 바와 같이 예수 그리스도는 우리의 유일한 중보자다. 모든 신자는 대제사장이신 그리스도를 통해 하나님께 직접 나아갈 수 있으며, 따라서 그리스도 외의 다른 중보자는 필요 없다(벧전 2:5, 9). 교회의 직무는 계층적 서열이 아니라 섬김의 직무다. 성직자와 평신도 사이에 계층적 질서는 존재하지 않는다. 성직자는 특별한 존재가 아니라 특별한 "은총의 선물"(딤후 1:6)을 받은 자다. 성직자는 죄를 사하는 구약성서의 제사장적인 계급이 아니라 말씀 선포와 성례전 집례의 직무를 하나님으로부터 부여받은 사람이다. 모든 신자는 다른 사람을 위해 기도할 수 있고, 하나님에 관한 것들을 다른 사람에게 가르칠 자격이 있다. 그러나 성직제도를 계층질서로 이해해도 안 되지만, 성직제도 자체를 무시해서도 안 된다. 성직자는 삼위일체 하나님에 의해 임명되며(행 20:28; 엡 4:11), 단지 교회 안의 한 기능이 아니라 공동체 전체를 돌보는 목양의 직무를 부여받는다. 그는 공동체 전체를 향해 하나님의 말씀을 대언하며 동시에 하나님 앞에서 공동체 전체를 대표한다.

8. 다양성 속의 일치: 개혁교회는 자신의 전통을 소중하게 계승하되 동시에 다른 전통들에 자신을 개방하고 그것들과 대화함으로써 다양성 안에서 에큐메니칼적 일치를 추구해야 한다. 에큐메니칼적 일치는 획일적인 것이 아니라 서로의 다름을 인정하면서 상이성 안의 유사성을 추구하는 일치다. 오늘날에는 세계의 지역과 상황에 따라 개혁신학의 스펙

트럼이 매우 다양하다.[27] 우리가 한 목소리로 확고부동한 우리 자신의 정체성을 강조할 때, 우리는 혹시 획일성, 선별성, 배타성, 지배성, 절대성, 승리자의 이데올로기에 빠져 있는 것은 아닌지 돌아보아야 한다. 다양성은 위기인 동시에 기회이며, 서로를 빈곤하게 할 수도 있지만 서로를 풍요하게 할 수도 있다. 개혁교회 전통의 본유적 특성은 다양한 목소리들이 개혁교회의 테이블에 함께 모여 대화할 수 있다는 사실에 있어야 한다. 참된 개혁교회가 된다는 것은 무엇보다 성서와 기독교 전통 안의 다양한 관점들의 상대적 적절성을 긍정하는 해석학을 수립하는 것이다. 우리는 성서와 전통의 다양성 안에 나타나는 풍요함을 충분히 인식하고, 자신의 전통에 대한 존중과 더불어 다른 전통들과의 열린 대화를 통해 개혁신학의 전통을 끊임없이 새롭게 창조해가야 한다.

이와 같이 새롭게 해석된 개혁교회 전통의 특징들은 바로 오늘날 우리가 추구해야 할 개혁신학의 방향이다. 개혁신학의 정체성은 에큐메니칼 개혁신학으로 끊임없이 새롭게 창조되어가야 한다. 우리의 신학은 비당파적, 탈교파적, 에큐메니칼적 일치를 지향하면서 이 땅에 온전한 복음을 구현하기 위한 실천적 연대에 앞장 서야 한다.

---

27 David Willis & Michael Welker, eds., *Toward the Future of Reformed Theology: Tasks, Topics, Traditions* (Grand Rapids: William B. Eerdmans, 1999)에 나타난 개혁교회 신학의 과제와 상황과 주제와 전통과 실천에 관한 세계의 다양한 개혁신학들의 스펙트럼을 보라.

7. 21세기 탈근대적 시대의 공적 신학

우리의 신학은 21세기 탈근대적 상황 속에서 공적 신학을 지향해야 한다. 오늘날 한국교회(개신교)의 위기 상황을 보여주는 주요 지표들 가운데 하나는 한국교회가 사회적 기여를 하지 못하고 있다는 부정적인 인식이 한국 사회에 확산되어간다는 사실이다. 최근에 실시된 인식 조사에서 높은 비율의 비신자들과 다른 종교인들이 한국교회가 사회에서 긍정적인 역할을 수행하지 못하고 있으며(79.3%), 또한 지역사회에 기여하지 못하고 있다(62.2%)고 응답했다.[28] 한국교회가 사회로부터 신뢰를 잃게 된 원인 가운데 하나는 교회가 폐쇄적인 울타리 안에 갇혀서 열린 자세로 사회와 소통하지 못하고 또한 사회적 약자를 위한 공적 책임을 다하지 못하는 집단으로 인식되고 있기 때문이다.

이와 같은 상황에서 어느 때보다 교회의 공적 책임을 위한 공적 신학에 대한 관심이 요구된다. 공적 신학은 예수 그리스도의 하나님 나라 복음에 기초하여 교회의 공공성과 사회적 책임을 강조하는 신학이다. "공적 신학은 예수 그리스도가 선포하고 실천한 하나님 나라의 비전 아래, 세상의 다원적 차원의 공적 영역에서 다른 학문분야, 이념집단, 종교 전통들과 대화하면서 보편적 하나님의 통치를 세상의 모든 공적 영역에서 구현하기 위해 실천하는 신학이다."[29] 공적 신학은 종교적 문제에 국한되지 않는 다양한 사회적 문제에 관해 교회 안팎의 사람들과 대화하면

---

28 한국기독교목회자협의회가 발표한 2017년 한국 사회 주요 이슈에 대한 목회자 및 개신교인 인식 조사. 「뉴스앤조이」 (2018. 1. 2).

29 Chul Ho Youn, "The Points and Tasks of Public Theology," *International Journal of Public Theology*, 11/1 (2017): 68.

서, 개인의 사적 영역을 넘어서는 사회의 모든 공적 영역에서 하나님의 사랑과 정의의 통치를 구현하고자 한다. 하나님의 통치가 이루어지는 하나님 나라를 세상에 구현하는 것이 예수의 메시아적 사역의 목적인 것처럼 신학의 목적이 되어야 한다.

공적 신학의 신학적 근거는 하나님의 보편성에 있다. 판넨베르크에 의하면 신학은 경험되는 모든 실재를 통일시키는 통일원리(unifying unity)로서의 하나님의 실재로부터 의미의 포괄적인 지평을 추구한다.[30] 이 세상의 모든 진리는 보편적 하나님의 진리 안에서 궁극적으로 통일되기 때문에, 신학은 다른 학문들과의 대화를 통해 보편적 진리를 추구해야 한다. 또한 보편적 하나님의 통치는 전우주적이기 때문에, 신학은 단지 교회 안에만 머물러 있지 말고 세상의 공적 영역에서 하나님의 통치를 구현하기 위해 실천적으로 참여해야 한다.

오늘날의 신학적 상황은 교회 밖 세상을 향한 기독교 진리의 변증이나 세상의 변혁을 위해서가 아니라 교회의 내적 갱신과 개혁을 위해서 가톨릭교회와 투쟁했던 16세기 종교개혁자들의 상황과는 매우 다르다. 탈 기독교화, 탈 서구화, 세속화, 다원화, 지구화(세계화) 등으로 표현되는 오늘날의 탈근대적 상황은 한편으로, 근대적인 서구 중심적 주체성 개념과 이에 근거한 제국주의적 거대담론을 거부한다. 트레이시는 근대의 서구 중심적 거대담론, 즉 모든 역사가 서구인의 역사 안으로 통합되어 절정에 이른다고 하는 사회진화론적 목적론을 비판한다. 이 근대적 거대담론에 따르면, 근대 자유주의라는 사회적 진화의 구도가 모든 타자들을 잠재움으로써 모든 다른 전통들과 문화들은 사라질 것이며 동일한 종

---

30   Wolfhart Pannenberg, *Theology and the Philosophy of Science* (Philadelphia: The Westminster Press, 1973), 336.

류의 자유주의적 세계관이 지배하게 된다는 것이다.[31] 오늘의 탈근대적 시대에 공적 신학은 근대적 거대담론에 맞서 소외되고 억눌린 타자의 주체성을 되살려내야 한다. 콘라드 라이저는 21세기의 도전들에 대한 응답으로서, "인간중심주의에서 생명중심주의"로, "지배권의 꿈에서 다원성의 인정"으로, "지구화로부터 한계 안의 삶"으로, 그리고 기독교가 지배적이고 배타적인 십자군적 선교의 모델로부터 벗어나 "다른 문화와 신앙 전통을 가진 사람들과의 진정한 대화"를 지향하는 선교의 방향으로 나아가야 한다고 강조했다.[32]

그러나 다른 한편, 혼란을 초래하는 해체주의적 다원주의 역시 거부되어야 한다. 몰트만은 신학이 도래하는 하나님 나라에 대한 보편적 관심을 공적으로 유지해야 하며, 하나님 나라 신학으로서 공적 신학이 되어야 한다고 강조했다. 그에 따르면 공적 신학은 비판적·예언자적·합리적 사회 참여를 통해 가난하고 소외된 자들에게 하나님 나라를 가져오는 것을 목적으로 한다.[33] 오늘날 모든 지역적 맥락을 상대화시키는 전지구적 시민사회의 출현은 보다 광범위한 공공성에 대한 인식을 요구한다. 오늘날의 탈근대적인 다원적 상황 속에서, 다시금 전근대적인 계시실증주의나 근대적인 토대주의적(foundational) 거대담론으로 회귀하지 않으면서 동시에 비토대주의적(nonfounational) 다원주의나 상대주의에 빠지지 않는

---

31 David Tracy, "Theology and the Many Faces of Postmodernity," *Theology Today* 51/1 (April, 1994): 106.

32 Konrad Raiser, "The World in the Twenty-first Century: Challenge to the Churches," *The Future of Theology*, ed. by Miroslav Volf, Carmen Krieg, Thomas Kucharz (Grand Rapid: William B. Eerdmans Publishing Company, 1996), pp. 3-11.

33 Jürgen Moltmann, *God for a Secular Society: The Public Relevance of Theology* (London: SCM Press, 1999), pp. 5-20.

포스트토대주의적(postfoundational)인[34] 공적 신학의 수립이 요구된다.

　　오늘날의 다원적 상황 속에서, 트레이시는 "상대적 적절성의 기준"[35]을 가지고 유비적 상상력 안에서 다른 전통들과 대화함으로써, 근대적 거대담론과 혼란스런 다원주의 양쪽에 빠지지 않는 "책임적 다원주의"를 구현하는 탈근대적 공적 신학의 길을 제안한다. 한편, 볼프는 탈근대적 공적 신학의 모델로서 "종교 정치적 다원주의"를 제시한다. 즉 그는 다수의 종교들과 인생관을 지닌 사람들로 구성된 공동체인 오늘날의 국가들에서, 그리스도인은 자신처럼 다른 종교인들도 공적 영역에서 그들의 목소리를 낼 권리가 있다는 것을 인정하면서 공적 영역에서 자신의 목소리를 내야 한다고 주장한다.[36] 공적 신학은 개방된 공적 영역에서 세속 사상과 타종교와 소통 가능한 언어로 대화함으로써 자신의 진리를 변증하고, 시민사회를 위한 도덕적·영적 체계를 수립함으로써 개인과 공적 삶 속에 공공선이 구현되도록 노력해야 한다. 또 한편, 스택하우스는 트레이시가 말한 세 공적 영역(교회, 학교, 사회)을 확장시켜 국가적·세계적

34　포스트토대주의에 대해서는 윤철호, "포스트토대주의 신학에서의 합리성: 호이스틴과 슐츠를 중심으로," 「한국조직신학논총」 16 (2006, 6): 101-29를 참고하라.

35　트레이시는 상대적 적절성의 기준을 기독론과 관련하여 설명한다. 기독론의 상대적 적절성을 위한 신약성서의 두 가지 기준은 역사적으로 재구성된 본래적·사도적 증언과 다양한 표현형식의 상대적 적절성을 위한 문학비평적·해석학적 분석이다. Tracy, *The Analogical Imagination*, 319.

36　볼프에 따르면 오늘날의 다원적 상황에서 기독교가 자신의 목소리를 낸다는 것은 두 가지를 의미한다. 첫째는 신앙의 중심으로부터 말한다는 것이다. 그리스도인은 타자와의 만남 속에서 죄인을 위해 자신을 희생하는 그리스도의 공감적 사랑과 관대함과 자선을 실천해야 한다. 둘째, 그리스도인의 정체성은 투과 가능한 것이어야 한다. 타자와의 만남에 있어서, 경계선은 비록 미미할 정도라도 언제나 통과되게 되어 있다. 타자와의 만남에서 종교인들은 서로 배우고 가르치며, 풍성해지고 풍성하게 하며, 새로운 가능성과 길을 모색할 수 있다. Miroslav Volf, *A Public Faith* (Grand Rapids: Brazos Press, 2011), 132-33.

차원의 여러 공적 영역들을 제시하면서,[37] 오늘날의 세계화의 상황에서 공적 신학의 필요성이 더욱 증대된다고 강조한다. 즉 다양한 종교들이 서로 만나는 세계화의 상황에서 기독교가 다른 종교들과 함께 인류 전체가 공감할 수 있는 보편적 가치와 이념을 형성하기 위한 공적인 논의를 해야 한다. 스택하우스는 기독교 전통 밖의 철학, 과학, 타종교, 비기독교의 문화적 성취가 보편적 또는 초문화적 기독교 사상의 형성에 도움을 줄 수 있다고 보면서, 공적 영역에서 기독교 신앙을 변증하고 다른 종교들과 대화함으로써 인류의 공공선을 위해 기여하고 이 땅에 하나님 나라를 구현해야 한다고 주장한다.[38]

　　21세기 탈근대적 시대의 세속화, 지구화, 다원화(다전통, 다문화, 다종교)된 세계의 지평에서 신학은 더 이상 자신의 전통적 교리를 수호하는 종파주의적 과업에 머물러 있을 수 없다. 다원적인 공적 영역에서 신학은 타자의 목소리를 듣고자 하는 열린 태도를 가지고 상호 비판적이고 건설적인 대화를 통해 최대한 이해 가능하고 설득력 있는 방식으로 기독교 진리를 제시하고, 실천적 행동을 통해 기독교 진리의 변혁적 능력을 입증해야 한다. 오늘날의 탈근대적 세계의 지평에서 신학이 세속사회, 타전통, 타문화, 타종교와의 관계에서 이와 같은 대화적·실천적 영성을 가지고 자신의 공적 과제를 수행하지 않는다면, 효과적인 선교도, 이 땅에서의 하나님의 통치의 실현을 통한 하나님 나라의 확장도 불가능할 것이다.

37　종교다원적 상황의 세계의 종교적 공적 영역, 국가를 초월하는 범세계적인 정치적 권력, 다국적 기업과 전지구적인 시장경제 시스템, 그리고 가정, 과학기술, 미디어, 공중보건, 환경문제 등이 오늘날의 중요한 공적 관심사이다. Max L. Stackhouse, *Globalization and Grace* (New York/London: The Continuum International Publishing Group, 2007), 109-11.

38　Stackhouse, *Globalization and Grace,* 78-79, 90.

8. 결론

이제 이상의 여섯 가지 주제들을 중심으로 제시된, 21세기 탈근대적 시대에 우리의 신학이 나아가야 할 길을 요약함으로써 결론을 맺고자 한다. 첫째, 우리의 신학은 온전한 복음을 지향하는 신학이 되어야 한다. 온전한 복음은 "하나님 나라의 복음을 선포한 예수의 사역과 죽음과 부활을 통해 선취적으로 도래한 하나님 나라 안에서 구속의 은총이 주어지며, 우리는 구속의 은총을 경험함으로써 하나님 나라로 들어가고 그 나라의 백성으로 살아간다"는 것이다. 온전한 복음에 근거한 통전적 선교에서 개인적 복음화와 사회적 실천은 분리 또는 차등화될 수 없다. 십자가 구속의 복음을 전함으로써 개인의 영혼을 구원하는 전도와 이 땅에 하나님 나라의 통치를 실현하기 위한 사회적 실천은 동등한 교회의 선교적 과제다.

둘째, 우리의 신학은 신학의 본유적인 해석학적 과제를 올바로 수행하는 신학이 되어야 한다. 신학의 과제는 현재적 상황을 위해 성서를 해석하는 것이다. 이 과제는 이중적인 다원성 안에 있는 성서(전통)와 경험(상황) 사이의 상호 비판적 상관관계 안에서 수행되어야 한다. 성서와 기독교 전통은 오늘날의 상황 안에서의 해석의 과정을 통해서만 새롭게 진리를 밝히 드러내고 구원의 능력을 발휘하는 살아있는 말씀과 전통이 될 수 있다.

셋째, 우리의 신학은 케리그마적·변증적·실천적 신학을 통전하는 신학이 되어야 한다. 이 세 가지 신학 유형은 상호보완적인 관계 속에서 함께 통전적 신학의 세 축을 구성한다. 우리의 신학은 경건과 학문과 실천을 조화롭고 균형 있게 추구하는 신학이 되어야 한다.

넷째, 우리의 신학은 교회와 하나님 나라를 위한 통전적 신학이 되어야 한다. 우리의 신학은 교회와 하나님 나라를 동시에 강조함으로써 복음주의 신학과 에큐메니칼 신학을 함께 포괄하는 신학이 되어야 한다. 우리의 신학은 교회가 이 세상에 하나님의 통치를 구현하기 위해 존재하며 이를 위한 길이 예수 그리스도의 십자가의 길임을 늘 새롭게 상기시켜줌으로써 교회를 섬겨야 한다.

다섯째, 우리의 신학은 자신의 신학 전통을 소중히 여기되, 상호 비판적이고 건설적인 대화를 통해 온전한 복음 안에서 서로 다른 고전적 기독교 전통들이 협의회적 일치를 이룰 수 있다는 믿음을 가지고 에큐메니칼 신학을 지향해야 한다. 우리의 신학은 비당파적, 탈교파적, 에큐메니칼적 일치를 지향하면서 이 땅에 온전한 복음을 구현하기 위한 실천적 연대에 앞장 서야 한다.

여섯째, 21세기 탈근대적 상황 속에서 우리의 신학은 공적 신학을 지향해야 한다. 우리가 지향하는 공적 신학은 전근대적인 계시실증주의나 근대적인 거대담론으로 회귀하지도 않고 반대로 탈근대적인 다원주의나 상대주의도 거부한다. 이러한 공적 신학은 포스트토대주의적 공적 신학이라고 할 수 있다. 오늘의 세속화, 지구화, 다원화된 세계의 지평에서 우리는 상호 대화를 통해 기독교 진리를 이해 가능하고 설득력 있는 방식으로 제시하고, 기독교 진리의 변혁적 능력을 실천적 행동을 통해 입증해야 한다.

508-10, 515

자연선택 587-88, 592, 596, 600-01, 611

자연신학(natural theology) 596

자연의 신학(theology of nature) 82

자연주의 방법론 587, 590, 596-99, 607-09, 612

자유민주주의 75, 345, 350, 357, 498-99, 502-03

자유와 운명(freedom and destiny) 266-68

전유(appropriation) 120, 138, 153, 234, 311, 313, 322, 382, 622, 624, 638

전이해 232-33, 623

전조(Vor-Zeichen) 15, 459, 471, 474-75, 479-82

전체주의 126, 378, 410, 502-03

정당전쟁론 494-95

정치신학 168, 339, 357, 365, 390, 412, 422-23, 559, 628

종교개혁 91, 104, 108-09, 134, 153, 164-66, 224, 300, 373, 406, 410, 432, 468, 633-37, 642

종말론(적) 15, 24, 31, 35, 39-41, 44-46, 51, 56, 66-67, 83, 89-97, 101,108, 120, 122, 125, 127, 129, 134-35, 143-46, 152-54, 162, 165, 170-72, 182, 196-202, 218, 241, 249, 257, 262, 272-73, 289, 296-97, 302, 321, 329, 339, 356, 363, 380, 382, 392, 416, 423-25, 432, 438-39, 453, 457-85, 511, 568-69, 582, 612, 619-20, 631, 632-38

지적설계론 587, 595-98, 607-11

지평융합 230, 235, 317, 384, 625

진실 60, 523, 530-35, 540, 543

진화론 585-91, 595-602, 606-612, 642

한국교회와 하나님 나라를 위한 공적 신학

Copyright ⓒ 윤철호 2019

1쇄 발행 2019년 10월 4일

지은이   윤철호
펴낸이   김요한
펴낸곳   새물결플러스

편 집   왕희광 정인철 박규준 노재현 한바울
           정혜인 이형일 서종원 나유영 노동래
디자인   윤민주 황진주 박인미
마케팅   박성민 이원혁
총 무   김명화 이성순
영 상   최정호 조용석 곽상원
아카데미 차상희

홈페이지 www.holywaveplus.com
이메일   hwpbooks@hwpbooks.com
출판등록 2008년 8월 21일 제2008-24호
주 소   (우) 04118 서울시 마포구 마포대로19길 33
전 화   02) 2652-3161
팩 스   02) 2652-3191

ISBN 979-11-6129-123-9 93230

책값은 뒤표지에 있습니다.

이 도서의 국립중앙도서관 출판예정도서목록(CIP)은 서지정보유통지원시스
템 홈페이지(seoji.nl.go.kr)와 국가자료공동목록시스템(nl.go.kr/kolisnet)
에서 이용하실 수 있습니다. CIP2019036244